当代俄罗斯语言学理论译库
北京市科技创新平台项目
俄罗斯叶利钦基金会资助项目
总主编 刘利民　主编 杜桂枝

ЯЗЫКОВАЯ КОНЦЕПТУАЛИЗАЦИЯ МИРА
на материале русской грамматики

世界的语言概念化

〔俄〕Т.В.布雷金娜　А.Д.什梅廖夫　著
刘利民　译

著作权合同登记 图字：01-2011-1994
图书在版编目(CIP)数据

世界的语言概念化/（俄罗斯）Т. В. 布雷金娜，（俄罗斯）А. Д. 什梅廖夫著；
刘利民译. —北京：北京大学出版社，2011.4
（当代俄罗斯语言学理论译库）
ISBN 978-7-301-18771-5

Ⅰ. 世… Ⅱ. ①什… ②布… ③刘… Ⅲ. 语言—研究 Ⅳ. H0

中国版本图书馆 CIP 数据核字(2011)第 063644 号

Т. В. БУРЫГИНА　А. Д. ШМЕЛЁВ
ЯЗЫКОВАЯ КОНЦЕПТУАЛИЗАЦИЯ МИРА
(на материале русской грамматики)

© Т. В. Бурыгина，А. Д. Шмелёв，1997
© А. Д. Кошелев. Серия "Язык. Семиотика. Культура"，1995

书　　　　名：	世界的语言概念化
著作责任者：	〔俄〕Т. В. 布雷金娜　А. Д. 什梅廖夫　著　刘利民　译
组稿编辑：	张　冰
责任编辑：	李　哲
标准书号：	ISBN 978-7-301-18771-5/H·2809
出版发行：	北京大学出版社
地　　址：	北京市海淀区成府路 205 号　100871
网　　址：	http://www.pup.cn
电子邮箱：	zpup@pup.pku.edu.cn
电　　话：	邮购部 62752015　发行部 62750672　编辑部 62759634　出版部 62754962
印　刷　者：	北京鑫海金澳胶印有限公司
经　销　者：	新华书店
	730 毫米×980 毫米　16 开本　30 印张　569 千字
	2011 年 4 月第 1 版　2011 年 4 月第 1 次印刷
定　　价：	68.00 元

未经许可，不得以任何方式复制或抄袭本书之部分或全部内容。
版权所有，侵权必究　举报电话：010－62752024
　　　　　　　　　　　电子邮箱：fd@pup.pku.edu.cn

总　序

　　俄语语言学理论研究在世界语言学中一直都占有重要的位置。从18世纪的罗蒙诺索夫到20世纪的维诺格拉多夫，从历史悠久的喀山学派到著名的莫斯科语义学派，俄罗斯产生和培养了一批批颇有影响的语言学家。他们一代代传承着语言学研究的优良传统，以敏锐和细腻的语言感悟，用完全不同于西方的研究方法，在斯拉夫语言的沃土上开垦和耕耘，建立起许多独特的语言学理论，收获着令世人瞩目的成就。

　　将俄罗斯语言学的发展变化置于世界语言学的大视野中做个粗略比照，便不难发现，在世界语言学发展的每一个历史转折时期，每当有新的思潮和范式涌现，俄罗斯语言学界都会同期出现伟大的语言学家和语言学理论，譬如，与索绪尔站在同一时代语言学制高点上的博杜恩·库尔特内；可与乔姆斯基"转换生成模式"并肩的梅里丘克的"意义⇔文本"语言学模式；20世纪80至90年代，当西方语言学界在为乔治·莱考夫的以解释学为中心的认知语言学新范式欢呼雀跃时，解释学方法早在1974年出版的俄罗斯语言学家阿普列相的《词汇语义学》中便得到了详细的论述和应用，这一方法在俄国的许多语言学家，譬如博古斯拉夫斯基、什梅廖夫、沙图诺夫斯基等的语义学研究中都已广泛应用与发展；进入21世纪，帕杜切娃进行的"词汇语义动态模式"研究震撼和颠覆了传统语义学理念，她进而提出的"动态语义学"理论更是让人耳目一新。由此，可以不夸张地说，俄语语言学理论研究一直是与世界语言学的发展律动保持着同一节拍的，在个别时期或个别领域有时候甚至是领先一步。当代许多著名的俄罗斯语言学家的思想都具有国际领先水平和前沿性，俄语语言学理论是当今人文社会科学中极具价值且尚待努力开掘的一方富矿。

　　然而，由于种种原因，我国语言学界对俄罗斯语言学研究的发展历史和目前的理论水准缺少应有的关注，对俄罗斯语言学取得的成就了解得较少，致使俄罗斯语言学领域中的许多重要理论和先进思想没有得到应有的传播。中国语言学界并没有真正地全面了解和学习到俄罗斯语言学理论研究的精华，未能在实质上分享到俄语语言学先进理论的成果。

中国当代俄语语言学理论研究真正兴起于20世纪80年代，发展在改革开放和中苏关系正常化之后。虽然目前呈现出蓬勃发展的良好势头，但与我国的西方语言学研究相比，俄语语言学理论研究尚缺乏系统性、本源性和宏观整体性，许多语言学理论的引介或者通过第三种语言翻译过来，或通过二次评介传入，致使俄罗斯语言学理论研究显得支离破碎，或者说只见树木不见森林。究其根源，就是在我国的俄语语言学理论研究中缺乏系统、宏观的本源性、整合性研究，而理论研究的缺失与偏误必然会影响和阻滞整个学科的进步和可持续性发展。

如此局面的形成，作为俄语工作者的我们深切感受到的不仅仅是愧疚，同时还有一份不可推卸的责任。要全面了解俄罗斯语言学理论的发展和现状，把握其精髓，必须对俄罗斯语言学理论宝藏做本源性的开掘，必须对语言学理论的精品做系统的直接译介和潜心研究，让人类文化的这一块宝贵财富不仅能够哺育圣·西里尔的后人，也为中国的语言学者所共享，也为丰富中华语言和文化发挥作用。

基于这样的理念和目标，杜桂枝教授主持申报了北京市科技创新平台项目，精选了九位当代俄罗斯语言学著名学者的理论代表作，邀集了国内俄语界相关领域理论研究造诣较深的学者，担纲翻译及研究工作。毋庸置疑，这是一项颇具挑战性的巨大工程。

我们说，这项工程是一个创新性的大胆尝试，因为这是一项史无前例的工作：自中国开办俄语教育300余年以来，虽然有过个别的俄语语言学理论著作的翻译引介，但如此大规模地、系统地、有组织地进行翻译和研究，在我国的俄语教育史上尚属首次。

我们说，这项工程是一种可贵的无私奉献，因为在当今的学术氛围下，在当今的评价体系中，每个人都清楚，学术著作的翻译几乎不具学术"价值"，甚至是一些人回避不及的"辛苦"。然而，我们邀请到的每一位学者都欣然地接受了这份几近无酬又"不增分"的"低性价比"的"纠结和折磨"：缘于一份浓郁的俄语情结，期待的是自身理论的升华和自我价值的超越，为的是先进的前沿性俄语语言学理论的传播。

我们说，这项工程是一份默默耕耘的艰辛劳作，因为这九位俄罗斯语言学家都是各自研究领域的顶级学者，这些代表作中的每一部几乎都是作者倾其一生的研究成果之集成。没有对该学者的深入了解，没有对其多年研究脉络和方法的把握,没有对其理论、概念和相关术语的理解和领悟,要想完成这一翻译任务是根本无望的,译者在其间的艰辛可想而知,其中的付出不言而喻。

我们说,这项工程是一个庞大而艰巨的综合项目,因为这一工程涉及语言学的各个领域:句法学、语义学、语用学、词汇学、语言哲学、语言的逻辑分析、逻辑语义、功能语言学、社会语言学、心理语言学等等。面对语言学理论林林总总的学科,站在语言学前沿理论的高端上,体验着俄罗斯语言学家的思维脉动,感受着学者们思想的敏锐和理论的深邃,这无疑是对语言学大千世界的一次鸟瞰,此时此刻无人敢言内行。因此,在制定翻译计划和领受翻译任务时,我们有约在先:每一位翻译者应对所翻译著作全文负责,力争使自己成为各自领域中的专家、内行。

简言之,这是一项有责任、有分量、有难度的大工程。有人说,翻译是一门艺术。其实,学术著作的翻译更是一门特殊的艺术。在走进艺术殿堂的行程中,要经历崎岖与荆棘,需要努力跋涉,要不断地克服困难,不停顿地向着目标艰难攀登,才有可能摘取艺术的皇冠。也曾有人形象地比喻:翻译是"带着镣铐起舞"。如果说一般语言翻译的镣铐尚是"舞者"可以承受之重的话,那么,学术理论著作翻译的镣铐对译者的考验、束缚更让"舞者"举步维艰,即便使出浑身解数,也未必能展示出优美的舞姿。所幸,中国的俄语界有这样一批知难而进的学者,他们不畏惧这副沉重的镣铐,心甘情愿地披挂在身,欣然前行。当我们亲历了艰难起舞的全过程,当一本本沉甸甸的译稿摆上案头,我们会释然地说,无论舞姿是否优美,我们尽心,也尽力了。

当我们即将把这样一套理论译著奉献给读者时,心中仍存一份忐忑:毕竟这是俄罗斯著名语言学家的理论代表作,毕竟民族间语言与文化差异的存在、某些术语的无法完全等译,会给译文留下些许的遗憾,难免会有不够精准的理解、表述和疏漏之处。在此,真诚地欢迎语言界同仁和广大读者提出意见,同时也真诚地希望给"带着镣铐的舞者"们多些宽容和鼓励。

再谈一些技术性问题。

1. 我们所选的九位俄罗斯语言学家代表着语言学不同的方向和领域,各自都有独特的研究视角,独特的研究方法和独特的语言表述风格。因此,我们不力求每部作品在形式、风格及至术语上都一致,而是给予译者相对的独立性,以此保证每一部译著的完整性、统一性和独特性。我们希望读者在不同的译著中,除了能读出原作者的风范外,还能品读到译者的风格。

2. 对于国外学者译名的处理问题,我们采用了如下原则:①对在我国语言学界早已耳熟能详的世界著名学者,沿用现有的译名,如索绪尔、乔姆斯基等;②对西方的语言学家、哲学家等,采用国内学界已有的译名,尽量接轨;③对俄罗斯及斯拉夫语系的学者,我们按照国内通行的译名手册的标准翻译,同时兼顾已有的习惯译法。

3. 关于术语在上下文、前后章节中的使用问题,我们的基本原则是:在准确把握原文意图的前提下尽量一致,前后统一,减少歧义;同时又要考虑作者在不同时期、不同语境下的使用情况做灵活处理,术语的译文以保证意义准确为宗旨,以准确诠释学术理论思想为前提,随文本意义变化而变,因语境不同而异。

4. 为保持原著的面貌和风格,在形式上遵循和沿用原著各自的行文体例,没有强求形式上的统一,因此,即便是在同一本译作中,也会有前后不一致的情况。

5. 鉴于篇幅问题,个别著作的中译版分为上、下卷出版。

最后,由衷地感谢北京市教委,为我们搭建了这样一个坚实的大平台,使诸多俄语学者实现了为俄语学界、为我国语言学界做一点贡献的愿望。

本书的翻译出版得到了俄罗斯叶利钦基金会的支持和帮助,在此表示衷心感谢。

我们还要感谢北京大学出版社对本套译库出版给予的大力支持。

唯愿我们的努力能为我国的俄语教学与研究,为我国语言学的整体发展产生助推和添薪作用。

总主编 刘利民
2010 年 12 月

前　言

　　本书是一个综合性的研究结果。这些研究都旨在直接或间接地解决同一个问题，就是语言表达的功能在多大程度上以及在哪些情形下取决于它们所表示的语言外现实的"客观"属性。该问题与世界的语言图景中的"客观因素"与"主观因素"、"认知因素"与"交际因素"、"逻辑因素"与"语用因素"的相互关系及相互作用紧密相联系。

　　最近几十年的研究明显表明，Ч. 莫里斯根据符号与"现实"的关系和符号与符号使用者之间关系的区分对语义学和语用学所做的划分具有某种人为性。在自然语言中，语言外现实就是人们用以解释的世界，也是人与世界的关系本身，这就是现象"本体论"的意义所在。如何用自然语言来描写本体论，取决于使用该语言的人们如何对语言外现实进行概念化；另一方面，任何话语的巧妙编织只有在某种给定的世界的语言概念化方式的背景下才是可能的。

　　这样，"本体论"和"语用学"在语言里处于不可分割的相互联系和相互作用之中，因此在很大程度上，描述这种联系就是描述语言的语义。语言符号的意义既与语言外的现实有关，又与谈论这种现实的人有关。可见，更准确地说，在此要讲的不是语义学和（语言学的）语用学之间的界限，而是语言意义的"认知"方面和"语用"方面的界限。在这种情况下需要认识到的是该界限有时并非十分清晰，或者说是变动不定的。因此，当代语义学研究一方面与对现实的研究和对一般哲学概念的分析关系十分紧密；另一方面与对语言间接使用的各种方式的描写密切相关。

　　因此，我们应该承认，从语言学所关注的角度来看，较之区别语义描写和百科知识以及罗列说话人用来操纵语言的所有可能方式，划定"本体论"和"语用学"之间的界限就变得不那么重要了。

　　我们应该认同，一方面在描写称名单位时不见得有理由无视其称名的本质［Шмелев 1973:16］；另一方面，也不应该用语言外现实的描写来替代语义分析。在描写语言单位的语义时也是这样，没有理由不把语言单位间接使用的不同情形考虑在内。但是,我们也不必把不同交际情境下使用该单位的所有可能性都纳入到语言单位的功能中。

由于语言语义学不仅与"百科辞典"紧密相联系,而且与交际的普通理论相关,因此在当代语句语义内容的研究中呈现出两种相反的趋势。

一种趋势是最大限度地丰富语义描写,把凝集在语句构成单位意义中关于世界的所有知识及该语句在交际双方相互作用的框架内所表达的东西统统归入其中。最全面彰显这种趋向的方法有时被称作"语义主义"或"激进的语义"方法。

另一种趋势是最大限度地"压缩"语义描写,从中剔除所有"百科辞典"知识,以及所有与将语句作为交际单位使用相关的东西。从"百科"信息中"解放出来"的趋向是结构主义方法所特有的;而另一种趋向是根据格赖斯(Грайс)的著名研究,以言语交际的一般准则为基础,或者更宽泛些,以人类相互作用的一般规则为基础来解释"语用"现象。这种理论认为这些现象是语言语义学自身范围之外的"言语隐含义"。它有时也被称作"激进的语用"方法。

上述方法,尽管彼此有别,但是"激进主义"使它们在解决什么属于语言学描写范围这个问题上彼此接近。"语言外围"现象被不加区分地归入到语言学的研究领域,或者相反,将其彻底排除在外。相关"意义"在规约化程度上的差别同样也不被考虑在内。语言语义学和"语言外"现象之间的界限由语言规约现象和具体语言中未被规约化的现象之间的区别来确定,我们的研究正是以此为据。在对语言语义学的对象进行描写时,或许可以说,语义学就是对被规约化了的意义进行研究。

因此,本书各篇章着重揭示"本体论"领域和"语用学"领域的规约现象。本着这个立场,界定某种语义现象是否被规约化的标准非常重要。在具体语言中,语义现象规约化的一个界定标准就是有没有不存在这种现象的其他语言。如果说语言学共相一直是类型学家关注的对象,那么我们的关注点恰恰是非共相现象。

实际上语言规约现象经常与共相的非规约现象交织在一起。比如,疑问句用于祈使功能(特别是请求)是非常普遍的现象。我们常常在一般言语交际准则的基础上将其作为言语隐含义来描写。但是俄语里的这种用法具有一定的特殊性在于,它是可以被视为规约现象的。因为,比如说,与英语不同,相应的句子应该包含表层否定(《祈使的间接表达:一般交际准则还是语言外规约?》这一章就是描写规约和非规约祈使表达的)。

我们不但应该将语言规约现象和非规约现象加以区别,还应该将其与受语言外规约支配的现象区别开,尤其是有别于所谓的"使用性规约现象",即相应社会中的常规表达。在这种情况下,人们通常不容易把"具有语言特色"的现象、"具有民族特色"的现象和"具有文化特色"的现象区分开。看来,美国人通常习惯用"Fine!"来回答问候语"How are you today?"是文化规约(俄语里也可以用"Прекрасно!"回答"Как дела?"),但是选择"Quite good!"还是"Quite well!",起作用的却是语言规约。俄语里用"Ничего."回答"Как дела?",在文化上是出于选择一种"温和"的回答,在语言上则是由于相应的内容可以用否定代词来表达。但是"使用性规约"通常是由语言单位在意义上的某种细微差别造成的,再者,它们本身对语义也有影响,所以过分严格地区分语言规约和语言外规约是毫无道理可言的。

我们通常正是在揭示语言规约规律的基础上得以确定语言单位语义中"认知"因素和"交际"因素的作用。可见,"交际"成分在俄语的数量句语义中占有重要位置(参见《自然语言的量化机制与数量评价语义》一章);另一方面,使用情态句的特殊交际效果完全是由交际的一般准则决定的,这些准则允许运用这些句子的"逻辑"结构(参见《自然语言的"可能性"和情态逻辑》一章)。

上述有关被规约化意义和未被规约化意义的关系的概念,以及关于用自然语言表达的语句的语义中"本体论因素"和"语用因素"相互作用的概念在某种程度上决定了本书的结构。本书以我们在1980年至1995年期间所写的文章为基础,其中大部分已经发表在不同的学术刊物上以及论文集和合著中。我们根据这些文章所论语言现象的所属领域对其进行了整理,并做了些许的编辑修订。

前两部分描写的是最具有"客观性"特点的部分:第一部分研究现象本体论及其如何在语言中体现,并从该角度出发分析俄语体的使用功能;第二部分反映语言中与形式逻辑类似的思维范畴。接下来的两部分在很大程度上集中在世界的语言概念化的"主观性"方面,着重分析"客观"和"主观"、"本体论"和"语用学"的相互作用,包括命题态度及其语言解释。最后两部分则针对较为特殊的问题:在言语交际过程中产生的偏离标准问题(从可概念化的现实角度以及谈论这些现实的方式来看)以及民族的世界图景的独特特点。

第一部分"现象本体论与俄语体",从不同角度分析对于可观察现象类型的认识，它们是俄语体学体系的基础。由本部分得出结论，"超范畴"时空定位的功能作用是语言表达的"认知"特性和俄语体的特点相互作用的基础。

第二部分"自然语言中的逻辑项"，研究在形式逻辑中具有直接对应物的语言意义：数量意义和情态意义。本部分提出在自然语言中表达上述意义时"逻辑"和"语用"的相互关系问题。

第三部分"语用学与语旨情态"，研究语言中用来标记语句语旨力的手段。本部分对所谓的"间接言语行为"及其语言规约化情形给予了特别关注。

第四部分"世界的朴素语言模式中的人称和时间"，分析了用来表达意义指示成分的单位：人称代词和时间的语言标记。本部分研究俄语中"零位"人称代词问题以及包含这些代词的特殊的俄语句法结构的语义问题；此外，此处还阐述了与语言时间概念化特点相联系的一系列"悖论"。

第五部分的论述是关于所谓的命题态度语境中的语言单位的行为。此处重在研究诸如对转达他人的言语行为，或更宽泛些，转达他人态度的间接一疑问结构进行解释的问题，以及转达态度的不同策略、不同评价方式、评价主体的确立问题、命名的悖论和自指问题。

第六部分描述在实际言语活动中存在的各种"异常现象"。此部分意在分析有关语义上"异常"语句的解释问题（其中所谓的"自证伪"语句占据特殊位置），同时描写那些利用语言所提供的可能性而产生的"蛊惑性"方式。

最后，第七部分是关于世界的俄语图景的特点的描述，并讨论这些特点在多大程度上可能与相应语言使用者的民族性格特点相关的问题。

这些章节的大部分由两人共同完成。不过，"语法、语义范畴及其相互联系"、"论俄语述谓类型学的建立"、"述谓类别和语句的体学特性"和"语用学的界限和内容"由 Т. В. 布雷金娜撰写；"依据话语目的的句子分类和功能修辞学"、"'即使我知道，我也不相信'"、"称名与名词的自指性"、"自证伪的悖论"、"语言蛊惑方式：提请注意现实是一种蛊惑方式"和整个第七部分"世界的语言图景的民族特性"由 А. Д. 什梅廖夫撰写。

目 录

第一部分 现象本体论与俄语体

I.1. 语言表达的认知特性 …………………………………………… 1

第一章 语法、语义范畴及其相互联系 …………………………… 1
1. 关于语言意义的类型(意义的"语法性"特征) ………………… 2
2. 隐性语法范畴 …………………………………………………… 8
3. 句子语法意义成分的语义一致性 …………………………… 17

第二章 论俄语述谓类型学的建立 ……………………………… 26
1. 述谓的语义分类是语言学分类的独特现象 ………………… 26
2. 述谓性语汇和表述的某些分类特征 ………………………… 29
3. "状态"是"现象"的一个特殊类别 …………………………… 41
4. 述谓关系的类型和动词的语义类别 ………………………… 50
5. 可控事态/不可控事态 ………………………………………… 72
6. 结论 ……………………………………………………………… 84

第三章 时空定位是句子的超级范畴 …………………………… 86
1. 语言外实体的类型 …………………………………………… 86
2. 偶然性述谓和永恒性述谓 …………………………………… 90
3. 句子的"超级范畴" …………………………………………… 95

I.2. 俄语体学体系的"本体论"基础 ············· 98

第一章　述谓类别和语句的体学特性 ············· 98
1. 引言 ·· 98
2. 时间定位性特征：性质和静态现象 ············· 101
3. 动态现象 ·· 106
4. 对分类的进一步细化和明确 ····················· 110

第二章　从体学角度看心智述谓 ················· 117
1. 引言 ·· 117
2. 具体述谓分析 ····································· 120
3. 简要结论 ·· 130

第三章　事件的证同性：本体论、体学、词典学 ··· 131
1. 单事件的时间定位与多事件的等同性问题 ····· 131
2. 本体论和体学：对接点 ·························· 132
3. 理论结论和词典学结论 ·························· 137

第四章　使役类型和俄语使役动词的词典学描写 ··· 142
1. 使役关系的形式、控制和类型：相互制约性 ··· 142
2. 语义上相近的动词的区别 ······················· 143
3. "体的三词聚合" ·································· 144
4. 词典学结论 ······································· 147

第二部分　自然语言中的逻辑项

第一章　自然语言的量化机制与数量评价语义 ··· 150
1. 自然语言量化和逻辑量化 ······················· 150
2. 能指示出整体或全部的量化表述：词位 весь, всякий, каждый ··· 151
3. 能指示出"大量"和"少量"的量化表述：мало, много, немного, многие 及其他 ·· 155

4. 简短结论 · 162

第二章　自然语言的"可能性"和情态逻辑 · 163
  1. 潜在性和或然性（本体论可能性和认识论可能性） · 164
  2. 本体论可能性的逻辑分析 · 166
  3. 本体论可能性的种类 · 168
  4. 认识论可能性 · 179
  5. 结论 · 181

第三章　"必须性"语义场中的"义务"概念 · 185
  1. 必须性语义场 · 185
  2. 义务是道义必须性的标记 · 186
  3. 义务（ДОЛГ）VS 责任（ОБЯЗАННОСТЬ） · 189

第三部分　语用学和语旨情态

第一章　语用学的界限和内容 · 192
  1. 语言语用学的研究历史 · 192
  2. 语用学和言语行为理论 · 195
  3. 语用学与语言学的界限 · 200

第二章　依据话语目的的句子分类和功能修辞学 · 202
  1. 言语行为和表达言语行为的句子 · 202
  2. 正式—公务（公文）语体的特点 · 203
  3. 科学语体的交际特点 · 204
  4. 口语的某些特点和结语 · 205

第三章　对话中的疑问句 · 207
  1. 疑问句的对话功能 · 207
  2. 一般疑问句的特殊类型：语气词 РАЗВЕ 和 НЕУЖЕЛИ 的语义和功能 · 213

第四章　祈使的间接表达：一般交际准则还是语言外规约？ …… 224
1. 祈使句和指令性言语行为 …… 224
2. 祈使的种类及其间接表达 …… 229

第五章　假设和准确定 …… 232
1. 假设与假设句 …… 232
2. 假设性和准确定性 …… 237

第六章　以赞同形式表示的反对 …… 243
1. "以赞同形式表示的反对"的语用根据 …… 243
2. "让步－转折固定模式"是"以赞同的形式表示反对"的规约化形式 …… 247

第四部分　世界的朴素语言模式中的人称和时间

第一章　人称代词的语法 …… 253
1. 俄语中有多少人称代词？ …… 253
2. 人称代词的置换 …… 260

第二章　俄语句法中的我、你及其他（零位代词：指称与语用） …… 267
1. 代词 Ø/ты 的指称特性与语用特性 …… 267
2. 复数第三人称零位代词（Ø$_{3мн}$）的指称与语用特性 …… 273
3. 泛指意义上的代词：泛指的不同类型 …… 278
4. 俄语人称代词体系中的 Ø/ты 和 Ø$_{3мн}$ …… 280

第三章　代词的语义特点和词法特点：聚合体结构 …… 284
1. 聚合体的统一化原则 …… 284
2. 代词聚合体的区分 …… 285
3. 词位的聚合体界限 …… 286
4. 聚合体缺陷的根源：词位 ОДИН ЗА ДРУГИМ …… 289

第四章 非特指性别与前指的一致关系 ·················· 292
1. 前指代词的性的（两个）选择策略 ················ 292
2. 对零位先行词的前指 ······························ 297

第五章 时间的语言概念化（时间定位的悖论） ········ 301
1. 神秘的时间 ·· 301
2. 时间的"运动"隐喻 ································ 303
3. 参照点的探究 ······································ 306

第五部分 命题态度和意向性问题

第一章 关于间接疑问：间接疑问与事实性的联系是已经确定的事实吗？ ······ 310
1. 区分间接疑问句和表面上相似的其他类型的从句 ········ 310
2. 两类间接疑问句 ···································· 313
3. 间接疑问与支配性述谓的事实性 ···················· 317

第二章 "即使我知道，我也不相信" ················ 322
1. 是否可以知道却不相信？ ·························· 322
2. 根据语言信息判断"知晓"和"相信" ················ 324

第三章 从外部和从内部评价性言语行为 ·············· 328
1. 报道（DE RE）VS 解释（DE DICTO） ················ 328
2. 表达评价时的 DE RE 和 DE DICTO ················ 330

第四章 二次交际时的评价 ·························· 339
1. УПРЕК：二次交际时的两种评价形式 ················ 339
2. ПОПРЕК 和俄语的行为文化 ························ 342

第五章 称名与名词的自指性 ························ 346
1. 自指解释的条件 ···································· 346
2. 命名动词：名称的解释 ······························ 349

3. 一格还是五格？ …………………………………………… 353

第六部分　言语活动中的异常现象

第一章　"异常"语句：解释问题 ………………………………… 355
　　1. 实际言语活动中的"异常现象" ……………………………… 355
　　2. 非有意的异常 ………………………………………………… 357
　　3. 对有意异常的再理解 ………………………………………… 359
　　4. 无法重新理解的异常 ………………………………………… 363

第二章　自证伪的悖论 …………………………………………… 368
　　1. 自指性是否可能？ …………………………………………… 368
　　2. 日常言语实践中的自证伪 …………………………………… 369

第三章　语言蛊惑方式：提请注意现实是一种蛊惑方式 ……… 375
　　1. 隐藏在预设下的陈说 ………………………………………… 375
　　2. 借助于言语隐含义的影响 …………………………………… 377
　　3. 以赞同形式表示的反对 ……………………………………… 377
　　4. "貌似"现实与"真正"现实的对立 ………………………… 380
　　5. 利用指称多义性的游戏 ……………………………………… 383
　　6. 依据自己的初始前提对他人的异议或话语进行解释 ……… 384
　　7. "语汇的魔力" ………………………………………………… 388

第七部分　世界的语言图景的民族特性

第一章　俄语词汇是"俄罗斯人心灵"的反映 ………………… 390
　　1. 与一般哲学概念的特定层面相对应的语汇 ………………… 390
　　2. 俄语的世界语言图景中以特殊方式标记出来的概念 ……… 396
　　3. 独一无二的俄罗斯概念 ……………………………………… 398
　　4. "小"词是民族性格的表达 …………………………………… 399
　　5. 结论 …………………………………………………………… 403

第二章　同一性的悖论 …… 405
1. 同一性的本质 …… 405
2. 对等同语的重新理解 …… 411

第三章　象征行为及其在语言中的反映 …… 421
1. 根据语料对"吐唾沫"的分类 …… 421
2. 俄语的世界语言图景中的"轻蔑" …… 425

第四章　依据俄语语料分析 дух，душа，тело …… 428
1. 人的身体结构是人区别于动物的主要特点 …… 428
2. 对人身体结构的朴素认识：语料 …… 430
3. ДУХ（灵魂）与 ДУША（心灵） …… 431
4. 人的物质组成部分：身体、肉体与血液、骨骼 …… 434
5. 人的智力生活：ГОЛОВА（头）与 МОЗГ（大脑） …… 441
6. 人的朴素语言模式的文化意义 …… 443

缩略语索引 …… 445
参考文献 …… 446

第一部分 现象本体论与俄语体

I.1. 语言表达的认知特性

第一章 语法、语义范畴及其相互联系

在坚决转向语义学的同时,语言学发展的后结构主义阶段的基本趋势是:(1)转向研究比词大的语言单位;(2)要求对语言学进行彻底明晰和详尽的描写。基于语义学的任务不能仅仅归结为研究单独词位意义的认识,这一基本定位不仅要求扩展语义学研究对象的范围,而且要求对传统语义学对象的研究方法本身重新予以明确定位。

该定位首先要求承认词汇意义和语法意义研究要服从于整个句义的描写这一任务,而且还要求用句子所有语义成分相互作用的类型和特点来准确界定,取代语境对"不变体"词汇意义或语法意义的某种实现具有影响的普遍认识。

句子语义在语法层面的研究要求解决两个问题:(1)具体句子相互间所表现出的哪些意义差别可以纳入语法范围;(2)句子的总体意义如何与构成句子的语法形式和句法模式的语义相关联(换句话说,在句子的意义建构中语法范畴的语义参与程度是怎样的)。

对这些问题,比如,无条件地承认任何一个形式上的(不是词汇上的)差别都具有句法关系,或者反之,从语法语义中排除掉所有与句子结构模式的"词汇填充"相联系的东西,以及那些根本无法用直接形式表达的东西,采取一刀切的处理方法显然是不适当的。

目前,承认必须放弃句子形式结构与意义结构相同的观点,以及那种认为若句子结构没有差别,则它们的语法差别自然也就不存在的观点越来越盛行〔Москальская 1974:40 и др.〕;另一方面,词法范畴和句法范畴在语义层面上

具有相当大的异质性。其中一些范畴(比如形容词的性、数、格以及其他一些纯一致关系的范畴)由于自身的非语义性对句子的总体意义没有或者几乎没有任何"贡献"。另一些范畴(比如名词的数)首先反映出现实中现象和事物的语言外差别;各种各样这类范畴意义的作用(这种作用也就仅仅限于这种功能)与实质上的词汇差别的语义作用可以相比拟,在语法上可能同样"不很重要"。

同时,也没有理由预先认为所有的词汇差别都是这种差别,在语义-句法模式化时一定要"摆脱"这种想法:在很多情况下不同的词位是由某种关系相联系的,这种关系与其说具有纯词汇性质,不如说是具有语法性质[①]。

当然,所谓的语义含量丰富的词法范畴(一些研究者认为,是没有直接的句法相关性的)不仅反映出语言外现实中事物和现象的实际属性,而且正如[Булыгина 1977:173－175]不得不强调的那样,能够参与形成句子的总体意义结构,按照莫斯卡里斯卡娅的说法,这种意义结构是"思想的某种结构性定势"[Москальская 1974:38],其不同种类就是句子语义的研究对象。

由于缺乏一种广为认可的语言意义分类,相应地,对语法意义在语言意义类型中所占据的位置也就存在着各种各样的理解,因此,对句子的各种不同意义成分在整个句子意义建构中所起作用的研究变得复杂起来。

下面我们将论及语法意义的某些特征(绝不希冀于给它们下形式上的定义)。

1. 关于语言意义的类型(意义的"语法性"特征)

在语言学中,术语"语法"和修饰语"语法的"是在不同意义上使用的——更狭义的和更广义的。"语法的"狭义解释有赖于相应意义表达的形式特点(在这里术语"语法范畴"和术语"词法范畴"是近义词,但是术语"语法意义"则暗含着"依靠词缀手段所表达的意义")。在广义的解释中,大体说来,所有不(仅仅)属

---

① 试比较,例如,阿鲁玖诺娃[1976:217]所指出的 находиться、водиться、обитать、иметься、встречаться 这些动词的区别。显然,句子(1—3)的区别——(1) Обезьяны находятся в вольере для игр. (2) Тигры водятся в Уссурийском крае. (3) Кроты обитают в земляных норах ——不能归结为同一种句子模式在"词汇填充"方面的"语法上不重要的"差别。该差别不仅涉及到这些句子的"物质"意义,而且还有那些固定在其上面的意义要素,这些意义要素由于自身的"伴随性"、"补充性"、"形式性"被纳入到语法意义的传统定义中。可以看到,能够与句子(1)和(2)的差别(近似于"确定性"/"不确定性"的区别)相比拟的区别,在俄语里可以用不同的句子"结构模式"(比较,例如:Деньги у меня 和 Деньги у меня есть)或者不同的词法手段(Надо взять у него деньги 和 Надо взять у него денег)来表达。

于词典范围的都可以归入到语法中去。

由于普遍认为词汇意义与语法意义的对立是第一性的,也即由于语言的整个智力区域最初正是被分成这两个领域,因此应该承认,第二种解释更受欢迎(一种更为宽泛的解释,但还不是所有可能解释中最宽泛的①)。否则,许多语言学上重要的意义就有可能会被置于研究视野之外——特别是那些明显不具有词汇性质,但同时也不具有直接形式表达的意义。

语法意义和语法范畴的传统理解相当宽泛。至少有三类实质被说成是语法上的:(1) 实词词法范畴的意义(比如格、数、人称、时等范畴)以及虚词的"意义";(2) 功能范畴的意义,像"主语"、"补语"、"状语";(3) 与句子的不同交际类型("陈述句"、"疑问句"、"祈使句")相对应的意义。

虽然这种类别合并直觉上似乎是令人信服的(或许,因为传统上就是这样阐释的),但是要准确阐明其合并依据,也即说出所有罗列出来的这些类别所具有的共同特征,即使只是针对上述类别而言,也是极其困难的。不言而喻,如果我们试图找到语法范畴的定义,而且使所谓的"隐性语法范畴"也可以放到该定义下面,那难度就更大了。不过,即使该术语的使用仅囿于词法范畴方面(通常也是这么做的),我们也无法找到哪怕仅仅是全部语法意义所独有的一种或一组(语义)特征。

许多关于语法意义和非语法意义的区分依据的论述都得出这样的结论,即语言意义的这些类别之间不存在明确的界限,相应的对立具有渐进性。不可能(也许,没有必要)区分出这样一种或一组特征,以便在任何情况下都可以把任一意义明确地纳入这种或那种类别。不过,分析语言意义区分依据的特征可能会使我们进一步理解相应区分的本质。

在许多语言学观点中都存在有关语法意义(以隐性的形式或是显性的形式)自然属性的认识,其重要组成部分包括:(a) 关于意义的屈折变化性(对该单位而言是变化的,不固定的)的认识;(b) 句法的参与性;(c) 在某类别的任一单位中必有某种同类意义中的一个意义出现的"强制性";(d) 标准的、规则的意义表达方式。

---

① 在语法最宽泛的理解中,实际上,后者是语言学的同义词(比较,像"历史-比较语法"、"生成语法"这样的搭配)。以下我们将不予考虑反映出这种理解的词的用法,以及其他一些解释,比如,把词法、句法和语音,以及所有和词汇(像"专门的科学")相对立的都归入到语法中去(像"泛泛的科学")这样的解释。关于"语法"和"语法的"的不同理解,可以参见[普通语言学,1972],200-209 页。

有一些意义,没有人会怀疑它们的语法实质,其特点就是所有这些特征都重合在一起(特别是如果"句法的参与性"在自动性和相应特征的语境制约性中表现出来)。在另外某些情况下可以看到不相符的现象,这取决于对上面罗列出来的哪一个特征更为重视。

可以看到,同一个单位在实际使用中会以不同"形象"出现,这里表现出来的屈折变化性具有高度的共性。尤其是,该特性把词形变化意义和"句子变化"意义①合并在一起。Л. В. 谢尔巴建议把俄语中名词和形容词指小表爱和指大的形式归入到语法范畴,而把无人称(светает, смеркается, тошнит 这类描述性无人称类[impersonalia tantum])或名词的性这样的范畴归入到词汇范畴[Щерба 1974:59]②,表明他曾有意把常性意义(对该词位而言固定的)与变性(不固定的)意义的差别作为词汇范畴和语法范畴的区分依据。

对谢尔巴的观点(与之相对,马尔金娜对名词的性以外的语法"符素"地位予以否定)可以表示理解,特别是倘若考虑到词汇和语法界限的划分与哪些信息应当在词典中固定下来,哪些信息应当在单位的使用规则中予以确定这一问题相关联。然而更为普遍的认识是,在承认词形变化范畴(或者更宽泛些,形式变化)的同时,还承认所谓的分类语法③范畴,也即承认大多数相应词位所具有的那些固定意义的语法性,如俄语中名词的性,以及动词的及物性/不及物性。这种处理方法的主要理由显然就是相应特征的句法属性,也即这样的事实,比如说,名词的性无疑与句法上同名词相关联的词(形容词、动词)④的语法特性(在所有特征上)直接相联系。

一些深受 Ф. Ф. 福尔图纳托夫派观点(众所周知,该观点认为一个词位的词

---

① 比较什维多娃的评论,"语言中句子和词的变形之间存在着某种同形现象"[1966:150]。应该强调,意义的变性和常性取决于被认为是划分出来的单位的类别,即取决于那些需要分析相应特征的单位的类别。

② 同时,谢尔巴建议在语法的单独领域研究这一类词汇范畴,实际上是从术语的角度,反对库尔德内把相应的领域称为"词汇学"的建议。

③ 不过,像(名词的)性这样的范畴经常被称作"词汇-语法"范畴。这正是由于性(如同其他分类意义一样),与个别的词汇意义类似,固定在每个词位中。

④ 相反,俄语里指小与指大意义的语法性几乎未被普遍承认,这也许可以用相应的意义不具有句法关联性来解释。同样也可以用来解释像变格、变位这样在很多方面都与名词的性范畴相似的形式类不属于语法范畴的原因(比较[Иванова 1976])。

形要求称名意义①完全相同)影响的语法学家认为意义的句法性(在这里"句法"是狭义上的②)是将其纳入到语法范畴的必要条件。众所周知,如果把该观点贯彻到底(因其简单而具有吸引力),有时会得出直觉上就不令人满意的结果(尤其会导致出现这样的结果,认为名词的各种数范畴形式和动词的时范畴形式③都是不同的词位)。但是,如果放宽对意义"句法性"的理解,即将其理解成"句法的参与性",那么就不会与语言直觉和语言学传统相矛盾了。

许多当代语法观点认为"强制性"④是语法意义的最重要特征。

强制性或者"被迫性"的标准,指的是在所分析的任一单位存在的情况下强制表达出某种补充意义,甚至在有意不予表达某种范畴的对立意义时也强制表达出其不可能性,譬如,(在俄语中)使用一种既不包含"单数"成分,也不包含"复数"成分(或者同时包含这两个成分)的名词形式是不可能的。关于一个范畴内语法要素互不相容的普遍认识是说明这种强制性特点的另一种方式。

毋庸置疑,作为一种"强制性"概念〈该词在雅可布森(Р. О. Якобсон[1959])的著作发表之后变得非常流行〉,"语法"概念揭示出对立语法意义之间相互关系的重要特点。同时应该注意到,这一观点会导致在具体分析中得出实质上不同的结果,这取决于对"强制性"的理解是表层的(形式上的)还是深层的(语义上的),也即取决于是否把某种语义范畴的特定形式标记视作语句的(或者词形的,如果指的是词法意义)必要成分,而不取决于使用该类型到底要表达什么意义,或者涉及某种意义的强制性,该意义不论以何种方式都应该表达出来,而与交际目的和交际需求无关。

按照"强制性"的"形式"解释,那些诸如俄语动词人称形式的"单数"和"复数"意义应该被视为语法性的(因为所有人称形式,或者是单数形式,或者是复数形式;而像"主体的'人称性'或'无人称性'标记"这样的意义,则不是语法性的)(因为在动词形式本身当中没有相应的词法对立)。

---

① 在福尔图纳托夫学派那里词形变化和构词的界限同语法和词汇的界限不一定是吻合的(这样,根据福尔图纳托夫的观点,俄语中名词的数和动词的体可以被认为是构词性的,但在这种情况下是语法范畴)。但是,通常(尽管不总是以显性的形式)相应的区分是混为一谈的(比较,例如,[Зализняк 1967: 25—26,57],为了区分与划分称名意义和句法意义无关的语法和非语法意义而提出的"强制性"和"规则性"标准,接下来在有关一个词位的词形和不同词位的区分问题上将被毫无特别保留地采用)。

② 就是与"称名的"相对;关于该对立可以参见:[普通语言学 1972:203—206]。

③ 参见[Зализняк 1967: 56—57]。

④ 把语法意义作为强制性意义的观点可以详见:Общее языкознание(普通语言学),Внутренняя структура языка(语言的内部结构),206—209页。

但是按照"强制性"的"内容"解释,语义成分"主体的单一性标记"/"主体的多数性标记"同语义成分"主体的人称性标记"/"主体的无人称性标记"相比是"语法性较弱的"。

描述行为主体的语义特征"一"/"几个",可能在某类句子中是不予表达出来的(由于说话人规避、或者不知道、或者相关的说明是多余的;有时这种语义对立由于与句子的其他语义特征不相容而被抹消),但是语义特征"人称性"/"无人称性"甚至在"主体"的其他所有方面都未加以说明的情况下也被表达出来①,参见(4)和(5)、(6)和(7)、(9)和(10),以及(11)中的相应对立:

(4) стучат в дверь;

(5) стучит в висках;

(6) Героя качали;

(7) В тот день его контузило. Даже не контузило, а отбросило взрывом и ударило несильно обо что-то. «Прислонило к стенке», как он после говорил. Слабый, вялый-его качало, он еле сдерживал тошниту, — Андрей заснул один в окопе (Г. Бакланов);

(8) Он в то время вздыхал по пятой дочке генерала, и ему кажется, отвечали взаимностью. Но Амалию все-таки выдали... (Ф. Достоевский);

(9) Теперь ему были не до дуэлей. Правую ногу ему совсем отрезали, и потому он ходил на костыле (Короленко);

(10) Один барышник попал под локомотив, и ему отрезало ногу (А. Чехов);

(11) [Как она в ее положении перелезла через высокий и крепкий забор сада, оставалось в некотором роде загадкой.] Один говорил, что ее «перенесли», другие, что «перенесло» (Ф. Достоевский).

句子(8)根据语境可以断定,"ему отвечало взаимностью"是一个人,但是动词本身的形式(复数第三人称)是不依赖语境的,正如其他例子所示,关于行为发出者的数量只字未提;相反,"人称性"/"无人称性"标记不仅可以包含在动词

---

① 指的是单部的不定人称句和无人称句;在双部句中——"人称性"/"无人称性"特征是通过给行为主体命名的名词词干来表示的。

形式本身当中,也可以包含在近语境和远语境中,但是动词形式根本不需要以语境为依据来表示相应的对立,特别是,试比较例句(11)(不得不在其他方面稍作注释)[Булыгина 1977:172]。

按照强制性原则的"形式"解释,相应的标准在许多情况下是徒劳无益的,因为倘若不诉诸于语义标准,任何形式标记的缺失都可以用零标记来解释。相应地,任何一个规则的符号表达的语义成分(比如,俄语中指明事物大小及说话人对事物的主观态度的意义)都将被视作语法性的。

实际上,任何一个俄语名词要么包含"指小"词缀,要么不包含"指小"词缀,除了语义标准以外,没有任何其他标准可以说明不把"非指小"零后缀(或者"中性评价")纳入到非派生名词结构的理由。语词 дом(房子),стол(桌子)等等可以归入到任何大小的房子和桌子中去(也即一般不必明确指出所命名事物的大小或者说话人对它的态度),只有该事实能把 дом 和 домик 的关系与 дом 和 домá 的关系区分开。从形式角度来看,дом 同样是"非指小"名词,这里 дом 是单数(也即不是复数)名词。

因此强制性原则的"内容"解释看起来更受欢迎(关于强制性,比较新颖独特的说法当属 Ф. 鲍阿斯的观点,指的就是相应形式间的语义关系的性质),虽然这种解释遇到一些公认的与语法对立中和是否可能相关的难题。

即便抛开这种可能性,语法对立和其他可能的语义关系之间的差别依然存在。譬如,不承认主观评价(或者描述事物大小的特征)的不同意义具有语法性,这可以借助于我们分析过的标准来解释:дом 这个词在任何情况下都可以替换 домик,домишка,домище,домина 等等,бледный 这个词可以替换 бледненький,бледнющий 等等,因为与 домишка,домище 相比,дом 一词的特点在于语义复杂度较低,它是中性词,在大小和主观评价特征方面都未加以明确说明。

如果出现语法对立,这里指的是语法对立可能发生的中和,这种中和出现在严格限制的条件下(其复杂性远远超过用语法对立成分的标记性/无标记性这样的概念进行的描写中时常呈现出来的复杂性)①。

---

① 在一些情况下,由于与某种意义的含义不相容,这种对立被抹消,这时对立成分可以互换而不改变语句的含义(也不违反语法的正确性)。在另一些情况下,在中和位置上出现的一定只能是对立成分的其中一个,尽管"中和的"语义差别并不丧失其交际的重要性。在这种情况下,用标记性/非标记性来确定对立成分可能是不适当的,因为在一些中和位置上使用"非标记性"成分是必须的,在另一些位置上则应使用"标记性"成分。

该原则的"内容"解释将保留某种语义对立的相对必要性考虑在内,必定会承认"语法性"具有渐进性,而且可以揭示出该语言的"较强语法性的"和"较弱语法性的"意义。

上述语法意义的最后一个特点(表达方式的标准性和规则性)应被视作典型特征:在大多数情况下,传统上归入到语法范畴的意义,实际上借助于十分规则的和标准的表达手段都可以直接表达出来。但是该特点无法区分构形(语法的)意义和规则的构词意义,后者通常被排除在语法范畴以外(试比较,同样一个"指小"意义,或者说,"性质的弱化程度",可以用 красноватый 这样的形容词来表示);另一方面,形式上的可表达性首先是构形(一般说来,变性)意义的特点,而构词意义经常是不可表达的(由于变性意义的不可预测性,以及该单位所具有的固定意义的冗余性和可预测性,这是不言而明的)。然而,那些在语词自身当中未表达出来的意义,比如名词的性,传统上将其归入到语法范畴(通常并不是作为"隐性范畴"来说明其特点)。

因此,某种意义是否被视作语法性的,严格说来,直接的形式可表达特征既不是充分的,也不是必要的。

当然,从真正的语言学角度来看,凡是涉及到表达方式的差别都是非常重要的,毋庸置疑,在语言意义的分类中应该考虑相应的特征。可能只有借助于这一特征才能区分出语法意义和非语法意义①(关于如何标记这种区分结果,该问题在很大程度上具有术语性)。引起异议的不是对标准本身的考虑,而是在该标准的运用中不易觉察到的实质,这种实质在于,不仅宣告未直接表达出来的语义差别对语法学而言是不甚重要的,而且常常将其彻底抛到语言学的研究范围以外。与此同时,最近几十年的研究极具说服力地表明,除了"显性"范畴,同时还存在"隐性"范畴,该范畴常常被研究者忽略(Кацнельсон 1972:16),但是它具有最直接的语言学上的(甚至是狭义语法上的)重要性。

2. 隐性语法范畴

语法学中与"显性、或者开放语法范畴"、"显型"相对的"隐性语法范畴"或"隐型"这个常用术语(概念)的引入与沃尔夫的名字联系在一起。按照他的定义,"隐性范畴不是出现在所有的句子中,而只是某类句子中的特别现象"[Хэмп

---

① 比较,例如[Серебренников 1976]。

1964：194]，或者参见[Уорф 1972]。

上面提到的特征在隐性语法范畴方面依旧保持相关性。特别是，这里同样可以区分出某种意义单位的变性（"屈折变化"）意义和常性（"分类"）意义①。句子中出现的非词汇意义归入到第一类隐型中，例如俄语中的有定/无定，词法范畴中许多所谓的个别意义。第二类隐型包括许多用来描述所谓的词汇－语法类意义，比如"动物/非动物"意义（俄语中）。

区分多义性（同音异义现象、多义现象）和语义不确定性②，区分不同涵义与指称不同但涵义相同的各种变体，它们都同屈折变化性隐型相关。对该问题的处理远非总是十分清楚的。

例如，(12－16)类句子，可以容许两种不同的解释（一种解释是，主语所表示的人是行为的真正施事者；另一种解释是，主语只是行为的诱因，该行为发生在他身上，或者对其有益），是否有理由假设在俄语中存在"直接施事性/间接施事性"（或者实质上的施事性/准施事性）这个隐性范畴？试比较：

(12) Она сшила себе юбку；

(13) Ты хорошо причесалась；

(14) Он бреется каждый день；

(15) Они отремонтировали квартиру；

(16) Он лег в больницу.

是否应该探讨与名词指称类型有关的隐性范畴（同代词领域清楚呈现出来的范畴相似）？试比较例句(17)，其解释可以等价于(18－20)这些形式上与其有别的句子中的任何一个：

---

① 对于隐性范畴来讲，术语"屈折变化的"不很恰当，因为经常和形式上可表达的（而且以完全确定的方式）范畴联想到一起。这里采用这个术语，目的是力求反映"显性语法"中词形变化意义和词分类意义的对立与"隐性语法"领域类似对立的相似性。以前我们在近似的意义上使用术语"区别性"和"整体性特征"[Булыгина 1968]。但是在语言学中（包括语义研究中）这些术语是在另外的意义上使用的。沃尔夫在相似的区分中使用生疏的术语"系数范畴"（它可以任意添加和消除）和"选择范畴"（"对于某个更为广泛的类别，这是一个成员固定而有限的语法类别"）[Уорф 1972：51，53]。与我们所采用的对立最为接近的（无论是术语上，还是实质上）是切夫提出的（语义）"屈折变化"和"选择"单位的区分[Чейф 1975：124，192]。

② 在多义情况下，说话人指的只是一个确定的意义，为了正确理解话语，听者必须从可能的意义中做出选择。相反，语义的不确定性通常符合说话人的交际意图，听者无需进行选择。这样，可以说明"强制性"（试比较上面的解释）原则对于隐性语法范畴的特殊作用。

(17) Маша хочет выйти замуж за молодого человека, владеющего суахили;

(18) Маша хочет выйти замуж за одного молодого человека, владеющего суахили;

(19) Маша хочет выйти замуж за какого-то молодого человека, владеющего суахили;

(20) Маша хочет выйти замуж за какого-нибудь молодого человека, владеющего суахили;

用动词或代词的第二人称单数形式表示出来的与"受话人"有关联还是与"泛指人称"有关联的意义是隐性范畴中的对立意义,也即互不相容的意义,还是同一涵义的不同指称?

看来,应该承认至少具体所指和非具体所指这两种涵义的区别在俄语语法上是非常重要的。像(17)这类句子的多义性(而不是语义的无区别性)在(17)的假同义变形句中(准确到实际切分)彰显出来,例如:

(17a) Молодой человек, за которого хочет выйти Маша, владеет суахили. (具体所指,包含"年轻人"存在的预设);

(17b) Человек, за которого хочет выйти Маша, должен быть молодым и владеть суахили. (非具体所指,不包含"年轻人"存在的预设)。

"受话人"和"泛指人称"的对立应被视为特殊的隐型:这种对立在表达客体和主体的共指或非共指时彰显出来。试比较:

(21) В таких случаях ты думаешь о себе, а обо мне не думаешь;

(22) В таких случаях ты (уж) о себе не думаешь;

(23) О тебе все время думаешь;

(24) а ты это не ценишь.

在例句(21)和(24)中"第二人称单数"表示与"受话人"有关,在例句(23)中——泛指人称意义(与说话人有关),例句(22)中——是多义的(由于 уж 的存在,更有可能表示泛指人称意义)[①]。

至于例句(12—16),看起来,在直接/间接施事性方面应该被视作未加以明确说明的(尽管正是由于这种不确定性,它们可以描述指称上不同的情境):相

---

① 关于"泛指人称"结构的问题详见后面的 Ⅳ.2。

应的区别,似乎无论在哪一种情况下都无法在形式上表达出来(这里"间接施事性"的意义总是与"非施事性"相对立:谈论一个刚剪了头发或者是刚被送到医院的小男孩时,则不能说:Ребенок постригся 或 Ребенок лег в больницу 等等)。

类似地,承认所提出的分类性隐性范畴的语法重要性同样也要求确定其"反应特征"(reactance,沃尔夫),也即要弄清楚一个问题,所分析的语义成分(在语词中未直接表达出来的)在相应结构的形式特点中是否有所反映。

一般可以预先假定,任何思维范畴都应该具有某种语言反映,即使是在该单位所特有的个别搭配限制中。"我们总是能碰见句子的语言形式与心理交际不符的现象",沙赫马托夫写道,他坚决主张"语言和思维、语法范畴和心理范畴之间存在紧密的内部联系","但是这种不符现象并不等同于矛盾。合乎语法形式认识的心理属性不能与正当的、合理提出的语法要求相矛盾"[Шахматов 1941:23]。

同时某些逻辑范畴和心理范畴的语言学重要性程度可能并不相同,不同思想范畴的某种语言反映可能与语法有关,也可能与语法无关。

当然,某个类别的语义特性的共性本身并不能作为相应语法范畴的区分依据。不仅对于"显性范畴"如此,而且对于"隐性范畴"亦是如此。

虽然从逻辑观点来看,"雪"、"牛奶"、"粉笔"、"石灰"、"麻布"、"纸"这样的事物都可以被归入到"白色的物体"这一逻辑范畴中去,对此谁也不会争辩,但是我们也没有理由说存在表示白色事物的语法范畴[Исаченко 1954:41]。

然而把"白色的事物"合并在一起的非语法性表明,与其说特征"白"在雪、牛奶、粉笔、石灰、麻布、纸这些名称中不具有独立的形式表达(尽管要把该组从词法范畴排除出去,这一特征很重要),毋宁说在语法中根本就不需要把这类"白色的事物"区分出来。或者说,不存在只有这类成分才能作为主语出现的结构,也不存在只能由"白色的事物"这一名称才能构成的名词的词形变化形式等等。

寓于"雪、粉笔、纸、麻布"(但是恐怕不是石灰或牛奶)这些名词意义中的"白"这一内涵特征在诸如"雪白,像雪(粉笔,纸)一样白,变得像麻布一样白"这样的表述中有所反映。但是,该特征的语言关联性大概只限于这样的表述。比方说,(对俄语而言)液态/非液态这样的物质特征之间的区别更为重要,因为这与一系列搭配特点相关(不过,[Арутюнова 1976:86-92]一贯主张的搭配特点并非完全如此)。然而在与之类似的情况下,仍然指的是非语法(本体论的、指称的或者是个别词汇的)范畴化,因为像 положить — налить, есть — пить 等这类词的区别本身是词汇性的,而不是语法性的。

在分析某种语言类别的属性时,有时要关注数量特征(或者要注意到不同特征在一个类别中的共现,这看起来更为重要)。譬如,切夫注意到句子"My cat is barking 'Моя кошка лает'(我的猫在吠叫)"和" The noise frightened my chair 'Шум испугал мой стул'(嘈杂声让我的椅子受惊了)"违反搭配限制的不同性质,他强调,"类似于界定动词'лаять(吠)'的'主体'范围的这种限制是个别表现手法的限制,除了与这些具体词位有关,与其他统统没有关系"。相反,在分析"不能被恐吓的物类时,我们发现,不像包括狗、山狗、赤鹿的类别,仅凭特征'лаять(吠)'就可以确定,该类别不是仅仅以此为据就可以确定的类别,而是还要依靠其他根据才能确定的类别"[Чейф 1975:103]。

但是这些"其他根据"并不单单局限于,"不会害怕的事物,同时也是不会惊奇、不会生气、不会吃东西、不会喜欢什么的事物等等"[Чейф 1975:103]。椅子不仅不可能害怕,也不会惊奇、生气、吃东西和喜欢什么——这并不是反映语言内范畴共现的不同事实,而是同一个事实,该事实是全人类关于无生命事物的"能力"的知识的一部分。句子 Шум испугал мой стул(吵闹声让我的椅子受惊了)的异常并不在于违反了词位(或者靠共同意义合并在一起的词位类) испугать(受惊)和 стул(椅子)的搭配限制,而在于违背了我们对世界的看法[1](从这个角度来看,英语里海豹和赤鹿属于"会吠的动物"这一类,而狐狸则不是,该事实具有高度的语言内性质)。

区分动物性/非动物性范畴的语言学重要性(尤其是对俄语而言)首先不是由非动物性事物名称和某些述谓的不相容性决定的(这种不相容性是相关概念客观上不相容的反映),而是由一系列纯语言限制决定的,这些限制是词汇性的和语法性的[2]。

如果认为在不同交际条件下保持相应对立的强制性程度是范畴最具"语法称性"的特征,那么就应该承认动物性/非动物性的区别(有时与人称性/无人称

---

① 试比较 О. Н. Селиверстова [1976:123]关于"The boy may frighten sincerity"这种例子的正确评论。

② 语法限制中包括,例如非动物名词不能用三格来表示"目的"(比较:пойти за лекарством отцу / для отца, купить бифштекс кошке / для кошки,但是:* купить чехлы машине; * достать линолеум кухне; * приобрести новый шлифт пишущей машинке и т. п.),不能在"У Х-а высокая температура"这样的语句中使用(比较:* У воздуха высокая температура)和许多其他特点。

性的区别重合在一起)是俄语中"最具语法性"的区别之一。对主体的相应描述不仅在"零主语"的句子中可以表达出来,这一点在前面已述,而且在包含不定代词的句子中也能表达出来("无定"是对除了动物性/非动物性以外的所有其他特征而言)——试比较例子:Ее кто-то напугал(她被谁给吓着了),Ее что-то напугало(她被什么东西给吓着了)等等。

有意思的是,即使在有意使用既包括动物性事物,也包括非动物性事物的泛指名称的情况下,讲俄语的人也无法用某种形式来表达相应的意义。比较:Было видно, что в доме есть что-то или кто то, кого нужно прятать от всех (Д. Пристли, Затемнение в Грэтли. Пер. М. Абкиной)。

在分析某种语义差别时,应该区分本体论分类和语言内的范畴化,而后者又分为对描写词汇—语义搭配限制非常重要的类别和具有语法重要性的类别。范畴化间接反映的语法性应该是把某个语义范畴化归入到语法隐型的必要(也是充分)条件。

我们来分析一下 Упал камень(石头落下来了)和 Прилетели грачи(白嘴鸦飞来了)这类句子在这方面的意义差别,宋采夫[1977]的书中对此有专门论述。作者得出结论,"俄语的一个特点是把积极的生理行为、状态和某种'智力'行为都同等地看作是语法行为,并且其主语同样也具有'语法上主动的'主体意义……"(308页),他强调,"无须考虑主体是不是实际的行为发出者,行为实质上是主动的还是非主动的,Камень летит 和 Птица летит 这类句子在总体结构和总体功能意义上'概括地反映某种典型情境,即 кто-то что-то делает(某人做什么)'"(309—310页)。

宋采夫认为,在主动动词句的结构框架内相应的语义差别在某种程度上(不过,作者用的是"完全"一词)是无法消除的,这种观点是正确的①。但是,"俄语中没有相应的功能意义"、"它们无论如何也不会在语法上表现出来"这样的

---

① 特别是,如果语言中平行的准同义结构与动词性述谓和静词性述谓同时存在,那么前者与后者的区别在于某种"动态"——意思就是特征的临时性、暂时性(偶然性)与常性("本质性")相对立,这一事实表明述谓的某种形式表征不是毫不相干的:Еще в полях белеет снег. — Снег бел;Мальчик капризничает. — Мальчик капризный 等等(试比较[Пешковский 1956: 76—77])。"动态性"成分在通常情况下是与静词相对的动词意义所特有的(甚至包括静态动词),说话人可以不太恰当地把它描述为更具"行为性"——比较茨维塔耶娃的例子:Дали пустующие! Как мать Старую — так же чту их. Это ведь действие — пустовать: Полное — не пустует,其中特征的动词表达式和静词表达式的涵义差别被非常准确地察觉到,尽管表达得不完全准确(当然,诗人是可以做到的)。

论断就似乎太绝对了。

例如,可以指出,只有施事结构能够和不定式及目的状语搭配,接连接词 чтобы 引导的从句等等,比较:Он полетел в Ленинград на конференцию (оппонировать; для участия в юбилейной сессии; на свадьбу к другу; чтобы попасть на выставку); Летят перелетные птицы Ушедшее лето искать (М. Исаковский),但是不能说 * Стрела летит попасть в яблоко, * Камень падает, чтобы ушибить собаку 等等。

施事句中所规定的目的状语的位置(不一定是可替换的)应该被看作是这类句子的结构特点(不同于非施事句)。如:

(25a) Пастер умер от чумы, чтобы навсегда остаться в памяти благодарных потомков;

(26a) Ночью река замерзла, чтобы быть скованной льдом три долгих зимних месяца,

这样的句子并不是反例,因为连词 чтобы 在这些句子中不具有目的意义。连接词的目的意义和非目的意义的区别表现为,只有当 чтобы 表示目的意义时,从句才有可能前置。试比较:

(27a) Чтобы проверитть действие прививки, Пастер поставил опыт на себе самом;

(25b) * Чтобы навсегда остаться в памяти благодарных потомков, Пастер умер от чумы;

(26b) * Чтобы быть скованной льдом три долгих зимних месяца, река замерзла.

这样就可以证明,连接词 чтобы 前置的可能性是区别施事句和非施事句的形式标记。还可以比较 [Алисова 1971:29],这里要特别指出,"出现可选目的状语的可能性和不可能性是主动作用于客体的述谓和跟客体非主动联系的述谓之间语义对立的形式标记,可以说 'Он рубит дерево для чего?',但却要说 'Он видит дерево'"。

施事结构和非施事结构的不同转换关系是其意义差别的客观反映。比方说,只有描述主动(意愿性)行为的句子能够转换为不定式句(修辞色彩发生变化,增加"行为发生的强烈性和突然性"这一涵义):Царица начала хохотать →

Царица хохотать; Моська, увидевши слона, стала на него метаться, и лаять, и визжать, и рваться → (Моська) увидевши слона, ну на него метаться, и лаять, и визжать, и рваться (И. Крылова), 但是：Дождь стал лить как из ведра —/→ * Дождь лить как из ведра; Начал валить снег —/→ Снег валить; Она начала толстеть —/→ * Она толстеть.

有必要指出，强烈性和突然性涵义本身与涉及非主动主体的"事件"的开始意义完全可以相容，如：А дождь как польет!；А гром как загремит!。可见，这里指的是语法上的不相容性，而不是实际意义上的不相容性。

所分析对立的语法重要性的佐证就是"撤销主动"表达形式的能产可能性，即把主体一格的主动结构变成指明"内部行为倾向"的三格的"半主动"结构，这种可能性只限于带有施事述谓的句子：Черт: ползком не проберусь, А мне едется (М. Цветаева); Мы вас ждем, товарищ птица. Отчего вам не летиться? (В. Маяковский). 对于不具备意志因素的事物，这种撤销主动是不可能的，而且这恰恰是语法禁止，因为在语词搭配层面起作用的"语义一致关系"规律是更为"自由的"——试比较，意义的词汇表达与那些表示"撤销主动的"结构（内部行为倾向）颇为类似：Теперь, с антенной, телевизор работал безотказно; Непослушные волосы никак не хотели укладывать, несмотря на все ухищрения парикмахера; 而不能说 * С антенной телевизору работалось; * Волосам никак не лежалось; * На его фигуре не сиделось ни одному костюму 等等。

非施事动词在表达"计划的将来"意义时不能使用现在时：Завтра мы слушаем Рихтера, 而不是 * Завтра мы слышим Рихтера; Она вот-вот уйдет на пенсию → Она вот-вот уходит на пенсию. 但是：Сосулька вот-вот упадет —/→ * Сосулька вот-вот падает. 类似地：Завтра я весь день буду работать в библиотеке → Завтра я весь день работаю в библиотеке. 但是 Завтра весь день будет лить дождь —/→ * Завтра весь день льет дождь.

显然，适当描写包含否定词的命令式结构中体的分布特点也要求诉诸于相应的意义特性：表示依赖于主体意志的行为动词不能用完成体形式。例如：Э — Смотрите, носов не отморозьте. Семнадцать градусов на дворе (А. Куприн); Не поскользнись; Не стукнись; 但是不可以说 * Не защити диссертацию; * Не плюнь в колодец； *Не помой посуду； *Не подари ей эту книгу； *Не пойди за хлебом. (圣经戒律的翻译："не убий"，"не укради"，——直接借用教会斯拉夫语的形式。在最新译本中出现的是合乎语言规范的未完成体形式："не убивай"，"не кради"）。应该指出，意愿性/非意愿性意义对于许多动词是"屈折变化的"（并且取决于同哪一种体的意义相结合）。比较 Не обгори — Солнце очень горячее. — Не загорай, тебе это вредно；Ты там ненароком не влюбись. — Не влюбляйся, тебе это помешает в занятиях；Не выпей то, что в бутылке — это метиловый спирт. — Не пей сырой воды；Не прозевай поезд. — Не зевай, 就是 будь внимателен（当心）等等。

自然力的名称（风、雨、风暴、暴风雪），以及其他一些"动能性"[①]名称（汽车、火车、轮船）在主动（及物）动词存在时可以用作主语，这一事实并不会抹消对立的语法重要性。自然力名称作主语的句子有规则地与同义的无人称结构（用五格"代替"一格，或者不用）相对应（由于"主体的消除"，这是沙赫马托夫的术语），然而如果这样转换包含人称主语的结构，那么或者会导致这一结构在语法上不正确，或者必须重新理解该结构。换句话说，对于非动物名词，在相应结构中一格和五格在语义上不是对立的，而对于动物名词则是对立的。如果不诉诸于主语的语义特性，就无法描写同义转换的可能性：Ветер и пыль бьют в лицо → Ветром и пылью бьет в лицо；Но буря разбила корабль → Но бурею корабль разбило。显然，应该把这一点看成是相应"指称区别"的语法反映。

如果人称名词的意义同时体现出"主动"因素和"身体"因素（按照维日彼茨卡的说法，"人称性"和"身体"），以至于可以用人称的五格表示工具，那么施事句与非施事句的区别就表现为代词化特点。比较：Она бросилась впереди и заслонила собой ребенка. — Дуб его свалился, И подавило им орлицу и детей (И. Крылов)（存在疑问：？Дуб свалился и придавал собой орлицу и детей）。

所有上述事实（以及其他一些事实）使我们无法赞同这样的观点：在俄语中"实际的非主动态……既不固定在意义当中，也不固定在语言结构当中"，以及实际的行为发出者和事件的消极参与者之间的区别只是"指称特性的区别，绝对不会在语法上予以反映，特别是不能同意俄语中所有的"补充意义效果"都"不是语言差别"这样的观点[Солнцев 1977：308，309]。

关于所分析事实的最佳描写方法的问题是一个单独的问题，这里我们将不

[①] 切夫的术语 [1975：128]。

论及。只指出一点,最合理的方法就是把反映意志因素有/无的"隐性范畴"和反映行为"可控性"的范畴(对许多动词而言也是屈折变化的)区分开,前一个范畴对于人称名词是屈折变化的,而对于事物名词(如果不考虑拟人现象)是分类性的。为了描写相应结构的"施事"意义和"非施事"意义,看来需要诉诸于"语义一致性"概念。后一个概念我们将在下一节论及。

3. 句子语法意义成分的语义一致性

许多当代语言学家承认,语义研究的主要目的就是建立规则,根据这些规则可以把句子意义从其构分意义中分离出来。顺便说一下,正因为如此才要求通过详细描写语词之间的组合联系来补充词汇里聚合关系的描写。在词汇语义领域提出的所谓文本的"语义一致性"(或者"语义连贯性")概念(指在进入到语词句法结构的词典解释包含共同义素的情况下)有赖于这一要求的实现①。(词汇)多义现象的语境消除建立在句法上相联系的语词意义的义素重复原则上,也即从多义词的可能意义中选出(在理解的情况下)一种意义。阿普列相[1974:13]用 Хороший кондитер не жарит хворост на газовой плите 这个句子来阐释该原则,在该句中几乎所有语词都是多义的。尽管如此,该句只有一个最正常的解释。

作者这样阐述语言使用者的直觉处理,即在理解时选择能够使语义成分的重复性达到最大化的一种解释(在这个例子中,从包含"食物"义素的语词意义中挑选出那些语义成分)。

无疑,成分的语义一致性概念对语法意义(显型和隐型)也非常重要,并且看起来比对词汇意义还重要(这里该概念具有高度的语言内性质)。

我们可以用已经列举过的例子来阐明这一想法。该例在所援引的书中只是用来分析词汇多义性问题。但是可以看到,这个句子的构成成分(特别是 кондитер,жарит)在语法语义层面也是多义的。譬如,кондитер 属于普通名词,普通名词在一些情形下能够实现其概念内容,在另一些情形下则用于纯粹的证同功能,就是"既作为概念名词,又作为专有名词来使用"[Фреге 1978:199]。现在时的动词词形是多义的:它们至少可以表示三种不同的"个别意义",即所谓的现实的现在("行为和谈话时间相吻合"),惯常的现在和使用在全称(概括

---

① 参见[Гак:1972]。

性)判断中的泛时的(超时的、永恒的)现在。

上面所举的例句属于最后一种类型。是什么决定着该句的概括性解读？

显然不是由词位 жарить，кондитер 在词典当中的语义特性来确定的。与诸如 воспитывать，руководить，управлять，следить за чистотой，питаться，преподавать，коллекционировать марки，увлекаться，любить，испытывать отвращение，ненавидеть① 等等这样的动词不同，动词 жарить(像俄语的大多数动词一样)可以用来表示具体的、时间上予以定位的行为，而名词 кондитер 可以用来表示具体的人。相应地，кондитер жарит хворост 这个句子就是多义的。尤其是，它完全可以作为对 "А почему не видно нашего кондитера?" 这个问题的回答，也即表示"现实的现在"意义。

然而重要的是，该例的"概括"解读并未将句子成分的语义—语法特性排除在外。比方说，全称判断②中主语位置的语义特性同 кондитер 这类名词的语义特性并不矛盾。后者同专有名词和人称代词③的区别正在于此。

动词词形 жарит 也允许概括解读，在这一点上与其他变形单位不同(例如，与 поджарил 形式不同)。相应的事实在俄语语法描写中也有所反映，表现为承认现在时范畴意义的多义性，其中一个个别意义就是主语和赋于其上的特征之间的联系具有超时性。然而，我们注意到，该论断应该通过述谓的明确罗列来加以限制，这些述谓的语义与"超时的现在"是不相容的(包括"副词"，同时还有

---

① 就连与专有名词和代词这样有具体所指意义的名词搭配时，这些列举出来的动词也不能表示现实的现在。这些动词的现在时形式或者在全称判断中使用(Хороший педагог воспитывает не нотациями，а личным примером；Муж любит жену здоровую，а брат сестру богатую)，或者具有惯常的(或者所谓的)"抽象的"或"性质的"）现在的意义(Профессор Иванов заведует кафедрой；Маша увлекается древнерусской иконописью；Я ненавижу подхалимство)。* Елена Михайловна руководит в коридоре своим аспирантом(比如用它作为 А где же остальные сотрудники сектора 这个问题的回答)这种表述在语法上是不正确的。

② 对于报道某个具体事件的句子和表示具体判断的其他类句子，如果其主语的首要功能是对所报道事物的证同功能，其主要特性是对现实中具体对象物的指称关系，那么充当全称判断主语的名词，在某种意义上(在指称关系的性质方面，或者可能更准确地说，在无指称性这方面)与充当谓语的名词类似。经典的全称判断在两种概念之间建立了理性联系：主体和述谓。鉴于这一点，看来，可以适当地认为，在全称判断中充当主语的名词，在表达其意指内容，而不是外延内容时，表示的是概念(比较[弗雷格 1978])。

③ 不能作为全称判断的主体，是由于专有名词(或代词)不能表示概念，也即用其他术语来说，它们只能"表示外延"，但是不能"表示内涵"。"быть Пушкиным"，"быть Петей Ивановым"这样的概念不存在。像 Быть голубой твоей орлиной，больше матери быть — Мариной (М. Цветаева)这类的例子显示出使用专有名词时的诗歌位移现象。

第一章　语法、语义范畴及其相互联系　　19

навеселе, в обмороке, пьян, сыт, болен, голоден, без ума, в бреду, в отпуску, в отъезде 等等这类形容词,还包括某些动词,例如 виднеться, белеть, 这样的动词显然不多,以及像 уплетать, реять, парить 这样的"描写"动词)。

该例句构成成分中所提到的(潜在的)语义特性在适当的条件下可以现实化。毋庸置疑,应该把该例句中否定词的存在和分布纳入到这些条件中。这就促使人们把动词短语看作是具有描述意义的融合述谓,看作是"жарить хворост на газовой плите"的特性(概念),并且将该例句解释为这一特性与"быть хорошим кондитером"的特性不相容的判定,而不是解释为伴有可选说明状语的具体行为的报道。在表示动作的句子中加上否定项[Неверно, что кондитер жарит(сейчас) хворост на газовой плите]将会产生另外一种表层结果:或者去掉了表示油炸(жарка)方式的说明:Кондитер жарит хворост на газовой плите. — Нет, кондитер не жарит хворост (а звонит по телефону),或者(如果否定的恰恰是油炸方式本身)改变否定词的位置:Кондитер жарит хворост на газовой плите. — Нет, кондитер жарит хворост не на газовой плите(а на электрической плитке)。

在将该句解释为全称判断时,名词短语里形容词 хороший 的存在几乎起着决定性作用:其特点在于,它几乎总是(除特殊情况外)与名词的概念内容联想在一起,而不是与外延联想在一起(即使名词在主体位置上,而不是在述谓位置上,如同在该例中这样,尽管一般来说,的确,正如阿鲁玖诺娃[1976:354—5]所言,主体位置暗含着形容词①和名词的外延填充相联系)。

与 молодая хозяйка 或 прекрасная танцовщица(трактирщица, служанка 等)这样的搭配不同,正如阿鲁玖诺娃[1976:354]所言,这些搭配"如果脱离体现其句法功能的语境是有歧义的",而在 хороший кондитер (аспирант; оппонент; писатель; шахматист; математик; муж; сын; зритель 等等)这些搭配中,名词在正常情况下表示自己的概念内容,与语境无关(这是因为定语

---

① 如果它原则上是多义的,就是说既可以和名词意义的陈说成分,也可以和预设成分联想到一起(在刚刚引用的著作中所分析的形容词 молодой 和英语的 beautiful 就恰恰是这样的)。

хороший 通常和名词①意义的陈说成分有关,而不是与预设成分有关)。这通常要求名词短语的非指称性使用。而名词作主语时的非指称性使用是全称判断主体所特有的。

只有当 хороший кондитер 这类名词短语与只容许具体时间关联性的述谓(像前面列举的"仅限于现实性"述谓,如 навеселе, в обмороке, пьян, сыт, болен, голоден, без ума, в бреду, в отпуску, в отъезде…;виднеться, белеть, уплетать, реять, парить 等等)发生联系时,хороший кондитер 这个搭配才可能重新理解成具体指称性的。但这需要专门的语境条件。试比较例句:Что-то хворост у вас в кафе стал не вкусным. —— Дело в том, что в нашем кафе два кондинера. Хороший кондинер в отпуску, его заменяет неопытный молодой человек, только что окончивший кулинарный техникум.

名词短语的指称类型不仅可以由与其搭配的述谓类型来确定,而且还可以由与其搭配的词形所具有的更为个别的语法特性来确定。例如,完成体动词的过去时形式通常蕴含着主体的具体指称性使用。这样,尽管名词 шалун(淘气鬼)首先是一个述谓性名词(试比较名词 шалун 的非具体所指,它既依靠量代词来保证,又依靠动词词形的语法特性来保证:Щечки такие кругленькие, что иной шалун надуется нарочно, а таких не сделает ——(Гончаров, Обломов),但是在 Вот бегает дворовый мальчик… Шалун уж заморозил пальчик 这一文本中,名词只能被理解为表示具体的人,特别是由于词形 заморозил② 表示具体时间对比关系。在我们的例子中,如果用语义上更加确定的 поджарил 来替代多义的 жарит 形式也会产生这种效果。不过,很能说明问题的是,这种机械的替换未必可能:хороший кондитер(не)поджарил хворост на газовой плите 这个句子多半会被理解成异常的③。хороший кондитер 这个搭配不适用于证同功

---

① 关于这方面(在英语 good 分析相关的)参见[Vendler 1967]的文章。应当注意,如果相应述谓具有明明知道的唯一性("确定性"),那么俄语里的 хороший 也可以归入到名词意义的预设成分中(通常归入到义素"人员"、"人"中)。譬如,У меня хороший редактор; У нас хороший заведующий сектором; В нашем институте хороший ученый секретарь 这些句子里的形容词不仅可以指"редактор"、"заведующий сектором"、"ученый секретарь"工作上的称职,还可以指他们的人格品质。但是在 У нас в секторе очень хороший индоевропеист(特别是:У нас в секторе есть очень хороший индоевропеист)这样的句子里形容词只能纳入"индоевропеист"意义的预设成分。

② 述谓性名词"撤销概括性(意义)"的另一种方式(我们这里未做分析)是与代词性的限定成分搭配,起指示作用。关于这点参见[Арутюнова 1976:349]。

③ 参见[Ермакова 1967:37;Уорф 1978:132, 138]及其他。

能,动词完成体形式过去时的意义首先用来表示时间上予以定位的具体行为,由于两者之间缺少语义一致性,导致句子难以理解。

接下来谈谈不同句子构成成分之间的相互作用,这种相互作用对于在句子中出现的那些补充特性的多种可能解释中做出的任一选择都有影响,而且除了名词短语和动词短语内部各个成分的相互影响,在名词短语和动词短语之间还存在意义("时空")一致性:名词短语的非指称性使用符合述谓的"泛时"使用。

句子的语法特性,特别是参与句子构成的词形变化形式的语义,对于在多个可能的句子理解中做出选择具有影响。譬如,有一个事实就很能说明这一点,在 Глокая куздра штеко буднула бокра и кудрячит бокренка 这个著名的谢尔巴例句中,"глокая куздра"、"бокра"、"бокренка" 只能理解成带有具体所指的名词,而"буднула"和"кудрячит"则理解成对时间上予以定位的"куздра"的具体行为的描写(同时,该句与其他语言中类似的句子不同,如"德语"的 Piroten karulieren elatisch 和"英语"的 Priots carulize elatically,在这两种语言里该句可以理解成全称判断),至于"词汇填充"对于该句解释的影响,一目了然,这里就不再赘述。

语法语义[①]研究的狭义词法学(内聚合)方法(这种方法主要就是探究不变的"共同意义",这些意义按照所谓的"最小限定"类别来描写,也即通过划分出最小数量的语义和准语义区别性特征来描写,要把我们所分析的分类意义从该范畴的其他意义中区分出来,这些特征是必要且充分的)对于理解搭配性语法范畴的意义对句子总体意义所做的"贡献"显然是不够的。

可见,语义聚合的描写应该通过描写不同(首先是不同质的)范畴意义之间的相互组合作用来补充。

А. В. 邦达尔科提出的"功能语义范畴"和"功能语义场"在这方面具有不容置疑的重要性。完全有理由认为,句子不同语义成分之间的组合关系值得进一步研究。比方说,不言而喻,不能对动词未完成体形式和 часто, редко, всегда, иногда, иной раз, обычно 等副词之间的紧密联系表示怀疑,邦达尔科有充分理由将其归入到"体"的功能语义场。但是应该适当地考虑到,这类副词用作 многие, немногие, все, некоторые, иной, большинство 等名量词的同义词时,有时不是和句子的动词成分,而是和名词成分有着深层联系。譬如,(28—32)

---

① 详见:[Булыгина 1977:173]。

的每一对例子里面句(a)和句(b)同义：

(28) a. Любил я часто, чаще ненавидел (М. Лермонтов);
　　 b. Любил я многих, но было больше тех, кого я ненавидел;
(29) a. Лингвисты редко обладают математическими способностями;
　　 b. Немногие лингвисты обладают математическими способностями;
(30) a. Математики иногда прекрасно разбираются в лингвистике;
　　 b. Некоторые математики прекрасно разбираются в лингвистике;
(31) a. В русском языке прилагательные всегда согласуются с существительными;
　　 b. В русском языке всеприлагательные согласуются с существительными;
(32) a. Люди обычно не любят критики;
　　 b. Большинство людей не любит критики.

比较例句(33)，其中同一种语义量化在一种情况下用动词的形式变体来表示，在另一种情况下用名词短语的形式构成物来表示：

(33) Голубчик мой, только это и делал. Весь мир и миры забудешь, а к одному этакому прилепишься, потому что бриллиант-то уж очень драгоценен; одна ведь такая душа стоит иной раз целого созвездия — у нас ведь своя арифметика. Победа-то драгоценна! А ведь иные из них, ей-богу, не ниже тебя по развитию (Ф. Достоевский).

在语义上，одна такая душа стоит иной раз целого созвездия ＝ иные такие души(也即 некоторые из таких душ)стоят каждая целого созвездия。

因此，在一些情况下，副词 иногда，часто，всегда，редко 执行动词词形未完成体意义具体化的功能；在另一些情况下，承担着数量形容词的功能，用相应的形式限制名词短语①的外延。这种系统的二重性表明动词性和名词性量化项的意义具有某种同源性，尤其是在体范畴和(名词的)数范畴之间。

---

① 这里可以再一次看到，这种或那种解释取决于句子构分的语义一致性。当动词短语表示不允许(时间)量化(像在 28—32 的例子里)的行为，而反过来名词却能够加以量化，在这种情况下量副词在语义上与名词短语有关联。在名词具有"确定性"，并且动词能够表示一系列时间上中断的事件时，量副词归入到动词中。这样，句子 Мои родители обычно не ходят на собрания 当然就不能转换为 * Большинство моих родителей не ходит на собрания。试比较，不能说 * Эти лингвисты редко обладают математическими способностями; * Маша часто знает французкий язык。像 Дети иногда не слушаются отца 这样的句子是多义的。

第一章　语法、语义范畴及其相互联系

结果表明,确实存在这种联系。

譬如,在称名化①的情况下未完成体一定与名词的复数相对应。例如:句子(34a)是(34b)的称名化说法,句子(35a)是(35b)的称名变体:

(34) a. Я знаю о ваших ссорах;

　　 b. Я знаю, что вы ссоритесь;

(35) a. Я знаю о вашей ссоре;

　　 b. Я знаю, что вы поссорились.

名词数的意义(特别是)对于在未完成体具有的"多次性"+"结果性"意义(一系列连续行为或状态,其中每一个都达到界限并完结这一行为或状态)和"无结果性"、"持续性"意义(力求达到界限的行为或状态)两者之间做出选择具有影响。对于某些类别的动词,该选择在语义层面并不是无关紧要的。譬如,句子(36)可以理解为说话人推介自己的辅导能力,而句子(37)多半表示对所描述事件结果的担忧;(38)把"兄弟们"的死作为一系列既成事实来描述,而(39)说的是"死"的过程;根据(40)可以得出"他的朋友们"都不再吸烟的结论,而(41)里谈论的只是"他的一个朋友"想要戒掉不良习惯的那些不成功的尝试;(42)多半可以理解为对那些既成离婚事实的报道,而(43)说的是当前发生的事;(44)谈论的是唐璜的成功,而(45)谈论的只是旨在取得成功的行为等等。

(36) Мои ученики поступают в институты без какой бы то ни было протекции;

(37) Мой ученик поступает в институт без какой бы то ни было протекции;

(38) Умремте ж под Москвой, как наши братья умирали;

(39) В деревне под Москвой умирал его брат;

(40) Его друзья бросали курить, когда женились;

(41) Его друг бросал курить, когда женился;

(42) Ее подруги разводились с мужьями, не прожив в браке и года;

---

① 动词化名词的数和动词体之间的关系不是直线型的,这可以用体对立本身的语义异质性来解释,其中第一类与不同的称名行为(nomina actionis)(уход — хождение, побег — беганне, смерть — умирание)的对立相关联(但不是完全合乎逻辑的)。(形式上的)未完成性与动词化名词复数的并存是重要的(尤其是对于确定未完成体的不同语义潜力而言)。

（43）Ее подруга разводилась с мужем, не прожив в браке и года；

（44）Дон Хуан покорял самых неприступных и добродетельных дам；

（45）Дон Хуан покорял самую неприступную и добродетельную даму.

这些例子可以说明名词的复数所固有的集合/分离复数意义和动词体所表示行为的时间定位性/无时间定位性意义(反过来,这些意义本身与名词和动词的指称性质相关联)之间具有语义近似性。上面提到的这些范畴通常是"隐性的",在某些情况下也可以表现为"显性的"(并且在这种情况下显现出相互联系的复杂性:动词词法范畴或者不同动词词汇的对立可以在语义上变形为句子的名词成分,反之亦可)①。

譬如,句子(46)和(47)中动词体的区别表明名词短语在(46)中的集合复数意义("总体性"、"确定性")和在(47)中的分离复数意义("部分性"、"不确定性")：

（46）Стоило преподавателю поставить несправедливую оценку, как студенты встали и ушли；

（47）Стоило преподавателю поставить несправедливую оценку, как студенты вставали и уходили.

Повыбросить, повыходить(все ее подруги повыходили замуж)这类动词所表示的意义不仅与行为的语义限定语(构成整个完结行为的一系列单独行为)有关,而且与客体或主体的限定语有关(确定性、总体性)。

许多其他观察结果也可以证明,描述述谓词(动词、形容词)特点的那些范畴和名词范畴如同中国长城一般,彼此是分不开的,例如,这些观察结果涉及形容词短尾形式和长尾形式的相互关联性、名词在主语位置上的指称性质(参见[Ермакова 1974：223—225；Шмелев 1976：122])、以及名词数的意义对于选择动词形式的现实解读还是惯常解读的影响［Гловинская 1977］等等。

可以认为,全面研究不同句子成分的语法意义("显性的"和"隐性的")的各种相互作用使我们得以综合不同的研究结果,这些结果涉及到"语境"对实现某

---

① 这种关系并不是什么独一无二的。比方说,芬兰语中行为的"过程"意义是在部分格上填充补语来表达的。有趣的是,俄语中未完成体(在非事件性的意义上)与二格不相容。试比较,Он выпил молока и пошел в школу,但是说 Каждый день он пьет молоко и идет в школу,而不能说 Каждый день он пьет молока...,这不是表层句法的限制,而是语义上有理据的限制。

一语法范畴"共同意义"的"影响"(在分析某个具体例子方面做了不少研究)。这样的研究有可能会发现某些普遍的语义"超级范畴",它们既在名词领域起作用,也在述谓领域起作用,或者可能与整个句子有关,但却系统地体现在不同词类的某些范畴当中。

　　看来,"时空定位"范畴可以作为承担这一角色的"候选者"之一,该范畴与动词和名词的指称性质都有关系。无论如何,最好能够这样描写语法范畴(包括词法范畴)的语义,以便相关定义可以解释各种句子构分的语法意义的相互作用,尤其是在语法多义性的情况下可以解决非单义问题。

第二章　论俄语述谓类型学的建立

1. 述谓的语义分类是语言学分类的独特现象

本章的任务在于揭示那些可以作为俄语述谓语义分类基础的最主要(即具有体系的重要性)特征。已经不止一次提到,"目前在语言学文献中还没有广为认可的述谓的语义分类,该分类以其若干区别性意义成分为依据"[Алисова 1971:10]。在过去的几十年里出现了一系列著作(毫无疑问,我们所援引的 Т. Б. 阿丽索娃的著作也在其中之列)[1],这标志着这种分类学的建立已取得重大进步。然而前文提及的研究中所包含的观点迄今为止依旧是正确的[2]。

任何一种分类,包括语言学对象的分类,都以此类对象的某些共同属性为基础。语言学分类有助于更加深入地洞察所研究对象的本质,特别是因为语言学家在分类时必须明确指出,哪些对象在哪些方面相似,以哪些特征为依据划分出彼此对立的类别。述谓分类是语言学分类的独特现象。述谓的语义类型学的建立与哪些任务相关联?

一方面,它应该就是语义分类。尤其是这种分类注意到述谓所描写的事态[3]具有实在的、本体论上的相似性和差异。述谓是特殊的语义实体,其范畴化是"现实客观现象的概括"[Степанов 1980:312,323]。

在断言句子(a) Мне холодно 描写说话人的"状态",而句子(b) Я мерзну 或者(b') Я замерз —— 描写"行为"时[或者说句子(a') Он компетентен в

---

[1] 现代语言学家对建立通用的述谓分类的兴趣尤其表现在刊登在《Известия АН СССР》[Сер. лит. и яз., т.39, №3]上有关该课题的一系列文章中,以及与之相关的有关主体分类学的一系列文章中[Изв. АН СССР, Сер. лит. и яз., т.38, №4]。参见:包括[Демьянков 1980; Кибрик 1980; Степанов 1979],特别是与我们感兴趣的课题直接相关的:[Степанов 1979]。

[2] 试比较 Н. С. Авилова[1976:10]关于俄语中没有通用的动词语义类型分类的结论。

[3] 我们将在广义上使用"事态"这个表述:能够在某个世界存在的东西(试比较英语里相应术语"state of affairs"的定义:what can be the case in some world [Dik 1979]。有时使用术语"情境"或"事件"(英语 event)作为所有"事态"的概括,其中任何一个都可以用某种述谓结构来描写。但是,我们保留这些术语对一部分"事态"类型的表示(由于力求使我们的术语在尽可能大的程度上接近日常俄语中语词的习惯用法)。

абстрактной живописи 描写主体的"属性";而(b') Он разбирается в абстрактной живописи —— 描写主体的"行为"],应该提出一个问题,除了句子(b)用动词表示述谓,而句子(a)不是这样,这种评定有没有某些其他依据?

否则就会发现,我们遇到的不过是语法清单在语义上无理据性的重复,即准语义标签的划分,它们是相应语法概念①的全面复制。

例如,在谢尔巴看来,"显而易见,当我们说 больной лежит на кровати 或 ягода краснеется в траве 时,我们觉得'躺(лежание)'和'变红(краснение)'不是状态,而是行为"[Щерба 1974:91]。在我们看来,"显而易见的"多半是"行为"一词在此用于特殊的高度象征意义②。

另外,一些人反对将本体论(或者认知)内容和语言学意义③视为同一,对此完全赞同。前者是逻辑对象,可以不考虑某种特定的语言来研究(试比较叶尔姆斯列夫的"内容实体"概念);而后者与具体语言的结构紧密联系(试比较叶尔姆斯列夫的"内容形式"概念)。

在批判那种认为意义只与超语言现实,即现实世界的事实、情境、事态有关,认为凡是语言中不能归结为外部世界特点的东西都是不重要的和非语义的态度时,维日彼茨卡称其为臆断的、狭隘的、不够深入到事物本质的态度。语义的研究对象不是现实世界,而是世界的概念化。每一种语言都有用多种不同方

---

① 试比较对词类传统的"概念性"定义的频繁指摘,指责它们的循环论证性。
② 在按照形式依据划分出来的类别所具有的"共同意义"的相关定义中,这种象征性有时是被明确承认的。试比较,А.М.彼什科夫斯基下面的一段话:"任何一个动词首先表示的是行为。但是毕竟只有有生命的实体才能'实施行为',所有其他事物都不能'实施行为',而只能运动。而有生命的实体能'实施行为',是因为他们能够按照自己的意志随意地运动。因此,意思就是说,在动词中,一旦它描写行为,就还应该描写意志、意图色彩。的确,每个动词都具有这种色彩,只不过它们更难以捕捉。例如,在诸如 умер, родился, заболел, простудился, упал, ушибся 这样的动词中,我们未必能看到'有意的'行为。Что сделал? Умер 这种小学生式的说法在我们看来是可笑的。事实上,这种表述在语法上是无可指摘的"[Пешковский 1956:78—79]。试比较新科学语法中的表述:过程意义是所有动词都具有的,不依赖于它们的词汇意义。动词是过程(过程特征)、行为(бежать, грузить, рыть),也是状态(лежать, спать, страдать)、关系(иметь, преобладать, принадлежать)。把动词作为词类来定义时可以使用"过程"和"行为"概念。在这种情况下,"行为"概念在语法上的概括意义上进行解释(指积极行为和消极状态的区别时,与"行为"概念的更为具体的内容不同)[Грамматика 1980:582]。
③ 参见[Prochbzka, Sgall 1976:258]。承认语言学意义的言语中心性,当然,并不排除深层分类重合(无论是语义"共相",还是"具体用法")的可能。"许多语言(例如,欧洲语言,由于几个世纪的语言间接触)表现出其语义结构基本特点的重合,这是完全可能的,所以差异涉及的多半是个体单位,而不是整类单位"(该书中)。应该注意的是,正如斯捷潘诺夫在研究"行为"和"状态"(就是"状况"和"拥有")普遍对立的不同结构在语言中的反映时所言,词法学可以"只是语句—句子普遍特点的构成手段,是民族上独特的,历史上变化不定的手段"[Степанов 1980:317—318]。

式来解释同一种情境的手段。语言学的中心任务就是研究这些手段及其功能。如果说某些差异"只不过是概念化的差异",就意味着忘记或不想承认,概念化正是语言学中头等重要的研究对象……语言仅仅间接地反映世界。语言直接反映我们对世界的概念化[Wierzbicka 1980:49—50]。

目前流行一种观点,即显性语法范畴是语义上空洞的表面现象,与语义(或者作为基础的心智结构)有关系的只有隐性范畴,不论是什么样的关系,该观点是卓有成效的隐性语言范畴研究所取得的一个极其不可思议的结果。当代语言学(特别是转换语法)令人信服地论证了隐性范畴的现实性和重要性。但是在得出大多数情况下确实只有隐性范畴的的确确是实在的这一结论时,语言学是否就停滞不前了呢?为什么语言需如此地被曲解,须如此的不精练?为什么语言要用上百种根本就不具有什么语义重要性的显性范畴给说话人增加负担?难道不应该更理智地认为,在语言中隐性范畴和显性范畴同时起作用吗(因为后者不足以表示人类复杂的交际目的)?

一种观点认为词法学对于探究作为基础的结构是唯一可靠的依据;另一种观点认为词法学根本就算不上什么依据。这两种观点具有非常显著的差别[Wierzbicka 1980:XVII—XVIII]。

述谓的语义分类应该和它们所描写的"事态"分类的构建联系起来,其依据最好是语言学上重要的特征,首先是与具有语法相关性的语义成分相对应的特征,也即对个别单位不重要,但是对整类单位(语法形式、句法结构)很重要的那些特征,其重要性在于它们一定能够找到语言反映——尽管不一定是形式上同质的、直接(比如说,词法上)可表达的①。换句话说,应该力求使划分出来的每一个述谓类别都是"语义类别",意思就是说,这种类别(a meaning-class)"无论在句法术语上,还是在语义术语上,都可以被定义——这是可以在句法规则中表现出来的语义特征的组合"[Lakoff 1968:165]。

建立语言学上重要的"事态"分类要求区分出一组有限的典型(或者核心的)述谓结构(为了述谓关系的简洁,我们将这样称名),这些结构由表示某个世界实体的名词和表示这些实体的特征或者表示它们之间相互关系的述谓构成。

---

① 阿丽索娃把"核心述谓"所描写的"最基本的语义情境"定义为"使语言中所有句法结构背后的概念协调一致的最基本类型",她正确指出,一方面,这些先于语言表达的千篇一律的概念联想反映和解释了语言外客观的"事态";但是另一方面,它们自己也在最简单的……句法结构中显露和体现出来,这些句法结构清单同时也应该是语义情境的描写和罗列[Алисова 1971:32]。

核心述谓关系整体表示某类事态,每个事态由述谓所表示的具体特征或关系加以确定,这些述谓用来描述名词所表示的实体。事态可以根据某组区别性特征所承担的意义来分类。

2. 述谓性语汇和表述的某些分类特征
与时间的关系的性质是各类述谓的最基本特征

2.1 超时性 vs 时间定位性
"性质"和"现象"

许多著作都承认静态/动态特征的对立是最基本的对立,它把所有述谓分成两个大类。但是相应的术语并不总是在同一个意义上使用的。

该对立在俄语语法中常常是最基本的区别,该区别与相应述谓使用动词表述和非动词表述相关联:"动态"(或者与动态相等价的意义"过程性")是所有动词的"共同意义",无一例外,与直接和非动词表达方式相关的"静态"(或者"非动态"、"状态性"、"非过程性")①相对立。

同时,在俄语(以及其他斯拉夫语言和非斯拉夫语言)动词的某些描写中,静态动词,特别是那些诸如 белеть(ся),зеленеть,виднеться,以及 лежать,висеть,сидеть 等等这样的动词,作为一个特殊的类别被划分出来。(参见,例如[Авилова 1976; Daneš 1971])。

在把厘清纯术语层面的当前状况作为目的提出之前,应该解决最主要的问题。

是否可以说,静词性述谓和动词性述谓的区别(具有一目了然的、实质上的语法依据)与语义对立(无论怎样描述这种对立)合乎逻辑地相对应?并且,另一方面:是否存在用来区分俄语动词内部"静态"类和"动态"类(不一定就用这两个术语)的某种形式依据?换句话说,是否有理由说明相应意义特征的语法(特别是句法)相关性?

至于第一个问题(关于描述静词性述谓和动词性述谓的体系性的形式-意义一致关系),显然有理由做出肯定回答。不仅是由于动词性述谓的"典型"用法确实与有关动态的认识相联系,而非动词性述谓的"典型"用法与有关相应事态的静态(稳定性)认识相联系,而且是因为在"非典型"的情况下,无论哪种语

---

① 这样,例如,俄语《70年语法》中指出,"动词在意义上与静词和副词相对立,它是把特征作为过程(动态特征)来命名的语词,而形容词和副词给'(非动态的,静态的)特征'命名"[70年语法:310]。

法表征方式都在感知上留下自己的印迹,所以这里常常(虽然并不总是)有可能谈到相应对立的保留,或许,有时是受到特殊折射的对立。试比较非语言学家(不过,绝不是平常之辈)在此方面的证述:

  Дачи пустующие! Как мать
  Старую — так же чту их.
  Это ведь действие — пустовать:
  Полое — не пустует.

(М. Цветаева)

  很难认同对动词 пустовать 的这种解释是非常准确的[把正在"空无"(пустует)的东西视作通常意义上的"施事性的"未必适当],但是诗人注意到动词性述谓与语义上相近的形容词性述谓①在意义上相对立,这本身并不会引起质疑:述谓 полый 赋予主体常性的、本质上的、时间上不易改变的特征,而述谓 пустовать(在我们的例子中以 пустующие 的形式出现)多半表示暂时的、"偶有的"、仅仅是主体在该时刻(或者时段)②所具有的特征。

  动词 пустовать 的意义也同样有别于同根形容词 пустой(尽管两者之间的意义差别比 пустовать 和 полый 之间的差别小)。试比较动词词位 пустовать 在所援引的诗行中的用法和形容词词位 пустой 在诗人另外一首诗中的用法:Всяк храм мне чужд, всяк дом мне пуст, И все равно, и все едино...

  如果注意到"本质性"与"偶有性"的对立与似乎独立于时间存在的"这个"和偶然在时间中发生的"那个"两者之间的对立相符(只要回想一下 сущее 和 существенное,случайное 和 случаться,акциденциальное 和拉丁语 accidens 'случай',эвентуальное — 拉丁语 eventus 'случай, событие'这些同源词就够了),那么似乎可以说,动词性述谓和静词性述谓的根本(最基本的)区别可以归结为它们与时间的关系具有不同的性质。

  形容词性述谓和名词性述谓的基本特点(如果指的是其首要功能)是时间上的相对独立性,在主体及赋予其上的特征之间不存在明显的时间界限(特别是潜在的非时间性,它表现为可以用于全称判断),以及特征"现实化"的有限可

---

  ① 茨维塔耶娃把述谓 пустовать 作为"行为"来描述,这种描述,无疑,在提请读者注意学校语法概念的神圣传统时,表明这里她所指的正是与动词性述表和非动词性述表相关的意义差别。

  ② 所援引的诗歌的最后一句,形式上像全称判断,实际上是关于该主体和述谓的意义不相容性的元语言表述。

能性。相反,绝大多数动词的基本特点是"现实"使用能力,表示相应事态的偶有性和临时性,以及对具体时段的依附性。

值得注意的是,某些动词性述谓,特别是直接与同根形容词性述谓相对应的(因此对于揭示意义差别具有特别的意义,而该差别恰恰与不同的语法表征相联系),例如,белеть(ся),краснеть(ся),зеленеть 只有在描述说话人身处其中(或者是准备参与其中)的具体"现实"情境的述谓关系中才能发生作用:

(1) Прозрачный лес один темнеет, И ель сквозь иней зеленеет (А. Пушкин);

(2) Белеет парус одинокий В тумане моря голубом (М. Лермонтов);

(3) Светлое осеннее небо весело синело над темно-бурой грядой обнаженных лип (И. Тургенев)①。

以主要的现实(非概括性)使用能力(确切说,是动态性)与静词性述谓相区别的还有像 стоять②,сидеть,лежать,висеть,находиться,быть(где-либо)这样的动词(显然,它们被归入"静态"类是合理的)。

因此,句子(4)赋予具体对象与时间无关的常性特征,句子(5)确立两种属性("成为山"和"高")的概念联系,与这两个句子不同,句子(6)描写具体的、现实的,也即在确定的时段可直接观察到的情境:

(4) Дом, в котором мы жили до войны, был очень высокий, а мы жили на самом верхнем этаже;

(5) Чем отличаются горы от холмов? — Тем, что горы высокие, а холмы могут быть и совсем низкими;

(6) Вокруг высились горы.

特征对一定时段的"依附性"和"偶有性"把 подличать, малодушничать; свирепствовать, усердствовать; актерствовать; философствовать 这样由名词派

---

① 带有 белеть(ся)这类动词的述谓关系具有一系列和实际切分相联系的特点。名词短语和动词短语的述谓性搭配经常表现为不可切分的述位。与(1)和(2)类似的句子描写具体"场景"或活动的片断,其特点是所称名事物的存在[动词所表达的属性"быть белым(成为白)"的存在本身似乎就在预设中]。大多数这类述谓与"存在和位置"述谓类似。

② 充当静词性谓语成分的动词 стоять 是作为半助动词使用的,看来,其主要功能恰恰在于相应特征的现实化,该特征与时间上定位的具体情境相关联。比较:Зима в этих краях холодная, а лето харкое 和 Зима на сорок пятый, последний военный год, в этих краях простояла сиротская (В. Распутин); Утренники в этих краях холодные 和 Утренники стояли холодные и ленивые (同上)。

生出来的动词与表示"本质"性质的相应形容词和名词区分开（尽管在大多数情况下，差别可以用动词相对于静词更具"行为性"这样的术语来描写）。

在确定那些像 ленивый / лениться，（或者 лентяйничать），упрямый / упрямиться，шалопай/шалопайничать 这样的成对成员之间的语义联系时，更有理由使用该特征，更不用说像 драчун/драться 或 молчаливый/молчать 这类成对成员了。试比较，例如：Отчего он все молчит? — По натуре он молчалив! Но зато как умен!（А. Чехов）；Может, ты у нас больной? Ты не дрался в выходной（А. Барто）但是不能说：*Ты не был драчуном в выходной.

正如彼什科夫斯基所言，"ленится 意思是'表现不好、行为恶劣'，一般说来'做了什么不好的、不容许的事情'［尽管在这种情况下，这个'做（делание）'实际上可以归结成什么也没做］。相反，ленив 一词中没有任何行为，因为它只表示自然本质。人可能**天生**懒惰（ленив），但是通过意志的努力或者在必要的压力下可以像牛一样孜孜不倦地工作。谈论这种人时，我们可以说他懒惰（ленив），但是**此时此刻**他不犯懒（не ленится）。相反，一个天生勤劳的人也可能变懒，而这时我们可以说他不懒惰（неленив），但是**此时此刻**他犯懒（ленится）"［Пешковский 1956：76］（黑体字是我标注的——布雷金娜）。

看来，可以把所述差别看作是同一个普遍对立的不同变体，该对立把述谓分为两大类："性质"或"属性"（它们主要是与静词性表述相联系，尽管正如我们将会看到的那样不仅限于此。）和"现象"（尽管也不仅仅与动词性表述相联系）。

"性质"是相对独立于时间流的事物特性，并且同时描述世界本身，对于该世界而言，相应的述谓关系为真。相反，"现象"（呈现）只描写客体存在的某个时刻或时段，并且仅是描述特定的（临时的）"世界状态"。

回到问题的术语方面，我们注意到，静态/动态[①]概念的某种阐释引发我们思考"性质"和"现象"的区别是否正好也可以用这些术语来描写。事实上，"性质"述谓所特有的脱离时间的抽象性隐含着相应事态的静态性。至于那些在任何情况下都可以理解为非"典型动态"类别［белеть(ся)，лежать 等］的"现象"类，相应情境的偶然性和临时性与随着时间的流逝它们一定会被其他情境所取代这种认识相关，也可以在某种象征意义上与"动态性"[②]视为同一。然而

---

① Г. А. 佐洛托娃把报道"具有概括性，而不是现实性时间意义的、不变的常性特征"的句子作为"静态类句子"来解释［1973：246］。阿丽索娃［1971］把"静态"特征解释为"时间的无限性"。

② 在［Булыгина 1980］的著作中就是这样解释这个概念的。

белеть(ся)这类述谓不仅与"性质"类述谓（снег бел）有别，而且与 побелеть（"开始变成白的或变得更白"）这类描写**在具体时刻或时段**正在发生**变化**或已发生过**变化**的述谓也不同。

自然可以用静态/动态特征来区分那些诸如 белеть(ся) — (по)белеть 的述谓，也可以区分 сидеть — садиться/сесть，лежать — ложиться/лечь，стоять — вставать/ встать 或 быть пьяным — опьянеть，быть трезвым — отрезветь 这类述谓（我们把最后两对中的前一项归入"现象"类，参见后面的第 3 节）。Снег бел（性质）；Еще в полях белеет снег（静态现象、"呈现"）；Смотри, пятно на глазах белеет（动态现象、"过程"）这类述谓或 Он — пьяница（性质）；Он пьян（静态现象、"状态"）；Он на глазах пьянел（动态现象、"过程"）这类述谓的对比表明，静态/动态特征和作为"性质"和"现象"对立依据的特征是彼此独立的。我们把后者称为直接的时间关联性特征（我们把该特征的否定意义称为"无时间定位性"、"超时性"、"时间无限性"①、"恒常性"，而把肯定意义称为"时间定位性"、"时间有限性"、"偶有性"或"现实性"②）。

我们将把时间上予以定位的现象理解成在某个时刻或时段实际正在发生的(曾经发生的，已发生的)具体事件和过程，以及与某个具体时段有关的情境和状态。这种术语用法总的来说符合体学传统，不同的是，我们认为应当赋予描写重复不定次数的现实事件的述谓关系（譬如 Каждый раз, когда я открывал дверь, я замечал...）以时间定位性意义，尽管该定位是不确定的（试比较 [Бондарко 1971:6]，如作者所言，这个具有"抽象性和事态在时间中的不确定性"意义的例子可以阐明**无时间定位性**意义）。

我们完全赞成体学传统，把完成体动词表示的事件（在所谓的具体事实意义上）解释为时间上予以定位的事件，而不取决于相应形式是否具有和指示出

---

① 术语"时间无限性"是恰当的，因为可以联想到用于物质(不可数)名词方面的"空间无限性"(例如，A. H. 汤姆逊使用的)。过述谓性语词领域的时间无限性/有限性的对立在很多方面与名词的空间无限性/有限性(也即物质性/实物性)的对立相似："不可量化性"特征对于两者都是实质性的(见后面)。

② 术语过多的原因在于这些看起来最"恰当的"的术语，在文献中几乎每一个都不是完全用在这里所指的意思上。我们希望，在此作为同等意义来使用的这些术语能够彼此明确所意味的意思。我们还要指出这里所引入的特征与"本体论参数"的近似性，在这方面 Э. 克什米德使用了一个很难翻译的术语"die ontologische Dimension der Verzeitung"(关于该参数请参见 [Общее языкознание 1970:146])。

事件准确(点状的)日期①的时间表述相搭配的能力。

我们将把"性质"和"现象"的分类当作是最根本的,而且把后者划分成静态现象和动态现象(至于"性质",它们全都具有静态意义)。与表示时间关联性的特征相比,把有/无时间关联性视为更基本的特征,从逻辑观点来看,这种处理方法似乎是水到渠成的。而且处于我们视野内的事实表明,与时间关联性特征相比,静态/动态特征的重要性要相对小一些,这也可以用来解释该处理方法。后者体现在相应述谓时体(广义的)属性的一系列特点当中,而且还与描述其周围名词指称地位(所指类型)的特性有关(在接下来的论述中我们会讲到这些特点)。

不过俄语某些事实的描写要求诉诸于静态/动态特征。从这类非常规事实②中我们注意到空间位置动词的句法行为特点(我们赋予其"静态性"意义),就是在并列结构中这些动词总是位于"动态"动词之前(米勒的研究结果,参见[Miller 1970])。试比较,例如:Я часто до трех сидел и считал свои деньги (Ф. Достоевский),但是不能说 * Я считал свои деньги и сидел; M-lle Blanche между тем сидела на постели и тараторила (Ф. Достоевский),而不是 … * тараторила и сидела; На берегу пустынных волн Стоял он дум, великих полн, И вдаль глядел (А. Пушкин),试比较: * Он смотрел вдаль и стоял на берегу.

描述时间流逝方式的持续性特征把动态现象分为持续的和非持续的,也即分为"过程"和"事件"(静态事态也可以用该特征的肯定意义来描述)。该对立

---

① 谢利维奥尔斯托娃[1982]使用一个略微不同的概念"时间定位性",她注意到,像 В эту минуту (в пять часов) я вымыла посуду 这样的句子是不使用的,所以据此把相应的述谓看作是时间上不予以定位的。确实,用 вымыть посуду 这类述谓表述所表示事件的渐进性,其意义上似乎保留着对先前过程的回想(见后面本章第4节),可以产生这样的感觉,确定事件发生的准确(点状的)日期是不适当的(尤其是用 построить дом 这样的述谓描述的事件。试比较,比方说 В пять часов она вымыла руки и села обедать 这样的句子更易被接受)。对于"渐进实现"的述谓,其中包括 вымыть посуду, построить дом 等等,一般说来,其特点是与"期限状语"搭配,而不是与时点标记搭配:В одну минуту я вымыла посуду; Дом построили за два года。但是这种搭配性同样可以说明相应事件的时间定位性。

② 常规事实包括那些直接从"静态性"概念的定义中推导出来的属性,比如,静态性述谓不与постепенно, медленно, быстро, внезапно, вдруг, неожиданно 这样的副词搭配等等:Солнце медленно садится за горизонт; Он стремительно встал; Моментально ложись в постель; Быстро темнело (смеркалось),但是不能说: * Он внезапно стоит; * Моментально лежи в постель; * Быстро сидите за столом; * На востоке быстро алела заря 等等。

对于俄语语法非常重要,并且相当成体系地与未完成体和完成体的区别相符合(尽管远不是绝对的)。

根据过程的自然进展是否会引起特定的结果,区分为"无前瞻(同质)过程"和"发展过程"。相应地,事件也分为须有先前"发展过程"和无须有先前"发展过程"的事件。前者称之为"完成性事件",第二种称为"意外性事件"。

除了这些考虑到时间关联性性质的特征,还区分出"可控性"特征,指的是主体在确定相应事态是否会出现时所起的作用。可控事态是根据时间关联性的性质划分出来的相应类别的子类。比方说,所有可控现象称作"行为",可控过程称作"活动",可控事件称作"行动"或者"举动"。

我们专门强调一下"静态/动态"特征和"可控性/不可控性"特征(经常未被区分开)。比如,像 Светает;Рассвело;Мороженое быстро таяло;Мороженое растаяло 这样的述谓所描写的现象在我们的分类中属于不可控动态现象(不可控过程或事件)类别。可控静态现象可以用 Он стоит у окна;Он неподвижно сидел;Он лежит в гамаке 这样的述谓来描写(继狄克之后[Dik 1979],我们把这种"空间位置"的子类称作"位置"),以及这样的述谓,诸如 Он был груб с нею;Его спрашивали об этом,но он был нем(оставался безмолвным)①。

再次强调,这里所采用的"性质"和"现象"的第一性区分与这样的认识相关联,即与合并静态事态,将其从"动态"类区分出来的特征相比,那些合并不同"现象"类,将其从"性质"类区分出来的特征更重要(至少在俄语中是这样)。当然,在其他语言中或许是另外一种状况。譬如,在英语中,对时间上予以定位的某种情境的依附性,作为描述述谓表述的词汇类别的特征,看来,同"状态性"特征相比(有时被解释为主体语义主动性的句法对应物[Lakoff 1966],有时则被解释为相应事态在本体论上的静态性的对应物[Lyons 1977]),具有较小的语法重要性。Continious 形式的述谓表述之所以不能使用,与后一个特征有关。这种不可能性不仅是 to be tall "быть высокого роста(高个子)"(俄语里相应的述谓在我们的分类中属于"性质类")这类述谓的特点,而且也是 to be ill "быть больным(生病了)"(在一定的时段),to be awake "быть в состоянии

---

① 在我们看来,可控性特点足以解释 стоять、сидеть、лежать(和动物性主体搭配时)这些动词行为的那些特点,这些特点促使谢利维奥尔斯托娃[1982]把相应的述谓处理为"动态"述谓。但是,这种处理方法(在用"维持情境所必需的能量"这些词给动态情境下定义的基础上[试比较:Comire 1976])无法把动词 сидеть 和 садиться/сесть、лежать 和 ложиться/лечь、стоять 和 вставать/встать 区分开。

бодрствования(处于不眠状态)", to be drunk "быть пьяным(喝醉了)"(俄语里相似的述谓在我们的分类中属于"状态类",也即"现象"类的子类——见后面)这类述谓的特点。(首先)正是在此基础上,这些述谓以及其他一些述谓被归入到"静态"类[Lakoff 1966 и др.]或"状态"类[Vendler 1967: Kenny 1963 и др.]。至于作为我们提出的"现象"和"性质"对立依据的特征,它在述谓表述的分类中通常是不予考虑的。我们接下来主要关注反映相应差别的(尤其是和这种情形相关的)那些特点。

2.2 各类述谓之间界限的相对性
相应意义对立的部分语法化或词汇化
时间关联性的性质与论元指称地位的联系

俄语中恒常的("本质的")性质和临时的、现实的(与具体时间相关联的)现象的区别与相应述谓的静词性表述和动词性表述的区别之间的对应关系表现出相当高的渐进性,但决不是绝对的(违反这种对应关系的两个最重要的述谓类别是静词性的状态述谓和"描述"动词述谓——在后面的第 3 节和第 4 节专门分析)。在一个词类内部也可以看到这种语义对立。这时该对立可能是语法化的(即与相应述谓的不同语法特性有关),或者是词汇化的(即与不同的词位相关),或者依靠语境或语用因素加以确定。

因此,许多性质形容词能够参与到述谓关系中去,这些述谓关系既赋予主体(通常是人)常性特点,又赋予主体属于某个具体时段的"呈现"。试比较,例如:Вы от природы человек холодный... с душой, неспособной к волнениям (И. Гончаров), 和 Он был довольно холоден с ней и в разговоре (同上)(两个例子均来源于《乌沙科夫辞典》(СУ)。

临时性、对特定情境的依附性与形容词的一类独立成分相关。试比较《叶甫盖尼·奥涅金》里的几个典型例子:

На встречу бедного певца

Прыгнула Оленька с крыльца,

Подобна ветреной надежде,

Резва, беспечна, весела,

Ну точно та же, как была.

Но обращаюсь к нашей даме.

Беспечной прелестью мила,

Она сидела у стола

С блестящей Ниной Воронскою…

Княгиня перед ним, одна,

Сидит, не убрана, бледна,

Письмо какое-то читает

И тихо слезы льет рекой,

Опершись на руку щекой①.

  通常与述谓关系的"现实"解读（比如报道某一属性的具体呈现）相关的表达方式可以包括形容词的及物化，即述谓关系的构分还包括一个情境参与者（除了特征的承载者以外）：Он был очень мил, чрезвычайно нежен с Наташей и даже развеселился с моим приходом (Ф. Достоевский); Я графа видела в монастыре. Насколько позволяло мне приличье, Я с ним была любезна и тепла（莎士比亚，罗密欧与朱丽叶，帕斯捷尔纳克译）。不过，应该指出，如果具有未明确说明（非具体）指称的名词充当第二个题元，那么形容词表示不依附于具体时间的一般属性：У нас в роду все решительно холодны к мужьям: больше все думают о нарядах (А. Островский)（МАС 中的最后一个例子）。

  在与上述例子相似的例子中，形容词在用法上与动词接近（特别是及物动

---

① 这种近似于副动词的意义也可以用形容词的长尾形式来表达，比如：Я пошла спать, счастливая от мысли, что завтра, будет хорошая погода (Л. Толстой)。比较 В. В. 维诺格拉多夫所举的例子：Довольный праздничным обедом, Сосед стоит перед соседом (А. Пушкин); Ласково переругиваясь, веселые, с улыбками на потных лицах, мужики подходили к нему и тесно окружали его (М. Горький)，他用这些例子来说明就连用形容词表示的性质定语也可能具有"状语色彩"，有时"与其说是表示事物的特征，不如说是表示伴随行为的事物状态"。在这样的例子中，正如作者所言，"状语性定语在某种程度上与动词的副动词形式是等价的"[Виноградов 1975：281]。

词)。参与这种述谓关系的形容词的某种"动词化"事实表明在 带有"零主语"①的不定人称句中可以使用形容词。Я позвонил по телефону. Со мной были вежливы, но холодны; В поликлинике к нему очень внимательны; Боюсь, что в детстве с ним были слишком мягки; Если с ребенком слишком суровы, он и сам вырастает неласковым.

语义差别可以被看作是恒常性/临时性特征对立的变体,众所周知,它们与形容词长尾和短尾的语法区别以及充当述谓的名词一格/五格的对立相对应。在这两种情况下,相应语义差别(在这两类对立上是不同的)的语法化是相对的②。Этот мальчик здоровый. — Этот мальчик здоров; Он веселый. — Он весел 这类述谓关系之间存在形式-意义对应关系,这只与相当窄范围内的一部分形容词有关。在许多情况下形容词短尾形式和长尾形式的区别是非语义的,对于某些形容词而言,相应范畴是构词的,而不是构形的,而且即使形容词仅仅归属于一个类别,也无法百分百地预测其具有所分析特征的特定意义。例如,"仅限短尾"形容词 горазд 在意义上只和赋予人不依附于具体时间的恒常性特征的述谓关系相容(Он горазд на выдумки; Отъявленный мошенник, плут: Антон Антоныч Загорецкий. При нем остерегись: переносить горазд, И в карты не садись: Продаст [А. Грибоедов]③),比方说,这就与具有相反特性的"仅限短尾"形容词 рад 有区别。

当专门(与长尾/短尾无关)用于某类用法的不同词位表示近似意义时,也会看到该对立的词汇化。

例如,述谓(не) расположен(ный),(не) склонен(склонный),(не) создан,(не) чуж 就是如此。第一个倾向于主要用于描写时间上予以定位的具体情境的述谓关系[В этот вечер я расположен был к нежности и к умилению (А. Пушкин); У меня теперь такое настроение, что я совершенно не расположена заниматься денежными делами (А. Чехов)④],相反,создан 和 чужд 这两个述谓用于从恒常性特点这一角度来描述人的述谓关系:Но я не

---

① 关于带有"零主语"的不定人称句详见Ⅵ.2.

② 不过,试比较维日彼茨卡[Wierzbicka 1980]关于五格的研究。有关谓语性成分一格与五格的意义对立的一些观点在[Селиверстова 1982]中有所阐述。

③ 这在语法上特别是表现为,形容词 горазд 的名词性补语(通常由动词化名词来表达)用复数形式,而不定式补语用未完成体形式。

④ 另一种用法(расположен к полноте; к простуде; к ангинам)的例子罕见,具有半熟语性质。

создан для блаженства, Ему чужда душа моя（А. Пушкин），而述谓 склонен (склонный)可以有两种用法（Я по своей натуре более склонен к оптимизму [М. Булгаков]；Мы склоны идеализировать тех, кого любим；另一种：Николай I не был склонен принять предложение Чернышева [Л. Толстой]）。

有趣的是，在辞典提供的解释中，述谓 расположенный 通过 склонный 来解释（根据 MAC, расположенный ‘склонный к чему-либо, имеющий желение что-либо сделать’），而述谓 склонный(在第一个非现实意义上)的解释最终要参见述谓 расположенный（根据 MAC, склонный ‘имеющий склонность к чему-либо’, 而 склонность ‘расположенность к какой-либо деятельности, занятиям’）。这种相互参见表明这些述谓在语义上是近似的，但是并没有以显明的形式揭示出它们在所分析特征方面的差别。然而与述谓二价（客体价）相关的表述上的不同还是把这一差别隐含地表达出来了。譬如，在形容词 расположенный 的解释中出现的"что-либо сделать"要求主体的情绪状态依附于具体时刻，而作为客体的"какая-либо деятельность, занятия"，更确切地说，与对主体的恒常性嗜好的认识相一致。

形容词 безмолвный 和 молчаливый 也可以作为用不同词位表达特征在现实化/非现实化参数上的区别的例证。形容词 безмолвный 只用来赋予人（这里我们不考虑特征的承载者不是人的情况下的隐喻用法）在特定时刻实现的特征（经常伴随其他事件），而形容词 молчаливый 主要用来描写人的一般特点（赋予其"быть безмолвным"的倾向）。试比较：Но кто это в толпе избранной Стоит безмолвный и туманный? 和 Дика, печальна, молчалива. Как лань лесная боязлива, Она в семье родной Казалась девочкой чужой①. 试比较表明该特征的部分语法化的形容词 немой/нем。譬如，在作谓语使用和"半谓语"使用中，短尾形式表示的意义与述谓 быть безмолвным 的意义近似（而长尾形式表示"丧失言语能力、说话能力的"）：В дверях другой диктатор бальный Стоял картинкою журнальной, Румян, как вербный херувим, Затянут, нем и неподвижим（А. Пушкин）。

---

① 不过，试比较：Скажите：вашею душой Какое чувство овладеет, Когда недвижим, на земле Пред вами с смертью на челе, Он постепенно костенеет, Когда он глух и молчалив На ваш отчаянный призыв? 这种用法使述谓 быть молчаливым 与 быть безмолвным 近似。但是这个例子被认为是偏离了现代标准的。

名词性述谓在这方面是另一回事,包括充当谓语的名词。总的来说,或许,俄语中"名词的述谓功能只表示主体的恒常性特征"[Арутюнова 1980：162]。但是,像 убийца, автор, дезертир, беглец, спаситель, свидетель, победитель, оппонент, зритель 这样的名词,也即所谓的完成时名词(在[Wierzbicka 1965]的意义上),在充当谓语时还能表示个别的、具体的、时间上予以定位的行为。试比较,例如：Ты царевич, мой спаситель Мой могучий избавитель (А. Пушкин); Таль был победителем между народного шахматного турнира в 1965 году; Сегодня я был свидетелем① безобразной сцены; Он был свидетель умиленный Ее младенческих забав (А. Пушкин). 不过,这类述谓关系相当罕见：通常充当谓语的名词确实是表示主体的恒常性特征。

与形容词相比,像 красавец, мудрец, дурак 这样的述谓性名词更难出现在那种促使将相应特性解释为临时的、既可消失又可重新出现的语境中。

试比较,例如：在陀思妥耶夫斯基的《恶魔》中费季科・卡托尔日内所说的话里,述谓(быть) дураком [和(быть) умнее 一样]和分布性时间表述 по вторникам, по средам, в четверг 结合在一起：У того коли сказано про человека: подлец, так уж кроме подлеца он про него ничего и не ведает. А ли сказано-дурак, так уж кроме дурака у него тому человеку и звания нет. А я, может, по вторникам да по средам только дурак, а в четверг и умнее его. 尽管答话具有论辩性,尽管语境的给定性可以说明相应表述是正确的,但最后一个表述还是被认为有点非同寻常②。

是对具体时段的依附性还是特征与其"承载者"间关系的恒常性?这自然取决于其周围名词③的指称地位(指称关系的性质)。譬如,如果充当主体的名词是非指称性使用或者其所指是一类对象,那么就排除了述谓的现实解读。当述谓类型蕴含着主体项或客体项的指称性解读或非指称性解读时,反比关系也同样存在。例如,像 хищный (хищник), млекопитающее, травоядное, 以及诸如 дефицитный (быть в дефиците), широко распространенный, редкостный,

---

① 试比较述谓 зритель,它与述谓 свидетель 不同,既具有现实意义,又具有惯常意义：И по одной значительной причине Я только зритель в этом магазине (М. Лермонтов).

② 谈到"让陀思妥耶夫斯基担心和感兴趣的那些寓于人的行为当中不可预料的心理反常"时,Д. С. 利哈乔夫院士用这个例子说明陀思妥耶夫斯基不受"日常基本逻辑"的束缚。

③ 关于这点,参见 Ⅰ.1.1,那里提出了存在"时空定位"这一"超级范畴"的假设,它既在名词领域起作用,也在述谓领域里起作用。

часто встречающийся, раритет, быть в моде（об одежде）这样的"分类性"静词性述谓只能和"表示种别性的"主体搭配。

Навеселе, голоден, пьян, в отчаянье, в истерике, морозно 这类"仅限于现实性的"述谓具有相反的特点，在第3节中我们会对此详细分析。

述谓的"现实性"使用和名词的非指称性互不相容，但是"非现实性"（无时间定位性）并不排除名词的指称性。譬如，动词 любить（我们在该词的大多数意义上将其归入到"非现实性"、"超时性"中）可以和充当客体的指称性使用的表人名称搭配，但是要求表示非动物性客体的名词具有非指称性。第一个特点使述谓 любить 和述谓 любитель 相对立（比较：Я люблю Володю，但是 * Она любительница Володи），第二个特点使之与述谓 нравиться 相对立，нравиться 能够和相应情感的客体名称搭配，这些名称既可以是指称性的，也可以是非指称性的（比较：Мне нравится/понравилась ее сегодняшняя прическа，但是 * Я люблю/полюбил ее сегодняшнюю прическу）。

对于大多数动词性述谓，"现实性/非现实性"特征是"屈折变化的"（在[Булыгина 1980]的意义上），但是对某些动词来说，该特征是固定不变的。譬如，除了前面提到的 белеться, виднеться 这类动词以外，"仅限于现实性的"述谓还包括诸如 разглагольствовать, философствовать（ * Гегель жил и философствовал в XIX веке）这样的动词，以及那些"描写"（与相应情境的可直接观察性有关的）动词，像 реять（Над седой равниной моря гордо реет буревестник; * Буревестники реют 这样的全称判断是不可以的）或者 уплетать。最后一个动词，正是根据"现实性/非现实性"特征才与动词 питаться 相对立，питаться 总是表示时间上不予以定位的情境（这类动词参见4.1）。

3. "状态"是"现象"的一个特殊类别

这里所分析的几组述谓包括词法上不同的一些构成，它们是根据某些共同的语义－句法特点联合在一起的，例如：X болен, здоров, сыт, голоден, пьян, трезв, рад; X в истерике, в отчаянье, навеселе, начеку, не в духе; X-у тошно, весело, грустно, скучно, жарко; X-у не спится, (хорошо) работаешся, (легко) дышится; X раздражен, возмущен, влюблен; (на дворе) холодно, ветрено, сыро 等等。继谢尔巴之后，某些俄语语法研究者倾向于将

一些词(种类相当庞杂)作为一类特殊范畴划分出来,即"状态范畴"①,上述述谓只是部分上与其中一些相吻合。如果回想一下,关于"状态范畴"独立性的讨论是在明确其作为一个特殊词类的标志下进行的,就会发现这种不吻合现象是非常自然的,所以语法学家曾首先致力于区分相应组别的语词的形式特点(故而出现此类语词及其子类的其他一些名称:"无人称述谓成分"、"述谓性副词"、"不具有对应长尾形式的短尾形容词"、"非一致关系的形容词"及其他)。

实际上,"状态范畴"这一特殊范畴的提出最初是因为俄语中"有一批语词,很难把它们归入到某种范畴中去"[Щерба 1974:89];"范畴"指的是"词类"。但是谢尔巴认为可以归入到"状态范畴"的那些语词和表述范例表明他所指的与其说是它们的语义句法特性,不如说是词法独特性或表层句法独特性。譬如,被谢尔巴归入到此类范畴的述谓表述 в сюртуке,在词法(以及表层句法)分析方面不见得有什么困难。但是该表述不能用于分类功能,不能与"表示种别的"主体发生关系,在这一点上它与谢尔巴所列举的同一批例子中的其他一些表述类似(быть навеселе, наготове, настороже, замужем, начеку, без памяти, без чувств)。(很能说明问题的是,在接下来更具"形式化倾向"的描写中,此类述谓并不在"状态范畴"之列,甚至通常根本就不予描写)。而述谓 мал 和 велик (Сапоги малы мне = Эти сапоги — слишком маленькие для меня; Палка велика для меня = Эта палка для меня слишком большая) 具有同样的语义特点,结果有时却被归入到"状态范畴"(或者"与状态范畴近似的"形容词)中,因为它们的意义与相应的长尾形容词 малый 和 великий 并不相同。但是,原则上无论怎样也不至于把这些短尾形容词当作是别的(意义上相同的)形容词的异干交替形式,也即(слишком) маленький 和 (слишком) большой 的异干交替形式,因为它们的关系,比方说,与述谓成分 хорош (собой) 和定语 красивый 的关系并没有什么分别。但是,值得注意的是,谢尔巴并没有把 хорош (собой) 归入到"状态范畴",我们认为这是完全有道理的,因为该形容词通常执行描述和分

---

① 但是被我们归入到所分析的这组述谓中的许多不属于"状态范畴"的构成物在语义上仍被定义为"状态"类。比方说,在把某些六格的构成物(像 в духе, не в духе, не в себе, вне себя, в памяти, в сознании, настороже)归入到副词中时,维诺格拉多夫把名词格的结构转换为副词这种现象同"用来表达性质状态专门色彩的特殊语法形式的发展","为了表示处于某种状态、状况"联系起来[Виноградов 1947:356]。他还注意到"短尾形容词与包含状态范畴的形动词近似"[420页,405页],"状态范畴和表示行为、状态的性质和方式的性质状语性副词类紧密联系"[416页],"名词的非物化过程和它们在状态范畴的运动路径"[417页]。

类功能,而不是描写主体的某个"状态"(即"存在阶段")(试比较全称判断的可能:армянские девушки хороши собой)。

不是根据形式标准,而是根据语义－句法标准划分出 нам было весело, на дворе холодно, в комнате было светло 这样一类述谓,虽然谢尔巴在明确论证这些述谓归属于"状态范畴"时是以其表层句法特点为由,即 холодно, светло, весело 这些形式在这类用法中既不能看作是副词,也不能看作是形容词单数的中性形式,"因为形容词与名词发生关系,而这里并未出现名词,无论是显性的,还是隐性的"[Щерба 1974:90]。其他研究者也重复这一论点,指出在这方面形容词与名词－主体的一致关系是该词类的主要特点。但是该论点未必具有解释:因为动词的特点虽然在于它(在人称、数以及过去时的性上)与其主体一致,但这对于承认 смеркалось, рассветало, (его) знобило 这类形式恰恰是动词并无关碍。

不管怎样,对划分"状态范畴"的"形式"论证导致该范畴毫无理由地扩大(相对于谢尔巴最初的想法),尤其是造成"状态范畴"和所有"无人称谓语性成分"(它们经常被叫作"以 о 结尾的词")等同起来,例如,在下面这类用法中把形容词 интересно, вредно, полезно 也作为"状态范畴"词来解释:

(7) Играть в шахматы интересно;

(8) заниматься йогой полезно для тела и духа;

(9) Детям вредно пить вино;

(10) Кататься на лыжах здорово.

显然,无论从语义－句法角度来看,还是从形式－句法角度来看,这种解释都是不恰当的(与后者相关的,参见,例如[Буланин, 1976:178－179])。至于语义－句法特性,与我们所认为的状态述谓的一个重要特征相比,вредно, полезно 这类述谓恰恰具有相反的特征:它们一般不与具体指称性使用的项搭配,相反,关注的是其主体的种别性特点。譬如,例句(9)中的 вредно 把 пить вино(一般意义上)这种事归入到(对孩子)有害的一类事情中。像?Это вино вредно для моей печени 这样的句子在更准确的言说模式(modus'e dicendi)中应该用正确的句子 Такое вино вредно для моей печени 来替换,而在主体的具体指称性意义上一般应该用 повредить, причинить вред 等这样的动词性述谓来替换述谓 вреден,就像在普希金的句子 Боюсь, брусничная вода Мне не наделала б вреда 中那样[像? Боюсь, что (эта, выпитая) брусничная вода мне вредна 这样的句子不见得可以被视为完全正确]。

被我们归入到"状态述谓"的述谓的共同特点是,它们不是描写"属性",而是描写"现象"。"描述性"述谓赋予事物得以将其从同种类的其他事物中区分出来的性质,或者赋予事物作为一定种类的代表所具有的属性,与"描述性"述谓不同,"状态述谓"描写事物(人)存在的时间"阶段",恰恰是将其作为个体而赋予其该时段(或者几个时段)所具有的现实特征,并且是在这个意义上:"临时的","偶然的"特征。

沙赫马托夫和维诺格拉多夫这样表述恒常"属性"和临时"状态"的区别(尤其是我们所观察到的某些长尾形容词和短尾形容词的意义区别):"Больна, грязны 表示临时的特征(现在、当前), больная, грязная 表示和实体紧密结合的恒常性特征"[Шахматов 1925:285];"形容词—谓语的不可分解形式和可分解形式的区别在于,可分解形式的形容词可以产生这样的认识,即特征不仅是属于某一时刻的,而且一般说来该特征是主体所特有的"[Шахматов 1940];"词汇与词汇—语义的意义和色彩的区别非常大,它们与用作谓语性成分的是同一形容词的可分解形式还是不可分解形式相关联。短尾形式表示在时间中流逝或产生的性质状态;长尾形式表示独立于时间可想象到的特征,但在该语境中又与特定的时间有关。就其实质来说,在形容词长尾形式用作谓语性成分时,把这些或那些事物归入到某种性质范畴还是特征范畴是由物和人的种属差别决定的"[Виноградов 1947:263]。

尽管所援引观点中包含的"状态"定义绝对不能用于所有的短尾形容词①,但是另一方面,也不仅仅是用于短尾形容词,在我们看来,所提出的特性能够很好地揭示出状态述谓不同于"性质"述谓的特点。

状态与其主体关系的"临时性"、偶然性、非本质性尤其是表现为状态述谓不能与表示种别的变项搭配在一起。在 X пьян, X здоров, X в отчаянье 这类

---

① О. П. 叶尔马科娃[1974:223—225]指出,形容词短尾和长尾形式在"全称"判断和"具体"判断中的直接对立清楚表明不存在这种非常明显的形式—语义的平行重复现象。Старики ворчивы 和 Старики ворчивые 这类例子的对比表明,"把事物归入到那些由物和人的种属差别决定的性质范畴或特征范畴"的功能与其说是长尾形容词所特有的,不如说是短尾形容词所特有的。在一般的箴言里长尾形容词通常不出现(比较:Голь на выдумки хитра, 而不能说: * Голь на выдумки хитрая)。再比较什梅廖夫所举的例子[1976:122]:Закат прекрасный (这个, 今天) — Закаты перкрасны; Люди удивительные (正谈论到的那些人) — Люди удивительны (一般箴言) — Болото опасно (一般说来, 任何一个)。比较斯捷潘诺夫关于 Трава зеленая 这种句子的评论。后者既可以解释为 Трава зелена, 也可以解释为 Эта трава — зеленая трава [Степанов 1980]。

述谓关系中"X"解读为有具体所指的名词,而与变项的意义无关。

X 不能作为全称判断的主体表现为,状态述谓通常与具有证同性语义的名词(专有名词、代词或者其他确定的摹状词)搭配在一起:Он болен, не верьте ему, он в белой горячке!; Катерина Ивановна была бледна, сильно утомлена и в то же время в чрезвычайно болезненном возбуждении; Рядом же, в другой комнате, лежал в горячке и беспамятстве Иван Федорович; А докторам не верьте, я в полном уме, только душе моей тяжело; И наконец, он был в таком исступлении; Председатель был очень утомлен; Сам оратор был искренне растроган; Все были так напряжены и настроены, что было не до покоя (Ф. Достоевский); Он пьян, — сказал князь. — Он вас очень любит. — А не стыдно тебе потом будет, что твоя невеста чуть с Рогожиным не уехала? — Это вы в лихорадке были; вы и теперь в лихорадке, как в бреду (Ф. Достоевский).

但是,值得注意的是,即使当述谓关系的语义—语法特性容许概括解读时(甚至是最好不过的),特别是当述谓关系的时体意义既容许 X 与特征 P 处于现实联系中,又容许它们处于永恒联系中,并且这里 X 的位置可以用具有述谓性语义的名词(不带指示代词)或者复数名词(一般说来,倾向于一类对象的名称)来填充时,甚至就连在 X трезв, X в истерике, X навеселе, X в восторге 这类述谓关系中,也"选择"存在解读,而不是概括解读。该特点把状态述谓和分类性"恒常属性"述谓(包括"描述性动词")区分开(参见后面的§4.1)。这样,在(11—15)的三组例子中前两个句子 a 和 b 在最自然的解读中是作为全称判断来理解的,而每组例子中的最后一个句子 c 则解读为关于具体"孩子"、"老人"、"年轻人"、"爱吃醋的人"、"懒人"的报道。

(11) a. Дети любознательны;

b. Дети требуют внимания;

c. Дети голодны.

(12) a. Старики раздражительны;

b. Старики не терпят возражений;

c. Старики в раздражении.

(13) a. Молодые люди легкомышленны;

b. Молодые люди умеют веселиться;

c. Молодые люди пьяны.

(14) a. Ревнивец невыносим в семейной жизни;

b. Ревнивец видит соперника в каждом мужчине;

c. Ревнивец в бешенстве.

(15) a. Лентяй-обуза для коллектива;

b. Лентяй не любит работать;

c. Лентяй утомлен.

X—P 形式的述谓关系(其中 P 是状态的述谓)通常描写特征和具体事物(人)之间的现实联系。的确,状态述谓可以充当描写单独的重复性情境的述谓关系的组成成分。大多数动词性述谓的"现实的"和"惯常的"意义可能在形式上不管怎样都无法表达出来(所以相应的述谓脱离语境和情境通常是多义的),但是与它们不同,状态述谓只有在特别条件下才具有"惯常的"(或者"通常的")解读,例如,和无具体指称性功能的时间状语表述搭配时(诸如 в такие дни, в минуту жизни трудную, в подобные моменты,或者 вечерами, зимой 及类似的表示定期重复时段的名词),以及和动词 бывать① 搭配时:

(16) Почему мне в этакие минуты всегда грустно, разгадайте, ученый человек (Ф. Достоевский);

(17) Зверю холодно зимой (В. Маяковский);

(18) Он был говорлив, беспокоен. Минутами бывал весел, но чаще задумывался, сам, впрочем, не зная о чем именно (Ф. Достоевский);

(19) И скучно, и грустно и некому руку подать В минуту душевной

---

① 佐拉托娃把动词 бывать 称作"是在实词意义和系词意义上使用的""惯常时间在俄语里的特殊标志"[Золотова 1973:183],(10)和(11)这两个例子就是从她那里借用过来的。我们注意到,这些特性只对能够表示可量化行为的述谓而言是正确的。对于不可量化的"描述性"述谓而言,动词 бывать 执行另一种功能,充当量化词,但是针对的是静词项的指称。比方说,句子 Голубоглазые кошки бывают глухими[有些蓝眼猫耳聋],当然不是报道(具体的)蓝眼猫时不时的重复状态。这个句子与 Голубоглазые кошки глухие[蓝眼猫耳聋](在猫的蓝眼睛和耳聋两个属性之间建立关系)的区别仅仅在于它不是那么绝对的,容许出现例外。类似的语义差别在副词性量化词 часто, редко, иногда 等与状态述谓和性质、属性述谓的搭配中也可以见到(见后面)。

невзгоды (М. Лермонтов)①;

(20) Бывало грустно им, а скучно не бывало (И. Крылов);

(21) Ты, от кого я пьян бывал (А. Пушкин) 等等。

在与表示全称判断的句子类似，但仍然不能与其等同的句子中，基本述谓关系的不同分布也能起到"撤销现实"的作用，它们表示可能的（而不是在特定时刻实际存在的）条件（参见谢利维奥尔斯托娃[1982]在这方面对 Француз должен быть влюблен = "如果是法国人的话，他就会痴情"这类例子的解释）： У хорошего хозяина и конь сыт (Даль 辞典中的例子); У сильного всегда бессильный виноват (И. Крылов); Ах, когда б вы знали, как тоскуется, Когда вас раз сто в течение дня на ходу на сходствах ловит улица! (Б. Пастернак); Старец же должен быть доволен во всякое время (Ф. Достоевский).

很能说明问题的是，和状态述谓搭配的 редко, часто, иногда, обычно, постоянно, всегда 这类副词（以及语义上等价的动词 бывать）通常描述主体存在的时间段，这跟它们与描述性述谓的搭配不同，与描述性述谓搭配时，这些副词被解读为限制主体项指称外延的量词。试比较，быть не в форме, быть грустно, быть пьяным 这些述谓和 быть хорошим лингвистом, быть оптимистом, быть пьяницей 这些述谓对量副词解释的不同影响：

Спортсмены иногда бывают не в форме. = В жизни спортсмена есть некоторые моменты, когда он не в форме [在生活中运动员也有不穿运动服的时候]. 但是：Полиглоты иногда бывают хорошими лигвистами. = Некоторые полиглоты — хорошие лингвисты [有些通晓多种语言的人是很好的语言学家].

Поэтам бывает грустно без причины. = В жизни поэта есть моменты, когда ему грустно без причины [诗人在生活中有毫无缘由忧伤的时候] (Некоторым поэтам грустно без причины [有些诗人会毫无缘由地忧伤]). 试比较：Поэты редко бывают оптимистами. = Немногие поэты — оптимисты [少数诗人是乐观主义者].

---

① 在[Булыгина 1977:169]的著作中，关于本例中状态元"в минуту душевной невзгоды"的"概括"作用的解释不完全准确。更准确地说，状态元在此起"撤销现实"的作用。

Вегетарианцы иногда бывают пьяными. = В жизни вегерианца есть некоторче моменты, когда он пьян [素食者在生活中也有喝醉的时候] ≠ Некоторые вегерианцы пьяны [某些素食者会喝醉]. 比较：Вегетарианцы часто бывают пьяницами. = Многие вегерианцы пьяницы [许多素食者是酒鬼].

　　这类例子表明,状态述谓(与大多数动词性述谓相似,但是与大多数静词性述谓和 обладать, любить 这类动词不同,参见后面的§4.1)表示可量化的现象。还有一个情况值得注意,就是即使由表示种别的名词充当主体,状态述谓也是描写属于相应类别的人(物)的特定片段(存在阶段),而不是建立主体及其特征的概念联系(就像在包含性质述谓和描述性动词的表示全称判断的句子中一样)：Студент бывает весел от сессии до сессии, а сессия всего два раза в год.

　　状态述谓所描写的可量化现象的特点,即次数、状态的可能"间断性",使它们有别于"属性"类(包括那些用描述性动词表示的述谓,参见§4.1),该特点表现为有可能专门指出状态的连续性(对"属性"类来说,就算是时间范畴的,类似的说明也是多余的)。试比较：Если две минуты сряду ей возле тебя будет скучно, ты погиб безвозвратно (М. Лермонтов); Он не сказал ничего, но после этого два дня сряду был болен (Ф. Достоевский). 这样的句子是奇怪的, * Пять лет подряд она была ослепительно красива; 或 * Три года сряду любил ее * Два дня сряду ненавидел его,尽管不言而喻,说明相应情感或性质的总体持续性是完全可能的(试比较后面的例子),就像完全可以说明状态的持续性一样。试比较,例如：... подсудимый целые двадцать три года столь благодарен был всего только за один фунт орехов (Ф. Достоевский).

　　有趣的是,述谓 благодарен 和 неблагодарен 在诸多特点上都有区别,显然应该归属于不同的类型：благодарен ——状态述谓, неблагодарен (неблагодарный)——"性质"①述谓。意义的"非现实性",一般来说,对于否认特征存在的述谓是正常的。

　　状态述谓通常(除特殊情况外)不参与到包含真正的全称量词的述谓关系中去。(Все люди смертны, но * Все люди при смерти). 但是断言某个具体的对象集合的状态是完全可能的：А главное, кто ж теперь не в аффекте, вы,

---

　　① 与我们无关(还要更早一些),阿普列相[1980:56]早就注意到 благодарен 和 неблагодарный 这两个述谓的不对称性。

я — все в аффекте (Ф. Достоевский).

"状态"的现实性和时间定位性可以说明相应述谓与любой, всякий 这类无具体指称项的量词互不相容的原因：* Любой пессимист в дурном настроении; * Любой пьяница пьян. 该特点将状态述谓和具体事件性述谓（比如，其中包括俄语①中大多数完成体形式的动词）合并在一起，而同时又使其与所谓的性质述谓相对立（有时也被称为"静态"述谓②）。

除了时间关联性和状态的"偶有性"，后者使它们区别于表示性质和恒常属性的所谓的"静态"副词性述谓和动词性述谓（由于第1节中所述原因我们已对该特征予以优先关注），在这里所采用的特征体系的框架中，状态的特点是静态性、持续性和不可控性。关于这些特征，我们只谈几点意见。

静态性、持续性和不可控性在理论上足以区分状态述谓和描写其他类现象的述谓，首先就是描写动态现象的述谓。在一目了然的情况下相应的差别是显而易见的。譬如，把状态和动态现象（过程和事件）区分开的静态性尤其是表现为，状态述谓不与постепенно, быстро, внезапно, вдруг 这类副词搭配。比较：Он внезапно пришел в бешенство / отрезвел / устал, 但不能是 * Он внезапно был в бешенстве / трезв / утомлен; Он постепенно пьянел; Он быстро проголодался, 而不是 * Он постепенно был пьян; * Он быстро был голоден.

再比较：В настоящее время я лишен возможности помочь вам（状态）和 Актеры были лишены рук Иваном Васильевичем нарочно（М. Булгаков）（在后一个句子中，即使在取消施事者的情况下，指明情境可控性的副词 нарочно 也会诱导我们把述谓关系看作是对涉及到"演员"的某个"行动"或事件的描写，而不是对演员"状态"的描写）。

状态的持续性使其与瞬时性事件区分开——试比较，文学里"状态被动态"和"瞬时被动态"的某种区别——参见[Гаврилова 1978]的例子：后者可以注明准确日期：Магазин был открыт ровно в 8 часов; Ровно в 17.30 ленточка была

---

① 俄语里动词完成体过去时形式表示的述谓在大多数情况下排除项的无指称性解读。正如前面I.1.1所指出的那样，在著名的谢尔巴例句中，由于 будланула 形式的语法特性，глокая куздра 只能表示具体的 куздра, 而不是一类"глокая куздра"。

② 试比较帕杜切娃[1974:92]关于与全称量词相对应的词汇单位"在述谓表示在特定时刻发生过的一次性行为的语境中"使用没有意义，而在"静态述谓语境中"使用有意义这一观点。在这种情况下，帕杜切娃把不是表示行为的述谓，而是表示对象的属性和状态，并且一般来说是恒常性的，不是限定在某个时段或时刻的，称作"静态"类[该书中]。

перерезана（事件）；试比较，Окно было открыто весь день（状态）。

但是，在实际运用中并非总是那么容易区分开。首先，包含状态述谓的命题，如果在某个时段为真，那么对于该时段的任何一个时点来说都为真（与事件的区别在于，对事件而言，标记过渡到新状态的时点是完全确定的，是唯一的）。所以可以说：В 8 часов（когда я проходил мимо）магазин был открыт；Вчера в 10 часов он был уже болен（状态）。其次，状态和某些类事件的相似性在于两者都同时既是（尽管可能是在不同程度上）"回顾"，又是"前瞻"。状态经常可以被视为先前事件的结果，而一般说来任何一个事件都会导致新状态的出现。

某些状态类和事件类难以区分，这表明它们在客观上是近似的。可见，在某些情况下，必须诉诸于补充标准，即把相应的述谓关系归入到不同交际结构的标准（试比较，谢利维奥尔斯托娃［1982］划分出来的作为状态特性的"主体定位性"特征）。

4. 述谓关系的类型和动词的语义类别

所描写的"事态"与时间关系的不同性质对于动词内部各种词汇－语义类别的划分也很重要。俄罗斯语文学对时间定位性特征的研究得十分详尽，主要是在体和时这两个语法范畴的不同语义潜力方面。譬如，佐拉托娃［1973：181］在这方面正确指出，讲俄语的人可以在三个时间层面（现在、过去和将来）中的任一范围内选出某种"反映现实现象的方式，无论是单个的、具体的现象，还是通常的、重复性的、典型的现象，或者是概括的、抽象出来的现象"。

在述谓表述的词汇－语义分类方面，即（特别是）作为把一些述谓表述从其他一些似乎已处于词汇层面的述谓表述区分开的特征，时间定位性特征并没怎么引起研究者的注意。同时对选择这种或那种描绘现实的方式或许不仅与语句的语法特性有关，而且与述谓表述归属于哪一个语义类别有关，即与其内在固有的特点有关，该特点只容许某种特定的时间关联性，而排除另一种时间关联性。

早在 1948 年，Ю. С. 马斯洛夫在其文章中［Маслов 1948］就注意到这种情形，在我们看来，这篇文章在后来的（尤其是体学的）研究中并未得到足够的重视。马斯洛夫在其著作中给自己提出一个任务，即如何通过那些与动词行为自身（本体）特性相联系的实质上的语义特点来阐释俄语里用以描述体范畴功能作用的特点（即在体的非对应关系上，以及在各种不同性质的联结各类体对偶成员的关系上体现出来的特点)。有趣的是,马斯洛夫在那篇文章中提出的分类与牛津学派的哲学家万德勒在其一篇著名文章中[Vendler 1967]提出的英语动词逻辑-语义分类非常相似,这篇文章是万德勒最有影响的著作之一,并且目前在语言学刊物中仍被广泛探讨。近来研究者发现,万德勒的分类可以适用于不同语言。同时尚需指出,万德勒的分类有一定的语言学局限性,这是因为该分类只研究那些与人(一般说来,与人的情感、与人的活动)有关的(哲学上很重要的)动词,而没有考虑到更为广阔的语言学前景。因此某些研究者认为,万德勒并未打算把自己的动词分类和公认的行为、过程和事件三分法这种语言学分类进行对比,而且对语言学(特别是斯拉夫学)在体范畴方面研究过的现象也未予以注意[Mourelatos 1978:418]。

一些研究者,比如德科勒克[Declerck 1979],他们在这方面坚持认为,万德勒和其他持同样观点的人所划分出来的特征不是与动词性述谓的类型有关,而是与述谓关系的类型有关。

我们认为,在俄语学中可以观察到的,确切地说,是相反的情境。对动词不同时体形式所固有的特性(特别是与时间关联性相关的)研究得颇为彻底,而却没怎么研究从动词作为特定的语义类别代表所固有的(与它以哪一种时体形式出现无关的)那些特点中推导出来的特性。目前主要关注的是动词所具有的那些可以解释有/无体对应关系[1]的语义特点(试比较,有界动词与无界动词的划分),而较少关注那些可以解释不同类动词的统一体对偶成员之间或者不同类动词在不存在体对应关系时的语义对应物之间的语义关系具有不同性质的语义特点(包括非常规性的——在阿普列相[1978]的意义上)。

在接下来对各种动词类别的研究中(首先从相应"事态"的时间关联性角度来看),我们力求把动词作为特定的语义类别代表(特别指出,我们把体对偶称为"动词")所"原本"固有的那些特性和那些与时体范畴意义相关的"派生"意义(比如说,像常态意义)区分开。

当然,我们决不希冀描写俄语体范畴的功能作用。然则我们认为,所选述谓类型的研究角度[2]或许有益于体学研究本身,因为它看起来使我们得以发现那些应该有助于对时体形式的功能作用进行预测性描写的特点,即有助于阐释

---

[1] 阿维洛娃[1976]的研究重点正是这个问题。
[2] 该选择对我们所提到的马斯洛夫[1948]和万德勒[1967]的著作(他们的方法本身也和亚里士多德提出的动词分类有着本质上的相似性)的依赖性在接下来的阐述中是显而易见的。

动词意义到底是如何与时体范畴意义相互作用的。

4.1 描述性动词述谓("属性和恒常性关系") VS. 不确定的重复性现象

如前所述,在俄语学中时间定位性特征作为时体范畴各种独特意义的特性得到了深入彻底的研究。而我们这里将要谈论的,确切地说,是动词词位本身的语义潜力,即某种时间关联性能力,它可以描述不同语义类别的动词。一些描写"仅限于现实性"情境的述谓,不能"提升等级"至一般性质的语句[белеть(ся);быть в раздражении 等等],与此同时,可以划分出一类反而不能现实化使用的动词性述谓,例如:равняться, соответствовать, зависеть, обладать, владеть, 以及 любить (мороженое), ненавидеть (лицемерие), знать (математику), понимать (кое-что в технике), полагать, думать, что ... (в отличие от думать о чем-то...), презирать 等等。

在描写未完成体的特殊意义时会提及一些类似的动词(比如,"关系动词":преобладать, содержать, соответствовать 等等),它们被看作是与具体过程意义无关的动词:按照邦达尔科[1971:25]的正确评论,关系的"实在"无法作为过程表现出来。这类动词所特有的脱离具体时间过程的抽象性显然不需要论证[①]。但是 любить, ненавидеть, понимать, знать, полагать, верить, что... 等等这类动词也可以把相应的事态作为某个"实在"来描写,而且按照邦达尔科指出的规律,它们不能用于具体过程意义。

具体时间定位性的缺失表现为,包含分析性述谓的语句(一般)不能作为 Что он сейчас делает? [Что он тогда делал?; Чем он (был) занят в это время?; Что с ним происходит (происходило)?; Почему он отсутствует? 等等]这类问题的回答,相应地也不能"嵌入"以 Он был занят тем, что..., Он только и делал, что 这类短语开头的句子里。

包含这类述谓的语句,可能在某个确定的时间段为真(或为假),但是它们不描写在时间中流逝的过程。普希金的劳拉(Лаура)可能会说:Мне двух

---

① 很多这样的动词都参与到真正的时间范畴以外的语句中。正如 М. В. 帕诺夫 [1967:20] (在另一方面)指出的那样,"二乘以二等于四"的规则不包括任何时间系数。"像多长时间,从什么时候起,是否很快 2×2=4 这些问题都是没有意义的"。

любить нельзя. Теперь люблю тебя, 但这并不意味着, 她说的是现实的"爱的过程"①, 该过程在时间上延展, 并把说话时刻也包括在内(更何况彼此相吻合)。

像下面这个例子:

Но позвонил он с площади.
— Ты спишь? — Нет, я не сплю.
— Не спишь, *а что ты делаешь?*
Ответила: — *Люблю*
　　　　　　　　　　　(Л. Мартынов),——

显然可以理解为(显然是有意地)偏离了标准。

所分析述谓的无过程性(无阶段性)②尤其是表现为, 不能由它们构成包含时间前缀 по- 或 про- (分别包含"指小的、有限的"意义和"行为在某一间隔时间的延展"意义)③的派生词。试比较, 下面这样的句子是不正确的: Он был обидчив, но незлопамятен. * Поненавидит своего оскорбителя с недельку и простит его; Мне не нравится, что мальчик любит азарные игры. — * Ничего, полюбит немного и образумится; * Все детство я продумал, что детей находят в капусте. 试比较, 派生词 продумать ("провести какое-либо время в думах, в размышлениях [花费时间思考、思索]") 可以由 думать 生成 ("размышлять, отличного от думать, что полагать, что...") : Я продумала и

---

① 像 любить, ненавидеть, обладать 等等这类述谓所描写情境的无过程性, 表现为无法实现相应的语言量化。试比较, 例如: Мне нравится сам процесс катания на велосипеде, 而不说: * Мне нравится сам процесс обладания собственным велосипедом. 不过, 再比较一下陀思妥耶夫斯基的句子: Он даже начал сам замечать эту нараставшую почти ненависть к этому существу. Может быть, процесс ненависти так обострился именно потому, что вначале, когда только что приехал к нам Иван Федорович, происходило совсем другое. 但是这里指的是 процесс нарастания (ненависти)(仇恨积聚的过程)(试比较所援引片段中的第一句),"обострение процесса"(过程的加剧)显然指的是"процесс обострения"(加剧的过程)。

② 试比较, 万德勒关于英语"静态"(know 这类的)和"非静态"(run 这类的)动词的见解:"跑、写等, 这些都是在时间上流逝过程, 一般说来, 也即由连续的, 时间上一个接着一个的阶段构成。实际上, 奔跑的人在一个时刻抬起右腿, 在下一个时刻放下右腿, 然后抬起另一只腿, 再放下, 这样继续下去。但是尽管对于某人, 他在这一时刻或这一确定的时段知晓的某种东西可能为真,'知晓'也不是在时间上流逝过程。我知晓地理可能现在为真, 但这并不意味着, 由时间上一个接着一个的阶段构成的知晓地理的过程此时此刻正在发生"[Vendler 1967]。

③ 沙赫马托夫[1941:474]注意到动词形态形成的可能性直接依赖于其语义特性, 尤其是, 他划分出未完成体的"次数"和"非次数"子类。次数子类包括给"时间上分散的、间断的"行为命名的动词(试比较, 上面万德勒 run 类动词的特性), 非次数子类包括那些给不间断行为命名的动词。

промечтала всю ночь (Ф. Достоевский); И часто-часто, ночь о нем продумав, Я утра ждал у трех оконных створ (Б. Пастернак).

具体主体和借助于 знать, любить, иметь, обладать, надеяться, уметь, ненавидеть 等述谓赋予其上的特征之间的实际联系并非绝对不可改变。可以在某个时间段知道什么事情，然后忘记了；爱过什么人，然后不爱了；有什么东西，拥有什么东西，然后失去了，丧失了；会做什么，然后忘记了；恨什么人，然后原谅他了，变得缓和了，开始无所谓了，或者甚至爱上他了。确实，遗憾的是这种情形不如相反的情形那么寻常，表现为动词 разлюбить（不爱）没有对应词 *разненавидеть（不恨）①。但是这类述谓所描写的"事态"在语言中表现为以自然方式持续的、本性上不想改变的、不受某个时间段限制的事态，表现为具有漫射性时间界限的事态（如果一般来说它们与对时间界限②的感知相容的话）。

包含这些述谓的命题，如果在某个时间段为真，那么对这一时间段内的任何一个时刻都为真。与此同时，相应的事态不会完全"填满"这段时间，不会"占满"它，不排除用其他活动将其"填满"的可能性。

所以这类述谓能够和持续性时间状语，而不是数量时间状语搭配，比如（целыми）неделями, день-деньской, и день и ночь, весь день напролет, часами, годами, непрестанно, постоянно 等等。

可以说 все думать, думать об одном и день и ночь до новой встречи, 可以说 с больным сидеть и день и ночь, не отходя ни шагу прочь. 在这种情况下，可以说（и день и ночь）вздыхать и думать про себя: когда же черт возьмет тебя!; 但是不能说 * и день, и ночь (день-деньской, неделями, часами, годами 等等) полагать, что P, считать, что P, верить, что P, быть уверенным, что P, думать, что P（"在持某种观点，认为 P"的意义上）。试比较：До недавного времени он полагал, что все будет сходить ему с рук, 但是不能说 * Он годами

---

① 相应事态潜在的不稳定性把这里所分析的述谓同 быть красивым, быть молодым 这类述谓区分开，后者在语言中（不顾现实）表现为恒常性特点。或许，这可以解释由 любить 这样的动词借助前缀 про 构成的派生词，与 * пробыть красивым,（до глубокой старости）这类见不到的派生谓相比，具有相对较大的可接受性：Да, и у меня, кажется, достанет сил прожить и пролюбить всю жизнь［И. Гончаров］; Вот когда ты меня потеряешь, — а я долго такого не пролюблю, — тогда тебе будет плохо［А. Н. Толстой］.

② 类似地，给"物质"命名的所谓的不可数名词，与它们在自然界中的实际存在方式无关，在语言里都表现为空间上无限的物质，它们只具有质的确定性，不具有量的确定性。

(часами, неделями, целыми днями) полагал, что все будет сходить ему с рук.

同时 любить, знать (математику), понимать, ненавидеть, разбираться (в технике) 等等这类述谓不具有所谓的惯常和通常意义,即不描写那些对于相应特征的现实(具体的)承载者而言司空见惯的,伴随着该特征按某种周期性重复出现的具体现象。正是该特点能够解释这种情形,即由不容许量化的名词(例如,有具体所指的名词)充当此类述谓论元的句子不能包含"频度"副词,诸如 всегда, часто, редко, обычно, иногда, иной раз 等等①。试比较,以下例子的异常:

(22) * Лена всегда знает шведский язык;

(23) * Все время Таня любит Сережу;

(24) * Моя кузина часто владеет приемами каратэ;

(25) * Мой брат иногда ненавидит лицемерие.

如果所分析述谓与容许非指称性(或者无具体指称)解读的名词搭配在一起,在这种情况下,相应的句子构成中可以包含频度副词,但这时副词必定被当作量词来解读,其作用范围是其中的一个论元,而不是相应述谓表述的量化项②。譬如在以下每一对例子中句子(a)都与句子(b)③同义。

(26) a. Музыканты редко обладают абсолютным слухом;

b. Не многие музыканты обладают абсолютным слухом;

(27) a. Врачи обычно терпеть не могут разговоров на медицинские темы в обществе;

b. Большинство врачей терпеть не может разговоров на медицинские темы в обществе;

(28) a. Русские существительные иногда не склоняются;

---

① 因此,"无限次"意义这个表述在"任何一种行为方式下都是可能的"[Бондарко 1971:26],对这个论断需要加以限制。试比较,[Кнорина 1976:65]也指出,在多次的情形下可以使用所有动词的未完成体。最好再加上:对偶的。

② 帕杜切娃[1974:96]提到了"在静态述谓存在的语境中"量副词"反向"替代量形容词的可能性。我们注意到,如果"静态性"是该述谓本身固有的特点(与这里所称的"无时间定位性"、"恒常性"相一致,试比较我们前面引用过的帕杜切娃提出的"静态性"定义),那么这样的替换是同义转换。

③ 在 I.1.1 中已经列举过具有类似语义关系的句例。

b. Некоторые русские существительные не склоняются;
(29) a. Женщины часто не любят говорить о возрасте;
   b. Многие женщины не любят говорить о возрасте;

在与所分析的动词搭配时，всегда，иногда，часто 这类副词不能在时间意义上解读，这不仅把后者同状态述谓（见前面）区分开，而且还把它们同其他动词（就是具有现实使用能力的"动态"动词）区分开，和这些动词搭配时，频度副词或者是多义的。Дети не всегда слушаются старших 可以表示"Не все дети слушаются старших [不是所有孩子都听长辈的话]"或"Дети (конкретные) по временам не слушаются старших [（具体的）孩子们有时不听长辈的话]"，当然，还可以指"Некоторые дети по временам не слушаются старших [有些孩子不听长辈的话]"三种意思，或者（和不容许无具体指称解读的主体搭配时）只具有时间意义：Мои родители обычно не ходят на собрания，不言而喻，不能转换为 *Большинство моих родителей не ходит на собрания [Булыгина 1980：352]（见 I.1.1）。

我们注意到，像 (30—31) 这样的句子并不是反例：

(30) Все это время он знал, что жена обманывает его;

(31) И, право же, я всегда тебя любил, и сейчас — особенно.

все (это) время 和 всегда 这样的表述与前面句例 (22—23) 中出现的同音同形异义（或者准同音同形异义的）副词表述在本质上是不同的。

譬如，在副词 всегда 的后面隐含着两个本质上不同的意义[①]，一个是通常性意义，不是表示持续性，其注意力不在相应行为（过程、状态）的持续时间上，而是用来描述行为（过程、状态）本身的特点和/或其主体的特点，另一个非通常性意义，注意力恰恰是放在所表示的时间上。只有前一个意义的特点与所分析的述谓在意义上不相容。

все (это) время 这个状语表述的注意力集中在相应事态的持续性上，而все

[①] 根据 МАС₁ 的定义，副词 всегда 的一个意义（通常的）被定义为"在任何时间，都是恒常性的"（用下面的例子来阐述：Марфеньку всегда слышно и видно в доме; Всегда он кому-нибудь должен, всегда чем-то озабочен)，另一个意义（指的不是频率，而是持续性）被定义为"永远"（用下面的例子来阐述：Материя существовала всегда)。

время① 这个表述（通常以快速的、非重读的形式出现在句子里）在说明（多少有点夸张）那些通过最小的停顿而彼此分开的事态的单个"量子"的频率时，描述现象本身（或者其参与者）（试比较：[Wierzbicka 1980：100—112]）。

在 вечно₁（按照 MAC₁ 的定义，"在多个世纪期间、不停地、没有尽头"）和 вечно₂（"口语，经常、在任何时候"）之间具有同样的对应关系。вечно₁ 可以用于无时间定位的述谓：Материя существует вечно; Я буду вечно любить тебя; Память о нем будет вечно жить в наших сердцах, 然而 вечно₂ 只能描述（原则上）有具体时间定位能力的述谓：Вечно они спорят друг с другом; Вечно у нас нет горячей воды; Вечно она больна; Нина вечно опаздывает; Петрушка, вечно ты с обновкой. С раздранным локтем (А. Грибоедов). 试比较，相应形容词的意义也存在类似的差别——вечный₁: Они клялись друг другу в вечной любви; Тартюф, конечно, — вечный тип, Фальстаф-вечный характер (И. Гончаров); Вечная память павшим героям, вечная слава тем, кто живет! Вечный₂: Эх, Дон Гуан, Досадно, право. Вечные проказы (А. Пушкин).

不过，вечно₂（всегда₂, все время₂）在题元名称可以具有相应解读或者述谓意义可以发生改变的情况下仍然可以和我们所分析的一些述谓搭配。试比较：Вечно он ненавидит своего преуспевающего товарища（вечно₂ 暗含客体是未明确说明的，是不确定的 = какого-нибудь, того или иного из своих преуспевающих товарищей [自己那些成功的同学中的某一个人]）; Неужели она будет вечно любить стариков?（在名词短语是未明确说明的，是不确定的情况下可以解读为 вечно₂ = каких-нибудь стариков, того или иного старика [某一些，某一个老头]）。

由此类述谓描写的指称情境是不可量化的，这表现为它们不能与 иногда, обычно 这类时间意义上的副词搭配，可以把这种不可量化性看作是无时间定位性的征兆。确实，所分析的述谓不能描写主体参与其中的具体事件或过程，与

---

① 试比较，在 время 这个词条中，все время 这个表述的定义是借助于"постоянно, не переставая [恒常的、不停的]"来解释的[MAC]。

赋予主体某种性质①的静词性述谓类似,它们赋予主体某种一般的特性。同样的意义也可以用一向归属于(动态)现象类的动词来表达,尽管对于它们,性质描述意义只是一种可能性。不同的用法在不同程度上与"性质"意义类似。在一极,毫无疑问,是那些"超时间"述谓,诸如 Рыбы дышат жабрами, Вода кипит при температуре 100°, Железо тонет в воде,它们不是描写一系列重复的现象,而是描写主体的属性②;在另一极,是具有所谓的无限次意义的述谓,例如:Он спит в кабинете; По утрам они пьют чай 等等,如前(§1)所述,我们可以赋予其时间定位性意义,尽管是不确定的。中间则包括这样的述谓,像:Он играет на скрипке(="умеет играть[会演奏]"), Он курит(="он курящий[他是个抽烟的人]"),或 Она ест мясо(="она не вегетарианка[她不是素食者]")。

相应用法之间的界限并不是十分清楚的。一方面,描写定期重复的行为或过程(也即时间上予以定位的"现象")的述谓关系可以被视为主体的特性。在语言自身当中它们能够以相应的方式量化,试比较:У Верочки редкое качество: мгновенно обижается, но так же мгновенно и полностью забывает обиду (Ю. Трифонов),这还不包括得出不同结论的可能性,比如:Тот, кто постоянно ясен, тот, по-моему, просто глуп (В. Маяковский),在这里"状态"的恒常性为得出有关"属性"的结论提供了根据;另一方面,并非总是很清楚,具有"概括性"(或者"潜在的")意义的述谓关系在何种程度上以"已实现行为"(或者预期实现行为)的特定数量为根据。是否可以有把握地说,在相应的"行为"确实发生过的情况下,Он курит, Он играет на скрипке, Он ест мясо 这样的句子是对足够多情形的概括(试比较,谢利维奥尔斯托娃[1982]的观点)。当然,如果 он играет на скрипке 是真的,那么就不会怀疑,相应技能的"已实现行为"在过去曾存在,并且不止一次。但是,例如,X ест мясо(="X не вегетарианец[X 不是素食者]")不一定要求 X"吃"这种食物的真实情形多次出现。试比较,

---

① 值得注意的是,该特点把所分析述谓同性质类静词性述谓(像 быть белым)合并在一起。在这种情况下,不能对量副词作时间解读不是与静态性相关,而是与时间关联性有关。对量副词与 быть белым 这类述谓搭配,以及与 белеть 这类(也是静态的)"现象"在一起的不同理解是很能说明问题的。譬如,Лебеди обычно бывают белыми 这个句子当然不是在报道具体的(同一些)天鹅有偶尔变化颜色的习惯,而在普希金的诗中:Здесь вижу двух озер лазурные равнины, где парус рыбаря белеет иногда,副词 иногда 则具有时间意义。

② 在这些情况下,或许,更恰当地说,不是指赋予主体的属性,而是指两种述谓、两种属性之间的联系:Быть рыбой значит дышать жабрами。

对 Вы играете на скрипке? 这个问题的一种荒诞不经的回答，——Не знаю, не пробовал, 是可以被理解的，但自然是不恰当的。然而如果女主人问客人，Вы едите маслины？（她可以用众人皆知的箴言事先告诉他，所有人分成两类，一类人有油橄榄果就欣喜若狂；另一类人则不能忍受它），这时客人回答，Не знаю, не пробовал，——这个回答可以被理解成是完全正常的。

由于前面提出的"恒常性关系"述谓和（静词性）"性质类"述谓（它们不与 обычно 这类时间意义上的副词搭配）行为上的相似性证明对它们具有语义近似性的独立感知是正确的，所以"不可量化性"属性应当被看作是本质上的，而不是偶然的特性。因此可以把相应的特点作为区分俄语大部分动词各种各样非现实使用的标准。如果 обычно, постоянно, всегда 这类副词的增加不在根本上改变句义（不改变句义类型），不把句子变成异常的，那么述谓关系就是描写重复的行为和状态等等，就是描写时间上予以（不确定的）定位的"现象"；否则，我们碰到的就是"性质"（在任何情况下都是非偶然性的）意义（也即无时间定位的事态）。试比较，例如：Он любит живопись ≠ * Он постоянно любит живопись，但是：Он ходит в музеи и картинные галереи ≈ Он постоянно ходит в музеи и картинные галереи; Он курит ≠ Он всегда курит，但是：Он курит «Беломор» ≈ Он обычно курит «Беломор»; Она работает преподавателем русского языка в педагогическом институте ≠ Она обычно работает преподавателем русского языка в педагогическом институте，但是：Она работает по вторникам в библиотеке ≈ Она обычно (всегда) работает по вторникам в библиотеке; Она ест маслины（就是"对它不厌恶"）≈ Она всегда ест маслины，但是：Они едят маслины на завтрак ≈ Они обычно (всегда) едят маслины на завтрак; Рыбы дышат жабрами ≠ ? Рыбы всегда дышат жабрами，但是：Он спит в капинете ≈ Он обычно (всегда, иногда) спит в капинете. 该测试的结果与这样的直觉认识相符合，就是与诸如 Он ходит в музеи и картинные галереи; Он курит «Беломор»; Он работает по вторникам в библиотеке; Он спит в капинете; Они едят а завтрак маслины 这样描写某种更表面的东西的述谓关系相比，相应地，Он любит живопись; Он курит; Он работает преподавателем русского языка в педагогическом институте; Рыбы дышат жабрами; 甚至 Он ест маслины 这样的述谓关系赋予主体更具本质性的特性。

不过,不管如何区分 курить, играть, есть 这类动词(占俄语动词词位的大多数)的用法,它们(作为词位)的特点都是既具有现实使用的能力(相应的意义可以被看作是"本性所固有的"、一次性的、初始的),又具有借助于词法上不可表达的"撤销现实因子"(相应的意义可以被看作是"非本性所固有的"、"二次性的"、"派生的")来"提升等级"的能力。当然,对美术的热爱要求奔走于各个展览和博物馆,以及和优秀的美术作品交流时具有积极的情感[①],就像吸烟者的身份要求相应不良习惯的"已实现行为"一样。但是不管 Он курит; Мой дед землю пахал; Она играет на гитаре; Она занимается йогой 这类述谓关系的意义与"描述性"述谓关系如何近似,курить, пахать, играть, заниматься 以及其他诸多此类动词与 любить 这类动词在语言学上的重要区别特别是在于,相应"习惯"和"技能"(抽烟、耕作、弹吉他,练瑜伽的实际"情形")的具体呈现在俄语中借助于同样可以在"惯常"和"性质"意义上使用的述谓来描写,所以包含相应类别动词的述谓关系脱离了语境就是多义的。

根据述谓是否描写事物存在的特定"阶段",或者是否赋予其更本质的,与临时的时间段无关的特性,或者最终能否在特征及其作为一定类别代表的事物之间建立恒常性联系,有时可以划分出三类述谓:阶段述谓(stages-predicates),对象述谓(objects-predicates)和类述谓(kind-predicates)。大多数动词性述谓都是作为阶段述谓实现其功能的,但是借助于"永恒参变项"可以"提升等级",把述谓关系变成第二种或第三种类型(尤其是受制于主体的特性)(参见[Carlson 1979])。Дед пахал землю 这类述谓关系(被理解为人的一般特性)恰恰可以被看作是借助于类似的"提升等级"的参变项,由 Дед пахал землю 这个述谓关系派生出来的[描写"пахание(耕作)"的个别情形]。

在 I.1.1 中提到的 руководить 这类动词构成一组特殊的动词,它们根据"对一定社会群体、行业和职业的归属性"等等来描述人[Маслов 1948]。尽管这些动词中的一些成员与完全确定的时间界限有关联:С такого-то по такой-то год руководил (заведовал) кафедрой сравнительно-исторического языкознания; Он царствовал всего один год 等等,但是它们都同我们前面分析过的 знать, любить, разбираться (в технике) 这类述谓类似。像后者一样,руководить, воспитывать, управлять, директорствовать 这类述谓不能表示相应特征的某种

[①] 试比较,谢利维奥尔斯托娃[1982]提出的对 X любит Y 这种述谓关系的描写。

具体"呈现"。Кто воспитывает, помыкает кем-либо, господствует над кем-либо или украшает общество своим присутствием или всецело, подчиняется кому-либо, находится под каблуком у кого-либо 这类特殊行为,即时间上予以定位的具体行为,可以被看作是 воспитание, помыкание, господство, украшение общества своим присутствием, подчинение, бытие подкаблучником 的个别情形,实际上,对和这些行为有关的问题的回答在相当大的程度上是不确定的。

这样,Татьяна Ларина 的母亲对丈夫独断管控的技巧在 она езжала по работам, солила на зиму грибы, вела расходы, брила лбы, ходила в баню по субботам, служанок била осердясь — все это мужа не спросясь 这一段描述中表现出来,但是在相应的具体行为中,没有一个行为是对丈夫的独断管控的"量子"。例如,教育者的身份也要求如此不同质的行为。但 царствовать 或 править 这类述谓的意义仍不见得应当定义为"对多个具体的不同质行为的概括"。例如,царствовать,首先是表示"быть царем[是国王]",甚至不要求必须完成某些行为[要知道,像多顿(Додон)国王,可以«царствовать, лежа на боку»];另一方面,Лошадь питается овсом 和 Лошадь ест овес 这两个句子的区别未必可以归结为:在第一种情形中,述谓是不同质行为的概括,而在第二种情形中,是同质行为的概括。与此同时,第二个句子不仅可以表示"概括性"情境,也可以表示具体情境,而第一个句子则不能(掌握语言规范的人在谈话中使用 * Позвоните попозже, Ваня сейчас питается 或 * Ну, питайся, а я пока поднимусь посмотреть, что есть в книжном киоске 这样的语句,或许只是为了开玩笑)。

类似地,只有在想要获得幽默效果时,才可以使用下面这样的语句: * В коридоре шумно, так как многие сотрудники руководят по разным углам своими аспирантами 或 * Повоспитывай Ваню, пока я схожу за хлебом; * Пока директор в командировке, поуправлять институтом успела его секретарша①。

像 воспитывать, править, руководить, царствовать 这样的动词和前面分析的持续情感类和理性状态类动词还具有其他一些共同特征。

---

① 然而表示具体行为的动词 поуправлять 是完全可能的。试比较,例如:Хоть Васька только разок дал ему поуправлять трактором, у него было такое ощущение, что он все сидит у рычагов и пашет какое-то огромное, бесконечное поле (Жестев, Под одной крышей).

它们都不能用来表示活动(过程、状态)的特定"份额",特别是不能出现在表示时间上一个接着一个的连续情境的语境当中。

用来区分这类述谓的判断语境是,例如,用来表示重复事件的包含单向运动动词的并列结构。

试比较,包含单向运动动词 идти 和 вести 的句子(32)和包含多向运动动词 ходить 和 водить 的句子(33):

(32) Она вставала в шесть часов утра, убирала в квартире, шла в магазин, варила обед и вела сына в детский сад;

(33) Она вставала в шесть часов утра, убирала в квартире, ходила в магазины, варила обед и водила сына в детский сад;

句子(32)描写整个事件在时间上有序的(定期重复的)连续性,而(33)描写"她"的职责范围,它们在时间上是无序的(相应的述谓不能描写事件)。用单向动词与多向动词的对立所表示的区别是形式上的,如 идти — ходить (шла — ходила), вести — водить (вела — водила)。

воспитывать, следить за чистотой, руководить 等这类述谓只能与第二种语境"相称"。试比较:Она вставала ночью к ребенку, следила за чистотой в квартире, воспитывала детей, водила сына в школу, руководила его образованием, ходила в магазины, 但是不能说:* Она вставала в шесть часов, следила за чистотой, воспитывала сына, вела его в школу, руководила его образованием и шла в магазину.

情感类动词和理性态度类动词也具有这样的特点。试比较,Он рано вставал, зимой ходил на лыжах, увлекался греблей, любил сына, водил его по музеям, 但是不能说:* Он вставал в шесть часов, шел на прогулку, увлекался греблей, любил сына и вел его в музей. 第二个句子的异常是因为 увлекаться греблей [爱好划船], любить сына [疼爱儿子]这样的述谓不能与时间上予以定位的(哪怕是定期重复的)具体事件发生关系,而与其并列的动词 идти 和 вести 却恰恰具有这种意义。

具有上述特点的述谓既不能表示一次性情境,也不能表示一系列重复的单独"情形"(* ненависть [仇恨]; * увлечение [爱好]等等)。换句话说,它们具有(与静词性"性质"类述谓类似)不可量化性特征。

为了强调我们这里所分析的述谓同"性质"类述谓的近似性,我们将约定性地把它们称为"属性"类述谓。

4.2 同质过程("活动")

这里分析的述谓包括那些诸如 плакать, дразнить, издеваться, гулять, играть, плавать, гореть, моросить 这样的动词,根据马斯洛夫[1948:309]的定义,它们表示"从事某项未指明其(哪怕预计的)结束时刻(作为其目的)的活动"。作者把这类动词同其他一些"无内部界限的"动词(表示"主语存在的事实及其最一般的属性和性质","那些无法想象成持续时间很短的感觉和情感状态",像 любить, полагать 等等)合并在一起,把它们归入到"滞留和无前瞻过程动词"这一类。的确,这类动词的"内部无界性"把它们同所谓的"有界"动词区分开来,后者(用未完成体)表示那些必须有非常明确的极点的活动(或过程)。无论是 любить 这类动词,还是 плакать 这类动词都表示持续的(即使是短时间的)"事态"。两者都"持续着",(本身)不会引发任何一个事件。

两者都能够中止(尽管不能"被完结")。但是用 знать, любить, быть толстым 这类述谓所表示的那种事态的"中断"是"不自然的",意思就是说,这种中断一定是由特殊的事件引发的(试比较,забыть, разлюбить, похудеть),这些特殊事件的出现是此类述谓的语义无法预见到的。反过来, плакать, играть, гулять, заниматься(以及属于同一类别的非施事性过程)这类述谓所表示的活动可以被想象成在时间轴上占据一定位置的,因此归根结底是暂时性的(虽然,如前所述,活动的中止不引发"事件"的产生)。поплакать, поиграть, погулять, позаниматься 这类派生词(这些述谓不表示某一时点上的意外性事件和"事件",尽管也可以表示受时间范围限制的活动,表示可以看作是一个整体过程的活动,多半是"被中止的"或"已中断的")的广泛使用就是与此相关。在这种情况下,其特点是所谈论的活动中止不仅可以从回溯的角度来看(С собакой я уже погулял; Они поиграли в мяч, потом пошли купаться; Попили, поели, кыш — полетели!; Дождь покапал и прошел),而且也可以是"前瞻性的",是可以预见到的(就算是在不确定的将来)活动或过程的中止,在某种意义上是自然的中止①：Я не могу идти в кино. Я занимаюсь. — Когда позанимаешься, позвони; Пойди погуляй. А потом будем обедать; Давай поиграем в бадминтон; Потанцуем?; Ты расскажи всю правду ей. Пустого сердца не жалей, Пускай она поплачет... Ей ничего не значит (М. Лермонтов). 该特点（是相应情境时间定位性的反映）把所分析的动词同诸如 писать/написать (письмо), обедать/пообедать, бриться/побриться, тонуть/потонуть (或 утонуть), переплывать/переплыть (реку), красить/покрасить (забор) 这样的"渐进实现"动词(参见后面的§4.3)联合在一起(它们一同与表示时间上不予以定位的"事态"的动词相对立)。

但是无活动(过程)终结的确定时刻或极点(在该极点后,情境结束,应该不再存在)这一点可以把所分析的动词和"渐进实现"动词区别开,同时把它们同描述性述谓合并在一起。这一共性尤其是表现在过程(活动)的名称,就像"属性"的名称一样,它们与перестать, прекратить(ся)这样的"分界"动词搭配比同кончить这样的"终结性"动词②(更不用说与书面语завершить)搭配要自然得多。试比较, К счастью, за стенкой перестали шуметь, а то мы боялись, что всю ночь нам не дадут спать (...за стенкой ? кончили шуметь...); Ничего, покапризничает и перестанет, 存在疑问:？ Ничего, покапризничает и кончит; Мы сядем в час и встанем в третьем, Я с книгою, ты с вышиваньем; И на рассвете не заметим, Как целоваться перестанем (Б. Пастернак); Она перестала глядеть на улицу и шила около двух часов, не приподнимая головы (А. Пушкин); Я улыбаться перестала, Морозный ветер губы студит. Одной надеждой меньше стало, Одною песней больше будет (А. Ахматова).

即便 кончить целоваться на рассвете, кончить глядеть на улицу 或 кончить улыбаться 等等是可能的(尽管对这种搭配的规范性存在疑问),那么也很明显,在表示"无前瞻过程(活动)"的动词性述谓领域,перестать ＋ inf. (不定式)和 кончить ＋ inf. (不定式)(或名词四格)这两种搭配在语义上并不矛盾,而

---

① 我们谈论活动(或过程)中止的"自然性"与静态情境中止的"非自然性"的对立大概也是在这个(有点象征性的)意义上,指的是考姆雷下面的表述:"关于状态,可以说,只要不发生什么令它改变的事情,它就会一直持续下去;另一方面,只有在不断保持新能量流的情况下,动态情境才能继续下去"[Comrie 1976:49]。

② 动词 прекратить 和 кончить 不仅可以与不定式搭配,还可以同相应的动词化名词搭配。而对于 завершить,和名词搭配是唯一的可能。

在"渐进实现"述谓领域相应的述谓关系根本就不是同义的。例如，кончить писать диссертацию 和 перестать（或者 прекратить）писать диссертацию 绝不是一样的，кончить читать роман 和 перестать читать роман 不是一回事，кончить убирать в квартире（或 кончить уборку）和 перестать убирать в квартире（或者 прекратить，或者 прервать уборку）也不一样等等。试比较：Вы говорите справедливо, Что странно, даже неучтиво Роман, не конча, прерывать（А. Пушкин）.

然而 прервать рыдания, не кончив их, перестать плакать, не кончив плакать, прекратить шуметь 或 не кончив шуметь 等就会让人感到奇怪。

这些特点也使"无前瞻过程"述谓与描述性述谓相似。

因此，如果 быть поклонником, быть лентяем, быть сплетником, быть лингвистом, быть поэтом 等等这些述谓被看成是时间上有限的属性，那么与其说 кончают быть таковыми（不再是那样的人），不如说是 перестают. 可以说 Когда ты перестанешь быть таким сплетником（лентяем）?, 而下面这样的表述就不太自然：？Когда ты кончишь быть таким сплетником（лентяем）?; Когда я увидел, как она разговаривает с теми, кто ниже ее по положению, я уже навсегда перестал быть ее поклонником（... * кончил быть ее поклонником）. 试比较，普希金的句子：Я перестану быть поэтом, В меня вселится новый бес, И, Фебовы презрев угрозы, Унижусь до смиренной прозы（* Я кончу быть поэтом и унижусь до прозы）.

类似地，кончить быть гостем 这个搭配不见得能让人明白，而 перестать находиться в этом статусе（不再处于这种地位）对于具有相应秉性的人来说是完全自然的：Через пять минут он перестал быть гостем, а сделался своим человеком для всех нас（Л. Толстой）.

描述性动词述谓也是如此：Любить же Лизу я не переставал вовсе, а, напротив, любил еще более（Ф. Достоевский）, 但是不能说：* Любить ее я не кончал.

同质过程（活动）的不定持续性可以解释为什么相关述谓不能同 в один год, за полчаса 这类表示该过程（活动）"所要求的"期限的时间状语表述搭配，即使该过程用动词完成体①形式表示也是这样。

在这种情况下,不仅无法规定过程在将来的中止期限(或许可以用相应"终结点"的不可知性来解释),而且也不能借助 за час, в неделю 这样的表述来界定这个"期限",即使指的是已经中止的过程,并且该过程的持续时间是已知的,比方说: * За какой срок ты посидишь с больным?; * Сумеешь ли ты потанцевать за полтора часа?; * Они посплетничали в полчаса (за десять минут); * Он подразнил собаку за час.

问题在于,"无前瞻过程"(与有界动词表示的过程不同)不能表示某种向新状态的跳跃或过渡,所以由此类未完成体动词派生出来的带前缀 по 或 про 的完成体动词实质上与前者表示相同的意思。因此,如果 X 从事的是"无前瞻活动",那么不管该活动占据的时段多么短暂,这个 X 也已经"从事过"它。如果小男孩儿打算游半个小时泳,但是刚游了十分钟就被叫去吃饭,那么他还是游过了(虽然没有预计的时间长)。但是如果 X 落水了,半个小时后被救起来了,那么此时,不言而喻,意思不是说"他落了一下水(потонул)②(即 утонул)",就像不是说"他落了一段时间的水(потонул некоторое время)"一样。带有非施事主语的无界动词所表示的"无前瞻过程"也可以说是同样如此。例如,如果雨刚滴了两分钟就停了,可以说:雨滴了一下(就过去了)[Дождь покапал (и прошел)],而且刚一开始滴雨点,雨在第一秒钟就已经"покапал"也是正确的。换句话说,如果雨"капал",那么它就已经"покапал"。相反,Костер от ветра гас 这个表述并不意味着 Костер погас.

况且,如果包含无界动词现在时形式的述谓关系暗指包含相应完成体动词(过去时形式)的述谓关系为真,那么包含有界动词现在时形式的述谓关系则蕴含着对包含相应完成体形式(过去时)的述谓关系的否定。比方说:X живет в

---

① 彼什科夫斯基曾指出这种搭配限制 [1956;305]。

② 在这种情况下,与 тонуть — потонуть 这类动词(或动词形式)不同,плавать — поплавать 这类动词词位通常不被看作是一个体对偶成员的情形不是原则性的。断定前缀 по- 是多义的,也即在一些情况下它可能具有"分界"意义;而在另一些情况下,则可能被"非语义化",也就是完全"体化"(只把体的语义纳入到动词意义中),这是不够的。该事实本身就要求解释和预测性描写。相应动词词位(更准确地说,包含该动词的述谓表述)对某个类别的归属性刚好可以预测所描写的表面上相似的对偶成员间相互关系的类型。根据马斯洛夫[1948]提出的标准,与 тонуть — потонуть, брить — побрить 这类属于一个体对偶的动词不同,我们不把 плакать — поплакать, читать — почитать, сидеть — посидеть 这类动词被看是一个体对偶的成员。但是对于这里所讨论的相应动词类别之间的区别,这种情形并不重要。

этом доме уже три года → X прожил в этом доме уже три года, но是：X пишет диссертация уже три года → X не написал диссертации.

包含这两类动词的完成体形式的述谓关系在各自的蕴含上是不同的。譬如，有界动词的完成体过去时形式暗指用相应的未完成体（现在时）动词所表示的过程没有发生，而属于"无前瞻过程"类的完成体动词则与这样的蕴含无关（尽管也不排除相应的事态）：X написал диссертацию → X не пишет диссертацию, но是：X погулял полчаса —/→ X больше не гуляет①。

在许多动词性述谓的分类中（归根结底都发端于亚里士多德的分类）正是把是否存在我们所分析的蕴含作为区分两类述谓关系的标准："有终点的"或"有目的性的"（telic）和"无终点的"或"无目的性的"（atelic）②。

这样，根据盖瑞（术语"有目的性的"/"无目的性的"的引入正是和这个名字联系在一起）③的定义，"无目的性的"动词"就是那些动词，要使它们所表示的行为看上去已实现，无须等到目的的实现：只要该行为一开始，它就立刻实现了"［Гэрей 1962：347］。试比较，考姆雷的相同表述："借助具有未完成意义的形式

---

① 该区别是亚里士多德的"动量"动词（"运动"）和"能量"（"实现"）动词这一著名区分的基础。试比较，马斯洛夫［1948：314］的"直接效果"类动词，比亚里士多德的"实现"类要窄得多，这可以用马斯洛夫首先研究的是一个体对偶成员之间的关系来解释。

② 一些研究者把这个区分归入到作为词汇类别的动词当中，另一些研究者则把它归入到情境本身当中。

③ 盖瑞在"Verbal Aspect in French"（*language*, 33, 1957）这篇文章（其俄文译本被收录到论文集《动词体的问题》）中讨论了"有目的性的"动词和"无目的性的"动词［Гэрей 1962］。他的论断和术语很像亚里士多德的（尽管盖瑞并没有提到这位希腊哲学家的分类）。试比较，例如，下面这段出自于亚里士多德的话：没有一个有界限的动词是有目的，但是它们又都指向目的，比如，变瘦的目的就是身体消瘦（худоба）；……这个运动不是行为，或者至少是不能完结的行为（因为它没有目的），但是如果运动有目的，那么它就是行为。这样，例如，人看见（видит）就是看见了（увидел），思考（размышляет）就是思考过（размыслил），想（думает）就是想过（подумал），但是不能说（他学习［учится］就是学会了［научился］或者治疗［лечится］就是治愈了［вылечился］）；他生活得很好（он живет хорошо）就是他早就生活得很好（уже жил хорошо），他很幸福（он счастлив）就是他早就很幸福（уже был счастлив）。否则，这个行为早就该在什么时候停止了，就像当人逐渐消瘦的时候。而例如 он живет — уже жил 的情形不是这样。所以前者应该称为"运动"，后者则是"实现"。毕竟任何一个运动都是无法完结的，如"变瘦（похудание）、学习（учение）、走路（ходьба）、建造（строительство），这就意味着运动恰恰是不能完结的。因为人不可能同时走（идет）和走一趟（сходил）、建造房子（строит дом）和已建造好房子（уже построил его）、正在出现（возникает）和已经出现（уже возник）或者移动（двигается）和已经稍微移动了一下（уже подвинулся），所有这些词都是不一样的，"移动（движет）"和"移动了一下（подвинул）"也是不同的。但是可以同时既看见又看着同一个实体，以及既想着又想过。因此我把这样的行为称为"实现"，否则就是"运动"［Аристотель 1976：242，246－247］。

（就像英语里的进行时一样）描写该情境的论断，蕴含着借助具有完成意义的形式（就像英语里的完成时一样）描写同一情境的论断为真，那么该情境就是无目的性的；反之，就是有目的性的"［Comrie 1976］。在俄语体学文献中该对立通常与"有界"/"无界"的对立视为同一（参见，例如，［Маслов 1978：14］）。但是，实际上，这两种对立并不是相同的（这样，所有"直接效果"动词，按照马斯洛夫［1948：314］)的观点，在所定义的意义上都是"无目的性的"，同时又是"有界的"，因为"无界性就是指这类动词意义不能用于完成体"［Маслов 1964：91］)。而且，"界限性"概念的使用本身就是自相矛盾的（见下文）。

4.3 "渐进实现"（"完成"）vs."意外性事件"（"达到"）

俄罗斯体学中所谓的"有界"动词至少还可以从中划分出两个不同的类别。其中一类是由动词体的对偶构成的，这些体对偶能够参与到"有目的性的"述谓关系中去，就是那些未完成体可以表示某种趋向，而完成体表示这种趋向的实现的动词（在体学文献中该对立被描写为"尝试"和"成功"的对立，并且相应地指的是有界动词未完成体的"意动"意义；但是，这对于带有非主动主体的"过程"很不恰当，就像在下面的例子中：Светало. За Владикавказом Чернело что-то. Тяжело Шли тучи. Рассвело не разом. Светало, но не рассвело（Б. Пастернак）。相应的述谓，就是这里被我们称为"渐进实现"的述谓，其意义同时既表示趋向一定终点的过程，又指这个终点本身。而那些只是描写某个时刻发生的事件的动词的情况不是这样，但是这并不意味着该事件是有先前过程作准备的。这样的动词（或者这样的体对偶）不能参与到过程性述谓关系当中（即使是未完成体形式，如果该动词不属于 perfectiva tantum［完成类］的话）。可见，与动词性述谓的体形式无关的相应述谓关系不属于"有目的性的"类别。

马斯洛夫早在 30 多年前就对这样一些动词予以关注［Маслов 1948］。马斯洛夫注意到，"实现过程中的行为—事件"的对立（用作者的术语，"既成事实、突变"），似乎是如此典型，有特点，以至于许多人认为该对立为确定体的语义奠定了（补充一下，直到现在还奠定着）基础，但是却不能囊括所有体对偶。尤其是，根据马斯洛夫的观察结果，这种对立不能在 приходить/прийти, приносить/принести, приводить/привести, находить/найти 这样的体对偶中出现。这类动词（实际上它们的数量远远超出我们所援引的文章中列举出来的数量，不过，文章的作者也讨论了这一类当中的"一系列其他动词"）"不能够表达行为实现过程中的单个行为（用该行为的完成占据主语位置）"。试比较,（34—

43）这样的例子是不正确的，这里有使用具体过程意义的典型语境：持续性状语（целый час, медленно）或者像 посмотри, как раз, вот 这样的现实化因子：

（34）＊Смотри, вот он приводит сюда сына；

（35）＊Я встретил почтальона на лестнице, как раз когда он приносил мне письмо；

（36）＊Он медленно приходил домой；

（37）＊Старик увидел, что к нему не спеша приплывает золотая рыбка；

（38）＊Она целый час находила иголку；

（39）＊Ребенок рождался трое суток；

（40）＊Экспедиция находила снежного человека пять лет, но так и не нашла его；

（41）＊Онегин все узнавал, узнавал в ней прежнюю Татьяну и наконец узнал；

（42）＊Два часа он побеждал противника, но так и не победил；

（43）Что это с ним происходит? — ＊Да, судя по всему, он сейчас пугается темноты.

（34）、（35）和（38）是马斯洛夫的例子。

这类动词的未完成体［我们将称作"意外性事件"或者［带有施事主体的］"达到"，以及"瞬时实现"动词］可以在剧本的情境说明中使用，执行历史现在时功能，表示重复的意义等等，也即总是表示事件（或者一系列事件），而不是过程：Приходит муж, он нарушает сей неприятный tête-à-tête（А. Пушкин）; Татьяна в тишине лесов Одна с опасной книгой бродит, Она в ней ищет и находит Свой тайный жар, свои мечты, Плоды сердечной полноты（同上）; Усилия Романуса увенчивались успехом-из электрической будки слышалось хихиканье, вылезала голова（М. Булгаков）.

"瞬时实现"动词的"仅限事件性"特点可以解释它们与 полчаса, в неделю, за год 这样的时间状语表述的不相容性，这些时间状语表示时段的持续时间，正是在该时段事件得以展开。只有"渐进实现"述谓有可能和类似的时间表述搭配在一起：Он сможет прочитать эту книгу за вечер; Они добрались до реки в два дня; Он написал отзыв в два дня, 但是不能说：＊Он придет за вечер; ＊

Они очутились у реки за полдня；* Он вернется за полчаса；* Ребенок появился на свет в трое суток.

该特点把"瞬时实现"述谓和"同质（无前瞻）过程"述谓联合在一起，如前所述，后者也不能同"期限"副词搭配，不过是由于相反的原因，即这些副词表示事件的延展时间，而"无前瞻过程"不会引发任何事件。

我们注意到，在俄语语法的描写中通常只标记后一个限制，因此相应的表述不但不够全面，而且还不准确，因为没有考虑到 приходить/прийти 这类"仅限事件性"动词。没有考虑到它们的存在和"界限性"的通常定义。试比较，新科学语法的表述："所有完成体动词都具有行为受界限制约的意义。但是行为一旦达到作为临界点的界限，行为就结束了，应该停止了，这个意义不是所有动词都具有的。这取决于动词词干的语义。一些动词词干能够根据自己的语义用完成体表示达到了这个临界点（побелить，написать，вспахать），而用未完成体表示趋向达到这个临界点（белить，писать，пахат）。这样的动词被称为词干**包含有界限意义**的动词。另一些动词词干不能够根据自己的语义表示达到或趋向达到那个界限，这些动词被称为词干**包含无界限意义**的动词（лежать，спать，грустить）"［Русская грамматика 1980：583］。可以看到，对于 приходить/прийти，находить/найти 这类动词，该表述是自相矛盾的。

4.4 动词性述谓某些类别之间界限的波动

对以某种方式在时间上予以定位的事态进行描写的那些动词性述谓（并以此一道与那些描写"一般属性，习惯和行业性质"的述谓相对立）彼此之间在时间关联性的性质上有所不同，这些区别主要表现在它们与时间状语表述的不同搭配上。然而，应该指出，相应类别之间的界限并不总是十分清楚的。

比方说，许多"点事件"与一定的"过程"紧密结合在一起，反之亦然（尽管描写"事件"的动词和描写"过程"的动词不是一个体对偶的成员）。例如，动词"寻找"（искать）描写的活动，通常指向的目的是"找到"（найти），所以用后一个动词描写的事件（即"находка"），可以理解为"寻找（поиск）"过程（不过却不是"нахождение"的过程，因为 находить/найти 不具有过程意义）的必然"界限"（结果、完成）。这一点可以用来解释动词 находить/найти 和表示事件延展期限的时间表述搭配的可能性，换句话说，"点事件"述谓可以作为"渐进实现"述谓来解释。试比较：X нашел нужную справку в пять минут；Сколько времени потребуется тебе，чтобы найти ручку？；Надеюсь，что ты найдешь паспорт за полчаса.

类似地,例如,动词 вызубривать/вызубрить 或 высыпаться/выспаться 所描写的事件可以看作是无界动词 зубрить, спать 所表示的过程的结果。因此,尽管所提到的"事件性"动词不用于具体过程意义(正如马斯洛夫[1948]所指,不能说:* Вот он сидит и вызубривает урок 或者 Тише, в соседней комнате высыпается Ваня),虽然它们能够出现在那种对于"渐进实现"动词来说很典型的语境中:За три часа любой тупица может вызубрить что угодно; За семь часов он, вероятно, выспится①。

相反,虽然动词未完成体和完成体 умирать/умереть 的语义关系对于"渐进实现"②述谓来说似乎是典型的,但是这个动词并不能和表示"事件到来"期限的表述搭配。像？Он умер за три суток；？Она умерла в полтора часа 这样的述谓关系不见得是可能的。

另一方面,许多包含"无前瞻过程"动词的述谓关系在相应的语境中可以被解释成"有界的"。譬如,尽管 гулять, плакать, беседовать 这样的动词是无界的,但是相应述谓关系所描写的某些情境可以被理解为要求某种程度的完结。因此,在某些条件下,下面这些问题可以是有意义的:Сколько времени тебе потребуется, чтобы погулять с собакой?; За какое время ты поплачешь ей в жилетку?; Надеюсь, за час вы уже побеседуете? 等等。

还应该考虑到,有时可以把属于一个类别的动词的不同体形式间的语义关系按照另外一类动词不同体之间的关系那样来重新理解。比方说,открывать/открыть дверь, окно 等等这类述谓表述是"渐进实现"述谓,而 открыть закон всемирного тяготения, открыть Америку 等等这类表述描写的是点事件("达到")(意思是,有某种先前活动做准备的,而不是открывание 的过程)。然而,在特殊条件下,открытие 可以解释为先前 открывание 的结果。试比较:О, будьте

---

① 在这方面我们注意到一个"期限状语"和动词 знать 这类典型的静态述谓搭配的罕见例子,在该语境中,显然可以解释为先前活动("учение","запоминание"过程)的结果(界限):Я же почти в один сеанс знала уже всю французкую азбуку... — Вы во сколько времени азбуку выучили? — В три урока. — А она в один. Стало быть, она втрое скорее вас понимает и мигом вас перегонит (Ф. Достоевский). 这个例子可以被看成是支持谢利维奥尔斯托娃[1982]对述谓 знать 所做解释的佐证。万德勒也注意到(另一方面)"知晓什么是一个由相应活动引发的心智状态"[Vendler 1980: 277]。同时试比较[Бондарко 1971]。

② 试比较,维日彼茨卡对相应的波兰动词所做的解释:Ян умирал = Ян 连续地经过那种状态,一旦他经过这种状态中的所有状态,他就会死了[Wierzbicka 1967]。

уверены, что Колумб бы счастлив не тогда, когда открыл Америку, а когда открывал ее; будьте уверены, что самый высокий момент его счастья был, может быть, ровно за три дня до открытия Нового Света... Колумб помер, почти не видав его и, в сущности, не зная, что он открыл. Дело в жизни, в одной жизни-в открывании ее беспрерывном и вечном, а совсем не в открытии! (Ф. Достоевский).

尽管在某些情况下把所分析的述谓关系无条件地归入到某一类别可能具有一定的难度，但是相应的区分一般来说是非常重要的。

5. 可控事态/不可控事态

在最近一些研究中，与这里被我们称作"可控性"相似的特征以不同的名称出现，其中包括述谓关系主体的"主动性"，或"施事性"[①]。莱考夫注意到"静态性"的句法特征（表现为英语里不能使用静态述谓的进行时）经常与述谓主体的非主动性这一语义特征相对应，许多研究者在他的影响下，把相应的特征视为同一。但是，至少在俄语里，"可控性"/"不可控性"和"动态性"/"静态性"是彼此独立的特征（尽管也常常重合）——意思就是说，俄语语法的许多规则要求分别使用这些特征。

特别是，静态性完全可以和可控性特征相容。例如，бездействовать, хранить молчание, присутствовать, манкировать своими обязанностями, безмолвствовать, быть (пребывать)这些述谓可以和施事（具有意志的）主体搭配。相反，动态述谓（"过程"：ревела буря, дождь шумел, во мраке молния блистала；"事件"：Прогремел гром 等等）可以描写不可控的"事态"。

俄语语法研究者在描写某些事实时偶尔会使用和可控性特征相似的特征（在这种情况下，使用这些特征的不同名称）。比方说，沃斯托科夫早在对比完成体动词的"开始"意义同动词 стать ＋ 未完成体不定式这种迂说法的意义时就指出，后者（不同于前者）表示自愿的，按照人自己的意志发生的行为，几乎只能和动物性主体发生联系：Ребенок стал играть，但是：Румянец заиграл на щеках（引用［Виноградов 1947：53］的话）。

除了这种或多或少的个别（只和某个特定的词有关）搭配限制以外，可以指

---

① 术语"施事性"是在［Булыгина 1980］的著作中使用的（参见 1.1.1）。该术语在不同语言学著作中的不同用法参见［Cruse 1973］。

出能够证明所分析特征的语法重要性的一系列其他限制。不过,其中某些限制是由相应结构的语义定义直接推导出来的,因此在该意义上它们在某种程度上是没有什么价值的。

这种意义的不相容性包括描写不可控情境的述谓不能与目的状语或"主观"理由(ради него; для нее)、目的不定式和带连接词 чтобы(用于目的意义)的从句搭配在一起:

(44) Он остался в этом городе ради нее,但是:* Погода отсавалась солнечной ради меня;

(45) Он упал на колени, чтобы убедить ее в своем раскаянии,但是:* Камень упал, чтобы ушибить собаку;

(46) Мы зашли к соседе, чтобы она не обиделась,但是:* Солнце зашло, чтобы было темно;等等。

在连接词 чтобы 不具有目的意义的情况下,就像在(47—50)(摘自[Грамматика 1970])这类例子中,其中某些句子可以被称为具有"反目的"意义的句子,该限制被抹消了:

(47) Его долго носило по свету, и наконец он приехал сюда, чтобы через полгода умереть здесь от малярии;

(48) Ветер утихает, чтобы через мгновение задуть с новой силой;

(49) Садовод любовно ухаживает за яблонькой, чтобы ее сломал хулиган;

(50) Он уезжает на чужбину, чтобы через год вернуться оттуда больным.

我们发现,在例子(47—50)中从句只处于后置位置,而在带目的性 чтобы 的例子里,从句的位置是不固定的。试比较,完全正常的句子:

(45′) Чтобы убедить ее в своем раскаянии, он упал на колени.

和异常的句子:

(47′) * Чтобы через полгода умереть здесь от малярии, его долго носило по свету, и наконец он приехал сюда;

(48′) * Чтобы через мгновение задуть с новой силой, ветер затихает;

(49′) * Чтобы ее сломал хулиган, садовод любовно ухаживает за яблонькой;

(50') * Чтобы через год вернуться больным, он уезжает на чужбину.

因此，可以说，连接词 чтобы 引导的从句是否可以前置是区分描写"可控"事态和"不可控"事态的述谓关系的形式标记。

研究者们通常用相应述谓的"主动性"/"非主动性"或"静态性"/"动态性"这两个术语来描写该限制。因此，阿丽索娃［1971：29］指出，"出现可选目的状语的可能性和不可能性是主动作用于客体的述谓和非主动与客体发生联系的述谓之间语义对立的形式标记：Он рубит дерево для чего? 但是 Он видит дерево"。

按照《俄语语法》的表述，目的性主从复合句语义填充的不自由性在于：

1) "主句不能具有静态的被动状态意义：对它而言，动态的、主动的行为意义是必须的"；

2) "主句表示自愿的行为，其主体是有意识地发出行为的人"［Грамматика 1970：725］；

相反，在描写非自愿行为的包含非目的性 чтобы 的句子中，"主句的行为主体表现为无意识的、无目的性的，为当前情况所迫的行为发出者，或者是无生命的事物"［Грамматика 1970：277］。

看起来，较为适宜的是，在描写相应的限制时，不是诉诸于状态性、静态性、动态性、对客体的主动作用等特征，而是诉诸于整个情境在整体上的可控性特征，而且不一定是从充当主语的人的角度出发。静态性特征和情境的可控性特征相组合的可能性可以解释那些典型的状态述谓，例如，быть одетым, быть начеку, быть трезвым, 以及像 лежать, висеть, стоять 这样的"位置"述谓的目的状语作为可选扩展成分的可接受性，尤其是当相应状态的可控性被明确表达出来的时候，如在这些例子中：Он увидел старика, повязанного платком, чтоб не мерзла лысина, и с деревяшкой вместо ноги (Л. Леонов); Лежит на нем камень тяжелый, Чтоб встать он из гроба не мог (М. Лермонтов); Будь готова к двум часам, чтобы не заставить нас ждать; Пусть белье повисит на солнышке часа два, чтобы как следует проветриться; Надеюсь, ты будешь причесана, накрашена и нарядно одета, чтобы не ударишь в грязь лицом; Ты должен быть абсолютно трезв, чтобы не наболтать лишнего; Ты должен быть здорова хотя бы ради детей; Окна должны быть плотно занавешены, чтобы в комнаты не проник ни один луч света 等等①。

研究者们经常注意到带有祈使意义的某些述谓类别彼此不相容(在表述相应的限制时,研究者们通常诉诸于"静态性"或"非主动性"特征,但是根据我们的研究,这里用"不可控性"特征更合适),这一点用通常的意义不相容性就足以解释了(而不是语法特性本身的禁止)。

因此,下面这些句子不见得是合乎常规的:* Будь высокого роста; * Полагай, что все кончится хорошо; * Знай ответ (米勒的例子:[Miller 1970]),但是 Будь осторожен; Будь вежлив 是完全可以的,因为 осторожность 和 вежливость 描述主体的行为,这些行为受其控制。

如同在上述情形中,"可控性"特征描述的是整个情境,并且可能和实际情境的发起者(引起者)相联系,而不是与"诱因"的形式受话人相联系。因此,* Знай математику! 这样的语句出现的可能性非常小,而像 Знай, что я тебя презираю; Знай, что я уезжаю 这样的语句是完全正常的;在这些语句中受话人获得相应"知晓程度"的诱因受制于说话人。类似地,凶手在杀害受害者时,可能用假祈使预先告知杀害行动:Умри, несчастная! 虽然死亡不属于"行为"范畴。

或许,各种愿望、诅咒以及近似于施为句的语句成为可能同样应该与可控特征相关:Навеки будь благословенна; Будь ты проклят; Славься, отечество наше свободное; Да будем сталь крепка; Будьте здоровы и благополучны; Пусть всегда будет солнце; Будьте так же прелестны, как и раньше, и по-прежнему восхищайте нас 等等(说话人在某种程度上具有控制情境的能力,好像是因为说出相应的愿望之后他就能够激活这种情境;相反,类似的假祈使就是无意义的)。

由于命令式形式广泛用于表达愿望、诅咒、富有表达力的假祈使,以及在实施这种"祈使"的情况下相当于隐性允诺的惩戒(Попробуй только заболей!; Попробуй упади мне в обморок, только этого не хватало; Ты еще у меня влюбись!; Ты мне засни еще на уроке!; Ты мне прозевай поезд! 等等),不包括拟人的可能,它伴有似乎对纯粹的自然"现象"和"呈现"的"唯意志化",即伴有

---

① 再指出一些例子,像:Волк ответил Красной Шапочке, что уши у него больше, чтобы лучше ее слышать, глаза больше, чтобы лучше ее видеть, а зубы больше, чтобы ее съесть, 可见,这些例子基于一切都由大自然所造的合理性这一预设。

受话人对其实行控制的预设,[Раззудись плечо, размахнись рука, Ты пахни в лицо, ветер с полудня! (М. Кольцов);Ты без устали, ветер, пой, Ты, дорога, не будь им жесткой! (М. Цветаева);Дождик, дождик, перестань 等等],因此无法对命令式的语法要素与动词的某种词汇意义组合受到的某种严格的、实质上的语法限制进行表述①。

然而也存在许多实质上的语法限制,对它们的恰当表述要求使用"可控性"特征。其中特别包括带否定词的命令式结构中体的分布规则。

在俄语语法研究中,在描写体的用法时(以及与描写命令式结构相关的)通常会提及包含否定词的命令句中体方面的对立中和。

如果在祈使句(不含否定词)本身当中既可以出现未完成体动词的命令式形式,也可以出现完成体动词的命令式形式(不管它们之间有什么样的意义差别),那么通常在包含否定词的禁止和"不准"结构中只能使用未完成体动词的命令式形式。

Позвони брату. — Не звони брату; Расскажи ему все. — Не рассказывай ему ничего; Полюбите нас черненькими. — Не люби богатый бедную [М. Цветаева];Пожелай мне счастья. — Не желай несчастья ближнему 等等。

还要注意一种特殊情况,在所谓的预先警告结构中,在包含否定词的情况下,使用完成体动词的命令式(Не споткнись; Не упади 等等)。

在一些描写中对 не + 未完成体不定式结构和 не + 完成体不定式结构的意义差别有所说明。比方说,指出"包含否定词的未完成体动词不定式形式表示禁止,例如:не говорите этого сестре, не опаздывайте на занятия",而"……完成体形式表示预先警告,例如:не опоздайте на поезд; не скажите этого сестре; не проговоритесь; не упадите-тут скользко"[Грамматика 1953:500]。

其中还提到,"无论和未完成体动词连用,还是和完成体动词连用,命令式形式 смотри(смотрите)都会增强预先警告的色彩",即承认"预先警告"意义也可以用动词未完成体形式来表达(смотри не опаздывай; смотри не говори этого)。

尽管也指出,"在否定词存在的情况下,使用哪一种体由更确切的条件来确

---

① 不过,可以顺便提一下,不能使用命令式？слышь,？услышь或？видь,？увидь,但使用其施事性对应物却极为普遍:слушай, смотри(当然,这不是偶然的)。然而如果愿意,可以赋予其希求意义。试比较,例如:茨维塔耶娃的句子:Друг, я люблю тебя свыше. Слышь-и-встань; В тебе удлиняясь, Как эхо в сборную грудь, В меня ударяясь: Не видь и не слышь и не будь.

定"［Грамматика 1953：500］，但是也不得不承认，这些条件的表述不具备必需的精确性。

　　А. В. 伊萨琴科用未完成体一般能够表达（在陈述中）"现实"行为和完成体动词不能这样使用来解释不同的动词体在包含否定词的命令式结构中的用法。他认为，像 Не пиши！这类未完成体命令式的否定形式表达禁止，该禁止是针对具体行为，或是在说话时刻已完成的行为，或是直接行将到来的行为，而 Не упади！或 Не простудись！这类完成体的命令式形式在说话人想要影响"可能出现的"（在将来）行为的实现，想要警告谈话者的情况下使用：Не забудь позвонить！；Не опоздай к обеду！［Исаченко 1960：493］。

　　这种解释似乎不太令人满意。

　　譬如，完成体动词命令式形式在下面这些例子中的使用不见得可以按照伊萨琴科的解释来阐释：Я хочу позвонить ей в конце месяца — Ни в коем случае не звони（＊позвони）（不存在任何"现实性"）；＊Не устрой банкет после защиты. — могут быть неприятности；＊Не выступи на послезавтрашнем обсуждении, это у нас не принято.

　　伊萨琴科提出的解释和有关完成体和未完成体将来时具有对立本质的看法不太相符［Исаченко 1960：444］。根据 С. О. 卡尔采夫斯基的研究结果，"描写性将来时清楚地表明行为在将来层面展开，与现在时间层面完全分离；因此 Она сейчас будет одеваться к обеду 明确表明，这个人还没有开始 одеваться（穿衣服）。相反，Она сейчас оденется к обеду 这个句子可能意味着，这个人已经快要完成早已开始的梳妆打扮了"［Karcevski 1927］。

　　维诺格拉多夫对这一研究结果表示赞同：未完成体将来时的描写方式……表示脱离现在时间的，将来层面上的行为过程（试比较，例如，Я сейчас буду одеваться 就是还没有开始穿，Я сейчас оденусь 是马上就穿好了）［Виноградов 1947：569］。未完成体动词将来时的相应意义，正如伊萨琴科所强调的那样，"不是未完成体动词将来时形式的某种补充"意义色彩"，而是该形式的基本语义特征，并且可以将其同完成体动词的将来时形式区分开。如果在其他词形变化形式中，特别是在我们所分析的命令句中，该语义关系可以随便转换，那就会让人感到奇怪了（或者会要求特殊的说明）。

　　如前所述，关于包含否定词的命令式结构中体的分布规则的适当表述要求使用可控性特征。如果动词表示可控性行为，那么包含否定词的结构中命令式的未完成体总是与非否定结构中命令式的任何一种体都一致,而只有那些表示不依赖于主体意志的事件的动词才可以使用完成体形式(尽管说话人也假定整个情境由受话人控制,意思就是说,事件的发生是可以被预防的):Не упади!;Не поскользнись!;Не заболей!;Не попади под влияние этого субъекта!;Не прозевай этот спектакль!;Не опоздай на поезд!;Не забудь паспорт!;施事动词却不能用完成体形式,甚至对于具体的一次性行为也不可以:* Не подпиши ему рекомендацию!;* Не сходи за хлебом!;* Не позвони брату!；* Не плюнь в колодец!；* Не подари ему эту книгу!.

(圣经戒律"не убий","не укради"有时通过直接借用教会－斯拉夫语的形式而被引用。在圣经的俄文译本中出现的是未完成体形式:"не убивай","не кради".)

我们注意到,关于有可能预防行为(行为本身是非意愿的)发生的预设是我们所分析的结构得以使用的一个条件:如前所述,通常任何祈使都与情境的某种可控性相联系。因此,在包含否定词的命令式结构中,并非任何一个非施事动词的完成体都可以。然而重要的是,施事动词的完成体在否定的命令式结构中是根本不可能的。换句话说,非意愿性作为动词的语义要素对于我们所分析的结构能否使用完成体不是充分条件,而是必要条件;另一方面,对许多动词来说,意愿性和非意愿性意义(正如[Булыгина 1980：341－342, 343]中所指出的那样——参见 1.1.1)是屈折变化的,并且尤其是取决于在包含否定词的命令式结构中与哪一种体的意义相结合。试比较:Не опаздывай на работу.—Не опоздай на работу; Не прозевай выставку. — Не зевай (就是当心[будь внимателен]);в пирог запечена монетка на счастья, не проглоти ее! — Не глотай таблетку, ее следует положить на язык и сосать 等等。

可控情境和不可控情境的意义差别的客观语言反映是相应结构的不同转换关系。譬如,只有描写依赖于主体的意愿性行为的句子有可能转换为不定式句(语体色彩发生改变,增加了"行为突然地、强烈地迸发"之义):Мужик метаться и кричать: Ой, батюшки! тону! тону! (И. Хемницер); Мы ее убеждать, уговаривать, а она пуще плакать (М. Вовчок); И царица хохотать, И плечами пожимать, И подмигивать глазами, И прищелкивать перстами, И вертеться подбочась... (А. Пушкин); Увидевши слона, ну на него метаться, И лаять, и визжать, и рваться (И. Крылов);不可以说:* А дождь лить;* А гром греметь; * Она толстеть. 有必要强调一下,"强烈性"和"突然性"本身完

全可以和与非施事主体相关的"事件"的开始意义相容,试比较:A дождь как польет!；A гром как загремит!.

这表明该搭配限制是和语法的不相容性有关,而不是和相应意义的实际不相容性有关。在语法中,Она плакать 这类结构通常被看作是由不定式和开始动词(主要是用过去时形式)构成的谓语的"富有表现力的、具有特别色彩的变体":Она начала плакать → Она плакать；Царица принялась хохотать → Царица хохотать [Грамматика 1970：584].

显然,对这种转换(或者这种对应关系)的详尽描写应该最好包括相应限制的说明,即明确把具有"可控性"特征否定意义的述谓从规则中排除出去。[Грамматика 1970] 目前的表述是——"由不定式和开始动词构成的谓语(стал спорить, начал плакать, принялся хохотать)具有变体,表现为自身的不定式形式",但是这并不能防止产生语法上不正确的句子,试比较下面的例子(51a)和(51b)、(52a)和(52b),它们与[Грамматика 1970]所举的例子具有相同的关系：Она начала плакать ≈ Она плакать；Царица принялась хохотать ≈ Царица хохотать,但是,(51a) Дождь стал лить как из ведра ≠ (51b) * Дождь лить как из ведра；(52a) Начал валить снег ≠ (52b) * Снег валить；(53a) Она начала худеть ≠ (53b) * Она худеть.

应该注意到,行为的可控性不是动词用于所分析这类不定式结构的唯一条件(特别是,在这种结构中不能使用"达到"动词和静态动词,尽管它们表示受制于主体的情境)。然而重要的是,情境的可控性是我们所分析结构的**必要**特征。

所论语义对立的语法重要性的另一个证明是"撤销主动"转换的高能产性①,它表现在"名词主语＋动词谓语"这种人称结构和(可选的)主体三格和带-ся 动词第三人称单数形式组成的无人称结构之间的对应关系中。例如：Я работаю. — Мне [хорошо] работается,——只限于带有主动主体的句子：Плачет где-то иволга, схоронясь в дупло. Только мне не плачется — не душе светло (С. Есенин)；Не спится, няня：здесь так душно (А. Пушкин)；Я буду петь, пока поется, Пока волненья позабыл, Пока высоким сердце бьется, пока я жизнь не пережил (М. Лермонтов)；Кому сегодня шутится? Кому кого

---

① 例如,卡尔采夫斯基断言,在俄语中"实际上不存在不能用于无人称用法的带-ся 动词"[Karcevski 1927]。尽管这一表述有点夸大,但是我们所分析的这种构成的高能产性是毋庸置疑的(试比较,[Грамматика 1954：18])。

жалеть? (Б. Пастернак); Черт: ползком не проберусь, А мне едется (М. Цветаева). 对于不具有意志因素的事物,这种"撤销主动化"是不可能的。而且这恰恰是语法禁止,因为在语词搭配层面起作用的"语义一致"律是更加"自由的"——试比较,意义的词汇表述与"半主动"结构所表达的东西(行为的内部倾向性)相当近似:Ватман загорался нехотя (А. Солженицын); С неба капали ленивые капли дождя, 而不是: * Ватману не горелось; * Дождю шлось с трудом [试比较, Она чувствовала себя легко, всю себя и ноги особенно — так невесомо шлось (А. Солженицын)].

在 [Грамматика 1954] 中构成我们所分析形式的那些动词被描述为"有构词能力的一组动词,它们可以表示生命体的状态"。这一评述并不十分准确:所分析的形式通常只用作赋予人以某种状态的称名(未必可以说:? Коровам не мычалось;? Петуху сегодня не поется;? Кошкам не елось 等等)。

的确,在拟人的情况下可以使用所分析的包含动物性非人事物的结构,但是这种拟人对于无生命的事物也是可能的:Мы вас ждем, товарищ птица, отчего вам не летится? (В. Маяковский); Очень знать нам хочется, звездная Медведица, как вам ночью ходится, как вам ночью ездится? (同上); Уединение любя, Чижробкий на заре чирикал про себя. Не для того, чтобы похвал ему хотелось. И не за что; так как-то пелось (И. Крылов).

另一方面,主体的动物性特征还不能确保使用所分析结构的可能性。伊萨琴科反驳卡尔采夫斯基,他认为,后者过高地估计了带-ся 无人称形式的能产性(断言在俄语中实际上不存在不能用于无人称短语的带-ся 动词),并正确指出,"远不是所有的不及物动词都可以构成无人称的反身形式"。类似于 * Мне присутствуется, * Мне выздоравливается, * Мне негодуется, * Мне завидится 这样的搭配是不可以的,伊萨琴科[1960]的解释是"用具体—日常生活词汇构成无人称形式比用抽象词和书面语容易得多"。

然而可以发现,该划分与可以构成和不可以构成所分析形式的动词分类并不相符。如果这类用法在"抽象和书面"动词中比在"具体—日常生活"词汇中少这个论断是正确的,那么这就可以用"抽象和书面"动词的许多意义与该形式所表示的"行为内部倾向性"、"完成行为的成功性"等意义在涵义上不相容来解释。

但是,依旧是远非所有"具体—日常生活"动词词汇都可以构成带-ся 的无人称形式;并且另一方面,相当数量的"抽象和书面"动词也能构成这种形式。

试比较,带有"具体—日常生活"动词的例子(54—59)和带有"抽象和书面"动词的例子(60—65):

(54) * Ей все хорошеется;

(55) Он совершенно лишен застенчивости — * ему никогда не краснеется;

(56) На дворе октябрь, а * листьям все не желтеется;

(57) * Ей давно не влюбляется;

(58) * Лыжам хорошо скользится;

(59) * Воде течется свободно;

但是:

(60) Как вам там путешествуется?;

(61) Хорошо ли ему директорствуется?;

(62) Сегодня композитору что-то не импровизируется;

(63) Надеюсь, вам там хорошо гастролируется;

(64) Сегодня на семинаре нам хорошо пофилософствовалось;

(65) ...со стороны ему рассуждается вольнее и яснее (Н. Добролюков)①.

应该注意到,表示可控情境的述谓转换成表示"半可控"("半主动")情境的述谓会自动抹消述谓借助于目的状语扩展的可能性(试比较,前面讲过的相应的依赖性):

(66) Но я плачу не для вас: мне просто плачется (И. Гончаров) — 而这样是不可以的: * Мне плачется не для вас, а просто так;

(67) Зачем вы так много и добросовестно работаете? Ведь ваша книга не будет напечатана, и никто не будет вашу работу читать;

(68) * Зачем вам так хорошо работается? Ведь вашу книгу не будут печатать.

重要的是,该搭配限制不仅与形式上可表达的述谓的"非主动性"相关[试比较,例子(67)和明显异常的例子(68),以及所分析的意义对立非常明显的句子(66)],而且同相应的直接(用述谓自身的形式)不可表达的语义特性有关。

---

① 再比较一下:Здесь мне легко мыслится 例子源于[Очерки...1971:162]。

在描写现在时形式有可能表示"计划的将来"意义的规则中也可以使用可控性特征。只有表示有目的性行为的述谓才能具有这个意义，例如，可以是 слушать，而不是 слышать，可以是 работать，而不是 любить，等等。试比较：可以说 Завтра мы слушаем Рихтера，而不能说＊Завтра мы слышим Рихтера；可以说 Завтра я работаю в библиотеке，而不能说＊Завтра я болен гриппом. 就连包含预测的句子，一旦它们涉及的是不可控情境，也不能使用"现在时意指计划的将来"形式。比方说，Завтра весь день будет лить дождь 不能转换为＊Завтра весь день льет дождь. 句子（67）和（68）表示的意义不能用句子（69）①来表达：
（67）Послезавтра у больного температура снизится до нормы ＝（68）Послезавтра температура у больного должна снизиться до нормы. ≠（69）＊Послезавтра температура у больного снижается до нормы.

在描写未完成体的语义，以及未完成体和完成体之间的语义对应关系时应该对可控性特征予以关注：某些类别的动词在非施事性语境中是"直接有效的"（[Маслов 1948]），即表示"可实现性"意义，与使用哪一种体无关；而在施事性语境中，只有动词完成体严格地蕴含某种活动的成功意义，而未完成体除该意义以外还可以具有仅仅旨在达到一定结果的活动以及为了获得成功的尝试（包括不成功的）意义。比方说，如果 X 是一个不具备意志因素的客体，那么 X пугает Y-a 这个句子同句子 Y боится X-a 几乎是同义的。但是，如果 X 是施事主体，那么蕴含不论在哪一个方向上都不起作用。试比较，托尔斯泰关于安德烈耶夫的著名的一段话：Он меня пугает своими произведениями, а мне не страшно. 但是不可以说：Меня пугает предстоящее обсуждение нашей монографии,＊Но мне не страшно（或者：＊но я не боюсь）.

再比较一下：Она очаровывала нового заведующего всеми доступными ей средствами и в конце, кажется, действительно очаровала его（或者：... но все-таки его и не очаровала），但是：Ее голос и артистизм неизменно очаровывали слушателей, где бы она ни пела（不能说＊Ее голос очаровывал слушателей, да не очаровал, или：...＊и в конце концов очаровал их）.

---

① 由于在副词 послезавтра 的语义中存在指示成分（与言语事件有关），句子（69）不仅在"现在时表示将来"的意义上，而且在惯常的意义上或"历史现在时"意义上也无法理解。

Дон Хуан покорял самую неприступную и добродетельную даму①（и впервые в жизни не был уверен, что покорил ее）和：* Ее простодушие всех покорят, только неизвестно, покорит ли 等等。未完成体和完成体语义关系的不同性质，取决于主体的"施事性"/"非施事性"，这不仅表现在情感作用动词上（[Арутюнова 1980]前不久在其书中对这方面予以了关注），而且也表现在其他词汇群的动词上。例如，就连 кусать，будить，дарить 这样一般来说与点述谓（表示与体的意义无关的"达到"）相似的动词，也只有在谈到不可控过程时，才能保留自己的这些特性，而在表示有目的性活动的语境中，这些（以及这样的）动词的未完成体不仅能够表示"获得的成效"之义，而且能够表示"没有获得成功的尝试"意义，试比较像 Его долго кусала собака и наконец укусила 这样的句子，在有可能对 кусали 形式做意动（而且是没有成效的）解读的情况下是奇怪的（实际上，需要特殊的语境或情境条件），正如引自 В. 拉斯普京的例子：Как-то, вспомнив эту поговорку, он схватил рукой локоть и изо всех сил потянулся к нему зубами-вдруг укусишь? — Но, не дотянувшись, свернув до боли шею, засмеялся, довольный: правильно говорят. Кусали, значит, и до него, да не тут-то было. 类似地，如果因果关系由非动物性的 X 引起，那么 X будил Y-а 这类句子同样也蕴含着 X разбудил Y-а 的意思（哪怕就一次），但是如果 X 是人，那么就可能不具有这样的蕴含：По утрам его будили пароходные гудки（接下来不可以说：* Но разбудить его удалось только отцу），但是可以说：По утрам его долго будила мать, но обычно приходилось звать на помощь отца: только он мог его разбудить.

就连 давать, дарить 这类动词在施事性语境中也归入到"дать"和"подарить"的不成功尝试中（与 давать, дарить 和无人称主体搭配时的意义不同）。试比较：Много полезного давали аспирантам лекции Н. А.（如果接下来说 * Но, к сожалению, мало что дали 就奇怪了）和 Дала тебе Маша билеты? — Нет, она давала, но я отказался. 再比较一下：Любовь одна — веселье жизни хладной, Любовь одна — мучение сердец: Она дарит один лишь миг отрадный, А горе снят не виден и конец（А. Пушкин）. 但是：Моей

---

① 在[Булыгина 1980: 352—353]的书中就这个例子和其他类似的例子在稍微不同的方面作了论述（参见 1.1.1）。

любви просил он. Любить я не могла, И деньги мне дарил он — Я денег не брала (М. Лермонтов).

因此,这样一来应该承认"可控性"不总是对述谓归属于某个共同类别没有影响的个别特征,这就算作根据这里提出的分类而得出的结论,该分类主要是以和时间关联性的性质相关的特征为依据(见表格)。

6. 结论

所进行的分析可以证明以下特征的体系重要性和语法(尤其是时－体)重要性:

1) 时间关联性的有/无(超时性,恒常性/偶然性);
2) 静态性/动态性
3) 持续性/非持续性
4) 时间的前瞻,即

   a) 有前瞻性/无前瞻性(对于过程)

   b) 有准备性/无先前准备过程(对于事件)
5) 可控性/不可控性

用表示所提取特征的术语对俄语述谓类别进行描写,能够以按照等级组织起来的体系形式展现它们彼此之间的关系 —— 见表格,括号里是可控事态的名称,把"趋向"("尝试")和"结果"("完成")合并在一起的大括号表明相应的意义是由构成体对偶的未完成体和完成体来表示的(如果动词属于"渐进实现"述谓)。

所提出的分类,当然,既不是唯一可能的(也可以在别的基础上建立分类),也不是最终的,意思就是说,如果增加与构建我们的分类①不相干的补充特征,该分类可以继续细化,即对与这里所选研究角度相关的事实的更全面考虑,可能要求进一步明确所划分的类别构成②。

---

① 这样,"状态"、"情境"、"状况"和"位置"在我们的分类中属于同一类别,因为它们都是用特征的同一些意义来描述的,这些特征是我们分类的基础,这并不排除它们在其他更个别的特征上也有不同,这些个别特征被我们有意地放在一边,不作考虑。

② 这样,例如,无先前准备过程的事件这个类别,即"意外性事件"和"达到",这一类在包括像споткнуться 这样的"点"动词的同时,还包括 вызубривать 和 высыпаться 这类动词(这是因为这些动词的未完成体不能表示具体过程意义),或许应该把实质上"意想不到的事"和那些要求先前过程的事件区分开,尽管过程也可以用其他动词来表达。把"达到"述谓从"仅限事件性"动词中区分出来的可控性特征,只是部分地说明了 очутиться 这类动词和 вызубривать/вызубрить 这类动词在行为上的区别(例如,动词 высыпаться 应该同后一类动词合并在一起,尽管动词 выспаться 描写的事件未必可以看作是受制于主体的)。

第二章 论俄语述谓类型学的建立

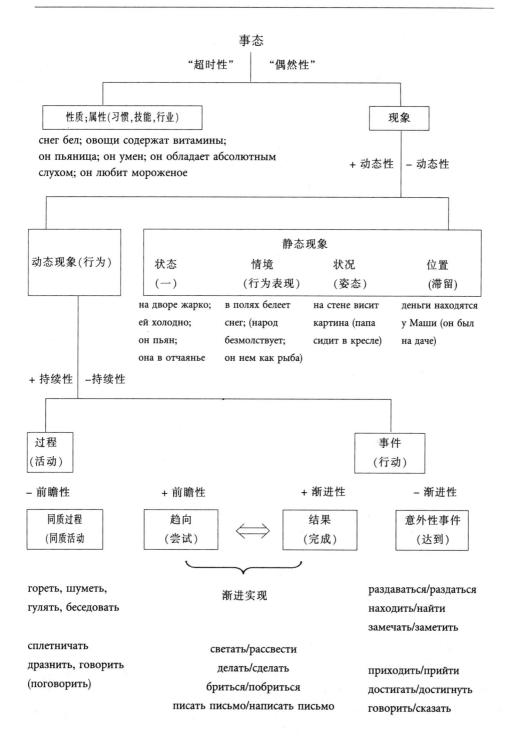

第三章 时空定位是句子的超级范畴

1. 语言外实体的类型

最近几十年句子语义领域的研究表明,语言单位本身不是单义的,但在句子语境中,由于和该句中其他语言单位的语义发生相互作用,因此可以获得唯一的解释[Апресян 1972；Гак 1972；Арутюнова 1974]。本章旨在讨论述谓的时体意义及其题元指称特性的相互联系问题。我们同时也力求阐明该联系是如何反映在语言学描写中的。

指称对立的根源可能是不一样的:在分析名词短语(以下称 ИГ)的指称特性时应该考虑,ИГ 的所指对象是在什么样的指称空间中确定的。

指称关系可能会指向三种语言外实体:

(1) 客体的抽象类别(开放性集合)
(2) 从具体时空体现中抽象出来的一些个体化客体
(3) 客体的具体时空"切面"

我们把第一种实体称为类别,第二种实体称为(抽象)个体,第三种客体称为即时个体。应该把类别和多个个体区分开,类别是开放的、不可数的对象集合,而多个个体是封闭的、可数的对象集合。比方说,ИГ дети 在 Дети любопытны 这个语句中最自然的理解与类别(开放的、原则上无穷的集合)相对应,在 Дети сыты 或 Дети спят 这些语句中与封闭集合(即在该情况下,在具体时空体现中抽取的多个个体,也就是"即时个体")相对应,在 Дети у нее плохо воспитаны 这个语句中则是与从具体时空体现中抽象出来的多个个体相对应。我们下面将把对类别的指称关系称作概括指称,对个体的指称关系则称作个体指称。

"即时个体"和"抽象个体"的对立与逻辑承认的真正唯一的对象和抽象对象在本体论上和认识论上的区别相关联,"一定可以归入到前者的只有原则上可以直接感知到的对象,即存在于时空中的事物"[Рвачев 1966:5];而后者是,比如,实验者打交道的那些对象,"实验者在不同时刻会把自己的仪器和同事等量齐观"[Рвачев 1966:3]。与抽象个体相对应的ИГ,包括专名及具有所谓的"唯一指称"(太阳,月亮)的名词,它们本身就包含概括成分,这一事实已为语言学家所注意。譬如,卡茨涅里松[1972]正确指出,"在区分出某一个人时,专名把其活动的不同状态和方面,其身体和精神发展的不同时期统一起来"(可以再加上,把此人存在的不同时刻也统一起来)。我们再顺便说一下维日彼茨卡的观点[1982:255],在 Я хорошо знаю Яна; Ян добрый, умный, спокойный, смелый 这样的句子里,"严格说来,这些被述说的特征,不是赋予 Ян,而是赋予以某种形式与 Ян 相关联的事件集合(该集合简直是无法计数的,因为不能把它与任何一个封闭性清单等同起来)"。

　　有必要指出,俄语中没有专门的手段用来表达"抽象个体"和"即时个体"的对立:同一个事物性ИГ在不同的语句中可能有时与"即时个体"相对应,有时与"抽象个体"相对应,而选择何种解释则由语境来决定,并且首先由支配述谓的属性来决定。例如,在 Солнце излучает тепло и свет 这个句子中ИГ солнце 与抽象个体相对应,并且相应语句的真值不直接依赖于发生在时空中的具体事件(因此,比方说,即使在冬日的夜里说出,这个句子也为真)。相反,在 Солнце греет до седьмого пота и бушует, обурев, овраг 或 Солнце грустно сегодня, как ты, солнце нынче, как ты, северянка 这样的句子里,指定的ИГ与 солнце 的单个"即时个体"相对应("греть до седьмого пота"或"испытывать грусть",выглядеть грустным 这些属性不属于 солнце 作为抽象个体的属性)。

　　强调一下,所指对象作为"即时个体"还是"抽象个体"来解释与所选择的称名方式无关。比方说,пьяница 在 Пьяница упал 这个句子中与"即时个体"相对应,因为该语句只涉及所表示的人的一个"时间切面"。而称名是基于人所具有的无时间定位的属性来选择的(所指称的人具有的"быть пьяницей"这个属性与所谈论事件发生的具体时间无关)。

　　只有事物性ИГ具有提取出来的三个认知地位。至于命题性ИГ,即与情境相对应的ИГ,对于它们而言,只有两类实体是可能的:(1)抽象类别和(2)"即时个体",试比较:Он боится грозы (类别)——Он испугался грозы ("即时个体");但是 поражения от победы ты сам не должен отличать (类别)——Я был свидетелем поражения «Спартака» ("即时个体")。换句话说,在情境集合上无法对体现同一个个体的"即时个体"进行证同,因此我们不能把情境作为(抽象)个体来谈论。可以说泛泛的太阳落山或者在某一时刻发生的一次具体的太阳落山，但是我们不能把在不同时间观察到的两次太阳落山等同于某个抽象个体的代表（似乎是不同于其他日落的某个个别的日落，但是在这种情况下，该日落可以具有不同的体现）。

至于表示事实的称名化，对于它们同样也排除概括性解释。这是因为，事实总是具体的，不能构成开放集合。的确，有时使用 факты такого рода，подобные факты 这样的表述，即与开放集合相对应的概括 ИГ，尽管名词 факт 是它们的顶点。但是这些表述在语词的本义上不是"事实性的"，这里无法实现对事实的指称关系（所以像 Если факты такого рода будут иметь мест... 这样的句子是可能的，这里名词 факты 提请注意的绝不是事实，而是某个假设的情境）。问题在于，正如阿鲁玖诺娃[1980a：325]的正确评论，"名词 факт 的语义，就像许多其他抽象名词一样，由于说话人和书写者漫不经心的态度……而摇摆不定"，换句话说，факт 这个名词本身并不是在其所有用法中都与事实相对应。不能作概括解读不单是 факт 这个词的特点，而且也是事实性称名化的特点。

这样，根据其认知地位，事实性称名化总是与个体相对应（并且此外，其特点总是确定性）。在这种情况下，对于事实性 ИГ，指称对象是"事实"，即这样的个体，无法说出它究竟是抽象个体还是"即时个体"。问题在于，对于事实来说，该对立一般来说没有意义，因为事实性称名化不是世界上正在发生的或已发生事件的直接表示。事实是相应事件在意识中的反映，是认识和思考的对象，是引起某些情感的对象，因此不会产生关于事实时空定位的问题。

因此，对于表示事实的称名化，概括指称关系被排除了，这样的称名化不能与类别相对应。事实总是表现为个体，而且不能合并到类别中。综上所述可以得出，如果语境规定对称名化命题作概括性解释，那么该命题就不能理解成事实性的（按照帕杜切娃[1974：197]的观点，具有"假设情态"）。比方说，句子 3a игру рукой футболист получает предупреждение 有两种解读："只要足球运动员用手玩球，就会得到一个警告"[≌"任何一个用手玩球的足球运动员都会得到一个警告"和"（具体的）足球运动员由于用手玩球而得到一个警告"]。在前一种解读中，提取出来的 ИГ 具有概括指称，并且不能与事实相对应。在这种解读下根本不必假定用手玩球确实发生，只是指出，如果发生这样的事，那么犯规的球员就应该得到警告。在后一种解读下，指的只是具体的、用手玩球的球员。提取出来的 ИГ 与具体事实相对应（与该球员用手玩球的事实相对应），而该 ИГ 的概括性解读就被排除了。

当然,由事实性与概括性的不相容性并不能得出非事实性(按照帕杜切娃的话讲,"中和"地位)总是能引出概括性的结论。对称名化命题的非事实性解释、个体解释是完全可能的。例如,从 Судья обещал, что удалит этого футболиста с поля за первое же нарушение правил 这个句子中提取出来的ИГ不是事实性的,不是与事件的类别相对应,而是与具体(哪怕是想象出来的"事件")事件相对应。因此在称名化命题集合中"事实性—非事实性"的对立不能被看作是"个体性—概括性"的对立。

需要指出,在不完全称名化的情况下(即由从句充当命题题元时),事实性与非事实性(并且相应地,概括性解释的可能性与不可能性之间)的语义差别在俄语中有表层表达,即:事实性命题题元在评价(及某些其他)述谓语境中用连接词 что 连接(试比较:Хорошо, что вы поете; Мне нравится, что вы поете; Я рад, что вы поете),而非事实性的则用 когда, чтобы 等等,(试比较:Я радуюсь, когда вы поете; Мне нравится, когда вы поете; Лучше, чтобы вы спели нам)①。至于完全称名化的情况,在俄语中这种ИГ的事实性和假设性的差别在表层是表达不出来的。

不存在关于指称对象归属于某个指定类别的合理表层表达,导致对ИГ可能的多义解释的处理应该依赖于在具体句子中该ИГ和与其搭配的述谓表述的语义相互作用。试比较:提取出来的ИГ在下列语句中的解释:Дети любопытны; Собака-млекопитающее (指称——客体类别); Дети у нее плохо воспитаны; Собака любит Ивана (指称——抽象个体); Дети сыты; Собака залаяла (指称——"即时个体")。

在这方面可以顺便提一下述谓 нравиться, любить 和 любитель 的不同搭配能力。述谓 нравиться 容许其定位客体是ИГ的所有认知类型,即类别、抽象个体和"即时个体",试比较:Мне нравятся красивые женщины (类别); Ты мне всегда нравишься (抽象个体); Ты мне что-то сегодня не нравишься ("即时个体")。动词 любить 所指的定位客体,要么是类别,要么是抽象个体,试比较:Я люблю детей (类别); Я люблю своих детей (抽象个体). 述谓 любитель 可以支配的只有概括客体(即与类别相对应的定位客体),试比较:Он любитель

---

① 连接词 как 把不是与命题相对应,而是与过程和事件相对应的命题性题元连接起来。对于这样的题元,无法说明事实性/非事实性。

красивых женщин，但是不能说 * Он любитель своей жены①。这同 Он любитель Блока 这样的语句并不矛盾，因为这里专名是代词性用法，是针对 Блок 的所有诗歌，即不是针对个体，而是整个类别。

2. 偶然性述谓和永恒性述谓

对于将 ИГ 的所指对象解释为类别、"即时个体"还是抽象个体的选择进行全面描写要求以相应的述谓分类为前提。从时间定位性的角度来看，述谓表述（ПВ）的特征是最重要的（时间定位性特征在建立 ПВ 的基本分类中所起的作用，在[Булыгина 1982]中有详细阐述，见 I.1.2）。可以清楚地区分出 ПВ 的两种用法：偶然性用法和定性式用法。在 ПВ 的偶然性使用中，描述某个时刻或时段实际上正在发生或已经发生过的具体过程或事件，或者是描写依附于某一具体时段的情境和状态。在 ПВ 的定性式使用中，描写与具体时间无关的特征。对于某些 ПВ，相应的特征是固定的，并因此可以划分出 episodica tantum（偶然性）述谓（例如，быть пьяным，безмолвствовать，быть при смерти）和 qualitativa tantum（定性式）述谓（быть пьяницей，быть молчаливым，быть смертным）。对于另一些 ПВ，该特征是"屈折变化的"（就是在该术语曾使用过的意义上，特别是在 I.1.1 中），并且如果脱离语境，这样的 ПВ 就是多义的，因此 Он курит 既可以指他此时此刻正在抽烟，也可以指一般说来他是个抽烟的人。

偶然性 ПВ（包括 episodica tantum）能够借助于"永恒性参变项"来"提升等级"（例如，像 бывает，всегда，иногда 这样的表述）。而且如前所述（见 I.1.2），正是与永恒性参变项的搭配能力可以看作是偶然性 ПВ 特有的属性，因为在和定性式 ПВ 搭配时，бывает，всегда，иногда 这样的词不具有永恒性参变项的意义，而是在概括主体存在时被解读为量化词，例如，在 Голубоглазые кошки бывают глухим；Математики иногда разбираются в лингвистике 这样的句子中。因此在包含定性式述谓和唯一主体的句子中，这样的词是根本不能使用的：* Он бывает пьяницей.

"提升等级的"偶然性 ПВ 可以被称为惯常性 ПВ。我们不能把表示时间上

---

① 述谓 любить，любитель 和 нравиться 的这些特点在 I.1.2 中已经分析过；这里我们再次明确前面所做的表述。词位 любить 和 нравиться 的区别同维日彼茨卡[1982：254—255]所指出的波兰语词位 lubić 和 podobać się 之间的区别完全类似。

有序的一系列行为的 ПВ 归入到惯常中,即使指的是重复性行为。尤其是,所谓的单向运动动词和某些因派生的未完成化而产生的未完成体动词,像 выкуривать, прочитывать, выпивать（чашку молока）,它们的"叠动"用法不能用于"惯常"意义。即使 бывало, всегда, иногда 这样的词与这种 ПВ 连用,也不能把这些 ПВ 变成惯常性 ПВ（在该术语给定的解释上）,它们在这种情况下也还保留着具体的时空定位,而它们的并列关系则表示时间上一个接着一个的行为（试比较：Каждый вечер он ужинал, выпивал чашку кофе, выкуривал сигарету и шёл гулять）。在 Ю. 卡扎科夫的句子中,动词未完成体形式表示部分意义的用法是很能说明问题的：На другой день Василий Панков выпивает коньяку на какой-то станции и возвращается в вагон весёлый, беспрестанно улыбаясь и играя глазами（试比较,不能说 * пьёт коньяку）①. 所分析的这类 ПВ 与 пить вино, курить трубку, ходить за грибами, читать детективы 这类 ПВ 的区别正在于此,后者在不要求时空定位和赋予主体一般特性的情况下可以使用。Слегка за шалости бранил И в Летний сад гулять водил 描写家庭教师的一般职责范围,这些职责在时间上是无序的,而 Слегка за шалости бранил и вёл гулять в Летний сад 指的却是这些行为的重复有序性,即"（每次）都是先责骂其顽皮,然后才带去夏园散步"。

惯常性 ПВ 与定性式 ПВ 一起构成永恒性 ПВ 这个统一类别。它们可以在一个并列组合中搭配（例如,Он заботился о своём здоровье и ходил на работу пешком）,而永恒性 ПВ 的这两个类别都不能与偶然性 ПВ 处于并列关系中：* Он заботился о своём здоровье и шёл на работу пешком（如前所述,单向运动动词即使在叠动意义上也是偶然性的）；* Он болен и любит чай с лимоном②。然而,在指定的统一类别内,惯常性 ПВ 和定性式 ПВ 的某种区别仍然保留着,即定性式 ПВ 表示无时间定位的属性,而惯常性 ПВ 与具有时空定位的（尽管是不确定的）③一系列现象相对应。

区分 ИГ 的偶然性使用和永恒性使用得以表述涉及 ПВ 类别和从属于它的

---

① 这样,在语法描写中见到的关于未完成体动词不能与表示部分的对象搭配这个论断需要进一步明确。

② 阿普列相曾指出 * Он высок и болен 这类句子的异常也可以用永恒性的 высок 和偶然性的 болен 不能发生并列关系来解释。

③ 与定性式 ПВ 和惯常性 ПВ 的区分有关的问题在第二章里有详细分析。

ИГ 的指称特性间相互联系的规律性。永恒性述谓（无论是定性式的，还是惯常性的）都可以与类别或抽象个体相关，而偶然性述谓与"即时个体"相关。换句话说，在永恒性述谓语境中，ИГ 总是理解为概括性的，从具体时空体现中抽象出来的。恰恰是永恒性述谓经常与"弱个体化的"ИГ 搭配，例如，倾向于概括性使用的具有述谓性语义的 ИГ（特别是参见[Шмелев 1984]）。然而，由于同样的规则，就连"弱个体化的"ИГ 在偶然性述谓语境中，也要理解成与"即时个体"相对应。譬如，在[Булыгина 1982]所举的例子中（见 1.1.2），(Старики не терпят возражений; Молодые люди умеют веселиться; Дети любознательны; Лентяй — обуза для коллектива)这些包含永恒性述谓的句子中，"弱个体化的"ИГ—主语被理解成概括性的。但是在偶然性述谓语境中，同样的 ИГ 只能被理解成与具体的"即时个体"相对应（Старики в раздражении; Молодые люди пьяны; Дети голодны; лентяй утомлен）。

如果出于某种原因不能对某个 ИГ 做概括性解释，该 ИГ 就不能与永恒性述谓搭配。维日彼茨卡指出，句子 lubię to ciastko "Я люблю это пирожное" 的异常可以用无法想象一个人"обычно охотно ел"（通常乐意吃）同一个甜点心来解释[Вежбицкая 1982：255]。的确，可以泛泛地喜欢甜点心，但是具体甜点心的存在是转瞬即逝的，因为只要对甜点心（在它的一个时空体现上）的"喜爱"一经表现，甜点心就不再存在，就无法表现出对它的其他体现的喜爱了。而如前所述，动词 любить 的对象永远都应该是体现的某个开放集合，即抽象个体或类别。这还可以用来解释为什么在 Мне нравится это пирожное 这个句子中的述谓 нравиться 一般既可以作为偶然性述谓起作用，又可以作为永恒性述谓起作用，具有"偶然性"解读。

综上所述，可以得出，所有从属于同一个述谓的 ИГ 的指称地位具有一致性。的确，即使只有一个与"即时个体"相对应的 ИГ，也可以确定支配述谓的偶然性特点，而反过来，对于所有其他从属于它的 ИГ，这又可以决定与"即时个体"的对应关系。相应地，即使只有一个与时空体现的开放集合（即与类别或抽象个体）相对应的 ИГ，也可以确定述谓的永恒性特性，而这意味着从属于它的 ИГ 不能与"即时个体"相对应。

在这方面有必要指出事实性 ИГ 的特殊特点。它们在许多方面同与"即时个体"相对应的 ИГ 相似。我们注意到这种 ИГ 与定性式 ПВ 搭配的异常：* Я люблю, что в комнате порядок；试比较，同一个 ПВ 与非事实性题元的正确搭配:Я люблю, когда в комнате порядок; Мне нравится, чтобы в комнате был порядок. 潜在的多义ПВ在包含"事实性"ИГ的语境中获得唯一的偶然性解释,因为Я радуюсь, что в комнате порядок 这个语句指具体感受到的情感。试比较:Я радуюсь, когда в комнате порядок,假定对所分析事态的恒常性态度。

完全称名化的ИГ,如前所述,既可以作为事实性ИГ,也可以作为非事实性ИГ起作用。但是,在"仅限偶然性"ПВ语境中,它们获得唯一的事实性解释(试比较:Я рад порядку в комнате),而在"仅限定性式"ПВ语境中具有非事实性解释(试比较:Я люблю порядок в комнате)。如果ПВ既可以被理解为偶然性的,又可以被理解为定性式的,那么命题性ИГ在这种ПВ语境中,从事实性—非事实性的角度来看是多义的。譬如说,由于述谓нравиться的双重特点,如果脱离稍微宽泛一点的语境,所截取的《叶甫塞尼·奥涅金》中的片断就是有歧义的:

> Ей нравится порядок стройный,
> Олигархических бесед,
> И холод гордости спокойный,
> И эта смесь чинов и лет.

这段话可以在定性(性情上的)意义上理解——作为被报道主体对"порядок олигархических бесед"的一般的正面态度,也可以在"偶然性"意义上理解——报道观察者具体感受到的正面情感,该情感直接由所领会的"谈话"而产生。正是这最后一种解释是唯一可能的,因为与所援引的诗节中最后出现的"仅限偶然性"述谓безмолвный毗邻:

> Но кто это в толпе избранной
> Стоит безмолвный и туманный?

该文本的必须"现实性"解释直接引起对前面文本的相应理解。

然而,还有这样的述谓,它们的一个题元可以是事实,而另一个题元——不是"即时个体",而是"即时个体"的开放集合。这里包括那些诸如как быть виноватым в..., знать о...这样的事实性述谓。它们有事实性ИГ作为客体,而充当主体的则是抽象个体,或者甚至是个体的类别。所分析ПВ的共同点是,它们全都表示这样的属性,这些属性无具体时空定位,但却因具有时间定位的事件而产生,而且还与主体相关。如果使用事实是"事件在认知的屏幕上投下的影子"[Арутюнова 1980a：355] 这个定义，那么就可以说，事件所显示的影子与犯错的人有斩不断的联系。一旦在某件事上犯下了错，那么在这一点上他就永远都是有错的。

我们看到，在三个提取出来的指称对象的变体中，即类别、抽象个体、"即时个体"，前两个（表现为"即时个体"的开放集合）在与ПВ的搭配上表现出很大的相似性，并且都与"即时个体"相对立。如果类别和个体的对立是 a prior（先天的）最基本的，那么最近这些年的一系列著作，特别是那些讨论述谓与不同指称类型的ИГ的搭配性的著作，呈现出一种把类别和抽象个体视为同一的趋势（以显性的形式或者更经常是以隐性的形式）。试比较，前面援引过的维日彼茨卡的观点，即"在 Я люблю Яна；Я хорошо знаю Яна；Ян добрый, умный, спокойный, смелый 这样的句子里，名词 Ян 对应的不是 Ян 本人，而是这样或那样与 Ян 相关的事件集合。像 нравиться 容许客体处于指称性 ДС [所指地位]，而 любить 的客体只能处于'表示种别的'地位"[Падучева 1983：231]。这样的论断隐性地以"抽象个体的"ИГ 与表示种别的（概括性的）ИГ 的同一性为依据。但是，这种同一性阻碍了一些重要语义差别的彰显和表述——譬如说，любить 只能连接表示种别的客体这个论断，抹煞了不同类型的"爱"之间的差别，这个差别与 любить женщин 和 любить (эту) женщину 这两个表述中动词的不同解释相对应（由此想起 Вл. 索洛维约夫的观点："……如果我喜欢女人，而不是**这个**女人，意思就是，我喜欢的只是种类的性质，而不是实体，因此可见，这并不是真正的爱"）。

所以，尽管类别和抽象个体之间有着毋庸置疑的相似性（两者都表现为"即时个体"的开放集合），但是相应的 ИГ 应该归属于不同的指称类型，特别是，还因为存在不仅能列入到前者中，也能列入到后者中的述谓。这样的述谓包括前面提到的 ПВ быть любителем（любитель Маши 是异常的，尽管 любитель красивых женщин 是完全可以的）。另一个要求类别作为客体的 ПВ 的例子是 знаток. 可以说：Ты большой знаток женщин и наверно, можешь предугадать, как на это посмотрит Маша, —— 但是这样的语句是异常的：*Ты большой знаток Маши. Как она на это посмотрит?（应该是：Ты хорошо знаешь Машу. Как она на это посмотрит?）. знаток Пушкина 这个搭配，像 любитель Пушкина 一样，之所以可能，只是因为这里名词 Пушкин 具有基于转喻而产生的概括性意义，表示普希金的作品以及一切和他有关的东西，即所有构成普希金学这个客体的东西。знаток «Евгения Онегина» 这个搭配比 знаток стихотворения «Я люблю чудное мгновение...» 要自然得多，因为 «Евгений Онегин» 更容易获得转喻性转义，从而具有概括性意义。再比较一下 охотник до (Их и по сегодня много ходит, всяческих охотников до наших жен, 而 * Он большой охотник до моей жены 是异常的)。

还有一类 ПВ，它们只能和概括 ИГ 搭配，而不能和个体 ИГ 搭配。这就是那些诸如 быть в дефиците, быть редкостью, вымереть, подорожать, получить большое распространение, иметься в продаже① 这样的述谓（其中一些述谓在 [Булыгина 1983 а] 中分析过，同样参见 Ⅰ.2.1）。Эта книга сейчас есть в продаже 这类语句不是反例，因为尽管存在指示代词，但是 ИГ эта книга 不是与单独的对象相对应，而是与整个类别相对应（试比较 [Арутюнова 1976] 书中的相关评论）。

所分析的这类 ПВ 描写世界的具体（"偶然"）状态，并且在这个意义上，它们与偶然性述谓相似。某些实质上的语言特性使它们与偶然性述谓接近，例如，与永恒参变项（试比较：Здесь всегда в продаже есть мороженое）或者时间定位标记（Вчера в продаже были тренировочные костюмы; Такие шляпки в этом году в моде; Весь год этот товар в дефиците）的可搭配性。同时，与不能和概括 ИГ 搭配的偶然性述谓不同，这些 ПВ 刚好只能与那种 ИГ 有关联。然而它们不是描述类别的本质属性，而是其暂时状态，因此把它们称作"类别状态述谓"是恰当的。在某种意义上可以说，"类别状态"述谓的主体属于包含永恒性述谓的语句所谈论的类别，就像"即时个体"属于抽象个体一样。在所分析的 ПВ 中完成体动词的存在可以进一步明确 [Булыгина 1982] 关于完成体与主体的概括性地位不相容的表述（试比较：Динозавры вымерли; Мини-юбки снова вошли в моду）。

3. 句子的"超级范畴"

用语义特征来呈现所描写的规律再清晰不过了。当然，有理由对所设定的 ad hoc 特征是说明语义规律的最恰当方式这一点表示怀疑。但是目前不存在

---

① 只能和概括 ИГ 搭配把 иметься в продаже 这样的述谓和意义上相似的述谓 продаваться 区分开，后者既可以和概括 ИГ 搭配（У нас продаются подержанные автомобили），也可以和个体 ИГ 搭配（Продается почти новый автомобиль）。

普遍认可的适用于描写认知区别的语义元语言。在这种情况下，所设定特征的启示作用得到加强，这些特征使句子构成成分语义间相互作用的规律以可观察的形式呈现出来。当然，应当力求使所设定特征与语义的现实相符，并且原则上允许用通行的语义元语言重新表述。只是有必要考虑到，所选择的语义特征的名称不过只是约定性的表示，并不希冀能够表达所阐述差别的本质。

鉴于这个目的，我们将使用两个二元的语义特征："现实性"和"可定位性"。"抽象个体"和"即时个体"的区别在于"现实性"："抽象个体"被赋予[－现实性]特征，而"即时个体"——[＋现实性]（因为"即时个体"事实上也是"现实化的"个体）。同时，个体，与谈论的是事实、还是"抽象个体"或"即时个体"无关，都能够以某种形式"被定位"，因此与类别不同，类别是开放集合，并且可以被看作是"不可定位的"。因此赋予个体[＋可定位性]特征，而类别——[－可定位性]特征，在这种情况下，类别是不能用"现实性"特征来描述的。同样的特征也可以用来描述相应的ИГ。

同样的二元特征也可以用于述谓分类。永恒性述谓具有[－现实性]特征，并且一般情况下，不能用"可定位性"特征来描述①，"类别状态"述谓——[－可定位性]特征和[＋现实性]特征，偶然性述谓——[＋现实性]特征和[＋可定位性]特征。

在ПВ的特征和从属于它的ИГ的指称特性之间应该具有一致性，即不容许ИГ和具有同一个特征对立意义的ПВ搭配。因此，永恒性述谓（[－现实性]特征）不能与属于"即时个体"（[＋现实性]特征）的ИГ搭配；偶然性述谓（[＋现实性]特征和[＋可定位性]特征）既不能与概括ИГ（[－可定位性]特征）搭配，也不能与属于抽象个体（[－现实性]特征）的ИГ搭配；"类别状态"述谓（[－可定位性]特征）不能被赋予到个体（[＋被定位性]特征）上。

这种方法可以解释前面提到的всегда, иногда, часто, редко这类时间副词和бывают这类词具有双重理解的可能性。就其实质来说，这些词在情境集合中充当量化词。如果述谓容许现实化解释，这些词就起着永恒参变项（"撤销现实因子"）的作用。而如果我们碰到的是永恒性述谓，那么述谓就被解读为主体所表示的集合中的量化词。正因为如此，这些词在唯一主体和定性式述谓并存的语句中是不可以的，因为在这种情况下我们没有可以用来量化的集合。

---

① 对于某些类永恒性ПВ而言，"可定位性"特征的意义是词汇特点。

所罗列的这些规则可以略成体系地描写ИГ和支配ПВ的认知特性间的语义相互作用。更为详尽的描写要求一系列更明确的阐释。但是,看来,正如[Булыгина 1980]所建议的那样,这些规律也可以作为提取时空定位这个统一超级范畴的充分理由,其作用范围囊括所有的命题,并且既能确定最顶端的述谓类型,也能确定每一个从属于它的ИГ的指称类型。

1.2. 俄语体学体系的"本体论"基础

第一章 述谓类别和语句的体学特性

1. 引言

语句的体学特性（及其所表示的"事态"的相应特性）表现在"体的参与中，而不是动词体本身当中"[Грамматика 1980：604，605]，这是一个无可争辩的事实。对该事实的认同不仅要求概括相关的情境类型，而且要求全面研究时体形式的语法意义与体学上有意义的其他因素之间的相互作用。这些因素至少包括：时态扩展成分的性质；主体项和客体项的指称地位（指称类型）；动词（或者更宽泛些，述谓表述）的词汇（也即从时和体的语义抽象出来的）意义。

普遍认为，时态扩展成分在"体功能场"起着最重要的作用。这种作用体现为形式和不同体的意义相搭配的各种可能性，以及不同类型的时态扩展成分对解释多义形式的影响，正如在以下例子（源自[Апресян 1978]）中：Спартак поворачивает на юг и три недели добирается до Сиракуз（过程意义）和 Спартак поворачивает на юг и в три недели добирается до Сиракуз（完成事件意义）。

众所周知，体的意义和动词周围名词的指称特性有关。譬如说，主体（和客体）的非指称性用法与完成体的具体事件性意义是不相容的，这可以说明 *Любой заметил... 这类搭配的异常[Бондарко 1971]，以及为什么著名的谢尔巴例句 Глокая куздра будланула бокра 不能解释成关于"Глокая куздра"这个开放性集合的全称判断（该例与其他语言中类似说法的区别恰恰在于此[Булыгина 1980：350]，参见I.1.1)。

这种选择性也可以说明述谓词位本身的特点。譬如，某些语义类动词不能与"期限"状语表述搭配，就连完成体形式也不可以。试比较，像 *Он споткнулся за две секунды 这样例子的异常性或者（[Пешковский 1956：305]

早已指出）* Они поговорили в два часа 这类搭配的不可能性。

某些动词词位不能与主体或客体所有类型的指称地位都相容。譬如，在［Булыгина 1982］（参见 I.1.2）中指出，动词 любить 可以和指称性使用的表人名词（作为客体）搭配，但是要求指涉非动物客体的名词具有非指称性，并且前一个特性使述谓 любить 与述谓 любитель 相对立（Я люблю Юру 但不能说 * Я любительница Юры），后一个特性使其与述谓 нравиться 相对立，нравиться 能够和表示相应情感对象的名词搭配在一起，既可以用于非指称性意义，也可以用于指称性意义（比较：Мне нравится/понравилась ее сегодняшняя прическа, 但不能说 * Я люблю/полюбил ее сегодняшнюю прическу）。

这些事实以及许多其他事实（有一些我们将在后面讲到）证明了述谓词位本身特性的相对重要性及其在体学方面的某种潜力。

在俄语中，能够描述体范畴使用的那些特性可以用与"动词行为的特点"本身相关的纯动词语义特性来解释，早在 1948 年马斯洛夫就在其文章中对此情形予以了关注，然而，我们认为很长时间以来该文章在体学研究中并未受到足够的重视，甚至直到现在对它的评价也不够充分。有意思的是，马斯洛夫在这篇文章中提出的分类和万德勒［Vendler 1967］这本书中一篇关于该问题的文章所提出的英语动词的语义分类表现出一定的相似性，最近万德勒的这篇文章非常受欢迎，诚然，该事实对于不同语言中体学现象的分类研究绝非无关紧要。

在此，尝试用（以变体的形式）马斯洛夫和万德勒的分类标准来分析语言学中由来已久的那些诸如行为、状态、过程等分类的体学重要性。在较近期的著作中，对一些传统区分进行了系统整理，其中达涅什的动词语义分类（Daneš 1971）就我们的研究目的而言无疑具有重要意义，尽管在这部著作中体学问题并不是其专门关注的对象（再强调一下，在［Авилова 1976］中也尝试采用达涅什的分类来解释俄语动词的体学特点，这表明相关的问题值得进一步研究）。

迄今为止，基本上大多数俄语体的描写主要旨在揭示所谓个别的体的意义。目前动词不同时体形式的语义潜力已经研究得颇为彻底，但动词词位体学潜力的研究，即根据动词的哪些特点所得出的特性是动词作为某个语义类别代表（与它以哪一种体的形式出现无关）所固有的，研究得还不太充分。主要考虑的是那些能够用以解释是否存在体的对应关系的动词语义特点（试比较，有界动词与无界动词的划分），而没怎么考虑其他语义特点（包括［Апресян 1980］这本书中所指的"非常规性的"），与之相关的是体功能语义场内各类动词在行为上的区别,尤其是,不同类动词统一的体对偶成员之间,或者在体的对应关系不存在时语义上相互关联的不同类动词之间语义关系的不同性质(前面提到的马斯洛夫的文章是一个重要的例外)。

邦达尔科强调,相应的意义用"和语境结合,包括和动词行为方式结合的动词体及动词的词汇意义"来表示[Грамматика 1980:604],他提出的"体参与下的情境类型"的概括依旧只是对语法上的体学意义的系统整理而已,这些意义在相当大的程度上是从与体交互作用的因素中抽象出来的。

相反,本章所讨论的体学情境的本体论(或准本体论)分类(我们从邦达尔科那里借用这个很恰当的术语,但对其内涵略加改动)旨在揭示动词词位(更准确地说,述谓表述)作为词汇类别的代表而"一向"固有的体学上的重要特性,并且把这些特性同与作为语法范畴的体相关的"派生"、"补充"意义区分开。

述谓表述体学上"本性所固有的"重要特性与实质上体的意义和特性无关,后者在很大程度上决定了它们与其他相关因素相互作用的类型,这就提出一个问题,即体学情境分类与述谓表述的语义分类如何相对应,后者是从具体时体意义中抽象出来的,并且正是在这些意义上出现在现实语句中。

需要指出,"体学情境"(以下称 AC)这个术语本身具有一定的约定性。尽管各类 AC 的特性指的是客观现实的相应特性(描述世界本身及其可能状态的事态或现象),当然,这里所指的不是那种现实,而是其**语言概念化**。AC 范畴化是把指称情境放到某个概念下面。表示这一概念的各种语言单位被我们称为述谓表述(ПВ)。在个别情况下,不同 ПВ 之间的界限可能会途经词位内部,即语词的词汇—语义变体,或者按照[Крылов 1982]的术语,同一词位的不同语符,可能属于不同的 ПВ。该术语对于体学上 ПВ 的定向分类很合适,特别是因为在许多可以表明体对应关系的情况下,它刚好适用于多义动词的个别意义[Грамматика 1980:584]。

我们所采用分类(关于分类详见 I.1.2)的主要参数是有/无时间关联性特征,该特征把所有的述谓分为两大类:"性质"("属性")和"现象"("片段")。"性质"的特点是相对独立于时间的性质——"超时性",而"现象"被赋予时间定位性特点。

时间上予以定位的现象指的是在某个时刻或时段实际发生过的(或正在发生的)具体事件或过程,以及属于某个具体时段的情境。这里采用的术语与体学传统略有不同,区别在于描写重复不定次数,但是按一定次序进行的现实事件的述谓关系(像：Каждый раз, когда я открывал дверь, я замечал...)也被赋予时间定位性意义,尽管时间定位是不确定的。

这种与传统的背离是因为多次性本身不排除时间定位性。因此,Каждый день он встает в восемь утра, занимается гимнастикой, пьет чай и идет пешком на работу 这类例子指的是一系列时间上有序的(因此,可见是时间上予以定位的)、有规律的重复行为。

"现象"按照静态性/动态性特征分为两类。("性质"整体上被看作是静态的。)

描述时间流逝方式的持续性特征把动态现象分为持续性的和非持续性的,即"过程"和"事件"(静态事态的特点仍然是该特征的肯定意义)。

根据过程的自然进行是否会导致产生一定的结果,又分为"无前瞻过程"和"发展过程"。相应地,事件也分为有先行"发展过程"的和无先行"发展过程"的("结果"和"意外性事件")。

除此以外,还提取出"施事性"特征,指的是主体在相应情境中的作用。有意识的行为主体参与的过程被称为"活动",有目的活动的"结果"被称为"完成"、依照主体意志发生的"事件"被称为"达到"等等。所提取的特征使 AC 的分类以按等级组织起来的体系形式呈现出来。(见 I.1.2 中的表格)。

现在,从 AC 分类和 ПВ 语义分类的角度,以及从每个特征在体功能场所起的作用来分析所提取的特征。

2. 时间定位性特征:性质和静态现象

在俄语学中,时间定位性特征(其体学重要性是显而易见的)被广泛使用缘于对体和时两个语法范畴的语义潜力的研究。

如前所述,时间定位性特征的意义(在许多情况下与相应的时体形式的语法意义相关)对于一系列述谓表述来说是固定的。

譬如,可以看到,同那些不能"提升等级"至超时性全称判断的述谓一起[诸如 белеть(ся), быть в отчаянье, быть не в духе],还存在相当多的述谓,尤其是那些反过来不能予以时间定位化的动词性述谓,譬如：равняться, соответствовать, зависеть, обладать, владеть, 以及 любить (мороженое), ненавидеть (лицемерие), знать математику, понимать (кое-что в технике), полагать, думать, что...(与 думать о чем-то 不同), презирать 等等。

一些语句中没有具体的时间定位性,特别是,这些语句的述谓不能作为对 Что он сейчас делает? (Что он тогда делал?), Чем он (был) занят в это время? Что с ними происходит (происходило)? Почему он отсутствует? 这类问题的回答,以及相应地,也不能"嵌入"到以 Он был занят тем, что... ; Он только и делал, что... 这种说法开头的句子中。

包含此类述谓的语句在一定的时间段内可能为真(或为假),但是它们不能描写时间上的流逝过程(在 I.1.2 中列举了马丁诺夫[Мартынов]的诗句 Что ты делаешь? — Люблю, 该例子出自《Поэтическая вольность》)。

与描写恒常性属性和关系的述谓(因此也可以被称作"定性式的")相毗邻的是表示行业、职业、性格特质的动词,像 руководить, заведовать, преподавать в..., управлять, царствовать, воспитывать, трудиться на ниве просвещения, питаться. 与描述属性的 ПВ 相比,它们相对于时间流逝过程的抽象程度更小,因此可以表现相应述谓为真的准确时间界限:С мая 1950 г. по декабрь 1979 г. заведовал отделом Института истории. 但是,像 знать, любить, разбираться (в технике)这类ПВ,它们不能表示相应特征的某种具体"呈现"。

любить, знать (математику), обладать, владеть, ненавидеть, разбираться (в технике)等等这类述谓不具有所谓的惯常或频度意义,即不能描写按照某种周期性重复的具体现象。该特点可以解释以下这些句子的异常,像:* Илья часто обладает абсолютным слухом; * Иван редко хорошо разбирается в поэзии; * Мой сын постоянно любит мороженое. 显然,这种异常不是与 обладает, хорошо разбирается, любит 的时体特性相关,而是与相应 ПВ 的词汇意义相关(再比较一下那些不可接受的搭配,像 * Мой сын часто купил мороженое; * Петя постоянно потерял очки 等等)。

定性式述谓表述与频度副词搭配的可能性只限于主体容许非指称性解读的那些情形,这时副词充当量词,限制主体的指称范围,而不是作为相应属性(情感、观点、技能)呈现"情形"的量化项。试比较:Профессинальные музыканты не всегда обладают абсолютным слухом. = Не все профессинальные музыканты обладают абсолютным слухом; Математики иногда прекрасно разбираются в лингвистике. = Некоторые математики прекрасно разбираются в лингвистике; Дети редко любят манную кашу. = Не многие любят манную кашу; Молодые люди обычно неопытны. =

Большинство молодых людей неопытно.

此类述谓所描写的指称情境的不可量化性表现为它们不能和 иногда, обычно 这些用于时间意义的副词搭配在一起,这种不可量化性应该被视为无时间定位性的征兆。的确,所分析的这些述谓不能描写主体参与其中的具体事件或过程,它们赋予主体以某种一般特点,与赋予主体某种性质的静词性述谓相似。在这方面与之类似的还有其他具有派生的非现实意义的动词,尽管不同类别的用法在不同程度上与"性质"意义近似,相应类别之间的界限并不总是十分清楚的(详见 I.1.2)。

我们注意到,在许多分类中,所分析过的这类述谓与那些诸如 быть в плохом настроении, быть трезвым 的述谓表述可以合并在一个形态(或静态,或表示状态)述谓类别内(或者合并为一个状态类别,万德勒为了对比英语述谓就是这样做的)。同时这些述谓的时体特性(俄语中是在任何情况下)在许多方面都是对称对立的。

大多数描写时间上予以定位的静态现象的述谓(X пьян, X-у жарко 这类"位置"、"状态", Беллет парус одинокий 这类"呈现")与"超时性"意义都不相容(在 I.1.1 中已经讲过)。

譬如,"描写"动词(белеть, реять, выситься, пылать, тлеть, уплетать)与"超时性"不相容,因为要求有共时观察者。Над седой равниной моря гордо реет буревестник; Как походил он на поэта, когда в углу сидел один, И перед ним *пылал* камень, И он мурлыкал: Benedetta (А. Пушкин); Уж пламя жадное листы твои приемлет... Минуту!... Вспыхнули! *пылают* (А. Пушкин).

"状态"和"呈现"与其主体联系的偶然性特别表现为相应的 ПВ 与表示种别的项相搭配的能力是非常有限的。在 X пьян, X здоров, X в отчаянье 这类述谓关系中 X 可以解读为有具体指称的名词,与变项的意义无关,也就是说,即使 X 用具有述谓性语义的名词(不带指示代词)或者复数名词(一般最好是表示客体为开放性集合的名称)来替换,也是如此。该特点把"静态现象"与"恒常性属性"这类定性式述谓区别开(并且将其同"描述性"动词区别开)[①]。"P"作为状态述谓的 X-P 形式的述谓关系一般描写特征与具体物(人)的现实联系。不过

---

① 详见 I.1..2。

状态述谓,同其他表示"现象"的述谓一样,能够表达(与体的语法语义相关)派生出来的重复性意义。

但是,与大多数"动态"动词性述谓不同,它们的"现实"和"惯常"意义在形式上可能是无论如何也表达不出来的(因此,相应的述谓关系脱离语境和情境通常是多义的),状态述谓只有在专门的"撤销现实"的条件下才具有"惯常"(或者"通常")解读,譬如,与丧失具体指称功能的时间状语表述(в такие дни, в минуту жизни трудную, в подобные моменты 等等,或者 вечерами, зимой,以及类似的表示有规律的重复的时段名称)搭配时,以及与动词 бывать 搭配时:Он требовал, чтобы она шла за него, и бранил ее, когда бывал пьян (А. Чехов); Немец три раза в день и два раза в ночь окуратно (так у Пушкина) был пьян; В году недель пять-шесть Одесса По воле бурного Зевеса Потоплена, запружена, В грустной грязи погружена (А. Пушкин); Здесь вижу двух озер лазурные равнины, где парус рыбаря *белеет иногда* (А. Пушкин)等等。

换句话说,在专门的"撤销现实因子"存在时,偶然性 ПВ,包括动词性的,可以表示重复的情境(这与不能表示具体情境意义的定性式述谓不同)。但是它们不能"提升等级"至全称判断地位(这与大多数具备这种概括性能力的动态动词不同,尤其是隐含的概括性):[Камины дороже, но зато] * Камин *пылает*, а электро‐нагреватель *тлеет*; * Буревестники *реют*; * Горы, в отличие от холмов, *высятся*. 在"撤销现实的"语境中,状态述谓可以和表示种别的名词搭配,但是这些名词不是表示相应客体种类(人)的"特征",而是表示他们存在的暂时片段(不过在以下例子中,可以表示相当长的时段):Студент бывает весел от сессии до сессии, а сессия всего два раза в год. 这尤其是表现在量副词 иногда, часто, редко, обычно, постоянно, всегда (以及功能上近似的动词 бывать)在这些条件下不能被解释为限制主体项指称外延的量词,而是保留其时间意义。状态述谓(以及其他类描写静态现象的述谓)和通常性、重复性意义可以组合在一起,这本身就把它们和具有不可量化性的定性式述谓区分开来。

譬如,可以说:Мы же то смертельно пьяны, то мертвецки влюблены (А. Пушкин),但不见得可以说:Он то пьяница. то женский угодник; Он то обладал наклонностями к алкоголизму, то любил женщин(这种组合如果可能,也是在指责不合理性的情况下:Ты себе противоречишь-то он у себя пьяница, то аскет; Тебя не поймешь: то ты знаешь польский язык, то не имеешь о нем никакого представления).

类似地,像 * Володя только и делает, что знает математику; * Таня только и делает, что любит Сережу 这样的述谓关系的异常显然应该与无时间定位性相关,而不是与"静态性"或"状态性"(="主体的非主动性")相关。所以更易被接受的是:Маша только и делала, что была больна,以及完全可以接受的是:Петя только и делает, что хворает。

状态的具体情境意义可以解释为什么相应的述谓关系与любой, всякий 这类无具体指称项的量词不相容,而且该特点还使其与属性类述谓对立起来。因此,Все холостяки пьяницы 这个语句在语法上是正确的(尽管,可能是不真实的),而 ?Все холостяки пьяны 是异常的。再比较一下 Все люди смертны 和 ?Все люди при смерти 等等。

这样,"性质"AC 和"静态现象"("呈现"、"状态")的时体特性在许多方面是对称对立的。同时它们又具有一定的相似性。两者都不允许"整体性"①分析,它们通常描写与其开始和结束无关的相应事态,并且一般不能表示记录该事态从无到有又到无这种过渡②的事件。而且,这两类 AC 都不与("外部")界限的设定相容,哪怕是任意的,该设定将会提供对提取出来的情境片段进行"整体"分析的可能。所以,这两种 ПВ 不仅都不能参与到大多数语法体的对偶中,而且甚至也不容许限定的完成体化(与带前缀 по 的前缀性派生词不相干: * поненавидел подхалимство, а потом стал относиться к нему более терпимо, 以及 * Буревестник пореял над морем часа два, а потом улетел; ? Парус побелел в тумане моря, а потом исчез за горизонтом; ? Небо посинело до полудня, а потом заволоклось тучами 是异常的)。

---

① 我们认为,保留经常遭到批评的作为与体的不变意义的定义最为近似的传统术语"整体性"是适宜的。该术语是恰当的,特别是因为,它不仅对于动词体对偶的形式是合适的,而且对于非对偶动词(如表示过程意义的动词 поиграть 的特点是"整体性"特征)也是合适的,以及能够解释**事件性**动词未完成体形式的历史现在时(praesens historicum)这类用法,因为根据许多研究者的直觉,在这种用法中,行为作为观察者"眼前发生的事"呈现出来。在这种用法中,我们指的是情境的特殊概念化,要求不顾 AC 的"事件性"对其进行"**非整体性**"分析。

② 所以俄语中未完成类别(imperfectiva tantum)通常与静态情境一致。而在少数情境中,当静态动词进入到体的对应关系中时,完成体动词通常表示情境的开始(而不是结束),而情境是用与其对应的未完成体形式来表示(因此,увидеть 意思是'начать видеть',осознать — 'начать осознавать',понять — 'начать понимать'等)。

不过,在此再一次关注所分析的两类 AC 的区别是适当的,该区别可以解释前文提到的禁止其使用的不同严格程度。因此,белеть(ся)这类动词在特殊的条件下(在历史现在时[praesens historicum]或者重复性语境中,以及在снова, опять 这类专门标记存在的情况下,就像在下面的例子中)仍然可以具有准事件性意义,而且恰恰是表示新情境的出现:Ветер налетает, тучи уплывают, и опять синеют небеса(歌词)。

对于大多数定性式述谓而言,这是不可能的。例如,在下面源于普希金作品的例子中,动词 ненавидеть 在启动意义上的用法(代替不存在的 *возненавиживать)能够有助于表达文本整体的讽刺意义:

> Любимцы счастия, наперсники судьбы
> Смиренно ей несут влюбленные мольбы.
> Но дева гордая их чувства ненавидит
> И, очи опустив, не внемлет и не видит.

3. 动态现象

"动态"特征使状态、状况、呈现以及其他类静态现象与过程和事件这些动态现象相对立,后者本身彼此之间又根据"持续性"特征加以区分。

过程和事件的划分部分地与那些在此被我们称为"渐进实现"①动词类的体对立相对应,譬如:светать/рассвести, бриться/побриться, переплывать/переплыть 等等。这是仅有的一个动词类别,其不同体的形式表示不同的 AC:"发展过程"(有目的性的活动)和"结果"("完成")。从这些 AC 的相互关联性可以得出其中每一个情境都具有复合性。

"渐进实现"动词与"无前瞻过程"动词不同(以及与"事件"动词不同),其典型特征为在时间中流逝的现象可以切分为性质不同的阶段,以及有可能在"尝试——成功"或"趋向——实现"方面相对立,这种对立是由同一动词相应的未完成体形式和完成体形式来表达的。这两种体形式的语义都具有复合性,因为未完成体是"前瞻性的",完成体是"回顾性的"。正是"渐进实现"动词的这种复合性可以解释它们与 за час, в минуту 这类表示事件延展期限的表述搭配在一起的可能性。这种可能性既把"渐进实现"动词同"无前瞻过程"动词区别开,又

---

① 正是"渐进实现"动词(也就是体的对偶)与万德勒的"accomplishments"相一致。

把它们同"意外性事件"动词区别开：Он написал статью в неделю/за три дня，但不能是：* Он пришел в полчаса；* Ребенок родился за трое суток；* Они обычно любуются морем в десять минут.

  语法上的时体属性与由动词归属于某种词汇类别（语义类别）而确定的属性之间的区分不够细致，这常常造成无法准确表述体学上重要的单位之间相互作用的规则。例如佐拉托娃［1973：246页］的表述："带有行为期限意义的'в ＋ 四格'的形式属于包含完成体动词（或者未完成体，重复意义的）的行为模式：Этот портрет я написал в два дня（Н. Гоголь）"。这种没有考虑到ПВ对某种词汇类别的归属性的表述是不完全的（如果从字面上理解）：不仅不只有那些符合该特点的动词词形具有所分析的搭配特性，而且那些符合该特点的动词词形也不是全部都具有该特性。因此，前面所举的阿普列相的例子 Спартак поворачивает не юг и в три недели добирается до Сиракуз 包含的不是表示重复事件，而是表示**单一**事件的**未完成体**形式。试比较，Узнав о предстоящем визите, она бросается домой, в десять минут приводит в порядок квартиру（сжигает компрометирующие документы/переодевается/приготовляет салат）и во всеоружии ждет гостей 等等；另一方面，不是所有完成体（或者未完成体，重复意义的）动词都能与该时态扩展成分相容。因此，描写"意外性事件"和"达到"的ПВ（即没有先前过程和活动做准备的）与时态扩展成分搭配也不好，试比较：* В пять минут я（вдруг）почувствовал, что в доме есть кто-то посторонний；* Он услышал крик и в пять секунд ринулся на помощь；描写无前瞻过程或"活动"的ПВ（两种体都是）也是如此，试比较：* Мы послушали（послушаем）музыку в полчаса；* Каждый день мы ходили к морю, за десять минут любовались пейзажем, потом за полчаса валялись на пляже и шли в лес. 只有那种表示**有先前准备过程的事件**（单一的或者重复的）的ПВ才有可能和期限状语搭配。"意外性事件"和"无前瞻过程"ПВ都不能表示该意义。

  因此，把这种搭配可能和"完成的或是未完成但重复的"意义或者"结束"意义联系起来的表述需要进一步明确。

  "意外性事件"和"达到"用两种体的形式都具有事件性意义的动词来表示（即"eventiva tantum［事件类］"动词；试比较，万德勒的"achievements［成就］"）：найти/находить, потерять/терять, заметить/замечать. 马斯洛夫［1948］注意到这些动词的特点是不能表达具体过程意义的。它们以未完成体形式出现时,表示单一的事件(在历史现在时中或剧本的情境说明中等等)或者表示一系列重复的事件:Обыкновенно, проговорив последний монолог (а с ним это часто случалось), Шатов схватывал свой картуз и бросался к дверям (Ф. Достоевский); В последнее время началось что-то новое, и Крафты не уживаются, а застреливаются; (Ф. Достоевский); Он, правда, в туз из пистолета в пяти саженях попадал (不能说:* Я пришел, как раз когда он схватывал картуз и бросался к дверям; * Его похвали в тот момент, когда он попадал в туз из пистолета; * Что-то стало подозрительно тихо за стенкой, он там не застреливается?).

许多常与未完成体语法形式的语义特点相关联的搭配限制只有在未完成体动词用于过程意义时才起作用,但是,如果动词用于"事件性"意义,这种限制就"消除"了。试比较下面的例子:Генеральша... обыкновенно, в половине первого, принимала участие в обильном завтраке, похожем почти на обед, вместе с дочерьми. По чашке кофею выпивалось барышнями еще раньше, ровно в десять часов, в постелях, в минуту пробуждения (Ф. Достоевский). 在未完成体用于具体过程意义时,显然无法表示定量描述的对象:* Она пришла ровно в десять часов, когда барышни как раз пили (или выпивали) в постелях по чашке кофею.

对于二格的部分词也存在类似的搭配限制,不过只有表示(单一的或重复的)已终结(也即从外部来看的)行为(尽管整个的不定多次情境是从内部来看的)的客体的部分词才是可能的。

    Получив увольнительную, человек в обмотках ехал... на Кропоткинскую, сбрасывал военную ветошь, надевал чистую... сорочку, прекрасный костюм, начищенные до блеска ботинки..., с неподражаемым искусством повязывал бабочку, *выпивал спирту*, закусывал копченной уткой и обретал если не счастье, то покой и волю

                    (Ю. Нагибин)

带有具体过程意义的未完成体不能和表示客体的部分词在一起(* Когда он пришел, человек как раз выпивал спирту).因此,这里用语法术语来表述有

第一章 述谓类别和语句的体学特性

关搭配限制的规则是不恰当的,正如通常所做的那样:禁止与表示部分的词搭配在一起和表示(重复性)**事件**的未完成体动词无关。

表示一系列在不同时间重复的事件的 ПВ 可以具有某种过程性特点(一系列事件可以视作一个过程),但是,原来的(本来的)事件性意义并没有完全消除(可以这样说,不是实线,而是虚线),其表现就是,在句子中持续性副词和"点状"时间状语能够同时存在:Все лето стоило мне сесть за письменный стол, как в ту же секунду гас свет; Всю эту зиму почтальон приносил нам газету ровно в восемь часов; Весь день я неожиданно обнаруживал его в самых неподходящих местах; Но мы знаем также, что он в эти же дни, несколько раз и даже много раз, вдруг отправлялся к Епанчиным, не скрывая этого от Настасьи Филипповны, отчего та приходила чуть не в отчаянье (Ф. Достоевский);试比较 * Вот уже битый час он вдруг отправляется к Епанчиным 的异常。

表示诸如 играть, работать, заниматься, танцевать, рисовать 及其限定派生词(试比较,万德勒的 activities[活动])这样的"**无前瞻(同质)过程或活动**"动词的体学独特性在于,它们表示与体的自身归属性无关的过程意义(因此可以把它们归入到 processiva tantum[过程类]中)。属于这一类的完成体动词(поиграть, поработать, потанцевать)要求情境的"整体性"分析(这与体的语法语义相关),但是保留对情境持续性的感知。这种双重性的反映是,поиграть 这类动词既受到与其体的归属性有关的限制(不与带有频度副词的阶段性动词搭配等等),又具有与其整体过程性相关的特点(与某些持续性副词的搭配可能:поработал некоторое время, часа два погулял 等等)。

"无前瞻过程"动词的典型特点是带有限定前缀 по- 的派生词的高能产性:Народ еще повоет, да поплачет, Борис еще поморщится немного, Что пьяница пред чаркою вина...(А. Пушкин)。该特点不仅把"无前瞻过程"动词和"属性和恒常关系"动词区别开,后者表示无时间定位的,并且因此不能量化(切分)的事态,对它们的分析与开始和结束无关;又把它们同表示(以未完成体形式)"发展过程"(或者有目的性的活动)的"渐进实现"动词区别开:前缀 по- 规定过程(活动)流逝的时间界限是任意的,丝毫未加以预先确定的,这似乎是与完成"那样的活动"、"为了活动的活动"而单纯"花费的时间"内涵有关。试比较,马雅可夫斯基的几行戏谑的诗句:Сидят папаши. Каждый хитр. Землю попашет, попишет стихи, 其特殊的修辞色彩特别是由于把述谓表述 пахать землю, писать стихи 解释成"活动性的"而造成的,而这些表述或者表示恒常性状况 (Мой дед землю пахал; Она пишет стихи, 诗人没有偏离它们的这种解释),或者描写有界限的、有目的性的活动(пашут 通常是为了"вспахать",而不是为了"попахать",如同诗里所写的那样,指的是 написать,而不是单纯的"пописать")。试比较,在类似的体学语境中有界[①]动词 вспахать(полосу)的更自然的用法:До светла все у него пляшет, Лошадь запряжет, полосу вспашет (А. Пушкин).

"仅限过程性"动词(即"processiva tantum[过程类]")具有把它们同静态述谓,包括"属性和恒常关系"述谓,联合在一起的特点。难怪在[Маслов 1948]中,它们被合并在"滞留和无前瞻过程动词"这一类别(再比较一下亚里士多德的动量["运动"]述谓和能量["实现"]述谓的划分)。但是,把它们同"属性"述谓区别开的是时间定位性,表现为活动性动词可以表示时间上交替的、有序的"过程部分"(活动):Каждый день он встает, занимается гимнастикой, слушает последние известия, ходит по лесу, ищет там грибы и ягоды, возвращается, работает в саду, идет к морю, плавает, затем немножко загорает на берегу. 在"无限次"语境中这种形式直接与完成体的限定形式相对应(Вчера он встал, позанимался гимнастикой, послушал радио, поработал в саду,...),以及在历史过去时语境中,"无前瞻"动词可以替代相应的完成体动词,这一事实表明,无条件地承认 работать — поработать, играть — поиграть 等等这类动词的体的不对应性并非是不容争辩的(如果认为"整体性"特征是体对立的基础,如果接受马斯洛夫提出的动词形式归属于某一个体对偶的标准,该标准迄今为止仍是已提出的标准中最为客观的)。

4. 对分类的进一步细化和明确

所分析的分类特征可以解释相应 ПВ 体学行为的一系列特点。但是,毋庸置疑,对事实更为全面的考虑要求进一步明确所划分类别的构成及其成员。在 I.1.2 章节中已经讲过,我们(继马斯洛夫之后)把 вызубривать 和 высыпаться 这样的动词(因为这些动词的未完成体不能表示具体过程意义)和 споткнуться

[①] 也就是"渐进实现"动词(我们不把万德勒的 achievements[成就]类动词归入到有界 ПВ 中去)。

这样的"点状"动词一起归入到没有先前准备过程的事件类别,即"意外性事件"和"达到",或许应该分为真正的"意料之外的事"和那些要求先前过程的事件,哪怕该过程是用其他动词来表达的。

确实,许多"点事件"与一定的"过程"紧密地联系在一起,反之亦然(尽管描写"事件"的动词和描写"过程"的动词并不是一个体对偶的成员)。例如,用动词искать描写的活动目的通常指向найти,所以用后一个动词描写的事件(也即"находка")可以理解为"поиск"过程(尽管没有"нахождение"过程,因为находить/найти不具有过程意义)的必然"界限"(结果,完成)。这可以解释动词находить/найти与表示事件延展期限的时间表述相搭配的可能性,换句话说,"点事件"述谓可以作为"渐进实现"述谓来解释:X нашел нужную справку в пять минут.

类似地,用 домчать, вызубривать/вызубрить, выучвать/выучить 或者 высыпаться/выспаться 这些动词描写的事件可以被看作是用 мчать, зубрить, учить, спать 这样的无界动词所表示的过程的结果。

因此,尽管所提到的这些动词属于"eventiva tantum[事件]"类别(对домчать 来说,一般无法构建一个未完成体形式,哪怕是假设的,而其他动词的未完成体形式不用于具体过程意义,试比较:* Тише, в соседней комнате высыпается Алеша;* Она сейчас как раз выучивает французкую азбуку;* Вот он сидит и вызубривает урок, ——马斯洛夫曾指出最后一个例子是异常的[1948:315]),但是它们全都可以出现在对于"渐进实现"动词而言的典型语境中:Я вас в три дня туда домчу... (Н. Некрасов); Я надеюсь, что за семь часов ты выспишься?; Он вызубрил урок за три часа.

Вы во сколько времени азбуку выучили? — В три урока. — А она в один (Ф. Достоевский).

可见,在相应类别的 ПВ 内部规定子类 resultativa tantum 之后,该类成对体不应该归入到"意外性事件"("达到")中去,而应该归入到"结果"中去。

动词 умирать/умереть, засыпать/заснуть 和一些类似动词的地位不是非常清楚。这些动词的未完成体用于具体情境的"非事件性"意义的可能(Маша у нас умирала, теперь ей легче; Смотри, мальчик совсем засыпает 等等)似乎表明,它们属于"渐进实现"述谓。但是这些动词又不能和表示"事件到来"期限的表述搭配在一起[不见得可以说:* Он умер за трое суток; ? Она умерла в полтора часа；? Я обычно принимаю снотворное и засыпаю примерно за полчаса；? Сколько времени занял(о) у тебя выигрыш (выигрывание) партии?]。正如我们所见，这些搭配的不可能性是"意外性事件"和"达到"类的特点。

在文献中这类动词具有不同的解释。马斯洛夫把动词 умирать/умереть 和其他类似动词与诸如 писать/написать，пахать/вспахать，строить/построить，以及 дряхлеть/одряхлеть，бледнеть/побледнеть 这样的典型"渐进实现"动词合并在一起，把它们与表示向新性质"跳跃式"、"点状"过渡的动词（其语义"实质上仅限于指向'临界点'"[Маслов 1948：315]），即与我们的"意外性事件"动词对立起来。再比较一下，维日彼茨卡曾提出的对动词 умирать 的解释：Ян умирал = Ян последовательно проходил состояния этого ряда состояний, что если бы он прошел все состояния этого ряда, то умер бы(Ян连续地经过那种状态，一旦他经过这种状态中的所有状态，他就会死了)[Wierzbicka 1967]，不过，作者在后来的著作中对此又予以否认。相反，万德勒把 to die, to win (a race) 这些和此处所分析的俄语动词相对应的英语动词都无条件地归入到"成就"类[Vendler 1967]，而没有考虑 he is dying, he is winning the race 这些结构的可能性(至于可以与"期限"副词表述相搭配这个标准，在英语中不能作为"achievements"[成就]和"accomplishments"[完成]的区分标准，所以在英语里，针对 to die 'умереть' 这类动词对"渐进实现"动词的归属性，一般来说，比在俄语中要少一些形式障碍）。

在这种情况下，正如我们方才所见，在可以两者择一解释的情况下，如何调和不同标准的矛盾标记？一种可能的处理方法就是把所分析的这类动词词位中的每一个都区分成两个独立的语符：其一是在两种体的形式中都出现的具有"事件性意义"的语符：умирать/умереть，засыпать/заснуть，побеждать/победить，проигрывать/проиграть 等等；其二是具有"评价－静态意义"的语符，属于 imperfectiva tantum[未完成]类，表示状态，该状态在说话人看来与可以用相应事件来替换的状态近似（例如，СЯП 的编者基本上就是这样操作的，一方面把动词 умирать 解释为 умереть "перестать жить"的未完成体，另一方面，又把 "находиться при смерти, в тяжелом физическом состоянии" 作为其独立意义分离出来）。умирать/умереть，засыпать/заснуть，побеждать/победить 等具有事件性意义的语符这时就可以归入到"意外性事件"动词中去，所以已无必要专门解释它们不能与"期限"副词搭配的原因。

拒绝把这类动词解释为"渐进实现"动词的语义观点一般来说似乎是站得住脚的,因为同"发展过程"(活动)意义和典型的"渐进实现"动词不同体形式的结果意义的涵义对应关系相比,这些动词的"非事件性"意义与事件性意义的涵义对应关系是不一样的。的确,Он умирает 指的不是"он (постепенно) перестает жить или находиться в процессе постепенного ('поступательного') приближения к смерти"或者"становится все более и более мертвым или умершим"(试比较,[Wierzbicka 1980: 202]提出的英语 to die 在英语将来时和"改变语义"分析中的解释),就像 Мальчик совсем засыпает 一样,可见,报道的不是"засыпание мальчика"(小孩入睡)的渐进过程,也不是他变得"все более и более спящим"(越来越睡着的),而是他的睡眠状态,指的是把熟睡看成是事件,但该事件仍被理解为从不睡状态向睡眠状态的跳跃式过渡。类似地,观看一盘象棋时,可以说:Саша проигрывает(萨沙要输了), —— 但是这并不意味着,Саша 处于过程中,该过程的必然结果就是输掉棋局;多半是说话人对这盘棋局最可能的结果所做的某种预测(是关于 Саша 失败或其对手胜利所引起的"点"事件、"意外性事件",而不是 Саша 所做的可被称为"проигрывание"的准备活动)。

我们要注意到它们与表示所描写状态和相应事件的近似程度的副词(совсем, совершенно, почти 等等)相搭配的可能性,这是我们所分析的这类使用的典型特征。试比较:Мальчик совершенно (почти, буквально) засыпал; Он уже совсем (почти) проигрывал, но неожиданный зевок противника позволил свести партию вничью; Он буквально (совсем) умирал, но это лекарство спасло его 等等。这类副词不能与表示发展过程(活动)的有界动词的未完成体形式搭配:* Он совсем писал письмо; * Она совершенно пришивала пуговицу; * Она буквально поджаривала мясо; * Он почти читает эту книгу。能否同阶段性动词 кончить, завершить 搭配这个标准(在与完成体对应形式同义的结构中:Он кончил писать диссертацию → Он написал диссертацию)还可以把这类动词和"渐进实现"动词区别开。Он наконец кончил выигрывать —/→ Он наконец выиграл. Ну ты, наконец кончил проигрывать Саше? 这个问题也不是指具体的失败("输的成功完成"),而确切地说可能是在相反的(而且,一般来说)意义上来理解[= "Не стал ли ты наконец играть не хуже Саши?"(你终于开始比萨沙玩得好了)]。Кончил ли умирать ваш дедушка? 这个问题在"Умер ли Ваш дедушка"的意义上不仅在道德方面，而且在纯语法方面也是不得体的说法（如果无论如何要给出一种解释，那么只能是表示与"Стало ли лучше вашему дедушке"近似的问话）。

因此，我们倾向于认为 умирать/умереть 这类动词不是"有界"动词。

可控性特征无疑具有体学上的重要意义，其作用并非在所有情况下都是显而易见的。譬如，限定意义与（＋动态）、（＋控制）这些意义成分搭配起来更加自由。在派生动词结构中至少存在其中一个意义是带限定词缀 по- 派生词得以形成的必需条件。在这种情况下，（＋控制）意义似乎是限定意义最必不可少的"伴随物"。因此，постоять, посидеть, полежать 这些具有（－动态）、（＋控制）意义的派生词被广泛使用。另一方面，试比较，在前面所列举的出自于《鲍里斯·戈杜诺夫》的例子中的派生词 повоет, поплачет 是完全正常的，而像 Буря повоет и перестанет（尽管，众所周知，буря 不仅可以"выть"，而且在隐喻用法中，还可以"плакать как дить"）这样的搭配就有点奇怪。在诸如 Дождь покапал и прошел 或 Прыщ и тот сначала почешется, а уж потом вскочит（谚语）这样的例子中，我们认为，可以感受到主体的某种施事性色彩。在Понравься, еще понравься!（М. Цветаева）这个例子中，受话人（所预期活动的主体）被赋予控制情境的能力。不过，Зуб поболел и перестал（＋动态）（－控制）这类使用是可以的，在这里看来却没有那种内涵。

在描写未完成体和完成体的对应关系时，应该对可控性特征予以注意：正如［Булыгина 1982：81］（见 I.1.2）所指出的那样，某些类别动词在非施事性语境中是"直接有效的"（在［Маслов 1948］的意义上），即表示"可实现性"意义，与它们以哪一种体的形式出现无关，而在施事性语境中，只有动词的完成体形式严格地蕴含某种活动的成功性意义，而未完成体形式除该意义外还可以表示旨在达到一定结果的活动意义和为获得成功而进行的尝试意义（包括不成功的）。譬如，在 X 是不具备意志因素的事物时，X пугает Y-а 与 Y боится X-а 这个句子的意义几乎是一样的。因此，可以说：Все пугают меня одиночеством, но я не боюсь одиночества（或者：... но меня не пугает одиночество），但是，这样说则是自相矛盾的：Меня пугает одиночество, но я не боюсь одиночество[①]。

[①] 即不能说：Меня пугало одиночетсво, но не исругало.

有赖于主体的施事性/非施事性的未完成体和完成体形式之间的语义关系具有不同的性质，这不仅表现在情感作用动词上，也表现在其他词汇组别的动词上。例如，像 кусать/укусить，будить/разбудить，давать/дать 这些与"达到述谓"近似的动词，在和主体——人搭配时，可以解释为"渐进实现"动词，因为在有目的性的活动语境中，这些（或这种）动词未完成体形式不仅能够表示"所达到的效果"意义，而且可以表示尝试意义（包括那些不成功的尝试）。因此，如果使役关系来自于非动物性的 X，那么 X будил Y-а 这类语句蕴含 Y разбудил X-а（就算只有一次），但是如果 X 是人，那么就可能不具有这种蕴含：По утрам его будили пароходные гудки（接下来不能说：* но разбудить его удавалось только отцу），但是试比较：По утрам его долго будила мать, но обычно приходилось звать на помощь отца: только он мог его разбудить. давать，дарить 这类动词在施事性语境中有时也可以和"дать"或"подарить"的不成功尝试有关（同 давать，дарить 与非人主体搭配时所具有的意义不同）。试比较：* Лекции профессора много давали аспирантам, но к сожалению, ничего не дали. 是奇怪的，但是可以说：Тебе дали билеты? —— Нет, мне давали, но я не взял.

还应该考虑到把属于某一个类别的动词的不同体形式间的语义关系按照另外一类动词不同体之间的关系那样来重新理解的可能性。试比较，出自于茨维塔耶娃诗歌的这个精致的例子，对"直接效果"动词体对偶 назвать/называть 按照"渐进实现"述谓的模式进行个别的重新范畴化。

> Люди на душу мою льстятся,
> Нежных имен у меня-святцы.
> ...
> Этот — орлицей, синицей — тот, —
> Всяк по иному меня зовет.
> ...
> Лягут со мною на вечный сон
> Нежные святцы моих имен.
> *Звали*—равно, *называли*—разно
> Все*называли*, никто *не назвал*

（第一个斜体动词是 Цветаева 所造）

因此，综上所述，我们同意马斯洛夫关于体的语义研究是可能的和重要的观点（从所分析动词的词汇语义特点，其实，就是从这些动词所表示的行为本身的某种客观特性可以推出动词体的意义和属性的具体特点，这就是体的语义研究）[Маслов 1948/1984：65]，并且我们认为，相应的关系值得进一步研究。

第二章　从体学角度看心智述谓

1. 引言

属于心智述谓的动词是一个完全不同质的类别。它们可以表示某种心智状态（знать，верить，полагать），表示通常旨在获得某种知识的思维活动（размышлять，обдумывать），表示由于先前的活动突然茅塞顿开而产生的某种心智状态（узнать，догадываться，понять）。

心智述谓的语义区别与体的意义按照特定的方式相互作用。因此，看起来，体学特性的深入研究可以阐明心智述谓的语义。特别是，属于同一个体对偶的心智动词彼此之间可能的对应关系问题值得予以特别关注。

我们简略地阐述一下我们的体学理念。按照马斯洛夫1948年在其著名文章中提出来的标准，如果未完成体动词可以用来表示相应的完成体动词所表示的那些事件，那么未完成体动词和完成体动词就是一个体对偶的成员。多次性、否定和历史现在时等语境是这种用法的判断语境。体现在这些语境中的未完成体成员与完成体成员之间的语义区别可以被称为"常规"语境（帕杜切娃的口头建议）。这样，"多次性"和"描写"意义等等都属于未完成体（НСВ）的常规意义。

在这些用法中，未完成体动词与其对应的完成体只具有常规的区别，与此同时，对于大多数动词来说，可能还有另外一些用法，在这些用法中体对偶的未完成体成员同相应的完成体成员以非常规的方式加以区别。而且，俄语中未完成体动词的这种非常规意义是多种多样的，并且对于不同动词来说是不同种类的，是彼此有别的[①]，因此，只指出完成体对应词，通常并不能得到关于这些动词语义的正确认识。譬如，动词 решать 是动词 решить 的未完成体对应词，除常

[①] 相应的，一个体对偶动词之间的语义对应关系的类型也是不同的。这种多样性在很大程度上（或许，特别是）成为心智动词特有的特点，因此，对体学本身而言，对它们的分析 sub specie aspectologiae 具有重要意义。还要注意到，在［Гловинская 1982］这本书中对体范畴和动词词汇语义特点有专门的论述，但是实际上却没怎么分析心智述谓。

规用法外（可以用 Он много раз решал бросить курить 这个句例来阐明,在这里 HCB 表示多次性意义）,还可以具有非常规的"尝试"意义（"пытаться решить"）,试比较：Они долго решали, кто поедет на конференцию, 这里 решали 指的是有目的性的活动,其结果应该是完成体对应词所表示的事件：Они наконец решили, кто поедет на конференцию。

在 понимать — понять 这个对偶中是另外一种对应关系：понимать 从来也不意味着"пытаться понять",未完成体动词（在具有常规用法的同时）反而可以表示完成体动词所表示的那种事件的结果。понять 意思是"уяснить смысл"[弄明白含义],而 понимать 是 понять 的未完成体（也就是说,显而易见,"уяснять смысл"?）这种解释可能会造成关于这些动词的语义对应关系的歪曲认识。

Догадаться — "по каким-либо приметам прийти к правильному выводу",而 догадываться — "HCB к догадаться"（也就是说,显然,"приходить к правильному выводу"?）这样的解释也会把人带入歧途。实际上,догадаться 要求主体已获得可靠的知识,而 догадываться（在非常规使用时）只是做出一个可能的推测,即某种假设（详见后面）。

在大多数情况下,体对偶的未完成体成员可能具有的非常规意义应该可以从相应的体学情境特点中区分出来。但是应该指出,通常那种可以从词典中获得的关于体学情境的认识是明显不够的。因此,常见的词典学做法是只对体对偶的一个成员做出详尽的解释,而对另一个成员,词典只限于指出其体的对应词（догадываться — несов. к догадаться, понимать — несов. к понять 等等）,应该承认这是无法令人满意的。

简单参见体的对应词是不够的,这是因为,在非常规使用下,一个体对偶的两个成员常常用不同的语义－语法特征来描述：与动词体学特点相关的是动词与某类从属述谓关系的搭配能力；从句意义,特别是当从句是间接疑问句时,可能与支配动词的体有关[Булыгина, Шмелев 1988]（见 V.1）；体对偶的两个成员可以在事实性、蕴含性等方面有所不同。参见式解释造成一种错觉,好像一个对偶成员的所有类似特性都是完全相同的。

与命令式（带否定词和不带否定词的）搭配时,完成体（CB）和 HCB 心智述谓的挑剔行为具有重要意义。譬如,我们说 пойми, что...,而不说 * понимай, что...（但是对 как это понять? 这个问题的回答更自然的是 понимай[而不是

* пойми], как хочешь); считай, что..., 而不是 * сочти, что...（尽管带否定词的 не сочтите, что... 是可以的）; верь, что... 和 поверь, что..., 但是只能说 не верь, что...，这里应该注意的是，在包含否定词的命令式中选择 СВ 还是 НСВ 取决于主体对相应情境的可控性/不可控性［Булыгина 1980］（见Ⅰ.1.1）。因此，从该角度对心智述谓进行分析可以起到测试作用，从而确定某种"心智情境"是可控的，还是不可控的。

在不包含否定词的情况下，在命令式中选择 СВ 还是 НСВ 整体上服从体形式在命令式①中的一般使用规则。譬如，在祈使具体的、单个的"行为"，且该行为与表达意愿的时刻相关联时，选择 СВ 形式；在祈使非一次性的，与表达意愿的时刻无具体关联的行为时，选择 НСВ：Вспомни, что у меня есть дети!；Вспоминай же, мой ангел, меня, Вспоминай хоть до первого снега（А. Ахматова）. 当"行为是情境本身所要求"时，实际上任何一个心智述谓的特点都是其 НСВ 命令式形式具有特殊的"准许"意义；可以认为，言语受话人准备自己独立"完成"该行为，而命令式形式表示"许可"、无异议或者"确定该行为的性质"：Думай, что хочешь; Как это понять? — Понимай, как знаешь（Понимай так, что...）; Выясняй где угодно 等等，试比较：Как он, хозяйка и Параша Проводят остальную ночь, Воображайте, воля ваша, Я не намерен Вам помочь（А. Пушкин）.

然而，体形式在命令式中具有一般使用规则的同时，心智述谓在命令式中的功能作用还具有自己的特点。这是因为，只有可控述谓命令式形式具有"通常"的祈使意义，因此该意义只是"活动性"心智动词所特有的，如решать（试比较，Решай, скорее...），выяснить 等等。需注意的是，大多数不可控述谓的命令式表示希求意义［Булыгина 1982］（见Ⅰ.1.2）。

心智述谓的特点在于，它们在命令式中表示复杂的语用意义。当言语受话人的心智状态受说话人控制，并且说话人通过该言语行为使受话人的心智领域发生变化时，要注意一种近似于施为句的用法：Пойми, что Р; Вспомни, что Р; Знай, что Р（因此，Знай, что Р ≈ "Каузирую тебя знать, что Р"［使你知道 Р］= "Сообщаю тебе, что Р"；Вспомни, что Р "Каузирую тебя вспомнить, что Р"［使你回想起 Р］= "Напоминаю тебе, что Р"［让你想到 Р］等等）。这些

---

① 参见什梅廖夫的文章对这些规则的描写：［Шмелев 1959：14—15］.

准施为用法在很大程度上是 CB 动词所具有的。我们看到,对许多述谓而言,这种用法的可能性受到受话人社会地位的制约。因此,当受话人的地位比说话人高时,不能使用 Знай(те), что Р; Пойми(те), что Р; Прими(те) к сведению, что Р 这些语句。

2. 具体述谓分析

вспоминать — вспомнить. 用动词 вспомнить 表示的事件既可以自发产生(以不可控的形式),也可以由特别的心智活动而产生①。这时在第一种情况下,НСВ вспоминать 只能具有常规用法: Тут я вдруг вспоминаю, что забыл дома выключить электрическую печку (Д. Хармс)——历史现在时; Вот и век доживаю, а всегда вспоминаю про нее, как гляжу в ту сторонку (А. Пушкин)——多次性。

乍看起来,下面这个例子里实现的是过程(即非常规的)意义: Но я молюсь и воздыхаю, крещусь, не внемлю Сатане, а все невольно вспоминаю, Давыдов, о твоем вине (А. Пушкин). 但是,实际上这里指的不是过程(更不是 невольно 一词所表示的心智活动),而是用细微间隔分散开的事件的"虚线"顺序性②。

НСВ вспоминать 在"不可控"意义上与 СВ вспомнить 的区别并不在于它们自身的搭配特性,两个动词都能够支配由连接词 что 引导的从句,而是在于当它们支配间接疑问句时,后者自身蕴含着未明确表达出来的肯定判断,并且接下来有可能会阐明: Я вспомнил, по какому поводу слегка увлажнена подушка. Мне снилось, что ко мне на проводы шли по лесу вы друг за дружкой (Б. Пастернак).

在可控的"вспоминание"行为下,НСВ вспоминать 可以具有非常规的"活动

---

① 相应的意义在 А. А. 扎莉兹尼娅克 [1977] 的词典中是不同的,该词典提供了下面的解释: 1) 某种东西在意识中非自愿性的恢复; 2) 在记忆里通过意志有意识努力的恢复。

② 同一系列分散事件相对应的关系在下面这个例子里特别明显: Весь вечер я вспоминал о предстоящем матче ≈ "о том, что предстоит матч" [关于即将开始的比赛]。而在 Весь вечер я вспоминал о вчерашнем матче (вспоминал подробности вчерашнего матча [回忆昨天比赛的细节]) 这个例子中,当"虚线"几乎转换为"实线"时(参见 I.1.1),НСВ вспоминал 可以具有近似于"предаваться воспоминаниям" [沉浸在回忆中] 的意义。然而在这种情况下,述谓 вспоминать 不具有过程(活动)意义。试比较,在这方面 * Весь вечер я вспоминал о вчерашней встрече, ни на секунду о ней не забывая 这个语句的自相矛盾性,如果关于见面的表像不间断地保存在记忆中,那么使用动词 помнить 是恰当的,而不是 вспоминать。

性"意义("стараться вспомнить"试比较，мучительно вспоминать)。动词 вспоминать 在"疑问性"意义上支配的间接问话是完全明确表达出来的命题态度的对象(即问话本身)，而在动词的该意义上，不能接由连接词 что 引导的说明从句(Я * мучительно/ * старательно вспоминал, что я здесь уже бывал)①.

所以，这里指的是依赖于主体有意识的努力的"вспоминание"行为，与命令式的准施为用法一起(Вспомни, что Р；再比较一下，科学文本中的典型用法，即用于该功能的 вспомним 这种形式)，在实质上的祈使意义上的使用也是非常普遍的：Вспомните, пожалуйста, когда вы его видели в последний раз. 除此以外，вспомнить 是指在记忆中恢复里面已经不存在的东西(在这种情况下，回想起来的事件本身可能与将来有关：Он вспомнил, что завтра придет X)。因此，例如，成功的"вспоминание"比"понимание"要更容易预见到。试比较：Зачем же это я звал — не помню! Поди пока к тебе, а я вспомню(И. Гончаров)；但是：* Зачем он это сделал — не понимаю. Поди пока к себе, * а я пойду 是异常的(应该是：а я постараюсь это понять 或 я подумаю)。

Решать — решить. 如前所述，该体对偶中第一个成员可以表示有目的性的活动，作为完成体成员所示的事件的结果。但是，这种在间接问话语境中自然产生的非常规意义(试比较：Они долго решали, кто поедет на конференцию)在动词 решать 支配连接词 что 引导的说明从句或不定式时(异常的：* Они долго решали послать на конференцию Петрова；试比较：решили, что поедет Петров；решили послать Петрова)却无法实现。换句话说，решать 与 что Р 这种形式的从句或不定式搭配时，只能具有常规意义(试比较：Каждый раз они решали, что поедет Петров；Неожиданно они решают послать Петрова)，而不能具有活动性意义。

该搭配限制使 решать — решить (что Р)这个对偶与 выпивать — выпить (три чашки кофе), пробегать — пробежать (два километра)这类对偶近似，它们的未完成体成员也不能用于现实－持续性意义[试比较 Wierzbicka 1967]。或许，该特点可以用相似的语义原因来解释：在这两种情况下，相应的情境就其本身而言都只能被看作是 post factum[过去的事实]；换句话说，它们不能从内部进行"非整体性"分析(如果不是指未完成体在常规使用中产生的内部终点性

---

① 详见 V.1.

这种特殊的补充性意义，例如，在历史现在时或不定多次的语境中）。

сочинять — сочинить симфонию, строить — построить дом 这类对偶具有另外一些特性。譬如，创作交响乐的过程就其本身而言可以被看成是那种其自然终结点之前的过程。问题在于，创作交响乐的过程（而不仅仅是结果）本身在性质上就与创作流行小调、浪漫曲的过程不同。相反，性质上不同的、具体的决定（решить, что поедет Петров; решить, что поедет Сидоров 等等）是同一种活动的结果。如果交响乐创作过程的结果在某种程度上是被预先确定的，那么对构成"решание"实质的不同可能性的心理（或者口头的）讨论，反而只有在事先不知道具体决定的情况下才具有意义。

到目前为止，我们谈论的都是关于 решать — решить 在决定行为方面的使用，通常，在该行为之前都会有寻求决定的过程，哪怕只是短时间的。与此同时，решать — решить 还可以用来表示那种非自愿产生的思想（在这种情况下，решить, что P ≈ подумать, что P），而不是自愿的行为，试比较：В тебе ведь недостатков нет, А добродетельность исконна. Нарисовал я твой портрет. А все решили, что икона.

如果说，在意指将来的事件时，体对偶 решать — решить 更经常用于第一个意义，那么第二种意义则表示判断、推理，通常是关于已经发生的事情。与 понять 不同，动词 решить 的该意义不具有 P 为真的预设。试比较：Сначала я решил..., но是? Сначала я понял... 则令人怀疑；当 P 为真时，Я сразу понял, что P 比 ?Я сразу решил, что P 要好得多。

可控和不可控"решание"的这两种意义在现有的详解词典中未作区分。同时动词 решать 在"不可控"意义上只具有 HCB 的常规意义，并且不能接间接问话（同相应的 CB 一样），即与"可控"的 HCB решать 相比，具有与之直接对立的特性。

这样就在"可控"和"不可控"意义上表现出语法区别和搭配区别。

понимать — понять. 这两个动词构成不容置疑的体对偶①。понимать 具有常规用法，即可以表示动词 понять 所表示的那种（那些）事件：Внезапно я понимаю всю нелепость своего положени（历史现在时）; Он обычно сразу же понимает, что от него требуется（多次性）。

---

① 不过，不是所有的辞典都对此认同，例如，在 СУ 中 понимать 和 понять 在其各自的所有意义上都按照独立的、体方面互不对应的词位来解释。

除此以外，понимать 与 понять 的区别在于其非常规用法，即 понимать 不是表示事件性意义，而是表示静态意义（表示一定的心智状态）。如前所述，体对偶 понимать — понять 的未完成体和完成体之间的对应关系与体对偶 решать — решить 之间的对应关系相反：如果 X решил этот вопрос 这种情境在 t_1 时刻发生，就可以排除 X решает этот вопрос 这种情境在 t_2 时刻的存在（t_1 直接在 t_2 的前面），那么 X понял, что P 这种情境在 t_1 时刻发生，反而要求 X понимает, что P 这种情境在 t_2 时刻的存在。但是我们注意到，事件 понять 总是指从不知道（"不理解"）到知道（"理解"）的过渡，而动词 понимать 所描写的状态却不一定要求有先前"不理解"①的状态。同时与单纯知悉（用述谓 знать 描写的）的纯静止（消极）状态不同，该状态的存在要归功于外部信息来源，"понимание"状态要求主体自身的智力活动，其智力发展（分析思维能力）达到一定的水平②。试比较，例如：Я понимаю, что трудно не обижаться, когда вас бьют по лицу, суют за ворот снег, толкают в сугроб, но ведь буря это делает без всякой злобы, нечаянно (Е. Шварц). 可见，主体可能"知晓"的对象范围，比他可以"理解"的对象范围大得多，这一事实恰恰是和后一种情况相关联。因此，可以说 знать（而不是 понимать）имя, адрес, место, маршрут, размер, рост, телефон 等等，以及唯内涵对象，诸如 цель, мотивы, причину, движущую силу, способ, смысл 等等，而主体不仅可以 знать，还可以 понимать。相应的，述谓 понимать（当然，指的是其静态意义）支配间接问话的能力有限。试比较：Я знаю/понимаю, зачем, почему, как, по какой причине, с какой целью он это сделал, но Я знаю（﹡понимаю）, как его зовут, где он живёт, куда они уехали, какого он роста 等等。

而且有意思的是，понимать — понять 这一体对偶的完成体与不同类型的间接疑问从句搭配要比未完成体自由得多。试比较：Я понял, где он прячет деньги; Она поняла, кто это вчера звонил; Он... понял, чьим он золотом платил за свой ночлег (Л. Мартынов), 如果脱离特殊的语境条件，下面这些语

---

① 这是静态述谓的共同特性：它们描写与状态的开始和结束无关的状态。

② "понимание"和"знание"的这一语义区别特别表现在，动词 понимать 用于绝对化结构来表示具备相应心智状态的能力这个意义，而 знать 不能用于这种结构。试比较，例如：У нас есть сын. Ты редко его видишь, а я вчера была у Галчихи. Ведь он уж понимать начинает. Ласкается ко мне, мамой, мамочкой зовёт (А. Островский).

句是令人怀疑的：⁷Я（прекрасно）понимаю, где он прячет деньги; ⁷Она （хорошо）понимает, кто это вчера звонил; ⁷Он（великолепно）понимает, чьим он золотом платил за свой ночлег.

看起来，这种搭配区别或许可以用前面指出的述谓 понимать — понять 在语义结构上的区别来加以解释：因为事件 понять（而不是状态 понимать）与先前不知道的状态直接紧密相联系，可以认为，该述谓继承了"疑问性"述谓的特性，特别是在与间接问话的搭配能力方面［Булыгина, Шмелев 1988］（参见 V.1）。这种解释的近乎合理性得到证实，这是因为当该对偶的未完成体在表示"不理解"状态被"理解"状态所取代的语境中使用时，它与间接问话的搭配能力也相应地得到扩展①。试比较：А, теперь я понимаю, где он спрятал деньги!; Ну, теперь я понимаю, кто мне вчера звонил!; Ну наконец-то ты понимаешь, куда они поехали 等等。

在命令式中 СВ пойми 作为施为成分来使用：Пойми, что Р ≈ "认为 Р 可以对你的行为或思维方式产生影响，并且看起来，你不知道 Р 或者对 Р 评价得不够，我坚持对你说 Р"。这类语句不能"自下向上"使用。

догадываться — догадаться. 如前所述，在辞典中 догадываться 经常只是被解释为"догадаться"的未完成体。除常规意义以外（试比较，例如，历史现在时：И тут я внезапно догадываюсь...），动词 догадываться 还具有十分独特的非常规意义。它不能表示有目的性的活动，即 догадаться 的尝试（像体对偶 решать—решить, отгадывать—отгадать 那样）。因此，下面这个例子中不可以用 стараются догадаться 对 догадываются 进行同义替换：Гости по этим взглядам стараются догадаться, кого или чего еще ждут, важного

---

① 当然，在动词 понимать 与否定词搭配这方面也是正确的，否定词把肯定判断变成疑问：Я совершенно не понимаю（ума не приложу）, где он спрятал деньги; Я решительно не понимаю, кто мне вчера звонил.

родственника или кушанья, которое еще не поспело (Л. Толстой)①.

另一方面，догадываться 不能表示主体猜测（догадался）之后产生的心智状态（就像体对偶 понимать — понять 那样）：после того как X догадался, он уже не догадывается, а знает（在主体猜测之后，他就不是在猜了，而是知道了）。

X догадался, что P 和 X дагадывается, что P 这两种心智情境的一个最重要区别在于，如前所述，在第一种情况下，心智状态近似于可靠的知晓，在第二种情况下，只不过是个假设。догадываться 和 лишь, только, смутно 这些词的搭配是很典型的，试比较：Можно лишь догадываться, Петя понимал, что дело это политическое, но в чем оно заключается, мог только смутно догадываться (В. Катаев)②. догадываться 总是要求以缺少确切的知识为前提，试比较：Разумеется, дедушка... кое о чем догадывался. Но все же, чтобы помочь человеку, надо бы знать побольше (В. Катаев)③. 另一方面，在这样的语境中实际上是不用 догадаться 的，对它而言，和 легко, без труда 搭配是更典型的（试比较，陀思妥耶夫斯基的句子：Я без труда догадалась, что мне многое запрещают). 在这种情况下，无论是 догадаться, 还是 догадываться, 都属于事实性述谓。换句话说，在这些动词接说明从句（带连接词 что）的所有情况下，说话人都处于知晓的心智状态，从句的命题内容都为真。因此 X догадывается, что P 这种形式的语句表示对 P 的两种不同态度：X 只是推测 P, 而说话人确实

---

① догадываться 在下面普希金的这个例子中用于"пытаться догадаться"[尝试猜到]意义，看起来，不是完全符合现代规范的：Я... теперь догадываюсь (= "обдумываю"[深思熟虑]), кому Николай Иванович думал погрозить мизинчиком Фаддея Венедиктовича. В самом деле, к кому может отнестись это затейливое выражение? Кто наши записные рецензенты? Вы, г. издатель «Телескопа»?...Г-н Полевой? ...Г-н Воейков?...Г-н Сомов?...Кого же оцарапал сей мизинец? 这种用法可以归入到述谓的特殊的重新范畴化中，在这种情况下，与自身的整体性特点相反，其行为如同"渐进实现"述谓一样，试比较 I.1.2 和 II.2.1 中在这方面所举的例子：Так много всего я видела, а что увидела? (Н. Ильина); Кусали, да не укусили (В. Распутин); Колумб был счастлив не тогда, когда открыл Америку, а когда открывал ее (Ф. Достоевский).
② 该例和下一个例子均来自于 ЛО ИЯ АН СССР 的卡片索引。
③ 我们注意到，用述谓 догадываться 描写的命题态度的对象是完全确定的，即使它由"间接疑问"从句来表示，即未明确表达出来时，也是如此。必要时可以用肯定判断的形式来表述（即间接疑问从句可以转换为说明从句）。在这方面，述谓 догадываться (кто поедет в Ленинград) 就在根本上与 решать (кто поедет в Ленинград) 这类"疑问性"述谓不同，并且反而与 сочинять симфонию (строить дом) 这类述谓相似：命题 P（是 догадываться, что P 这种心智状态的对象）可以不为真，而交响乐（房子）在创作（建造）过程中还不存在，但是在这两种情况下，相应对象的理想存在是必要的（在 догадываться 时，关于 P 为真的某种假设是存在的，在 сочиняя симфонию 或 строить дом 时，有现成的交响乐形式或是房屋设计图）。

知道 P 为真。当说话人 X 处于过去的某一时刻时(即当语句是 Я догадывался, что P 这种形式时),同样的情境也会出现:在正常的交际条件下对语句的解释是,说话人在过去曾推测 P,但在说话时刻之前已确定其推测为真。

当命题态度主体与说话人完全一致时,就是当语句是？Я догадываюсь, что P 这种形式时,情况略有不同。在这种情境下,对内容 P 的两种不同态度相互矛盾。应该注意到,(可能,正是由于所指出的这种矛盾) Я догадываюсь, что P 这种形式的语句是相当罕见的,并且常常被理解成异常的或者处于规范的边缘。然而,在某些情境中它们还是可以使用的(更常用的是无连接词的形式,即 догадываюсь: P!),并且表示,说话人告知:"我认为我猜 P 是正确的,尽管没有充分的理由"。试比较:Письмо твое... я получил сего 20 июня и заранее догадываюсь, что дело должно быть важное (Н. Гоголь).

当动词 догадаться 和 догадываться 接间接问话时(例如,Петя догадался, кто разбил окно),情况与此类似。尽管这里说话人不想告知或者不知道, "догадка"(猜测)实质上是什么,但是他让人明白,要把这种猜测当作是正确的。然而在命题态度主体与说话人一致的情况下,事实性程度就减弱了。在对猜测的正确性没有百分百把握的情境下,也可能说出 Я догадался, кто разбил окно 这个语句。在与情记标记搭配时,事实性的部分丧失尤为明显。在 Я, кажется, догадался, кто это сделал 这个语句中,кажется 这个词恰恰是表示说话人不确信猜测的正确性(试比较,*Я, кажется, догадался, что это сделал Ваня 的异常)①。至于述谓 догадываюсь,当它接间接问话时,绝对不是事实性的。试比较:Я (кажется) догадываюсь (我有一个推测), кто это сделал. 所罗列的这些事实让人怀疑万德勒[1987]关于事实性与其支配间接问话的能力之间存在直接关系的这个假说(详见Ⅴ.1)是否完全正确。

名词 догадка 就是并不一定为真的假设和推测,正好与动词 догадаться, 特别是 догадываться 的非事实性用法相对应。догадка 与 отгадка 的区别就在于此。可以 теряться в догадках, 但是任何人任何时候也不会 * теряться в отгадках, 所以在众多的 догадка 中只能有一个正确的,就是 отгадка.

---

① 当命题态度主体与说话人不一致时,不确信既可能与猜测的正确性有关,也可能和"猜测"本身是否存在有关,试比较:Петя, кажется, догадался, кто разбил окно. 诚然,Петя, кажется, догадался, что окно разбил Ваня 这个语句可以理解为单义:说话人知道是 Ваня 打碎了玻璃,但是不确信 Петя 猜没猜到。

就像大多数心智述谓一样，体对偶 догадываться — догадаться 在命令式中发生位移。догадывайся 形式一般不用于祈使功能；至于 догадайся 形式，(与其他大多数动词的 CB 命令式形式不同) 它无论如何也不会要求说话人对结果感兴趣。догадайся 形式多半是表示"попытайся догадаться"，并且常常在说话人有意使对话人感到惊讶，并且在非常肯定地认为对方猜不到的情况下使用。

верить—поверить. 乍看起来，该体对偶成员之间的对应关系与体对偶 понимать — понять 成员之间的对应关系近似。如果 X верит, что P，那么就表示 X поверил, что P. 体对偶的未完成体可以表示由完成体所表示的事件结果而产生的心智状态。然而在使用动词 верить 时，重要的是说话人如何评价 P（对于动词 поверить，这样的评价则不起作用）。

М. Г. 谢列兹尼奥夫[1988]指出，верить 第一人称现在时 (верю, что P) 的使用本身具有"宏大的乐观主义"印迹 (P 是某种好的东西，特别要补充一下，当与将来有关时)，而第三人称或过去时的使用，则带有"高傲地蔑视别人的错误认识"这种印迹。在否定词存在的情况下，верю 形式的情态评价因素得以保留。在这种情况下它具有双重意义：не верю, что (бы) P 或者表示"不想相信"（当 P 是某种不好的东西时），或者表示"想相信，但是……"（当 P 是某种好的东西）。

前面指出的 верить — поверить 的区别也表现在命令式中。верь 形式最常见用法是作为对"宏大的乐观主义"的号召 (Товарищ, верь: взойдет она...)，而 поверь 只是祈使赞同所述观点，试比较：Поверь（而不是 Верь), что у нас ничего не выйдет, не стоит и браться за дело (试比较：[Шмелев 1988])。

在否定词存在的情况下，使用 HCB 形式——не верь 是正常的。因此，语言把相信看作是一种可控的心智态度，人对自己相信的事情或东西要承担责任。当然，这与相信行为中人的意志的参与直接相关联。如前所述，верю 常常表示"想相信"，而 не верю 表示"不想相信"。相信（与知晓不同）与主体的自由选择关系可以导致即使在肯定知晓的情况下，也可能不相信（不想相信）：Хоть знаю, да не верю (Я. Княжкин)①.

думать—подумать. 动词 думать 与其体的对应词 подумать 具有常规的区别，例如，表示多次性意义（指一系列的事件）：Когда я думал, в чьих руках мы находимся, я приходил в ужас (А. Пушкин)，试比较：Как подумаю, в

---

① 关于这一点详见 V.2.

чьих руках мы находимся, прихожу в ужас（在这些例子中，间接问话隐含着肯定判断）；Всякий раз, когда я думаю о форме плана... 等等。但是 думать 更经常用于非常规意义,表示心智活动,试比较：Я думал уже в форме плана и как героя назову (А. Пушкин)（这里间接问话使命题态度的对象完全明确地表达出来；）Думали-думали, толковали-толковали и наконец решили (Н. Гоголь)；或者心智状态（Думаю, что P）。这后一个意义在很大程度上是独立的,并且在词典里表现为动词 думать（"считать, полагать"）的一个单独意义。相应的语符（支配由连接词 что 引导的说明从句,而不是由代词引导的。）在词典里作为 подумать 的一个特殊语符被划分出来。应该注意到,在该意义上动词 думать 和 подумать 的体对应关系实际上消失了（按照马斯洛夫的标准）：думать, что P 不能用作 подумать, что P 的常规对应词。

　　具有体对应关系的 думать 和 подумать 的意义与可控命题态度相一致,并且在否定命令式中,只有 HCB 形式（не думай）用于这些意义,这绝非偶然。与此同时,主体经常不能控制自己的看法,它们是不由自主地出现的（试比较,думаешь, что 这种表述）。因此 Не думай, что P 和 Не подумай, что P 同样都可以使用。如果在说话时刻存在可以导致受话人做出不正确结论"P"的状况或语句,那么在这种情况下使用 Не подумай 形式,因为说话人力求防止产生不正确的理解（试比较：Не подумай, что я его боюсь, просто я не хочу с ним связываться；Не подумай, что я вам льщу, но... 等等）。

　　узнавать—узнать. 在该体对偶中未完成体成员更经常用于常规意义：Вчера, своротя на проселочную дорогу к Ярополъцу, узнаю́ с удовольствием, что проеду мимо Вульфовых поместий (А. Пушкин)（历史现在时）；... Мужья всегда последние в городе узнаю́т про жен своих (А. Пушкин)（不定多次性）。与具有产生心智状态意义的许多其他动词不同,在该体对偶中,未完成体不能用来表示相应的心智状态：如果 понять ≈ "начать понимать", осознать ≈ "начать осознавать", признать ≈ "начать признавать", 那么 узнать 不是 "начать узнавать", 而是 "начать знать"（знать, 根据马斯洛夫的标准,以及大多数体学研究者的直觉,不是 узнать 的体对应词）。动词 узнавать 在 С каждым днем я узнавал все больше (все новые подробности) об этом деле 这个语句中的用法也应该归入到常规用法中。这里指的是过程（心智活动）,而不是事件的连续性。

在信息的获得不受主体①控制的情况下,动词 узнавать 一般不能具有非常规意义(因此 узнавать от Y-a 不用于现实－持续性意义[Апресян 1978:137])。而如果信息的获得受主体控制,那么 узнавать 就可以用于有目的性的活动这种意义,试比较:Он долго узнавал(＝"пытался узнать"), когда придет поезд. 但是,узнавать 在该意义上的使用是非常受限制的。不言而喻,这种用法通常不能出现在说明从句的语境中(＊узнавать, что P), ＊Он долго узнавал у проводника, что поезд пойдет в два часа 这个语句表现为两个语句的"交叉错合":Он долго узнавал("疑问性") у проводника, когда пойдет поезд 和 Он узнал("肯定判断"), что поезд пойдет в два часа.

除此以外,应该指出,узнавать 不是表示任意一个旨在获得信息的活动,而只是表示那些通过打听、询问而获得的信息。谈论以研究 X 的物质属性为目的来进行实验的学者时不能说:＊Ученый сейчас узнаёт, каковы свойства вещества X. 异常的句子:＊В настоящий момент она в экспедиции — узнаёт, существует ли снежный человек; ＊Не мешай: я узнаю по радио, какая будет погода. 或许,动词 узнавать 的"活动性"涵义应该被看作是体对偶 узнавать — узнать 的特殊意义("наводить/навести справки"),试比较,在 ССРЯ 中提取出来的特殊的同义系列 спросить, справиться, осведомиться, узнать(在带 спросить 这个标题词的词条中),与 узнать, разузнать, проведать, разведать...; узнать, определить, распознать, угадать...; узнать, признать, распознать, опознать...(在带 узнать 这个标题词的词条中)这一同义系列不同。正是在给定的前一种意义上(≈"спросить, справиться, осведомиться") узнать 可以自然地用在命令式中:Узнай, когда отходит поезд(узнавай 形式可以在多次或者"准许"意义上使用:Узнавай, где хочешь;在否定词存在时,也选择这种形式,因为相应的行为是可控的)。在近似于施为成分的意义上使用 СВ 的命令式形式:Узнай, что P,"通知你"(就是说＜使你得知＞P)是旧的用法:Узнай, Руслан: твой оскорбитель — волшебник страшный Черномор. 在现代语言中动词 знать 更经常用于这种功能:Знай, что P ≈"以为你不知道 P,并且想要强调,P 对于你并不是无关紧要的,我通知你 P"。在这种准施为用法中给

---

① "可控的"和"不可控的"узнавать — узнать 的形式区别是,在前一种情形下使用前置词 у,在后一种情况下使用 от 来表示信息的来源(参见:[Апресян 1978])。

узнай 和 знай 加上否定词会造成"语旨自杀"：* Не знай（* Не узнай），что P.

为了便于比较,我们顺便提一下体对偶 обнаружить — обнаруживать 和 открыть — открывать（在其"心智"意义上）。这些体对偶的未完成体,在语义上与所分析过的 узнать — узнавать 近似,但却不能表示有目的性的活动这个意义,其 НСВ 只能用于常规意义。Мы постепенно обнаруживали все новые аспектологические особенности ментальных предикатов; Гений с одного взгляда открывает истину（А. Пушкин）这类语句中,обнаруживали, открывает 这些形式不是表示过程,而是表示一系列事件。

3. 简要结论

对心智述谓体学特性的分析表明,主要的、本来意义上的不同体的区别(把体作为语法范畴来描述),即同一情境(所提到的前瞻性上的区别除外)"整体性"和"非整体性"分析的区别,在该领域仍起作用。"整体性"意义是 СВ 动词所固有的,这些动词描写"从外面"分析的事件,即某种心智状态的开始和结束。

"非整体性"的语法意义是所有动词所具有的,参与体对应关系的 НСВ 动词也不例外,该意义表现在事件的不定多次性意义,以及在用历史现在时描写事件时产生的特殊的"表现力"使用上。由于该意义的"常规性"(就是绝对的共性),它们可能在词典里无特别标注,只是限于参见相应的 СВ 语符。

但是,除此以外,许多参与体对立的心智述谓除了具有所谓的体的"常规"意义以外,还具有"心智活动"或"心智状态"意义,并且以不同的方式与其完成体对应词的事件性意义密不可分地相对应(对于 imperfectiva tantum[未完成类],按照不表示体的"常规"意义这一定义,心智活动或心智状态意义是唯一的)。

尽管根据相应述谓的语义分类,表达"补充的"体学意义的能力经常可以被预见到,但是在词典中对它们做出专门解释仍然是适宜的。

只有在以下情形中,或许可以只限于指出体的对应词(就像在大多数词典中所做的那样):

1) 存在清楚的规则,从而能够从动词的解释中推导出可能的非常规意义;

2) 对于每一个心智动词,我们都会有容许使用这些规则的、准确的词典解释;

目前离这两个条件的实现还很远。因此,词典里有关心智动词体学行为详细说明的缺失可以被视为词典词条不够完整,会歪曲对其语义的认识。

第三章 事件的证同性：本体论、体学、词典学

首先有必要对术语加以说明。术语"事件"在科学中（特别是语言学文献中）是在不同的意义上使用的［Freed 1979:25—46］。本章我们是在更宽泛和更狭隘的意义上使用这个术语的。在更宽泛的意义上，世界上所有发生的、进行的、出现的东西，都被称作事件。在这种理解下，事件与事实和命题相对立，后者是心智或情感领域的现象，是"命题态度"的对象。在更狭隘的意义上，事件是一种广义上的一些事件的变体（与过程和状态一起）。在本章的第一部分，术语"事件"是在更宽泛的意义上使用的，第二部分是在更狭隘的意义上使用的。

1. 单事件的时间定位与多事件的等同性问题

事件的本体论对于哲学、逻辑学、法学和语言学极其重要。同样的一些参数从不同角度来看同时都显得很重要，这样的情形很常见。譬如，可控性行为和不可控性行为的区分在哲学、伦理学或法学方面对责任问题的判定起作用；另一方面，对于许多语言规则的描写，尤其是对于俄语语法中的重要现象，该区分也是适宜的。

与事件的时空定位相关的问题引起逻辑学家和哲学家的关注。所谓的"现在时用于将来时意义"（Завтра она улетает в Прагу）的用法说明确定事件的时间界限这一问题本身具有语言学重要性。有时可以断言，这种形式的使用可能与说话人认为相应的事件就要发生的"信念"相关。但是，此处与"信念"无关。不管说话人对"Спартак"即将战胜"Динамо"多么有信心，他也不能用 * Завтра «Спартак» выигрывает у «Динамо» 这样的话来表示自己的这种信念；另一方面，缺乏信心并不会妨碍在下面的表达中使用现在时表示将来时意义，如：Я не уверен, но, кажется, она улетает завтра. 指出行为的"计划性"是所分析形式的使用条件，这也不太准确。在对生产计划作表述时就不能使用 В будущем году мы производим... 这种结构。

对这类语句真值的验证不是在将来,而是现在就可以实现,这一事实值得关注。为了检验 Завтра я читаю лекцию 这个语句的真值,不用等到明天,只要看一眼时间表就够了。Завтра я читаю лекцию, но думаю ее отменить 这个句子是不矛盾的。而 * Завтра я буду читать лекцию, но думаю ее отменить 这个句子则包含着明显的矛盾。由于上述原因,术语"现在时用于将来时意义"本身看起来并不是完全恰当的。这些句子中的现在时正是在"现在意义"上使用的。它们可以指将来的事件,对其的控制却在"现在"就已实施(已经决定了,或者买好了票等等)。正因为如此,正如前一章所述,在这种结构中只能使用可控述谓(Завтра мы слушаем оперу, 而不是 * Завтра мы слышим оперу)。这种用法,即用来表示预先计划好的事件,不仅对于现在时是可以的,而且对于过去时也一样,试比较:Этот самолет вылетал на Москву несколькими часами позже и летел более длинным путем (Ф. Искандер).

与事件的时间界限问题紧密相关的是事件的证同和描述问题。如果"投毒者"昨天偷偷在茶里掺了毒,疑似受害者今天喝了茶,没事,第二天死了,那么谋杀是在什么时候发生的?"Недогляди сторож, так поезд мог бы сойти с рельсов... Ты бы людей убил",在契诃夫的《凶犯》中对拧下铁轨螺母的人这样说。这里使用的是虚拟式,尽管所谈论的拧下螺母这个行为本身实际上已经发生。虚拟性不是针对行为完成的事实,而是对其的证同,即要把这一行为鉴定为谋杀,我们只要知道它的间接后果就足矣了[①]。换句话说,行为的本体特性常常没有直接给出,而只能根据间接后果得出。因为人不能知道所有的后果,所以我们只能大概地、约定性地鉴定某些行为,而实际上,只有上帝才能对它们判定。

2. 本体论和体学:对接点

在关于"行为逻辑"的逻辑研究中对事件的证同性问题相当关注。让逻辑

[①] 试比较,Г. Х. 冯·赖特的观点:"行为的(原因的)后果,在行为完成后,经过一段时间自然会表现出来。所以在行为完成时刻,可能并不清楚(不知道)这些(所有)后果中的哪些后果会出现。大街上 a 和 b 的汽车撞上了。在这之后受伤很重的 b 死了。医学鉴定为 b 因伤致死。诉讼案件的对象可能是,是否应该认为 a 撞上 b 是 b 的死因。只有这样分类时,才能公正地说,a 杀害了 b,a 撞上 b 的行为是谋杀。如果撞是这里所谈论的 a 行为的本质属性,那么才可以说该行为具有谋杀的性质,起初它是不具备这一性质的;另一方面,如果谋杀被认为是本质属性,那么可以说这一行为最初只不过就是撞"[Вригт 1986:265]。

学家感兴趣的特别是这样的问题,在哪些情况下,不同时间、不同地点发生的事件可以被认为是"同质的",或者是"一样的";在哪些情况下,包括各种各样个别行为的复杂事件可以用表示行为"结果"或"后果"的述谓来描写;没有完全实现的行为,也就是没有达到预期效果的(自然"界限"的)行为是否可以和描写成功完成的行为一样,用同一个语言表述来描写,例如,用同一动词词位的某种形式来描写［Вригт 1986；Anscombe 1957；Ackermann 1967；Boguslawski 1981；Bach 1986］。所有这些问题,毫无疑问都和语言学相关,尤其是对于解决一系列重要的语法(特别是对态和动词体的研究)和词汇语义(包括词典学)问题具有相当重要的意义。

根据前一章阐述过的事态本体论,所有现象(广义上的事件)分为静态的(状态)和动态的,而动态的又分为过程和(纯粹的)事件。俄语动词的体学体系结构是这样的,即未完成体动词可以表示状态(умирает от нетерпения, хворает, чего-то ждет),过程(горит, беседует с приятелем, долго пишет письмо)和事件(внезапно понимает, каждый день приходит),而完成体动词只用来表示事件。这里,实际上有必要提出两点保留条件。第一,借助于前缀по-,由"过程"动词构成的完成体动词表示"事件",该事件仅仅在于有相应过程的一定"份额"(试比较,погулять);第二,有时完成体动词也用来表示状态,该状态似乎是由相应的事件而产生的(Река раскинулась)。

撇开前面指出的这两种具有边缘性的特殊情况,可以说,在表示状态或过程时,对未完成体的选择是预先确定的,而只有在表示事件时才会出现"体的竞争",这时,选择未完成体动词是由于需要表达"非一次性"、"描写性"(所谓的历史现在时)意义和否定语境等造成的。成对的"竞争"动词称为体的对偶。这样,两个动词,即完成体和未完成体动词,归入到同一个体对偶的标准是它们表示同一事件的能力(精确到有/无所提到的"补充"意义:"描写性"、非一次性及其他)。事件性意义对于体对偶的未完成体是"常规的",因为在所有体对偶中都会碰到,无一例外,所以事件性意义的存在是将其归入体对偶的一个常规结果。除事件性意义以外,体对偶的未完成体可能还具有"非常规"意义,即过程和状态意义。例如,решать,毫无疑问是 решить 的体对应词(试比较,事件性意义用于历史现在时:Он легко решает первую задачу и приступает ко второй),具有过程－活动意义,其目的是相应的事件(试比较:Он долго решает задачу и наконец решает ее)。опаздывать 除具有使其归入到与опоздать 为一个体对偶的

"常规"意义外（试比较：Ты всегда опаздываешь на полчаса），还具有"行将到来"意义，其必然结果就是相应的事件（Кажется，мы опаздываем）。

未完成体非常规意义的类型可以作为述谓分类的基础。实际上马斯洛夫的著名分类正是这样建立起来的[1948]。最近万德勒根据英语材料在1957年提出的述谓分类在俄语动词体的研究中特别流行。

该分类的魅力在于，它是独立于体学观点本身而建立起来的，从而得以为各类述谓的体学行为特点找到本体论依据。正如Ⅰ.1.2中所述，万德勒的述谓分类和马斯洛夫提出的俄语体对偶分类具有惊人的相似性，这绝非偶然。

看来，这是因为万德勒的分类隐性地以现象分为事件、状态和过程这一基础性划分为依据，这也是我们力求证明的俄语体学体系的基础。如前所述，完成体和未完成体动词归属于同一个体对偶的标准是它们都可以用来表示同一事件的能力，而且属于体对偶的未完成体动词除具有"常规"（事件性）意义外，还具有"非常规"意义。相应地，所有述谓（和体对偶或非对偶动词是否与其相对应无关）可以分为"纯粹的"和"混合的"类型。"纯粹"类中包括那些在所有用法中都表示事件（eventiva tantum[事件类]，或万德勒的 achievements[成就]，像 прийти/приходить 或 найти/находить），状态（stativa tantum，或万德勒的 states，像 белеться）或过程（processiva tantum[过程]，或万德勒的 activities[活动]，像 гулять）的述谓。

在混合类中我们可以列举一些既能表示过程，又能表示该过程结果的述谓（像 решить/решать）。它们与万德勒的 accomplishments[完成]相符，这很容易得到证实。还可以指出其他一些万德勒没有注意到的"混合"类。其中包括 понять/понимать 这类述谓，它们既能够表示事件，又能够表示因该事件而产生的状态（万德勒把 understand 这类述谓归入到 states[状态]，但又指出，有时它们也能用于 achievement[成就]意义）。前面划分出来的 умереть/умирать，опоздать/опаздывать，выиграть/выигрывать 这类述谓，既能够表示事件，也能够表示"孕育着"这些事件的状态（万德勒无条件地把 die 这类述谓归入到事件性 achievements[成就]述谓中，显然没有注意到 be dying 这类"延续"形式的使用可能，这是真正的 achievements[成就]所没有的）。

可控性特征起着特殊作用。许多俄语述谓归入到不同的类别就是与它们表示可控性现象还是不可控性现象有关。譬如，如前所述（参见Ⅰ.1.2），可控的 разбудить/будить 属于 accomplishments[完成]类，而不可控的，则属于

achievements[成就]类。

实际上,我们考虑到上述原因才建立起前一章提出的述谓分类。特别是,"渐进实现"述谓(≈accomplishments)是混合类(其他一些混合类在Ⅰ.2.1和Ⅰ.2.2中有所描写)这个事实在[Булыгина 1982](参见Ⅰ.1.2)的图表中有所反映。

很清楚的是,根据体对偶的类型,可以预测究竟哪些非常规意义是该对偶未完成体所具有的。譬如,在符合渐进实现述谓的(万德勒的 accomplishments)体对偶中,就像 решить — решать,未完成体动词具有过程意义,其结果应该是完成体(以及未完成体在常规意义上)所表示的事件。在那些符合事件的(万德勒的 achievements)体对偶中,如 прийти/приходить,除了常规意义之外,未完成体不具有任何其他意义。与万德勒的 states 相符的体对偶,其未完成体可以具有由完成体所表示的事件而产生的状态意义。这样,понимать 可以和 понять 一样表示事件(внезапно я понимаю...),所以 понять — понимать 是体对偶。但同时 понимать 还可以表示结果性状态(после того как некто понял, как найти решение, он понимает, как найти решение)。像 опоздать — опаздывать,умереть — умирать,выиграть — выигрывать 这样的对偶构成了体对偶的特殊类("行将到来的"):这些对偶的常规意义与潜在的可预测事件相符合,而非常规意义与为预测提供理由的先前状态相符合。

也可以对体对偶进行更细化的分类(可以提及,例如,与"渐进实现"述谓毗邻的"渐进改变"述谓,像 увеличиться — увеличиваться)。但是,在所有类似的情况下,体对偶中常规意义与非常规意义的对应关系是有规律的,并且原则上可以在某些一般规则的基础上由述谓的语义推导得出。同时,还有一些体对偶,其未完成体的非常规意义是极具特色的。譬如,догадываться 除具有证明该动词是 догадаться 的对偶的常规意义之外,还具有表示心智状态的非常规意义,该意义包括表示主体犹豫不决的补充语义元素(关于该体对偶和其他一些心智述谓的语义和体学特点在前一章有详细分析)。

未完成体在常规意义上的语法属性,通常就是其完成体对应词所具有的那些属性(除了完全由体的归属性决定的那些属性以外)。而在非常规意义上,它们的语法属性可能实质上是另外一个样子。例如,решить(与 решать 在事件性意义上)既可以接间接问话,又可以接说明从句,而 решать 在非常规的过程意义上只能接间接问话。同样,решать вопрос 即可以理解为事件性的(即常规意义上的,根据 решить вопрос),也可以理解为过程性的(非常规的),而 решать вопрос в положительную сторону 只能是事件性的,试比较,该搭配用于过程意义时所产生的幽默效果:Возчик не заметил сделанного ему подарка, ибо в этот момент занят был тем, что решал в положительную сторону вопрос о бессмертии души своей лошади, суля ей участь, уготованную не том свете нераскаянным грешникам (О. Генри; пер. О. Хомский).

另一方面,对偶 решиться/решаться 与对偶 решить/решать 相比较,虽然表面上相似,但却具有完全不同的特点。решаться 似乎只能充当其完成体对应词的"替代品"(例如,在历史现在时上),并且从不表示现实上持续的过程(试比较,Мы целый день решали, где мы будем проводить наш отпуск, и наконец решили ехать в Ялту; В зал заходить не велено: они там заняты важным делом—решают, кому присудить Пушкинскую премию;但是不见得可以说:

? Мы целый день решались на преступление и наконец решились; ?Не мешай: они там заняты важным делом — решаются присудить премию Пушкина неизвестному молодому ученому)。未完成体形式更经常和否定词连用,表示概念上划分出来的主体犹豫不决的(或踌躇的)状态,克服该状态是完成体(当然,不用否定词)所表示的事件的开始条件。用 не решали, не решили 这样被否定的动词词组所描写的情境只不过是对相应活动或事件存在的否定(试比较,完全正常的例子:Ну как, вы уже решили, куда поедете летом? — Нет еще. Да мы, собственно, пока и не решали),而在包含对偶 решаться/решиться 的类似例子中,指的是俄语在概念上划分出来的主体(犹豫不决、踌躇)状态的存在(试比较:[Райский] стоял в нерешимости-войти или нет [≈ не решался войти]; Ну как, вы все не решаетесь принять его предложение?)。完成体 решиться 表示由犹豫状态向果断决定状态的过渡(试比较:Он решился на этот шаг)。

顺便再提一下 продолжать 这个动词。М. Я. 格洛温斯卡娅 [1982] 注意到,该动词在表示过程时,具有完全不同于完成体动词 продолжить 的意义:如果 продолжить Р 是"中断后重新继续 Р",那么 продолжать Р 则是"不中止 Р"。可以补充一下,与动词 продолжить 相比,动词 продолжать 具有完全不同的语法属性:用 продолжать 时,Р 可以用名词表示,也可以用不定式表示;而用 продолжить 时,Р 只能用名词表示。

不过,未完成体动词在非常规意义上的语法属性常常也由述谓的语义推导得出。例如,前面指出的用于过程意义的 решать 与 решить 这两个动词在搭配特性上的区别可以由一般规则推导得出,这些规则与"疑问性"述谓和"肯定判断"述谓的区别有关。

3. 理论结论和词典学结论

这种令人眼花缭乱的多样性可能会让人产生这样的想法,就是放弃词典学解释体对偶时所采用的"参见"法,转而独立地解释体对偶中的每一个成员。显然,这种处理方法是不会有什么吸引力的。

首先,一个不容忽视的事实就是,在一个对偶具有特殊用法的同时(而对于一组动词来讲更为常见,因为其中许多"非标准"关系仍然不是独一无二的,它们的例子在前面已经列举过),所有划分出来的体对偶一般都具有可以说明对偶成员完全是同一词汇的用法。

马斯洛夫早在近半个世纪以前就在其出版的著作中十分肯定地指出这种体对立的语法重要性[Маслов 1948]。马斯洛夫文章中的一个主要任务就是验证"'实现过程中的行为与既成事实、突变'的对立似乎是如此得典型,有特点,以至于许多人认为该对立为确定体的语义奠定了[补充一下,直到现在还奠定着——布雷金娜,什梅廖夫]基础",但是却不能囊括所有体对偶,所以不能被视作语法体对立的基础[Маслов 1948]。后来马斯洛夫不止一次地又回到这个问题上,他总是强调,对于承认不同的体是同一词位的语法形式(或者要把它们归入到一个"体对偶"),词汇同一性十分重要。譬如,马斯洛夫在进一步详细说明爱德华·赫尔曼对 садиться 和 сесть 这种形式上的"客观"差别所做的表述时(反映了行为本身的区别)[Герман 1962:51—52],他写道,"像 садиться 这样的[未完成体]形式除了表示多次性以外,不仅可以表示相对于 сесть 这种形式上的'客观上有别的'行为,也可以表示同一个行为,例如,用历史现在时:'Он входит, садится к окну и раскрывает книгу',用命令式 садитесь 等等。对于作为语法范畴的体,重要的恰恰是后面这些'动词对偶'完成体和未完成体词汇意义完全相同的情形"[Маслов 1962:397]。再比较一下方法论上重要的观点(是论述关于哥特语中体范畴语法地位的,但却具有更普遍的意义):

"从语义角度来看,重要的是指出在有界限意义和涵义上与其近似的无界限意义之间**永远不会具有绝对的**词汇同一性。由此得出,有界—无界的对立不能被看作是体,因为体实质上只有在**同一个**词汇内容的双重语法表达和同一个动词行为的双重分析是可能的和典型的地方(譬如在斯拉夫语和英语中出现的那样)才存在。有界/无界范畴是在行为方式方面最高的抽象,在某种程度上甚至超出了动词词汇组别的范围,并且似乎是处在语法的'门槛'边上。在该意义上,我们可以称其为'体学特征'范畴"[Маслов 1984:220](黑体字是作者的标注)。

事件的"不定多次"意义几乎也可以起到语法作用,不知何故却没有得到体学研究者的认可。顺便说一下,我们注意到,从 И. А. 梅里丘克关于意义的词形变化性(语法性)程度的观点来看,不被认可看起来是完全有道理的,尽管他本人可能不愿意承认。试比较,不久前他关于该问题的观点:

"Suppose a grammatical meaning 'σ' is added to a lexical meaning 'L'; then I can formulate the following important rule:

The less 'σ' changes the concept corresponding to 'L', the more it tends to be inflectional.

For instance, 'pencils' is simply a 'pencil' taken several times, but a 'small pencil' is not simply a 'pencil'; therefore, it is more likely for grammatical number to be inflectional, and for dinimutivity, to be derivational. 'Howard's reading of 1984' remains the same situation, whether set in the present, the past, or the future. 'Howard is reading the novel' and the novel is being read by Howard' denotes the same situation as well. So tense and voice are, as a rule, inflectional. In sharp contrast to this, 'completing the reading', 'reading repeatedly' or just 'having a read' and so forth signal a (slightly) different situation, while 'having somebody to read' does even more so. As a consequence, aspect and, in a greater degree, causative gravitate towards derivation"[Mel'cuk 1991:93].

与单纯的"reading"相比,"completing the reading"和"having a read"表示本体论上不同的情境,在赞同这一观点时,是否可以问一下,"reading"和"reading repeatedly"的对应关系与"pencil"和"pencils"的对应关系的区别何在,并且顺便提一下,"reading repeatedly"与单纯地"reading"几次相比,并没有什么质的不同。

如此说来,未完成体动词能够与相应的完成体动词一样,表示**同一个事件**

（除了多次性这类"纯体上的"补充意义之外），这一点可以作为动词归入到一个体对偶的标准。我们把体对偶中未完成体的那些事件性意义称为"常规的"。同时，如我们所见，除常规意义以外，未完成体动词还常常具有"非常规"意义。在**非常规**意义上使用时，它们表示**性质上不同**的情境。这样，体对偶中的"常规"意义使体和构形范畴接近，而"非常规"意义使体和构词或词的分类范畴接近。

综上所述，可以得出下面这些词典学结论（参见［Шмелев 1990］）。

词典中常常使用的"несов. к"（是……的未完成体）标注的用途是表示未完成体动词的常规意义，该意义与参见指向的完成体对应词的意义是相符的。正是在该意义上才可以合乎逻辑的使用上述标注。

体对偶未完成体的非常规意义在详解辞典里以两种方式反映出来。一种方式是诠释独立于常规意义的所有非常规意义。换句话说，如果 умереть 是 перестать жить，那么 умирать 就是 1. несов. к умирать；2. быть при смерти. 第二种方式是明确提出规则，从而可以从完成体动词的词条中所包含的事件性意义中推导得出：(1)未完成体对应词所有有规律的非常规意义和(2)用于这些非常规意义时的语法属性。在这种情况下，在"несов. к"标注后面不仅隐含地表示常规意义，而且还表示有规律的非常规意义，应该单独解释的只是无规律性的非常规意义（例如，动词 догадываться 或 продолжать）。

可以做折中处理，即只指出那些出现频率最高的，有规律性的意义所具有的非常规意义的规则（例如，accomplishments 的尝试意义），而较为少见的，尽管也是有规律的意义则单独解释。

最后，应该提一下由未完成体动词在过程意义上构成的，带有前缀 по- 的动词。如前所述，该模式是绝对有规律可循的（试比较，порешать задачу），并且运用该模式时并不产生体的对应词。同时，某些带前缀 по- 的动词固定地作为相应的无前缀动词的准对应词来使用（与"不及物"动词 есть 相对应的 поесть，与动词 говорить 的一个意义相对应的 поговорить с кем-либо 等等）。正是这些带前缀 по- 的动词应该被纳入到词典当中，其中它们与派生性动词的关系，和所产生对偶的每一个成员的特殊特点一样，都应有所反映。

现在回到前面提及的词典学处理方法上来，按照这种处理方法，标注"несов. к"后面既隐含地表示未完成体动词的常规意义，也表示其非常规意义。因此，同一个词汇意义将把事件和过程或事件和状态这些完全不同的现象合并在一起。这与许多研究中所谓的"未完成体悖论"相符(参见,例如,[Declerck 1979；Dowty 1979；Taylor 1977])。的确,如此不相似的实体的语言同一性,例如,像过程及其结果(事件)之间,似乎是反常的,是不合逻辑的。"许多行为表现为某个东西的实现",冯·赖特写道,"在这些行为中存在着外部体这种相位,以至于如果该相位不实现,那么就其定义而言,该行为简直就是没有完成的(没有结束的)。我们将把外部体的相位称为行为的结果(在某种技术意义上)……这样,行为的结果是外部体的相位(部分),在本质上(概念上,逻辑上)与行为本身相关。例如,开窗是某种实现,其结果是事件(改变),就是窗户打开了(从关着变为开着)。如果窗户没打开,那么逻辑上把施事者的行为描述成开窗就是不正确的。可以把他所做的事说成是开窗户的尝试(努力)"[Вригт 1986：120]。

但是,这种"不合逻辑性"在本体论上是有理据的。为了说某人撰写内容提要或者创作交响乐,无需等到相应活动的完成；由于对体裁有一定的要求,从而使内容提要的撰写有别于科学报告和通俗读物上文章的撰写；交响乐的创作,从最初阶段就在性质上与浪漫曲的创作不同(试比较Ⅰ2.2)。在每一个可以被称为所拟定行为"完成期限"的时刻,都实施了顺利完成相应行为所必需的部分活动,并且在这种情况下,非常重要的是,该活动为了成为它原本应该的样子,应该是性质上予以界定的活动,即属于"内容提要的撰写"、"交响乐的创作"这一类别。在这种情况下,重要的就是结果的积聚,是有计划的和自然的(事先就预见到的),不断趋向完全确定的最终结果。

述谓归入到某一类别是在纯语义的(或者甚至是本体论的)基础上进行的。在该意义上,可以说,俄语动词的体学行为具有本体论基础。同时应该意识到,述谓的本体论分类本身基于相应表述的语言行为。述谓的类别不仅取决于与之相符的语言外情境,而且取决于这种情境在世界的语言图景中的概念化。我们说,поймать/ловить 或 решить/решать 这些述谓属于 accomplishments[完成]类,述谓 найти/находить 属于 achievements[成就]类,而述谓 искать 属于 activities[活动]类,只不过是因为 ловить 和 решать 既可以具有活动意义,又可以具有结果意义(比如,多次的),而对于 искать 和 найти/находить,活动意义和该活动的事件结果意义在语言中"分派"到不同的动词上。在这种情况下,比如说,在 решить (≈"найти решение") — решать (≈常规的,事件性意义上的 "находить решение"和 ≈ 过程意义上的"искать решение")这个对偶中决定的寻找和寻找结果是用一个体对偶的两个成员，甚至是同一个未完成体动词来表示的，而对于动词 искать 和 найти/находить，这是不可能的，这一事实多半是语言事实，而不是本体论事实。

在这个意义上，尽管动词的体学行为经常是依据其语义特点（或者相应情境的"本体论"特点）就能预见到的，但是为了建立能够使这一结论得以实施的解释，单纯的"生活常识"是不够的，必须进行真正的语义分析。遗憾的是，实际上现有词典中的解释常常无法让人区分未完成体动词"在本体论上"不同的（事件性和非事件性）意义。同时"在本体论上的"区别还经常伴有补充的语义和语法差别。

譬如，在 решение какого-либо вопроса 中（即在借助于动词 решать 所描写的情境中）指的就是决定的寻求。主体面临着决定的选择，至少是两种可能（而常常是更多的可能，有时是整个开放式清单——详见 V.1）。正是由于这个原因，未完成体 решать 可以自由地与部分疑问从句和两者择一的问话搭配。该特点将它和其他"疑问性"述谓合并在一起。同时在过程意义上，решать 不能接 что（不是连接词）引导的从句，因为这样的从句不是表示决定，决定一经采用，寻求决定就没有意义了。相反，在事件性意义上，решать（像 решить 一样）可以自由地接 что 引导的从句。在描写动词 решать 时，词典描写只限于指出"несов. к решить"，因此并没有反映出 решать 具有两种用法的可能性，这显然是不全面的。同时这并不意味着不需要未完成体动词词条中的参见。但是这种参见还应该伴有这样的描写，以便从中可以汲取有关述谓类别和规则的信息，从而可以在这些信息的基础上预测其语言行为。

第四章 使役类型和俄语使役动词的词典学描写

1. 使役关系的形式、控制和类型：相互制约性

在 Ⅰ.1.2 中已经指出，俄语中未完成体使役动词的解释与相应的情境是否可控有关。即表现为，如果情境不受主体的控制（例如，主体丧失了意志因素），那么未完成体动词表示所使役事态的达到：Его будит звонок будильника ≈ Он просыпается от звонка будильника；Его любезность всех покоряла ≈ Все были покорены его любезностью。

而如果主体进行旨在达到所使役事态的可控性行为，那么未完成体动词在具有结果性意义的同时，还具有尝试意义，而就结果的达到不作任何报道：Мать будила его，но он не проснулся（试比较，* Звонок будильника будил его，но он не проснулся 是异常的）。

与该研究结果相关的是可控性和不可控性使役动词在体行为上的区别。这两种体对偶的未完成体都能表示施为类所表示的事件，但只是在多次性和历史现在时等语境中，即具有体的"常规[①]"意义（试比较：Его разбудил звонок будильника. — Тут его будит звонок будильника；Его разбудила мать. — По утрам его будила мать）。

但是，使役体对偶未完成体的"非常规"[②]意义经常与可控性特征有关。可控性对偶的未完成体动词，如前所述，可以具有尝试性意义，旨在达到结果的活动意义：Она его будила（но не разбудила）；Он меня пугал, да не испугал（试比较托尔斯泰关于安德烈耶夫的著名语句：Он меня пугает своими произведениями, а мне не страшно）；换句话说，这些体对偶可以属于 accomplishments[完成]（万德勒）。不可控性使役体对偶的未完成体动词具有"常规的"事件性意义的同时，还具有（非常规的）状态意义（试比较，Меня пугает предстоящее обсуждение нашей работы）——换句话说，这些体对偶属于

---

① 即绝对有规律的，任何一个体对偶都具有的（参见 Ⅰ.2.2）。
② 即只是某些类别的未完成体动词所具有的。

万德勒的 states[状态]或 achievements[成就]。

但是,从可控性/不可控性的角度对使役动词的分析表明,所分析的对立不能归结为一个二元特征。因为与完全不可控的事件(窗外的汽车声**吵醒**了父亲)一起,还划分出只有部分可控的事件,即受主体控制的使役行为,但是所使役的事态并不是主体的意图,并且不受该意图的控制(孩子大声地讲话而不小心**吵醒**了父亲)。实际上,我们碰到的是两种特征:使役情境的可控性/不可控性和有意图/无意图诱发的结果性状态。在这种情况下,由可控性活动引起的使役关系可能是有意的或者无意的,而非施事性的使役关系,不言而喻,从来都不是有意的。

该区别可以解释在包含否定词的命令式中对使役动词体形式的选择。在Ⅰ.1.1 和Ⅰ.1.2 中已经指出,如果动词表示可控性行为,那么在包含否定词的结构中使用未完成体形式,而在这种结构中能够使用完成体形式的只能是那些表示不依赖于主体意志的事件的动词。对于使役动词,当使役行为受主体控制,但是结果性情境的诱因却不在主体的意图之内,这时此处可能会出现与之相关的位移。试比较,He буди отца 是作为禁止来实现可控的、有目的性的行为;He разбуди отца 是警告不要发生无意的、不可控事件。但是,对特别大声讲话的孩子们,可以说:He будите отца 和 He разбудите отца,在前一种情况下,强调的是禁止继续讲话,在后一种情况下,更确切地说,是请他们讲话小声点儿。还要注意到 He свари кашу вместо супа 这类用法。一般来说,词组 сварить кашу 所描写的行为,在正常情况下是有目的性的和可控的。但是,也可能是这样的情境,与 сварить кашу 相比(例如,чтобы сварить суп),可控性行为 варить 是抱着其他意图实施的,而由于违反烹饪技艺可以产生没有预见到的结果 сварить кашу. 正是在这种情境下,可以使用"不合规范的"命令式 He свари кашу(试比较,扎莉兹尼娅克[1983]所提到的 Я боюсь сварить кашу 这类例子)。

这些研究结果说明了在选择俄语使役动词的形式时利用有关使役类型信息的必要性。在这种情况下,对于一些述谓而言,使役类型是固定的,而对于另一些述谓来说,相应的特征是"屈折变化的"(在该术语Ⅰ.1.1 中所使用的意义上)。

2. 语义上相近的动词的区别

有必要指出,关于所分析情境的"语言外"概念并不总是足以预测出在描写这种情境的动词上所反映出来的使役关系。我们来分析一下，例如，意义上相近的述谓 соблазнить 和 прельстить。前一个词既可以表示有目的性的行为，也可以表示不可控的行为。试比较，Дон Хуан соблазнил эту неприступную даму 和 Я поехал во Францию, потому что меня соблазнила возможность попрактиковаться во французском языке；在第一种情况下，对偶 соблазнить — соблазнять 属于 accomplishments［完成］，第二种情况下，则属于 achievements［成就］。

类似地，未完成体动词 соблазнять 在(1)中表示一系列由唐璜成功引发的事件，在(2)中则是旨在引发相应事件的（并不一定是成功的）活动，而在(3)中——无意引起的内在状态。

(1) Дон Хуан соблазнял самых неприступных и добродетельных дам.

(2) Дон Хуан соблазнял самых неприступную и добродетельную даму (и впервые в жизни не был уверен, что соблазнит ее).

(3) Меня соблазняет возможность поехать в Италию.

与 соблазнить 不同，动词 прельстить 总是表示不可控的事件，虽然也可能是所希望的［试比较(4)］，而 прельщать 在具有未完成体常规意义的同时，还可以具有结果性状态意义［试比较(5)］：

(4) Красотой-то своей уж очень занят... Все счастье себе хочет составить, прельстить кого-нибудь (А. Островский).

(5) Чем он вас прельстил? ≈ Чем он вас прельщает?

3. "体的三词聚合"

对使役动词的词条包含有关使役类型的所有必需信息的期望是合情合理的。遗憾的是，实际上现有词典中所包含的信息，对于形成有关俄语使役动词功能的正确认识显然是不够的。

因此，所谓的 жечь — сжечь — сжигать 或 есть — съесть — съедать 这类"体的三词聚合"问题在许多方面是由于现有的描写忽视 сжечь — сжигать 和 съесть — съедать 这些动词语义的使役成素而造成的。

其实，сжечь — сжигать 表示"посредством огня каузировать перестать быть"，是真正的体对偶，属于 accomplishments［完成］类：сжигать 在具有未完

成体常规意义的同时,还具有有目的性的尝试意义,即"жечь с целью каузировать перестать быть"。换句话说,当 сжигать 具有过程意义时,它总是表示旨在毁灭的活动。相反,动词 жечь 表示追求其他目的的活动,例如,согреться（变得温暖）。所以通常说 жечь дрова, 而 сжигать любовную записку。当然,жечь 行为和 сжигать 行为实际上可以导致完全相似的结果（объект сгорает 客体烧完了）,所以,既可以说 сжечь записку, 也可以说 сжечь（все）дрова。可能会产生 жечь — сжечь（дрова）和 сжигать — сжечь（записку）并行的感觉,这就促使某些研究者试图表述动词 жечь 和 сжигать 之间相当复杂的选择规则。同时明确指出动词 сжечь 和 сжигать 这两个动词意义中的使役成素（使这些动词与 жечь 有区别）,让人们得以发现这些规则的普遍性语义理据。语言使用者明显感觉到 сжечь-сжигать 和属于 imperfectiva tantum[未完成类]的动词 жечь 的区别,这些在下面 E. 什瓦列茨剧本里的对话中反映出来：

Книга моя «Вот как нужно готовить, господа» погибла. — Как! Когда? — Когда пришла мода *сжигать* книги на площадях. В первые три дня *сожгли* все действительно опасные книги. А мода не прошла. Тогда начали *жечь* остальные книги без разбора. Теперь книг вовсе нет. *Жгут* солому.

很明显,сжигать книги 指的是"抱着毁灭这些书的目的焚烧",而 жечь книги, 就像 жечь солому 一样,表示仪式性行为,不追求毁灭客体这一特别目的。

还要注意,сжечь（和常规意义上的 сжигать）既可以表示有意的使役关系,也可以表示无意的使役关系。但是,当 сжигать 用于过程意义时,总是指有目的性的活动①。在这方面,与 разбудить — будить 相比,сжечь — сжигать 属于 accomplishments [完成]的另一个变体。的确,如前所述,будить 在过程意义上既可以表示有目的性的活动（为了 разбудить 而完成）,也可以表示那种可控活动,对其而言,разбудить 是意料外的结果,并且 Не будите отца 可以表示禁止大声讲话,而讲话并不抱有吵醒父亲这一特别目的。具有类似于动词 будить 这种用法的不是动词 сжигать, 而是 жечь（试比较：Не жгите попусту дрова, надо оставить их до конца зимы）。这也可以解释体对偶 будить — разбудить 与

---

① 不考虑隐喻用法,比如说,在 Его сжигала страсть 这样的语句中。

жечь — сжечь 的貌似语义类似性,让一些研究者得以发现体对偶 жечь — сжечь"纯体上的"差异。但是,这样的处理是不恰当的,因为这两个动词归入到一个体对偶的主要标准是它们都能够用于同一个事件性意义,并且只具有"常规的"体的区别,而动词 жечь(与使役动词 сжечь 相对应)却根本不具有事件性意义。

　　常常可以看到(参见,例如,[Wierzbicka 1988:352]),在 Он выпил молока 这类句子中,只有在完成体动词存在的情况下,才能用部分词形式表示客体,而未完成体动词 пить 要求客体的四格。毫无疑问,这是正确的观点,因为 пить 永远不能作为完成体动词 выпить 在常规意义上的对偶。但是,如果分析未完成体动词 выпивать,它是动词 выпить 在常规意义上的对应词,与其一并构成一个体的对偶,那么就可以发现,正如我们通常能够预料到的那样,它可以和表示部分的客体连用。试比较,我们已经举过的例子:На другой день Василий Панков выпивает коньяку на какой-то станции и возвращается в вагон веселый (Ю. Казаков) 或 Получив увольнительную, человек в обмотках ехал... На Кропоткинскую, сбрасывал военную ветошь, надевал чистую... сорочку, прекрасный костюм, начищенные до блеска ботинки..., с неподражаемым искусством повязывал бабочку, выпивал спирту, закусывал копченой уткой и обретал если не счастье, то покой и волю (Ю. Нагибин).

　　есть — съесть — съедать 这三个词只是部分地与我们所分析过的类似。动词 съесть 和 съедать,构成一个真正的体对偶,同样也具有使役意义"посредством еды каузировать перестать быть"。和 выпить/выпивать 一样,该体对偶不属于 accomplishments[完成],而属于 achievements[成就],因为 съедать 一般只具有常规意义,即表示所使役的事件(在多次性和历史现在时等语境中),并且不能表示非常规意义(像过程意义)。这在语义上是有理据的:很难想象,人有目的地吃某个东西,只是为了消灭客体,而这正是 съедать 所应该具有的意义,如果它用于过程意义的话。

　　动词 съесть — съедать 意义中的使役成素可以解释其用法的一系列特点,这些用法使它们与动词 eat 和 manger 不同。因此,Не ешь пирог 这个语句表示不准吃,哪怕只是小甜点的某一部分;Не съедай (весь) пирог 指的是不准把小甜点全部吃完。

　　与 выпить 不同,动词 съесть 不能与部分客体连用:?Кто съел каши? 未必

第四章　使役类型和俄语使役动词的词典学描写　147

是可以接受的。所以 Qui a mangé du gâteau? 译成俄语应该是 Кто ел пирог? 而不是 * Кто съел пирога? 尽管通常法语的 passé composé 译成俄语是完成体,但是包含表示部分的冠词的结构却译为二格的表示部分的语词(高伦[Ж. Горэн]的研究结果)。

综上所述,就会明白,为什么俄语的民间童话《小圆面包》中,对于狼的恐吓"Колобок, колобок, я тебя съем!", колобок 回答说:"Не ешь меня, серый волк",选择的不是相应的未完成体形式(съесть — съедать),而是与动词 поесть 构成一个体对偶的动词 есть。的确,Не съедай меня 就会被理解为"吃掉部分的我,但不是全部的我"这样的恳求。

4. 词典学结论

看起来,所罗列的这些事实可以表明把意义的使役成素、其呈现条件、使役类型等信息纳入到相应词条的必要性。在描写具有内心状态使役关系意义的结构时可以特别强烈地感觉到这种信息的缺失。再举几个例子。

对于动词 льстить,至少可以区分出三种用法,按照这些用法,Вы мне льстите 这个语句就有三种理解。第一种与"неискренне хвалить с целью доставить удовольствие и вызвать к себе расположение, чтобы воспользоваться им"意义相符。在《详解搭配词典》中[Мельчук, Жолковский 1984]举例说明的正是该意义:Ну, доктор, вы мне льстите-и притом довольно не умело。应当指出,就算赞同该例在词典中[Мельчук, Жолковский 1984]的解释,语句 Вы мне льстите 的这种解释也是极其罕见的,并且在很大程度上是受语境的诱导。这种解释的可能性较小,这在语用上是有理据的:说话人赋予自己评判对话人意图的权利,并且不太客气地指责对话人不真诚的态度和自私的目的。在 Вы мне льстите 这个语句中,更有可能的是另外一种略微不同的对动词 льстить 的解释——"говорить комплименты"(说奉承话),即"не вполне искренне хвалить с целью доставить удовольствие"。这时消除了对自私目的的指责,而是强调称赞有点夸大,是为了让人高兴才这么做的。

该语句的最自然解释与把动词 льстить 理解为"представлять лучше, чем на самом деле"相符:Вы мне льстите 的意思是"То, что вы говорите, не соответствует действительности, представляя меня лучше, чем на самом деле"——这是一种谦虚的说法。在这种情况下,相应内心状态的使役关系(给

予满足)不是主体的意图,也不受主体控制。

还要注意,在动词 льстить 的这三种解释中,无论哪一种解释都没有告知所使役状态是否达到。只有在 льстить 被看成是完全不可控的述谓时(在充当主体的不是人,而是使役情境的名称时),所使役状态的达到才能进入到动词的意义中:Ваше предложение мне льстит 的意思是"您的建议满足了我的自尊心,并使我满意。"

不过,并不见得任何一个具有内心状态使役关系意义的动词都表现出使役类型、可控性、其他意义成素和体的行为之间的不标准对应关系。所以对这些动词适当进行词典学描写只能建立在专门分析的结果上。

在这方面再顺便提一下前不久 B. B. 图罗夫斯基[1991]所分析的动词 напоминать。该动词可以划分出三个意义:(1)"заставлять вспомнить";(2)"говорить что-либо с целью заставить вспомнить";(3)"быть похожим",而且在第三种意义上属于 imperfectiva tantum[未完成类],而在前两种意义上与动词 напомнить 构成体对偶。第一种意义符合无意的使役关系,第二种符合有意的使役关系,但不是随便任何一种,而只是以言语为手段的使役关系。与此相关的是施为使用的可能(напоминаю, что)。在第一种和第二种意义上动词 напоминать 表示所使役状态的达到,不成功的尝试意义对它来说是不可能的。

俄语描写具有内心状态使役意义的结构同样也要求在词典编撰中标注一系列其他特征,有时是相当独特的。尤其是要注意到,具有相应心智状态使役意义的一系列心智述谓的命令式形式具有准施为使用的可能(详见Ⅰ.2.2):Знай, что P ≈ "каузирую тебя знать, что P"(我让你知道 P),更准确的解释是:"Полагая, что ты не знаешь, что P, и желая подчеркнуть, что P для тебя небезразлично, я сообщаю: P"(我认为你不知道 P,并想要强调 P 对你来说并不是无关紧要的,所以我告诉你 P);Пойми, что P ≈ "каузирую тебя понять, что P"(我让你明白 P),更准确的解释是:"Считая, P может повлиять на твои поступки или образ мыслей, и видя, что ты не знаешь, что P, или недооцениваешь P, я настойчиво говорю тебе: P"(我认为 P 可能对你的行为或思维方式产生影响,并且发现你不知道 P 或者对 P 的评价不够,所以坚持对你说 P);Вспомни, что P ≈ "Напоминаю, что P" ≈ "каузирую тебя вспомнить, что P"(我让你回想起 P)。

这些结构的重要特点是对交际参与者社会角色的限制:大多数这样的结构

都不能"自下向上"使用。因为这种命令式形式的使用可能远不是每一个心智动词所特有的,所以相应的信息应该纳入词典编撰。

使役情境的可控性/不可控性、相应的动词体、被诱发的内心状态的类型等等,用于描写它们之间复杂交互作用的参数也属于词典编撰的标注范围。这些相互作用在某种程度上可以用 Я боюсь будить отца 和 Я боюсь разбудить отца 这两个语句的对立来阐明,其中每个语句都同时要求有两种使役情境为前提:使父亲醒来,和用动词 боюсь 表示的说话人内心状态的使役关系(这里充当"诱因"的是有 будить/разбудить отца 的可能这个想法本身)。对这些结构的恰当描写应该以动词 бояться 和 будить/разбудить 的词汇描写为依据。

俄语中使役结构的功能作用还有许多方面与具体动词的词汇特性直接相关。

譬如,在"间接"使役关系条件下[Comire 1985: 335; Wierzbicka 1988: 248—249],某些使役动词可以自由使用,而另一些则受到禁止。例如,在下面契诃夫的《凶犯》片段中,使役关系是间接的还是无意的,对动词 убить 的使用不会造成任何阻碍。侦查员对从铁轨上拧下螺母的人说:Так ведь поезд мог бы сойти с рельсов, людей бы убило! Ты людей бы убил! ——试图用无意为自己开脱罪责的人对此的回答被认为是不恰当的:Слава Те Господи, ... век свой прожили и не токмо что убивать, но и мыслей таких в голове не было. 但是,对于某个人,他偶然把茶杯放在桌子角,结果茶杯掉了,打碎了,则不能说 он разбил чашку.

最后,还可以提一下包含"普通"动词,而不是使役动词的结构,当主体致使对其有益的行为发生,而实际上行为却是由他人发出的:Он постригся, записался в библиотеку, обвенчался; сшил себе костюм, сделал операцию, лег в больницу. 对于剪了头发或被送进医院的小孩子,不能说 Он постригся 或 лег в больницу. 正如前面(参见 I.1.1)所述,通常这种用法要求有意的使役关系,但是俄语中有一些动词,它们用于无意的使役关系结构,试比较,сесть (в тюрьму)和 освободиться (из тюрьмы). 这种结构的使用可能和使用条件是动词的词汇特性。

我们看到,在词典编撰制定工作中对使役问题的细化有多么重要。应该把俄语使役结构的描写作为所有相关词汇单位的词汇信息基础。没有这样的信息,就注定我们的描写是不完全的、不恰当的。

第二部分　自然语言中的逻辑项

第一章　自然语言的量化机制与数量评价语义

1. 自然语言量化和逻辑量化

有关自然语言逻辑分析的论著对量化机制和量词表述的意义给予极大的关注。然而最常见的研究对象是语言表述，其意义类似于逻辑量词的意义。实际上，摆在面前的一个问题是，逻辑量词的意义是如何通过自然语言的手段来表达的。就俄语（所有或者只是某些）不定代词的意义可归结为存在量词（∃）的意义这些问题曾被广泛探讨。还分析了全称量词（∀）的自然语言对应词，例如，俄语的泛指代词：всякий，каждый，любой，какой бы то ни было，все 等等。量词表述常常被看作是最"客观的"、"合乎逻辑的"语言单位来分析，其功能作用最小限度地与交际、语用因素相关联。同时，对描写自然语言的量化所必需的形式工具远不限于数理逻辑所采用的分析工具。

首先要指出，自然语言的量化解释多半不应该以经典的集合论（set-theory）为基础，而要以 Г. 邦特提出的公理化集合论（ensemble-theory）为基础，参见[Bunt 1985]。邦特的公理化集合论的基础不是"元素—集合"关系，而是"部分—整体"关系。所有集合运算都是以这种关系为基础确定下来的。

按照这种理解，一般的离散集合就是邦特集合（ensembles）的个别情形。有必要使用该集合的广义理解来描写自然语言的量化，这是因为在自然语言中，受到数量评价的不仅有由单独元素构成的集合，而且还有不可数的复合体：我们不仅说 много книг，все книги，而且还说 много хлеба，весь хлеб。

自然语言量化的另一个特点在于，在自然语言中使用两种不同类型的数量评价（试比较，[Larsson 1973]）。

在第一类量化下，评价的是名词短语（ИГ）的指称与"初始"（"外延"）集合之间的数量对应关系。在这类量化下，量化词与逻辑量词相似，表示指称与"外延"集合一致（例如，все геологи — романтики и поэты [Ю. Казаков]这个句子中 ИГ 的指称对象 все геологи 与"外延"集合——геологи 这个词的外延一致），或者表示指称对象是"外延"集合的子集（例如，Некоторые писатели не интересуются тем, что о них пишут [Ю. Казаков]这个句子中ИГ的指称对象 некоторые писатели是писатели这个词的外延的子集）。充当"初始"集合的可以是描写指定的对象或者处于交际参与者"视野"中的对象的最终集合：Некоторые из моих друзей — лингвисты; Все они красавцы, все они таланты, все они поэты（Б. Окуджава）。这类量化可以被称为逻辑量化。

与此同时，自然语言中还使用另一种完全不同类型的量化，它在 В комнате было много народу 这个句子中呈现出来。这里，如果把房间里的人数在数量上归入到某个初始集合，例如，地球上所有活着的人都在这个集合当中，这是无论如何也不适当的。量化词在该句中不是针对某个"外延"集合来评价指称对象，而是与某种定型相比较，即说话人认为的对该情境而言的正常数量。这类量化可以被称为语用量化，它从根本上就不同于逻辑量化。

最后，交际方对于自然语言的量化是很重要的。运用逻辑定位法时，量化表述的功能作用这方面常常不被关注。俄语里有一些词在词典中被解释为同义词或准同义词（例如 мало 和 немного），但在实际使用中它们传达的是完全不同的信息。可见，这与量化词的交际结构特点有关。例如，对一类词而言，可量化集合的存在可以归到陈说成分，对另一类词来说则归并到预设成分。

所有这些都表明，在自然语言和数理逻辑语言中，量化相互关系的研究应该从前者开始。下面，我们将关注俄语中量化词的某些特性，以这些词为例说明自然语言量化机制的功能及其在俄语指称机制的整个体系中所起的作用。

2. 能指示出整体或全部的量化表述：词位 весь, всякий, каждый

从逻辑角度分析自然语言的论著对词位 весь 的关注显然是不够的。特别明显的是，大部分论著都把 все 形式作为全称量词的自然语言对应词来分析。все 形式的意义易于与全称量词的意义进行对比，而 весь 形式却不具有明显的逻辑对应词，该事实导致许多研究者认为 весь 和 все 不能被视作一个词位的不同形式。这种想法有时以隐性的方式被接受（当说到词位 все 时，忽视或抛弃传统观点，即 все 是词位 весь 的复数形式），有时以 весь 和 все 具有重要的语义区别为由。譬如，在[Зализняк, Падучева 1974：33]中指出，"весь"这个词的意义是"целиком"（整个的），被限定名词转换成复数时，该意义就不再保留了：Я помню весь рассказ = Я помню один из имеющийся в виду рассказ целиком; Я помню все рассказы = Я помню один из имеющихся в виду рассказов ≠ Я помню один из имеющихся в виду рассказов целиком. 换句话说, все 不具有 "целиком каждый предмет, о множестве предметов"(当谈论事物集合时, 每一个事物均是整个的)" 的意义。在这种情况下, 扎莉兹尼娅克和帕杜切娃把 Извел все чернила 这类句子中的 все 看作是词位 весь 的 "第四种单数" 形式, 用来和复数(pluralia tantum)名词构成一致关系。

按照这种做法, весь 被看作是对象被 "整个" 拿出来的标记, 并且该词的意义首先可以和 целый 一词的意义相提并论, 而 все 被看作是适用于对象集合的量词, 这些对象被一个一个地拿出来, 并且与 всякий 或 каждый 这些词相对应。

同时有必要指出, 在 весь "в полном объеме" (全部的量) 和 все "в полном составе" (全部的构成) 这些意义之间不存在任何无法跨越的界限。在 все 用于 "整体" 意义的同时, 也就是说, 似乎是作为 весь 这个词的形式, 而且不单单和复数(pluralia tantum)名词搭配, 试比较: Все руки исцарапаны; Просидел дома все пять дней; Все эти годы он любит ее, 应当指出, 其单数形式可以用于离散集合的量化: На дачу вывезли всю мебель ≈ "все столы, стулья и т. д."。特别是, 与分布述谓的可搭配性表明, 借助于单数形式 весь 所量化的集合名词可能具有离散理解, 比方说, 在以下这些例子中: ...При взрыве колокольни на крепость упадет каменный граб и передавит весь гарнизон (А. Пушкин); Весь сектор перессорился; Вся семья разъехалась (≈ Все домашние разъехались); Все стулья, столы, сундуки (≈ Вся мебель) были переломаны, вся посуда перебила; Прочел всего Шекспира ("все произведения Шекспира")。一般来说, 离散理解与非离散理解常常取决于述谓或者语境的其他要素: 例如, 在 Вся комната в табачной синеве (О. Мандельштам) 中量化词 весь 对空间这个非离散对象进行量化, 而在 В кабинете коменданта собралась вся наша комната 中则是对人这个离散集合进行量化。再比较, 在 съел всего омуля 中是非离散理解, 而在更宽泛一些的语境中则是离散理解: Что ж, Петрович, омуля всего съел, ни одного на развод не оставил? (Ю. Казаков)。

如此说来, 在离散意义 "全部的构成" 和非离散意义 "全部的量" 的对立与复数和单数形式的对立之间并没有发现对应关系。我们没有理由把 весь 形式看作是整体指称的标志, 而把 все 看作是分布指称的标志。在 Все эти годы он любит ее 这个句子中, 尽管是复数, 但 ИГ 具有非离散解释; 而在 Я перебрав весь год, не вижу того счастливого числа...（К. Симонов）这个句子中,尽管是单数,但 ИГ весь год 被看作是离散集合的表示——属于这一年的所有日子的集合。

在 выпил все молоко（все сливки）, съел все печенье, все пирожные и конфеты 这类例子中,单数形式与复数形式很明显是并行使用的。邦特公理化集合论的使用使我们得以表述代词 весь 的统一意义:相应 ИГ 的指称对象与"外延"集合一致。在邦特的体系集合中（ensemble）指的是任何一个可以分出多个部分的对象,相对于这些部分该对象表现为一个整体。选择代词的单数形式还是复数形式由一致关系的表层句法规则来决定,尽管句法上更常见的（但不总是）是单数与非离散理解相对应,而复数与离散理解相对应。ИГ 的离散理解与非离散理解的区别不是与量化词的特点有关,而是与初始集合的类型有关,即与相应语境中名词的意义有关。但是在许多情况下,离散理解与非离散理解的对立完全是不相关的（试比较,普希金的句子:... На весь бы мир одна наткала я полотна）。

重要的是要注意到,只有在"外延"集合对于言语受话人来说是确定的情况下,借助于 весь/все 的量化才是成功的。这种确定性可能出现在两种情形中:（1）"外延"集合包括该类别的所有对象,即表现为相应名词的外延（试比较,Все дети, кажется, уснули）;（2）"外延"集合由被引入到言语受话人视野或者由所选摹状词明确规定的一个或几个对象组成（试比较,Все слоны любят земляные орехи)[①]。在前一种情形下,我们碰到的是通类（通用）指称,在后一种情形下,是具体的、确定的指称:

（1）Замечу кстати: все поэты любви мечтательной друзья;
（2）Но панталоны, фрак, жилет — всех этих слов на русском нет; Онегин молча отвечал и после во весь путь молчал.

这样,词位 весь 在俄语里充当确定性的标记。

确定性意义把量化词位 весь/все 同形容词 целый 区别开。一般来说,后者在语词的本来意义上不是量化表述。它不能对集合进行量化,也不是指称标记。包含 целый 的词组能产生数量意义,这是由于它参与到 ИГ 中的缘故,而 ИГ 本身与数量概念相关联（这经常是某种度量单位的名称:时间、体积等等)。

---

① 试比较克雷洛夫[1984]所使用的术语"永恒的知悉"和"偶然的知悉"。

换句话说,"数量性"不是语义本身的特点,而是 целый 这个词的搭配特点。целый 和具有数量语义的名词搭配时具有语用意义:"我希望,你能明白这已经是很多了"。целый 不能和不表示数量的 ИГ 连用,特别是那些开放类的名称或者物质名词:Все(但不能是 * Целый) дети любят мороженое; Он выпил все (* целое) молоко.

这样,весь 和 целый 这两个词的使用条件完全不同。весь 一词实际上没有选择限制,所以我们可以随便地把它想象成是由某些部分构成的。但是,该词要求所量化集合是言语受话人已知的,因此倾向于在纳入到语句主位成分的 ИГ 中使用。相反,целый 一词的特点在于强选择性限制,如前所述,它只能和具有数量语义的(或者具有数量内涵的)语词搭配,并且属于那些,譬如说,排除主位性的词汇类别。

所分析的这些语词能够在相同的语境中使用,即和具有数量语义或者要求数量性的语词搭配。但是在这种情况下,相应的 ИГ 在涵义上是不同的。词位 весь/все 和 целый 与具有数量语义的语词搭配时的区别在于前者表示确定性意义。试比较,例如:Иван выпил всю бутылку водки 和 Иван выпил целую бутылку водки. 前一个语句可能把关于某瓶伏特加不再存在的报道作为目的(不表示喝的量很大),也就是说,喝掉的伏特加的量就是瓶里全部的量。而后一个语句可能是要告诉言语受话人伊万的惨状;它并不假定受话人知道这瓶伏特加的存在,而只是告诉他喝了多少伏特加,在说话人看来,是超过其酒量了。换句话说,在 целая бутылка водки 这个搭配中,целый 一词并没有对指称对象作出数量评价,而是在语用上评价数量("一瓶数量的伏特加"),这就是支配 ИГ 表示的意思。

类似地,如果知道谈论的是哪些天、星期、月,就可以使用诸如 весь день, всю неделю, весь месяц 这样的 ИГ. 换句话说,它们与 весь этот день, всю эту неделю, весь этот месяц 这样的 ИГ 几乎是同义的(试比较,不能使用 * целый этот день 这样的搭配)。Весь день 和 целый день 在涵义上是不同的:целый день 只表示持续性,但在这种情况下,可能不知道指的是哪一天。

因此,常常被当成同义词的 весь 和 целый,在大多数语境中是不能相互替代的。它们在意义上近似的只有一种情形,就是与同时表示数量意义("容量")和确定性的名词搭配时:试比较,Только вряд найдете вы в России целой три пары стройных женских ног (≈ во всей России); Во всем мире (≈ В целом мире）нет таких лошадей.

还要提一下 все 形式和词位 каждый 的语义区别,该区别在于,与 все 不同,каждый 表示分离性意义,即要求对参与到所描写情境的集合元素作个别分析。例如,下面这个句子(从斯洛伐克语译过来的)被认为不太正确：В подобной ситуации каждый мужчина ведет себя одинаково глупо（要是说成 все мужчины 就好了）。对集合元素的个别分析与包括 одинаково 这个词的"对称性"述谓是不相容的。

在《安娜·卡列尼娜》的开场白 Все счастливые семьи похожи друг на друга, каждая несчастливая семья несчастлива по-своему 中选择了两个不同的量化词位,这当然不是偶然的。纳博科夫在《地狱》中对这句话所做的英语伪译文是很能说明问题的：All happy families are more or less dissimilar, all unhappy ones are more or less alike. 这里问题在于,在引用托尔斯泰的话时,纳博科夫似乎不仅颠倒了托尔斯泰名言的意义,而且还改变了表达形式,在两种情形下都使用了对称性述谓"是相似的"和"是不相似的",无论在英语里,还是在俄语里,这种述谓都要求具有"все"意义的量化词位,而不是具有"каждый"意义的量化词位。

因此,与 весь/все 不同,каждый 这个词只能对由元素(sets)组成的集合进行量化,而不能对任何一个邦特集合进行量化。其意义与某个集合 M 的逻辑量化意义最为近似,即 $\forall x \in M$,并且可以用逻辑语言表述为"无论我们在集合 M 中抽取哪一个元素 X……"；换句话说,在逻辑算式中,каждый xp 的判断都记作$(\forall x \in M)(p(x))$。在这种情况下,集合 M 被假定为是言语受话人已知的（由于"永恒的"或"偶然的"知悉）。该集合既可以是开放集合（即类别,试比较：Каждый человек имеет право искать, получать и распространять информацию и идеи любыми средствами и независимо от государственных границ）,也可以是有限集合（即多个个体,试比较：На этой неделе каждый день случалось что-нибудь не предвиденное）。

3. 能指示出"大量"和"少量"的量化表述：мало, много, немного, многие 及其他

我们来分析直接表示被量化集合"大量"或"少量"的语词,就是 мало, много, немного, многие 等这些词。

关于 мало 和 немного 这两个词的语义,反映在词典解释中的普遍概念就是这两个词具有非常近似的意义,两者都表示数量不多或者特征呈现的程度不大。的确,在某些语境中,这两个词是可以相互替换的,并且语句的意义保持不变(试比较,Денег у него осталось совсем мало 和 Денег у него осталось совсем немного)。但是,还有一些语句,更确切地说,немного 和 мало 赋予它们以相反的意义,或者至少是相反的交际用途。Иван немного беспокоил исход дела 这个语句说的是 Иван 的担忧,而 Иван мало беспокоил исход дела 这个语句则表示 Иван 不担心。

同样,像 У меня дома есть немного водки 和 У меня мало водки 这两个语句,也是如此。在回应 Почему бы нам не выпить? 这个提议时,前一个句子听起来差不多像是邀请,而后一个句子,确切地说,则是解释提议为什么不能被接受。

根据 мало 和 немного 这两个词的语义特点和信息潜力可以解释这些现象。带 немного 的语句首先包含对可量化集合的存在或者特征呈现的判断。说话人用带 мало 的语句报道,可量化集合比预想的少或者特征呈现的程度比预想的小,而可量化集合或者特征的存在本身在这种情况下是预设,并且 мало 在该意义上是"预设上有标记的"([Givón 1971:55]中的术语)。有趣的是,基文(Givón)在所援引的著作中把"预设上的标记性"看作是包含(或许,是隐含的)否定的单位的特征。在该意义上可以说,在俄语 мало — немного 这个成对体中语义关系与形态关系相反。从该标准来看,包含形态否定词的 немного 不是语义上否定的单位,而 мало 却应被视为语义上否定的单位。

所分析的实际切分特点可以解释为什么 мало 这个词不能用于纯存在句,也即 У X-а есть... 这种形式的句子,不能说:* В книге есть мало опечаток; * У меня есть мало денег; * Нет ли у тебя мало соли?(试比较:У меня есть немного денег; Нет ли у тебя немного соли?)。这些句子之所以是不正确的,就是因为表示存在的 есть 报道某种新东西的存在(而在包含 нет 的句子中存在同样也处于交际的焦点),而 мало 一词表明存在属于预设,即事先假定好的。Мало 一词的信息潜力还反映在相应语句的语调特点上:мало 自身通常带有逻辑重音。在这种情况下,重要的是其交际作用与语调无关。就 мало 一词具有述位性的信息是该词位的词汇特点。因此,即使我们在书面文本中碰到过 У меня мало денег 这个语句,我们也明白,有钱是预设,而钱少是陈说。看起来,

第一章 自然语言的量化机制与数量评价语义

мало 一词的这个特点值得在词典学中记录下来。

немного 这个词具有另外一些交际特性。用 немного 对特征进行量化的语句表示对该特征的呈现事实本身进行报道,而特征呈现的程度小,是补充信息。因此,немного 在这些句子中永远不可能带有主要的逻辑重音(试比较,Я немного устал; Она немного странная 等等)。немного 所附带的补充信息常常完全退居后台,因为使用 немного 只是为了"弱化"语句。Она немного странная 这个语句不是表示奇怪的"数量"比预想的要小。确切地说,是以这种方式"弱化"较强的判断,正如下面这段出自于艾瑞斯·梅铎的小说的对话所阐明的那样: Она немного странная, не правда ли? — Вы имеете в виду сдвинутая, сумасшедшая.

如果说 немного 用于"弱化"判断,那么 мало 就是为了"弱化"否定(试比较,Меня это немного беспокоит 和 Меня это мало волнует 这两个语句具有相反的语用目的)。Мало 可以表示"或许,根本没有"。布尔加科夫的《白色近卫军》中的片段很有特点:Он... сказал, что надежды мало, и добавил, глядя в Еленины глаза глазами очень, очень опытного и всех поэтому жалеющего человека, — «очень мало». Всем хорошо известно, и Елене тоже, что это означает, что надежды вовсе никакой нет и, значит, Трубин умирает.

至于用 немного 对集合进行量化的语句,它们在交际上是多义的。

如果 немного 不带逻辑重音,那么实际切分与用 немного 对述谓特征进行量化的语句的实际切分相似:报道所量化集合的存在,并且这就是主要报道,而该集合存在的数量不大则是补充信息。因此,У меня осталось немного денег 这个句子有两种解读:如果重音在 немного 上,那么说的是钱剩下的少,如果重音不在这个词上,那么说的就是还有钱(但是不多)。在书写上该区别表现为,在第一种情况下,не много 可以分开写:У меня не много денег, В кабаках меня не любят (О. Мандельштам): Но таких удач в романе не много (В. Шкловский).

当 немного 接不可数名词时,语句的意义可能只是报道相应(非离散)集合的存在,而关于集合非"大量"的报道可能不是单纯地退至后台,而是根本就没有进入到语句的意义中。在这种情况下,немного 仅仅意味着"少许数量":Возьми на радость из моей ладони немного солнца и немного мела (О. Мандельштам;这里 солнце 作为物质名词来使用)。而在和可数名词搭配时(当对离散集合量化时),在该意义上更常用的是 несколько 这个词。

мало 和 немного 这两个词在交际行为上的区别与 много 和 немало 之间的区别是不成正比的，并不像根据它们形态结构的比例而可能预想到的那样。много 和 немало 这两个词要相似得多，并且在一系列特征上都既与 мало 相对立，又与 немного 相对立。它们与 мало 的不同在于较小程度的述位性，与 немного 的不同则在于较大程度的述位性。与 мало 相比，много 和 немало 这两个词，具有较小的述位性，(与 мало 不同)可以自由地用在包含 есть 一词的存在句中[①]：У него есть немало недостатков；В работе есть много интересных наблюдений.

相似的对应关系(具有自然的语用解释)在量域内占据相应位置—对立位置的其他量化词之间也能见到，例如，在 редко(及其准同义词 нечасто) 和 часто (和 нередко)之间。часто 一词在句法非重音位置上构成语句中的补充陈说，对可量化事件存在本身的报道是其主要判断；而 редко 这个词无疑应该是主要述位，其非重音的、非述位对应词是 изредко. 试比较：Часто приезжали гости，и тогда он отрывался от рукописи；而不是 * Редко приезжали гости，и тогда он отрывался от рукописи. 这样，我们就获得某种类似于语义(而不是形态!)比例的东西：немного：мало：много（немало）≈ изредко：редко（нечасто）：часто（нередко）.

试比较下一个出自于什克洛夫斯基作品的例子，该例注意到用 редко 这个词代替更为适当的 изредко(或 иногда)是不正确的[什克洛夫斯基讲述自己探望病人尤里·蒂尼亚诺夫：Я просил，— сказал Юрий，— чтобы мне дали вино，которое мне давали в детстве，когда я болел. — «Сант-Рафаэль»？ — спросил я. Мы были почти однолетки и мне когда-то редко давали это сладкое желтое вино]。如果在读最后一个句子时，将句重音放在动词上(也就是不强调 редко 这个词)，那么这将与使用 редко 一词的重音规则相矛盾，而如果按照合乎规律的重音标记来读这个句子，就会破坏文本的连贯性。

再回到 много 和 немало 这两个词上来。我们发现，即使处于句法非重音位置，它们也仍然总是属于语句的陈说部分，尽管是作为补充判断。它们和 немного 这个词相比所具有的更强的述位性也恰恰在于此，如前所述，немного 在某些情形下执行构成冠词的功能。因此，如果 много 和 немало 参与到某些事

---

① 因此，需要进一步详细说明契瓦尼[Chvany 1973：71]的观点："'...est' does not normally appear in sentences whose 'object' is quantified or qualified".

先规定好实际切分的语句类型中,就会导致述位超载。立陶宛人所写的一篇关于俄语的文章片段可以作为例证:Необходимо заметить, что по сравнению с немецким языком литовский пассив не изучался так широко и глубоко. Только в последнее время его изучению было посвящено немало работ. 最后一个句子,恐怕也是异常的(尽管没有达到什克洛夫斯基的例子那种程度),可见,这也可以用存在句构成中的 ИГ немало работ(尽管也具有被削弱的述位性特点)与强述位部分 только в последнее время 搭配不合适来解释。

我们分析了 мало, немного, много, немало 这些词的特点。重要的是,这些特点是以合并这些词的共同特征为背景而呈现出来的。所有这些词都既可以对离散集合进行量化,也可以对非离散集合进行量化。在这种情况下,它们所做的数量评价与初始集合无关,即与可量化 ИГ 的外延无关。

Осталось мало денег 这个语句表示,与预想的相比,钱的数量不大,但是与钱整体上的总量无关。正因为如此,用 мало 和 немного 这两个词,和用 много 一样,可以对整个外延做出数量评价:Много званых, но мало избранных; Лжей много, а правда одна; На свете много интересного. 当然这并不意味着用 мало, много, немного 这些词所做的评价是绝对的。只不过是评价而已,是相对的,相对于假定的标准,而不是相对于初始集合。

这些特征把所分析语词同它们的形容词对应词和名词对应词 многие, немногие, многое, немногое(对于 мало 这个词,其形容词对应词是 мало какие, 而名词对应词是 мало кто, мало что)区分开。所提到的这些对应词总是对离散集合进行量化,所以形容词对应词只能和可数名词搭配。而对于名词对应词 многие, немногие, мало кто, 充当初始集合的是人的集合, 对于 многое, немногое, 充当初始集合的则是非生命体集合(常常是抽象的), 并且在这种情况下是不同质对象的集合(试比较安娜·阿赫玛托娃的句子:Многое еще, неверно, хочет быть воспетым голосом моим)。

многие, мало кто 这些词的另一个重要特点是,它们所做的评价不是对某种标准的评价,而是对 ИГ 的指称对象与初始外延集合之间的数量对比关系的评价。换句话说,它们不是实现语用量化,而是实现逻辑量化。Многие лингвисты разбираются в математике 这个语句的意思是,整个语言学家群体中的相当大一部分人懂数学。所分析的这类名词性量化词也是相对于外延集合对指称对象做出评价,这可以解释为什么它们可以用来构成选择性 ИГ: 试比较，многие из них，而不能是 * много из них. 有时外延集合没有说出来，而只是意味着：在莱蒙托夫的诗歌《Бородино》中 Немногие вернулись с поля 表示：老兵所讲的那些"勇士"中的少数人。

  量化词的交际特点和 немногие，мало какие，мало кто，мало что 这些搭配的对应关系在很多方面与其对应词 немного 和 мало 的特点相似。Мало какие，мало кто，мало что 这些搭配总是与句子的主要述位一致。试比较：Город еще военный，мало кто вернулся，и те，кто вернулись，тоже думают о войне（В. Шкловский）。换句话说，包含这些搭配的句子的唯一陈说，只是对涉及外延集合一小部分的判断的报道。

  немногие 这个词有双重用法。当它自身带主要逻辑重音时，表示句子的唯一陈说（就像在 Немногие вернулись с поля 这个语句中）。但是也有这样的句子，其中 немногие 不带主要逻辑重音，只是表示补充陈说。

  譬如，上面举过的出自于什克洛夫斯基作品的并列复合句就具有两个独立的判断：

  （1）Мало кто вернулся

和

  （2）Те，кто вернулся，тоже думают о войне

  该句与含义上近似的压缩简单句相对应，在简单句中对主体人数不多的报道构成补充判断：Город еще военный. Немногие вернувшиеся тоже думают о войне。在这种情况下，用 немногие 表示的量化可能是补充报道，但是不能完全退至后台：如果离散集合的数量评价对于语句的涵义根本就不重要，那么使用量化词 некоторые，即 несколько 的形容词和名词对应词（在这方面 немногие 与 немного 不同）。

  还要指出量形容词 немногие 区别于 многие 的一系列特点。譬如说，немногие（与 многие 不同）和确定性特征自由搭配：可以用 те немногие，但是用 ? те многие 则令人质疑（指的是指称对象的确定性，而不是外延集合的确定性：многие из них 这个搭配的指称对象是不确定的，尽管外延集合是确定的）。

  该词和 многие 的另一个区别（与前一个有关）在于，немногие 可以参与到两类量化中，即逻辑量化和语用量化。譬如说，在 На Петин доклад пришли немногие друзья 这个句子中，该词受重音廓线的制约，或者可以与人所拥有朋友的假定数量标准相比,对 Петя 的朋友这一整个集合做出数量评价,即表示 Петя 的朋友不是很多(这时 немногие друзья ≈ его немногочисленные друзья),或者对实际集合与初始集合的数量对比做出评价(немногие друзья ≈ "Петя 的朋友集合中不大的一部分")。在前一种情况下我们碰到的是语用量化,在后一种情况下是逻辑量化。многие 在现代语言中只表示后一种(逻辑的)意义,而前一种(语用的)意义用形容词 многочисленные 表示。所以讲现代俄语的人或许不能够正确理解教会斯拉夫语的 во облегчение тяжестей многих [="многочисленных"] моих согрешений "for the relief from the burden of my many sins":многие 在现代语言中的使用规则会强加给人这样一种理解"… многих из них…"(显然,不是所有的)。换句话说,会强加这样一种理解,用"… many of my sins"代替"my numerous sins"。

在大多数情况下,包含 немногие 的搭配具有的潜在多义性在语境中能够得以解决。因此,我们可以有把握地说,下面两个例子中的意义差别不能归结为在(3)中表示主体人数不多,而在(4)中主体人数多:

(3) Немногие присутствующие лингвисты обиделись, услышав, что лингвистика не наука(≈"在场的语言学家感到抱屈……,而他们的数量不多");

(4) Многие присутствующие лингвисты обиделись, услышав, что лингвистика не наука (≈"在场的语言学家中的许多人……",也就是说"在场的语言学家中的一些人,而且是相当大的一部分……")。

这里在(3)中是语用量化,而在(4)中是逻辑量化。但有时对 немногие 一词所表达的量化的解释并非如此清楚(或许,"漫射性地"表达这两种意义)。试比较:Его редактор принадлежал к тем немногим людям, который сразу по «альфе» (1905 г.) поняли «омегу» (1917 г.) русской революции (В. Шульгин)——或者是"……属于这些人当中为数不多的那部分人",或者是"……属于这些人(他们的数量比预想得要少)……"。

最后,应当指出"外延集合不大的部分"和"外延集合相当大的部分"这两种数量评价的不对称性。只有在部分不超过初始集合的一半时才可以说"不大的部分";但是"相当大的部分"这个评价可以在与大于或小于一半初始集合的子集相对比时给出。所以可以说:Многие ушли, но многие остались, 但不能说:

* мало кто ушел, но мало кто остался①.

4. 简短结论

因此，对于俄语量化机制的描写，重要的是要考虑到不同量化词位的语用和交际特点以及它们的搭配特性。我们扼要地列举一些对量化词位的选择和使用具有影响的因素。

（1）所量化集合的离散性—非离散性起重要作用。因此，词位 несколько 和 немного 的选择取决于离散性—非离散性特征：试比较，Он съел немного супа/несколько ложек супа。несколько 一词只能对离散集合进行量化，在这方面与（用一格和四格）能够用于量化非离散集合的 сколько 和 столько 不同。число 和 количество 这两个词的区别也与离散性上的对立相关联。试比较，一个出自于一篇语言学文章因没有考虑到离散性上的对立而出错的例子：* Такой подход требует учета большого числа разноаспектной информации。

（2）信息类型上的区别非常重要。特别是，它造成 несколько 和 некоторые 的不同用法：несколько 表示，指称对象由不定数量的对象构成（通常由三个到七个，与某种"外延"集合的对象数目无关）；некоторые 在数量意义上表示指称对象是初始集合的不确定部分。逻辑量化是 весь/все, многие, многое 这些词所特有的，而语用量化是 много, мало, немного 这些词所特有的。这两类量化的混合在什克洛夫斯基的例子中有所反映：Толстой предвидел возражения, и у него много осталось в черновиках，这里或许应该用 многое（的确，在该例中表层句法的规律性被破坏了，因为名词化用法不是 много 这类词所具有的）。

诸如 мало, немного, много, немногие, многие, редко, изредка 这样的词位的行为可以说明量化词的交际特性是极其重要的。对它们的考虑迫使重新审视那种把量化词作为仅仅表示认知意义的现实化因子的看法，并放弃对待自然语言量化的狭隘逻辑方法。

---

① 试比较，возможно 和 вероятно 这两个词在行为上的相似差别：Возможно, Петя уйдет, возможно — останется，这个语句是完全可能的，但是 Вероятно, Петя уйдет, вероятно — останется 是不正确的。这里原因也是类似的：вероятно 这个词，只能在根据说话人的评价，在可能性超过 50%时才能使用。

第二章 自然语言的"可能性"和情态逻辑

"Contrariwise", continued Tweedledee, "if it was so, it might be; and if it were so, it would be; but as it isn't, it aint't. That's logic"

Lewis Carroll

"С другой стороны, — продолжал Твидлди, —*если это так было, то это могло быть*; а будь это так, оно бы так и было; но поскольку это не так, то ничего такого и нет. Таковы законы логики".

Льюис Кэрролл

"正相反",特维德地接着说,"如果那是真的,那就可能是真的;如果那曾经是真的,它就是真的过;但是,既然现在它不是真的,那么现在它就是假的。这是逻辑。"

刘易斯·卡罗尔
（斜体字和翻译为我们所作）

　　如果 P 为真,由此可以得出 P 是可能的。这种推理在上面所列举的刘易斯·卡罗尔的童话《……镜中奇遇记》里的人物对白中有所反映,作为 ab asse ad posse 结论而闻名。这个结论是完全符合常识的。但是,它是否符合具有可能性意义的语言表述的使用规则呢？换句话说,如果确实知道 P,是否可以有充分理由说 P 是可能的,或 P 可能为真？

　　乍看起来,在这些情形下,可能性标记在自然语言中的使用至少是不恰当的。只有在说话人不知道 P 到底是否为真,或者甚至确切地知道 P 不为真的情况下,才能说出 P могло быть 这个语句。所以 Все могло быть иначе 这个句子听上去很自然,而 Все могло быть именно так（как и было）听上去却很奇怪。

Петя мог получить двойку... 这个语句后面不见得可以接:... и так и получилось；多数情况下，这里可能接下来会说... но, к счастью, его не спросили. 而且不见得会有如此迂腐之人，看到桌子上的苹果会说：Возможно, что на столе лежит яблоко.

总之，不仅 ab asse ad posse 推理在自然语言方面不是通用的，而且由语句 P 的真值几乎总是可以推出语句 P возможно 也是不恰当的。

这是否意味着，与逻辑中的"可能性"相比，语言中的"可能性"完全是另外一个样子？自然语言的使用者在自己的言语里使用具有"可能性"意义的情态标记时究竟想要表达什么？

1. 潜在性和或然性（本体论可能性和认识论可能性）

首先应当区分自然语言中的两类可能性语句。第一类语句指的是存在某种可能性的情境；第二类语句指的是存在某种情境的可能性（并且在这两类语句中可以使用相同的"可能性"表达手段）。用 Петька мог и соврать 这个例句的两种不同理解就可以轻松把说明这两类可能性语句的区别。

Петька мог и соврать, но решил сказать правду 这个语句指的是过去曾经存在过，但却没有实现的可能性。但是不管可能性有没有实现，它存在过的事实是客观成立的。这种可能性可以被称作本体论可能性或潜在性。

Если ли основания верить Петьке? Петька мог и соврать 这个语句认为说话人不知道 Петя 有没有撒谎，因此提出假设，即可能撒谎了。这种语句的合理性直接与说话人的认识状态有关。他指的是所分析情境可能实际上存在过（不知道他的推测有几分正确），而不是的确有过所分析的可能性曾经发生的情境。Петька, возможно, и соврал 这个语句表达的仅仅是这个意义。这种可能性被称作认识论可能性或者或然性。

在俄语中动词 мочь 用来表达这两类可能性。同时还有整整一系列标记用来表达唯本体论可能性或唯认识论可能性。譬如说，можно 一词和 иметь возможность 这个短语总是表示潜在性，而具有可能性意义的插入语（возможно, быть может 等等）表示或然性。

本体论可能性和认识论可能性标记的特点在于它们在语言中具有完全不同的地位。参与到某个命题中时，本体论可能性标记把命题变成一个情态化的新命题，该命题同初始命题一样，都可以从意义的真值角度来判定，可以参与到报道、疑问、祝愿等等不同类型的言语行为中。而认识论可能性标记参与到命题中时,其结果不是产生一个新命题,而是产生一种不确定的推测言语行为,对其进行真值判定是不适宜的。说 Петька имел возможность соврать 时,我告诉对方某个关于实际上曾经存在过的可能性的信息;说 Петька, возможно, соврал 时,我没有传达任何可靠的信息,而确切地说,是请对方把这种可能性考虑在内。本体论可能性可以归入到逻辑情态中,而认识论可能性归入到语用情态中。

本体论可能性和认识论可能性的时间视角也完全不同。本体论可能性在过去、现在、将来出现,或者具有超时性,至于认识论可能性,它是过去的、现在的、将来的或超时间情境的可能性,但是或然性本身"出现"在说出相应语句的时刻。本体论可能性的标记可以根据时间自由变化(或者说"变位")(можно было, можно будет; имел возможность, имеет возможность...),这并不是偶然的,而认识论可能性的典型标记不能随时间变化。本体论可能性可以出现和消失,试比较:В юности он мог не спать сутки подряд; Раньше можно было добраться до любой точки Москвы за полчаса; Если я стану доктором, я смогу (= у меня будет возможность) выписывать книги из-за границы. 认识论可能性完全与说话人在说话时刻的认识状态相关联,不能从"旁观者"的角度、从另一个时刻角度来看待这种可能性。如果某人推测 Возможно, идет дождь,然后看了一下窗外,发现不是那回事,那么他不能用下面的话描写这个情境:Прежде было возможно, что идет дождь, а теперь это стало невозможным[①]. 当认识论可能性存在时,表达或然性的俄语动词 мочь 的时态形式不是指认识论可能性出现的时间,而是指相应情境的时间关联性;动词 мочь 的变化(在认识意义上)对从属不定式无法随时间变化予以补偿。

本体论可能性和认识论可能性是有联系的:认识论可能性以本体论可能性的存在为前提。的确,只有 P 曾经为真,才能说 P 曾为真是可能的。如果 P 不曾为真,那么就没有任何理由说出关于 P 是否为真的不确定推测。

---

① 正如怀特[White 1975]所指出的那样,在十世纪这是可能的,例如,不带护照旅行,在二十世纪却是不可能的,但是不能说:В X в. было возможно, что система Птолемея верна, а в XX в. это невозможно(应该说:В X в. казалось возможным или даже достоверным...)。

2. 本体论可能性的逻辑分析

表达本体论可能性的语句内容可以借助情态逻辑工具进行描写。非情态化命题 P 的真值意义被认为与所分析的"情形"h 处于函项关系式中。用 H 表示函项 p(h) 的辖域。这时情态化判断 N_P——"p 是必然的"为真,当且仅当 $\forall h \in H[p(h)$ 为真];情态化判断 M_P——"p 是可能的"表示:$\exists h \in H[p(h)$ 为真]。"情形"本身可以用不同的方式加以解释:作为"指称空间"[Шмелев 1988a]、作为"可能世界"、作为"世界的可能状态(时间切面)"等等。

当"情形"集合一对一地与某个对象集合一致,并且"情形"可以解释为由相应对象明确界定的指称空间时,这种情境非常有意思。在这种情境下,情态化判断与包含相应集合量化的非情态化判断是等价的,例如,(1) В прямоугольнике катеты могут быть равны(直角三角形的直角边可能相等)= Существуют прямоугольники, в которых катеты равны.(存在直角边相等的直角三角形)。这种数学语言所特有的用法[Шмелев 1988b]不仅让人可以做出 ab esse ad posse 推理,还可以做出 ab posse ad esse 推理。换句话说,可能性的判断与存在的判断是等价的。的确,对于数学对象而言,潜在的存在和现实的存在是不加以区分的。

不过,这种用法不单单在数学中可能。(2) Профессора математики могут обладать большой лингвистической проницательностью 这个语句报道某些数学教授具有很强的语言学洞察力,而(3) Цветки сирени могут иметь пять лепестков вместо четырех 这个语句表示"某些丁香花有 5 个花瓣,而不是 4 个"。

有时,情态化语句与包含时间切面上量化的(这时"情形"可以解释为世界在不同时刻的状态)非情态化语句是等价的:Странные отношения в этом доме: все дружны и, однако, немного равнодушны друг к другу. Вечерами вдруг разбредаются кто куда. Но могут и собраться вместе(="有时聚集在一起")(Ю. Трифонов)。

这种或那种解释取决于从属于动词 мочь 的不定式归属于哪一个述谓类别,以及充当主体的名词短语的类型。譬如说,特里丰诺夫的例子具有"时间范畴"解释,这是因为述谓 собраться вместе 属于"偶然性"述谓,即具有时间定位性(尽管是不确定的)特点,而主体 все(в доме)不允许量化。相反,句例(1)、

(2)、(3)被解释为关于存在的判断,这是由于相应的述谓属于"性质"类(即不具有时间定位性特征),而主体能够加以量化。在主体和述谓具有多义性的情况下,句子从所分析的角度来看也是多义的,试比较 Дети могут быть очень жестокими 这个例子至少具有四种意义:

a)"Некоторые дети очень жестоки"(某些孩子非常残忍);

b)"(Все) дети иногда очень жестоки"[(所有)孩子有时非常残忍];

c)"(Эти) дети иногда очень жестоки"[(这些)孩子有时非常残忍]和

d)"Некоторые дети иногда очень жестоки"(某些孩子有时非常残忍)

这里我们撇开其他意义,比如"Детям позволительно быть жестокими"(孩子的残忍是情有可原的)[而对大人来说是不可宽恕的]。

相应的制约关系与此前分析过的名词短语和述谓的类型与量副词的时间解释或非时间解释之间的依赖关系完全类似。

然而,在日常语境中,"情形"更经常被解释为不一定具有现实存在的"可能性"。客观现实这时被理解为一种可能性的实现。ab asse ad posse 推理在这种情况下是合情合理的。某种东西存在的事实证明这是可能存在的。当索尔仁尼琴写道:友好的(或者甚至夫妻间的)、面对面的谈话或私人信件可以指"包含号召的宣传";而**号召**可以是个人建议(我们从"确实发生过"得出"可能,或许"这样的结论)"。他的推理不会引起质疑。不言而喻,相反的 ab posse ad asse 推理在这种情况下是不合理的,就苏联法学中使用这样的推理而引发的愤慨是正确的:"Надо в интересах посрамления всякой оппозиционной идеи признать за *совершенное* то, что только *могло* теоретически совершиться. Ведь могло же? — Могло... — Так надо возможное признать действительным, только и всего. Небольшой философский переход"(«Архипелаг ГУЛАГ»).

表面上看起来类似的(但也受到不少的指摘)还有这样的推理(以及在«Архипелаг ГУЛАГ»中所列举的):"'Могла ли произойти эта встреча? Такая возможность не исключена' — Не исключена? — значит *была*". 但是这里不是指本体论可能性,而是指认识论可能性,并且推理的不合理性不是与逻辑上的论据不足相关联,而是与违反无罪推定相关联,既然涉及到判罪。这种为了辩护人利益的过渡被认为是自然的,容许的:"...Трое других лиц лишь выразились, что могло быть влияние беременности, но не сказали положительно, что оно действительно было. Из этого вы выводите, что лишь один эксперт оправдал подсудимую положительно... Но ведь такое рассуждение ваше не верно... Довольно и того, что трем экспертам, очевидно, не хотелось оправдать подсудимую положительно, т. е. взять это себе на душу, но ... они ... принуждены были сказать, что 'действительно могло быть влияние болезненное в момент преступления'. Ну, а для присяжных ведь это и приговор: коли не могли не сказать, что 'могло быть', значит, пожалуй, и впрямь оно было" (Ф. Достоевский).

　　前面提及的本体论可能性和认识论可能性之间的联系恰恰是在司法推理中清晰可见。实际上,在司法实践中我们首先碰到的是认识论可能性,因为所有推理都是在对法官们感兴趣的事件一知半解的情境下进行的(这种不确定性在证人的供述中只是部分地消除了);另一方面,司法结论应该依靠客观逻辑,而逻辑工具只适用于本体论可能性;认识论可能性是说出语句的主体的意识,所以不能直接参与到逻辑推理中①。在不知道 p 是否为真的情境中,知道 p 的本体论可能性让人可以说出 может быть, p 这个包含认识论可能性标记的不确定推测,这种冲突因此得以解决。而如果 p 在本体论上是不可能的,那么任何有逻辑思维能力的主体都明白 p 不是真的,所以不确定的推测是不适宜的(因为没有 p 是否为真的信息是它的条件)。出自于陀思妥耶夫斯基的《作家日记》中的推理是很有特点的:" 'Хоть и редко-де бывают такие болезненные аффекты, но все же бывают; ну что, если и в настоящем случае был аффект беременности?' Вот соображение"。这里是典型的 ab asse ad posse 推理,从事实推出(本体)可能性,再从(本体)可能性推导出认识论可能性。而表达认识论可能性的语句,足以成为法庭以无罪推定为据的理由。陀思妥耶夫斯基接着写道:"И что в том, что могла выйти ошибка: лучше уж ошибка в милосердии, чем в казни, тем более, что и проверить-то никак невозможно"。

3. 本体论可能性的种类

　　ab asse ad posse 推理的合理性在情态逻辑中与"客观现实世界"属于"情

---

① 尤其是,客观分析不同主体的认识状态所使用的逻辑工具不适于描写认识论可能性,而表达认识论可能性的自然语言的语句总是与说话人的主观认识状态有关,并且不能客观化。

形"集合("可能世界")有关①。然而,远非所有不同种类的本体论可能性都要求以此为前提。p(在本体论上)是可能的这个判断,可以表示 p 实际上为真,或者 p 的逻辑可能性,对 p 而言不存在物理障碍,p 是法律所允许的,或者是不与情境参与者的道德准则相矛盾的等等。每一种本体论可能性都与确定某种事态的必然性、可能性或不可能性的"情形"集合切身相关。在这种情况下,同一个标记可以表示不同种类的可能性:在 X может двадцать пять раз подтянуться на перекладине 这个语句中动词 мочь 要求 X 有相应的体力,在 X может решить любую задачу 中则要求智力,在 Кто изменяет жене или мужу, может изменить и отечеству（А. Чехов）这个语句中要求不存在和性格特征相关联的障碍,在 Поэтом можешь ты не быть 中要求不存在和道德义务相关联的障碍等等。然而很明显,从 p 曾经为真,无论如何也不能推出对于 p 不存在和道德义务、权利、法律等等相关联的障碍这样的结论,即在该意义上,p 曾是(在本体论上)可能的(要知道,禁果是甜的,人们是在经验上得知的)。

根据逻辑传统,可以区分出真势情态和道义情态。真势情态与现实世界的客观潜势相关联,而道义情态与义务以及相应的规则制度对情境参与者的行为所提出的要求相关联。通常认为,现实世界明显可纳入到任一客观"情形"集合,而不是道义"情形"集合(被解释为符合该规则制度要求的"世界状态")。因此 ab esse ad posse 推理对于真势可能性是合理的,对于道义可能性则不是合理的。由足球运动员带球绕过对手可以推出他曾可以(曾有能力)带球绕过对手,但是从足球运动员用手抓住球却无论如何也不能推出他曾可以(并且曾有权)用手抓住球。

一般说来,真势可能性和道义可能性在逻辑上彼此独立。在另外一个(语用)意义上,道义可能性必须以真势可能性(例如,体力)为前提。比方说,尽管 Во все время рождественского поста разрешается вкушение рыбной икры 这个道义语句是完全可以被理解的,但是在受话人不具有利用该许可的现实可能性时,这个语句不见得是现实的。冯·赖特把这种道义语句称为"嘲笑许可"。

---

① 现代情态逻辑通常不是研究泛泛的"可能性"和"必然性",而是研究每一个单独"情形"的"可能性"和"必然性";判断 M_p 可能在一种"情形"下为真,在另一种"情形"下为假。为了在"情形"集合中完成对这一表达式的形式化而提出"可实现性"关系 $R(h1, h2)$。判断 $N_p(h)$——"P 在 h 情形下是必然的"为真,当且仅当 P 在 h' 的所有情形下都为真,即 $R(h, h')$,也就是当 $\forall h[R(h, h') \to p(h')]$ 时。判断 $M_p(h)$——"P 在 h 情形下是可能的"表示 $\exists h'[R(h, h') \& p(h')]$。按照这种做法,ab esse ad posse 推理是合理的,当且仅当"可实现性"关系是自反的。

有意思的是,在该意义上不仅某一行为具有道义可能性(许可)的语句,而且某一行为不具有道义可能性的语句(禁止),或者相反,具有道义必然性(必须性)的语句均要求以真势可能性为前提。在这方面,从幽默作家费利克斯·克里文的旅行札记中截取的这个片段很有趣:"О том, что пройти нельзя, пишут только там, где пройти можно. Чтоб мы почувствовали, не все то можно, что можно, кое-что из того, что можно, нельзя. Почему в театре пишут «Не курить» и не пишут «Не стрелять»? Потому что сигареты у зрителей есть, а патронов нет, так что они стрелять все равно не будут"(关于禁止通行,只写在可以通行的地方。以便我们认识到,并非一切可能的事情都是可行的,有些可能的事情是禁止的。为什么在剧院里写着"禁止吸烟",而不写"禁止开枪"? 因为观众有香烟,而没有子弹,所以他们也不会开枪)。

这些正确的观察结果完全符合道义逻辑认识(类似于冯·赖特制定的体系),按照这种认识,并非所有未被禁止的,都是自动获准的。在一些特定的情境中,某些行为根本就不具有道义地位。父母和未成年孩子的关系就是一类令人信服的例子,孩子不能想做什么就做什么,尽管并没有专门禁止他。他应该事先,譬如说,"请求获准"。

与此同时,在真势情态与道义情态之间不存在清晰的界限。如何理解以下例子中的动词 мочь("有可能"还是"有权"):

(4) Здесь можно купаться; Пешка, стоящая на второй горизонтали, может пойти вперед на одно или два поля; Те, кому исполнилось 16 лет, могут ходить на любые фильмы; Он мог ехать по льготному билету в любой конец страны; В свободной стране всякий может говорить что угодно?

例如,说话人自己意识到义务(道义可能性和道义必然性)和主体自身所具有的心理可能性和心理必然性之间存在差别,同时也要注意到这些概念的近似性,以至于在某些语境中无法在它们之间划出清晰的界限。在这方面,下面的这些注释是很能说明问题的,它们是茨维塔耶娃生平的当代研究者(И. 库德罗娃)给"не могу"和"невозможность"(+不定式)这些表述加上的注释:"В середине 30-х годов в Париже Эфрон пришел к своей давней близкой приятельнице и признался, что совершенно не знает, как жить и что делать: он влюблен в молодую женщину-и очень всерьез. 'Ну, а я знаю, что тебе делать ', — отвечала его решительная приятельница. Но Эфрон только покачал головой: 'Нет. Я не могу оставить Марину...' Есть и в одном из писем Цветаевой чешкого периода признание о 'трагической невозможности оставить С ". Двузначное выражение « невозможно оставить...'. Скорее всего, и у того, и у другого оно означало далеко не только долг или сострадание к остающемуся, оставленному, а невозможность для самого себя остаться без...". (30 年代中期，艾弗伦来到巴黎一位旧识的女友那里，并且坦白，他完全不知道该怎么活，该怎么做了，他爱上了一个年轻女孩，是非常认真的。"得啦，我知道你该怎么做"，做事果断的女友回答说。但是艾弗伦只是摇摇头："不行，我不能离开玛琳娜……"茨维塔耶娃在捷克时期的一封信中也有"难以离开 С"的坦白。"不能离开……"这一表述有两重意义。很可能，在这两个表述中它远不只是表示对留下来的人、被抛弃者的义务和同情，而是对自己而言没有……是不可能的)。

另一个情形是，在某些情况下，当似乎明显指客观潜势时，ab esse ad posse 推理不符合实际的语言运用。在言语中，常常只有那些现在或过去好像是可设想的，可被预料到的，才能被称作是可能的。所以，经常碰到的 Случилось невозможное 这个句子表示发生了某种意料之外或不可思议的事。在这个意义上，勃洛克的诗句 И невозможное возможно① 就没有矛盾了。答话 Не может быть! 作为对某个报道的回应，不是对所报道的事情（作为不可能的事情）加以反驳，确切地说，是表示惊奇和感兴趣。的确，按照严格的形式主义做法，这样的答话在逻辑上是很薄弱的。试比较茨维塔耶娃的语句，它可以作为 ab esse ad posse 推理的光辉典范：И вдруг — чудо! — быть не может! может, раз есть!

这个语句同样也反映出一种态度，按照这种态度，如果我们发现 P 为真，那么关于 P 不可能的一般抽象认识就不具有效力。的确，在实际运用中，我们经常碰到这种情况，人们根据自己关于相应情境是不可能的先验认识而否认显而易见的事实。然而在这种情况下，按照一般的看法，他们的推理是不符合常识

---

① H. 瓦连金诺夫援引 Ю. 皮亚塔科夫的句子，其中得出"把不可能的事情变成可能的"这一思想是布尔什维克主义的主要特点：Партия берет это дело в свои руки... С помощью этих планов мы сделаем невозможное возможным и в кратчайшее время станем сильнейшей индустриализированной страной в мире. 不过，这里真势可能性和道义可能性的某种近似性非常明显，所以瓦连金诺夫并不是偶然发现"……皮亚塔科夫的思路会导致得出既然一切都是可能的，那么也即'一切都是被准许的'这个结论"。

的。在讽刺性表达中，它们看上去是这样的：Этого нет потому, что этого не может быть, а этого не может быть, потому что этого не может быть никогда.

依据 P 的不可能性来说明 P 不存在，通常只是在谈论纯逻辑上的（分析性）不可能性时才这样做，这种不可能性直接与语句中所用语词的意义有关：Мятеж не может кончиться удачей. В противном случае зовут его иначе (С. Маршак). 在 E. 施瓦茨的剧本中，父王的答话也包含着关于国王这一主体与一系列述谓在逻辑上不相容的那些判断；这些判断显然（对于说话人）不会遭到经验事实的反驳：

Принцесса. Отец, ну хоть раз в жизни поверь мне. Я тебе даю честное слово: жених-идиот!

Король-отец. *Король не может быть идиотом*, дочка. Король всегда мудр.

Принцесса. Ну он толстый!

Король-отец. Дочка, *король не может быть толстым*. Это называется "Величавый".

Принцесса. Он глухой, по-моему! Я ругаюсь, а он не слышит и ржет.

Король-отец. *Король не может ржать*. Это он милостиво улыбается.

在下面茨维塔耶娃的推理中包含着对所选表达方式同样详细的说明（关于画家 Н. 冈恰洛娃的作品）："Раз повторяет вещь, значит нужно. Но повторить вещь невозможно, значит не повторяет. Что же делает, если не повторяет? Делает другое что-то. Что именно? К вещи возвращается".

然而，在这种情况下，这里说的不是要推翻所观察到的事实，只是对谈论它们的方式加以反驳。在所有其他情况下，只有本着前面所举的茨维塔耶娃答话(... Может, раз есть!)的精神，ab esse ad posse 推理才能被看成是逻辑上无可指摘，绝对令人信服的结论。因此，撇开关于"不可能的可能"这样自相矛盾的判断，我们可以认为，对于真势可能性（与道义可能性不同），ab esse ad posse 推理在逻辑上是正确的。

那么，从逻辑的角度来看，真势可能性和道义可能性的表现是不一样的。它们的区别在语言学上有多重要呢？

两种本体论可能性的表达手段在很多方面都是重合的。除了动词 мочь 以外，这里还包括，譬如 можно 一词。试比较：В такую погоду можно промочить ноги（真势可能性）；Когда человек знаменит, ему все можно（Э. Кестнер, К. Богатырев 译——道义可能性）。但是真势可能性和道义可能性的区分是有意义的，因为其中每一个都有专门的表达手段。对于真势可能性，是 способен, в состоянии 这类词，以及动词形式的潜在用法 Бутылка вмещает［＝"может вместить"（可以容纳）］0.7 литра；Справлюсь［＝"могу справиться"（可以胜任）］с двоими, а разозлить — и с тремя（В. Маяковский）；Он по-французски совершенно мог изъясняться и писал［＝"мог писать"（可以写）］和形容词（常常源于形动词）：достижимый, терпимый, горючий, транспортабельный 等等。разрешить, позволить 这些词是道义可能性的专门表达手段。

在某些类别的言语行为上，真势可能性和道义可能性的表现是不同的。道义可能性的存在通常有赖于特殊行为，即"许可"。所以道义可能性的标记在特殊的言语行为中，即准许行为中，具有施为用法的能力：Разрешаю...；Настоящим разрешается... 等等。在准许行为中，正如在许多其他言语行为中一样，不一定使用施为动词：试比较，动词 мочь（Можете идти）或者未完成体不定式〈Можно идти? — Идите；Делай, что хочешь；Я налью, а вы не пейте［＝ можете не пить（可以不喝）］①〉的准许用法。

因为道义可能性受制于给予"许可"的人，所以相应命题可以在对"控制人"发出的祈使言语行为中自由使用：Разреши...；Позволь...；再比较疑问句表示祈使意义的用法：Можно пройти（＝"позвольте пройти"［请允许通过］）。

表示真势可能性的命题在祈使言语行为中的使用要少得多，只在说话人具备"控制"情境的能力时用于祝愿：Пусть будет в силах вволю пить и еще более любить, но пусть любви от уваженья сама не сможет отличить!（Ю. Степанов），以及祈祷（因为实际上只有上帝才能控制真势可能性）：Дай мне силы...（＝"сделай так, чтобы я мог..."［这样做吧，使我得以……］）。

这样，道义可能性和真势可能性的区别在语言中反映出来。该区别并不总是十分清楚的，在许多情况下，正如我们所见，我们不能把带有本体论可能性标记的情态语句十分肯定地归入到这两类中的其中一类。而且由于真势可能性和道义可能性的内部还区分出不同的类型，所以问题变得更为复杂。譬如，对于道义情态，"以人为中心"和"以社会为中心"这两个标记的区别很重要（的确，

---

① В. А. 乌斯宾斯基的这个例子表明，В. С. 赫拉科夫斯基和 А. П. 沃洛京对否定－不定式形式总是表示禁止的解释需要进一步详细说明。

与道义必然性相比,道义可能性的区分更不清晰,试比较:"以社会为中心"的 положено 和 "以人为中心"的 велено)。对于真势情态,"主动"可能性(能力)和"被动"可能性之间的差别很重要。如果 P 应该是因有目的性的行为产生,那么就出现"主动"可能性,如果 P 是不可控的,就出现"被动"可能性。俄语中存在只适用于表示"主动"可能性的标记:способен, в состоянии 和动词 смочь。在这种情况下,相应的有目的性的行为发出者不一定与句子的主体一致。试比较:Только тогда словарь сможет выполнить свою задачу.

附注:有时人们认为,完成体动词 смочь 的用法是一种创新,不符合标准语的规范。我们提一下德赖登(Сим. Дрейден)所援引的 К. 楚科夫斯基的观点:К. 楚科夫斯基不能忍受 "смог","смогли"这些构词。他断言,俄语里的动词 мочь 没有完成体。他要求说:"Я к вам вчера прийти не мог"。他说:"嗯,要是将来时,смогу 还勉强。但是过去时,只能用 мог",以及 В. Я. 拉克申所援引的 И. С. 索科洛夫-米基托夫的语句:«Мы сможем вам помочь...» — сказал пришедшая делать ему укол медсестра. «Может», а не «сможем», — буркает после ее ухода Иван Сергеевич. И обращается ко мне: «сейчас в ходу это «сможем»... «Мы сможем построить...» А русскому человеку хвастовство чуждо... 然而,实际上在俄罗斯古典文学中动词 смочь 的过去时和将来时是自由使用的。试比较:Удостоверясь, что медведь убит, стал тащить его из берлоги, но не смог (А. Пушкин); Если я не смогу идти далее, то покинь меня здесь (М. Загостин); Для себя не умеющий-для другого смог (М. Цветаева).

在某些情况下,动词 смочь 确实可以替换成 мочь(试比较:Я рад, что смог / мог вам помочь),但是这样的替换常常把语句的意义完全改变了,试比较:Иван смог выиграть (蕴含"Иван выиграл")和 Иван мог выиграть(没有这样的蕴含意义。而且,如前所述,如果伊万没有抓住机会,即 не смог выиграть,那么这个语句更恰当)。在过去时中,смочь 是蕴含动词(卡图南的观点):X смог сделать Y 蕴含着"X сделал Y",而 X не смог сделать Y 蕴含着"X не сделал Y"。在将来时中,смочь 则不具有这种蕴含特性。试比较:Если я стану доктором, то я смогу выписывать книги из-за границы. — А будешь? — Не важно, существенно, что у меня будет эта возможность.

回到真势可能性和道义可能性的变体上来,需要指出,它们的数量实际上是无穷的。道义可能性和道义必然性可以由道德、权利、上级要求来决定;真势情态的种类更是各种各样,并且可能相互矛盾。从 X 具备做 P 的一般能力(因此,具备这种可能性)加上 X 有意愿做 P 并不能推导出对于 X 而言此时此刻有做 P 的可能性。因此,安德烈·别雷在自己谈论勃洛克时说(由茨维塔耶娃转述):Я не могу писать! Я должен стоять в очереди за воблой! Я писать хочу! Но я и есть хочу! ——不言而喻,不是指自己主观(一般)不能写作(在稍前部分,他讲过:Я писатель русской земли!... Я написал "Петербург", ——等等)。他说的是客观障碍,这是当时无法写作的具体原因。

在必要时可以进一步明确到底指的是哪一种真势情态。试比较:"Подчинение исламу активной части христианского мира в Средние века было бы великим и, по счастью, невозможным бедствием. Под невозможностью я разумею здесь не отвлеченно-логическую (отчего бы, отвлеченно говоря, с целью Европою не могло случиться того же, что случилось с Западною Азией, Северною Африкой и юго-восточным краем той же Европы), а реально-историческую, зависевшую от жизненной крепости западных и северных христианских народов..."(Вл. Соловьев). 再比较借助于相应限定词的理论可能性、实际可能性、道德伦理可能性等等的区别: Я его органически не могу выносить; Писать тебе у меня не было физической возможности; Это можно лишь теоретически, а практически нет 等等。有时通过使用不同的述谓来区分可能性的种类[试比较,前面提过的特殊标记: быть способным, иметь возможность ——对于真势可能性(不可能性)和 иметь право, не сметь 等——对于道义可能性],例如:... но страдания своего растерзанного ребенка она не имеет права простить, не смеет простить мучителя (Ф. Достоевский); Есть ли во всем мире существо, которое могло бы и имело право простить? (Ф. Достоевский).

然而,在许多情况下,使用没有进一步具体化的通用述谓 мочь, (не) возможно, 或者是因为根据语境,这种具体化是自明的,或者是因为就该情形而言,这种具体化是不重要的。况且,即使在本体论可能性两个最为对立的变体方面,即真势可能性和道义可能性方面,应该说,这更多是[什梅廖夫 1973]意义上的"语义漫射性",而不是多义性。语句完全正常也可以证明这一点,在这些语句中,同一个情态表述同时表示两种可能性(不可能性),而且它们的区别只有在专门分析后才能感觉到,而对于普通的受话人(不是语言学家,也不是哲学家),实质上可能没有什么意义。试比较,茨维塔耶娃的一段话: К чему лукавить? Да к тому, чтобы торжествовать! А торжествовать — к чему? А вот на это, действительно, нет ответа для Татьяны-внятного, и опять она стоит, в зачарованном кругу своего любовного одиночества, тогда — непонадобившаяся, сейчас-вожделенная, и тогда и ныне-любящая и любимой быть не могущая.

还原逻辑分析揭示出最后几行中的两个命题的相容性：

1) 那时 p 不是真的，所以 p 是不可能的；

2) 如今 p 是真的，p 仍是不可能的，

此处 p —— "Татьяна любима Онегиным"。

对于前一个命题，一般说来，不排除道义解释，但是，无论是作者，还是可能的受话人，都十分清楚，这里指的是心理可能性（奥涅金那时的冷淡），即非道义可能性。对于后一个命题，道义解释是唯一的可能（不仅仅是因为我们记得：Вы должны... меня оставить; я другому отдана; Я буду век ему верна），而且是因为反之则会出现直接矛盾：p & (真势上) p 是不可能的。这样一来，我们发现，包含真势可能性和道义可能性的两个命题："那时 p 不是真的，所以（真势上） p 是不可能的 & (如今) p 是真的，但（道义上） p 是不可能的"容许并列缩写。这指示出漫射性，而不是多义性。

对于真势可能性而言，起作用的是 ab esse ad posse；而对于道义可能性，这种推理则不适用，不管怎样，这两类本体论可能性之间的区别仍然具有语言学上和逻辑上的重要意义。

上述内容可以说明一个事实，即在 p 明显为真的情境中，"p 道义上是可能的（被准许的）"这个语句是恰当的，而"p 真势上是可能的"这个语句却常常是不恰当的。换句话说，如果知道 X 做了 Y，我们就可以讨论，X 是否有权做 Y，但是报道 X 曾有能力做 Y 通常是不适宜的（因为这不提供任何信息）。而如果我们说"p 真势上是可能的"，这就意味着（根据格赖斯的量准则）我们不知道 p 是否为真，或者甚至确切地知道 p 不为真。换句话说，"p(真势上)是可能的"以"非 p(真势上)是可能的，并且说话人确切地知道 p 为真是不可能的"作为言语隐含义。阿尔别宁赢回了大公输掉的钱，兹韦兹季奇大公对其表示感谢的答话"Но проиграться вы могли"是恰当的，正是因为大家都知道阿尔别宁没有输。在该情境下，Вы могли выиграть 这样的语句就是不适当的（尽管也不为假）。

不过，"p & M_p"这种自然语言的语句并不是绝对被禁止的。在一些特殊的条件下，有关某些事件的可能性的判断可以完成特殊的交际任务，这种判断直接跟在有关该事件发生的报道之后。因此，如果我们听到下面列举出来的语

句(5—6)的顺序,那么语句(6)的不含信息性、貌似多余性就会让我们产生这样的念头,即说话人在说完(5)后说它,是想要表达(以间接方式)某种补充涵义。在这种情况下,最有可能的是,在语句(6)中我们可以解读出其字面上所不包含的涵义"Теперь Х-а смутить невозможно"(现在让 X 发窘是不可能的):

(5) Это смутило Х-а.

(6) В то время смутить его было можно.

试比较,在内容上和结构上都类似的现实文本,其中最后一个句子已表示出前面提到的"补充涵义",而且是借助于和 еще 一词相联系的规约(而不仅仅是言语的)隐含义:... А насмешливый голос звучит, и каждое слово больно стегает С. ... Этот неожиданно возникший в стенах Института голос поразил и смутил того, к кому обращался. В те годы смутить С. еще было возможно (Н. Ильин).

很明显,在刚刚列举的文本中没有任何的多余性和语用上的不适当性。

前面说到的隐含义["p(真势上)是可能的"可以引发这样的想法,即"非 p 是可能的",或者"说话人认为非 p 是可能的",或者甚至就是"非 p"为真],和所有的言语隐含义一样,在相应的语境中可能会被消除。试比较,例如:То, что крестьяне во все это могли и должны были верить, очень понятно. Потому: баре, бояре, они завсегда и отбоярятся-все логично (С. Рассадин). 再比较以下结构,诸如:p не только возможно, но и необходимо 或者 p не только может быть, но и есть. 下面这些语句也可以作为例证:Но может ли это сознание перейти в дело? Не только может, но отчасти и переходит (Вл. Соловьев); Разве не может быть стихотворение, которое одновременно и анапест, и тактовик? Не только может быть, но непременно так и бывает ("непременно"——对俄语而言)(М. Панов).

在 Я рад, что мог вам помочь 这样的语句中也没有"说话人知道 p 为真是不可能的"这种隐含义。这个语句与 Я рад, что помог вам 几乎是等价的。而且,Я рад, что мог вам помочь 这个形式被认为是更礼貌的说法。这是因为,用 Я рад, что помог вам 这个表述,说话人强调自己的功绩,为自己的行为而感动;而用 Я рад, что мог вам помочь 这个表述,说话人让人认识到善意是油然而生的。此处的快乐是因为这种善意的呈现未受到阻碍而产生的。而如果谈论的是他人对说话人施与的帮助,快乐的理由首先是善意的存在,因此更恰当的说法是：Я рад, что вы помогли мне, 而不是？ Я рад, что вы могли мне помочь. 在这种情况下，只有可能性的存在并不能保证施与帮助；包含动词 мочь 的结构看上去是正常的，例如，在 Мне жаль, что он мог мне помочь, но не пожелал 这样的语句中①。

不言而喻，当可能性的自然语言标记用于"量化"意义时（对象或时间的量化），所指出的 p возможно 这种语句的言语隐含义暗指："说话人确实知道 p 不为真"消失了。当索尔仁尼琴说"Художник никому ничего не должен, но больно видеть, как *может* （被索尔仁尼琴标记出来——作者注）он, уходя в своесозданные миры или в пространства субъективных капризов, отдавать реальный мир в руки людей корыстных, а то и ничтожных, а то и безумных"，很明显，他"больно видеть"（痛苦地发现）的不是"可能性"本身，而是这种可能性实现的情形，当某些作家的的确确"отдают мир"（把世界交到）自私的、微不足道的或狂妄的人们手中。在下面的例子中动词 мочь 也具有类似的"量化"意义：Дорогой покойник мог часами нести ［="часами нес"］всевозможный вздор, но так, что все жадно ловили каждое его слово (М. Алданов).

这样一来，带有动词 мочь 的语句经常具有双重意义：它们可以表示可能性确实存在，即具有可能性没有实现的言语隐含义，或者相反，表示已发生的事实确有其事。为了解决多义性，可以使用表示可能性未曾实现的假定式，试比较：Он мог бы снять лучший театр Парижа, и люди съехались бы со всех концов земли, чтобы в последний раз послушать Листа (М. Алданов).

因此，所分析的带有真势可能性标记的语句隐含义常常被抹消，所以（特别是）应该把他们看作是言语（而不是规约）隐含义。它们由于一般准则而产生，即是量准则的结果。弱语句具有隐含义；强语句是不可能有的。这样，当说话人确实知道 p 为真，使用真势可能性（而不是相应命题的假！）标记是不恰当的，这并不能驳倒自然语言的 ab esse ad posse 规则，反而恰恰还可以用该规则来解释。

这个规则在道义可能性方面也起作用。можно（或 можешь）сделать Y 这

---

① 试比较，非常接近的一个例子，其中 мог 表示 сделал:«крамольная» строчка Был сын толпы и демогог. Неужели Аполлон Григорьев мог назвать Иисуса Христа демогогом (т. е. тем, кто прибегает к демагогии, обману, лживым обещаниям и лести)? Представьте себе, как вам это ни странно может показаться, мог, потому что слово **демагог** еще во 2-й половине XIX в. значило совсем не то, что сейчас. ([Н. М. Шанский]；标记是作者加上去的).

个语句具有"不一定做 Y"的隐含义(因为"必定性"或"道义必然性"比"道义可能性"要强),试比较,例如:Ну, что ж! Если вам не угодно быть прелестью, ... можете не быть ею (М. Булгаков)。这个隐含义同样也可以抹消:Не только можно, но и должно...①

4. 认识论可能性

如前所述,具有认识论可能性意义的语词(首先是插入语 возможно, быть может 等等)不是把非情态化命题变为情态化命题的参项,而是话语语旨力的标记。它们表示,相应的命题用作猜测(假设)言语行为的组成成分,并且不能用于其他类型的言语行为,像报道、疑问、命令、请求、许诺等等。"从旁观者的立场"猜测通常是借助于 предложить, высказать предположение, высказать мысль, предложить подумать о... 等等这些动词来量化的。

猜测言语行为的成功条件是:说话人不知道实际的事态是什么样的,而其目的是建议言语受话人考虑合乎所提出假设的可能性。这类言语行为的言效可能是不同的。如果言语受话人不知道实际上事情是怎样的状况,那么他只不过是注意到这种可能性,并且在今后把它考虑在内。而如果他知道实际的事态是怎样的,那么根据言语合作准则,他应该告诉受话人,而不能让受话人处于不知情的境地。在后一种情况下,猜测所预期的言效和疑问是一样的。这时在书面文本中在相应的句子末尾应划上问号。然而,正如 С. 查查 [Žaža 1981] 发现的那样,不能把它们当作是真正的疑问句。特别是,与(一般)疑问句不同的语调也可以说明这一点②。

当相应命题的真值取决于言语受话人时,猜测言语行为是作为请求、劝告或建议来使用的:Может быть, ты сходишь за хлебом?; А может быть, тебе стоит уйти на пенсию?; Может, не будет обсуждать этот вопрос? 通常置于这

---

① можно и должно 这种结构并不总是弱断定和强断定的结合。有时这是两种情态的结合:真势 можно 和道义 должно 的结合。试比较,出自于索尔仁尼琴作品的两个相似的例子:a) Писатель может многое в своем народе — и должен; b) И рот ваш не заткнут. И вам можно и непременно надо было бы кричать.

② «Вы умрете другой смертью». — «Может быть, вы знаете, какой именно?» — с совершенно естественной иронией осведомился Берлиоз (М. Булгаков),试比较,问题本身的另外一种重音廓线,在该情境下也是可能的:Вы знаете, какой именно? 还要指出,布尔加科夫的例子中所谈论的讽刺在疑问句中不见得是适当的。

些句子末尾的问号不应引起误解,即我们在这里碰到的不是"表示祈使意义的疑问句"。我们注意到,俄语中疑问句用于祈使意义是规约性的,它们都包含着否定词(参见 III. 4):Ты не сходишь за хлебом?; Ты не мог бы сходить за хлебом?; Не уйти ли тебе на пенсию?; Почему бы тебе не подать заявление об уходе?; Не отказаться ли нам от обсуждения этого вопроса? 这里用作请求的不是问话,而是假设和推测,这恰恰可以解释为什么在所分析过的例子里没有否定词。

在所有使用假设和推测的情形下,说话人的不确信性是共有的。说话人不具有所猜测命题内容在真值方面的信息,这是使用这种言语行为语旨力标记的必需条件(或者,认识论可能性标记也是如此),因此相应的含义可以被看作是相应语句的规约(而不是言语)隐含义。正如任何一个规约隐含义一样,它不可能被抹消:не только быть может, но и точно 或者 тем более может быть и точно 这些结构是不可以的。如果有人想要说,不应仅限于猜测,也可以做出更直言的判断,那么他可以借助于包含其他连接词的结构,即 не может быть, а точно 来表示这种想法。换句话说,猜测并不是比直言判断还要弱的语句,这只不过是两种具有不同成功条件的不同言语行为。认识论可能性的标记不是把非情态化命题变为情态化命题(和本体论可能性的标记一样),而是允许把命题用作猜测言语行为的组成部分,这一事实可以解释,特别是,Е. Р. 约安涅相[1989]所指出的这些标记在命题态度动词起作用的领域中的"非引文"用法是不可能的原因:* Я знаю, что Петя, возможно, уже уехал; * Я думаю, что он, может быть, выступит. 认知情态标记可以"挂靠"在任何一个命题(包括情态化命题)上的能力及其功能作用特点也与此相关联。

当说话人确实知道 p 的真值时,使用包含命题内容 p 的猜测是不适当的,与 p 本体论上是可能的这种判断的不适当性相比,这种不适当性完全由其他因素决定。如果包含本体论可能性标记的判断的不适当性由言语交际一般准则(量准则)来决定,那么猜测的异常就是由相应情态标记的使用规则推导得出的。

如果说话人确实知道 p 为真,他就只有在位移同理心的条件下才能使用认识论可能性标记。当说话人不太客气地将言语受话人"置于原位",强调受话人没有权限评价与说话人有关的事情时，这种情形就可能发生①。这种表达方式在社会上是被赋予了某种色彩的，它具有一点"闹意见"的色彩（特别是，左琴科的人物经常使用这种手法）。使用言语蛊惑手法，说话人让人认识到，受话人评论的是他自己一无所知的事情，因此在这种情况下就没有注意到某种显而易见的可能性。这种可能性也要求以他的注意力为前提，所以在这里，总的来说，目的与其他情形下的猜测语句一样。

5. 结论

我们做出以下简要结论。

俄语中的"可能性"分为"本体论可能性"（潜在性）和被我们约定性称作的"认识论可能性"（或然性）。本体论可能性标记的意义借助于情态逻辑工具可以在某种程度上适当地表现出来。认识论可能性标记的用途是纯交际性的，用来表述猜测言语行为或假设。

可以把本体论可能性分为不同的种类，同时要认识到，相应的区别在语言学上并非对于所有用法而言都是重要的。在我们看来，真势可能性和道义可能性的区别是最重要的。只有对于真势可能性，世界的实际状态才被纳入到所分析的情形之列。因此，对于真势可能性，起作用的是 ab esse ad posse 规则，该规则可以用茨维塔耶娃的 Может, раз есть! 推理来阐释。我们再列举一个这种推理的例子：Пушкин из всех женщин на свете любил свою няню, которая была не женщина. Из «К няне» Пушкина я на всю жизнь узнала, что старую женщину можно любить больше, чем молодую (М. Цветаева).

无论从常识的角度，还是从逻辑的角度，这都是无可指摘的推理，并且几乎

---

① 在其他情形下，属于第一人称的对可能性/不可能性的认识判断是适当的，如果不是评价事件的可能性本身，其中说话人曾经是（或目前是）情境的参与者，譬如，在评价行为本身的情形下（说话人可能对此行为并不确定），或者在对他的感觉加以某种量化的情形下（例如，在内省时）等等：Неосторожно, быть может, поступила я (А. Пушкин); Я, может быть, не так себя вел（安德烈·别雷转述茨维塔耶娃的话）; Я вас люблю любовью брата, а может быть, еще сильней 等等。在另一些情形下，说话人不可能不具有关于事实的准确信息。对于这些事实，使用认识标记被看成是异常的，就连使用具有高度确信性，甚至完全确信性意义的标记也是如此。这样在《Пушктн в жизни》这本书中韦烈萨耶夫所援引的对话里，丹杰斯的回答不仅从道德角度来看是不礼貌的，而"дело теперь прошлое, жил ли он с Пушкиной?"—"Никакого нет сомнения', — отвечал тот"，且从语法角度来看也是不得体的："Соболевский рассказывал, что виделся с Дантесом, долго говорил и спорил"：大概，这里的问题在于对法语 sans aucun doute 的翻译不能令人满意，其用法类似于俄语里的 конечно, разумеется，既可以用在猜测言语行为中，也可以用在确认（证实）言语行为中。

就是一个逻辑三段论：

  Пушкин любил няню ("из всех женщин на свете").

  普希金喜欢奶娘("在世界上所有女人中")

  Няня Пушкина — старая женщина (≈"не женщина").

  普希金的奶娘是一个老妇人(≈"不是女人")

  Ситуация, когда старая женщина любима (больше, чем молодая) возможна.

  老妇人被喜欢(比年轻的女人还要被喜欢)的情境是可能的。

  这种 ab esse ad posse 推理对于自然语言是很典型的。

  有关某种情境的可能性或不可能性的任何一种抽象观点在分量上都不能与 ab esse 论据相提并论。戈尔费里德在论涅克拉索夫的《俄罗斯女人》一书中对那些"评论诗人意图本身的合理性和不同情节的可能性"的文学批评表示嘲讽，并且接着写道"ab esse ad posse valet consequentia, 某处有沃尔贡斯卡娅公爵夫人的真实回忆，它们是涅克拉索夫熟知的……关于这些，不见得有谁能从这些文艺批评中料想到"。

  在实际推理中也能碰到由必然性到现实性的明确推论(更经常是以"从非 p 的不可能推出 p"为真这种形式)。试比较，С. 拉萨金的论战意见，他反对把苏霍沃-科贝林描绘成一个"精湛的业余爱好者，要不是被拘捕了，或许就也不会拿起笔来写作"("图什么？如果没有理由苦闷，也不苦恼无事可做的话？……")：Что до ареста, он как известно, был. Была, не могла не быть и тоска. Не было случайности. Не было безделья. Не было дилетанта.

  提取出来的句子是典型的由必然性到现实性的推理，不仅在逻辑上是正确的，而且实际上也是恰当的，因为是在不知道的情境下说出来的。否则两个判断("была тоска"或"не могла не быть тоска")中就会有一个看起来是多余的。

  在实际推理中，有时(在一定的情境中)也使用一些从形式逻辑来看错误的推理。

  譬如，无罪推定容许，甚至规定做出 ab nescire ad non esse "从不知道推出不存在"这样的结论。

  确定某种事态的抽象可能性后，接下来就把该事态作为某种明显为真的事态来谈论，这时在抽象科学中有时使用 ab posse ad esse 推理。它在关于数学对象的推理中被认为是合理的，对数学对象而言，没有潜在和现实存在的区分，所以证明经过任意三点可以画圆就是证明对于任意三个点来说,存在一个经过它们的圆。但是,譬如说,对于词源学家或者历史辞典编撰者,这种过渡看起来是根本没有什么道理的,试比较,Т. 菲利波夫的批评性意见:"这又是轻微的 ab posse ad esse,我们在布斯拉耶夫解释 притча(讽喻)这个词的时候就碰到这种情形了"。这种过渡在证明被告无罪时是根本不容许的(尽管,如我们所见,在现实中能碰到)。因此,从逻辑角度来看错误的 ab posse ad esse 推理,在一般情况下对于实际推理是不适用的。试比较,索尔仁尼琴对"все в лагере против лагерника, а вот врач-один может ему помочь"这种观点的回应:"Но может помочь еще не значит: помогает. Может помочь, если захочет, и прораб, и нормировщик, и бухгалтер, и нарядчик, и каптер, и повар, и дневальный-да много ли помогают?"。

只有当认识论可能性以本体论可能性为基础时,假设和猜测才能参与到推理中。我们在司法实践的分析中碰到过这种情况。

可能性的不同种类在语言中具有类似的表达手段。这使它们可以用于不同的语言游戏。

这其中包括一些简单的双关语,就像索尔仁尼琴的剧本《鹿和小窝棚》中的:врачу Мерещуну начальник полярного пункта предлагает отправиться «в областной город без конвою на неделю», и, когда он выражает согласие при помощи клишированного оборота Это можно(这里 можно 是"以人为中心的"道义可能性的标记),ему говорят: «Не то, что можно, — никак нельзя! Но-сделаем»(这里 нельзя 同时表示"以社会为中心的"禁止和真势可能性,所以 сделаем 指的是"сделаем невозможное")。在前面援引的克里文的旅行札记的片段中表现出一种特殊的语言游戏类型:Не все то можно, что можно, кое-что из того, что можно, нельзя.

还可能存在一种更有意的包含可能性语言标记的游戏,就像《爱丽丝镜中奇遇记》的片段中,题词正是出自于此:«Как вы думаете, не собирается ли дождь?» Твидлдам раскрыл большой зонт над собой и над своим братом и посмотрел наверх. «Нет, я не думаю, — сказал он. — По крайней мере не здесь. Никоим образом». «Но дождь может пойти снаружи?» «Может — если захочет, — сказал Твидлди. — Мы не возражаем».

同样,布尔加科夫的剧本《疯癫的茹尔金》中茹尔金和哲学家潘克拉斯的对

话是一个极其巧妙的例子:

  Журден.   Видите ли... я влюблен... Что вы по этому поводу скажете?

  Панкрасс.   Скажу, что это возможно.

  Журден.   Очаровательная женщина!

  Панкрасс.   И это возможно.

  Журден.   Мне хотелось бы ей написать любовную записку.

  Панкрасс.   И это возможно. Стихами или прозой?

  Журден.   Не стихами и не прозой.

  Панкрасс.   А вот это невозможно.

  Журден.   Почему?

  Панкрасс.   Существуют только или стихи или проза. Никак иначе ни писать, ни говорить нельзя.

  问题在于,作为对信息回应的答话 возможно,通常表示认识论可能性,而且是不太礼貌的,因为表示出不信任:尽管做出了信息通报,但说话人仍然是处在不知道的认识状态。我们起初正是这样理解潘克拉斯答话的。但只有他的结语性答话才显示出,前面答话的所有内容都归结为指出茹尔金的话语在逻辑上是不矛盾的。

第三章 "必须性"语义场中的"义务"概念

大量的哲学和道德伦理著作是关于义务概念的，这些著作旨在表明什么是人的义务，并说服读者履行这个义务。本文的对象是关于"义务"的朴素－语言概念，这种概念是使用俄语中的相应名词重构的。

1. 必须性语义场

为了确定义务在必须性语义场中的位置，我们来分析一下该语义场的构建。根据认识论情态和本体论情态的一般区分，具有必须性意义的俄语语句可以分为两类。这里指的是认识论上的必须性和本体论上的必须性。

具有认识论必须性意义的语句表示对于说话人不具有任何直接信息的情境的假设。должно быть, наверно, несомненно 这类插入语通常用作认识论必须性的标记。它们的选择取决于，说话人是否认为他作出假设所依靠的间接论据对于一个确信无疑的结论是充分的[Яковлена 1989]。认识论必须性意义的描写与其说是借助于语用标准，不如说是情态逻辑手段。

本体论必须性语句指的是某种"必须性"为真的情境，即：如果相应的命题在与该情境相关的所有"情形"下都为真，那么对本体论必须性的判断也为真。根据相关情形的集合是如何确定的，可以区分出两种本体论上的必须性。真势必须性和道义必须性。真势与现实世界的客观潜势相关联，道义必须性与规范和非规范行为相关联。真势必须性可以被看作是逻辑必然性的对应物。然而不同的是，真势必须性的自然语言判断通常不是要求相应的命题在所有理论上可能的"情形"下为真，而只是在"合乎规律"的情形下为真（特别是这还涉及到诸如词位 должен 这样的标记）。所以像 Стакан должен был разбиться при падении, но чудом остался цел 这样的语句是可以的。在必须性的形式逻辑解释中，该语句就会是矛盾的：должен был разбиться 就会表示"不可能不碎"。由于词位 должен 的这种特性，在许多情况下，包含这一词位的语句在语用上与认识论必须性语句近似：При падении с такой высоты стакан должен был разбиться → "多半碎了"。只有谈到说话人确实知道某事，或数学真理，或分析判断时，带有词位 должен 的真势必须性语句和认识论必须性语句的区别才会明显地表现出来：Так и должно было случиться； Если это равнобедренный треугольник, его медиана должна совпадать с высотой； Какая же это кружка? У кружки должна быть ручка（И. М. 科博泽娃和 Н. И. 劳费尔[1991]注意到，最后一类例子中词位 должен 是作为真势必然性的标记起作用）。在这种情况下，认识论必须性的标记自然是不适当的。

真势必须性的那些标记，诸如 необходимо，неизбежно，обязательно，непременно，с необходимостью，更多是与逻辑必然性的意义近似。其中每个标记的特性都是语言行为的某些特点。необходимо 这个词通常用作述谓，并且接不定式或者连接词 чтобы 引导的从句（необходимо 的副词性用法主要在数理逻辑的习惯用语中会碰到）。对于 неизбежно 这个词，其述谓性用法和副词性用法同样是很典型的；对于 обязательно 更典型的是副词性用法，而对于 непременно，副词性用法是唯一可能的用法。在副词性使用中，所分析的这些标记可以与永恒性述谓、假定式（除了 неизбежно）和命令式的述谓，以及将来时的述谓自由搭配，而为了表示过去的真势必然性可以使用这些标记和 должен был 这个参项的搭配：Он неизбежно приедет； Он неизбежно должен был приехать，而不是：* Он неизбежно приехал（不过，在普希金的句子中遇到过：И то, что дозволяешь нежно, и то, что запрещаешь мне, все впечатлелось неизбежно в моей сердечной глубине, 但这种用法是旧的用法）。

2. 义务是道义必须性的标记

义务概念属于道义必须性领域。以 Учителям должны повысить жалованье 这个句子真势必须性和道义必须性的区别的两种解释为例来说明。在真势解释下，语句可以理解为关于决定提高教师薪水的报道，所以如果事件合乎规律地发展下去，薪水就会提高。在道义解释下，语句报道的是，按照说话人的评价，支付给教师的薪水太少，因此应该予以提高。有趣的是，所指出的多义性在具有命题态度动词的语境中得以解决：Я знаю, что учителям должны повысить жалованье（真势解释）； Я считаю, что учителям должны повысить жалованье（道义解释）。

在下面的例子中①,讽刺效果因真势必须性冒充道义必须性而产生: Он — царский министр и поэтому обязан быть глуп, туп, бессловесен и пуглив, — а Риттих нарушил весь кодекс (А. Солженицын). 大臣必然是愚蠢的等等这个规律在这里作为记录在某个"法典"中的规范呈现出来。

我们来分析一下道义必须性的其他标记中可以进一步明确"义务"概念的位置的那些参数。

首先,从有/无确定必须性的目的这一角度对必须性的标记加以区分。譬如说,在出自于施瓦茨剧本的名句 Детей надо баловать — тогда они вырастут настоящими разбойниками② 中, вырастить детей "настоящими разбойниками" 这个目的的存在可以确定必须性。该区分是有条件的必须性和无条件的必须性这个一般区分的个别情形。例如, необходимо 这个词用作有条件的必须性的标记(对什么是必须的?),而 неизбежно 是无条件的。在与"内部形式"完全一致时, необходимо 表示无法绕开的、向既定目的发展的条件,而 неизбежно 表示无法避免与既定目的无关的某件事情,(试比较, И. 格列科娃小说中的一个语句: В коллективной научной работе разговоры не только неизбежны, но и необходимы). 说 необходимые условия (必须条件)和 неизбежные последствия (必然结果)绝非偶然。

在包含有条件的必须性意义的语句中,不同种类情态之间的界限被抹消了。譬如说,关于达到某个目标所必须的条件的判断可以被看作是对那些给自己提出目标的人的规定,所以真势情态和道义情态是相容的③ (Если хочешь быть здоров, надо закаляться). Надо быть исключительной дурой, чтобы совершить такое преступление перед отечественной литературой (Н. Глазков). 这样的语句是关于真势必须性的报道,但是在已知"преступление"已完成的情境下,该语句在语用上与认识论必须性语句是等价的($\approx$ Она, несомненно, исключительная дура, раз совершила такое преступление).

义务表示无条件的必须性,不要求其他的功利目的,试比较: Чтобы похудеть, необходимо соблюдать диету; Если ты хочешь похудеть, ты должна соблюдать диету, 而不是: * Если ты хочешь похудеть, твой долг

---

① 这个例子在已提到的科博泽娃和劳费尔的论著中也有提及。
② 这里产生一种幽默效果,这是因为力求达到指定目的的必须性远不是显而易见的。
③ 试比较冯·赖特的技术规范和假设命令式的概念[1986]。

соблюдать диету. 所以义务完全处于道义情态领域,义务感总是道德谴责,出于内心的驱使而听从于它,并不是为追求某个目的或是期待某种奖赏。履行义务本身就会得到一种道德上的满足(试比较: с сознанием выполненного долга)。

由于建立规范这一特殊行为,大多数道义必须性随着时间的推移而出现。冯·赖特把这种规范称为正面的规范。对行为及其确立者(приказ, распоряжение, предписание, команда, повеление 等等)的语义分析对于显示各种各样的正面规范可能是有用的。特别是,可以区分以人为中心和以社会为中心的规定(试比较 велено 和 положено 的差别)。Е. 博奈尔的《后记》一书中所引用的一段对话是很有特点的: Дело ваше к рассмотрению я принять не могу. — Почему? — Не могу. — Тогда дайте письменный мотивированный отказ, ведь это положено, так написано в кодексе. -Положено, но я не дам мотивированного отказа, не могу. — ... Скажите, а вам на высоком уровне приказали не принимать моего заявления в суд к рассмотрению? Здесь положено, но не могу 实际上指的是"положено, но не велено"。

道德规范的时间范畴地位略微有些不同[赖特 1986]。即使它们是因某种特殊行为而产生(例如,发誓),它们也可以被想象成是原始存在的。特别是,这牵涉到"义务"概念: 义务是先天存在的,与其承担者或者旁人的意志无关。

要注意义务的人际特性,它就体现在义务这个词的配价中,既有义务的承担者(谁的义务?),又有义务的受益者(对谁的义务?)。根据后一个配价的填充,呈现出义务的不同方面。在这种情况下,后一个配价是可选配价,它的填充可能是语境性的(долг христианина ＝ долг перед Богом; гражданский долг ＝ долг перед родиной①; по долгу дружбы ＝ по долгу перед другом),也可能根本就不出现: Я только девочка. Мой долг До брачного венца Не забывать, что всюду волк И помнить: я — овца (М. Цветаева). 与述谓 должен 不同,долг 这个词不容许态的变换: Авторы должны представить статью в срок → Статья должна быть представлена в срок; 但是 Долг авторов — представить статью в срок —/→ * Долг статьи — быть представленной в срок.

所分析的词位 долг 的意义(在该意义上,долг 是 singulare tantum[单称词

---

① 所以申加廖夫的话: Надо отдать и хлеб, это священный долг перед родиной, —— 里蒂希这样来转述: Я с величайшим удовлетворением... выслушал ту часть речи члена Думы Шингарева, где он так искренне говорил о призыве к народу, о гражданском долге (А. Солженицын).

项])应当与 долг/долги（债务）区分开。在这种情况下要指出，долг/долги 可以隐喻地使用，例如在福音寓言中。再比较：Я в долгу перед дочерью капитана Миронова (А. Пушкин); мысль о неоплатном долге высших классов народу (Ф. Достоевский). 漫射性使用（在[Шмелев 1973]的意义上）也是可能的，它把前面指出的 долг 一词的两种意义混合在一起。例如：Это была прежде всего тема о долге слоя, воспользовавшегося культурой, интеллигенции перед народом... Этот долг должен быть уплачен (Н. Бердяев); 试比较，另一种可能的接续：Этот долг должен быть исполнен. 达里指出两种意义之间的联系："人的普通义务（общий долг человека）包含他对上帝的义务，公民的义务和家庭成员的义务，他欠下履行这些义务的债（в долгу），它们构成了他的债务，就好像是从某人那里借用的钱或东西……"。由于上述内容，很难赞同详解辞典里的做法，它们把 долг（单称词项）和 долг/долги 当作是同音异义词。同时还要强调，我们分析的对象只是给定意义中的第一种意义。在辞典里该意义通常被解释为"责任（обязанность）"。实际上，义务（долг）和责任（обязанность）这两个词在语言行为上的区别，似乎可以作为隐藏在其后的观念差别的证明。

3. 义务（ДОЛГ）VS 责任（ОБЯЗАННОСТЬ）

首先要指出，责任（обязанность）是有条件的，是由社会规约来确定，与社会结构中的地位相关联的某种东西（"义务[долг]是非自愿的，责任[обязанность]是有条件的"——达里写道）。人变成责任这样的承担者是其被赋予责任或者他接受责任这样的特殊行为造成的。换句话说，责任是实在的规范，而不是道德的规范（冯·赖特）。所以 Все сотрудники института обязаны прийти на субботник к 10 часам 这样的语句既可以理解成确有其事的语句，也可以理解成确有相应责任的语句（即作为某种施为句）。可以赋予人各种各样的责任，责任一词可以自由使用复数绝非偶然。

如前所述，义务是道德规范，其存在与承担者或某些旁人的意志无关。долг 是不能 кого-либо обременить 的，也不能像 принимают обед 或 берут обязательства 那样 принять на себя。义务可以在某个时刻被意识到，可以счесть что-то своим долгом，但这假定义务先前就曾存在，尽管没有被意识到。义务根本就不能不存在。异常的语句：*У него же нет никакого долга! (试比较: У него же нет никаких обязанностей!). 可以否认具体责任的存在：Я не обязан делать это!①；В мои обязанности не входит делать это！或者甚至是 У меня нет обязанности делать это！但是对于义务只能断言它不在于此,而在于彼。

只需知道自己的责任[想要明确自己的职责（обязанности）范围是自然的]，而重要的是意识到或者感觉到义务（所以义务感[чувство долг]起着如此重要的作用）,прислушиваться к голосу долга, к тому, что повелевает долг.

每个人都有令其选择正确行为路线的义务,这似乎是不言而喻的。所以,* У него есть определенный долг 这样的引导性存在句是不可以的（试比较：У него есть определенные обязанности）。只有当句子报道义务的具体方面时,包含义务的存在句才是可能的：Вспомни, что у тебя есть долг перед семьей!

责任可以自然地在不同人当中进行分配。义务是独一无二且不可分的。不能说：* Родительский долг в их семье распределялся так: мать учила детей музыке, а отец зарабатывал деньги. 这是因为,责任可以被看作是与主体无关的,它们只是赋予主体之上的：重要的是让它们得以履行,所以应该委派某人履行责任。它们被分配和重新分配。义务与主体密切相关,并且不可能脱离主体而存在,可以转交或重新委派某人责任,而不是义务。X исполняет свой долг 的报道总是被理解成 X 遵照义务的命令,而 X исполняет некие обязанности 的报道也可以理解成这些责任是赋予 X 的（但是不知道 X 是否履行指派给他的事情）。

和 по необходимости 一样,по обязанности（由于职责）人可以做出应受谴责的行为。而履行义务时,主体完成应做的事情,并成为道德上无懈可击的人,即使行为本身可能是应受谴责的,试比较：Самозванец говорил правду; но я по долгу присяги стал уверять, что все это пустые слухи（А. Пушкин）. 义务的这一特点使该词可以用于道义目的,以便遮掩不体面的行为。因此,谈到阿富汗的苏联军队时,说他们在履行国际义务,Ф. 伊斯坎德尔讽刺性地把告密称作是履行公民义务②。这其中还包括索尔仁尼琴对义务（долг）的使用：Там, где

---

① 顺便指出,与 должен 不同,обязан 不容许否定词的移置。所以当有意避免多义时,用 не обязан 替换 не должен(后者可以理解为 должен не),例如在数学文本中（Эти точки не обязаны совпадать ＝ "... могут не совпадать"）。在这种情况下,обязан 不是具有道义必须性的意义（像通常那样）,而是具有真势必须性的意义(在英语里用于该功能的是 is not bound)。

② 再比较一下：Зато внушали им, что доносительство есть и патриотический долг, и лучшая помощь тому, на кого доносишь（А. Солженицын）.

第三章 "必须性"语义场中的"义务"概念

Шингарева ведет партийный долг, он мельчится, а может быть и кривит.

人可以听从义务,但不是像奴隶那样(没有类似于 раб страстей 的 * раб долга),而是凭自己的良心。如果我们说,人是按照职责来做某事的,这暗指是"不情愿的"。试比较:Ты приезжаешь ко мне как по обязанности, не по сердечному внушению (А. Пушкин)①. 甚至在职责与喜好并不矛盾的时候(像普希金的:Отец почтет за счастие и вменит себе в обязанность принять дочь заслуженного воина, погибшего за отечество),职责无论如何也不会是喜好的结果。义务可以直接发自于内心的呼唤:Голосует сердце-я писать обязан по мандату долга (В. Маяковский). 的确,成为激情的对象常常比成为义务的对象更感到引以为荣。置理智的想法于不顾(常常是在与其斗争之后)而陷入激情,而听从义务,有时与内心的愿望背离,(试比较,茨维塔耶娃的话:Я тебе не дар, а долг),当理智和内心不和谐的时候,这种情况就发生了。在任何情况下,对于有义务感的人来说,голос долга 恰恰是颁发确定行为路线的"证书"的最高等级。关于基于俄语 долг 一词的行为而构建的义务认识,与 Ф. 惠尔赖特在《隐喻与现实》这本书中出于另外一种原因所做的评论再一致不过了:"每一个具有道德感的人,常常把自己当成是另外一个受话人,不是在产生幻觉的意义上,而是在听从被内心的耳朵所感知的某种神秘而沉默的声音这个意义上。这是某种愿望之外的东西,有时它能够压制愿望或激发愿望。所以语词(逻各斯)有成为一种倾听方式的趋势,这种方式象征着正确性,应做的事情,从而赋予道德判断以意义"[Уилрайт 1990:105—106].

---

① 责成述谓一般来说经常隐含着与限制选择自由相关联的不情愿性,(试比较:Кобозева И. М., Лауфер Н. И. Указ. Соч.),但是这种隐含义并不是一定的,试比较:Сейчас Яконову было не только должно, но и выгодно рассказать генерал-майору об удивительном, непредвиденном успехе с шифратором;... На столь ответственной лекции ему надлежало, да и интересно бы было присутствовать (А. Солженицын).

第三部分　语用学和语旨情态

第一章　语用学的界限和内容

1. 语言语用学的研究历史

尽管语用学术语所覆盖的对象领域的许多方面绝对不是第一次被引入到语言学的旨趣范围（特别是，许多目前被认为是属于语用学的东西，早在古希腊和古罗马的科学[①]中就被冠以"修辞学"[②]的名称出现了），但是该术语本身只是在不久前才被语言学论著广泛采用。把"语言语用学"说成是"国外语言学中的新领域"时，一些作者著有信息量非常丰富的概述，它们主要是关于1970—1979年间国际学术会议上对语言功能的语用方面的讨论［Бахнян и др.，1981］，这些作者都不约而同地认为该领域的密集发展始于1970年——举行自然语言语用学国际讨论会的那一年（讨论会的材料请参见［Pragmatics...,1971］）。

令人质疑的是，语言语用学目前是不是作为一个具有明确界定且普遍认可的研究纲领的独立完整的流派而存在[③]。确切地说，可能指的是一些不同的，独立产生的派别（常常交叉在一起，有时融合在一起，但也常常相互抵触），只是因为语言学研究有必要把人的因素考虑在内这个最基本的认识而被联合在一起。

---

① 试比较不同语言现象（特别是，修辞现象）受社会相互作用这一语言外因素的外部制约这一现代概念和古典修辞学的"相称性"概念（拉丁语-aptum，希腊语-πρεπον），后者既指言语内容和形式的语言内关系，也指演说家和听众的语言外依赖关系（这种关系认为把社会属性和心理属性考虑在内对于达到演说的主要目的，即说服听众（ad persuadendum accommodate dicere）是必需的。

② 试比较在［Pragmatics...1971］中"新修辞学"这一表述的使用。

③ 还应当考虑到对存在"语言语用学"（哪怕是在将来）的纯理论怀疑的可能。譬如说，一方面，某些学者认为，从事语用学就意味着不过是从事语言学的研究，反之亦然。语用"方面"既不能与语言学"本身"分开，又不能推迟到更好的时代，也不能只是作为某种新成分被添加进来。语用学远不是语言学研究的一个方面，而是其实质所在。从这些观点出发，就不能不和从与社会（societal）相关联的因素中抽象出来的"纯粹"（或"理论"）语言学的趋势对立起来［Haberland，Mey 1977:8］。另一方面，有这样一种观点，就是"言语行为"（目前最可能的语言语用学的对象）只有在研究社会相互作用的一般理论的框架内进行研究才是适宜的，但是构建这种理论的任务不在语言学或语言哲学的范围之内［Bierwisch 1980:15］。显然，无论是对于哪一种观点，"语言语用学"概念都是空洞的。

但是毋庸置疑,在过去几十年的语言学发展中,我们注意到许多语言学家的注意力发生了非常明确的转移,从与"语言是怎样构成的"有关的问题转向揭示"它是如何起作用的"这个问题上来。

"语用学"术语本身是在四十多年前由莫里斯创立的。根据皮尔斯先前确定的纲领,莫里斯引入"语形学"(后称句法学)、"语义学"和"语用学"这些术语来表示符号学的三个组成部分。"语形学"研究"符号彼此之间的形式关系",语义学研究"符号和符号所表示的对象之间的关系","语用学研究""符号和符号解释者之间的关系"[Morris 1938:6]。在后来的著作中,又指出"'语用学'、'语义学'和'语形学'已经具有了'模棱两可性',使得该领域的问题变得不是更加清晰,而是更加模糊不清,因为一些学者用这些术语表示符号学自身的分支,而另一些学者用它们表示和符号学打交道的那些语言中的符号种类"[Morris 1971:217],莫里斯把语义学定义为研究一切指表模式中的指表("the signification of signs in all modes of signifying"),而把语用学定义为研究指号的起源、用途和效果("the origin, uses, and effects of signs")[Morris 1971:218—219]。

莫里斯的三分法被卡尔纳普接受(用于自然语言和逻辑演算),这无疑有助于它在哲学中的进一步推广。卡尔纳普的定义与莫里斯的早期表述近似:"如果在一项研究中明显地提到说话人,或者更笼统地,就是语言的使用者,那么这就属于语用学领域……如果我们撇开语言的使用者,而只是分析表述及其标记(designata),那么我们就处在语义学领域之中。而最后,如果我们也撇开标记,只研究表述之间的关系,则我们就处于(逻辑)语形学之中"(引自[Reading...1974:17])。卡尔纳普给莫里斯的三分法又补充了一个划分界限,提出区分"纯粹的"(或"形式的")和"描写性的"(或"实证的")研究。"纯粹"研究与构建人工符号系统相关,而"描写性"研究与现实的,即"历史上的(自然)语言材料"的实证研究相关。对卡尔纳普而言,存在着"纯粹语义学"(他将其称为语义学)、纯粹"语形学"和语用学,他倾向于把所有的实证(即实质上的语言学的)研究都归入到语用学当中。因此,他把语用学和语义学看作是"分析表述意义的""两个根本不同的形式"。前一个形式,就是语用学,属于"对历史上的自然语言材料的实证研究",而后者,就是(纯粹)语义学,属于"借助于规则对给定的语言系统的研究"。至于描写性语义学,卡尔纳普写道[1959:334],它"可以被看作是语用学的一部分"。后来有人提出把"纯粹"和"描写性"方法也扩展到语用学的建议[Philosophy...1963]（被卡尔纳普接受）。再后来，在形式逻辑和哲学的框架内（特别是在蒙塔古，刘易斯，克莱斯维尔等人的著作中——[Montague 1970；Formal...1979]）曾经尝试构建"纯粹的"语用学，或者更经常被称为"形式语用学"（参见[Formal...1979]）。该方向的论著对所谓的指示性表述（罗素的自我中心说明词）特别关注，这与由该流派发展起来的语义学观点有关。根据这种观点，语言是加以解释的形式系统，解释在于赋予任何一个属于该系统的表述以指称关系。表述的知识用它所表示的那些对象来界定，即用相应外延的类别来界定。譬如说，Идет дождь 这个句子表示（指称）下雨的一类情境，即下雨这一命题。如果不诉诸于具体交际情境（使用指示性表述的语境），则无法确定指示性表述的"意义"（在前面给定的解释上）以及相应命题的真值条件，这就决定了指示性表述的特殊语用地位（这一点似乎是卡尔纳普的学生巴尔·西勒尔[Bar-Hillel 1954]最先注意到的）。

撇开解释指示性成分的这些特殊的逻辑-哲学层面，它们其实在语言学层面就具有十分重要的意义。指示性成分（其中包括，当然，不只是 здесь 和 теперь 这类代词和副词，还有许多其他空间和时间"自我中心说明词"）有时以"隐性范畴"的形式表现出来，即处于语言系统诸多常常始料不及的方面。

在这方面要指出阿普列相[1980]注意到的（俄语里）完成体和未完成体的意义差异，它们表现在 кончаться — кончиться，начинаться — начаться，доходить — дойти，обрываться — оборваться，поворачивать — повернуть 这样的描写空间关系的对偶中（例如：Дорога кончалась около леса. — Дорога кончилась около леса；У верстового столба дорога поварачивает на юг. — У верстового столба дорога повернула на юг）。完成体这类用法的解释包括对观察者形象的指明，说话人把它纳入到自己所描写的现实情境的对象中（或者，补充一下，说话人将自己与其视为同一，试比较"同理心"概念）。

这是一个有趣的研究结果，顺便说一下，它可以推翻语法范畴体具有可以把它与时态区分开的非指示性的概念（试比较[Lyons 1977：705]），这说明在俄语中体对立的适当描写要求诉诸于语用概念（譬如，斯捷潘诺夫[1971：104]论著中"依赖于观察者立场的规律"与语用学的关联性）。

迄今为止，莫里斯的三分法只被纳入到符号学的普通教程和百科全书手册中，而在具体符号系统的描写性说明中，特别是在自然语言的描写性说明中，总的来说几乎未被采用。确实，曾有过重新审视索绪尔符号学观点的尝试，这些尝试以莫里斯三分法为基础,特别是,认为符号不是两面性实体,而是四面性实体,即把(自然语言的)符号纳入到他的"语形学"(关于符号的非标准搭配,即语义上不受制约的搭配)和"语用学"(语体标记、意义和情感附加意义等等)[Мельчук 1975:16]当中,但是这一建议(在语用学的组成部分方面)并没有得到实施。

2. 语用学和言语行为理论

在很长一段时间内,对人类语言指示性成分的研究被看作是语用学的主要任务,如果不是唯一任务的话。但是,最近,语用学的任务开始包括对解释言语行为[被看作是交际行为(不一定是口头行为)的子类,它们本身是人际交互作用的个别情形]的一般原则的研究①,特别是语言表述字面意义背后所隐藏的说话人意图的解释问题。(对于认为这类问题与指示性成分的研究近似,而将其纳入到语用学中是否合理这一问题,摩根有过讨论,得出结论,即在建立原则用以界定指示性代词和 здесь, теперь 这类指示性表述的指称对象和揭示说话人所要达到的意图、旨趣和目的这两个任务之间存在着一种自然联系[Morgan 1978:264])。

言语行为理论与奥斯汀、塞尔、格赖斯等这些日常语言学派哲学家的名字联系在一起,该理论是目前语用学中最流行的探讨对象(尽管学者们本人并不愿意使用"语用学"这个术语,塞尔就其原因有过论述[Searle 1980:11])。

言语行为理论认为,交际的基本单位不是句子或某种其他语言表述,而是完成某种行为,例如,断言、请求、疑问、命令、表达感谢、道歉、祝贺等等。在典型的情形下,说话人通过输出一个或一组句子来完成一个行为,或同时完成几个这样的行为。但是行为本身、言语行为本身不应当和完成这一行为时所说出来的句子或语言表述混淆在一起。言语行为的不同类型,就是刚刚列举过的那些例子,继奥斯汀之后,通常被称为语旨行为,它们与其他类别的行为相对立,即与言效行为(奥斯汀的术语)和命题行为相对立。

言效行为是该语句对受话人的影响和作用。在这种情况下不是指受话人对语句意义的理解这个事实本身,而是指受话人在状态或行为上的那些改变,它们是这种理解的结果。某种断言、要求、疑问,或威胁等能够改变受话人的知

---

① 采用语用学内部"形式"方法和"描写性"方法这一划分的研究者把言语行为的研究归入到"描写性语用学"当中[Reading...1974:19]。

识量(如果他相信所报道的东西为真,并且对获悉的报道予以注意),能够使其生气或高兴,使其害怕,或信服,说服其承认自己的错误,令其完成某个行为或者放弃先前计划好的行为等等。

所有这些效果的实现(不一定是说话人的意图)就是言效行为的例子。

不同的语旨行为,例如断言,经常把实现某种言外效果作为其目的(比如,关于某件事的报道或断言指的是使对话人确信某事,尤其对于旨在获得受话人相应的口头反应或行为反应的疑问、请求或命令更是如此)。然而,在言语行为理论中专门强调,语旨行为是纯粹的言语行为,应当把它和言效行为清楚地区分开,后者借助于语言手段可能实现,但也可能实现不了。在语旨行为内部要区分出辅助性的命题行为,诸如指示出客体(指明某种客体的指称关系)或某个命题的表述。语旨行为与命题行为的这种区分根据在于,同一种指称关系和同一个命题的表述可以出现在不同的语旨行为中。例如,在关于某个人的报道或与此人有关的疑问中,实现的是同一个指称行为,尽管语旨行为是不同的。类似地在 Пожалуйста, напишите ему письмо; Вы напишете ему письмо 和 Напишите ли вы ему письмо? 这三个语句中表达的是同一个命题,尽管这里实施的是不同的语旨行为,即请求、预断(或嘱咐)和疑问。

对语旨行为和命题行为的区分得以赋予任一语旨行为以逻辑结构 F(p),(p)在这里表示语旨行为的命题内容,而 F 表示语旨力。语旨力不一定以显性的语言手段表达出来(就像在前面所举的例子中那样)。因此,例如,Я уйду не позже семи часов 这个语句在相应的条件下可以被理解为,譬如允诺、警告、威胁、预断,在每一种情形下,该语句都将表达与某种语旨力结合在一起的同一个命题内容,因此,我们亦将会遇到不同的语旨行为。另一方面,语旨力的显性表达并不限于语法手段(其中包括式、疑问句的特殊结构、语调)。

包含有语旨力显性标记的一类非常重要的语句是奥斯汀所称的一些施为句,例如:Клянусь говорить правду, всю правду и только правду; Поздравляю вас с праздником; Сдаюсь; Предлагаю ничью; Предлагаю президиуму занять свои места; Обещаю вести себя хорошо; Благодарю вас за все, что вы для меня сделали; Прошу прощения; Рекомендую к печати; Настоящим доверяю Иванову получить причитающиеся мне деньги; Завещаю библиотеку моим внукам; Заявляю протест; Объявляю перерыв (выговор, благодарность); Прошу руки вашей дочери 等等。

第一章 语用学的界限和内容

施为句在形式上表现为包含（施为）动词第一人称现在时陈述式的叙述句。一般叙述句报道某事，特别是（如果它们包含动词第一人称）描写说话人的行为或状态，与它们不同，施为句不描写任何行为，它们就是行为本身：说出"我祝贺你"就等于祝贺（祝贺行为通常也不可能用其他的非语言手段来完成），说出"我发誓"就是起誓，说出"我感谢"就等于感谢等等。因此这类语句直接适用于斯捷潘诺夫[1976:440]表述的特性，即"说话就是做事"。由此得出施为句从逻辑观点来看很重要的一个特点，就是它们不具有真值意义，因为可以为真或为假的是语句，而不是行为（或者，在更笼统的层面上，是话语的命题内容，而不是话语的语旨力）。可以怀疑非施为句的真值，借助于这种语句说话人报道自己的行为、感觉、意图等等，但不能怀疑由相应的言语行为所构建的行为本身的真值，试比较，对 Я люблю вашу дочь 或 Я читаю Остина 这类语句与 Я прошу руки вашей дочери 或 Обещаю не опоздать 这类语句进行评论的非对称可能。在前一种情况下，在转述说话人的话语时，可以对其进行反驳：Он сказал, что любит мою дочь, но я в этом сильно сомневаюсь；或者：Он сказал, что читает Остина（或：Он сказал: «Я читаю Остина»），но на самом деле он, по-моему, читал Поль де Кока. 在后一种情况下，类似的怀疑绝对是不适当的：* Он сказал, что просит руки моей дочери, но я в этом (в чем?) сильно сомневаюсь；或者：* Он сказал: «Обещаю не опоздать»（或 Он сказал, что обещает не опоздать），но в действительности вовсе не обещал этого. 再比较一下意义上非常接近，但语用上却有不同的施为句和非施为句：Я благодарю вас за критику 和 Я благодарен вам за критику. 前者是行为（表达感谢），后者是对说话人感觉的描述（不一定与事实相符）。因此可以说：Он сказал, что благодарен за критику, но я этому не верю，但是不能说：* Он сказал, что благодарит за критику（= Он поблагодарил за критику），но я этому не верю.

我们发现，"施为性"特征不仅在逻辑层面上，而且在纯语言学层面上也是重要的，尽管从这一角度来看对该特征的研究是不够的（关于这一点，参见，例如 [Апресян 1980:28,37]）。众所周知，作为语言学上的重要特征，相应特征是由本维尼斯特划分出来的（他的观点与奥斯汀的观点近似，参见，例如，[Арутюнова 1976:52]）。"施为"句与克什米德1934年在奥斯汀之前就划分出来的，并且自那以后在体学文献中被广泛认可的所谓的"同时发生句"完全吻合，但是目前，这一点似乎至今仍未被注意到（试比较收录在[Вопросы...1962]

中的文章对"同时发生"的解释)。还要注意到"施为动词"的体学特性与亚里士多德分类中"实现"动词的特性之间具有不容置疑的相似性,这是一个很有意思的事实,似乎以前在文献著作中也未被注意到(详见Ⅰ.2.2)。

在言语行为理论中划分出直接行为和间接行为。在前一种情况下,说话人说的就是他所说的话(字面意义上的,即指的就是所说的话),而在后一种情况下,他想要说出的东西超出他正在说的(动词 говорить/сказать 的不同含义)。一个尽人皆知的例子就是,Вы не могли бы передать мне соль? 在用餐的情景下,这个形式上的疑问句通常被用来表示请求。

许多间接言语行为都在向规约化发展。例如,Можно предложить вам чашечку кофе? 这类句子,更经常被理解为邀请(喝杯咖啡),而不是疑问(或请求准许),而像 Нет ли у вас спичек?；Вы не знаете, который час?；Вы не могли бы помочь мне с вещами? 这种形式上的疑问句(特别是——对俄语而言——如果其构成中包含否定词),是标准的请求表述(借火柴;告诉几点钟;帮忙)。但是,正如在[Morgan 1978]中令人信服地表明,在类似的情况下,我们遇到的不是语言规约,而确切地说,是使用规约,这些规约与交际能力有关,而不是与纯粹的语言能力有关。

所以,在对话人基于间接言语行为的字面解释做出不适当的反应时,并非总能轻易地指责其故意违反交际的合作准则,(试比较,例如,老师对在其讲课时做不相干事情的学生提出的"问题":"Иван, я тебе не мешаю?"和"礼貌的"回答:"Нет-нет, нисколько, пожалуйста, продолжайте"或者对"Можно положить тебе салата?"这个问题的回答"Можно, но есть я его не буду"等等)①。

言语行为理论在格赖斯的著作中获得重要发展[Grice 1975;1978],格赖斯建立了言语隐含机制。

根据格赖斯的观点,在言语行为中传达的信息可以分为两部分。事实上说的话、说出的内容(在动词 говорить/сказать 的第一个意义上,指的不是该动词的这种用法,如在这样的例子中:Что ты хочешь сказать этим замечанием? 或 Его реплика говорит о том, что он ничего не понял),这是语句的逻辑内容。至于听者可以从具体语句中获取的所有其余信息,格赖斯使用术语"含义",以避免将这种现象和逻辑意义上的蕴含混淆起来。

---

① 帕杜切娃分析了刘易斯·卡罗尔作品中的人物违反合作原则的有趣例子[1982 б]。

第一章 语用学的界限和内容

含义本身又分为两种,规约性含义和非规约性含义,特别是"交际含义",或者"会话含义"(conversational implicatures)。规约性含义包括所有那些与真值条件无关的信息,它们只是因寓于其中的语词或形式的意义才通过语句来传达。规约性含义(可见,与通常被称为预设的东西没有什么区别)与句子中所说的(严格意义上)东西密切相关。

相反,交际含义只是间接地与语句的语言内容相关。虽然交际含义是由句子的内容推导得出的,但是其存在有赖于这样一个事实,即言语行为的参与双方是由交际合作的共同目的联系在一起的。

由一般合作原则可以得出某些更为个别的言语交际原则,格赖斯称之为交际准则,或"会话准则"[Grice 1975:45]。

(1) 数量准则("所说的话应该满足交际所需的信息量";"所说的话不应超出交际所需的信息量");
(2) 质量准则("尽量说真话";"不要说缺乏足够证据的话");
(3) 关系准则("根据事情的实质说话");
(4) 表达方式准则("避免晦涩";"避免歧义";"要简练";"要井井有条")。

这些准则使说话人可以实现自己的交际意图,而不必把听者借助于这些准则就可以从语句的直接含义推导得出的("计算出",根据格赖斯的观点,交际含义具有"可计算性"的特点)那些东西口头表达出来。它们被用来解释"说话人的意义"(即说话人所指的东西)何以能够超出句子的字面意义(如在间接言语行为中),何以能够与字面意义偏离(如在隐喻的情形下)或者甚至与之相反(如在讽刺的情形下)。

某些"交际含义"或许与乍看起来似乎是对一种或几种交际准则的违反相关联,因为受话人从说话人遵循这些准则的预设出发,把这种看得见的违反解释为一种有目的的手段,"令其明白"某种"未说之言"的东西。

譬如说,如果对于"Хороший ли ученый X"这个问题,对话人这样回答:"X хорошо играет в шахматы",那么这多半意味着他对 X 的科研能力评价不高(否则他就不会违反"关系准则")。

如果针对 A 的问题:"Говорят, что это короткая, но содержательная статья, как вы считаете?",B 回答:"Это действительная короткая статья",那么 A 就可以做出结论,即 B 并不认为该文章内容丰富(否则他就不会违反"数量准则")。类似地,"Она не курит при отце"暗指她抽烟,尽管后者,不言而喻,并不

是语句的逻辑内容部分。根据 А. П. 契诃夫的研究结果，由"У нее красивые глаза и волосы"这个语句可以推出这个女人不漂亮的结论，同样有十分充足的理由把其归入到格赖斯所谓的"交际含义"那种含义中。"交际含义"的概念使两种观点成为可能，一种观点认为，尽管相应的语句可能具有完全不同的情境效果，但是句子是单义的；而相反，另一种观点认为，实际上传达同一个信息的两个句子，在逻辑上和语言学上不是等价的。

这样，言语行为理论对于语言学的意义特别是在于，它有助于"卸载"语义描写，从中抹消某些一般交际成素（这一点在[Падучева 1982б]中有论述）。

3. 语用学与语言学的界限

但是语用学和语义学的（或者更宽泛些，和语法的，或者再宽泛些，和语言学的）界限问题仍是非常有争议的。

在言语行为理论的框架内进行的研究表明，与绝大部分理解相关联的，并不是根据句子成素的意义赋予句子以确定意义的语言学规则，而是我们能够做出结论，即说话人的真正意图与其字面上所说的不一致。可以认同，在这种情况下，理解不是与语言能力本身相关，并且对这类理解的解释也不是语言学的任务[Morgan 1978：265]，确切地说，它是对语言使用者的个别描写，这样才堪称"语用学"[Sadock 1978：284]。

然而，应当注意到，格赖斯在该言语行为中使用"所说的话"这个表述时，他指的是语句的逻辑内容，即用以说明其真值条件所必需的起码知识。格赖斯把听者可以从具体语句得出的所有其他信息都归入到"含义"中。

规约和会话含义（交际含义）的划分是在一个类别的内部进行的，该类别整个同语句所表达的与其逻辑内容相同的另一部分信息相对立。这是否意味着，应当根据这个第一性对立来划分语用学和语义学的界限？

许多语用学的明确定义都假定对这个问题的肯定回答。因此，根据 Д. 盖世达的观点，语用学研究那些不能直接用语句的真值条件加以解释的意义方面，也就是说，语用学可以理解为意义减去真值条件[Gazdar 1979]（这个论点是 Р. 凯姆普森[Kempson 1975]和许多其他研究者的语用学观点的基础）。

语义学的功能－真值观点所提出的语义意义和语用意义的区分，显然，要求放弃语句内容语用方面的研究不在语言学的范围之内这种观点。有大量的语言单位，其内容除了"语义"要素（在给定的意义上）之外，还包含"语用"（与真值条件无关)要素，并且有不少单位，其内容只具有"语用"属性。只要提到俄语的 даже 和 -то(试比较，在[Апресян 1980]中所分析的 Даже Иван пришел 和 Иван-то пришел 这两个语句)，всего(только)和 целый 这类词汇单位就够了，还有，例如，соизволить явиться(在 прийти появиться 的意义上)，вырядиться 等等。

譬如，всего 和 целый 这样直接对立的限定项对语句的整体意义所做的贡献，显然与真值条件无关(Иван ждал Машу всего час 和 Иван ждал Машу целый час 这两个语句在功能－真值意义上是一样的)。如果受话人怀疑说话人使用某个限定项的"正确性"，那么怀疑也只是涉及相应限定项的适当性，而不是所表达命题的真值。试比较下面出自于塞林格和小女孩的故事里主人公的对话：— В жизни не видел столько тигров. — Их всего шесть，— сказала Сибилла. — Всего? — переспросил он. — По-твоему, это мало? (Р. 赖特·科瓦廖娃的译本)。

然而，不见得有谁会认为 Он ждал ее целых два часа 和 Он ждал ее всего два часа 这两个句子的意义差别是语言学上不相关的差别。

不能怀疑句子意义的陈说部分(与真值条件相关联)和预设部分的重要区别。但是，如果把后者归入到"语用预设"中，那就必须承认，对"语用预设"的大部分描写(恰恰就是规约性含义，与非规约性交际含义不同)都属于意义的语言学理论范围。

摩根[Morgan 1978]和塞多克[Sadock 1978]认为对于(非语言)语用学边界的界定最重要的是应适当地考虑规定(规约)意义和自然(非规约)意义的差别，看起来这是正确的。

正是这种二分法对于广义的语法学而言具有基础性意义，因为语法研究的是语言使用的规约方面。所有非规约性的东西，对于语言研究者可能也有意义，但是不应该在语言(语言学)描写中反映出来，因为语言是规约性的符号系统。对各种非规约性含义的研究在于描写语言使用者的能力，并且可能被归入到(非语言学)语用学中去。可见，当语言学家遇到某种具体的语言表述在某个具体情形下表达某个具体报道这种情况时，他应该判定，该部分信息是以规约方式还是非规约方式表达的。

不得不承认，我们暂时还不具有那种可以在任何情况下都能够对该问题作出确定无疑的回答的(语义学或语用学)理论。但是，看起来，在所提及的方向上探究语义学和(非语言学的)语用学的区分标准是适宜的。

第二章 依据话语目的的句子分类和功能修辞学

1. 言语行为和表达言语行为的句子

在当代交际理论中，通常划分出不同的言语行为类型，如允诺、劝告、请求等等。实际上，它们全都可以分别归入到根据言语受话人的预期反应而划分出来的三个类别中，即疑问、祈使和报道。如果语句旨在得到言语受话人的回答（口头反应），那么它就属于疑问类；如果预期反应是对话范围之外的某种活动，那么我们遇到的就是祈使类；最后，如果从言语受话人来看，除了"获悉"所报道的信息以外，不要求任何其他反应，那么语句就属于报道类①。

不同的言语行为类型就是每一类话语内部的不同变体，它们在说话人的态度上有所区别。例如，在疑问类内部区分出"纯粹的"疑问和"教导性"疑问。这两类疑问都旨在得到回答；但是说话人在提出"纯粹的"疑问时，他自己并不知道正确答案，并且想知道这个答案，而在提出"教导性"疑问时，说话人自己知道正确答案，而他想要检验言语受话人是否知道这个答案。在祈使类中区分出请求、劝告、建议、命令、许可等等。但是疑问类、祈使类和报道类语句的区分是一次性的和基本性的。

根据给定的语句分类也可以构建在学校教学实践中所采用的"按照话语目的"的句子分类。疑问句的用途首先是用来表达疑问，祈使句用来表达祈使，陈述句用来表达报道。

然而这种对应并不是绝对的。原则上，话语目的不能预先决定用来表示该目的的句子类型。例如，在日常言语中，疑问句不仅可以用来表示疑问，还可以表示祈使（Вы не могли бы передать мне соль），以及表示报道（Слыхал, что Маша вышла замуж?）。祈使句除了能够表达祈使以外，还可以表达疑问（试比较"教导性"疑问：Назови самую высокую горную вершину нашей страны）和报道（Знай, что я тебя презираю）。最后，陈述句不仅可以用来表达报道，还可以

---

① 这里更准确的是指"声明"类，除了报道本身，其中还包括诸如允诺这样的言语行为。

用于祈使功能(Тебе следует заняться спортом)。

事实上,"依据话语目的"对句子进行分类时,我们所关注的不是事情的交际方面("话语目的"就是那样的),而是形式上的句法特征。因此,在疑问句中或者有专门的疑问词(代词或语气词),或者有特殊的"疑问"语调。在祈使句中通常使用命令式,偶尔也会使用不定式或动词假定式,用特殊的语调说出来,有时还有专门的"祈使"感叹词。

这种"依据话语目的"对句子进行分类的"句法"手段是有充分理由的。因为分类本身就是在句法领域研究的,而不是在"言语交际理论"领域(后者在学校大纲中根本就没有规定)。重要的只是不要让学生混淆句子的句法分类,即约定性所谓的"依据话语目的"的分类,和从交际目的着眼的话语自身的分类。

2. 正式－公务(公文)语体的特点

区分"依据话语目的"的句子句法分类和言语行为的分类在研究俄语的功能变体时是有益的。问题在于,只有在适用于"一般概念上的语言"时,句子类型与该句子类型用以表达的言语行为类型才会大致对应。与此同时,不同功能语体的特点就是话语交际类型与句子句法类型的不同对应关系。

譬如,在正式的公文语体文本中既可以见到报道,也可以见到疑问和祈使。但是在正式公文中,通常用陈述句来表达这三类话语。

换句话说,为了表达祈使,在正式语体中不是使用祈使句,而是使用陈述句。例如,命令,作为典型的公文语体体裁,其中包括诸如 Приказываю сделать то-то и то-то 这样的结构(而不是 Сделайте то-то и то-то)。表达某种请求的申请(试比较陈旧词 прошение),同样也是由陈述句构建的,并且在这种情况下,说明请求实质的句子包含 прошу 一词,Прошу предоставить мне очередной отпуск, 而不是 Предоставьте мне, пожалуйста, очередной отпуск.

在这里,不由地想起很久以前 Т. Г. 维诺库尔［1956:56］这篇文章中的一个例子:如果……我们这样写代领工资的委托书"Пусть такому-то отдадут мою зарплату. Он, как будто, человек честный и, я надеюсь, денег моих не растратит"(而忽略对于财务报表来说常规的、准确的、方便的表述:"Я, нижеподписавшийся, доверяю получить причитающуюся мне зарплату за 1-ую половину такого месяца такому-то"),这未必是恰当的……。

看起来,这个例子可以很好地说明所提到的正式－公文语体的特点。包含

доверяю 一词的陈述句在委托书文本中不是表示关于授权人委托某人的报道，而是向财务工作人员发出的，把钱发放给具体人的祈使("翻译"成日常语言就是：Пусть такому-то отдадут мою зарплату)。

有趣的是，动词 доверять 的这一特殊"祈使"意义只在公文语言中出现。在这种情况下，该意义在结构上是受到限制的（只在带有不定式的结构中，或者偶尔，在包含动词化名词的结构中才表达出来），在词形上也是受到约束的（除了某些特殊情况，只能使用第一人称）。在俄语的其他变体中，动词 доверять 用于"感到信任"（испытывать доверие）这个意义：Я ему доверяю 这个句子表达的意思和 Он, как будто, человек честный и денег моих не растратит 这个句子几乎是一样的。但是，在委托书（文件）文本中，动词 доверять 不表达任何信任的想法（试比较 доверие — доверенность 这两个词的区别）。如果 Иван Иванович Иванов 给某人写了委托书，以 Я, Иванов И. И., доверяю Петрову... 开头，那么试图用 Иван Иванович Иванов доверяет Петрову 这个句子来表达该委托书的意义是不正确的。

很有意思的是，对应的完成体动词 доверить 在日常言语中可以自由地用于相应的意义。А кому ты доверил получить свою зарплату 这个问题可能是完全恰当的。但是，不言而喻，包含动词 доверить 的陈述句在日常言语中通常用于"一次性"功能，即表达报道，和陈述句"规定的"一样，与带有动词 доверять 的正式公文语体上的陈述句不同，后者用于"二次性"功能，并且表达祈使。

正式公文中的疑问同样也借助于陈述句来表达。通常，在这种情况下使用 Прошу（просим）сообщить……这样的短语。

在正式公文语体中用陈述句表达所有类型的言语行为并非偶然。这些句子的顶端通常是施为动词，它准确地指出，究竟什么样的言语行为通过该语句来实现。这就可以准确地确定每一个话语的地位，这对于正式文件极为重要。该特点也涉及到表达报道的句子。在这些句子的顶端经常使用这样的短语，例如，像 Довожу до вашего сведения, что...

3. 科学语体的交际特点

所分析的特点，即陈述句用于表达疑问和祈使，可能是正式公文语体最典型的特征。在这方面将正式公文语体和科学语体进行对比是有益的。

科学言语的主要目的是让受话人获悉所发出的信息。因此，科学文本包含报道，且不要求疑问和祈使的存在。然而在科学文本中，疑问句和祈使句并非那么罕见。

譬如，借助于 Смотри 和 Сравни 这样的祈使句来处理文献的引用。这些用法在科学言语中经常见到，以至于书面上用通俗易懂的缩写 см. 和 ср. 来表示。但是这些句子不是表达真正的祈使，而只是传达作者使用了哪些论著这个信息。

在科学文本中，疑问句用于不要求回答的所谓的修辞性提问功能，也就是说，事实上不是表示疑问，而是表示报道。如果在科学文章中说：Какие же причины обусловливают это явление? 那么我们就会明白，接下来将会谈到所分析现象的原因。这样的"提问"实际上充当元文本报道①，即告知读者，在接下来的文本中将会谈到什么。

正如我们所见，正式－公文语体和科学语体在这方面几乎是以对立的形式"构建的"。正式－公文语体借助于句子的一种句法类型（陈述句）来表示话语所有可能的交际类型：报道、疑问和祈使。相反，科学语体使用句子所有的句法类型，即陈述句、疑问句和祈使句，来表示话语的同一个交际类型：报道。

4. 口语的某些特点和结语

在口语中，表达请求时通常使用带语气词 не 和动词 мочь 形式的疑问句，例如，Не могли бы вы ответить на наши вопросы?; Не мог бы ты мне помочь?. 试比较：

"Но уверяю вас, что на меня производит слишком неприятное впечатление это повторение прошлых мыслей моих. Не можете ли вы перестать?" — "Если бы веровали?" — вскричал Шатов, не обратив ни малейшего внимания на*просьбу*...

(Ф. Достоевский)

不言而喻，在所列举的对话中，斯塔夫罗金的 Не можете ли вы перестать 这句话恰恰是表达请求，而不是疑问。这种表达请求的方式在俄语口语中是如此典型，以至于在供外国人用的会话手册和教科书中经常被专门提及，试比较："The form не ＋ мог бы (могла бы, могли бы) ＋ an infinitive of a verb in the

---

① 关于元文本的概念请参见，例如[Вежбицкая 1978]。

perfective aspect is used for polite questions which are frequently needed in speech" [Лекич и др. 1991]. 这本书里还列举了以下例子：

(1) Простите, Алла Александровна, вы не могли бы перенести консультацию на среду?；

(2) Простите, пожалуйста, вы не могли бы закрыть окно, очень дует；

(3) Петя, ты завтра свободен? Ты не мог бы помочь мне с компьютерной программой?；

(4) Людмила Ивановна, у меня к вам большая просьба. Мы уезжаем на две недели. Вы не могли бы взять на это время нашего кота?.

掌握语言的某种功能变体不一定必须以掌握该功能变体所特有的句法类型和交际类型的对应规则为前提。否则就会产生异样的感觉。譬如，陈述句用于祈使功能可以被视为一种公文性(Просьба не шуметь 代替 Не шумите, пожалуйста!)。而在正式一公文中任何一个办公人员都必然会对祈使句作出修改。

综上所述可以得出结论，在研究功能修辞学时分析陈述句、疑问句、祈使句的"二次性"功能是很重要的。在每一个功能语体的框架内，在清楚地区分句子的句法类型和话语的交际类型以及分析其对应关系时，我们可以洞察到语言功能区分的本质。

第三章　对话中的疑问句

1. 疑问句的对话功能

该问题通常涉及旨在获得言语受话人口头反应的言语行为，这些言语包含所要求的信息(回答)。疑问的标准类型(纯粹的疑问)是在说话人不知道答案，他想要知道答案，并且认为受话人知道答案的情境下发生的言语行为。纯粹的疑问根据所问的信息类型又分为一系列变体：一般疑问和特殊疑问、明确性疑问和重复性疑问等等。

众所周知，俄语中疑问言语行为的专门表达手段是疑问句，即包含特殊"疑问词"(疑问代词或副词，或疑问语气词 ли)或者具有特殊"疑问语调"的句子。疑问句言语功能的研究要求分析两个相互联系的问题：

1) 疑问句还可以执行什么功能(除了作为主要的疑问表达方式以外)和

2) 疑问句的不同类型及其所表达的疑问类型之间有怎样的对应关系？

对这些问题的研究要求诉诸于疑问句在对话构建中的地位。疑问句在对话结构中起着极其重要的作用，对此不会产生任何质疑。根据研究结果，Куда ты идешь? — Домой 这类问答话语几乎是对话言语中最频繁的[Рестан 1972]。不过，应当指出，疑问句的对话功能是极其多种多样的。因此，尽管疑问句最具特点的语旨用途是用于疑问言语行为，但是除了这一首要功能，疑问句还常常(有时同时)实现其他(间接)言语行为。

譬如，疑问句用于激发和保持听者的注意力这个用法是众所周知的(建立联系的功能，常常因元文本功能而复杂化，即指出接下来报道的重要性)：

(1) Знаешь, что я тебе скажу? Он просто глуп;

(2) Представляешь? Иван Иванович уходит на пенсию;

(3) Впрочем, знаете что? — прибавил он, подумав, — я сомневаюсь, чтобы у Фомы был какой-нибудь расчет (Ф. Достоевский);

(4) И что ты думаешь? Стоит какой-то холуй и не пускает. А? (М.

Булгаков);

(5) Вхожу, и что ж вижу? Человек почтенный, солидный — лежит на столе, так что я удивился (Ф. Достоевский).

这类疑问句执行导语功能,与其说是用来询问对话人是否知悉这一信息(在最后一个例子中根本就没有这种询问),不如说是预先通知说话人想要报道的新信息。如前所述(III. 2),在科学文本中疑问句所特有的正是元文本功能。Слыхал новость?...这类疑问同时可以是就说话人所准备的报道是否适当的自省。带有"语用性или"的疑问也可以被看作是自省[Van Dijk 1981]。

(6) Рюмку коньянка? Или вы за рулем?;

(7) Не одолжишь мне десятку? Или у тебя у самого сейчас трудно с деньгами?;

(8) Помоги мне. Или ты устал?

(在最后两个例子中,表达请求的言语行为后面的带 или 的疑问预示着,说话人认为受话人的可能拒绝是有充分理由的,并且这和想要达到预期言效的策略有直接关系)。

疑问句用于交流感情的元交际功能的另一变体是"可控"插话,它完成报道,并且是为了证实报道内容被受话人理解和掌握所做的尝试:

(9) **Тамара.** Прошу стучать, если открываете дверь ночью, понятно?
  Ильин. В общих чертах — да;

(10) **Ильин.** Так вот, в течение этих дней, что я провожу в вашем доме, я намерен обеспечить этой женщине счастливую жизнь. Усвоил?
  Слава. Усвоил;

(11) **Ильин.** Я Катю имею в виду. Дошло? (А. Володин).

使用"可控"疑问是讲演话语的特点。

不过,有时,完成报道的形式上的疑问插话,和导语疑问一样,旨在提醒疑问前开场报道的独特性:Один раз еду в трамвае и думаю: «Вот бы ехать, никуда не приезжать». Представляете? (А. Володин). 在这种情况下,它们不要求回答,即不是语词本义上的疑问。

疑问句也经常用作对报道的反应,并且用于提醒注意所接收的报道这一元交际目的 (Что вы говорите?; Неужели?; Вы находите?; Правда?; Вы думаете?；Так-таки Р?；Как?；)试比较：Правда? Ой, как интересно（А. Володин). 与那种形式上的疑问结构不同,这种结构不是疑问,而是对谈话人前面插话的强烈反驳（Да кто его презирает? — возразил Базаров；«Я слышал, вы помимирись с Ляховым?» — спросил ее Андрей Иванович. — «Где помирились, Господи! Не знаю, куда спрятаться от него»；горячись, пожалуйста. — Как это не горячись?)①,疑问结构中"交流感情"的插话除了表达受话人对谈话人的报道有一定的兴趣（在个别情况下,是困惑和怀疑）以外,通常不再是（具有进一步明确功能的）疑问,即要求对话人作出一定的反应（确认,或者特别是更全面的解释）：

(12) Да что вы? — Уверяю вас（М. Булгаков)；

(13) Нет его у тебя, нет и у меня. — Как— нет? — Вот так. Ищи — ищи. Найдешь — привет передавай（А. Володин)；

(14) Завтра, как только ее не станет, я тоже умру. — Как это не станет? Что за глупость! — Неужели вы думаете, что она перенесет эту свадьбу? — Конечно. Это будет славный, великий праздник（Е. Швард)；

(15) И наконец король махнул рукой на все и стал увлекаться плохими женщинами, и только они не обманули его. — Неужели? Да! Да!（Е. Швард）

但是,至少某些类似的"惊奇"疑问应当被视作间接言语行为,因为在回答中所预期的信息性质和数量可能与疑问的形式不符。试比较施瓦茨剧本中的对话对形式上的特殊疑问所做出的不适当反应：**Эльза**. Что дракон велел передать мне? **Генрих**. Он велел передать, чтобы ты убила Ланцелота, если это понадобится. **Эльза**（в ужасе). Как? **Генрих**. Ножом. Вот он, этот ножик. Он отравленный. **Эльза**. Я не хочу! 在这种情境下对 Как 这个问题的自然回答最好是 А очень просто! 或者 А вот так! 等等。

疑问句所具有的,显然不能自足的特殊性质可以解释这种情形,即在描写它们的时候,语言学家通常考虑到其可能的周遭环境,特别是可能的回答（与其

---

① 在[Шмелев 1959；Шведова 1956]这些著作中早就注意到这类结构。其中一种相似的带 почему 的对话反应在[Арутюнова 1970]中有所描写。

他类型的句子不同,只是最近由于言语行为理论的发展,研究话语和语言语用学的语言学家才开始注意到脱离使用它们的自然语境而对其进行孤立的分析是不适宜的)。

视疑问句要求的回答形式而定的最普遍和最广泛接受的疑问句分类是所谓的一般疑问和特殊(个别、部分)疑问的区分。前者要求对疑问的命题内容进行肯定或否定,即回答"是"或"不是"(或者重复疑问题目的等价插话),后者要求对那种"替代"疑问构成中代词性成分的特殊成分进行具体说明,或者在特殊的情形下(根据巴利的观点,当带有疑问代词的句子与完全自问自答的句子相符时)要求提供有关问话人感兴趣的整个情境的具体信息。

附注:在俄语语言学文献中术语"一般"和"特殊"(疑问),以及"一般疑问"和"特殊疑问"(句子)有时用于别的(与所提及的相比)意义,恰恰与巴利的个人术语使用相符。众所周知,在他的分类中[Балли 1955]不是区分出两类疑问,而是四类疑问:部分自问自答疑问、完全自问自答疑问、部分情态疑问和完全情态疑问。这里,巴利分类中"情态"与"自问自答"疑问的划分与前面提到的"一般"(容许回答"是"/"不是")和"特殊"(不容许这样回答)疑问相符,而术语"完全"(totales)和"部分"(partielles)疑问(有时,俄语译成"一般"和"特殊"疑问)用于另一种区分。巴利提出的分类,毫无疑问,比"一般"和"特殊"疑问的传统分类要细得多。譬如,完全自问自答疑问的划分是可以站得住脚的,同时,作为形式上的"特殊"疑问,它们不符合这样的定义,即对特殊疑问的回答是一个句子,它与疑问的区别只在于用非疑问名词短语替换疑问代词(对 В чем дела?; А что у вас?; Что случилось?; Что слышно в институте? 这类问题,通常无法用 Случилось получение Васей двойки на экзамене; У нас рождение кошкой котят, их небольшое вырастание и нежаление есть из блюдца; В институте слышно введение нового графика посещений 这样的句子来回答)。下面我们将会看到的一些特点也是形式上属于"是"/"不是"这类疑问的"部分情态疑问"在语用上可接受的回答方面的特点。

广为人知的在语用上不适宜直接遵循一般疑问要求回答"是"或"不是"这一规则的情形,包括形式上的一般疑问句,具有请求语旨力的交际情景。譬如,对 Вы не могли бы передать мне соль 这个问题的肯定回答 мог бы, конечно 并不伴随在预期的递盐行为中,它违反交际合作原则,因为请求(要求和命令也是如此)要求有受话人的回应**行为**,而不是口头反应。而对这个问题的否定回答(Вы не могли бы передать мне соль — Нет)也是交际上不令人满意的(或者,不管怎样,违反一定的言语规约),因为在一般情况下,拒绝完成请求要求有一定的拒绝理由(试比较[Ыйм 1979],其中要以对表现为不同"指令"的言语行为的可能反应进行计算为前提)。

另一种回答"是"或"不是"的不适宜情形,更准确地说,这两个回答中只有一个是语用上可接受的,就是隐含着特殊疑问的一般疑问句。

这类例子就是所谓的焦点化一般疑问[Kiefer 1980](即巴利的特殊情态疑问),该疑问容许回答"是",但是在否定回答的情况下要求进一步说明:Сегодня пятница?；Вы приехали на такси?；Ваш друг лингвист? 正如 Ф. 基费尔所表明的那样,再比较[Bolinger 1978；Wunderlich 1981],这样的疑问后面隐藏着特殊疑问,因此它们通常(如果这和语境不矛盾)被认为是"混合"疑问,像:

(16) Какой сегодня день, пятница?；

(17) Вы как приехали, на такси?；

(18) Ваш друг кто, лингвист?.

如果不能肯定疑问中提出的假设,那么回答疑问的前一部分是正常的:

(16') Нет, сегодня суббота；

(17') Нет, на метро；

(18') Нет, он математик.

试比较:«Это он, деверь мой». — «Писатель?» — спросил я, изучая Василия Петровича. — «Нет! Кооператор из Тетюшей...»(М. Булгаков). 至于可能的回答"是",他既是回答"混合"疑问的前一部分,也是回答混合疑问的后一部分。

相反,像这样的存在疑问:

(19) Что-нибудь случилось?；

(20) Есть желание выступить?；

(21) Мне кто-нибудь звонил? —

也是"隐性特殊疑问",通常容许回答"不是",但是如果肯定,则要求更全面的回答:

(19') Да, мы поссорились；

(20') Да, я хотел бы сказать несколько слов；

(21') Да, Сережа.

这些疑问是所谓的"安全疑问"的典型例子,说话人提出假设,一旦该假设得到肯定,关于细化信息的请求就成为可能。问 Что случилось 的同时,由于疑问最初的假设(和 что-то случилось 有关的)没有根据,说话人冒着可能受到对话人斥责的风险。试比较,例如:**Муаррон.** Кто крикнул? Что случилость? **Бутон.** Ничего не случилось. Почему непременно что-нибудь должно случиться?(М. Булгаков)。不过,所分析的这类疑问如此明确地被看成是"隐性特殊的",以至于它们也不是十分"安全的"。试比较:**Тамара.** У тебя что-нибудь случилось? Неприятность? **Ильин.** Странный все-таки народ. Неужели обязательно должно что-нибудь случиться...(А. Володин)。但是后一个对白在语用上是适当的,因为它是对疑问的间接否定回答,而 Да. А у тебя как дела? 或 Случилось, а что? 这样的回答应该被看作是问话人的交际失败,或者如果受话人正确理解其交际意图,那么后者就是拒绝合作。

与特殊疑问等价的一般疑问的规约强制性的例子是禁止使用包含代副词 куда 的疑问,按照俄语中某些社会方言的言语礼节惯例用包含副词 далеко (ли)的疑问来替换。试比较达里的论证:"问上哪儿而碰上倒霉的事,没有必要问碰到的人:你上哪儿? 别问人家上哪儿去,这没好处"(第二卷,215 页);"代替 куда,车夫问 далеко ль"(第一卷,425 页)。在标准语中,Ты далеко собрался 这样的疑问,和类似的"隐性特殊疑问"(Много их там?; Давно он приехал?; Дорого он заплатил? 等等)一样,通常允许用包含相应疑问词的疑问来替换(Ты куда собрался?; Сколько их там?; Когда он приехал?; Сколько заплатил? 等等)。

听话人对它们的解释以及相应地回答"是"或"不是"的可能性/不可能性,看来是由语用因素决定的,也即答话人就问话人对答话人是否知悉的推测看法。譬如,在回答 У вас много детей 这个问题时应该指出孩子的数量,而对于 У вас много книг 这个问题,回答 Довольно много 就足以了[Kiefer 1980:118]。试比较科学语法对"包含 много, мало, далеко, близко, давно, недавно, часто, редко, долго, недолго, скоро, нескоро... 这些词的疑问句在一些情境中要求肯定或否定回答,而在另一些情境中则要求包含关于所问事情具体信息

2. 一般疑问句的特殊类型:语气词 РАЗВЕ 和 НЕУЖЕЛИ 的语义和功能

在根据言语行为在言语交际参与者发出的连贯"进程"的顺序中的位置而进行的分类中,疑问通常被赋予"发起"作用。的确,疑问通常要求口头反应(或许,伴有其他类型的互动反应)。因此,疑问的功能分类通常以疑问所容许的回答形式的特点为依据,这一事实看起来是十分自然的。但是,由于许多疑问句因不同的情态意义而变得复杂,所以它们不仅(有时,还不单是)可以成为相应口头反应的"刺激因素",而且它们本身也是对对话中先前答话的反应。对于这样的疑问句,看来不仅研究问答一致性是有益的,而且研究疑问在先前对白的意义结构方面的功能也是有益的。在这方面我们来分析一下俄语中带疑问语气词 разве 和 неужели 的句子。

这两个语气词的共同点是,它们标记疑问—反应。这就意味着,包含这两个语气词的疑问不能"无缘无故地",仅仅是因为在说话人那里产生相应的信息需求而提出来。只有在说话人的视野中出现与其预期不符的情境,并且说话人通过包含 разве 或 неужели 的疑问对该情境的出现做出反应时,包含这两个语气词的语句才是恰当的。

说话人以这种方式做出反应的情景对他而言就是"关注的对象"。在一般情况下,"关注的对象"和"所讨论的情景"分别与对话人的先前对白相符。对话人说了某件意料之外的事情,从而产生对这件事是否真是那样进行证实的必要性。借助于带 разве 或 неужели 的疑问,说话人似乎是请求确认,并同时提醒"所讨论的情境"与其预期不符。

我们看到,带 разве 或 неужели 的疑问在某些地方具有相似的功能。看来,正因为如此,大多数辞典和许多语法描写对它们实际上等量齐观。甚至在专门关于语气词 разве 或 неужели 的语言学论著中,也常常认为它们之间的相似性远远大于差异,因此它们获得同一类型的解释(阿普列相十分肯定地指出这种

---

① 我们发现,这个断言不太准确。作为"隐性特殊"疑问,只能使用带 много、далеко、давно、часто、долго、скоро 这些词的疑问句;相应的语句,就像特殊疑问"规定的"那样,本身对于可能的回答不表示任何假设(初始推测)。而带 мало、близко、недавно、редко、недолго、нескоро 这些词的疑问在任何情况下都表示某种假设,要求言语受话人(他的权利是用与事态真值有关的更准确的信息来补充肯定回答或否定回答)对其予以肯定或否定。

解释是不恰当的,参见[1980:51—52])。

　　与此同时,这两个语气词的使用规则完全不同。未必可以找到这两个语气词能够相互替换而涵义保持不变的语境。或者在使用一个语气词时,另外一个根本就不可能,或者如果用一个替换另外一个,涵义就会发生根本性改变。

　　Разве P? 和 Неужели P? 这两个疑问句在对话构建中的不同作用与语句的命题内容(P)和这些语句"所讨论情境"(S)的不同对应关系相关联。即:使用带语气词 неужели 的疑问句认为"所讨论情境"与命题内容 P 相符,而使用带语气词 разве 的疑问句时,命题 P 起次要作用:该命题的真值是"所讨论情境"的必要条件。换句话说,对于 неужели 为 P = S,而对于 разве 为 P → S. 在与 P 相符的情境 S 是不可思议的、难以置信的、意料之外的情况下,以及当说话人无论如何也没有想过 S 会为真时,问 Неужели P? 是恰当的;如果说话人遇到某种只有在 P 为真的条件下才可能的情境 S,问 Разве P? 是恰当的;但是在遇到这种情境之前,说话人认为 P 不为真。

　　我们来描写语气词 разве 和 неужели 的一些更为详细的使用条件。

　　因此,使用带语气词 разве 的疑问句的原型情形是:在说话时刻之前,说话人认为 P 不为真。与此同时 P 的真值是"所讨论情境"的必要条件。这里说话人对 P 的真值的态度可能有以下几种:

　　(1) 如果在说话时刻之前存在令人信服的能够证明"所讨论情境"为真的论据,那么说话人可能只是表示惊奇,因为这与他先前认为 P 不为真的看法相矛盾(例如,如果说话人偶遇一个熟人,并且惊讶地说:"Разве ты не уехал?"). 在这种情况下他不会对 S 为真表示怀疑。我们把 разве 的这种用法称为"惊奇性 разве"。

　　(2) 另一方面,如果说话人继续坚信 P 不为真,那么他可以使用带语气词 разве 的疑问句作为对"所讨论情境"的可能性(或合理性)的坚决否认(在这种情况下,带语气词 разве 的疑问句具有"多义"性)。这里包括借助于和 P 不为真的断言相等价的修辞性疑问 Разве P? 来构建论证的情形。我们把 разве 的这种用法称为"修辞性 разве"。

　　(3) 最后,说话人或许不相信,他是否应该推翻自己先前认为 P 不为真的看法,或者推翻有利于"所讨论情境"为真的论据。这种状况或许可以描述为怀疑。我们将把 разве 的这种用法称为"怀疑性 разве"。

　　这样,在使用带语气词 разве 的疑问句时,句子命题内容(P)的真值本身并不具有意义,而仅是作为"所讨论情境"(S)的必要条件。这可以解释一个有趣的事实,就是在最简单的情形下,当带语气词 разве 的疑问句是对某个语句的反应时,疑问句的命题内容通常与该语句的命题内容不一致,而与语句在广义上的某种预设相符,即与言语交际准则相关联的成功条件、含义等预设相符:

(22) Это Петина жена. — Разве Петя женат?;

(23) Я просто влюблен. — Разве вы можете любить? (А. Чехов);

(24) Где Авель, брат твой? — Разве я сторож брату моему?;

(25) Прищепкин... спросил с бодройвеселостью: «Как дела, шеф?» Кодзев не ответил ему... «Я говорю, как дела, Александр Михайлович?» — снова подал голос корреспондент... «А вас разве интересуют наши дела?» (А. Курчаткин);

(26) Она не курит при отце. — А разве она вообще курит?

(27) Я предупреждал вас: говорите подробно! — Я разве отказываюсь? (С. Залыгин).

　　尤其是,带语气词 разве 的语句经常涉及所讨论情境的抽象可能性或可容许性:Разве можно отказать в чем-нибудь тому, кого любишь? (А. Островский); Разве так делают бодрые люди? (Д. Григорович); Преступник... на эшафот всходил — плакал, белый как бумага. Разве это возможно? (Ф. Достоевский); Я просто влюблен. — Разве вы можете любить? 的确,情境的**可能性**是其存在的必要条件。

　　单独的 Разве?,其命题内容重复先前断言的命题内容,鉴于上述原因并不经常使用。只有当疑问是就对话人的插话提出来的,而插话内容在问话人看来不具有直接意义时,才可能这样使用。譬如,在佐琴科的一篇短篇小说中,听者总是纠正出错的报告人,而报告人也乐意接受这些纠正,例如:Помню, знаете, у нас в классе задали выучить одно мелкое, ерундовое стихотворение Пушкина... Что будто бы растет себе ветка, а ей поэт художественно говорит: «Скажи мне, ветка Палестины...» (Голос с места: Это из Лермантова) — Разве? А я их, знаете, обыкновенно путаю. 报告人没有想到,他的讲话在这里会被打断和纠正,只有在他出错的时候,这种情况才可能,但是关于究竟是出于普希金的手笔,还是莱蒙托夫的手笔这个问题本身对他而言不是"关注的对象"。

Разве? 表示愿意接受,并且用感叹的语调说出来,除此之外,单独的 Разве? 还可以表示对谈话人的话表示怀疑和不信任("揭发性"разве);这时它用加强重音和降调说出来。但是,在这种情况下,问题也不在于对与 P 相符的情境就是那样的表示怀疑或认为出现的可能性较小,而在于说话人先前拥有相反的信息。说 P 为真对于他是意料之外的并不准确;P 为真的断言才是意料之外的。在这里"关注的对象"是对话人所说的话的真实性,对其有理由表示怀疑。

　　在使用带语气词 неужели(或同义语气词 неужно 和 ужели)的疑问句中是另外一种情景。这里,当说话人就 P 是否为真不具有初步的肯定信息时,他并不倾向于认为 P 为真。直接与命题 P 相符的"所讨论情境"在他看起来是不可能的。

　　疑问句的语旨意义取决于在说话时刻之前是否有证明 P 为真的肯定论据,并且在何种程度上它们是可信的。如果这些论据对于说话人来说是令人信服的(例如,他确切地知道 P 为真),那么 Неужели P? 这个语句就表示惊奇,并且其目的在于报道;如果说话人不知道 P 为真的话,他绝不会这样推测。在这种情况下,不仅说话人先前认为 P 不为真是不可能的,然而在说话时刻之前得到了 P 为真的信息(例如,遇见了一个熟人,他可以说:Неужели ты все-таки приехал?)这样的情境是可能的;而且说话人先前知道 P 为真,然而在说话时刻之前得到了使 P 变成不可能的信息这样的情境也是可能的,例如:Взглянул на мир я взором ясным и изумился в тишине: ужели он казался мне столь величавым и прекрасным?（А. Пушкин）. 如果证明 P 为真的论据是相当有力的,但却依然不具有十足的说服力,那么 Неужели P? 可以表示怀疑、不信任等等。最后,如果 P 不过是个推测,那么 Неужели P? 在许多情况下表示"坚决否认": Неужели я тебя брошу в беде?; Неужели нет?（＝ "Да!", "Разумеется!"）; Неужели я тебя оставлю ему?... Моту, пьянице（А. Островский）等等。但是,在这种情况下,Неужели P? 更经常表示在两个推测之间犹豫不决:在说话时刻之前有推测 P 为真的理由,也有推测 P 不为真的理由:«Неужели он сейчас будет прощаться?» — Думала Елена（И. Тургенев）. 在这种情况下,让其做出某种推测的理由不一定是客观论据,其中还可以包括对其感兴趣情境的朦胧预感、担忧、希望、合乎愿望和不合乎愿望的意识。根据说话人对于"关注的对象"所感受到的正面或负面的情感,也可以区分 Неужели

P? 的"意义"。所以在同一个结构中,表达"希望"的句子是可能的(Редактору понравилась статья. — Неужели ее все-таки напечатают?),表达"担忧"的句子也是可能的(Редактору понравилась твоя статья. — Неужели даже теперь не напечатают?)。在所讨论的例子中,值得注意的是,说话人有推测文章发表,也有推测文章不发表的主观理由:选择肯定判断还是否定判断作为带语气词 неужели 句子的 P,主要与乐观情绪还是悲观情绪,或者心态有关。

所有带语气词 неужели 的各种疑问的共同点是说话人对命题内容感兴趣,他对命题内容并非漠不关心,即"所讨论情境"恰恰与命题 P 相符。鉴于此,Неужели P?(常常使用单独的 Неужели ? 形式)这个疑问句在回答报道 P 时被广泛使用。这种句子表明,说话人感兴趣的是对话人的报道,并且报道内容对他而言似乎不是自明的。这种语句(Неужели? Что ты говоришь! 等等)的交际用途在某种意义上与 Без тебя знаю 这类不礼貌的断言是相反的。作为对报道的反应,带语气词 неужели 的疑问句的意义如此地符合礼貌准则,以至于它们的这种用法几乎成为规约化的,而且并不要求有真诚的兴趣,而只是追求保持联系的目的,试比较:Блондинка снисходительно глядела не его сытое лицо и равнодушно спрашивала: «Неужели?» (А. Чехов)。

我们看到,带语气词 разве 和 неужели 的语句具有完全不同的使用条件。当所讨论的情境具有其必要条件中的任何一个条件,并且说话人认为在说话时刻之前它是不能满足的时候,使用带语气词 разве 的语句;当说话人倾向于做出所讨论情境不应该为真的推测时,使用带语气词 неужели 的语句。这自然就可以解释相应语句的不同对话功能。带语气词 разве 的语句在回答报道时通常和报道的某个预设有关,并且(由于"所讨论的情境"通常与报道内容相符)延缓交际进程(Постой, а разве?)。带语气词 неужели 的语句在回答报道时通常恰恰是与报道内容有关("所讨论的情境"通常与之相符),而如果带语气词 неужели 的疑问指向报道的某个预设(这种情况很少见),那么这就会略微地改变对话的主题:正是该预设会变成"所讨论的情境"。有时研究者会注意到带语气词 разве 的语句具有更强的"否定意义"和更大的"多义性",这同样也可以用前面指出的不同使用条件来解释。的确,带语气词 разве 的句子内容与说话人先前拥有的肯定信息相矛盾,而带语气词 неужели 的句子内容与说话人倾向提出的假设相矛盾,但是说话人不具有其真值方面的肯定论据。

在对话人先前的答话是对说话人疑问的直接回答的情形中,语气词 разве

和 неужели 在对话功能上的差异特别突出地表现出来。在这种情况下，对先前答话命题内容的重复在使用 неужели 时是可能的，但是在使用 разве 时是不可能的，试比较：

(28) Куда ты идете? — К обедне. — Неужели? 或 Неужели к обедне? （但是 * Разве? 或 * Разве к обедне? 是不正确的）；

(29) Так кто ж она? — Жена моя. — Неужели (это твоя жена)? （但是不能说 * Разве это твоя жена?）；

(30) Как тебя зовут? — Генриетта. — Неужели? А меня Генрих （但是不能说 * Разве?）.

相应语句可以证实说话人所获得的信息具有意义和新意，如前所述，неужели 在这种情境下是恰当的。相反，语气词 разве 是不自然的，这是因为带语气词 разве 的语句的适当性条件几乎与说话人先前提出的疑问的所有成功条件都矛盾。Разве? 要以"关注的对象"与对话人的回答内容不相符为前提（与"说话人想知道答案"这个条件相矛盾）；说话人先前对此具有一定的看法，它与得到的回答相矛盾（这与"说话人不知道答案"这个条件相矛盾）；此外，说话人对得到的回答的真值产生疑问（与"说话人认为言语受话人知道答案，并且愿意提供给他答案"这个条件相矛盾）。的确，特别多疑的说话人可能对得到的回答的真值表示怀疑，并且要求证实。但是在这种情况下，语气词 разве 的适当性条件无法实现，因此无法使用，而疑问可以借助于 действительно 这个词构建起来（试比较：Кто же она? — Жена моя. — Действительно?）。另外一种情况是，如果带语气词 разве 的语句不是和答话内容有关，而是和它的预设有关，试比较：

(28') Куда вы идете? — К обедне. — Разве вы ходите к обедне? （И. Тургенев）；

(29') Кто же она? — Жена моя. — Разве ты женат?

(30') Как тебя зовут? — Мишель. — Разве это женское имя?

顺便要注意到，在质疑先前答话内容的语句中所使用的 действительно 一词恰恰不能归入到预设中。

使用条件的不同也可以解释带疑问语气词的句子更为个别的使用特点。譬如，我们来分析下面两个对话（在这两种情况下，谈话双方处于同一个房间）：

(31) Я замерз. — Неужели? (* Разве?)；

(32) Здесь очень холодно. — Разве?（*Неужели?）.

在(31)中说话人通过带 неужели 的疑问让人明白,他从来没有想过,他的对话人会冻着,因为凭他自己的感觉,房间里并不冷。而 Разве? 这个语句在这里是不恰当的,因为当对话人报道自己的内在状态时,其报道的真值不能成为"所讨论的情境",而怀疑的动因是说话人先前的看法:在这种情况下,说话人希冀能够比对话人本人更好地判断对话人的内在状态。与此同时要强调一下,这里指的不仅仅是无法怀疑对某个内在状态报道的真值,这可以用礼貌准则来解释(如果你自己不能够对此进行判断,那么怀疑向你报道的信息是不礼貌的)。试比较,可接受的对话:Я замерз. — действительно?（А ты не сочиняешь?）. 问题恰恰在于不能用自己先前的看法来说明怀疑的理由。

另一方面,Здесь очень холодно. 这个语句在所分析的交际情境中在语用上与 Я замерз.（通常报道这两个谈话人所处的房间是否暖和没有意义）这个语句是等价的。换句话说,尽管语句的形式命题内容与"客观的"空气温度有关,"所讨论的情境"却是主观状态。所以 Разве? 这个语句是完全恰当的,因为其命题内容(与先前报道的命题内容相符)是"所讨论情境"的条件,即谈话人的主观状态。由于该情形中的"客观"温度不能成为"关注的对象",而带 неужели 的语句应该可以指涉这个对象,所以 Неужели? 是不恰当的。试比较正确的对话:Здесь холодно. — Неужели ты замерз?

带语气词 разве 和 неужели 的语句在 P 表示全称判断的情况下是按照不同方式解释的:разве 要求内涵解释,而 неужели 要求外延解释。譬如,在获得关于某个不正派行为的信息时所产生的 Разве джентльмены так поступают? 这个语句表示绅士与这种行为的不相容性,拒绝把实施该行为的人看作是绅士,而在 Неужели джентльмены так поступают? 这个语句中是对发现还有这样做的绅士表示惊奇。在前一种情况下,джентльмен 一词,确切地说,指道德品质,而在后一种情况下,指社会特征。不言而喻,意义的这种划分并非偶然。关于特性的逻辑相容性的内涵判断与真势判断近似,并且不能具有可能和推测的性质,因此内涵解释对于带语气词 неужели 的语句是不恰当的。相反,特性的逻辑相容性恰恰是"所讨论的情境"、"所讨论的个别行为"成为可能的必要条件,因此自然要求带语气词 разве 的语句。在哭泣的小男孩面前说出来的 Разве мальчики плачут 这个语句表示"如果哭的话,你还算什么小男孩?",而 Неужели мальчики плачут 这个语句则表示"奇怪,居然还有会哭的小男孩"(不过，这两个语句的语用差异没有那么大，因为都是要力求达到同一个言效："不要哭了！"）。

如果 P 表示关于可能性的判断，那么也同样如此：在 Разве P? 中要求以一般规则为前提，而在 Неужели P? 中要求个别可能性：Разве P? 表示由于一般可能性而否认个别情形，而 Неужели P? 则是对那些一般看来不太可能的事情在个别情形下成为可能表示惊奇。Разве можно не ходить на работу? 可以表示对旷工者的指责，而 Неужели можно не пойти на работу? 表示对旷工这个意图本身的指责（和对该意图可实现性的惊喜）。

命题在有语气词 разве 的语境中倾向于内涵解释，这导致分类述谓在有 разве 的语境中常常具有评价意义：Разве это дети?; Да разве это актер? Актер это разве? Босяк он, а не актер! (М. Булгаков).

现在我们来指出 Разве нет? 和 Неужели нет? 这两个语句在对话功能上的差别。两个语句都具有赞同和肯定意义（="是"），但是在不同的情境下使用。Разве нет? 这个疑问通常用于独白语情形。它表明说话人的不确定性，说话人似乎是要从对话人那里求证。Неужели нет? 这个疑问用于对话情形，作为对一般疑问或对话人无把握推测的反应。它坚决摒弃关于肯定回答的任何怀疑。

这个差别同样也符合所分析的语气词在使用条件上的区别。当"关注的对象"是对话人可能不同意方才所做的断言，这时用 Разве нет?. 其必要条件就是要使相矛盾的判断从对话人的角度来看为真。Неужели нет? 用于回答疑问或推测，即在"关注的对象"丝毫不差地与语句的命题内容相符的情况下。说话人似乎要让受话人明白，相矛盾的判断为真是极不可能的。带语气词 неужели 的那些语句具有真势功能，这些语句的命题内容归结为对谈话人提出的明显荒谬的假设做出非此即彼的抉择，例如：Кто же зарывает клады-разбойники? — Неужели начальники воскресных училищ? (= "Конечно, разбойники!"); И право, есть над чем посмеяться. — Только посмеяться? — Ну, да неужели же плакать? (Ф. Достоевский).

鉴于最后一个例子，我们发现，与不定式的搭配在某种程度上可以驳倒一种通行的观点，即独立于具体情境的语气词 разве 总是比语气词 неужели 表示更坚决的否定。的确，当说话人认为显然不应当做不定式所表示的行为时，使用 неужели 和不定式的搭配。再比较：Неужели при такой погоде грызть орехи, на печи сидеть? (П. Васильев). 相反，разве 与不定式的搭配让人意识到，说话人倾向于要完成不定式所表示的行为，但是有点犹豫不决和摇摆不定。试比较，达里的解释："Разве сходить к ней? не сходить ли. Уж разве уступить ему? не лучше ли уступить"。

重要的是，语气词 разве 和 неужели 的几组语旨"意义"是不一致的，带 неужели 的疑问句可以具有假设、"无把握的推测"意义，而带 разве 的句子通常没有这种意义。"无把握的推测"（以及更为个别的担忧、希望等等）"意义"在带 неужели 的语句中出现的机制在前面已经分析过。再举一些这样的语句为例：

(33) Ужель (* Разве) та самая Татьяна?；

(34)（Звонит телефон.）Неужели (* Разве) это она?

很明显，在提出某种推测时，"所讨论的情境"通常与所提出的假设相符。这可以解释带 разве 的语句在推测意义上的相对不适用性。

语气词 разве? 在"假设"语句中的不适用性与 разве 通常不与将来时搭配有关。的确，在说话时刻之前，说话人不可能具有关于将来事件的肯定信息，因此推测性被纳入到将来时的意义中。谈论预先计划的可控事件的情形是一个例外，试比较：Надо искать няню. — А разве твоя мама не будет сидеть с детьми? 除此以外，当句子隐含着对"感兴趣的情境"是否可能的全称判断时，разве 可以和将来时搭配：Разве такой поедет?；Разве в такой обстановке много наработаешь?；再比较：Какие деньги у бедной семьи? Разве их на разврат хватит? (А. Островский).

相反，неужели 可以自由地和将来时搭配，而且恰恰就是在表示对具体事件的预测的语句中：Неужели он не придет?；Неужели мою статью напечатают?；Неужели Раиса Павловна откажет тебе? (А. Островский)；Неужели он сейчас будет прощаться?；Неужели все исчезнет? (И. Тургенев)；Неужели Ты, создавший эту ночь, это небо, захочешь наказать нас за то, что мы любили? (И. Тургенев)；Но из бочки кто их вынет? Бог неужто их покинет? (А. Пушкин).

包含"自我分析"的带语气词 неужели 的语句，就是那些其中 P 涉及说话人自己的内在状态、心理或心智状态的语句，是很重要的材料。如前所述，与说话人的过去经验有关的带语气词 неужели 的语句（像 Ужели мир казался мне столь величавым и прекрасным?）是相当普遍的，并且通常表明，如果不是确确实实地知道,那么从说话人目前的世界观、状态等角度来看,他过去的世界观、状态、偏好、评价、看法在他看来都是不大可信的。与说话人的内心世界相关的,与将来有关的语句通常表示,从其目前的状态来看,所推测的内心状态在说话人看来是不大可信的,但仍有一些根据认为它在将来还是会出现的:Неужели я когда-нибудь влюблюсь в эту жеманную девицу? (假设,吉普赛人给说话人占卜出这一点,或者是有特异功能的人这样预言);Неужели у нас с тобой тоже любовь перейдет в лучшем случае в привычку? (说话人从权威渠道得知,爱情可以持续整整七年而不会更长);Неужели я когда-то забуду эту встречу, как забывал многие другие подобные встречи? 等等。

与当前时刻有关的"自我分析"语句具有特别的意义。在这里我们发现说话人把带 неужели 的语句用在自己身上是异常的,如果这些语句涉及到其心智状态,像:неужели я полагаю, что семантика и синтаксис неразделимы?; Неужели я уверен в ее искренности?; Неужели я считаю эту работу слабой?; 这样的语句只有在具有位移同理心的解读中是可容许的(="Неужели ты полагаешь, что я считаю"或"Неужели кто-то полагает, что я считаю..."),但是在这种情况下,这些语句已经不是自我分析语句了。问题在于,说话人对其心智状态进行直接判断,这是或然判断,假设在这里是不适宜的。情感状态是另外一种情形,某些难以察觉的征兆往往可以证明这种情形。因此可以说:... Мыслит он: «Неужели вправду я влюблен?» (А. Пушкин)①. 综上所述,这些既可以在情感状态的意义上,也可以在心智状态的意义上来理解的表示心理状态的动词,在自我分析语句中恰恰是表示情感,试比较:Неужели я боюсь его прихода? 如果这是自我分析,那么 боюсь 就表示说话人感受到的恐惧。在位移同理心的情形下(="Неужели ты считаешь, что я боюсь его прихода?"),боюсь 可能有两种意义:既表示本能的恐惧,也表示心智状态(="боюсь, что он придет");而且在 Неужели ты боишься его прихода 这个语句中这两种解释都是可能的。

与带 неужели 的语句不同,带 разве 的语句一般不用在自省的情形中(因为自省、自我分析实质上都是对"关注的对象"——纯粹的内心状态的推测判断)。

---

① 关于情感状态本身的推测判断的可能性表现为,可以说:Любовь еще, быть может, в душе моей угасла не совсем, 尽管这样说不见得是自然的;Я считал морфологию служанкой синтаксиса, и, быть может, это мнение у меня сохранилось.

所以 разве 与表示心理状态的动词搭配时,第一人称总是要求位移同理心或多义:И вы совершенно уверены в любви моей? — ... Разве я не вижу по глазам вашим?（А. Островский）.

  最后,得出结论。我们所表述的语气词 разве 和 неужели 的使用条件彼此之间的共同点很少。因此,我们认为有必要再次强调我们对 разве 和 неужели 给出的描写中一个非常独特的共同点,就是这两个语气词都可以用在"回应性"答话中,用在对某个事件做出反应的句子当中(常常是对谈话人前一个语句的反应)。因此,疑问句所具有的特殊的对话功能把带 разве 和 неужели 的句子联合在一起,如果疑问句在对话中通常要求有回应的"攻击",即起"发起"作用,而不是"反应"作用,那么带 разве 和 неужели 的语句就表现为某种"疑问－反应"(在这种情况下,与重复性疑问这类最简单的疑问－反应的变体不同)。正因为如此,在研究带 разве 和 неужели 的句子语义时,像对待其他"普通"类型的疑问句那样只限于对成对问答的分析是不够的。有必要考虑的不仅有所分析语句的可能回答,而且还有先前的对白,也就是说,要重点研究该语句是对什么做出的反应。

第四章 祈使的间接表达：一般交际准则还是语言外规约？

1. 祈使句和指令性言语行为

无论疑问句或陈述句用于祈使意义时，还是在使用拥有疑问和报道语旨力的祈使句时，在祈使语义场都有间接言语行为。然而间接言语行为在祈使语义场的范围还要更广一些。问题在于，一般祈使意义把最不同的言语行为统一起来，诸如命令、劝告、请求、许可等等。对于语言中的某些祈使变体，或许可以制定出其"专门的"、"标准的"语旨表达方式。用于表达一种祈使变体的语言手段作为某种其他类型的祈使也可以被看作是间接言语行为。

可以看出，对语句语旨功能的重新理解更经常与语用因素相关联。因此，在这里，和在其他类似的情况下一样，出现一个问题，就是这种重新理解的规则是否应该纳入到语言学描写中？或者更具体一点，在描写具体的语言体系时，在哪些情况下，应该考虑到命令式专门语法标记的使用和语句的祈使用途之间的可能分歧？

一方面，如果不考虑这种分歧情形，我们就无法理解实际言语行为中的很多东西。例如，对于会议主席针对报告人的插话 Ваше время истекло，无论是报告人，还是听众，都会做出确定无疑的理解，即表达"请结束报告"的祈使。如何解释这个事实？看来，Вы не могли бы передать мне соль 这句话是说话人索要盐的标准请求方式，对此做出解释是对俄语中请求的表达方式进行语言学描写的直接任务。

另一方面，在描写与人工智能系统的对话时所使用的祈使句的定义，即"祈使句是这样的语句，其预期结果应该是对话直接范围以外的行为"[Вишняков 1985]，对自然语言不见得适用。因为，这几乎什么也没说，"不过就是那样"，自然语言里的绝大部分语句几乎都旨在达到某种言效①。计算出某种语句在不同的情景下能够引发的所有可能反应,或者相反,计算出所有可能实现预期反应言语手段,都不见得是可能的,正如我们直觉上认为的那样,这多半不是语言学家所能力及的。

对待间接语言使用(arch use of language)的两种极端态度的区别正是在描写祈使表达方式时最为突出地表现出来。按照狭隘的形式主义,只分析句子的句法构建,而句子的形式构建与其语旨功能不一致的情形根本就不被考虑在内,认为这对于语言学家而言是没什么意义的,而且不属于语言学之列。相反的做法则是试图考虑到言语巧妙编织的所有情形(这样的任务有时在研发能够理解自然语言文本的自动化系统的框架内会提出来)。按照前一种做法的语言学描写显然是不全面的,而后一种做法,看来原则上是无法实现的。

鉴于此,有时要尝试对属于语言学研究范围的"语旨上非标准的"语句群在某种程度上加以限制。但是,这种限制常常看起来是相当人为化的。例如,假设认为语言学上具有意义的间接祈使表述只是那些与所祈使行为一致的命题被显性表达出来的语句[Lappin 1982]。按照这种做法,语言学家应该把 Вы не могли бы передать мне соль?(= "Передайте мне соль"[请递给我盐]);Хотелось бы, чтобы вы постарались уложиться в отведенное вам время [= "Постарайтесь уложиться в отведенное вам время"(请尽量不要超出规定时间)]等等这样的语句作为间接祈使句来考虑,因为在这些语句中,与直接祈使一致的语句的命题内容被显性地表达出来(我们把相应的成分标记出来)。与之相反,在 Не найдется ли у вас спичек?[="Дайте, пожалуйста, спички"(请给我火柴)];Ваше время истекло [= "Заканчивайте доклад"(请结束报告)]这样的语句中,"祈使效果"的生成机制被认为是处于纯粹的语言学描写之外的。

这种做法的理由一般来说是清楚的。语句的理解要以理解两个东西为前提:语句的语旨力和命题内容。看来,确定出语句的语旨力,我们就可以计算出产生祈使语旨力的可能方式。但事实是,这种做法结合了两种极端做法的薄弱方面,即完全忽视祈使的非直接表达,或者试图考虑到对言语受话人的行为具有言语影响作用的所有可能方式。一方面,按照这种做法,我们可以把很多对

---

① 试比较,在受话人不能明白或不想明白,而说话人力求达到某种言效的情境中,已实施的、经常由受话人提出的疑问,似乎是纯"断定"语句:А к чему ты это говоришь? 有时遇到的 Ни к чему, я просто констатирую факт 这种回答通常是不太真诚的。

于该语言而言标准的祈使表述从研究中排除出去。譬如,在俄语中索要对话人(可能)拥有的某样东西的请求用疑问句 Нет ли у вас... 或者 Не найдется ли у вас... 来表达是完全标准的,这些疑问句不包含命题"Дайте мне...",因此也就不被这种做法考虑在内;另一方面,间接祈使表述,使用不同暗示的可能性在这样的限制下仍然是无穷的。况且,在许多情况下,与完全符合标准的类似语句相比,不符合这种标准的语句是更直接的祈使表述。例如,请求或要求给某样东西在一定的条件下可以隐含想要拥有这个东西的断定。在这种情况下,与 Хотелось бы, чтобы обо мне вспомнили и принесли мне попить 相比,病人说出的 Хочу пить 这个语句看起来是请求拿东西喝的更直接表达,尽管后一个语句不包含"принесите попить"这个命题,而前一个包含。

在描写具体语言符号时不考虑间接言语行为,而是根据格赖斯1975年的著作中定义的一般交际准则[1985]罗列出它们的间接语旨功能,近年来这种做法广泛流行。这种方法有时被称为极端语用的方法[Levinson 1983],因为它认为,间接语旨功能信息的提取规则与具体语言的语义无关,而用言语交际的一般语用准则来描写。

在采用极端语用的方法时,我们不能忽视语旨功能在不同交际情境中可能的多样性,但是也不能给自己提出在描写具体语言体系时要考虑到所有多样性这一毫无希望完成的任务。这种做法看起来是十分有诱惑力的。倘若根据一般交际准则我们不仅可以解释为什么某个语句具有间接语旨功能,而且还可以预测间接言语行为的具体变体(无论在内容平面上,还是在表达平面上),那么这种做法就可以被认为是有充分理由的。但事实是,语句的语旨用途的间接表达手段在不同语言中的使用是不一样的,间接言语行为的具体变体在每一种语言中都具有自己的特点。

对间接言语行为的一个"教规式"例子,即用于祈使意义的疑问作一分析,就可以阐释上述内容。在英语中相对应的句子不包含否定词(试比较:Could you give me a match? Have you got a match?),而在俄语中只是包含表面上的否定词时,疑问才可以被理解成祈使①。

(1) а. У вас нет спичек?;

  б. У вас есть спички?;

(2) а. Вы не могли бы прийти к нам в субботу?;

  б. Вы могли бы прийти к нам в субботу?;

(3) а. Ты не мог бы одолжить мне сто рублей на месяц?;

  б. Ты мог бы одолжить мне сто рублей на месяц?;

(4) а. А вы ноктюрн сыграть могли бы?;

  б. Не могли бы вы сыграть ноктюрн?

这里(1а)可以是借火柴的请求,而(1б),确切地说,是带着愿意提供(如果对方没有)火柴的目的而提出的疑问;试比较:… Она была любезной хозяйкой, заботившейся об удобствах гостьи. «Кури́те, кури́те, спички у вас есть?» (Н. Ильина). (2а)是邀请,(2б)中说话人询问所有他想要邀请的人,以便选择一个对大家都合适的时间。(3а)是请求,而(3б)后可以自然地接续道: Я не уверен, что мне это понадобится, но спрашиваю на всякий случай,即恰恰是疑问。类似地,(4а)是问话,而(4б)是请求。

在 E. A. 泽姆斯卡娅[1988:39]的一部论著中所援引的两姐妹对话是很有特点的: Я вчера купила масло, рыбу, кефир. Будешь готовить рыбу? — Мне некогда, мне заниматься надо. — Как хочешь. Не готовь. А рыба неплохая. Морской окунь без головы. — Я же тебе говорю: У меня все время уходит зря. — А я тебя и не прошу готовить. Я только спросила: «Будешь готовить рыбу?» Ты различаешь вопрос и просьбу? 的确,不包含否定词的疑问句(Будешь готовить рыбу?)恰恰是表示疑问。而倘若姐姐说: Не приготовишь ли

---

① 试比较,О. 叶斯帕森关于这类疑问在不同语言中的不同理解的评论。谈到在某些情况下"如何表述疑问,肯定的还是否定的,这并不重要"时,他指出:"这里关于疑问所说的,只涉及非情感疑问;特殊的惊讶语调可以把这些疑问变成两个对立物:Will you (really) have a glass of beer? 表示:'我很惊讶,你会想喝杯啤酒',而 Won't you have a glass of beer? 表示的意思刚好相反。而在英语里 Won't you pass me the salt? (Не передадите вы мне соль? 听起来不够礼貌,因为这会被认为所求助的人不愿意这样做,在丹麦语中 Vil De række mig saltet? 通常是命令,而 Vil De ikke række mig saltet? 是礼貌的请求(Would you mind passing the salt?)。一个荷兰人跟我讲,他起初在哥本哈根的宾馆里听到类似的否定疑问时感到很惊奇,他当成是不递盐的请求了。某种疑问形式经常是为了提示答案而形成的……"[Есперсен 1958:374—375]。

ты рыбу? 这就理所当然地会被理解成请求,而不是疑问。

在俄语中,Нет ли у вас X 结构作为请求的表达方式来使用是如此规约的,以至于这样的句子用于疑问功能是不可能的。例如,问卷里这样的问题看起来是异常的:Нет ли у вас детей?; Нет ли у вас правительственных наград? 等等。

值得注意的是,否定词在用作请求的疑问句中的使用与语句的命题内容是否必须符合可能拒绝的情境(如在 У вас нет спичек?; Вы не можете передать соль? 这些句子中)或者符合同意完成请求的情境(试比较:Вам не трудно передать мне спички?; Вы не откажетесь прочитать мою работу?)无关。

这样,在俄语中,疑问句用作请求与语言规约相关联,并且不能被置于语言学描写的范围之外,尽管把这些句子解释为请求在很大程度上是一般交际准则决定的。

有时候,否定形式的使用可以用礼貌原则来解释,例如,说话人容许因言语受话人没有能力完成请求而拒绝的可能性(也就是说,言语受话人"没有火柴","他不能够递盐"等等)。或许,从这些说法的起源来看,该解释是正确的。但是,至少在俄语中这种用法是规约性的,以至于无论在解释**拒绝**理由时,还是在与**同意**完成请求相一致时,否定词都是必须的,试比较:Вам не трудно передать спички?(但是不能说 ? Вам трудно передать спички?); Вы не откажетесь прочитать мою работу?(但是不能说 ? Вы откажетесь прочитать мою работу?)等等。

Вы позволите...? 这个句子是貌似的反例,它与祈使的 Позвольте... 等价,尽管不包含否定词。问题在于,除了纯粹的口头反应以外(Да, конечно 或这一类的),这个句子(和"祈使的"Позвольте... 一样)并不旨在获得什么言效。所以,从言语行为的一般分类来看,它应该被看作是疑问。需要提示的是,疑问不仅可以用疑问句来表达,也可以用与之对等的祈使句来表达,试比较:Который час?(Скажите, пожалуйста, который час)。同样如此,这里我们遇到的也不是用于祈使意义的疑问句 Вы позволите...?,而是用于疑问意义的祈使句 Позвольте...

因此,在俄语中否定词是拥有祈使语旨力的,也就是请求意义的疑问句使用的规约化标记。在无否定词的情况下,疑问句表达祈使只能是在特殊的语用条件下,即说话人认为,言语受话人早就应该完成相应的行为:Да бросите ли вы в конце концов вашу музыку?（К. Федин）①；Пойдешь ли ты наконец за хлебом？；Доешь ты когда-нибудь свой суп？（难怪在这样的语句中经常使用 наконец，в конце концов，когда-нибудь 等等这些词）。有意思的是，承载类似语旨功能的英语疑问句却恰恰是常常包含否定词的。

因此，在俄语中，疑问句用作请求和语言特殊规约相关联，并且不能被置于语言学描写的范围之外，尽管这些句子的"祈使"解释也完全符合一般交际准则。但是一般交际准则只能解释这些用法的可能性和起源，而不能预测它们的语言特点。

2. 祈使的种类及其间接表达

在一般祈使意义的范围内揭示和记录这样或那样标记这种或那种言语行为的情形是一项迫切的任务。在许多情形中，对语言手段的选择由与具体语言无关的交际相互作用的"自然"逻辑来决定。譬如，"礼貌"准则可以解释为什么疑问句（与"怀疑"意义的表达相关的）经常用于请求，而不是用于，譬如，"请吃东西"的情境：女主人不会对客人说：Вы не могли бы взять кусочек торта？，但是多半会使用道义情态的直言式：Вы должны взять кусочек торта（试比较，例如：[Lakoff 1972]），尽管这里也会出现"杰米扬的鱼汤"②的危险。在和下属的谈话中，"需求的确认"通常用命令式（"Дайте"；"Принесите"），这也和语言特殊规约无关[Ervin-Tripp 1976：29]，试比较：Мне нужны подробности по делу Иешуа. — Слушаю, прокуратор（М. Булгаков）.

"威胁"（报道受话人所不情愿的将来事件，目的在于影响其行为，即引发或防范其做出某种行为[Wierzbicka 1987a]）言语行为的逻辑—语义结构的自然反映就是用于该功能的句子的合乎逻辑性，这种句子的构成包括命令式形式和表示不遵从祈使的可能后果的动词的将来时形式。试比较，例如：Убирайтесь

---

① 俄语语法[1980：396]把这种类型解释为"祈使停止行为的疑问"未必准确，因为这里的"行为"是"бросить"，所以，这里就像通常"应当的"那样，会出现"完成行为"（'бросьте！'）的祈使。但是，这里的确可以在某种意义上感觉到"祈使停止"。或许可以说，这些语句的语用特点要求的不只是"完成行为"，而确切地说，是停止"未完成的行为"。

② 不言而喻，在某种情境下使用某些"礼貌"说法还与惯用的礼节准则有关，即不是与纯粹的语言规约有关，而是与使用规约有关[Morgan 1975]。例如，在"请吃东西"的情境中，相应的祈使在这两种情形下都可以在坚持的程度上加以区分。譬如，据 Т. Ю. 斯特罗加诺娃的证述（口头报道），在俄语的一些方言地区要求主人多次祈使客人"吃东西"（"多次请求"），而在另一些地区，专门的"祈使"被认为是不合适的（"хлеб-соль на столе, а руки свое"）。

из школы! А то сына сделаем калекой (Огонек, 1988, № 47). 但是,俄语口语中普遍使用带 у меня, мне 这样确定无疑地标记出威胁行为的表述的命令式①,这已经是惯用法了(我们认为,《俄语语法》[1980:т. 1,623－624]把相应的结构定为"祈使所禁止的事情"并不十分恰当): Поговори мне еще!; Ты у меня пинки только! (А. Островский)等等。在这种情况下,认为"威胁"不是在没有完成命令式所指涉的行为时实现,而恰巧相反,是在完成该行为时出现。

在许多情形下,我们遇到的似乎是使用语义上等同的语言手段的语言规约。譬如,在现代俄语中 Потрудитесь...; Возьмите на себя труд... 这样的语言表述与不定式搭配是完全规约化的,并且只是针对比说话人社会地位更低的人才使用。在这种情况下, Потрудитесь 还表达某种不友好的态度。与之不同的是, Вам не трудно... (以及,或许, Вы не могли бы взять на себя труд...) 与不定式搭配可以用来表示最礼貌的请求(Вам не трудно закрыть дверь?)。然而,如果这里谈不上有什么"困难",那么这个结构就是表达不友好的讽刺: Вам не трудно немного помолчать?

Прошу... 与不定式搭配用于各种各样的祈使言语行为:申请(Прошу командировать меня в Ленинград для участия в конференции),要求(Прошу покинуть зал),但是反常地,恰恰是该形式通常不能用于请求。与 Прошу... 不同,意义上与之接近的 Умоляю…… 形式恰恰是坚决的请求标记。至于称名化 Просьба...,它与不定式搭配听起来相当正式,并且常被理解为要求(Просьба освободить вагоны)。

俄语中完成体和未完成体形式在命令式中的使用是规约化的。这与俄语体的体系独特性直接相关联。在否定词不存在时,体形式的一般选择规则在[Шмелев 1959]中有所描写。用 И. А. 沙罗诺夫[1991]的表述,可以说,在"体竞争"的情境下,完成体的命令式表达对行为的祈使,而未完成体的命令式则是开始实施行为的信号。在否定词存在时,体形式在命令式中的选择取决于可控性特征(参见Ⅰ.1.1 和Ⅰ.1.2)。与此同时,在与命令式中的动词体的语义相互作用时,动词的词汇意义常常发生规约化的变形。特别是,这还涉及到心智述谓,我们在Ⅰ.2.2 中已经分析过它们在命令式中的用法。

俄语命令式在并列复合句中的使用也应当被看作是规约化的,如 Пей, да

---

① 参见[Шмелев 1958];这里对俄语中威胁言语行为的其他一些规约化表达方式有所描写。

дело разумей；Ври, да знай меру；Говори, да не заговаривайся（或许，这里还包括 На Бога надейся, а сам не плошай）。这里第一个命令式不是表达对说话人所希望的（或者，即使对于说话人是无关紧要的，如在许可中）行为的祈使，而是表达对行为的容许，确切地说，是不被准许的行为，只要该行为不伴有某种限制条件，而第二个命令式却恰恰是规定那种限制条件。

  道义情态标记在直接和间接指令行为中的（一般说来，"自然的"）使用也具有一定的独特性。动词 мочь 的第二人称用于构成（说话人给予的）许可言语行为，与确认准许性的言语行为不同，在后者的构成中可以使用该动词的所有人称形式（也包括第二人称）。相应的，用于一般疑问句时，Можно...?（Могу я...? 比较少见）充当请求许可这种言语行为的标记。试比较：Можно идти? 和相应的，Можете идти；«Вы можете еще играть», — сказала она, как будто Илья только и рвался к пианино；«Можно мне потренироваться еще?» — «Хорошо, репетируй», — Разрешил Бедуля（А. Безуглов）.

  相反，"必须性"的情态标记通常只在**申明**必须性的陈述句中使用（在这种情况下，它们当然可以用作间接指令行为）：Вы должны меня оставить；Спички трогать нельзя. 或许，Не надо сердиться! 这类例子是例外。

  最后要指出，这里阐述的方法（再比较［Wierzbicka 1987б］文章中极端－语义方法的观点）和极端－语用的方法原则上并不矛盾。确切地说，区别在于强调的重点：如果极端－语用方法的追随者实际上力求把所有的**非规约化**现象（其中还包括间接言语行为）从语言学描写中排除出去，那么我们则坚持语言学描写必须**包括**所有的**规约化**现象，并且特别是包括具有间接语旨力的语句的规约化用法。

第五章 假设和准确定

1. 假设与假设句

众所周知，与情态概念相关的自然语言语句的特点具有极其丰富的多样性。正如我们所述(参见 II. 2)，它们当中只有一部分可以借助于情态逻辑工具充分地呈现出来。在许多情况下，对情态标记使用条件的描写需要借助于语用因素。

本章主要是讨论俄语中某些情态——插入词和表达"可能性"意义的语句的使用功能的语用方面。

需要提示的是(在 II. 2 中)，在与"可能性"概念相关联的语句中，应当区分关于某种可能性为真的情境的直言判断和关于某种情境是否为真的猜测句。

我们曾以 Петька мог и соврать 这个句子的两种不同理解为例阐述了这两类可能性语句的区别。在 Петька мог и соврать, но решил сказать правду 这个句子中，谈论的是过去曾经有过，但却没有实现的可能性。但是，与可能性是否实现无关，它曾经有过的事实在客观上是成立的。我们把这种可能性称为本体论可能性或潜在可能性。

Есть ли основания верить Петьке? Петька мог и соврать，这个语句多半会被理解成，说话人不知道彼得是否撒谎，因此做出可能撒谎了的假设。这种语句的可容许性与说话人的认识状态直接相关。他表达一种看法，即所分析的情境可能在现实中曾经有过(不知道，他的推测在多大程度上是正确的)，而不是确定实际上有过该情境，何时有过所分析的可能性。Петька, возможно, и соврал 这个语句确定无疑地表达的正是这个意义，或者至少是近似的意义。我们把这种可能性称为认识论可能性或或然性。

在俄语中，动词 мочь 用来表示这两类可能性(尽管，或许潜在性意义是其直接言语意义，而或然性意义是某些包含该动词的语句的言语隐含义)。与此同时，还有一系列标记，它们用来表达唯本体论可能性或唯认识论可能性。譬如，можно 一词(В такую погоду можно промочить ноги; Быть можно дельным человеком и думать о красе ногтей), иметь возможность 短语等等总是表示潜在性,而具有可能性意义的插入语(возможно, быть может, вероятно 等)则表示或然性。

本体论可能性和认识论可能性标记的特点是它们在语言中具有完全不同的地位。本体论可能性标记参与到某个命题时,将其变成一个新的情态化命题,该命题和初始命题一样,仍然是所谓的"半成品",它要求与某种语旨力相结合,以便获得参与相应言语行为的能力。

认识论可能性标记在参与命题时,其结果不是产生出新命题,而是已"可以使用的现成"产品,即另外一个等级的单位,在我们看来,将其视为一种用来表达专门的假设言语行为的特殊语旨类型是适当的。возможно, может быть, вероятно, должно быть, наверно, несомненно 等等这类插入语可以相应地被看作是假设语旨力的标记①。

因为这些词是语旨参项,所以它们与其他语旨类型是不相容的,例如,疑问或祈使性类型。这样的语句是异常的:* Есть ли у вас, может быть англо-русский словарь?; * Вероятно, сходи за хлебом; * Кто, несомненно, разбил окно? 等等。

П. 列斯坦在援引 Доверился ли ему автор более случайно, может быть? 这个出自于列宁作品的例子时[1972:176],指出:"按照俄语的规则,插入语 может быть 和语气词 ли 是不相容的。所引用的例子可以用因书写匆忙来解释"。

"假设"这类言语行为的成功条件是,"说话人不知道实际的事态是怎样的",其目的是建议受话人对与其作出的假设相等的可能性进行分析。这种言语行为的言效可能是不同的。如果言语受话人不知道情况实际上是怎样的,那么他只是注意到这种可能性,并且接下来会把其考虑在内。而如果他知道实际的事态是怎样的,那么根据言语合作原则,他就应该告诉说话人,而不能让他处于不知情的境地。试比较:[«Он пропал куда-то, вот мы боимся, не случилось ли чего-нибудь». «А что же может случиться?» — спросила она.] «Может, заболел?» — предположил я. «Ах, может, заболел! — воскликнула она. —

---

① 除此之外,俄语中还有两种更高程度的假设性的语言特殊标记:авось 和 небось,在 [Шмелев 1996б]中对此有详细分析。

Нет, не заболел. Сегодня Михаил Степанович встретил его в городе» (Ю. Домбровский).

在这种情况下，假设预期的言效和疑问预期的言效是一样的。说话人可以直接预料到这样的言效，所以甚至可以谈论间接言语行为，即用于疑问意义的假设句。在书面文本中相应的句子末尾要加上问号，这并非偶然，试比较：Может быть, ты хочешь отдохнуть?; Вы, должно быть, устали?; Ты, наверное, читал Бродского? 但是，这些句子不能被看作是真正的疑问句。特别是，在一般情况下与（一般）疑问句不同的语调可以证明这一点［Žaža 1981］①。很能说明问题的是，在这些语句中不能使用一般疑问语气词 ли: * Хочешь ли ты, может быть, отдохнуть?; * Устали ли вы, должно быть?; * Читал ли ты, наверное, Бродского?. 再比较异常的句子：* Есть ли у вас, вероятно, англо-русский словарь?; * Знаете, ли вы, должно быть, английский язык? 正确的是：У вас, вероятно, есть англо-русский словарь?; Вы, должно быть, знаете английский язык? 在所有这些情形下，我们遇到的不是疑问句，而是用于疑问功能的假设句，即间接言语行为。

在相应命题的真值取决于言语受话人的情况下，假设言语行为可以用作请求，劝告或建议：Может быть, ты сходишь за хлебом?; А может быть, тебе стоит уйти на пенсию?; Может, не будем обсуждать этот вопрос? 通常置于这些句子末尾的问号不应当引起误解，因为这里遇到的不是"疑问句用于祈使意义"。值得注意是，在俄语里疑问句用于祈使意义是规约化的。正如 III. 4 中所指出的那样，它们包含否定词：Ты не сходишь за хлебом?; Ты не мог бы сходить за хлебом?; Не уйти ли тебе на пенсию?; Почему бы тебе не подать заявление об уходе?; Не отказаться ли нам от обсуждения этого вопроса? 在先前分析过的例子中没有否定词，这也正好可以由此来解释，这里用作请求的不

---

① 然而重要的是，与这种不一致无关，所分析的句子不能被看作是真正的疑问句。前面提到的假设性标记与疑问词的不相容性是在句子层面把假设语旨类型从疑问结构中区分出来的充分理由。所谓的疑问语调（只是在话层面才进入到游戏中）更具多义性。它标记"怀疑"的不同类型，"武断性"的缺失，特别是，可以把请求和要求区分开。试比较，例如，Оторвите билетик 这个语句（在公共汽车上求助于邻近的人时）与 Предъявите билет 这个要求在语调上必然是不同的。Свет погаси 这个请求在语调上与疑问 Свет погасил? 没什么区别。在第二人称复数的陈述式与命令式形式（就像在 Позвоните 这种情形下）偶然重合时，实现疑问和请求的语句可能听起来是完全一样的：Позвоните мне завтра (?) = (1)"我问，明天你是否会给我打电话"和 (2)'我请你明天给我打电话'.

第五章　假设和准确定

是疑问句,而是假设句。

在任何情况下,使用假设句的共同点是,说话人不具有假设的命题内容的真值方面的信息。这是假设性标记使用的必需条件,因此相应的含义可以被看作是相应语句的规约性(而不是言语)含义。和任何一个规约性含义一样,它是不可能被抹消的,因为 * не только может быть, но и точно 或者更甚者 * может быть и точно 这样的结构是不可以的。如果有人想要说,不应只局限于假设,或许可以做出直言断定,他也可以借助于包含其他连接词的结构来表达这种想法:не может быть, а точно. 换句话说,假设并不是比直言断定更弱的语句,它们只是两种不同的言语行为,具有不同的成功条件。与此相关的还有假设性标记可以"挂靠"于任何一个命题(包括情态化命题)的能力。

或许,应该把前面分析过的包含动词 мочь 的陈述句用于假设的功能也看作是间接言语行为。相应的语句可以被解释为关于可能性的报道,在给定的交际条件下这些可能性在功能上与提出关于客观现实的假设是近似的①。因此 Петька мог и соврать 这类语用上多义的语句**在语义上**不是多义的:其中动词 мочь 在任何情况下都具有本体论可能性的意义。

本体论可能性的这些表达手段不是充当语旨标记,而是充当情态参项。相应的情态化命题可以用于不同的言语行为,尤其是可以作为假设的内容:Он мог пойти в кино(报道);Мог ли он пойти в кино?(疑问);Хоть бы я мог разочек сходить в кино(愿望);Вероятно, он мог пойти в кино(假设)。在这种情况下,假设语旨标记与语旨情态标记的结合根本就不一定是"匹配的",试比较摘自于司法论文集的一个片断:Старший лейтенант начал с соседки Курганского — Татьяны Петрожицкой. Она целыми днями сидела дома и наверняка могла сообщить что-нибудь о событиях минувшей недели (* Она наверняка, может быть, сообщит что-нибудь о событиях минувшей недели 就会是异常的)。Он мог пойти в кино 这个陈述句谈论的是在过去曾经有过可能性,而且说话人可能非常清楚,该可能性是否已经实现(试比较:Он мог пойти в кино, но предпочел пойти в театр),正如客观上成立的事实可以说明该可能性曾有过。但是,在说话人对实际的事态一无所知的情况下,关于可能性的报道在功能上与假设是等价的:[Нет оснований беспокоиться, где он] Он мог пойти

---

① 正如前面(II. 2)已经指出的那样,只要相应的事态是**可能的**,那么就有理由提出假设。

в кино ≈ Он, возможно, пошел в кино. 以及比较:Эти... заявления... как раз соответствуют истине. Конечно, Агранов мог им не поверить... Однако запрет на загранпоездку мог быть и не связан ни с каким недоверием. Возможно, это было просто лишение милостей, перевод в более низкий... ряд (Ю. Карабчиевский).

同时要注意到,关于可能性的报道和假设的命题内容是不同的。在可能性的确定中,断言命题 M_p 为真(M_p 是情态化命题,由初始命题 P 和可能性参项结合而成),而在假设中只是做出命题 P 为真的推测。

关于可能性的报道 P 和关于现实性的假设 P 所具有的可能的语用等价性并不会取消对相应的语句类型在理论上进行区分的必要性。包含情态参项的语言对应词语的语句是在不知道的情境下说出来的,尽管表面上与假设相似,但远非总是可以用真正的假设句来替代。试比较:дождь может пойти в любой момент ≠ *Дождь, может быть, пойдет в любой момент; Он мог выдумать что угодно ≠ *Он, возможно, выдумал что угодно. 尽管 Он мог выдумать что угодно 这类语句是在不知道的情境下说出来的,但是与其说它们是近似于假设的言语行为,不如说是与拒绝提出某种假设相对应。

因此,从传统上被归入到"确信性/不确信性标记"的那些词中可以把假设性标记(несомненно, вероятно, должно быть, наверно, возможно, может быть 等等)提取出来,它们用于旨在表达假设这种特殊言语行为的假设句中。假设言语行为的成功条件是,说话人不了解实际的事态。所以,当说话人掌握有关事态的直接信息时,无论是感性的,还是基于从他人那里获得的报道,都不能使用假设性标记。在正常情况下不能说:Должно быть, здесь жарко 或 Наверно, здесь пахнет газом(尽管当身处莫斯科时,完全可以说出这样的假设:В Крыму сейчас, должно быть, жарко, 试比较契诃夫的话:А, должно быть, в этой самой Африке теперь жарища-страшное дело!). 如果电话响了,还没有拿下听筒,那么就可能作出推测:Наверно, это Ваня,但是在摘下听筒,并且听到声音后,如果不是十分确信正确地听出了打电话的人的声音,就不能说:Наверно, тебя к телефону Ваня.

2. 假设性和准确定性

应当把准确定词（кажется，как будто，вроде）同假设性标记区别开①。虽然假设性标记和准确定词在传统上区分出来的"确信性/不确信性标记"的组别范围内经常是未作区分地加以分析，但是它们通常是不能相互替代的，用一个标记替换另一个就会导致语句意义的改变。试比较：Его мать, наверно, была красавицей（推理）和 Его мать, кажется, была красавицей（听说）。只有假设性标记可以用在条件结构中（Если у меня будет время, я, вероятно [* кажется], к вам зайду），以及关于将来的推测中（Вам, несомненно [* кажется], понравится фильм）等等；另一方面，如果指的是由于感性认识和回想或从他人那里获得的信息，则只能使用准确定词，而不能用假设性标记。这是因为，假设和包含准确定词的语句的使用条件完全不同。如果在说话人不具有相应命题为真的直接信息而做出推测的情况下使用假设，那么准确定语句只能在说话人具有关于他所感兴趣的事态的直接信息时使用，尽管他并不完全相信信息的可靠性。

准确定词可以分为"印象词"，"引述语"和"不确定评价参项"。

包含"印象词"的语句用于这样的情形，就是说话人具有关于实际事态的直接感知信息，但是由于某种原因不完全相信该信息：Кажется, пахнет газом. 正因为如此，如果电话响了，那么在还没有摘下听筒时，可以作出假设：Наверно (* Кажется), это звонит редактор；但是拿起听筒后，在听出声音的情况下只能使用准确定词：Кажется (* Наверно), это звонит редактор.

在回想的情境下说出来的语句中只有准确定词是恰当的（точно не помню, кажется）；试比较：Между ними была ссора. Не помню из-за чего. Кажется, из-за какой-то комиссии, которую прислали из штаба фронта (Ю. Трифонов). 但是，在说话人彻底忘记某事（因此已经不具有关于他所感兴趣的事态的直接信息）的情境下，相反，使用假设性标记是恰当的。试比较，一方面：Как же ее звали, не помню... Кажется (* Наверно), Наташа；而另一方面：Как же ее звали, начисто забыл. Может, Наташа, а может, Катя...

---

① Е. С. 雅科弗列娃注意到假设性标记和准确定词的重大差别[1984；1988 及其他]（相应的区分在其著作中被描写为"有特点的"信息和"无特点的"信息标记的差别）。

准确定词的另外一个类型，看来以前对其并没有给予应有的关注，就是"引述语"，在说话人依赖从他人那里获得的信息时（特别是如果他不完全相信其可靠性时）使用。除 кажется, вроде, как будто 以外，"引述语"还包括像"插入语"говорят 这样的表述。如果有人告诉我们，伊万去基辅了，那么在把这一信息转达给第三者时，我们可以说：Кажется, Иван уехал в Киев; Иван как будто уехал в Киев; Иван вроде уехал в Киев; 或者，此外还有，Иван, говорят, уехал в Киев. 当然，在这种情况下就不宜作出假设：Может быть, Иван уехал в Киев; Иван наверняка уехал в Киев. 试比较，报刊文本（《Известия》，1992 年 6 月 25 日）在援引时"引述语"（вроде как）的使用：Представители... блока «Новая Россия» ... утверждают, что Б. на вокзале был абсолютно трезв. А нападение на него не что иное, как политическая месть. Б. работал в комиссии по расследованию деятельности ГКЧП, вроде как передал в Прокуратуру документы о нелегальном вывозе... золота за рубеж и стоял на пути мафии, блокирующей строительство важного народнохозяйственного объекта в Москве.

此外，像 мне кажется 或 по-моему 这样的短语，从不在引用"二手"信息时使用，而更经常用于表达不确定的评价：Фильм, по-моему, хороший 或者 Мне кажется, фильм хороший（说话人看过电影，但是并不要求自己对该电影的正面意见是人人应遵守的）。这些表述也可以作为"印象词"来使用（但是如前所述，不是"引述语"）。这样，准确定词的所有种类都可以用来表达不同种类的不确信性：说话人不相信自己的评价（мне кажется 或 по-моему），自己的印象（"印象词"）或从他人那里得到的信息（"引述语"）。

在某些情况下使用"引述语"对于俄语是必须的。例如，遇到自己的同事，我不能只对他说：Ты собираешься в Стокгольм; 我应该使用"引述语"：Кажется, ты собираешься в Стокгольм; 或者 Говорят, ты собираешься в Стокгольм. 这里，说话人预料到言语受话人会肯定或否定报道，因此可以认为，我们遇到的是间接言语行为（准确定报道用于疑问功能）。Ты собираешься в Стокгольм 这个简单报道在语用上就会是不恰当的。

同样，如果我没看过电影，而只是听到我认识的人对它的评论，那么我可以说：Кажется, фильм хороший; говорят, фильм хороший; 或者 фильм как будто хороший, 但是不能说：Фильм хороший 或者 Мне кажется, фильм хороший. 后两个语句只有在说话人自己看过电影的情况下才是恰当的。这时他在第一种情况下说出的评价比在第二种情况下要更有把握。与之相反，谈论一部我看过的电影时，我不能用 кажется，как будто，вроде 这样的准确定词。要使用这些表述说出基于我自身印象的评价，只能在我认为这些印象对于更有把握的评价来说是肤浅的，还不够充分的情形下，例如，当我刚开始看电影时，我可以说：Кажется, неплохо. 在这种情形下，我认为更仔细地了解所评价对象可能会令我放弃最初的评价。如果我刚刚开始读一篇应该对其进行评论的论文，那么对于 Как тебе его работа 这个问题，我可以回答：Вроде (бы) интересная，或：Как будто на уровне，或：Кажется, ничего.

因此，以下这些表述是不同的：Фильм хороший（说话人看过电影，直言评价）；Фильм, мне кажется, хороший（说话人看过电影，但评价不是直言的）；Фильм, кажется, хороший；Фильм вроде/как будто хороший（说话人没看过电影，评价出自别人之口）；Фильм, наверно/должно быть/вероятно, хороший（说话人不具有关于电影优点的信息，并且只是根据本人的某些想法，如演员阵容，导演的声望等，作出推测）。

还要指出，与 кажется 不同，在某些情形下，插入性短语 мне кажется 和 по-моему 在有关事态的直接信息不存在时也可以使用。在这种情形下，它们近似于假设性标记（诸如 должно быть 或 наверно），试比较：А слухи ходили самые разные. Мне кажется, их нарочно распространяли враги Сергея Кирилловича. 这里包含短语 мне кажется 的语句实际上表达推测，并且短语本身与 я думаю，должно быть 等是等价的。把它替换成 кажется 就会改变语句的涵义：那样它就会要求说话人拥有关于消息来源的某些信息。与此同时，在某些语境中不能用 мне кажется 代替 должно быть。例如，推测某个认识的人对意料之外的报道的反应时可以这样表达：Должно быть, он прямо подпрыгнул от удивления, услышав эту новость；这里不能把 должно быть 替换成 мне кажется.

应当把动词 казаться/показаться 的非现实使用与作为说话人的现实不确信性标记的 кажется 和 мне кажется 这两个短语区别开。试比较：Погода становилась хуже — Казалось, снег идти хотел (А. Пушкин); Мне показалось, звонит телефон. 在这种情况下，动词 казаться/показаться 在一般意义上使用，用来表示观察者在分析时刻的感觉。对于插入结构而言，这里几乎没有什么特别的东西。这里出现的隐含多义性（在一些情况下是反事实的隐含义，在另一些情况下则不是）一般来说是动词 казаться/показаться 所固有的，试比较安娜·扎莉兹尼娅克[1988:117]所举的例子：Мне показалось, что ты чем-то расстроен. — Тебе это показалось（再比较勃列梅涅尔短篇小说中的类似对话：《А мне показалось...》, — начал отец. 《Тебе постоянно что-нибудь кажется》, — Перебила его мать）。

对于插入结构，有特点的只是假定式在 казалось бы 短语中的使用；这里的虚拟性不是针对感觉存在的事实，而是感觉的对象，казалось бы 表示某种类似于"может ошибочно показаться, что..."的东西。

可以看到，像 мне кажется 或 по-моему 这些不确信性标记的使用，显然与说话人特有的、通常的不自信相关，这种不确信性是否体现在自我评价的不确信性上和对自我感知世界的准确性上[Шмелев 1996б]？不言而喻，并不总是指真正的不确信性，因为有时不确信性标记的使用只是"谦虚格"，是对判断中武断性的否认①。

普通的"印象词"也可以作为不确信性的标记。特别明显的是，当不确信性主要不是与所传达的报道有关，而是与其蕴涵有关时（Ты будешь обедать? — Да вроде я недавно поел），或者当它们用作"谦虚格"时（Вы говорите по-английски? — Да вроде）。这样一来，特别广泛使用的是 да вроде 这个搭配，在某些语言使用者的言语中（显然，与相应的态度一起）它几乎伴随着每一个确定性话语（换句话说，这些语言使用者避免武断性判断）。尤其是，该语言行为是阿格尼娅·巴尔托诗歌中一个主人公的特点：Спросите у Володи: 《Ты пионер?》 — 《Да вроде》. — 《Работал в огороде?》 — А он ответил: 《Да вроде》.

与准确定词不同，假设性标记的使用或许可以表明，确切地说，说话人过于相信自己。如果在说话人虽然掌握有关实际事态的直接信息，但却放弃确信的判断时使用准确定词，那么假设性标记就用于这样的情境，即说话人尽管对实际上情况是怎样的一无所知（不拥有任何直接信息），但却愿意作出假设。这时，不同的假设性标记要求说话人不同的自信程度。说话人"抵押"、担保所作假设为真的程度越高，自信程度就越高。换句话说，在使用 несомненно, без всякого сомнения 这样的词语时，程度是最高的。在使用 должно быть, вероятно, наверно 这样的词语时，说话人的自信程度要小得多。而 возможно

---

① 与此同时，如果说出这些短语的时候带上重音标记，那么要把自己的看法与别人的看法积极地，或许，自信地相对照，就可以使用它们。

或 может быть 这样的词不要求说话人特别自信,因为使用这些词时,说话人绝不"抵押",也绝不断言他本人觉得自己作出的假设比任何别的假设更像真的。他只是建议对一个可能的假设进行分析,他认为言语受话人可能没有注意到这个假设。

видимо 和 по-видимому 这样的词构成了一类特殊的假设性标记。约安涅相[1993]指出,借助于这些词能够引出的不是随便一种假设,而只是那种用来解释说话人直接知悉的某件事情的假设。可以"无缘无故地",仅仅根据克里米亚气候条件的一般规律说:А в Крыму сейчас, должно быть, жарко,但是,当说话人在屏幕上看到在克里米亚散步的人穿着短袖、短裤时,В Крыму сейчас, видимо, жарко 这个句子就会是恰当的。换句话说,通过 видимо 和 по-видимому 引出的假设用来解释直接论据(evidence),这些词在意义上与短语 судя по всему 近似。由于生病而在床上躺了一个月,可以说:Наверно, я очень изменился за это время,这只是根据在床上躺了这么长时间以后,人的面貌可能会发生很大的改变这个普遍认识;Видимо, я очень изменился за это время 这个语句可能会自然地接续道:... меня никто не узнаёт;而 Кажется, я очень изменился за это время 这个语句,在一个人很长时间没有照镜子之后,再第一次照镜子时说就是恰当的。

这样,видимо 和 по-видимому 这两个词所表达的态度,是对所观察到的事实进行解释的态度。自然就会料想到,该态度对于那些从事研究工作的人来说是典型的。而且,确实如此,видимо 和 по-видимому 这两个词极其经常地出现在科学文本中,就像在先前分析过的"假设-解释"情形中一样。除此以外,在科学言语或准科学言语中,这些词常常表示作者所掌握的论据是有限的,并且表示某种类似于"据我所知"的意思,试比较:По-видимому, это единственный случай одушевленного singulare tantum в русском языке.

因此,对于俄语,假设性标记和准确定词这两类"包含不确信意义的词"的对比很重要。一个十分有趣的事实是,该对立与说话人不接受"认识担保"的两种类型,即(基于推理的)"判断"和"证据性"的对立具有不容置疑的相似性。证据性的不同意义(在某些语言中是情态类语法范畴)通常指的是对某个信息来源的引用,或许,是不确信的(例如,"二手"信息,或者感知上可得到的、可能是虚假感觉的信息等等)。俄语中与证据性范畴相对照的通常只是 мол, де, дескать 这些语气词十分有限和特殊的用法,它们用来标记准直接引语(试比较,特别是[Якобсон 1972]),以及所谓的"授权、委托"意义,用于通过诸如 по сообщению(авторитетных источников), как мне сказали (в дирекции)这样的词汇手段来表示信息来源的情形。然而,我们认为,证据性语法范畴,至少在某些语言中表现出与前面分析过的 кажется, вроде, (как) будто (бы)这类词更大的相似性,当然,也包括插入语 говорят。

尤其是,类型学上一个重要的事实就是,在功能上合并直接表示"二手"信息的词语(如 говорят,以及词源上与听觉感知相关的词,就像俗语的 слышно, слыхать)和指出对某些论据的直接感知的那些词,尽管可能是错误的感知,这些论据可以间接地(但不运用逻辑结论)证明说话人不能直接观察到的事件。вроде, кажется, как будто 这类词的极强的撤销语义化,以及我们前面指出的这些标记在某些语境中使用的必须性,看起来是很重要的。所有这些事实表明在俄语中证据性意义具有一定程度的语法化。

第六章 以赞同形式表示的反对

　　我总是对他的反对方式感到惊讶:他似乎是同意对话人的意见,说"对,对",然后却又加上某些类似于"知道吗?只是……"这样的话,开始说出某种完全相反的意见。

德米特里·什梅廖夫,

《论酗酒的危害》

1. "以赞同形式表示的反对"的语用根据

　　本章要讨论的是一种争辩方式,可以暂且称作是借助于"对,但是……"这个标签表示反对的手法。说话人似乎是同意对方说出的想法,但马上又说出能够把从该想法中得出的可能结论归结为不的理由。与简单的反对相比,这种争辩方式看来是更客气的,因为说话人让人明白,他至少愿意部分地同意对方的观点,或者至少考虑到他的论据。在这种情况下,反对只是为了更明确地说明(总体说来)正确的想法而提出来的。我们只须注意到,在学术会议上的辩论中争论者的每一次对答也都是以 Да. Но...(对,但是……)这些词开头的。

　　这种争辩策略的选择可能不仅仅是礼貌准则造成的。在某些情况下,这是由争辩对象的本质决定的。因此,阿鲁玖诺娃指出,关于价值和喜好的争辩经常要求同意个别评价和事实性断定,所以谈话按照"你说的是对的,但是更重要的是别的"这个原则进行,结果,与其说不同意的对象是断定的真值,不如说是价值体系[1992:54]。但是,在任何情况下,不论争辩的目的何在:为了使反对者相信自己是正确的,为了查明真相,或是为了形成折中观点,争辩都是更有效的,只要能明确界定"同意范围",即谈话双方彼此同意的问题范围,接下来讨论的只是属于"不同意范围"的问题。

　　简单的 Да. Но... 并不能完全做到这一点。Да 要求同意对话人所说的全部内容,并且这时反对仅限于避免根据所述内容得出过于仓促的结论。即使在只表示部分同意,并且"同意范围"相对不太大的情况下,Да. Но... 实际上最多也不过是"礼貌格"而已。言语行为准则规定反对的表达要有哪怕是部分同意对话人观点的表述来伴随。试比较亚美尼亚电台对提问的讽刺性回答：Правда ли, что Карапетян выиграл в лотерее «мерседес»？ —— Да, правда, но только не в лотерее, а на скачках, и не Карапетян, а Тевосян, и не «мерседес», а три рубля, и не выиграл, а проиграл.

有规律地用来表达"部分同意"的专门的语言手段具有其重要性。其中包括，例如，действительно 一词。действительно 这个表述的主要功能是，确认所讨论的情境①实际上是否为真。正是在该意义上可以说，正如人们经常做的那样，действительно "表示赞同"。

然而，"表示赞同"的必然性不会自己产生。对报道的回应应该不是"表示赞同"，而是获悉所报道的信息。如果讨论某个判断 S，那么从语用的角度来看，赞同 S 的表述，一般来说，在两种情形下是有道理的：为了消除对 S 为真的可能疑虑，或者同意 S，但要提出某些限制性的保留条件②。

在给定的第一种情形下，说话人起初对所接收信息的真值表示怀疑，随后查明属实（Ему говорят: «Не работает». Он попробовал: «Да, действительно, не работает»）。在 [Баранов 及其他 1993] 中给出的对 действительно 这个单位的描写中分析了与消除疑虑相关的用法。与这些用法相对应的是其中划分出来的两个"变体"："Пожалуй... да!"（大概……对吧！）（当说话人只是重复 S）和"Аргументы и факты"（论据和事实）（当说话人借助于某个其他语句对 S 进行论证）③。

与此同时，действительно 一词更经常用来表示"有保留的同意"。有时，当"同意范围"相当大时，该保留条件只是为了更明确的说明（例如，Так бывает не

---

① 试比较 III. 3 中所使用的概念"所分析的情境"和"关注的对象"。在对话的情境下，所讨论的情境通常符合前面对答的内容。

② 除此之外，还可以提及某些特殊情形：同意刚刚提出的建议（А действительно, почему бы нам не пойти в кино?; А действительно, стоит попытаться），当所分析的情境是所提出问题的条件或后果时（这时表示支持问话人：Через пять-восемь лет на поля района придет днепровская вода. Кто ее будет встречать? —— Действительно, кто?）。

③ 除此之外，这本书还划分出来第三个"变体"，即"真实的和虚构的"，用 Только человек созидающий является действительно личностью 这类例子来说明。但是看起来，所指出的这些情形不是 действительно 作为"辩论词"的用法，而是作为另外一个单位，即某个特点"真——假"对立的标记。关于该对立及其标记，特别要参见 [Крейдлин 1993]，即"用于参数 Ver 的意义"（真值的称号）[Кодзасов 1993: 193]。相应的使用类型在 [Яковлева 1994] 一书中有详细描写。

всегда, но, действительно, чаще всего). 但是，对于 действительно，更有特点的是，当表示愿意赞同反对者的基本观点时，在辩论中使用"да, но…"，以便立刻提出把从这一想法得出的可能结论归结为不的保留条件：

(1) Вывод Скворцова о том, что загруженность судей гораздо выше, чем у адвокатов, мягко говоря, некорректен. Адвокатов, *действительно*, несколько больше, но ведь они не только выступают в суде. В какой-то мере они заняты на предварительном следствии. Плюс юридические советы населению, оказание юридической помощи народному хозяйству и многое другое;

(2) Проблема эта *действительно* существует, *однако* зачастую не там, куда указывают оппоненты;

(3) Если верить газете «Глоб энд мейл», Екатерина Гордеева и Сергей Гриньков выиграли золотые медали в парном катании легко и с блеском. Что ж победа *действительно* блестящая и безоговорочная, но только сами спортсмены и близкие люди знают, каких трудов она стоила.

这样，似乎是用来表示同意的 действительно，在现实文本中更常常地用于辩论，在赞同某一部分内容的同时，说话人对反对者观点的本质性内容表示反对。下面这个例子很有特点，其中 действительно 和 на самом деле 直接对立[①]：На первый взгляд и процессы истечения сыпучих тел и жидкостей через отверстия похожи друг на друга. Действительно, со времени игр в песочнице каждый знает, что песок течет сквозь пальцы, «как вода». Но на самом деле аналогия с водою оказывается далеко не такой полной.

Действительно… но 这个文本结构是如此得典型，以至于包含在答话中的 действительно 经常可以被看作是其后跟随反对或保留条件的征兆。如果对某些判定回答说："Действительно, явление, о котором вы говорите, в каких-то случаях может иметь место"（的确，您所说的现象，在某些情形下可能会发

---

① на самом деле 这个表述用来表示反驳，在一系列论著中已经对此予以注意（试比较，例如，[Баранов 及其他，1993：101]中的表述："действительно 和 в самом деле 用在肯定某些语句的语境中，而 в действительности 和 на самом деле 可以用在反驳的语境中"）。

生),那么就极有可能可以认为,接下来会跟着 но...,这样,действительно 这个词作为辩论的文本标记来使用,按照"да, но..."准则与规约化使用近似①。

(Я) согласен [(我)同意] 这个表述可以划分出两类用法。在独立使用时,该说法恰恰是表示赞同,而作为插入成分的 согласен 只是导引出"同意范围",并且要求有接下来的反驳。试比较:По-вашему, лучше французов и людей нет. Ученый, умный народ! Цивилизация! Согласен, французы все ученые, манерные... Француз никогда не позволит себе невежества: вовремя даме стул подаст, раков не станет есть вилкой, не плюнет на пол, но... нет того духу! Духу того в нем нет! (А. Чехов)。在该意义上可以说,作为插入成分的 согласен 是"不赞同"的标记。

有趣的是,俄语中有用来标记这种辩论的手段,并且实际上是完全规约化的。这样,例如,套话式的表述 спору нет 就有这样的功用。该表述在辞典里的解释["бесспорно, несомненно"(无可争辩地、无疑)或者"конечно, безусловнно"(当然、无条件的)]可能会引起误解,因为在解释中所用的词具有完全不同的使用机制,并且通常不能替换成 спору нет;后一个表述只有在这样的情况下才是恰当的,就是说话人无条件地同意某个观点,同时用更强的判定来争辩,做出一定的让步,是为了到此为止,而且不在主要观点上让步。当普希金童话里的小镜子回答 "Я ль, скажи мне, всех милее, всех румяней и белее?" 时说:"Ты прекрасна, спору нет",我们就已经预见到,这后面会跟着 но...:"Но царевна всех милее, всех румяней и белее?". спору нет 所表达的赞同,自身隐含着对所提出问题的否定回答。不过,在同一篇童话里也能遇到旧的用法,即 спору нет 用来构成肯定的回答:"Я ль на свете всех милее, всех румяней и белее?" — "Ты, царица, спору нет",然而这里也可以感觉到某种潜在的辩论,小镜子似乎是不想同意。在现代语言中,спору нет 这个表述的意义中隐藏的异议可以被看作是完全规约化的。

类似地,не спорю 这个表述也具有类似的功能。其"辩论性"在阿普列相[1986:3]给出的解释中有所反映:"Я не спорю, что P = Я согласен с вами,

---

① 须指出,"消除疑虑"和"有保留的同意"在语调上是不同的。在"消除疑虑"时 действительно 这个词要重读,而在描写"同意范围"时是非重读的。并且这是很自然的:因为在所分析的情形下,"同意范围"与"所讨论的情境"一致。而在表示"有保留的同意"时,"同意范围"的描写是重读的,因为正是它构成报道的实质。

что P; я имею в виду не P, а другие факты (возможно, связанные с P), которые я оцениваю иначе, чем вы. 试比较 я не спорю-в этих проектах много романтики. Но осуществите ее — и она превратится в реальность (К. Паустовский). 在这里所分析的情形中,在否定语境中产生的施为动词意义的语义变体,由一个动词向另一个动词变化,因此应该对它们进行单独的描写"。

一般来说,与其说该形式反映 Я не спорю 这个表述(作为自由搭配)的规约化意义,不如说是表现出它在某些用法中的言语隐含义。在其他一些用法中,略有不同的其他表述可能会更适当,例如,"Ты меня не понял: я совсем не спорю, что P, я, напротив хотел тебя поддержать" 或者是 "Я знаю, что ты хочешь, чтобы я сказал, что Q; Я могу сказать только P (сделать более слабое утверждение, чем Q); я говорю это, чтобы ты видел мою лояльность"。

但是,对于作为插入成分的 не спорю,关于"其他事实"的观点,看来被规约化了,不再具有言语隐含义。在这方面,не спорю 的行为与 согласен 以及其他类似的表述相似,都是"争辩"的套话,即是"可自证伪的"。

2. "让步－转折固定模式"是"以赞同的形式表示反对"的规约化形式

在已分析的情形中,指出的是表示赞同的单位的言语隐含义的渐进规约化。在不完全赞同时,通常就有必要指出我们究竟是在哪方面同意对话人的观点。因此,表达部分同意就隐含着不同意。如果这种用法被规约化,那么在对表达该信息的表述进行语言学描写时就应该考虑到相应的信息。

然而,与此同时,俄语中"自古以来"就有用于表达"以赞同形式表示反对"的手段。这里指的是被什梅廖夫[1960]描述为"让步－转折固定模式"的结构。这种结构的独特性在于,与那些组成中心"是凝结的形式,脱离了相应词的词形变化表,并且在某种程度上丧失了自己的词汇意义和范畴意义"[Шведова 1958:94](例如,Чем не жених? 这个结构中的 чем 形式)的结构不同,所分析的这类"句法成语"还包括这样的结构,构成它们的不是确定的、个别的词(以某种形式),而是在语法层面脱离了相应词形变化表的,确定的语法形式以及句子结构的限定成分(例如,Всем молодцам молодец; Без тебя и праздник не в праздник)。对于"让步－转折固定模式",成分的词汇重复是很典型的。换句话说,固定模式容许近乎自由的词汇填充[1],但是在这种情况下,应该选择同一个词汇单位来填充句子模式中两个句法位置。这样,在 $N_{nom}+(=то)+N_{instr}$ 这个模式中,在 N 的位置上,可以选择的几乎是任何一个名词,如,Дружба дружбой, а служба службой 或 Дружба дружбой, а табачок врозь,还可以见到这样的语句,像 Комары комарами, а на пруду по ночам девице одной неудобно [А. Н. Тослстой]; Риск риском, а благодарность все-таки благодарностью [А. Куприн][2] 或 Почка почкой, а боли мне не совсем ясны [Ю. Крелин][3],然而重要的是,在该模式中在一格和五格位置上的不能是**不同的**名词。

对于"让步－转折固定模式",有特点的是这样的结构,其中重复性成分规定"同意范围",并且同时隐含着"不赞同"的存在,而重复性成分的前一个是相应词汇单位的初始形式。不能够同意"由实词＋(＝то)＋实词这一固定模式构成的语句表示有把握的肯定,而在双部的构成中则通常表达不完全的同意或者提出保留条件"([Николина 1993б:171],援引什维多娃[1961]一书的话)这种观点。实际上,即使不是通过双部结构表达出来,在相应语句的语义中也存在"不完全的同意"或"保留条件"。恰恰只有在"让步－转折"结构要求接下来有限定或归结为不的反对时,它们才能含蓄地说出反对意见,甚至不让人明白,究竟反对的是什么,从而为不同的言语技巧开辟道路。什梅廖夫[1960:51]在这方面所列举的一个出自于托尔斯泰的小说《尼基塔的童年》的例子是很有特点的,并且以此为例说明小说中的小主人公对这种固定模式的理解:"«А как вы спали, Аркадий Иванович?» — «Спать-то я спал хорошо», — ответил он, улыбаясь непонятно чему в рыжие усы, сел к столу... и подмигнул Никите через очки. Аркадий Иванович был невыносимый человек: всегда веселился, всегда подмигивал, никогда не говорил прямо, а так, что сердце екало. Например, кажется ясно спросила мама: «Как вы спали». Он ответил: «Спать-то я спал хорошо», — значит это нужно понимать: «А вот Никита хотел на речку удрать от чая и занятий; а вот Никита вчера вместо немецкого перевода просидел два часа на верстаке у Пахома»". $V_{inf}+(то)+V_{fin}$ 这个模

---

[1] 不过,正如阿鲁玖诺娃[1990:177]所指出的那样,在这种结构中,特别是经常使用带有肯定意义的词(правда-то оно правда, верно-то верно, так-то оно так, правильно-то правильно,试比较:Разве это не правда? — Правда-то оно правда, да не вся),这并非偶然。

[2] 例子出自于[Шмелев 1960:53]。

[3] 例子出自于[Николина 1993б:169]。

式与表面上类似的、不一定要求"保留条件"的 V_{inf} + не + V_{fin} 模式的区别正在于此。试比较,前面提过的什梅廖夫[1960:51]的文章里所举的例子:Что к родным писать? Помочь — они мне не помогут; умру — узнают (И. Тургенев); Она чувствовала, что муж ценит ее молчание и признает за это в ней ум. Бить он ее никогда не бивал, разве только один раз, да и то слегка (Ф. Достоевский)①。

"让步－转折固定模式"不仅具有相似的语用属性,而且具有一系列共同的形式特点。这些共同的形式特点包括,例如,在所援引的什梅廖夫[1960]的著作中指出的否定词不能与重复性成分中的前者连用。试比较:Промолчать он промолчал, но всем своим видом выразил недовольство,而貌似语义上相同的 ?Не ответить он не ответил, но всем своим видом выразил недовольство 就会让人觉得奇怪。索尔仁尼琴反对战俘营的"傻瓜"在"勤快人"面前的那种道德优越感的对答是很有特点的,后者"добывавших хлеб свой в поте лица"(用脸上的汗珠子挣吃饭的钱),并因此做了古拉格长官想要做的事情,与他们不同,"傻瓜""добывали хлеб не в поте лица"(不是用脸上的汗珠子挣吃饭的钱):в поте-то не в поте, но веления гулаговского начальства исполняли старательно (а то на общие!) и изощренно, с применением специальных знаний (代替乍看起来更"合乎逻辑的"Не в поте-то не в поте, но...)。

各种"让步－转折固定模式"在构建中的相似性并不排除每一个模式自己的独特特点,这些特点可能既与固定模式的形式特点有关,又与其语义和语用特点有关。所以,与所分析结构的普遍描写一道,还必须对其中每一个模式进行精确而详细的"刻画"(А. К. 若尔科夫斯基和阿普列相的说法)。

在划分"让步－转折固定模式"的不同类型时,首先必须考虑到,该模式是用来表示"赞同范围"的还是表达反对的。譬如,在"带有不定式回应的结构"([Paillard, Плунгян 1993]中的术语)中,V_{inf} + (то) + V_{fin} 这种结构规定"赞同范围",而带否定词的结构(V_{inf} + не + V_{fin} 这种形式)则表示"不同意"②。每一

---

① 再比较涅克拉索夫的一个类似例子:А слышь, бить — так почти не бивал, разве только под пьяную руку. 当然,在这个例子中,就像在陀思妥耶夫斯基的例子中一样,在某种意义上提出了"保留条件"(разве только...),但这却不是辩论的保留条件,而只是更详细地说明观点,而且不是结构上和语用上所必需的。

② 注意,V_{inf} + не + V_{fin} 这种结构可以在"让步－转折固定模式"之外使用。

个结构既可以处于固定模式的左侧,也可以处于其右侧。据此,我们得到"让步—转折固定模式"的以下变体:(1) V_{inf} + (то) + V_{fin},а/но/да...;(2)...,но V_{inf} + V_{fin};(3) V_{inf} + не + V_{fin},а/но/да...;(4)...,а/но V_{inf} + не + V_{fin}.

模式(1)与 Да, но... 策略最为一致。左侧规定"赞同范围",即说话人指出通过 V 所表示的情境不是争辩的对象,而右侧提出保留条件,否定前一部分的可能结论,并同时对"赞同范围"进行更明确的说明,正如在众人皆知的笑话中,其中针对莫名其妙的问题:Неужели он вправду столько съедает?,应该回答:Съесть-то он съест, да кто ж ему даст,前一部分表示说话人并不怀疑大象具有吃掉这么多食物的能力,而后一部分进一步明确,这里说的只是**可能性**,而不是它的实现。再比较这样的例子,诸如 Нашуметь нашумели, а дела не сделали; Знать-то он знает, да не говорит; Понимать я понимаю, а вот объяснить дельно не сумею (М. Шолохов)①; Пить-то пьет..., а ум не пропивает (Ю. Домбровский)等等。正如在[Шмелев 1960]一书中所指出的那样,按照 A + = то + A, но/только... 和名词、副词的重复等等构建起来的固定模式同样也具有该功能:Мал-то мал, да удал; А мне можно будет с вами идти? — Можно-то можно, да мой совет лучше не ходить (Л. Толстой); Красив-то красив, только слишком развязен (А. Н. Толстой); Хорошо-то хорошо, но не выразительно (М. Козаков)等等。

在前一部分和后一部分反逆的情况下,我们遇到的是模式(2)。如果模式(1)的功能是不顾"赞同范围"的存在而表达不同意,那么(2)就是不顾所提出的保留条件而表达基本同意。典型的例子是:Ничего не обещаю, но попытаться попытаюсь;试比较:Хоть и не надеюсь, а попробовать для тебя попробую (Н. Лесков).

模式(3)表达不赞同过于强烈的判定 V;与此同时,说话人表示愿意同意后一部分表达出来的弱缓一些的判定:Успокоить не успокоила, а все-таки развлекла, развеселила немного (А. Островский). 有时该模式与模式(2)联结成为一体:Читать ее статью я не читал, а посмотреть посмотрел. 这时模式旨在表明对较强判定的不同意并不超过构成"赞同范围"的较弱判定的保留条件。

模式(4)是模式(3)的反逆。其意义是,前一部分所说的事情可能会暗含用

---

① 出自[Шмелев 1960:51].

V 所表示的情境的存在；但是，说话人肯定前一部分为真，而反驳 V 为真，试比较：Иной раз замахнется палкой, но бить не бьет（А. Чехов）[①]。模式（4）可以和模式（1）联结在一起：Посмотреть я ее статью посмотрел, а читать не читал; Нарожать нарожала, а научить не научила; Терять-терял, а находить — не находил（А. Островский）; Взять венок от вас возьму, но надеть на голову — не надену（Н. Гоголь）.

$N_{nom}+(=то)+N_{instr}$, а/но/да... 这种固定模式表达一种略微不同的"让步－转折"意义。该模式旨在表明，用 N 所表示的情境，对于讨论后一部分所说的事情是不相关的。典型的例子是：Настроение настроением, а мне нужно ехать к месту службы（А. Н. Толстой）; Связи связями, но надо и совесть иметь（Е. Шварц）. 相应的语句常常具有"对称"的结构：$N1_{nom}+(=то)+N1_{instr}$, а/но/да... $N2_{nom}+(=то)+N2_{instr}$（参见［Шмелев 1960：53］），并且这时语句似乎是要求不要混淆对 N1 和 N2 的看法：Дружба дружбой, а служба службой; Лес лесом, а бес бесом; Геройство геройством, а танки танками（В. Некрасов）等等。通常，在这种语句中，后一部分在分类学上要重要得多。试比较，Правда правдой остается, а молва себе — молвой（А. Твардовский），不过这是一个在分类学上更为重要的片断（以词汇为依据而前置的例子）。或许，相应意义更适当的表达应该是类似于这样的：Молва молвой, а правда отсается（останется）правдой. 并且此外，"所对比的情境的等级无法确定"的情况也是可能的［Николина 1993б：179］，例如：Конечно — песня песнею, а веревка веревкой. Однако другому не мешает（А. Пушкин）.

已分析过的内部形式和其他一些"让步－转折固定模式"的内部形式是有理据的，这样，命令式充当"分析的导言"是再合适不过的了，而这正是因为它是不可述谓化的。试比较，例如：Любить? Но кого же? На время не стоит труда, а вечно любить невозможно. 类似的角色也可以由名词（称名）形式来充当。例如，不定式 любить 在所援引的文本中与名词 желанья 的一格相对应（Желанья? Что пользы напрасно и вечно желать...）. К. С. 阿克萨科夫早就发现了语气词-то 的作用（"天才的"，尼科琳娜的术语），而自那以后就不止一次地引起研究者的关注。还要提一下 А. Н. 格沃兹捷夫［1955：284］对带有"不定式

[①] 出自［Шмелев 1960：52］.

回应"结构的解释,即结构的意义可以合情合理地由构成成素的意义推导出来。似乎可以说,"让步-转折固定模式"几乎就是英语言语行为动词 concede 语用-意义结构的"分析性对应物",试比较维日彼茨卡对该动词的解释(Wierzbicka 1987a:315—317)。在该意义上,语言范畴的民族特色并不排除后者的语义(或者甚至是本体)理据性这一观点得到证实。

与此同时,与伴有词汇成语的情形一样,成语意义的语义理据性不能把固定模式与自由的句法结构放在一列。与自由的结构不同,固定模式的意义可以根据进入到结构中的形式的意义**加以解释**,但未必是可以**预测出来的**。还要指出,固定模式的结构性特点,与其说它是凝结的句法结构,不如说是成语性解释和"受约束的"搭配性。尤其是,"让步-转折"结构要求接下来有把结构中直接表达出来的赞同限定或归结为不的反驳,这种结构应该与"聚合"结合性一起被归入到"受约束的"句法结构中,这在 Д. Н. 什梅廖夫［1960］一书中有详细描写,在这些结构中出现了"组合"结合性和"衍生"结合性。需要注意的是,根据 Д. Н. 什梅廖夫［1964:212—40;1973:259—73］阐发的成语概念,对于成语意义的描写,重要的恰恰是"聚合"、"组合"和"衍生"结合性,而且"衍生"结合性被认为是决定性特征。

第四部分　世界的朴素语言模式中的人称和时间

第一章　人称代词的语法

1. 俄语中有多少人称代词？

对俄语人称代词的仔细分析表明,其功能作用的某些方面比乍看起来所认为的还要复杂[1]。首先,有必要关注一下该体系的构成问题。换句话说,应当回答一个问题:俄语中有多少人称代词？以及它们是哪些代词？

即使在俄语人称代词体系的传统描写中对于该问题也无统一观点。尤其是,俄语人称代词的性和数这两个范畴的实质问题,人称代词在"非本义上"的使用问题,以及俄语中存在零位人称代词问题等是很有争议的。

首先要指出,与人称相关的要素的功能与该要素在语句中所处的具体位置无关,即与它是独立语词还是构形词缀无关。因此,在俄语这类语言中动词的屈折变化功能(以及在那些代词只是用来加强语势的语言中,像拉丁语),无疑和人称代词的功能一样,属于人称指示标记。如果有语言形式表达出来的主体存在时,动词述谓人称形式的选择由一致关系来决定,那么,不存在由语言形式表达出来的主体时,动词人称形式的选择,一般说来,可以用下面三种方式中的任何一种来描写。第一,可以假设与动词一致的主语省略地存在;第二,可以假设具有某种句法零位主语的存在,选择一致的人称形式是由该句法决定的;最后,可以接受一种观点,即认为,在没有形式主语的句子中,对主体的指称是借助于动词的人称词尾来实现的。

---

[1] 在某种程度上,这是因为,在与人称指示相关的因素中,可以对各种各样有助于识别说话人和受话人的信息进行编码,包括指称对象的性别,其社会地位,指称对象之间的个人及社会关系(首先是说话人和受话人之间,偶尔是在说话人和第三者之间,说话人报道关于此人的某些事情)。表达这种信息的语言因素首先包括第一和第二人称代词(与它们在句子中执行的功能无关),其中也包括物主代词。

在俄语语法传统中对于只具有由动词第一人称或第二人称表达出来的一个主要成分的句子（即所谓的 Люблю грозу в начале мае 这类"确定人称"句），实际上采用的正是这种观点，尽管那时当然还没有使用"指称"这一术语。可以看出，这些句子"脱离语境也是可理解的"，并且其中主语在结构上不是必需的，因此，假设存在主语省略或零主语是没有理由的。对于"不定人称"句（В дверь стучат；У нас не курят；Ее там обидели 等等这样的）和"无人称"句（В голове стучит；Здесь холодно；Ее знабило 等等这样的），采用的也是类似的做法。人们认为在"脱离语境和情境是不可理解的"带有动词第三人称的句子（所谓的"不完全句"）中有省略。至于"零主语"，俄语语法传统对它们并没有规定。

与此同时，在现代语言学研究中，所谓的"句法零位"的使用越来越盛行，特别是，"零主语"概念得到积极推广①。与纯句法观点一起，还可以列举出支持存在句法零位成分这种假设的参考论据，这些零位成分用来填充某些结构中名词的句法位置。譬如，对于解释若干语句重要的是，填充某些句法位置的 ИГ 是不是共指的。尤为重要的是，在 **Ивану** приятно, когда **его** хвалят 这个句子中标记出来的 ИГ 是共指的，在 **Ему** приятно, когда **Ивана** хвалят 这个句子中则不是，而在 **Всякому** приятно, когда **его** хвалят 这个句子中出现的是一类特殊的共指性。共指性在内容上表示，所夸奖的人和在这种情况下感到愉快的人是同一个人。这种重合在解释 Приятно, когда тебя хвалят 这个句子时也会出现，并且在语言学描写中反映出这一点的适当方法可能就是，假设在前一部分的句法结构中存在三格的零位句法成分（具有代词属性），它与代词 тебя 是共指（Ø$_{dat}$ приятно, когда тебя хвалят）。再比较这个例子，其中零位成分交替地，时而与这个情境参与者相对应，时而与那个情境参与者相对应（用标记 i 和 j 来表示）：Из рубки Ø$_i$свистнули в машину, и когда из машины Ø$_j$ ответили, Ø$_i$ крикнули туда, чтоб не Ø$_j$ отходили от реверса. «Да я уже два часа у реверса стою!» — Ø$_j$ ответили из машины（Ю. Казаков）。在所有列举出来的这些例子中都有对某些人的指称，因此认为该指称借助于零位成分来实现是适当的。但是，如果在出自于卡扎科夫作品的例子中还可以把动词的人称词尾看作是指称表述的话②，那么对于指称与通常由名词间接格来填充的句法位置相一致的那

---

① 在[Бирюлин 1994：61—63]这部论著中包含关于使用或讨论"零主语"概念的文著的简要概述。其中要注意到梅里丘克论句法零结构[1974]的文章和吉罗-韦伯（[Guiraud-Weber 1984]的基础性研究。

② 试比较 [Буслаев 1959：272—273]。

些例子，就不存在这种可能性了。这里很难赋予别的什么东西以指称功能。

这样，照此做法，看起来认为充当"确定人称"句主语的是代词第一人称和第二人称的零位变体是合理的。充当"不定人称"句主语的是具有与第三人称复数的特点相匹配的零位代词。把该类句子译成多种（尤其是，欧洲）语言时经常包含充当主语的人称代词：对于确定人称句——第一和第二人称代词，对于不定人称句——第三人称代词（例如，英语里的 they，法语里的 on，德语里的 tan），这并非偶然。

关于"无人称"句结构中是否存在"零主语"的问题是有争议的。不存在把零主语纳入到无人称句结构的参照依据。只是在这些句子的某些变体中可以谈论由动词谓语以某种"自然力"的形式表示出来的某个"行为发出者"。总的来说，"零主语"（例如，梅里丘克提出的 Øстихии）被纳入到这类句子结构中，首先是出于体系的考虑，是为了解释谓语形式的选择（第三人称或中性、单数）。的确，在许多语言中，俄语的无人称句被译成由代词充当主语的句子（英语的 it，德语的 es，法语的 il 或 ce），但是这些代词的使用通常被认为是"空洞的"，即只具有表达平面，而不具有内容平面（换句话说，不具有指称对象）。所假设的无人称句主语居然还自相矛盾地同时既是"零位的"，又是"空洞的"，即虚设的，这只是出于技术便利的考虑而引入的（Л. А. 比留林［1994］，一位该做法的追随者，十分肯定地指出这一点）①。如此一来，对无人称句零主语问题的处理方法直接与是否承认虚标记的存在有关。

与此同时，即使承认某些类别的句子结构中存在零位代词，一般说来，我们也不一定要把这些代词纳入到俄语的人称代词体系中。譬如，我们可以定义规则，根据该规则，如果谓语由动词现在时或将来时表示，第一人称和第二人称代词（在某些言语文体中）就可以表现为零位变体。按照这种做法就不会出现不合理的实体增量。关于是否还应当把某些补充（或许，零位的）成分纳入到俄语代词体系中，这个问题我们会在后面分析到。

应当指出，与句法零位假设相关的技术便利让许多语言学家更加宽泛地使用它们。特别是，在许多情况下，"不完全"句被看作是"零前指代词"的使用例证。按照这种做法，可上溯至传统的"语言中的零位和省略显然是相互矛盾的"

---

① 特别是，即使承认无人称句中存在零主语，我们也仍然有可能表述由副动词表示出来的行为发出者与主语的指称对象相一致的一般规则。在这种情况下，Лило, не переставая 这类句子不会成为规则中的例外。

[Мельчук 1974:357]这种观点被推翻了。因此，С. А. 克雷洛夫[1983:161]，引用帕杜切娃[1974:173;1977:88—93]，Ю. С. 马尔捷米亚诺夫[1981]以及其他人的话说，没有任何理由认为这两种现象彼此矛盾，因为"省略"只不过是"零词位(正是零前指代词)使用的个别现象"。А. А. 基布里克[1992:229]认为，当在句子的初始(或深层)结构中与未表达出来的成分相对应的是某个非零位单位时，只有在转换法的框架内谈论省略才是合理的。他认为"程序法""更为合理"，说话人可以照此做法选择零前指手段，在 Два дня Иван не находил себе места. Ø пробовал напиться, но еще хуже стало — противно. Ø бросил. На третий день Ø сел писать в районную газету (В. Шукшин) 这类例子中给指称对象加以编码。这种做法将导致承认整整一系列进入到俄语代词体系中的"前指零位"(参见[Кибрик 1992])。

但是，看起来，这种做法并没有消除结构上完全的(单部)和结构上不完全的(所谓的"双部不完全")句子之间的句法差别。该做法可以归结为，建议在这两种情况下谈论零位代词，并且该差别在用来描写结构上必需的成分的语言形式缺失的指称手段选择中反映不出来。我们不予讨论零位用来呈现"不完全"句的句法结构的合理性，只是指出，从缺失成分的指称性着眼，这些句子不具有特殊意义，因为这种"前指零位"的指称性与人称代词的指称性相一致：它们的特点永远都是语用确定性。不言而喻，对于由这种成分充当补语的例子也是正确的，例如：Петя не видел мою ручку? — Видел (← Он видел ее).

Маша купила красную рубашку, а я купил синюю; Маша выпил чаю, и я тоже выпил 这类句子只是部分地与分拆开的例子相似。这里有所谓的"无定前指代项"，并且可能不是指代词的省略，而是名词的省略：купил синюю (рубашку); выпил (чаю). 语言形式上未表达出来的补语在这里应该会有不确定指称，并且与英语的"懒惰代词" one 和 some 相对应(试比较[Channon 1983])。这里第三人称代词的使用是不可能的，因为 выпил его 替代的是 выпил чай (包含[＋确定性]特征)，而不是 выпил чаю[①]。

还要注意到，如果出现动词的绝对化用法(Он сидит и читает)，或者可选配

[①] 正是用该类例子来阐明把三个同音异义词形纳入到人称代词词形变化表是不合理的，它们是：его$_{acc}$, его$_{gen}$, его$_{part}$, 最后一个只是虚构的，参见[Булыгина 1977:200—201]。

价没有实现(Он получил письмо ——没有说是谁写来的)①,那么就很难看出通过省略或零位来描写的某种"重要缺失"。这种例子与前面已分析过的例子的区别在于,其中缺失成分既不是语义上必需的,也不是结构上必需的,因为它们都不能纳入到相应指称对象的分析中,并且也不依赖语境的。

如此一来,在讨论俄语代词体系中是否存在零位成分这一问题时,我们主要是以在泛指人称句和不定人称句中充当主语的,不能"用于"间接格的零位成分为限。

在人称代词的性范畴方面,该范畴与代词的被指代物的性之间的联系是十分重要的(在个别情况下,和所指称的人的性别相关)。众所周知,俄语中被指代物的性在代词第三人称单数中(он, она 或 оно)直接标记出来,而在第一和第二人称代词以及复数人称代词中在选择匹配语词的形式时体现出来(я, ты —— пришел 或 пришла; мы, вы, они —— оба 或 обе 等等)。为了解释相应的事实,可以假设俄语中存在三个不同的(同音异义的,但是根据匹配特点可以加以区分的)代词 я(阳性、阴性和中性),三个不同的代词 ты,以及三个不同的代词 он, она 和 оно,这样一来,可以认为人称代词的性范畴不是构形的,而是构词的(扎利兹尼亚克[1967]就是这样做的)。按照这种做法,复数人称代词也不得不区分出三种性,试比较 один/одна/одно из нас, из вас, из них. 然而在大多数传统描写中采用的都是另外一种略微不同的做法。对于第三人称代词,性范畴被当作构形范畴;至于第一和第二人称代词,它们不被赋予任何性范畴意义,而匹配语词的性形式的选择是借助于"语义一致关系"这样的概念来描写的,即取决于交际参与者的性别。

这里应当指出,对于与代词相关联的语词的性形式的选择,更准确地说,不是指语义决定性,而是语用决定性,即性并非取决于交际参与者的性别,而是取决于"在该情境中他被赋予或他们赋予其自身哪一种性别"[Lyons 1977:577]。作为所援引的莱昂斯说法的有趣例证,可以指出 Н. А. 杜罗娃的自传体小说 «Год жизни в Петербурге»(在彼得堡生活的那年)中代词 я 与形容词形式和动词形式在性上"一致"的不同方式。一方面,是在她的信件中;而另一方面,是在她援引的对话中②:在前一种情况下选择的是阴性形式(Я написала Александру

---

① 试比较舍宾的"不确定性省略"概念[Shopen 1973],以及帕杜切娃[1974:84—107]和马尔捷米亚诺夫[1981:109—158]在各自的著作中对这种句子结构中有零位存在代词的假设。

② 参见该小说的片断,以及 Последний год жизни Пушкина: Переписка. Воспоминания. Дневники. М.,1988. С.190—199 这本书中的信件。

Сергеевичу коротенькую записочку, в которой уведомляла его... 等等），在后一种情况下是阳性形式（Когда покажете царю мои «записки», скажите ему просто, что я продаю их вам, но что меня самого здесь нет; «Что вы не остановились у меня?... — спрашивал меня Пушкин, приехав ко мне на третий день. —Вам здесь не так покойно; не угодно ли занять мою квартиру в городе?... Я теперь живу на даче». « Много обязан вам, Александр Сергеевич, и очень охотно принимаю ваше предложение»... Он уехал, оставив меня очарованною обязательностию его поступков и тою честию, что буду жить у него, то есть буду избранным гостем славного писателя），尽管作者的性别在这两种情况下是一样的。

再比较杜罗娃本人对此的元语言注释（在描写普希金对她的来访中）：

Я не буду повторять тех похвал, какими вежливый писатель и поэт осыпал слог моих записок, полагая, что в этом случае он говорил тем языком, каким обыкновенно люди образованные говорят с дамами... Впрочем, любезный гость мой приходил в замешательство всякий раз, когда я, рассказывая что-нибудь относящееся ко мне, **говорила**: «Был!... **пришел!... пошел!... увидел!**...» Долговременная привычка употреблять «ъ» вместо «а» делала для меня эту перемену очень обыкновенною, и я **продолжала** разговаривать, нисколько не затрудняясь своею ролею, обратившеюся мне уже в природу. Наконец Пушкин поспешил кончить посещение и разговор, начинавший делаться для него до крайности трудным. Он взял мою рукопись... и, оканчивая обязательную речь свою, поцеловал мою руку! Я постепенно **выхватила** ее, **покраснела** и уже вовсе не знаю для чего **сказала**: «Ах, Боже мой! Я так давно **отвык** от этого!» На лице Александра Сергеевича не показалось и тени усмешки, но полагаю, что дома он не принуждал себя и, рассказывая домашним обстоятельства первого свидания со мною, верно, смеялся от души над этим последним восклицанием (黑体部分是我们标记出来的——作者注)

在拟人情况下,在由非动物的(即"无性别的")部分词充当"说话人或受话人"时,起作用的是特殊的一致关系规则。在这种情况下,第一或第二人称代词"继承"共指的主格词这个被指代词在语法上的性。试比较:

(1) а. «Братец мой, — отвечает месяц ясный: — Не видал я девы красной»;

б. Красно солнце отвечало: «Я царевны не видало»;

(2) а. Ветер, ветер! Ты могун, Ты гоняешь стаи туч...;

б. Свет наш солнышко! Ты ходишь круглый год по небу...

Не видало ль где на свете ты царевны молодой?;

(3) Послушай, крутолобо! Чем так без дела заходишь, ко мне на чай зашло бы;

(4) Последняя туча рассеянной бури! Одна ты несешься по ясной лазури, Одна ты наводишь унылую тень, Одна ты печалишь ликующий день.

在这种(绝对的,边缘的)情境之外所描述的远距离一形式的"一致关系"是见不到的。在某些交际类型中遇到的,表面上相似的违反"语义一致关系"的情形(像 Ты не замерз, малыш? ——在对小女儿,或者,譬如,对心爱的人说时),显然,用前面提到的莱昂斯的情境解释来说明更合适。实际上,在这种情况下,性形式的选择执行特殊的表达功能,而不是形式上适应呼语在性上的特点的强制性结果①,该选择与受话人的性别相矛盾,本身承载相应的语用负荷。

在俄语人称代词数的范畴方面,该范畴是构形的还是构词的,换句话说,я 和 мы, ты 和 вы, он 和 они 这些代词是同一个代词的不同形式还是不同的代词,这个问题同样也很重要。承认 я, мы, ты 和 вы 是构形的,而 они 被看成是代词 он 的复数,这种做法是最常用的。这种做法特别是以语义观点为根据;指出:мы ≠ "я + я...", вы ≠ "ты + ты...". 这样,俄语人称代词系统中包括第一人称代词 я (单数) 和 мы (复数),第二人称代词 ты (单数) 和 вы (复数),以及随性和数变化的第三人称代词。

尽管我们不讨论人称代词性和数的这种解释究竟在多大程度上是有据可依的,但是要指出,俄语中人称代词的构成问题仍然没有解决。应当注意到被

---

① 特别是,很能说明问题的是,当呼语由中性名词充当时,与动物性受话人有关的共指代词在任何时候也不会"仿效"其匹配特点;在这种情况下,非此即彼的选择完全由"语义一致关系"原则来决定:Шел/Шла бы ты спать, солнышко; Ты что же, один/одна дома, дитя мое? (而不是:* Шло бы ты спать, солнышко; * Ты одно, дитя мое?). 况且不言而喻,受相同语境中讲出说话人的名词语法上的性的影响,中性形式会被纳入到与第一人称代词的组合关系中,这是难以想象的。试比较杜罗娃的小说中的例子[«Нет, — **отвечало** дитя, — (я) не **раздумала**»]与前面列举过的,似乎是同一类型的«Мертвая царевна»中的例子(Красно солнце **отвечало**: «Я царевны не **видало**»)的区别。

纳入到人称代词意义中的一种特殊的信息类型，即关于指称对象的社会地位的信息。这种信息首先包含在指涉直接交际参与者的代词意义中，首先是第二人称代词的意义中，它们在俄语中，和在许多其他语言中一样，在相应的范畴上（传统上不太准确地被称作"礼貌范畴"）是最具区分性的。鉴于此，是否应当把只是在语言形式上与第二人称复数重合的、特殊的"表礼貌的"вы 纳入到人称代词系统中，该问题的提出是合情合理的。对其他人称代词的不同语用变体，例如"表谦虚的"мы，"作者的"мы，"有连带关系的"мы（在[Апресян 1988：35]中被不太传统地称作"不带性别歧视的 мы"）等等，也可以提出类似的问题。

除指示功能以外，第一人称代词以及（特别是）第二人称代词，在语句中还可以执行非指示功能。这样，例如，在 Когда стоишь на горе, так тебя и тянет взлететь 这个句子中第二人称代词是"非指示的"，意思就是说，对它的解释不要求诉诸于某些语句语言外情境的特征。在该类用法中，第二人称代词在功能上与法语的 on 或德语的 tan 这样的成分相似。与此同时，俄语中的第二人称在这种用法中依旧是"自我中心词"，并且在该特征上和其他作为"零主语"使用的"泛指人称"或"不定人称"成分明显相对立。后面（在第 IV.2 中）将会详细分析俄语中相应句子类别的功能作用。还要注意由于这些用法而产生的问题，即能否把与"正常的"第二人称代词同音异义的"泛指的"ты 纳入到俄语人称代词体系中，譬如，像 on 通常被纳入到法语的人称代词体系中一样。就其他人称代词的"泛指"变体也可以提出类似的问题，例如 я（试比较：... отрицание существования, наличия объекта вовсе не предполагает наличия... чего-то другого! Так, если у меня нет велосипеда, это не значит, что я имею что-то другое, например «жигули» или «мерседес» [И. Шатуновский]），мы（试比较 Охотно мы дарим, что нам не надобно самим）等。

要指出的是，在讨论是否将零位成分纳入到俄语的人称代词体系中时，如果做出肯定回答，我们就应该也能够回答关于这些成分的语法上的性和数的问题（在 IV.2 和 IV.4 中讨论相关问题）。

2. 人称代词的置换

很久以前就已注意到，在许多语言中，尤其是"在具备发达文体区分的所有欧洲语言中"，代词（以及动词的人称形式）可以在"非本义"上使用[Исаченко 1960：416]。在这种情况下常常指的是人称形式的置换。

在人称形式的表示符号中置换通常包括：

1) 第一人称和第二人称形式的用法与直接用途不相符

和

2) 交际参与者的指涉不是借助于直接表示符号(即第一人称和第二人称代词)。仔细研究那些通常与此相关的事实(并非总是易于区分的)具有重要的意义。

譬如，在指涉自己或受话人时，说话人一般不一定要使用第一人称或第二人称。而且，在某些社会文化条件下，特别是在某些仪式性行为中，这可能根本就是被禁止的(试比较：Суд удаляется на совещание ≠ Мы удаляемся на совещение)。

类型学上常见的特点是，在特定的社会语言学情境中，用名词(господин 这类，或者是更专门的，指涉社会地位的名词，如 профессор, доктор, учитель)来指称受话人。这种方式常常被完全规约化，并且相应的"具有身份标记的"名词变为第二人称代词的"礼貌形式"。

值得注意的还有代词化的"中间"情形，即摹状词没有变成"代词的礼貌形式"，反而具有第二人称代词的组合特点，即充当主语(而不是呼语!)，并且与动词性谓语的第二人称的人称形式搭配在一起：По всей вероятности, ваше высочество интересуетесь некоторыми подробностями прискорбного события...; ... ваше императорское высочество соблаговолите оказать мне вдвойне снисхождение и за изложение, и за переписку набело (摘自 П. А. 维亚泽姆斯基写给米哈伊尔·巴甫洛维奇大公爵的信)。

还应当指出，交际参与者的指称方式在不同情境和交际类型中是变化的。例如，和孩子交流的特点不仅仅在于不同的重音、语音、句法和词汇特点，而且在于对人的特殊指称手段。因此，在[Wills 1977]这部著作中指出 11 种特殊的代词化用法，其中最普遍的(尤其是在俄语中)是以下四种：

(1) 说话人(成年人)用第三人称指自己：

  Мама сейчас занята, малыш;

(2) 说话人用"复数"指自己：

  Сейчас мы сварим тебе кашку;

(3) 说话人用第三人称指受话人：

  Алешенка хочет яблочко?

(4) 说话人用第一人称的复数形式指受话人：

Сейчас мы искупаемся и пойдем баиньки.

"作者的 мы"是科学言语所特有的，"泛指"意义上的 я 用于哲学逻辑判断：Интенциональное состояние включает в себя убеждение. Например, если я прошу прощения за то, что наступил на вашу кошку, я выражают сожаление о том, что сделал это (Серль); Мысль держится мною не как личностью, а как мыслью мысли. Она держится хотя и во мне, но во мне как в пустом пространстве думанья, откуда она тут же уйдет, как только я перестану быть для нее этим пространством... Когда я (слово «я» в этой заметке употребляется вместо «я, ты, вы» и «тот, кто...» тождествляю мысль с материалом ее выполнения... то ее там, в моем «пространстве» уже нет [А. Пятигорский]. 这里值得注意的是哲学家本人对 я 这个词的意义所作的元语言注释①。

重要的是指出，置换并不改变相应人称形式的语言特性（句法行为、指称特性等等）。因此，人称形式置换的可能性，一般来说，并不影响我们对人称代词体系的认识。正是这一点可以把置换与人称代词规约化用法（尽管在词源学上也可以追溯到置换）的情形区别开，这些用法是借助于假设有独特特点的特殊代词来描写的。据什梅廖夫[1961]论证，在俄语中这些用法包括：

(1) 代词 вы（以及相应的动词形式）用于指称一个人的"礼貌形式"；
(2) 第二人称单数形式用于所谓的泛指人称句；
(3) 第三人称复数形式用于无人称句。

应当指出，在现有的描写中常常无法把这种情形和置换区分开。

与此同时，与代词 мы 在人称和数上的一致关系表明，这种一致关系可以用语言解释为复数第一人称代词，即使在（非标准语语体）"代替" я（Мы псковские, 而不是 * Мы псковской）使用或者（标准语语体）"代替" ты（Как

---

① 我们注意到，类似地（即包含对"任何一个"人的指称——对有别于我的"某个人"的指称）也可以使用专名，试比较文本，其中有泛指命令情境的两个角色：说话人和言语受话人，分别用 я 和 Сэм 来表示：Как **мое** приказание Сэму выйти из комнаты относится к **Сэму** и репрезентирует определенное действие с его стороны, точно так же **мое** желание, чтобы **Сэм** вышел из комнаты, относится к **Сэму** и репрезентирует определенное действие с его стороны.

мы себя чувствуем?，而不是 * чувствуешь 或 чувствуете）使用的情形下。在这种情况下，复数既用在动词性形式上，也用在从属的静词性形式上：名词（试比较：А... вы — замужняя? — Нет еще... девицы мы [М. Горький]），短尾和长尾形容词（Мы псковские; 试比较：Она вытягивает губы, блаженно улыбается: «Агусеньки, маленькая, какие же мы симпатичные. Только мамка у нас, видать, еще неопытная, не заботится, чтобы нам было удобно» [В. Добровольский]），限定代词（试比较 Ю. 卡拉布契耶夫斯基的"作者的 мы"：И то, что нам уже и самим надоело вскрывать и разоблачать...）。因此，把某个特殊的 мы 纳入到俄语的人称代词体系来描写这些情形，显然是毫无道理可言的。

相反，众所周知，"表礼貌的"вы 要求动词和短尾形容词用复数，但是名词和长尾形容词用单数。可以补充一下，它还要求代词 сам 的一格用复数，但是其间接格用单数（在 [Булыгина, Шмелев 1992а：201] 中已经注意到该事实）。

试比较，一方面：

(5) Вы должны меня оставить;

(6) Вы были правы предо мной;

(7) И говорю ей: как вы милы;

(8) Я все детство о вас слышал — но вы были невидимы;

(9) Вы сами знаете давно, Что вас любить немудрено;

(10) Полагая, что вы рассудите сами потребовать меня, до сих пор я вас не беспокоил, —

而另一方面：

(11) А вы: ... владимирская;

(12) Я всегда знал, что вы родная. Вы — дочь профессора Цветаева, а я — сын профессора Бугаева;

(13) Я вас любил так искренно, так нежно, Как дай вам Бог любимой быть другим;

(14) То верно б кроме вас одной Невесты не искал иной;

(15) Я верно б вас одну избрал В подруги дней моих печальных;

(16) Трудов напрасных не губя, Любите самого себя;

(17) Вам самому это было бы обидно

等等①。

综上所述可以明白,将"表礼貌的"вы 看作是"正常的"复数第二人称代词的置换是不合理的,而相应形式的选择可以用"语义一致关系"来解释。第一,这违反置换不改变"表层一致关系"规则这个普遍性原则;第二,所提出的"语义一致关系"的选择规则是相当复杂的:事实上,为什么 сам 的一格服从"表层一致关系",而其间接格却服从"语义一致关系"? 为什么在 вам самому 和 вам самим 结构中形式的选择由"语义一致关系"决定(取决于指称对象实际的单一性/多数性),而在 нам самим 这个结构中却由"表层一致关系"决定(甚至在指称对象实际上是单一的情况下也选择用复数,就像在"作者的"мы"的情形下一样),试比较前面列举的卡拉布契耶夫斯基的例子。更合理的是认为,这里起作用的是与"表礼貌的"вы 相一致的形式的特殊选择规则,从而把"表礼貌的"вы作为一种特殊代词纳入到俄语的代词体系中。该代词的特点是特殊的语言行为,特别是,与"正常的""复数的"вы 不同的特殊句法特点。因此,不能将其简单地看作是"正常的"вы 的置换结果。

不过,应当指出,复数第二人称代词的置换是可能的,并且,譬如,和代词 они 的置换的程度相同,并且具有同样的效果(即在不太合乎语言规范的言语中作为一种表尊敬的形式)。试比较:Оттого вы и оскорбляете маменьку-с: они к этому не привыкли-с. Они генеральши-с, а вы еще только полковницы-с (Ф. Достоевский, 参见[Шмелев 1961])。再比较《伊万·杰尼索维奇的一天》中的对话,其中阿廖沙答话中 вы 的置换(被 самих 这一复数形式证实)是回应伊万·杰尼索维奇想象中答话 мы 的置换:«На, Алешка!» — и печенье одно ему отдал. Улыбится Алешка. «Спасибо! У вас у самих нет». — «Ешь!» У нас нет, так мы всегда заработаем.

人称代词置换的原因和效果可能是不同的。有时这是因为有必要避开指示成分,从而把无法理解的可能性缩减为最小程度(例如,在和孩子们的谈话中

---

① 很有意思的是,在英语中类似的区分也是针对复数第一人称代词,它可以用来指称(一个)人("作者的 мы")。譬如,C. 列文森(援引菲尔墨[Филлмор]的话)指出,代词 we 的所指对象实际上是单数,比如,"纽约时报"的编辑用作自指,这体现在一些词组中,比如 as for ourself(直译就类似于"*что касается нас самого";不过"что касается нашей персоны"vs. As for ourselves"что касается наших персон"这样的译文在俄语中听上去是更易接受的,并且在词源上是站得住脚的)[Levinson 1983]。

[Langacker 1985:127—128]、在正式文件中等等)。试比较:Алешенька хочет баиньки? 这里还包括在电话交谈中作自我介绍时的表示符号:Говорит Петя; Говорят из деканата; Крылов у аппарата 等等。值得注意的是,在电话交际中对话人的身份是借助于代词 это 来实现的:Это Петя ("代替"Я Петя);Это Петр Иванович? 或者甚至是(估计可以从声音上识别出来)Это я. 在交际参与者直接接触时,更恰当的是使用第一人称和第二人称代词:Я Дубровский;Вы Петр Иванович?(在证同不认识的言语受话人时),或者哪怕是不太合乎逻辑的 Петр Иванович, это вы?(在证同认识的人时)①。

在许多情形下,借助于摹状词对自己本身的指称是出于遵守礼节的考虑而产生的(例如,Автор полагает..."代替"Я полагаю... 就是一种谦虚格)②。出于遵守礼节的考虑,通常用复数代替单数。

消除误解的可能性这一目的可以与礼节的要求结合起来,试比较用于正式文件的典型说法:Французкий посол выражает свое почтение господину председателю и просит его...

用代词 мы"代替"я 或 ты 可以呈现出这样的情境,其中说话人和受话人的参与程度是一样的。这里所讨论的是一个普遍性问题。可以表达出共同关系意义和平等意义(警察说:Граждане, давайте разойдемся; Давайте не будем шуметь, граждане; 妈妈对孩子说:Сейчас мы сварим кашку —— мы"代替"я; Сейчас мы пойдем спать —— мы"代替"ты,在医生和病人,理发师和顾客等等的谈话中也是如此)。

有时,情感愿望和共同关系的表达与降低误解的可能性这一目的相结合,例如(妈妈对孩子说):Посидим с мамой.

此外,顺便提一下"非透明的"语境,其中"置换"常常是由于使用摹状词的必要性而产生的,摹状词的含义被纳入到相应命题的内容当中。父亲对儿子说:Возмутительно, как ты разговариваешь с отцом!,而如果他说:Возмутительно, как ты разговариваешь с мной! 表达愤怒的原因就不同了。在某些情况下,当指称关系在可变的指称空间内加以确定时,"置换"会导致真值条件的改变,试比较:Ты единственный человек, кто позволяет себе говорить со

---

① 详见 VII.2.

② 这符合伪装自己的身份,将其推至后台的总趋势。就像 Ф. 布鲁诺所写的:"Le moi est haïssable"["Я одиозно(我是不受欢迎的人)"][Brunot 1922:276]。

мной таким тоном 和（在同样的交际情境下）Ты единственный человек, кто позволяет себе говорить с отцом таким тоном. 综上所述,可以清楚,在这种情境下"置换"是虚假的。这里指的不是保留真值条件的"莱布尼茨的"置换。

最后要指出,在俄语的人称代词体系中,看来还应当纳入两个代词:具有单数第二人称句法特点的代词(Ø/ты)[①]和具有复数第三人称句法特点的零代词(Ø$_{3мн}$)。这两个代词具有独特的指称特性和语用特性,我们将在下一章对它们进行分析,它们也具有置换的能力。

---

① 该代词具有每一个格形式的两个变体:零位的和非零位的,而且非零位变体与单数第二人称代词 ты 的相应形式是同音异义的。零位变体和非零位变体的选择规则是相当复杂的,因此我们在此将不作讲述。只是要指出,零位变体不是根据人称代词的省略规则来选择的。所以认为该代词与单数第二人称代词完全是同音异义的,而零位变体的存在可以用省略来解释的观点是不合理的。因为这时将不得不用其他规则对省略规则进行补充,这些规则是专门用来表述所分析代词的,并且只有对于它们是适当的。在同一个句法结构中相应形式非共指使用的可能性(Тебе не дозвонишся)可以证明,Ø /ты 不是第二人称代词 ты 的置换变体。试比较代词 я 和 мы,它们在同一个语句中,即使在置换时也是必须用作共指的: * Ну, а теперь высунет язык и покажем нам горлышко 是异常的,应该是:... и покажем доктору горлышко.

第二章 俄语句法中的我、你及其他(零位代词:指称与语用)

1. 代词 Ø/ты 的指称特性与语用特性

代词 Ø/ты 的指称对象是对一系列同一类型情境证同的抽象化结果。这里指的是对多个具体情形的概括。假设,在其中每一个情形中都可以划分出一个主人公,即处于同理心焦点的人,并且语句不是涉及一个具体情形,而是整整一类同型的情境。在这种情况下,说话人的个人经验可以得到概括:В поездках со мной постоянно бывает-то ничего, и все как-то мимо, и дорога отвратительная, и люди попадают все неинтересные, и чувствуешь, как то, из-за чего приехал все эти тысячи километров, — не дается, уходит, и, кажется уже, что и вообще-то ничего нет, зря ехал. А то вдруг все является, все складывается как нельзя лучше, без всяких твоих усилий и именно так. Как ты хочешь (Ю. Казаков);可以对某一种情境进行"归纳地"概括:Тише едешь — дальше будешь 等等。这样一来,泛指成分总是存在,因此可以证实"泛指人称"句这一传统名称对于带主语 Ø/ты(零变体)的句子是正确的。

泛指人称句的主语与说话人自己过去的个人经验的关联性可以找到形式上的证明,即与 Ø/ты 的"语义一致关系"由说话人的性别决定,这时女作家在相应的句法位置上选择语词的阴性形式,这些语词随着(动词的过去时形式,谓语的名词短语等等)性的变化而变化:Быстро забываешь себя, ту, какой была когда-то (Н. Ильина); В ранней молодости чувствуешь себя всесильной и в своей гордой самонадеянности не хочешь ничьих советов и указаний, хочешь все решить самостоятельно (Т. Сухотина-Толстая)。在转达女主人公的话语时也可能有同样的情形:Запоздаешь, бывало, на прогулке, отстанешь от других, идешь одна, спешишь, — жутко! Сама дрожишь как лист... Утром встанешь свежа, как цветочек (Ф. Достоевский); А до чего у вас теплый номер! Сидишь вся голая, и все тепло (И. Бунин); В будни ничего — Работа у меня интересная, ответственная, все время чувствуешь себя нужной людям. А в праздник плохо. Все парами, парами, только ты одна (А. Володин); «Ощущаешь какую-то ответственность, — сказала старушка, — точно виновата в чем-то» (Л. Авилова). 但是在这种情形下也可以选择阳性形式,这时我们遇到的不是语义一致关系,而是"形式－句法一致关系"。下面这个出自于 Н. 依里伊娜作品的例子是很有特点的: Глядя на другого, понимаешь, до чего ж изменился и сам, и сразу начинаешь утешительную работу («Да не так уж... Я б вас сразу узнала»). 女作家首先指的是本人,直接引语中的阴性强调出这一点。但是与 Ø/ты 的一致关系是在阳性上,即存在"形式－句法一致关系"。

在 Ø/ты 的泛指解释中,也就是说,当说话人指的不仅仅是自己和自己的个人经验,而是指一般意义上的人时,对于俄语而言,"形式－句法"一致关系通常是在阳性上(即使说话人是女性时也是如此,如果其判断在相当大的程度上是基于自身的经验): Есть книги настолько живые, что все боишься, что пока не читал, она уже изменилась, как река сменилась, пока жил... (М. Цветаева). 再比较与代词 Ø/ты 所表示的正常的、想象出来的主体的"阳性"一致关系,出自于格列科夫的小说,其中叙述是以女性的口吻进行的: Покинутый мною мир казался странным, как дом, в котором жил когда-то, давным-давно, и уже успел забыть, с какой стороны дверь твоего подъезда.

所列举的这些事实都与沙赫马托夫的观点相符。众所周知,他把所分析的这类句子(按照他的术语,就是"由单数第二人称形式表示主要成分的无主语的不定人称句")划分为两种变体:

(1)"用第二人称替代第一人称的变体";

(2)"纯粹的不定人称变体",其中动词形式引起对一个人或普遍意义上的人的认识[Шахматов 1941:72－73]。

与混淆泛指人称句(就算从语法角度来看术语也不太准确)这两种解释相关的误解,已为 Ю. И 艾亨瓦尔德注意到,他在《关于别林斯基的争论》一书中这样回应自己的抨击者(А. 德尔曼):

"我所说的 'То представление, какое получаешь о Беленском из чужих прославляющих уст, в значительной степени рушится, когда подходишь к его книгам напосредственно'(一旦你直接着手读别林斯基的

书,那么从他人的溢美之言得到的对他的看法,在很大程度上就坍塌了),这句话被一些评论者这样解释,他们说,我认为或者在我之前没有人着手读别林斯基的东西,或者"着手读了,并且毁灭了自己心中的神话,但是自己却没有勇气公开声明这一点"……我应该提醒德尔曼,有 pluralis majestatis,也有 pluralis modestiae。那么包含在我的泛指无人称表达式"получаешь"和"подходишь"中的复数,当然就是后一种 pluralis。实质上,我说的是自己,只是自己、自己的主观印象而已,但是为了不凸显自己的身份,我才使用了无人称形式"。

同时应当强调,从纯粹的指称观点来看,这两种变体是没有什么区别的。不能说,在前一种情形下我们遇到的是个体指称,而在后一种情形下是概括指称。Ø/ты 在所有用法中的典型特点是:直观示例描写所特有的指称特性的二重性。带有 Ø/ты 的句子总是指重复的情境:在一个单独拿出来的情境中,Ø/ты 与具体的即时个体相对应,但是由于情境是重复的,这种对应关系可以理解为是概括性的。同样,Ø/ты 不能用于那种叙述单独的、有时间定位的情境的语句(试比较不可能的句子 * Идешь вчера по кузнецкому..., 而 Идешь, бывало по Кузнецкому... 是可容许的),报道不依赖于具体情境而存在的一般法则的语句(* У нас не курить 是反常的,应当是: У нас не курят)。带 Ø/ты 的语句没有参照点就不能为真,但又要求这个参照点是可变的。第二人称的泛指人称形式易于和完成体搭配,这绝非偶然,邦达尔科认为[1972:22],这是表达"直观示例"意义的主要手段,试比较:Едешь по Моховой, взглянешь на здание, и сердце каждый раз дрогнет (А. Турков)。出于同一原因,在带 Ø/ты 的句子中完全可以使用,有时间定位的偶然性述谓,正如我们所知(参见 I.2 和 I.3),在真正的格言性语句中可以见到它们: У меня сегодня распустились чайные розы, хлебные розы и винные розы. Посмотришь на них — и ты сыт и пьян (Е. Шварц)。

看来,帕诺夫断定动词的泛指人称形式处于数的范畴之外是正确的[1966:82]。的确,与众所周知的屠格涅夫的作品片断(... вы входите в рощу... отыскиваете себе место 等等)相类似的例子表明此话是针对对话人所讲,尽管是想象出来的对话人,但是作者要求他作为情境的直接参与者。该意义与前面描写过的带 Ø/ты 结构的意义是不同的。试比较出自于陀思妥耶夫斯基作品的例子,其中单数第二人称形式是对说话人本人的指称,概括的是其个人经验

("从内部"的视角),而复数第二人称形式指涉某一个可能的其他观察者(想象出来的受话人),因此相应的行为要求旁观者的视角:

Острог наш стоял на краю крепости, у самого крепостного вала. Случалось, посмотришь сквозь щели забора на свет Божий: не увидишь ли хоть что-нибудь? — и только и увидишь, что краешек неба да высокий земляной вал...; и тут же подумаешь, что пройдет целые годы, а ты точно так же пойдешь смотреть сквозь щели забора и увидишь все тот же вал... Тут был свой особый мир... Вот этот-то особенный уголок я и принимаюсь описывать.

Как входите в ограду — видите внутри ее несколько зданий...

在该情形中,在一个文本内部由单数第二人称到复数第二人称的转换在语义上是受约束的。不过,在陀思妥耶夫斯基这里也遇到单数与复数形式的转换,看来是不太重要的,这或许是感染错合的结果。试比较,例如:

В остроге было иногда так, что знаешь человека несколько лет и думаешь про него, что это зверь, а не человек, презираешь его. И вдруг приходит случайная минута, в которую душа его... Открывается наружу, и вы видите в ней такое богатство..., что у вас как бы глаза открываются, и в первую минуту даже не верится тому, что вы сами увидели и услышали.

在帕斯捷尔纳克的著名诗句 Ах, когда б вы знали, как тоскуется, Когда вас раз сто в течение дня На ходу на сходствах ловит улица 中,在我们看来,同样也是感染错合的结果,尽管是略微不同的一种。在前一种情形中,第二人称代词的使用是受话人的,是在其直义上使用,排除说话人(说话人,当然"知道有多少的想念",因为用假定式来描述其心智状态就会是不恰当的),而在后一种情形中,复数第二人称代词四格形式的使用是"泛指人称的",即在包含说话人的意义上使用,并且可以用专门用于该用法的代词形式 Ø/ты(тебя)来替换。

正如在 IV.1 中(在脚注中)所指出的那样,Ø/ты 和 ты 同时在同一个句法结构的构成中非共指使用的事实可以证明,Ø/ты 不是简单的"受话人的 ты"的置换结果。再举一个摘自卡扎科夫作品的这种用法的例子:Вот ты все мчишься на своей автомашине и не знаешь даже, что куда лучше ехать на телеге или в санях по лесной или полевой дороге — смотришь по сторонам, думаешь о чем-то, и хорошо тебе, потому что чувствуешь всей душой, что все, что вокруг тебя, все это и есть твоя родина! 动词 мчишься 和 не знаешь 的主体是直接言语受话人(在该情形下就是叙述人的儿子),其他单数第二人称的动词和代词形式用来指涉处于同理心焦点的,想象出来的情境的主体,所以这里出现了 Ø/ты(而在 лучше ехать на телеге — кому? 这个结构中可以看到该代词的给与格); Счастливый ты человек, Алеша, что есть у тебя дом! Это, малыш, понимаешь, хорошо, когда есть у тебя дом, в котором ты вырос, ——在"受话人"意义和"泛指人称"意义的对立中起作用的是从句的不同构成: что есть у тебя дом 和具体事实有关, 而 когда есть у тебя дом 和一类同型情境有关。 Я помертвел, вообразив, как ты в этой черноте, занятый своим автомобильчиком, все дальше уходил в лес. И ведь мертвые дачи во всей округе, даже днем души не увидишь нигде! 等等。

要注意到,两个非共指的单数第二人称代词——受话人的和非受话人的——同时存在于一个句法结构中,这不仅在后者具有最大化泛指性的情况下是可能的,而且在说话人首先指的是自己的情况下也是可能的,正如在下面这个例子中: Тут за день так накувыркаешься, придешь домой — там ты сидишь (В. Высоцкий). 用代词 Ø/ты 的零变体表达出来的主语在动词 накувыркаешься, придешь 存在时,针对的是说话人,而用"正常的"ты 表达出来的主语在动词 сидишь 存在时,针对的是言语直接受话人。所举的例句具有某种幽默效果,这是由于说话人指出与受话人见面的事实是其负面情感产生的原因,同时又期望获得受话人的支持,但是该句子在语法上是完全正常的。

在单数第二人称形式的"直观示例"意义上,并且在受话人的代词和非受话人的代词同现时(后者更常用零位变体表达出来),通常可以发现在某种程度上可以明显觉察到的两个情境参与者的对立,正如在所举过的例子中那样。因此,一个普遍的观点是,单数第二人称的泛指人称意义就是主要具有受话人意义的、概括性的想象出来的人("你,就像是我以及处于我的位置上的任何人一样"[Золотова 1982:110]),这种观点需要某种更详细的说明。

不过,应当指出,泛指人称 Ø/ты 和受话人 ты 的同现有一定的限制。后者应当占据相对于 Ø/ты 而言的从属位置,这在两种情况下是可能的:(1)在动词的主语是零位变体形式的代词 Ø/ты 时,受话人的 ты 用间接格;(2)受话人的

ты 在非独立句中,在 Ø/ты 作主语的语义上的从句中(就像在前面所举的出于维索茨基[Высоцкий]的例子中),充当主语。在受话人的 ты 作主语的句子中,泛指人称的对象不能用代词 Ø/ты 的非零位变体的间接格表达出来——如有必要,这里可以使用泛指人称意义的其他表达手段,例如词位 человек 的间接格,就像在下面的例子中:Ты — женщина земедленного действия. Ты не сразу начинаешь действовать на человека в полную силу. ... У тебя очень удачно поставлены глаза, они могут, не отвлекаясь, заниматься своей основной специальностью: поражать человека (А. Володин). 试比较由于用泛指人称代词的非零位变体替换词形 человека 而得到的异常句子:Ты — женщина земедленного действия. *Ты не сразу начинаешь действовать на тебя в полную силу. ... *У тебя очень удачно поставлены глаза, они могут... поражать тебя (А. Володин). 要注意到,如果在沃洛京的剧本中不是谈论受话人的特点,而是某个"第三"者的特点(即如果语句中没有充当主语的受话人 ты),那么泛指人称 Ø/ты 的间接格的使用就是完全可能的:Она — женщина земедленного действия. Она не сразу начинает действовать на тебя в полную силу. ... У нее очень удачно поставлены глаза, они могут заниматься своей основной специальностью: поражать тебя.

受话人的和泛指人称的第二人称代词的这些同现限制在下面苏霍京娜-托尔斯泰娅书中所引用的列夫·托尔斯泰写给女儿的书信片断中有所反映:Мне иногда без вас, двух дочерей, грустно, ... хоть и не говоришь, а знаешь, что тебя понимают и любят то, что ты не то, что любишь, а чем живешь. 这里泛指人称代词的零位变体(在 говоришь, знаешь, живешь 存在时的主语)和非零位变体(тебя, ты)实际上与作者本人相一致(在片断的最开头用第一人称代词 мне 表示),而在动词 понимают, любят 存在时的零主语与受话人相一致(在片断的最开头用第二人称代词 вас 表示)。实质上,该想法也可以用更"个人"一点的方法,用更直接指涉所描写情境实际参与者的其他代词和其他人称的动词性形式表达出来,:... хоть и не говорю, а знаю, что вы меня понимаете и любите то, что я не то, что люблю, а чем живу. 然而,借助于泛指人称代词的四格(тебя)对"理解的客体"的指涉会自动地产生"理解的主体"表达式的相应位移,因为,如前所述,泛指人称代词的间接格和受话人的第二人称代词的一格同时存在于一个述谓关系内是不可能的,不可以说:*... хоть и не говоришь, а знаешь, что вы тебя понимаете и любите.

2. 复数第三人称零位代词($Ø_{3мн}$)的指称与语用特性

代词 $Ø_{3мн}$ 具有完全不同的指称特性。它总是作主语,并且可以描述不同类型的指称关系:在限定性定语存在时,是确定指称(В институте его очень ценят),在限定性定语不存在时,如果述谓具有具体的时间定位(Стучат, откройте),就是不确定指称,如果述谓在时间上不予定位(Скоро бегут, дальних не ждут),就是概括指称。对于人称代词并不典型的不确定指称是可能的,这证明"不定人称"句作为相应句子的传统名称是正确的。在任何情况下,指称都是指涉"旁人",指涉主人公以外的人。因此 $Ø_{3мн}$ 通常不能针对说话人(因为,如果说话人参与到情境中,那么他通常处于同理心的焦点)。Говорят тебе…; Тебе про Фому говорят, а ты про Ерему; Да тебе же добра желают, пойми! 这类带有位移同理心的语句是例外。

我们来谈谈 $Ø_{3мн}$ 和人称的其他表示符号是否可以共指这个问题。我们来单独地分析一下 $Ø_{3мн}$ 与先前文本中提到的指称对象有关的情形,以及 $Ø_{3мн}$ 用作或是可以用作前指先行词的情形。

如果在使用 $Ø_{3мн}$ 之前,同一指称对象通过具有"确定性"特征的ИГ(专名,人称代词,限定摹状词)来表示,这时 $Ø_{3мн}$ 与第三人称的人称代词近似:Она навстречу, как сурова! Его не видят, с ним ни слова (А. Пушкин); Варя задумалась. Я торжествовал. Меня, значит, уважали, коли задумались (А. Чехов); Вскоре в обращении Дуси со мной я ощутила снисходительность… говорили со мной свысока (Н. Ильина); В глубине души я завидовала тем, кто подходил к Корнею Ивановичу и кого он дружески обнимал, расточая улыбки и добрые слова. Среди подходивших были люди, казавшиеся мне ничтожными, даже дурными. Но и их обнимали, и им говорили что-то ласковое (Н. Ильина). 与此同时,使用 $Ø_{3мн}$ 可以更概括性地呈现情境,所以把 $Ø_{3мн}$ 替换成与先行词共指的符号,就会或多或少地改变涵义。下面这个例子特别能说明问题:Прощаясь, Ипполитов поцеловал ей руку. Впервые в жизни ей целовали руку (Д. Гранин). 这里第一个句子和第二个句子的主体实际上重合在一起,但是,显然并没有真正的共指(而确切地说,是[Падучева 1974]意义上的"部分等价性")。把 $Ø_{3мн}$ 替换成 он(或 Ипполитов)会导致真值

条件的改变：Впервые в жизни Ипполитов/ он целовал ей руку 这个句子，与初始句不同，它可以为真，即使从前别的人亲吻过"她"的手。

在刚刚分析过的例子中，$\emptyset_{3мн}$ 的前面有用包含"确定性"特征的 ИГ 所表示的同一个人的符号。在不确定先行词存在时，也可以使用 $\emptyset_{3мн}$：Мамочка,... его кто-то лупит по шее... а теперь его гонят в три шеи (Е. Шварц); В феврале мне кто-то передал, чтобы я... непременно явилось в школу. Мне сообщили, что на этот раз школьный спектакль обещала поставить профессиональная актриса (Н. Ильина). кто-то 和 $\emptyset_{3мн}$ 只有在这种顺序上才可以理解为对同一个指称对象的指涉。在相反的顺序上（В феврале мне передали... Кто-то сообщил мне 或 Его лупят по шее... А теперь его кто-то гонит в три шеи），代词 кто-то 就会被理解成插入进去的新人物，是与前面句子的主体不同的。

因此，$\emptyset_{3мн}$ 在人物重复称名时能够出现。相反，它在任何时候都不能用于引导功能。它不能把指称对象引入言语受话人的视野，因此通常不能作为人称代词的先行词。这样 В дверь позвонили. Я * ему/ * им открыл 或 Если тебя обидели, прости * ему/ * им 的顺序是异常的（应当使用摹状词：В дверь позвонили. Я открыл звонившему; Если тебя обидели, прости обидчику），试比较使用摹状词表示先前通过 $\emptyset_{3мн}$ 提到的人物：«Что ж это, товарищ Березкин, а мне про вас говорили как о человеке храбром, спокойном». Березкин молчал, вздохнул, должно быть, говорившие [? они/ * он] ошиблись в нем (В. Гроссман); На садовую, конечно, съездили и в квартире № 50 побывали. Но никакого Коровьева там не нашли... С тем и уехали с Садовой, причем с уехавшими [* с ними] отбыл секретарь домоуправления Пролежнев (М. Булгаков). 在下面这个对话中，代词 они 的使用与用 $\emptyset_{3мн}$ 表示的先行词一致，会产生某种言辞粗俗的感觉：А что, говорят, я хорошо сохранилась. — Не верьте, они преувеличивают (А. Володин). 再比较 [Шмелев 1961] 这篇文章中所举的例子，这里该例被描述为复数第三人称形式的双关语理解：Об этом не говорят так... — Они не говорят, я — говорю (М. Горький).

只有代词 $\emptyset_{3мн}$ 在限定性定位词存在的语境中具有确定性时，对其的前指才是可以接受的（不言而喻，$\emptyset_{3мн}$ 的这种用法不是引导性的）：Дома отнеслись к моему плану отрицательно. Уж лучше бы я им ничего не говорил; На кафедре диссертацию, конечно, одобрили-они всегда снисходительны к своим аспирантам; Мне звонили из Академии. — И что они тебе сказали?

我们看到,总之,Ø$_{3мн}$的指称可能性是各种各样的。与此同时,在某些类别的句子中Ø$_{3мн}$的指称潜力要更受限制。譬如,在和性质述谓或状态述谓搭配时,Ø$_{3мн}$的指称对象通常应该用位置或时间定位词加以限制,并且其特点就是确定性: На Руси того времени хорошо понимали, что чума — это эпидемия, болезнь; В Средние веки еще более преданы были этому суеверию (А. Погорельский). 更为严格的限制涉及到经常被研究者忽视的带有Ø$_{3мн}$-主语的被动结构的使用(试比较［Князев 1978: 128］): В редколлегии были заблаговременно подготовлены к этому повороту (摘自杂志); В театре были совершенно очарованы ею (但是: * На балу были совепшенно очарованы ею 不见得是自然的,因为定位词 на балу 指涉的不是恒定的位置,而是偶然性的滞留,因此不能对零位代词的指称对象进行个体化)。

不过,所有和Ø$_{3мн}$用法相关的指称限制都具有语义理据。问题在于,与Ø/ты 不同,代词 Ø$_{3мн}$ 从不与处于同理心焦点的人相对应。Ø$_{3мн}$的指称对象,永远都是"别人",Ø$_{3мн}$的用法是表达某种"疏离"。使用这种结构时,说话人似乎是"从旁观者的角度"观察行为主体。当谈论的是不依赖于个别人的意志而存在的客观规律时,就会出现"旁观者"的观点和"客观化": Цыплят по осени считают; Снявши голову, по волосам не плачут; У нас не курят; Лежачего не бьют; Ночью в гости не ходят (А. Вампилов). 在这些句子中我们碰到的是格言性述谓,对通过 Ø$_{3мн}$ 表达出来的主体进行概括性解读。

而如果描写的是时间上予以定位的行为,那么"疏离"意义要求存在某个参照点,它可以是所分析情境的另外一个参与者(主人公)或"观察者"。如果观察者和其他参与者不存在,那么不定人称结构就是异常的。这样,例如,Когда влюблены, то часто приходится говорить не прямо о любви (В. Шкловский)这个带不定人称从句的句子就是偏离规范的①。试比较语法上正确的,包含相同静词性谓语的不定人称句: Женщина всегда чувствует, когда в нее влюблены, даже если ей не говорят о любви,这里的参照点就是"爱的对象"。至于出自于

---

① 该句的异常是因为,从句的零位主体应该和 приходится 的与格共指,而间接格的使用对于 Ø$_{3мн}$ 并不是典型的。

什克洛夫斯基作品的例子,所意味涵义的更恰当的表述,显然应该是 Когда человек влюблен, то ему часто приходится..., 或者是包含表示参与者的 Ø/ты 的泛指人称句——Когда (Ø/ты) влюблен, то (Ø/тебе$_{dat}$) часто приходится... 类似地异常的句子: * В пансионате сыты 可以和正确的句子 В пансионате хорошо кормят(这里的参照点,就是赡养的那个人或那些人)或 В пансионате ты, по крайней мере, сыт 相对照。

Дома в ужасе 这个语句可以作为 Как на это реагировали дома?(参照点是 это)这个问题的回答,但是若回答 Что творится дома? 则是异常的。特别是,根据参照点在不定人称句中是必需的这一规则可以得出,只有在观察者存在时,在句子中才可以使用一元的偶然性述谓,如: Вижу: бегут по улице, кричат; За стеною храпят; Вот опять окно, где опять не спят (М. Цветаева); А вокруг меня женятся и выходят замуж (Н. Иванова-Романова).

即使没有显性地指出观察者,在包含偶然性述谓的不定人称句中,结构本身就表明情境是从不同于该句主体的某个人的"角度"来描写的。譬如,在下面这个例子中,在描写法国女士们对列福尔马茨基的访问时,使用不定人称句来强调情境是从女士们的角度来描写的: Дамы пришли. Им помогли снять пальто, поцеловали ручки, сказали какие-то вежливые фразы и удалились (Н. Ильина). 在前面举过的 Как сурова! Его не видят, с ним ни слова 这个例子中也同样如此,所描写情境参与者的指涉方式的选择(奥涅金是代词 его, с ним 的指称对象,而塔吉扬娜是 Ø$_{3мн}$ 的指称对象)是说明小说该部分的所有情境都是从奥涅金的角度来描写的一个形式标志(这里使用的其他方式也可以证明这一点: 感叹句 Как сурова! 要求外部观察者,以及属于奥涅金的,非本义上直接引语的使用)。

所分析的特点可以解释把说话人从零主语的可能指称对象之列排除出去的原因,正如研究者所指,这种排除对于不定人称句是很有特点的[1]。可以断定,通常当情境是从说话人的角度描写时,对其的指称不能借助于 Ø$_{3мн}$ 来实现。这里所分析的,在被动化转换时产生的主体"隐退"(Ж. 韦连科[1985: 290]的术语)这一近似现象与"疏离"意义的一个区别就在于此。因此,如果指的是

---

[1] 参见,例如,[Guiraud-Weber 1984: 67]; 吉罗-韦伯接下来提到 Вам русским языком говорят 这类句子,正确地将其评定为在文体上有标记的、边缘的,以及"从语法角度看是不重要的"[Guiraud-Weber 1984: 81]。

说话人完成的工作,那么 Работу закончили в пять часов 这个语句就是不恰当的,与 Работа была закончена в пять часов 这个语句不同,这里则不存在这种禁止。试比较苏霍沃-科贝林日记中的句子:В 1854 году... была окончена и комедия «Свадьба Кречинского»（未说出来的施事者就是语句的作者本人）。还要提及在科学论著中经常使用的短语 как уже отмечали ранее 和 как уже отмечалось ранее:在前一种情形中,作者引用的是其他研究者的观点,而在后一种情形中,则多半是对自己文本的元文本引用。对于口头报告中的表述也是如此:как здесь уже говорили（引用其他与会者的发言）和 как здесь уже говорилось（未表达出来的施事者,多半是报告人本人）。再比较用无人称被动态表达出来的开场白式问话 Спрашивается：...？（反问,出于作者本人之口）和不定人称的 Спрашивают：...？,其中 Ø$_{3мн}$ 指涉其他人。被动结构中未表达出来的施事者既是针对说话人的,也是针对言语受话人的,还是针对第三人的,正因为如此在施瓦茨的剧本《龙》中市长蛊惑性地使用 Ø$_{3мн}$,他不愿意明确,是谁战胜了龙——他、兰采洛特（Ланцелот）还是某个第三者:...После того, как я... после того, как мы... Ну, словом, после того, как дракон был убит. 如果他说:...после того, как дракона убили,那么就不会达到其蛊惑性目的,因为很明显,这样他就承认了龙的战胜者不是他本人。因此,虽然在文献中（参见,特别是,［Виноградов 1947:461；Храковский 1970］）也曾指出不定人称句和被动句的某种相似性,但是这些句子所表达的意义并不完全相同[①]。

另一方面,Ø$_{3мн}$ 实际上与说话人相一致的语句原则上是可能的。但是,很能说明问题的是,正是在这些语句中"疏离"效果变得尤为明显,而且可以明显地觉察到,说话人是站在他人的角度上。因此,当依里伊娜用下面的方式对列

[①] 被动结构和不定人称结构的另一个区别在于,它们都不表达"人"这个意义［Мельчук 1974］：Он был исцарапан 这个句子,关于他是被谁或什么抓破的（人、或动物、或自然力）只字未提,但是 Его исцарапали 这个句子则告知,行为主体是人。可以补充一下,用 Ø$_{3мн}$ 指涉动物会产生幽默效果,就像［Шмелев 1961:56］中的例子：Княжна же во все время визита неукротимого бульдога кричала, как будто ее уж съели (Ф. Достоевский). 试比较 Ø$_{3мн}$ 和"自然力"相一致时的拟人效果：Я понимаю, что трудно не обижаться, когда вас бьют по лицу, суют за ворот снег, толкают в сугроб, но ведь буря это делает без всякой злобы, нечаянно (Е. Шварц). 我们注意到,在主人公是动物的文学作品中,相应的禁止是可以消除的。试比较契诃夫的小说《白脑门的狗》中的例子：Волчиха помнила, что летом и осенью около зимовья паслись баран и две ярки. и когда она не так давно пробегала мимо, то ей послышалось, будто в хлеву блеяли；Наконец щенок утомился и охрип; видя, что его не боятся и даже не обращают на него внимания, он стал... подходить к волчанам.

福尔马茨基日记里的记载评注时,产生的正是这种效果("昨天依里伊娜回来的很晚,并且批评那部电影。我对此很高兴")。Радовался. **Оставили** его одного, **побежали** развлекаться, ан не получилось. 试比较类似的例子:

> Однажды мне захотелось сказать ей, что в присутствии своей матери и ее знакомых я всегда помню, что они взрослые... и веду себя с ними соответственно, а ее, Катерину Ивановичу, хотя она и близка к ним по возрасту, ее я воспринимаю иначе, мне с ней легко, как со сверстницей... *Слушали* меня холодно, *глядели* отчужденно... Позже я догадалась, в чем дело. Она привыкла ходить в молодых... ей не нравилось, что ее *запихивают* во «взрослые» ... ей не нравилось, что ее *громоздят* на одну ступеньку с моей матерью, — та была на семь лет старше Катерины Ивановны.
>
> (Н. Ильина)

在 Слушали меня холодно, глядели отчужденно 这个句子中,用零位代词表达出来的主体,与该文本中使用的 Катерина Ивановна, она, ей, ее 这些名词短语共指,并且与(用第一人称代词表达出来的)说话人相对立。但是,在该片断的最后一个句子中,作者转向"她"的角度(ей не нравилось),因此,现在作者也归入到与处于同理心焦点的人相对立的"其他人"这个范畴中,从而使 запихивают, громоздят 这些动词形式也可以是针对作者的。

3. 泛指意义上的代词:泛指的不同类型

综上所述,可以得出 Ø/ты 和 Ø₃мн 的语义对立性,即使是在 Ø₃мн 用于泛指的情况下,即具有概括指称时。这两个代词的语义差别是由两个因素造成的。

第一,Ø/ты 表示主人公,而 Ø₃мн 表示"旁观者"。这一差别在评价类句子中特别明显,如:

(1) Обидно, когда ничего не слышишь;

(2) Обидно, когда тебя не слышат.

很明显的是,指示中心、主人公是评价主体。在(1)中该主体与单数第二人称的零位代词"表达出来的"主语一致,在(2)中——与动词的客体一致(即同一个代词 Ø/ты 的间接格)。Ø₃мн 所指涉的主体是与主人公不同的"其他"人,这可以十分清楚地由不定式的转换来证明：

（1'） Обидно ничего не слышать；

（2'） Обидно быть неуслышанным．

Тоскливо, когда (ты) никого не любишь"一个人会感到忧郁,如果谁也不爱他的话"的理解亦是如此，когда тебя не любят"一个人会感到忧郁,如果其他人不爱他的话"的理解亦是如此；而? Тоскливо, когда никого не любят 是异常的,因为忧郁的原因是不清楚的(评价主体无论如何也不会参与到从句所描写的情境中)。同样的对应关系也寓于下面这对句子中：Неприятно, когда тебя обманывают. — Неприятно, когда обманываешь того, кто верит каждому твоему слову (А. Вампилов)；Счастье — это когда тебя любят — Счастье — это когда любишь 等等。Ø/ты 和概括性 Ø3мн 的语义对立在出自于茨维塔耶娃作品的例子中清晰可见：В каждом играющем детстве... четыре рояля. Во-первых, — тот, за которым сидишь. Во-вторых, за которым сидят...(也就是说,一个在主人公"我"的身后,而另一个在"其他人"的身后)。

造成 Ø/ты 和概括性 Ø3мн 不同的第二个因素是交际类型的不同。Ø/ты 的使用总是要求对单一的同型情境的概括,而概括性 Ø3мн 可以作为全称判断的主体[①]。这是出于相应语句的不同情态解释：Ø/ты 作主体的语句在真势上解释,而 Ø3мн 作主体的语句则在道义上解释。这在谚语中可以明显地看出来,试比较：Тише едешь — дальше будешь, —— 客观条件(宁静致远)；Скоро бегут — дальних не ждут, ——道义条件(如果跑得快,就可以或者甚至是不必等落后者了)。

体上的对立也绝非偶然,试比较：С начальством не поспоришь (真势不可能性)，С начальством не спорят (道义准则)[②]。С начальством не спопришь 这个句子只有在显性或隐性的撤销现实因子存在的语境中才是可能的(В такой ситуации с начальством не споришь, а делаешь, как приказано)。一般来说,如前所述,"泛指人称述谓"(带主体 Ø/ты 的)只有在句子内容中同时既呈现具体

[①] 该因素与前一个因素相关联,因为对于 Ø/ты 的恰当使用所必需的主人公只有在能够加以概括的具体的、单一的情境中才会出现。

[②] 体上的对立在不定式中也执行相似的功能,试比较：С начальством не поспоришь (不可能性). — С начальством не спорить (禁止)；Петю не узнать ("不可能得知")．—Петю не узнавать ("不要去知道"的指令,也即显然,装做不去知道的样子)．

的概括情境,又呈现概括本身的情况下才是可能的。这是因为,这些述谓易于在带有时间和条件从句的、带有 бывало 这类撤销现实因子的并列复合句中使用。地点状语和这样的述谓搭配时也可以理解为表示时间或条件:В этом доме куришь не переставая. ="在这所房子里的人就会不停地抽烟"="进入到到这所房子的人不停地抽烟"。试比较:В этом доме курят не переставая,这里指的不是进入到这所房子的观察者,而是生活在或处在这所房子里的人。

当在一个文本中碰到 Ø/ты 和 Ø3мн 时,它们在指称特性上的差别就可以特别直观地看出来:Там, в городе, ни мебели, ни прислуги... все на дачу увезли... питаешься черт знает чем (А. Чехов); Все кажется печальным, но уютным, как в детстве, когда накажут ни за что ни про что, а потом жалеют, утешают, сказку рассказывают (Е. Шварц). 在最后一个例子中 Ø/ты(在零位变体上)是由 Ø3мн 作主体的动词的客体:накажут, жалеют, утешают (以及动词 рассказывают 的间接客体)。使用非零位变体也是可能的:... когда тебя накажут... а потом... тебе сказку рассказывают.

有时,决定使用 Ø/ты 还是 Ø3мн 的因素是相互矛盾的,所以产生了"无法解决的"冲突。比如,把前一个主语用 Ø/ты 表示,后一个用 Ø3мн 表示的两个简单句结合在一个并列复合句中并非是完全无可指摘的:А зачем он себя застрелил? — он был очень влюблен, а **когда очень влюблен, всегда стреляют себя** (И. Бунин 作品中的人物所说的句子)。实际上,并列复合结构两个部分的主体在这里被认为是共指的。但是 Ø/ты 和 Ø3мн 不可能是共指的,因为 Ø/ты 总是针对主人公的,而 Ø3мн 针对"其他人";另一方面,不太清楚的是要如何"改正"这个句子。指称对象的"疏离",将其从同理心焦点处移开,在使用 Ø3мн 的两种情况下都会出现,这与所提出的从内部解释恋人的内心状态的态度不符(试比较前面分析过的出自于什克洛夫斯基作品的例子)。另一方面,把 Ø3мн 替换成 Ø/ты 会产生幽默效果:? Когда очень влюблен, всегда стреляешься. 问题在于,同理心会要求对交际者个人经验的某种诉求,而这在 стреляться 这种行为下显然是不合适的。

4. 俄语人称代词体系中的 Ø/ты 和 Ø3мн

这样,俄语人称代词体系至少应该包含以下成素:

1) 单数代词 —— я;受话人的 ты;"泛指人称的" Ø/ты;

2) 复数代词——мы；在对几个人讲话时使用的"复数的"вы；在对一个人讲话时使用的"形式的"вы；"不定人称的"Ø₃мн；

3) 第三人称代词，在性和数上都是可变化的。第一组和第二组代词的性由"语义一致关系"决定（考虑到前面所述）①。

还要提一下出自于 Т. 托尔斯泰作品的例子：А говорить бессмысленно, как когда уезжаешь, а тот, другой, провожает, и ты стоишь в вагоне... а тот, другой, на перроне... и вы оба напряженно улыбаетесь. 这个例子中的 вы 与 Ø/ты 有关，就如同"正常的"受话人的 вы（复数第二人称）与受话人的 ты 有关一样：受话人的 вы 可以表示"你，还有某个人"，"你和他人"，而在该例中 вы 表示"主人公和他人"。对个人指示语形式观点的合理运用会要求在俄语代词体系中再纳入一个单位，即"第三个"вы（与两个受话人的，"复数的"和"形式的"一起），用在类似的情形中。

应当把这种情形与代词 вы（在间接格上）的形式代替 Ø/ты 的形式来表示主人公的用法区分开。例如，在已经列举过的诗句中：... когда б вы знали, как тоскуется, Когда вас раз сто в течение дня на ходу на сходствах ловит улица, —— вас 形式（与 когда б вы знали 中的受话人 вы 不同）表示主人公，让某人"忧郁"的那个人。可以说：когда тебя на сходствах ловит улица. 在布尔加科夫那里 вам 形式也是这样来使用的：Так и ждешь, что он финский нож вам в спину всадит（вам 和 Ø/ты 共指）。

总结一下对零位代词 Ø/ты 和 Ø₃мн 的分析，一眼就能看出它们与指示语有关（试比较关于"泛指人称"句和"不定人称"句的传统观点），可以肯定，在它们的意义上可以看到明显表达出来的指示成分。不诉诸于"我"——"他人"的对立就无法适宜地描写这两个代词的意义。

很有意思的是，Ø/ты 和 Ø₃мн 也能够进行置换（再一次强调，置换不会导致体系中新代词的出现）。譬如，Ø/ты 具有对处于同理心焦点的人的指称关系，也即指"我"；而在同理心位移的情况下，这个"我"和说话人并不一致，试比较：Меня не проведешь（Меня 表示说话人，而 Ø/ты 表示主人公，即似乎是"我"）；

---

① 性的形式与性别上不作区分的指称对象有关的代词一致时的选择规则，其中包括零位代词，在 IV.4 中有所分析。

Со мной на лингвистические темы не побеседуешь...(Н. Ильнина)①. Ø3мн 的指称对象("其他人")通常排除掉说话人,但是,如前所述,在同理心位移的情况下,Ø3мн 也可以指涉说话人。几个代词同时发生置换的情形很有意思。譬如,在 Е. В. 克拉西里尼科娃的 Ей по-человечески говорят, а она не понимает 这个例子中[Красильникова1990:87],第三人称代词代替第二人称代词来使用,而 Ø3мн 代替第一人称代词。

置换常常与同理心的位移相关联,这时情境是从言语受话人或第三者的"角度"来描写的。在这种情况下会达到某种语用效果,试比较:Тебе про Фому говорят, а ты про Ерему(Ø3мн "代替"я),因为说话人是"从言语受话人的角度"来描写情境的,似乎强调,应受评价的正是言语受话人的行为,而不是说话人的行为(要求受话人对自己的行为进行批判地评价);Ему про фому говорят, а он про Ерему(Ø3мн "代替"я,而 он "代替"ты),因为说话人似乎把言语受话人从交际中排除出去了,并且语句是对想象中的另外一个人所讲,此人也应该谴责实际受话人的行为。

"非透明"语境中的"置换"同样也可以与同理心的位移结合在一起,试比较:Ох, как бы я хотела, — зашептала она, — чтобы Иван Васильевич видел, как артистку истязают перед репетицией!(М. Булгаков), —— артистка 用来"代替"я,而 Ø3мн "代替"вы,而且同时出现与"旁观者"的观点(从 Иван Васильевич 的角度)一致的同理心的变换,以及由指称的"不透明性"引起的位移,正如我们在 IV 中所讲的,该位移的结果是命题的"透明性"。

同一个指称对象在同一个文本内通过不同的人称代词来表示的情形(就像前面列举过的出自于帕斯捷尔纳克和布尔加科夫作品的 Ø/ты 和 вы 共指的例子中)同样也具有意义。重要的是在这种情况下要保持指称类型和同理心上的一致性。再举几个例子(相应的单位用下划线强调出来):Что скрывать, не всегда прогулка по магазинам доставляет нам большую покупательскую радость. Того и гляди, столкнешься с... таким сакраментальным явлением, как очередь... Особенно если стоите вы в этой очереди последним

---

① 这里只有动词完成体是可以的,试比较:Меня́ не узна́ешь,而不能是:Меня не узна́ешь(吉罗-韦伯指出的用代词 Ø/ты 指涉与说话人不同的人的罕见性[Guiraud-Weber 1990]尤其是和该限制有关)。在前一种情形下,说话人似乎是"面分析过的"观察自己,并且做出"预测"。在后一种情形中,他希望得到对个人经验的引导性概括,但是他如何能够概括"观察自己本人"的经验? 试比较:Меня теперь не узнают(预测)Меня теперь не узнают,因为这里充当主体的是"其他人",而且不会发生任何同理心的位移。

(«Крокодил», 1987, № 1, [Булыгина, Шмелев 1991：59] 中的例子）；Проживешь свое пока, много всяких грязных ракушек налипает нам на бока (В. Маяковский); Я ее уважаю, как уважают и почитают существо, к которому вся ваша жизнь привязана（当代普希金传的作者所援引的译自法文的丹杰斯写给赫克尔的信）①。该例子处于规范的边缘,其中 Ø/ты 通过共指与通类名词短语相关联：Каждый, войдя, ищет место, куда ноги поставить, чтобы не особо налегать на соседа и чтобы на тебя не сильно налегали (Н. Ильина),其中 тебя 是 Ø/ты 形式,在这里用来代替在这种情境下更为常用的第三人称代词(试比较 Каждый хочет, чтобы его уважали)。这类情形,与置换情形一样,不应该改变我们对人称代词体系的认识。

---

① 这里出现的是某种"同理心的不一致现象",因为 Ø$_{3мн}$ 与用 ваша 形式指涉的佃农是共指的。不过,可以认为这只是法文的直译,其中,根据本维尼斯特[1974：266]的说法,"вы"(vous)"充当不定人称代词(on)的前指对应词,例如 on ne peut se promener sans que quelqu'un vous aborde «невозможно выйти на прогулку, без того, чтобы кто-нибудь к вам не подошел»"。

第三章 代词的语义特点和词法特点：聚合体结构

1. 聚合体的统一化原则

在描写词法聚合体时，语言学家常常碰到这样一种情况，即归属于某个词类的一部分词，与另一部分相比，可以区分出更多的形式。描写该情境的一个可行做法就是"区别性"做法，这种做法容许承认所分析类别的不同子类具有不同的聚合体结构。但是，语言学家更经常地是从统一化原则出发，不过，该原则假定有两种直接对立的处理方法。

第一种"统一化描写"方案，反映出建立尽可能普遍的词形范畴体系的趋势，把更为详细的聚合体作为标准，换句话说，在这方面词类中区别性较小的一部分还是被列入到那些在词类中区别性较大的那一部分可以找到形式表述的范畴。当然，在这种情形下指的是各种同音异义形式的假设。

第二种"统一化描写"方案，可能在于承认词类中相应形式表现出补充性区别（与另一部分相比）的那一部分的某些形式差别的多余（"不重要"）性。显然，在这种情形下，指的是为一部分词形建立同一个形态形式的几种组合或可选变体（详见［Булыгина 1977：153—204］）。

譬如，只有为数不多的俄语名词有狭义的所有格和部分格的区别（чая 和 чаю），前置格和地点格的区别（о саде 和 в саду）。"第一种方案的"名词聚合体的统一化会导致所有名词都要划分出相应的成对格。如此一来，狭义的所有格和部分格的同音异义形式 воды 就列入到 вода 这个词当中（像给与格和前置格的同音异义形式 воде，也是如此），前置格和地点格的同音异义形式 столе 就列入到 стол 中等等。"第一种方案的统一化方法"在扎莉兹尼娅克［1967］对俄语名词词形变化的描写中被彻底实施。

"第二种方案的"统一化体现在大多数俄语语法描写中。相应的做法承认 чая 和 чаю 形式是一个格（所有格）的不同变体，саде 和 саду 也是一个格（前置格）的不同变体，因此与之类似，водой 和 водою 是一个格（工具格）的不同形式。

"第二种方案的统一化处理"的缺点是显而易见的。因为这种方法宣告绝对找不到自由变体的形式之间的差别是不重要的。在这种情况下,大体上所有格和前置格的"变异形式"之间的选择规则具有和格形式的选择规则一般固有的性质一样的性质。除此之外,应当指出,"第二种统一化"不能被彻底实施。无论在单数上,还是在复数上,没有一个俄语名词具有由六个语言形式上不同的形式所构成的词形变化。不但如此,还存在所谓的"不变格的"名词(пальто这类),它们根本就不区分格的形式。"第二种统一化"的彻底实施会导致完全放弃俄语名词格的划分。

在 П. 哈尔德[Garde 1980]的《语法》中表现出来的是俄语名词格变化描写的"区别性"方法。按照该方法,大多数名词具有六个格的词形变化。但是,某些名词的词形变化中还包含补充格(二格所有格和二格前置格),如此一来,这些名词就可以拥有八个格。这种方法从形式角度来看是无可指摘的。它的一个缺点就是,那些词形变化中包含补充格的词的子类的划分不具有独立的语言学根据。子类应该用清单加以规定(试比较:[Garde 1980:162—166])。

2. 代词聚合体的区分

"第一种统一化"的彻底实施,大概,可以被认为是描写俄语名词词形变化的最适宜方式。然而,将该方法彻底地运用到代词中,即把部分格(二格所有格)和地点格(二格前置格)纳入到代词词形变化中,这会招致强烈的反对。譬如,在两个语义上不同的句子当中:

(1) Он выпил коньяк и лег спать

和

(2) Он выпил коньяку и лег спать.

只有前者具有代词化变体,因为 Он выпил его и лег спать 这个句子只容许与(1)的涵义相一致的解读。可见,代词的涵义与部分格所特有的不确定—物质的意义是不相容的,因此把部分词纳入到代词词形变化中就会导致虚构实体的建立,在聚合体中就会出现在任何条件下都不可能在言语中使用的形式。

在代词聚合体中纳入一个特殊的,与前置格同音异义的地点格,会导致语法生成类似于 Хозяин сейчас в саду 这样的可接受文本,以及 * В нем вы найдете и его сына 代替正确的 Там вы найдете и его сына [Булыгина 1977:201—202]. 试比较[Гард 1985:220]中类似的例子:* В чем он работает? Он работает в Москве 代替正确的 Где он работает? Он работает в Москве. 在代词化情况下,名词的地点格,确切地说,是和 здесь 或 там 形式相对应[Булыгина 1977:201],尽管在该情形下,在名词性形式和代词性形式之间并不具有完全的功能同一性。这些观点可以证明区别性做法用于代词的词形变化是正确的,该方法的彻底实施让哈尔德[1985:220:221]得以把补充格(与名词性词形变化相比)纳入到代词词形变化中,它们是:在内格(где, там, здесь, везде)、进入格(куда, туда, сюда)、离开格(откуда, оттуда, отсюда, отовсюду)、时间格(когда, тогда, всегда)。代词聚合体中补充格的存在,代词词尾的较大复杂性和词根的较小复杂性,从类型学的角度来看,它们是没有什么特别的。

3. 词位的聚合体界限

"区别性"做法在代词上的运用导致要把补充格纳入到代词聚合体中,这就重新提出有关词位聚合体界限的问题。实际上,按照这种做法,传统上被认为是副词的形式(где, куда 等等)就成为代词的格形式。这种方法导致在词位 дом 的在内格和进入格当中还要包括 дома 和 домой 这两个传统上被解释为副词的形式(语言使用者把 дома 和 домой 理解成词位 дом 的不同形式的佐证,在[Булыгина 1977:154—155]中列举出来);另一方面,按照这种做法,原来统一的词位 дом 就分解成两个词位:名词性词位 дом("房子")和代词性词位 дом("言语中所谈论的人居住的地方");前者具有通常用单复数表示的六个格的聚合体,或者,如果采用扎莉兹尼娅克的那种统一化方法,就是八个格的聚合体;后者在数上没有变化,具有九个格的聚合体,包括在内格、进入格和离开格 из дому(哈尔德[1985:221]引用伊萨琴科[1965:119]的话论证这种做法的合理性)。

我们要指出,在描写俄语代词体系时,关于词位聚合体的界限问题曾不止一次地提出来。

譬如,俄语用于领属意义的 его, ее, их 这些形式,在大多数语法描写中都被认为是代词 он, она, они 的所有格形式(哈尔德[1980:256]也遵循该传统)。然而,可以列举出整整一系列的论据来反驳这种解释。譬如,众所周知,его, ее, их 这些形式在领属意义上的使用通常要前置于所限定词;该位置对于所有格形式来说不是典型的。一般来说,его, ее, их 这些形式出现在定语位置上,其行为与可变格的物主代词 мой, твой, наш, ваш, чей-то 等等相似,这些物主代词的形容词属性,以及词位独立性(独立于对应的代名词 я, ты, вы, кто-то 等等)是不会引起任何质疑的。我们来解释一下前面所说的。

物主形容词与名词的格形式不同,其中有一点就是,(作为形容词)它们本身不能拥有从属(在某些范畴上一致的)定语词。

这样,例如,带有表示领属意义的前置格短语的句(3),可以转换为带有物主形容词的意义相同的句(3а):

(3) Волосы (у) Пети были совсем светлыми → (3а) Петины волосы были совсем светлыми.

但是,句(4)中的前置格短语不能机械地用物主形容词替换:

(4) Волосы (у) Пети маленького были совсем светлыми —/→ (4а) * Петины маленького волосы были совсем светлыми.

取消名词的格形式自然就要求同时取消与其一致的定语词。物主形容词对前置格短语的替换迫使采用相应意义的其他表达手段。例如,句(4)可以被转换成准同义句(4б):

(4б) В детстве петины волосы были совсем светлыми.

这些特点可以把代物主形容词与代名词的格形式区分开。试比较:意义上近似的句(5)和句(5а):

(5) Это не твои слова, это слова кого-то другого ≈ (5а) Это не твои слова, это чьи-то чужие слова.

的确,物和人的代名词自身的特点就是支配一致定语词的能力相当有限。然而,相应的禁止并不是绝对的。物和人的代名词可以和 сам, один, весь 这些与其在性、数、格上一致的定语(同位语?)以及其他一些词自由搭配,试比较:я сам, меня самого, мне самому; одна ты, одной тебя, одной тебе; все мы, всех нас, всем нам 等等。前面提到的这些与代名词的格形式一致的定语词所表示的意义,在包含代物主形容词的语句中,用其他手段表达出来。试比较以下这些成对的准同义句(用字母"а"和"б"标记):

(6) Что мне (тебе) учить других воспитывать детей,

(а) когда у меня самого (у тебя самого) сын не ангел —/→ (* мой самого/ * твой самого сын не ангел) →

(б) когда мой собственный (твой собственный) сын не ангел.

同样如此，

(7) Что ему (ей, им) учить других воспитывать детей,

(а) когда у него самого (у неё самой, у них самих) сын не ангел

—/→ (* его самого, * её самой, * их самих сын не ангел) →

(б) когда его (ее, их) собственный сын не ангел.

再比较：

(8) Конференция была скучной,

(а) У тебя одного (у него одного, у неё одной) в докладе были интересные мысли

—/→ (* в твоем одного докладе, * в его одного, * в её одной докладе) →

(б) только в твоем (только в его, только в её) докладе...

(9) (а) Тебе одному могла прийти в голову такая мысль (Ему одному..., Ей одной...) →

(б) Только в твою (в его, её) голову могла прийти такая мысль (* В твою одного/ * В его одного/ * В ее одной голову).

所列举的这些例子表明，尽管 его, ее, их 这些形式具有形态上和发生学上的一致性，但是它们在不同用法中具有不同的句法特点（这一点，据我们所知，并没有被研究者注意到）。因此，把这些形式中的每一个都分解为两个同音异义词（即承认 его$_1$, её$_1$, их$_1$ 这些形式是所有格形式，与作为代物主形容词的独立词位 его$_2$, её$_2$, их$_2$ 不同）是有客观根据的。形态描写的些许复杂化就可以简化句法规则本身的表述：его$_1$, её$_1$, их$_1$ 这些形式的行为与 меня, тебя, нас, вас, кого 等等这些所有格形式的行为完全类似，而 его$_2$, ее$_2$, их$_2$ 这些不变格的物主代词的行为与 мой, твой, наш, ваш, чей 这些代词的行为相似。

关于代词聚合体界限的问题还出现在许多其他情形下。譬如，весь 和 все 传统上被认为是一个词位的单数形式和复数形式。然而在一些关于语言逻辑分析的论著中，它们经常是作为独立词位来解释的。在这种情况下，весь 是在

词位 целый 的背景下加以分析的,而 все 是在 всякий,каждый,любой 的背景下加以分析的。然而,使用邦特提出来的工具可以保留对 весь 和 все 统一的逻辑认识①(支持对待词位 весь/все 的传统态度的更详细论述在[Булягина,Шмелев1988а;б 中,参见 II.1])。

代词 сколько, столько, несколько 在大多数语法描写中被看作是无区别性的。譬如,А.Б.沙彼罗[1953:180]指出,"несколько, сколько 和 столько"与数词完全类似。在这种情况下,他注意到,"除了 несколько,不定数量数词不仅可以与可数的事物名词搭配,还可以与物质名词和抽象名词搭配,例如:сколько муки, сколько сахару, сколько радости"。然而,他似乎没有考虑到,这种搭配只有在主格和宾格上才有可能。哈尔德[Garde 1980:241]注意到这一点。但是他做出了一个全称判断,就是不定数量名词的一格和四格可以与不可数名词的表示符号(单数二格)搭配的能力无法区分能够这样使用的 сколько, столько 以及只能与离散集合的表示符号搭配的 несколько。

聚合体的构成和代词 сколько 和 столько 的句法特点可以根据所列举的事实用不同的方式来描写。一个可行的做法就是下面这种做法。每一个给定代词都分解为两个词位:"离散的" $сколько_1$ 和 $столько_1$,具有完整的词形变化,并且与词位 несколько 完全类似,以及"非离散的" $сколько_2$ 和 $столько_2$,它们只具有主格和宾格。同音异义词的增加在这里可以弥补对必需语法限制表述的简化。

4. 聚合体缺陷的根源:词位 ОДИН ЗА ДРУГИМ②

如果出于某些考虑,我们似乎愿意承认某个词位的聚合体是有缺陷的,即没有覆盖构建该类词位聚合体的所有形式,那么在这种情况下,我们就应该尽量查明出现这种缺陷的原因。这些原因可能是语义上的,或者是与形式方面相关联的。

聚合体缺陷的语义-句法制约性可以用物主代词 свой 为例来加以阐释。

俄语 свой 的基本用法是物主代词,指涉对主语所表示的人(对象)的归属

---

① 或许,该词位还应当包括 оба,作为"双数"形式。
② 不应混淆词位 один за другим("依次,一个接一个地")(试比较 Они входили один за другим)和词位 один другого(彼此,互相)的前置格形式(试比较 Они стояли один за другим)。词位 один за другим 变位时,前一部分变化(одного за другим, одному за другим 等等),词位 один другого 变位时,后一部分变化(один другому, один с другим 等等)。

性。除此之外，свой 还具有非基本意义["собственный"（本人的），"свой особый"（自己专门的），"особый"（专门的），"надлежащий"（适当的）以及其他]。由于显而易见的原因，代词 свой 只有在其非基本意义上才可以用一格[Падучева 1983б：78—80]，该代词同样也能被分成两个词位："本义的"物主 свой₁ 和"转义的"свой₂，在这种情况下，свой₁ 的特点是有缺陷的聚合体，即没有一格。

为了举例说明聚合体的缺陷产生的形式原因，我们来分析一下词位 один за другим。尽管该词位具有句法和形态独特性，但是看起来，它还是没有引起研究者的关注。至少，在我们已知的语法描写中对此未作分析，并且在扎莉兹尼娅克[1977]的《语法词典》中也不存在。

首先要注意到该词位句法行为的貌似反常性。在一些情形下，它和与其发生联系的名词的格"一致"：Он открыл двери одну за другой. 在另一些情形下——只是在性上一致；词位 один за другим 用一格，尽管与它有关的名词使用某个间接格：Он смотрел на открывающиеся одна за другой двери.

不过，这里只是乍看起来有些费解。问题在于，代词 один за другим 用几格，不是要和与其有关的名词保持一致关系，而是由支配述谓的支配模式决定。似乎是出现了相应配价的分解。这时在标准情形下，один за другим 在填充该配价时，和该代词要在性上与之一致的名词一样，使用相同的格，指示名词也是如此（代词 сам 的行为也与此相似）。在更为罕见的情形下，当支配述谓用作与相应名词一致的形动词时，代词 один за другим 的格依旧是由句子的主要述谓——支配述谓的支配模式来决定。这时，就会出现名词的格和代词的格不一致的现象。

综上所述，或许会料想到，词位 один за другим 应该具有通常的六个格的词形变化。但实际上，该词位的五格和六格是不用的。至于其他间接格，它们的用法对于不同的性也是不一样的。比如，二格和三格可以自由地用在阳性和中性上，但是未必可以用在阴性上。试比较：Он лишился всех своих преимуществ одного за другим，但是令人质疑的是：?Он лишился всех своих привилегий одной за другой；可以说：Он рассказал об этом друзьям одному за другим，而令人质疑的是：?Он рассказал об этом подругам одной за другой.

可见，词位 один за другим 的词形构成的全部特点可以根据以下两个原则来加以说明：第一，词位两部分的词尾变化在语言形式上最好不要重合（特别是,正因为如此五格在这三个性上都不能使用,而三格和二格不能用在阴性上);第二,该词位最好不要使用于前置词格(因此不能用六格),尤其是当它跟在相应的名词后面时(Он обращался к одному за другим ко всем своим друзьям. 比 Он обращался ко всем своим друзьям к одному за другим. 要好)。

还有一些更为复杂的费解之处,即与代词聚合体的功能作用相关联的,与某些形式不能用于某种情境相关联的。譬如,不甚清楚的是,如何解释纳博科夫所引用的例子的异常 * Долго они мяли бока одному из себя（相应的意义,可见,如果没有某种程度上重大的变形处理,在语法上是不可能用俄语正确表达的,因为在这里 одному из них 这种结构也是不可以的)。

哈尔德在 1977 年就注意到,可以把语言的语法看作是"一个由非代词语法和代词语法构成的统一体"[1985:225]。这里,在哈尔德看来,相对于前者,后者在许多方面都是更复杂的、更吸引人的、更富有教益的。这里列举出来的研究结果可以看作是对哈尔德的这种观点进行举例说明的一种尝试。看起来,我们对代词语法的研究越深入,我们就会越来越承认该设想是无可争辩的。

第四章 非特指性别与前指的一致关系

1. 前指代词的性的(两个)选择策略

在选择前指表述的性时,在指称人的情况下,可以有两种策略:性可以由先行词的性来决定("根据形式"选择)或者由指称对象的性别决定("根据内容"选择)①,试比较:Можно упрекнуть диссертанта за то, что он не включил в работу указатель проанализированных лексем (尽管答辩者是女性,也选择代词 он) vs. Я был у врача, и она мне сказала, что... (选择代词 она 是医生的性别造成的)。再比较,一方面:"**Кондрашин.** А чаем вас поили?... Нина! Нина, ты поила... эту гражданку чаем? (Из чулана спокойно отвечает Нина: «Еще нет».) Ну и свинство! Приехал человек из Москвы, по делу, в такую метель, а ему даже чашки чаю никто не предложил!" (А. Галич) —— "形式上的"一致(根据先行词的性选择阳性代词,尽管指称对象是女性);而另一方面:Знаменитый критик, которая только что написала книгу воспоминаний о танцовщике... (В. 伊格纳托夫谈论维多利亚·奥托连吉,出自于《俄罗斯思想》中的标注) —— "内容上的"一致(根据指称对象的性别选择阴性形式,尽管句法上的支配先行词是阳性名词)。

而且对于英语这类语言来讲,其中指涉人的标准手段是使用"共性"名词(I had a conversation with the secretary, and she advised me that... 或者 he advised me that... ——取决于秘书的性别),"内容上"的一致是正常的。而在俄语中,在某些情况下只有"形式上的"一致是唯一的可能,尽管说话人在使用前指表述时可能会感觉到一定的不便。涅克拉索夫在重复指称安娜·萨莫伊洛夫娜·别泽尔时遇到的困难是很能说明问题的,他试图要保护她免受拉克申的攻击,拉克申指责她对特瓦尔多夫斯基的不忠:Я похолодел, прочитав такое. Ведь сказано это о человеке, для которого... Твардовский ＜был＞

---

① 关于"形式上"和"内容上"的一致关系,试比较,特别是:[Падучева 1985:99].

кумиром, несмотря на все его слабости и незаслуженно прохладное отношение к нему, т. е. к Асе. 在某些情况下，选择"形式上的一致性"是更受欢迎的，甚至不顾这可能会导致出现 родился актрисой 这类不合习惯的搭配，试比较：Мы видим в Ольге Александровне Аросевой замечательного художника, который родился актрисой (В. 伍里夫，1995 年 12 月 21 日的电视讲话)①。

当未指定指称对象的性别时，即在限定性确定（在唐纳兰的意义上）指称、通类指称、不固定的不确定指称，或者甚至是固定的不确定指称存在的情形下（试比较 Кто-то постучал в дверь. Я открыл стучавшему 〈стучавшей〉），前指表述的选择是一个特殊问题。这里"内容上的一致"通常根本就是不可能的；而"形式上的一致"与某些因女权运动而重新得到关注的问题相关联。

在大多数欧洲语言中，在未指定指称对象性别的情况下（包括共指情形②），选择阳性是传统的前指表述的无标记构成方式，试比较，例如：God has no pleasure in the death of a sinner, but rather that he should turn from his wickedness and live; If you feel your intellectual superiority to anyone with whom you are conversing, do not seek to bear him down; Каждый человек хочет, чтобы его уважали. 英语中在共性先行词存在时，有时使用代词 they，但是该用法被认为是不合乎规范的。试比较对一本言语修养方面的教材的推荐："Let each esteem others as goog as themselves" 应该是 "Let each esteem others as goog as himself"。

但是，女权运动代表（女权论者——阳性名词还是阴性名词？）反对在这种情况下使用阳性形式，认为这体现出性别歧视和男性沙文主义。各种各样的 *Guideline for non-sexist usage* 建议在对未指定性别的人指称时使用 he/she 形式（有时书写为 s/he），而受女权论者影响的最"极端论者"为了弥补"多年来的不公平"而选择 she 形式。譬如，在米拉·阿里耶尔的 *Accessing to noun phrases antecedents* 这本书中，在对 speaker 或 linguist 这样的名词前指时，在性的用法上彻底使用代词 she（例如，The answer to the question of why a speaker uses a proposition when she does not "really" mean it, is that she does

---

① 最后一个例子让人适时地想起帕诺夫很久以前的一个观点，即名词在性的（resp. 性别）标记方面有不同的等级。问题在于阳性名词 художник（在一般意义上）是所谓的"共性"词，而актер 却总是指涉男性（表示女性应该用阴性名词 актриса；谈论女性时不能用 актер，即使在述谓用法中也不可以。

② 术语"共指性"是帕杜切娃在引用[Evans 1977]的话时引入到俄语语言学词汇中的（参见[Падучева 1979]）。

mean it);而如果她援引使用传统方式,即代词 he 来对这些词前指的著作,那么就假装把相关的判定解释为只是针对于男性,并在括号中加以明确:例如,the [male] speaker 等等。不过,这种用法还是相当新奇的。然而,前指表述 s/he 的使用几乎是公认的,所以我们可以断言,女权论者把补充成分引入到英语的前指代词体系中,从而使其"丰富"起来。目前只有为数不多的人决定使用更为传统的前指方式,但在这种情况下常常也会摇摆不定:试比较,维日彼茨卡的观点,她在书中[1987a:30]对通用的 speaker 前指时,常常使用代词 he:

To begin with a matter of phrasing, I regret that it wasn't possible to avoid the frequent use of the generic pronoun *he* to refer to an unspecified person. I would have preferred to use the neutral form *they*, and other similar solutions. Given the nature of the present work, however, where the unspecified addressee have to be refered to all the time, and where the language of the explications has to be unconventional and hard to process anyway, I saw the use of *he* in the generic sense as preferable to its consistent replacement with more clumsy substitutes.

不过,在这本书里她也使用 he or she 这样的表述。在她的其他著作中也可以遇到对未指定性别的先行词前指的其他一些可能方式:"女权论者的"("The Japanese child learns 'in context' that mizu is cold 〈印刷错误?〉, but when she tries to use it with respect to boiling water she will be corrected")和"不正确的",即被言语修养方面的教材所批评的("An adult person may mistake a wolf, or a dingo for a dog, and this doesn't show that they don't know what dog means")[①]。

如此一来,我们看到,对英语而言,在未指定性别的情形下(我们撇开"不正确的"参阅),至少有三种前指方式是可能的:"传统的"(用阳性代词 he),"政治正确的"或"非性别歧视的"(用中性代词 he or she 或 s/he)和"女权论者的"(用阴性代词 she)。有时,同一位作者在这种前指情况下使用几种不同的策略。我们已经碰到过维日彼茨卡在未指定性别的情形下的前指选择策略上的"不一贯

[①] 在维日彼茨卡的新书中[Wierzbicka 1996]还出现了同样的"不一贯性"。试比较: ... what the speaker wishes to express here ia what he/she thinks, not what he or she knows; ... if someone can do things of a certain kind very well not because he/she did something to be able to do them well. 与此同时,她在该书中也使用更传统的前指方式: ... the speaker knew of his singing because he did it, not because he could hear himself do it.

性"。而在 "On Some Thought Experiments about Mind and Meaning" 这篇文章中（刊登在 "Propositional attitudes. The Role of Content in Logic, Language, and Mind" [ed. by C. A. Anderson and J. Owens]，并且完全是关于另外一个问题的，即关于"真实"情境与"反事实"情境之间的对应关系问题），Дж. 华莱士和 Г. Э. 梅森在概括指称的情况下，在选择前指代词时使用了前面指出的三种前指方式（就是，对代词 someone 的前指，以及对名词 person, counterpart, individual 等等的前指）。有时，他们甚至在一个片断中变化策略，交替使用 he 和 he or she. 举几个典型的例子：

　　Where aluminum took on the characteristics of molybdenum and molybdenum those of aluminum, Burge argues, *a person's* belief that *his*... canoe was made of aluminum would... come to have an altered content;

　　A given person has a large number of attitudes... attributed with content clauses containing «arthritis» in oblique occurrences. For example, *he* thinks (correctly) that *he* has had arthritis for years, that *his* arthritis in *his* wrists and fingers is more painful than *his* arthritis in *his* ankles...;

　　We are to conceive of a [counterfactual] situation in which *the patient* proceeds... through the same physical events that *he* actually does...

　　If correct description of *the protagonist's* beliefs shifts in this way from the actual to counterfactual situation, then *his* beliefs in the actual situation are different from *his* beliefs in the counterfactual situation.

　　If the social usage of the world «arthritis» has been different..., then the belief that would normally be expressed by *a member of the society* saying «I have arthritis in my thigh» would be a belief that *the person* has arthritis in *his or her* thigh;

　　A natural picture of the learning of general teems in that the *learner* makes a projection from the cases on which *he or she* learned the term to applications in new cases;

　　And what differences would it make to the glosses we would use in describing the beliefs of *the protagonist* and *his or her* countpart?

... shifts in the *protagonist's* belief contents imply that he has different beliefs. Once it is recognized that description of a person's beliefs may in general require a gloss, it is obvious that the question whether two persons, or *a person* and *his or her* counterfactual counterpart, believe the same thing becomes more complicated.

更新奇的是(显然,不仅从讲俄语的人的角度来看,而且从传统的,未受到女权论者威胁的讲英语的人的角度来看),在同一篇文章中碰到的用来对未指定性别的先行词(或者包括两种性别的混合群体)指称的阴性前指代词:

If this difference had in no way impinged on the experience of *the protagonist*, then the correct description of *the progonist* would shift from "*she* believes that *her* canoe is made of aluminum" (the correct description in the actual situation) to "she believes that *her* canoe is made of molibdenum" (the correct description in the counterfactual situation);

In selting out these aluminum examples Burge is careful to emphasize the limits of *the progonist's* knowledge of aluminum, that *she* is «ignorant of aluminum's chemical structure...»

格林在"Quality, volubility, and some varieties of discourse"(Linguistics & Philosophy, v. 18, № 1, 1995)这篇文章中使用同样的变换,最经常使用的是"女权论者的策略":

Grice's Quantity maxims have been widely misinterpreted as enjoining a speaker to make the strongest claim that she can, while respecting the other conversational maxims...;

When a speaker makes a weaker claim than she might have, where there is some stronger claims that would have been desirable as a contribution to the conversation taking place, that speaker may be taken as conveying that the evidence available to her does not justify her in making that stronger claim.

One who asserts that A undertakes a commitment to giving reasons for A if challenged, and thereby stands a chance of having her credibility tarnished...

与该前指类型一起,在同一篇文章中还可以见到更传统的对概括指称的前指方式,例如:

> When a cooperative speaker utters Nigel has fourteen children, that speaker implicates... at least that he does not know that Nigel has more than fourteen children.

对俄语而言,典型的是另外一种情景,该情景迫使不可能一贯使用中性前指表示未指定性别的人。问题在于,俄语中对未指定性别的人的主要指称方式,不是共性词,而是在"性别"特征方面为中性的阳性名词,如 человек, говорящий, лингвист 等等。所以,对俄语而言典型的是"形式上的一致",中性的表示方式经常是不可行的,这不仅仅是由于"笨拙",而且还在于这根本就不合乎语法规范的要求:试比较:Каждый человек хочет, чтобы его уважали, 而不是:* Каждый человек хочет, чтобы его или ее уважали。再比较:Каждый человек имеет право на счастье. И если он будет счастлив, женившись (или выйдя замуж), никто не вправе ему мешать (摘自 1995 年 4 月 11 日的电视讲话)①。看来,可以同意泽姆斯卡娅,М. В. 基泰戈罗茨基和 Н. Н. 罗扎诺娃的观点[1993:94],他们注意到,由于类似的理由,"这些事实……不能证明女性的不平等地位,也不会引起对她们的歧视"。

另一方面,对该问题重新激发起来的兴趣引起了对语言现象本身,对俄语中一致关系的某些特点的关注,这些现象以前处于研究者的视野之外,并且似乎表现出独立的语言学意义。

2. 对零位先行词的前指

在俄语中未被充分研究的一致关系问题中包括句法零位的一致关系的特点(语法上的性)问题。特别是,纳入到俄语代词体系的句法零位成分包括代词

---

① 而且,有时"阳性"一致关系的选择不顾标准语的规范,这是在对此既无形式一语法根据,又无语义根据的情况下。试比较,摘自对 С. 费奥多罗夫(Святослав Федоров)的电视采访(1996 年 10 月 3 日)中的语句:Нет я не оказывал на них давления-каждый из моих дочерей выбирал свою дорогу сам. 这里,可见,说明了代词 каждый 经常不指定性别(试比较 Каждый из моих детей, 当"孩子们"当中既可能有女孩,也可能有男孩时)。* один из моих детей 是完全不可以的。

Ø/ты(参见 IV.2)。该代词既具有零位变形,又具有与单数第二人称代词 ты 同音异义的非零位变形,并且在一致关系下,它要求的动词人称形式和 ты 要求的一样①。该代词表示处于同理心焦点的某个可变情境的主人公,而且指称对象的性别既可以是未指定的,也可以是指定的(后者是在谈论关于某个个体的个人经验概括时,通常是说话人)。

从与其在性上的一致关系角度来看该代词的特点是意义所在。在 IV.2 中我们曾指出,在未指定指称对象的性别或者指定为男性的情况下,选择阳性,而在概括女性人物的个人经验时,既可以是阳性上的一致,也可以是阴性上的一致。因为在概括一个人的个人经验时,最经常指的是说话人的个人经验,由此产生下面这个规律:在男性或以男性口吻所写的文本中,Ø/ты 具有"阳性"的一致关系特点,而在女性(或以女性口吻)所写的文本中,在与 Ø/ты 一致的情况下,既可以是阳性形式,也可以是阴性形式。相应形式的使用是典型的,当同一个作品中(《穷人》)在对 Ø/ты 的前指时,在马卡尔·捷伍什金的信中出现的是阳性形式(Прячешься иногда, прячешся, скрываешься иногда в том, чем не взял, потому, что пересуда трепещешь 或者... а это читаешь — словно сам написал),而在瓦尔瓦拉·多布洛谢罗娃的信中,她沉浸在回忆里,用的是阴性(例如:бывало с раннего утра убегу или на пруд, или в рощу, или на сенокос, или к жнецам — и нужды нет, что солнце печет, что забежишь сама не знаешь куда от селения, исцарапаешься о кусты, разорвешь свое платье 或者 Иной раз, особенно в сумерки, сидишь себе одна-одинешенька 或者 запоздаешь, бывало, на прогулке, отстанешь от других, идешь одна, спешишь, — жутко! Сама дрожишь, как лист... Утром встанешь, свежа, как цветочек)。

不过要指出,总体来说,即使在概括女性人物的个人经验时,更经常碰到的仍是阳性,尽管有时这种一致关系会产生不合习惯的搭配,如 родился девочкой 或 вышел замуж(同样如此,在前面举过的例子中,"形式上的"一致导致出现 родился актрисой 这样的搭配)。试比较:Каков окликнуть безымянность

---

① 然而不能将其看作是代词 ты 的一类特殊用法(支持把代词 Ø/ты 作为一个特殊单位纳入到俄语人称代词体系的论据参见 IV.2)。另一个被纳入到俄语人称代词体系的句法零位成分,即 Ø$_{3мн}$,在性方面也不是中性。试比较 I.1.1 中可变形的例子:В таких ситуациях о себе самом уже не думают 和 В таких ситуациях о себе самой уже не думают.

способ? Не выговорю и не говорю... Как слово звать у словаря не спросишь, покуда сам не скажешь словарю (Б. Ахмадулина) —— 完全是以第一人称的口吻；Гладя на другого, ясно понимаешь, до чего же изменился сам, и сразу с ходу начинаешь утешительную работу («Да не так уж... Я б вас сразу узнала!») (Н. Ильина) [在 Я б вас сразу узнала! 中的阴性形式清楚地表明，处于同理心焦点的是女性，显然就是作者本人；尽管 Ø/ты 要求代词 сам 的阳性形式]；Родился девочкой-терпи подножки и пинки (Г. Остер); И было в тот момент в них обоих такое сиротство, что тоскливо сжалось сердце. Впрочем, не первый уже раз. Казалось, что и твоя вина была в чем-то: что-то ты упустил и не сделал, что-то, что было нужно сделать сейчас, немедля, не размышляя, не откладывая на потом... (作者是女性，也就是玛利亚·别尔金娜；显然，第二人称代词和所描写的情感和心智状态的主体指涉的是同一个人，即说话人，但是尽管如此，我们还是发现了在代词指称对象的语义性别和与后者相关的动词形式的性之间的不一致现象)①。看起来，这种例子最适合描写赋予代词 Ø/ты 以阳性，却选择阴性形式这样的更罕见的情形，如同前面提到的《穷人》中瓦尔瓦拉·多布洛谢罗娃的信里所写的那样 (再比较 Быстро зыбываешь себя, ту, такою была когда-то [Н. Ильина]) 可以用语义一致关系来说明。

更难找到 (或者哪怕是构建) 一个语境来举例说明被纳入到俄语人称代词体系的另一个句法零位成分 $Ø_{3мн}$ 在性上的 (一致关系) 特点的句法相关性。这样的例子, 如: Эгоизм — это когда любят одного себя, а о других не заботятся; Известно, что когда курят во время беременности, наносят вред не только самой себе, но и будущему ребенку, 看起来 (就像在前一页脚注里举过的例子一样), 可能不太自然 (尤其是第二个), 所以, 在任何情况下都是极其罕见的。同时比较摘自彼得堡一位七十岁老太太的 "教导式讲述" 的一个使用前指代词的现实例子, 她仿佛是有意识地遵照女权论者的建议似的: Язык наш — вот враг. Лучше не с соседями «бала-бала», а молиться. А если кто обидит — не ругать! Ругать его или ее никак нельзя! А надо помолиться и сказать: «Прости ей, Господи, ибо не знает, что делает». И тебе будет хорошо, а ее Бог

---

① 再比较克拉西里尼科娃的例子: "Но все равно/ бывают моменты такие/ когда хочется побыть одному// [女人谈论自己]" [1990:94]。

накажет①. 尽管说话人明显认为让人受委屈的人可能是某个女人（试比较 Прости ей, Господи, ибо не знает, что делает; И тебе будет хорошо, а ее Бог накажет），但是作为对未指定性别的指称对象（если кто обидит 这一结构的主体）的前指使用的是"通用代词"он или она。很明显，即使在先行词用 Ø$_{3мн}$ 表达出来的情况下，也可以这样构建文本：Язык наш — вот враг. Лучше не с соседями «бала-бала», а молиться. А если тебя обидят — не ругать! Ругать его или ее никак нельзя! А надо помолиться и сказать: «Прости ей, Господи, ибо не знает, что делает». И тебе будет хорошо, а ее Бог накажет.

看起来，所列举出来的研究结果可以和下面 Л. Л. 伊奥姆金的观点[1990：5]结合起来："在我们看来，一致关系作为自然语言的特点本身就是具有重要意义的，完全独立于[作者给自己提出来的]形式描写任务。它与整整一系列其他特点紧密相关，这些特点不仅仅是语言句法层面的，而且还是其词法、语义层面的，而且部分地是语用层面的，而该特点虽然从表面看是如此的平常和简单，但是本身却暗藏着大量没有解决的问题，这就不折不扣地对研究者提出了挑战"。

---

① 文本是 Н. 托波罗夫 1982 年在彼得堡的斯摩棱斯克公墓从一个令人敬仰的人布拉热纳娅. 克谢妮娅口中逐字逐句地记录下来的。文本的体裁特点是："教导式讲述、日常讲述"，"有即兴说教的成分"；说话人的言语形象中包含"老百姓"的特点，"北方口音，尽管表现的不是很明显"[Топоров 1995：373]。

第五章 时间的语言概念化(时间定位的悖论)

1. 神秘的时间

时间是一个与人类密切相关的神秘现象,直觉上似乎是清楚的,但又是相互矛盾且无法解释的。奥古斯丁的语句是众人皆知的,而且被经常引用:"到底什么是时间? 不问,我还知道;一问,我就茫然"。尽管完全换了个说法,但是《傻瓜学校》这部小说中一个人物的话也同样有异曲同工之妙:"我觉得,我们和时间的关系有点混乱不堪,一切并不是像它本来可以的那样那么好"。然而各个时代的思想家、哲学家、诗人、活动家和观察者依旧对这个神秘的东西,这个所有人都想要得到和必需的东西(试比较 Если б у меня было время!),这个能治病的东西(试比较 Время — лучший лекарь),同时又是无情的东西感到困扰;大家常常陷入沉思,"我们如何能够和这个不知何时被叫做时间恶魔的可怕的东西在一起"(А. Ахматова)。

关于时间的各种哲学概念和神话诗学概念的阐述可能会有许多卷册。这里只列举出一些单独的(片断的)观点,它们涉及到某些和时间相关的现象的朴素语言概念化,以及这种概念化的特点是如何导致在自然语言的使用中产生貌似悖论的。所以诗学文本,尤其是哲学文本中的例证是片断性的,只有在可以显明地呈现时间的朴素语言图景的某些特点时才会引用。

接下来将谈到,关于时间的哪些认识可以用俄语材料进行复原。我们列举几个语言实例,它们表面上看起来可能是相互矛盾的。

众所周知,时间定位可以借助于空间方位标志来描写,所以事件的有序化在语言中是按照与空间关系的类比呈现出来的(试比较 перед домом 和 перед Новым годом)。

然而,我们也会碰到这样的情况,俄语为我们提供了两种相反的建立时间和空间类比关系的方式。在一种方式下,过去、更早一些时候,在后面,而将来、更晚一些时候,在前面(试比较,副词 впредь"将来",以及像 Самое страшное уже позади 和 Впереди нас ждут приключения 这样的表述)。但是 перед 和 за (перед этим 意思是"在这之前")或者 прежде 这些前置词的明显词源似乎证明了相反的定位。口语中,在时间意义上所使用的副词 вперед 是具有对立词义的:一方面,根据《乌沙科夫辞典》(СУ),它表示"将来、在将来、今后"(вперед не серди меня; это мне вперед наука);而另一方面表示"从前、早先、起初;事先"(вперед спроси, потом сделай; вперед подумай, потом отвечай)。这种对立词义在其他一些详解词典中(根据达里[1978],вперед 既可以表示"从前",也可以表示"以后")也被注意到;的确,在 CO 词典中只承认该词在将来意义上的用法(вперед будьте осторожнее)是规范的,但是却也指出,"有时 вперед 也可以不正确地代替'раньше'。有趣的是,Выборы решено было перенести на две недели вперед 这个语句,持不同语言的人对其的理解是不同的,而且是相反的:一些人做出选举被决定提前两周进行的结论,而另一些人却认为是推后两周"。

另一个"悖论现象"也与用空间方位标记表示时间的使用相关联。близкий, недалекий, далекий 这些词用来表示时间距离参照点的不同远近程度。在词典中,这些词的时间意义通常按照同一类型来解释,试比较,例如,在 CO 词典中:близкий ——"用不大的时间间隔分开的",далекий ——"用大的时间间隔分开的"。在这种情况下忽视了一个事实,就是 близкий 与 далекий 不同,它只针对将来使用,而不针对过去:我们可以说 близкое (ближайшее) будущее,而不能说 *близкое прошлое (尽管可以说 недалекое 或 далекое прошлое)。如果说的是 близкий(临近的)选举,那么显然,选举就要进行,而不是刚刚过去(试比较普希金的:Иду в гостиную; там слышу разговор о близких выборах)。在星期五使用 ближайший четверг 这个表述,说话人指的不是刚刚过去的(字面意义上的"最近的")星期四,而是下周的星期四。相反,далекий 和 недалекий 这两个词更经常是针对过去,而不是将来:我们立即明白,在帕斯捷尔纳克的诗句 Мне далекое время мерещится 中指的是过去,尽管仿佛看到,一般来说也可能是在将来。

用来表示过去时间的是这样一些词,如 старый, прежний, бывший, былой,并且它们的用法可能看起来也有某种程度的"反常"。塔吉扬娜提出请求"Расскажи мне, няня, про ваши *старые* годы",可能是请求奶娘讲讲她年轻的(старые)时候,很明显,在这两种情况下都是指过去。

прежний 和 бывший 经常被认为是意义上十分近似的。并且的确在许多情形下,它们看起来几乎是等价的。如果某个人 X 和妻子离婚,并且再次结婚,那么对于他的第一个妻子既可以使用 бывшая жена X-a 这样的表述，也可以使用 прежняя жена X-a 这样的表述。在克隆高兹和雅科弗列娃的一系列著作中曾尝试揭示形容词 прежний 和 бывший 的某些语义差别。我们接下来将论及到这些词(以及 старый, былой)的语义方面，看起来，它们没有得到足够的重视。暂且举出一个对话为例，该对话可以证明 прежний 和 бывший 的差别不能归结为"意义上的细微差异"：Я видел там твою бывшую жену. —Какую «бывшую»? У меня прежняя жена.

2. 时间的"运动"隐喻

与时间相关的一部分"反常现象"是可以解释清楚的，如果注意到对待事件的有序化可能有两种态度。按照"旧时的"态度，世界是稳定的、静止的，而时间是沿着从将来(晚一些时候)到过去(早一些时候)的方向经其旁边运动的("行走的"，"流动的")。这种概念反映在这样一些表述中，如 время идет, течет; пришло время; предыдущий день; следующее воскрещенье; прошедший год. 按照这种概念，所有以前的事情，都被认为是走在前面的，предшествующее，而所有应该晚一些发生的事情，都被认为是沿着足迹走的，следующее. 正是这种概念成为许多原始空间运动副词和前置词的时间用法的基础，如 прежде, перед тем, вслед за тем, затем, после, напоследок 等等。然而，更现代一点的时间概念要以完全不同的另外一种图景为前提：时间是恒定的、静止的，而"人"是沿着从过去到将来的方向经其旁边"运动"的。这种态度在很大程度上属于科学世界图景。试比较曾经刊登在科普杂志上的一首小诗：

    Вы говорите «время идет»...
      Ах, к сожалению, нет!
     Время стоит, мы же идем
      Через пространство лет.

与这种"现代"概念相关联的是 впереди 和 позади 这两个副词的时间用法、把将来时间看成是即刻到来的时间，以及 по достижении намеченного срока 这类表述。这种概念反映在大量的谚语当中，例如，达里 [1978] 列举出来的：Ешь пироги, а хлеб вперед береги (="为了将来")；Всякий человек вперед смотрит (即"考虑将来"——这是达里的解释)；Дней у бога впереди много；Валяй, не гляди, что будет впереди 等。

Д. С. 利哈乔夫[1979:254]指出朴素时间概念的这种两重性:"现在我们认为将来在自己的前面,过去在自己的后面,当前在自己的旁边,似乎就在我们的周围。编年史的编撰者谈论'前面的'那些大公们的时候,指的是遥远过去的那些大公。过去在前面的某个地方,在事件的始端,这一系列的事件与它们的感知主体并不是对应的。'后面的'事件是现在或将来的事件"。在另外一处,他又说道"对于古罗斯也是如此:'前面'(始端)和'后面'(时间序列的最末端)。我们处在已完成的和正在完成的事件的'队列'的后面"[Лихачев 1989:397—398]。

关于时间轴"空间"方位的这两种几乎相反的、非此即彼的概念导致许多词源上基于"流动"时间概念的表述按照"现代"认识进行重新理解[Григорян 1988]。例如,задним числом 在详解词典中被解释为"更早一点的,过去的日期";这种理解与表达式 пометить документ задним числом 相符。但是,在 СУ 中还给出了第二种"相反的"意义,即"再晚一些,过一段时间以后"。试比较 утвердить документ задним числом; Задним числом Трегубов сообразил, что крыса появилась в классе неспроста (К. Паустовский)。

根据所选择的时间轴方位的另一个概念也容许双重理解的表述例子是成语 задним умом крепок。在该表述中,задним 既可以理解为"更晚一些的"(这样指的是想到很以后的事情的人),也可以理解为"更早一些的"(这样指的是只能就过去的事,即以前发生的事正确评判的人)。在第一种情形下,задним 被解释为智慧的特性,在第二种情形下,被解释为他所评判的事情的特点。

与"传统"概念和"现代"概念的这种差别相联系,许多俄语前缀具有对立词义,它们既具有"早于"的意义,又具有"晚于"的意义。例如,досветка 一词中的前缀 до("黎明前的一段时间,即早于黎明")表示"早于",而在词素构成上相似的语词 дозимтка("冬天刚刚过去后的一段时间,即晚于冬天")则表示"晚于"。

同样,由于时间方位的这种两重性,область преданий 和 область гаданий 这两个表述也具有两种解释。在一种解释下,область преданий 是过去(传说发生在过去),而 область гаданий 是将来(我们只能对将来进行猜测)。但是茨维塔耶娃写道:"Когда мы войдем в область предания, ибо нас уже не будет, мы — пройдем"——她用另外一种方式解释这些语句:область преданий(关于我们或我们的时间)是将来,область гаданий(关于我们或我们的时间)是过去。不过,她本人也注意到这些语句可能具有两种相反的解释。试比较她的注释:"将来是关于我们的传说域,如同过去是关于我们的猜测域一样(尽管似乎是相反)"。因此,这里对语言表述所作的不同的、甚至相反的时间解释与表述被理解成与观察者有关还是与被观察者有关相关联,即与时间的空间隐喻的这种两重性相关联。

由此还造成与 старый 一词的使用相关联的貌似反常现象: старое время, старые года, 这些都是过去的事, 而人, 现在时间中是年轻的, 将来会变成年老的。世界在其存在"之初", 如果我们从自身的角度对它进行描写, 这就是古老的或年老的世界; 但是, 在谈论刚刚创造出来的世界时, 我们也可以使用年轻的世界这个表述, 它逐渐变成年老的。的确, "年老的"——似乎是走过的、漫长的道路; 如果认为时间在运动, 漫长的道路就与更早一些时期相对应; 如果认为我们在运动, 就和更晚一些时期相对应。可以说, 随着时间的流逝, 旧的被新的替换, 而年轻的变为年老的, 因此"年老的"这个概念既可以是针对更早一些的, 也可以是针对更晚一些的。结果就可能有两种相反的"年老的"和"年轻的"时间对应关系图景:

1) старое → молодое (年老的被年轻的替换)

和

2) молодое → старое (年轻的变成年老的)。

时间的运动(时间在运动)和在时间里的运动(我们在运动)这两类时间的"运动"隐喻的对立, 应当与对待时间的"积极"观点和"观察者"观点之间的对立区别开。积极的观点常常与时间的"现代"理解相符合: 既然我们在时间里运动, 那么为了进入到将来, 就应该努力, 应该抓紧……(想起刘易斯书中老魔鬼的话: "我们教会他们把将来作为乐土来思考……而不是那种地方, 不管他做过什么, 也不管他去过哪里, 他们每一个人都是以每小时 60 分钟的速度朝向这个地方运动着")。但是按照时间的"传统"观念, 积极态度也是可能的: 时间从我们身边走过, 跑过, 不应该错过它(或者甚至应该追上它, 试比较: в погоне за убегающим временем); 另一方面, 观察者的观点, 一般来说, 非常符合观察流动时间的人的立场, 即符合"传统"理解。然而它与时间的"现代"理解也相容, 在这种情况下认为我们无需努力就从过去移到将来, 就像在坐火车。如果持这种观点, 就可以在某种程度上抹消"现代"理解和"传统"理解的对立。的确, 该态度认为我们仿佛坐火车似的在时间里移动, 我们把以前经过的站称为"前一站", 仿佛相对于这一站它"走在前面", 从我们身旁移过, 尽管实际上车站是不动的,移动的是我们。

对于 близкий, ближайший 这两个词的用法,也可以列举出与火车上的移动类似的现象。当我们说某一车站 близко(很近)时,指的是还没有到达的车站(而不是经过的车站)。ближайшая(最近的)的车站总是下一站,而不是前一站,即使我们离前一站的距离更近。这完全和 близкий, ближайший 这两个词只是针对将来,而不是针对过去的使用相符。

还要注意到,有时(尤其是在诗歌中)还会使用既不与"传统"观念相符,也不与"现代"观念相符的时间"运动"隐喻。根据这种概念,时间从过去向将来运动着,而我们也和它一起运动,例如,我们用普希金的诗《生命的驿车》为例来说明:

　　　　...Ямщик лихой, седое время;
　　　　Везет, не слезет с облучка.
　　　　С утра садимся мы в телегу,
　　　　　　　...
　　　　И дремля едем до ночлега,
　　　　А время гонит лошадей.

类似的观点在 С. Я. 马尔沙克)的诗歌中也表现出来:

　　　　Сколько раз пытался я ускорить
　　　　Время, что несло меня вперед,
　　　　Подхлестнуть, вспугнуть его, пришпорить,
　　　　Чтобы слышать, как оно идет.
　　　　А теперь неторопливо еду...

而这种概念在 идти в ногу со временем; опередил свое время 这样的固定表述中也有所反映。不过应该指出,相对于前面分析的"传统"和"现代"观点,这种概念在语言里的表现要少得多。

3. 参照点的探究

空间隐喻的多义性迫使大家为了避免模棱两可,要依靠时间上规定的顺序关系才能说更早些的时刻和更晚些的时刻。ранний(更早些)和 поздний(更晚些)的概念没有模棱两可性,但却是相对的。为了准确地、无歧义地表示时间,不得不选择参照点,相对于该点才能表示时刻。使用所谓的通用参照点的历法编撰者很清楚地知道这一点。在表示时间时,也常常使用个别参照点,它们或是与说话时刻有关,或是与谈话所指的时刻有关,并且如此一来,它们就包含着指示成分。在这种情况下,指示成分不仅出现在一些表示符号中,诸如сегодня, вчера, завтра, через три дня(与说话时刻相关)和тогда, накануне, на следующий день, три дня спустя(与谈话所指的时刻相关),而且还出现在до революции, перед войной 等等这类表述中。使用这种时间表述时,与参照点相对应的名词一定要具有通常受交际情境制约的确定性,[譬如,перед войной(战争之前)通常表示"在最后一场战争前"或是"在与对话人有干系的战争前"]。如果构成派生词的词素与参照点相对应,那么该词素也应该具有确定指称,因此 дореволюционный, послевоенный 这类形容词,要在交际参与者明白所说的是哪一场革命和战争时才可以使用。

参照点必须具有确定性这一普遍规则中的一个例外就是泛指用法,诸如После драки кулаками не машут(这里драка"打斗"是通类指称)。不过,在这种语境中也可以是确定指称(分布指称,[Шмелев 1984]);试比较:Перед смертью не надышишься.

时间参照点不仅仅对于表示时间是必不可少的。如果用作对象名词的是不严格的标记词,即与时间上发生变化的属性相符的表示符号,那么也必须使所选称名符合对象在相应时间段的属性(相应参照点的探究和相应时间段的构建问题已有分析,特别是在[Шмелев 1984;Кронгауз 1989;1990]中)。所选称名与对象在相应时间段中的属性不相符(如果对象先前就已具备这些属性或是将在晚一些时候具备这些属性)由专门的标记指示出来,如бывший"过去的",прежний"先前的",будущий"将来的"这样的词。

在这种情况下,对象的属性可以随时间的流逝而发生变化这个事实可以用不同的方式加以概念化。语言具有指称空间"位移"的专门标记,即用来标记所选称名和对象在相应指称空间的属性不相符的手段。因此,бывший,прежний,будущий 这些词用于摹状词的构成表明,摹状词的基础不是参照点,而是某个先前的(对于бывший 和прежний)或后续的(对于будущий)的时刻(参见[Шмелев 1995])。换句话说,бывший X 和прежний X 这两个搭配用来指称这样的对象,该对象在参照点之前的某个时刻曾具备令其被命名为 X 的属性。然而这些搭配并不是同义词。

бывший X 这个搭配指涉这样的指称对象,它原先具备"X"的属性,但现在

（与参照点相对应的时刻）不具备了。所以 бывший 不与对象"永久"具备的属性的表示符号搭配在一起，比如，自然类名词（*бывшая курица"过去的母鸡"），所谓的"完成体"名词（*бывший автор"过去的作者"）等等。在这种情况下，"现在"是否有某个具备"X"的属性的对象是无关紧要的。如果我们说 бывшая жена Y-a，那么很明显，这个表述的指称对象"现在"不是 Y 的妻子，但是关于 Y "现在"是否已婚却只字未提。

прежний X 这个搭配指涉这样的指称对象，它曾经具备"X"的属性，在这种情况下重要的是，目前仍有或者哪怕是可能有具备该属性的对象。在个别情况下，这甚至可以是同一个对象：Все остаются на прежних местах；У него новая жена? — Нет, у него прежняя жена. 只有在 Y 在与参照点相对应的时刻已婚的条件下才可以正常使用 прежняя жена Y-a 这个搭配。

因此，бывший X 会产生这样的概念，指称对象改变了其属性（曾经是 X，现在不再是那样的），而 прежний X——属性是不同的对象交替具备的（或者，更准确地说，是交替地由不同的对象来实现的）。试比较：А наш прежний дом разрушили（现在说话人住在另外一所房子里，而摹状词 наш прежний дом 的指称对象根本就不存在）vs. Мы видели бывший дом генерал-губернатора（现在既不存在任何州长的房子，也不存在州长本人，但是房子本身，作为摹状词 бывший дом генерал-губернатора 的指称对象保存了下来）。

对 бывший 和 прежний 这两个词与专有名词搭配的不同解释也绝非偶然：бывшая Татьяна 指的是原先叫 Татьяна 的女人（显然，她改名了；试比较：契诃夫的短篇小说《风滚草》中的 бывший Иссак）；прежняя Татьяна 指曾经是那个样子的 Татьяна（显然，她变了；试比较：Но и следов Татьяны прежней не мог Олегин обрести）。

不过，有必要强调一下，具备相应属性的对象在所分析时刻的存在不是把修饰语 прежний 正确归入到名词短语的必要条件。重要的只是在交际者的视野中要有该对象存在的可能性。下面这个例子是很典型的：Прежняя причина отпала, а придумывать новую... Пушкин не захотел. 这里明确说出，没有任何与 прежняя 对立的新缘由，但是重要的是讨论其存在的可能性。

бывший 和 прежний 的重音差别也不是偶然的：прежний 一词通常要重读，而在与 бывший 一词的搭配中，重读的是与其相连的名词。的确，对于 прежний 还存在另一种用法，在该用法中它是非重读的。当 прежний 不只是合并到不同对象交替扮演的角色的表示符号中,而是与原来就有的性质的表示符号有关,这时非重读现象就出现了。试比较摘自于《卡拉马佐夫兄弟》的例子:Она сильно изменилась в лице, похудела и пожелтела... Сказывался некоторый переворот духовный... Прежней, например, ветрености не осталось и следа［重音在 ветрености 上］; Грушенька все-таки не потеряла прежней своей молодой веселости［重音在 веселости 上］。而且这里出现了由不同"演员"交替扮演的角色:例如,"人物表述"的角色可以由 ветреность, веселость 等等这样的"演员"来扮演。

我们看到,几乎任何一种和时间相关联的现象都可以用两种方式加以概念化。我们可以想象时间的运动和在时间里的运动,某个从前年轻的人变老,和年轻的来替换年老的,现在作为唯一的现实,以及作为存在于想象中的过去和将来的界限等等。语言保留并反映出这种模棱两可性。不过,也可以换一个说法。自然语言提供给我们足够多的手段,以便反映不同的时间隐喻。当然,我们的认识在相当大的程度上是语言规定的,或许,比乍看上去的还要多。但是同时语言又让我们在关于神秘时间的论断中保留了不小程度的自由。

第五部分 命题态度和意向性问题

第一章 关于间接疑问:间接疑问与事实性的联系是已经确定的事实吗？

命题态度述谓的研究要求建立它们与某类从属述谓关系的同现规律。对于逻辑(概念)分析来讲,最重要的是语义确定的联系,而要对包含命题述谓的句子进行完整的语言学描写,任何搭配特点都很重要,不管它们是如何确定下来的。在任何情况下,都自然地会力求揭示最普遍的规律,即追求具有最大解释力的描写。

建议把能否支配"间接疑问"用作命题述谓的一个分类标准［Вендлер 1987］。

然而,应当指出,术语"间接疑问"(以及与其同义的术语,诸如由"疑问－关系代词"引导的从句,或英语语言学里所谓的 wh 词引导的从句)在文献中使用时常常不加以应有的区分。然而相应的句子实质上是不同质的。

1. 区分间接疑问句和表面上相似的其他类型的从句

首先应当下定义,这里间接疑问句指的是什么,要把它们同表面上相似的其他类型的从句区分开。

特别是应当把"间接感叹句"和"间接疑问句"区分开。它们的区别在语言学上是重要的,尽管有时它们可能在形式上重合。譬如,构成中包含"间接感叹"从句的句(1a),在一系列特征上既与句(1b)不同,也与句(1c)不同:

(1) a. Поразительно, как долго продолжалась голодовка доктора Хайдера;

b. Корреспондента спросили, как долго продолжалась голодовка доктора Хайдера;

c. Медицине известно, как долго может продолжаться голодовка без ущерба для здоровья.

语义差别在于,特别是,在句(1a)中 долго 一词表示很长一个时间段,实质上已超过正常值(否则用"поражаться"或"восклицать"就是不恰当的),而在(1b)和(1c)中这个词只不过是相应参数的名称("持续性")。因此,在"间接感叹"从句中可以引入强调成分,而在间接疑问句中则不能。譬如,句(2a)是完全可以的,而句(2b)是异常的:

(2) a. Поразительно, как невероятно долго продолжалась голодовка доктора Хайдера;

b. * Корреспондента спросили, как невероятно долго продолжалась голодовка доктора Хайдера;

另一个区别在于,"间接感叹"与主体不知道对相应命题所描写事态的命题态度这种状态不相容,而对于前面提到的其他两类句子中的一种类型,即(1b),这种状态反而是正常的。

更明显的是,必须从带有间接疑问的句子中清除掉表面上有时与它们没有什么区别的带有说明(或者,可能是定语)从句的省略句,例如,像(3):

（3） О, если б ведала она, что уж узнала вся Украйна!（А. Пушкин).

在句(3)最自然的解读中指的是可以替代真实世界的可能世界,这里玛利亚掌握着"全乌克兰"拥有的那些信息。这样的解读是不太可能的(尽管也不能排除在外),即假定玛利亚的知识量(在真实世界里)与"全乌克兰"的知识量是等同的,但是她不知道,"全乌克兰"到底都知道些什么(出于某些原因,这或许是重要的)。

应当指出,俄语中第一种类型的涵义通常借助于在主句中占据相应句法位置的代词对应词来表达,如同在句例(4)中一样,而第二种类型的涵义则借助于单独的疑问——关系代词(或副词)来表达,如同在句例(5)和(6)中一样:

(4) Да откуда же вы, что не знаете того, что уже знают все кучера в городе? (Л. Толстой);

(5) Я заранее знал, что он будет говорить в свое оправдание;

(6) Мне было известно, где он был.

然而，这条规则并不严格，而且是可以"向两个方向"违反的。违反第一种类型的例子是前面列举过的句(3)，因为该句（在普希金所指的意义上）不包含间接疑问，尽管主句中也没有代词对应词（正因为如此，它被视为省略句）。反向的违反是句例(7)，其中，从句多半应该作为间接疑问句来解读，而不是说明从句，尽管主句中有代词对应词все：

(7) О, Сердцевед, Ты видишь все пути И знаешь все, что я скажу, заране (Н. Бараташвили, пер. Б. Пастернака)

这样一来，很少出现模棱两可性，但原则上是可能的。试比较，例如，句(8)：

(8) Вчера Штирлиц обнаружил, что Мюллер обнаружил неделю назад.

视重音廓线、词序和语气词而定，该句或者意思是（a）Штирлиц 发现了 Мюллер 一周前开始掌握的是哪些信息（在这种情况下，他可能早就已经掌握这些信息），或者意思是（b）Штирлиц 昨天（此前他不知道）发现了 Мюллер 一周前就已经发现的事实。在第一种情况下，两人发现的是不同的东西，在第二种情况下，他们发现的是相同的东西。

这种多义性一般通过语境得到解决。试比较，例如，句(9a)，与前面所举的例(8)的理解(a)相对应，而句(9b)则与理解(b)相对应：

(9) a. Штирлиц знал теперь, что (именно) знал об этом деле Мюллер, и отвечал на его вопросы соответственно;

b. Штирлиц знал теперь об этом деле, что знал Мюллер, но хотел знать больше.

不难看出，例句(9b)或者前面列举过的 Как же вы не знаете того, что уже знают все кучера в городе? [以及(3)在自然解读时]这类句子在结构上与 Как же вы не купили того, что купили все?；Охотно мы дарим, что нам не надобно самим 这类带有关系词 что 引导的从句的句子相一致，与后者的区别只是在对象的内涵上。这样，它们与间接疑问无关，所以接下来将不予以分析。

至于 Штирлиц знал теперь, что именно знал об этом деле Мюллер 等等这类间接句，确切地说，它们与这些句子相似，诸如：

(10) Штирлиц спрашивал себя, что мог знать об этом деле Мюллер;
(11) Мне было интересно, куда он поехал.

这些句子通常与它们合并为一类"间接疑问句"。按照该传统,被称为间接疑问句的就会既有(11)这类句子,又有(12)这类句子,

(12) Мне было известно, куда он поехал.

然而这两种类型具有相当大的区别(通常没有被注意到),我们将在下一节论及这些区别。

2. 两类间接疑问句

句子(11) Мне было интересно, куда он поехал 和(12) Мне было известно, куда он поехал 这类句子的意义区别主要在于以下方面。

句(11)中命题态度对象(体验主体的命题态度,在该情形下,就是说话人的心智状态的内容)恰恰就是疑问所在;换句话说,间接疑问从句与命题态度的主体意识中的疑问相一致。

而句(12)中命题态度的对象是用作该疑问答案的判断,所以可以说,这里间接疑问自身隐含着主体的肯定判断(知晓)。这样,命题态度的对象在(11) Мне было интересно, куда он поехал 中是完全明确表达出来的,而在(12) Мне было известно, куда он поехал 中命题态度的对象(这里是知晓的对象)没有明确地表述出来,被替换成疑问,说话人认为,该疑问的答案是肯定判断。支配包含真正询问意义的间接疑问的那些述谓(интересно 这类的),表明主体不知道疑问的答案。所以它们可以被称作"疑问性"述谓。支配间接疑问从句的述谓,其自身隐含着没有明确表达出来的命题态度主体的肯定判断,这类述谓被称为"肯定性"述谓,或者肯定判断述谓。

"肯定性"述谓如: знать, понимать/понять, сообразить, догадаться, выяснить, решить, сообщить, сказать, договориться, известно, понятно, легко видеть, 以及许多其他述谓。"疑问性"述谓如: интересоваться, размышлять, думать (在思维活动的意义上,而不是状态的意义上), спрашивать/спросить, (по)любопытствовать, решать (在过程的意义上), вспоминать (мучительно вспоминать —— 与 вспомнить 不同), недоумевать 等等。使肯定性述谓有别于疑问性述谓的特点包括它们是否能够支配由连接词

(而不是代词!)что 引导的说明从句。

肯定性述谓在情态参项(否定词、疑问词、假定式、将来时、命令式)存在的语境中执行的功能与疑问性述谓相似,因此,не знать 这类述谓被归入到疑问性述谓当中。再比较:Они решили(肯定性述谓),кто пойдет за хлебом. — Надо решить(疑问性述谓),кто пойдет за хлебом. 如此一来,前面提到的条件就规定了"历来的"肯定性述谓向疑问性述谓的转换。反之则不正确,具有"疑问性"词汇特点的述谓却不能用作肯定性述谓。

无论从哲学角度、日常角度还是语言学角度来看,知晓和不知晓具有原则性的区别[Арутюнова 1988:125]。在任何情况下,该区别在语言学上都是很重要的,至于俄语,这可以由间接疑问在肯定判断述谓和疑问性判断述谓语境中的言语形成的整整一系列特点来证明。

譬如,疑问性述谓不仅可以支配特殊间接疑问,如在(13a)中,而且还可以支配带语气词 ли 的一般间接疑问,如在(13b)和(14)中:

(13) a. Кошка бегала по кровле пылающего сарая, недоумевая, куда спрыгнуть (А. Пушкин);

b. Она спросила, Давно ль он здесь, откуда он И не из их ли уж сторон? (А. Пушкин).

在一般间接疑问中常常使用语气词 не:

(14) a. Он все гадал, не это ли магазин, где он будет служить. (В. Набоков)

b. Все чаще думаю, не поставить ли лучше точку пули в моем конце. (В. Маяковский)

c. Ну что ты все чиновник, чиновник, а не любит ли он выпить, вот, мол, что скажи. (Н. Гоголь)

相反,在包含肯定性述谓的句子中,一般间接疑问通常听起来不太自然:? Он сообщил ей, давно ль он здесь;? Он догадался, тот ли это магазин, где он будет служить. 在肯定性述谓存在时,使用一般疑问句的否定形式是绝对不可以的:* Он сообщил ей, не из их ли он сторон;* Он знал, не это ли магазин, где он будет служить. 在肯定性述谓存在时,用特殊间接疑问代替一般间接疑问(Он сообщил ей, из каких он сторон),或者,在必要时(常常是在辩

论语境中），用非此即彼的间接疑问来代替：Я сам знаю, идти мне или нет.

只有在疑问性述谓语境中才可以使用疑问所特有的其他一些标记：语气词 же, это (кто же; где это), какой-такой 这类的重复：

(15) a. Интересно, где это (где же) они были;

　　 b. Любопытно, зачем это он явился;

　　 c. Не пойму, куда же я дела очки;

　　 d. Ну-с, посмотрим какие-такие ваши секреты, барышня;

　　 e. Он хотел разобраться, почему же он ей пришелся по вкусу. (В. Набоков)

对于肯定性述谓则未必是可以的：

(16) a. * Я знаю, где это (где же) они были;

　　 b. * Очевидно, зачем это он явился;

　　 c. * Он вспомнил, куда же он дел очки;

　　 d. ? Я прекрасно вижу, какие-такие ваши секреты, барышня;

　　 e. * Он хорошо представлял себе, почему же он ей пришелся по вкусу.

在从属于疑问性述谓的间接疑问中，常常使用与现实情境相关联的情态标记。譬如，(17a)与(17b)是近似同义的，而(18a)和包含肯定判断述谓的(18b)这两个句子的意义差别要大得多：

(17) a. Интересно, куда бы он мог уйти;

　　 b. Интересно, куда он ушел,

但是

(18) a. Я представляю себе, куда он мог пойти;

　　 b. Я представляю себе, куда он пошел.

再比较(19a)在从属于疑问性述谓的间接疑问中使用假定式的可能性和包含肯定判断述谓的句子(19b)的异常：

(19) a. А кто бы это такое был, позвольте-ка узнать;

　　 b. * Мы узнали, кто бы это такое был.

对于疑问性述谓，而不是对于肯定性述谓，典型的是激昂情感的表达方式：Хотелось бы знать, зачем ему понадобилось уходить; Ума не приложу, куда он запропастился; Я чрезвычайно любопыствовал узнать, о чем дядька мой вздумал писать Пугачеву (А. Пушкин)，试比较令人质疑的？Мне известно, о чем дядька мой вздумал писать Пугачеву.

所分析的这两类述谓的另一个差别在于接续相应文本的不同可能性：对于疑问性述谓是多项的（至少是两项），有时就是一个开放序列：Непонятно, что ей подарить: книгу, колготки, пластинку, шампунь...；而对于肯定判断述谓只能是某一项：Я придумал, что ей подарить: пластинку. 再比较一个例子，其中述谓 знать, 受到两个虚拟参项 как будто 和 не 的影响（"双重否定"），保留了自身肯定判断述谓的意义：Как будто я не знаю, чьи здесь штуки. Это штуки начальника отделения (Н. Гоголь).

可以把所有这些特点与体验主体在心智状态上的差异联系起来，特别是把情感性和疑问性述谓语境中间接疑问从句所特有的情态化与由于头脑中存在未解决的问题而产生的理性困扰联系起来。在疑问性述谓存在时，间接疑问从句表达的恰恰是疑问性。换句话说，它反映出相应心智状态的主体，即疑问主体所具有的态度，并且保留了该状态的语言标记。在肯定性述谓存在时，间接疑问从句不表达任何疑问性，因为它与肯定判断相一致，并且不可能具有任何疑问所特有的标记。

如此一来，我们看到，疑问性述谓和肯定性述谓的区分在语言学上是非常重要的。在间接疑问指向别人的谈话或别人的观点时，述谓对某个类别的归属性决定从属于它的间接疑问从句的可能结构。所以，把述谓归入到疑问类还是肯定类的信息应该在词典里明确说明。

同时还产生一系列与所分析对立的词典标记有关的问题。譬如，在［Булыгина, Шмелев 1989б］(1.2.2)中指出，对于许多被归入到"渐进实现述谓"的，带有心智意义的体对偶来说（那些诸如 решить/решать, вспомнить/вспоминать, узнать/узнавать ［у кого-либо］），有下面这种情形。对偶的完成体成员归入到肯定性述谓中（试比较其支配由连接词 что 引导的从句的能力：Мы решили, что летом поедет в Крым），这意味着，它既可以作为肯定性述谓使用，也可以作为疑问性述谓使用（后者是在情态参项存在坷的语境中）。试比较：Мы решили ［肯定性述谓］, куда поехать летом. —Надо решить ［疑问性述谓], куда поехать летом, 在第一种情形下, 间接疑问从句与某个肯定性决定（例如, "Летом мы поедем в Крым"）相一致; 而在第二种情形下, 与所讨论的问题（"Куда поехать летом"）相一致。同时, 未完成体成员在"常规的", 即事件性意义上是肯定述谓, 而只有在过程意义上是疑问性述谓。试比较: Мы уже столько раз решали, куда поедем летом（可能指的是所采纳的具体决定的集合）和 Мы долго решали, куда поедем летом（间接疑问从句与未解决的问题相一致）。再比较正确的 Мы уже столько раз решали, что летом поедем в Крым 和异常的 * Мы долго решали, что летом поедем в Крым.

这些规律不能由现有的词典和语法推导得出, 并且看起来, 这是因为其中肯定性—疑问性的对立未曾得到任何关注。

同时, 间接疑问在不同语境中的形成具有具体语言特色, 不言而喻, 在语言学描写中应该考虑到这一点。

现在我们来分析支配间接疑问的能力和支配述谓的事实性之间的联系。

3. 间接疑问与支配性述谓的事实性

万德勒 [1987:303] 曾提出（基于 know "знать", tell "сообщить", believe "полагать, верить" 这类事实性和非事实性英语动词的对比），"与间接疑问的同现可能性是事实性最可靠的语法标志"。可以赋予该断定以下涵义: "如果间接疑问从句自身隐含着肯定判断, 那么说话人就认为该判断为真", 或者换个说法, "支配间接疑问从句的肯定性述谓总是事实性的"。

作为该断定的基础, 万德勒的研究结果大体上也可以由相应的俄语语料来证实。的确, 可以说: Я знаю (或: Мне сообщили), когда он пришел, куда он уехал, кто автор анонимки, 而不能说: * Я считаю, кто автор анонимки; Я полагаю, куда он уехал 等等。

如果认为这种对应关系是规定好的, 就会产生一个问题, 即如何对其进行解释: 事实性/非事实性和支配间接疑问的能力之间的逻辑联系并不是自明的。或许下面的观点可以被视为一种解释（我们在 [Булыгина, Шмелев 1987б] 中所阐述的）。знать 这类动词（具有事实性的特点, 即要求其引导的命题为真, 包括隐含在间接疑问后面的判断也为真）之所以能够和间接疑问从句搭配, 就是因为关于主体已知的实际事态的报道不是毫无意义的, 即使我们并没有具体说明（在间接疑问的情形下常常如此）这一事态到底是怎样的。相反, думать, считать, полагать 这些动词不能支配间接疑问,因为指出主体持有某种意见,但却没有明确说明该意见是什么,不管怎样,乍看起来这都是没意义的(接下来将进行必要的详细说明)。

但是所分析的这种依赖性并不是绝对的。原来:(1)远不是所有的事实性动词都能支配间接疑问;(2)那些和 что P 这类说明从句搭配的述谓,在一些用法中和 P 为真的预设相关,而在另一些用法中与之无关(因此,万德勒把它们称为"半事实性述谓"——half-factives),这些述谓在和间接疑问搭配时也保留了那种模棱两可性(以英语语料为基础,万德勒得出另外一些结论,并且作为他把间接疑问视为事实性标准的根据);(3)在支配述谓的非事实性方面,与 что P 这种形式的从句相比,间接疑问在某些情形下不是宽容得少,而是宽容得多。

第一个断定的实例就是 раскаивается,сожалеет,удивлен,странно,обидно[①] 等等这类最典型的事实性述谓不能与间接疑问搭配的事实,因此,值得注意的是,卡图南把它们的英语对应词 resent,regret 等等称为(与能否支配间接疑问无关——该特性他未作分析)"真正的事实性述谓"或者只是"事实性述谓"(true factives 或 factives),而与其对立的则是"半事实性述谓"(semifactives,不要把它们和万德勒的"半事实性述谓"混淆),他把 know,realize,find out 归入到其中[Karttunen 1977]。

譬如,这样的句子是不可能的,如 * Он раскаивается, на ком он женился; * Он жалеет, куда они поехали в отпуск; * Странно, когда он явился; * Удивительно, кто выглянул в окно,尽管后悔、懊悔、惊奇的对象或许不是整个总体事实,而是,比方说,该事实的某一方面(关于这一点,参见,例如[Арутюнова 1982])。

另一方面,正如已经指出的那样,"间接疑问性"并不总是要求事实性(即隐含在间接疑问后面的判断必须为真)。"事实性"成分的不稳定性(关于"特征的不稳定性"概念参见[Зализняк 1987])是动词固有的,例如,俄语动词 сказать 与两个英语动词相对应——半事实性(万德勒)的 tell 和非事实性的 say. 该动词用法的模棱两可性可以用下面的例子来阐释:Я сказал своему соавтору, что

---

① 在所谓的情感述谓中,显然,包括"知晓"成分:要求意识到相应情感的原因——与无缘无故的(无对象)情感不同,比如不由自主的恐惧、忧愁、忧郁(试比较:Хандра без причины и ни от чего. Хандра ниоткуда, Но та и хандра, Когда не от худа И не от добра [П. Верлен, Б. Пастернак 译])。这样,"知晓"成分本身并不能确保和间接疑问搭配的能力。

заседание начинается в 9.30，——这里体现出来的是动词 сказать 的非事实性涵义，也就是既不要求 P 为真，也不要求 P 为假（甚至不如说具有 P 为假的隐含义——根据格赖斯的"量准则"）。然而，在带有另外一种重音廓线的例子中：A ему сказал кто-нибудь, что конференция переносится? —— 最自然的就是从说话人的角度把从属述谓关系看成是真的。我们认为，在和间接疑问搭配时，同样的模棱两可性保留了下来。间接疑问更经常要求事实性知晓：Он сказал, где он живет 实际上可以看成是真值的报道。但是，间接疑问从句的使用本身并不能确保事实性。以下例子看起来并没有违反标准语规范：Так что, ты узнал что-нибудь новое? — Ну, он сказал мне, кого назначают директором, но я не очень-то доверяю его сведениям; Ты все выяснил? — Ну, она сказала мне, сколько денег получает, но, по-моему, она тут прихвастнула（试比较和事实性述谓搭配时取消 P 为真的预设是不可能的：* Он знает, кого назначают директором, но я не верю его сведениям）。尽管前面所举的这种语句用得相当少，但是不能否认，сказать 这类述谓和间接疑问一起使用不一定要求相应的肯定判断为真。而这意味着，在 сказать 这类动词存在的情况下，隐含在间接疑问从句中的判断为真只不过是相应语句的言语隐含义，和任何一个言语隐含义一样，它是可以被抹消的。

动词 догадываться（与 догадаться 不同）也并非在所有用法中都是事实性的，尽管它恰恰主要是和间接疑问搭配。在针对受话人或第三人称，以及第一人称作为过去的"即时个体"使用时，该动词是事实性的，因此和间接疑问搭配，特别是和由连接词 что 引导的从句搭配在一起。但是，它在第一人称现在时的用法中显然已经不要求认为相应的命题无条件为真。试比较：Я догадываюсь, кто автор анонимки, но не хочу говорить, пока я не вполне уверен. 对于情态化搭配 Я, кажется, догадываюсь 同样也是正确的。还有一种情形值得注意，就是动词 знать（用第一人称现在时）的情态化在相当大的程度上使得说话人不必认为隐含在间接疑问后面的判断无条件为真：Я, кажется, знаю, в кого он влюблен; Я думаю, что знаю, с кем у нее роман; Я приблизительно знаю, когда приходит поезд из Таллина.

我们注意到，对不同心智模式（认为和知晓）在语句中可能会同现的一种解释是，这些模式在这里占据不同的句法位置，因为"在这种情况下，报道的焦点既不集中在认为模式上，也不集中在命题上，而是在动词 знать 上"[Арутюнова

1988]。然而,毋庸置疑,这一观点虽然正确,却不足以解释一个对于我们的论题而言相当重要的特点,即 Мне кажется, я знаю... 或 Я думаю, что я знаю... 这类搭配不能与 что Р 这种形式的从句搭配,尽管这里报道的焦点依旧是集中在动词 знать 上。* Я думаю (或 Мне кажется), что я знаю, что у него роман с Машей 这类语句是异常的,其原因与 * Я не знаю, что заседание начинается в десять часов 这个语句不正确的理由一样。从属命题真值的预设(从说话人的角度),在和 что Р 这种形式的从句搭配时受动词 знать 的事实性制约,该预设与由命题态度述谓的情态成分显性表达出来的不确信知晓的判定是自相矛盾的。知晓 Р 不仅不可能是"否定的",而且也不可能是推测的或大概的,而告知有关隐含在间接疑问后面的判断的信息是大概的,这是可能的。试比较 * он живет в районе Арбата 和 Я приблизительно знаю, что он живет (где-то в районе Арбата) 或 * Я приблизительно знаю, что поезд из Таллина приходит в десять часов 这些句子和前面列举的带有间接疑问的正确句子的不同程度的可接受性。

这样,我们发现,间接疑问不仅和支配述谓的非事实性是相容的,而且在某些述谓语境中,与由连接词 что 引导的从句明确表达出来的命题相比,它们与事实性的联系程度更小。

那么 считать, полагать, верить 这类动词不能与间接疑问搭配又如何解释呢?看起来,把该限制与相应语句的交际结构联系起来是再自然不过了。俄语动词 полагать, думать, считать 从不处于交际的焦点,也就是说,居于注意力中心的不是主体意识中意见的存在,而是意见的内容。因此,把该内容完整明确地表达出来是正常的,而且只能借助于由连接词 что 引导的从句。相反,знать 这类动词可以处于交际的焦点,因此可以自由地与间接疑问搭配。当然,命题述谓的交际可能性实质上与它的事实性/非事实性相对应。正因为如此,万德勒对间接疑问功能的这种解释对于许多情形都是令人满意的。乍看起来,前面提到的对不能和间接疑问搭配的两种解释,即用非事实性或必须的不确定性,对于认为模式也是等价的。但是事实性和不确定性之间的联系仍旧不是逻辑上必需的。完全可以想象这样一种情境,在该情境下重要的是告知主体的意识中存在对所讨论问题的某种意见这一事实,并且这时,或许把该问题表述出来就足以了,而无须指出就该问题所持的意见内容。

在这种情形下,俄语诉诸于使用心智动词的完全称名的存在句,例如 У

меня есть одно предположение насчет того, куда он делся; У меня есть некоторые соображения о том, кто автор анонимки; У меня есть определенное мнение о том, как это было бы лучше описывать 等等。

描写主体认知状态的述谓依旧是非事实性的（并且，顺便说一下，仍然是不包括"知晓"成分），而意见的内容已经不处于交际的焦点，因此，以间接疑问形式构成从句成为可能。

这些事实，与我们前面列举出来的那些事实一道，让人产生这样一个想法，即有必要详细说明关于间接疑问功能作用的规律以及命题述谓能否与其搭配的一些特点。

第二章 "即使我知道,我也不相信"

1. 是否可以知道却不相信?

标题中的话是普希金在《对批评的反驳》一文中引用的克尼亚日宁的喜剧《爱吹牛的人》中一个人物的话,他在反驳根据"这不可能"这一先验认识的实例时,将其作为一个明显荒谬的例子。不过,驳斥这种推理时,普希金并没有只限于指出在历史事实中就是如此,而是尽量论证所描写事件的心理可信性,并举出历史和文学中的类似现象:

> ... Во-первых, объявили мне, что отроду никто не видывал, чтоб женщина влюбилась в старика, и что, следовательно, любовь Марии к старому гетману (NB: исторически доказанная) не могла существовать.
>
> Ну что ж, что ты Челтон? Хоть знаю, да не верю.
>
> Я не могу довольствоваться этим объяснением: любовь есть самая своенравная страсть. Не говорю уже о безобразии и глупости, ежедневно предпочитаемых молодости, уму и красоте. Вспомните предания мифологические, превращения Овидиевы, Леду, Филиру, Пазифаю, Пигмалиона — и признайтесь, что все сии вымыслы не чужды поэзии. А Отелло, старый негр, пленивший Дездемону рассказами о своих странствиях и битвах? ...
>
> ... Мазепа действует в моей поэме точь-в-точь как и в истории, а речи его объясняют его исторический характер. Заметили мне, что малороссийский гетман не студент и за пощечину или за дерганье усов мстить не захочет. Опять история, опровергнутая литературной критикой, — опять *хоть знаю, да не верю!* Мазепа, воспитанный в Европе в то время, как понятия о дворянской чести были на высшей степени силы, — Мазепа мог долго помнить обиду московского царя и отомстить ему при случае. В этой черте весь его характер, скрытый,

жесткий, постоянный. Дернуть ляха или казака за усы все равно было, что схватить россиянина за бороду. Хмельницкий за все обиды, претерпленные им, помнится, от Чаплицкого, получил в возмездие, по приговору Речи Посполитой, остриженный ус неприятеля (см. Летопись Кониского).

一般来说,只要诉诸于事实就足够了,这些事实是:可能性会自己消失,因为 ab esse ad passe valet consequentia,或者,正如索尔仁尼琴所写,"我们从曾经发生过推演出'可能、或许'"。因此,戈尔费里德在反驳那些对《俄罗斯妇女》某些情节的逼真性表示怀疑的评论家时,仅限于指出涅克拉索夫知道沃尔贡斯卡娅公爵夫人的真实回忆。与克尼亚日宁剧本中的人物一样,一些人根据自己对相应情境是不可能的先验认知进行推理,反驳显而易见的事实,按照一般的看法,这是不合常理的[Булыгина, Шмелев 1989](参见 II.2)。

同时,具有 X знает, что P, но не верит, что P 形式的语句在自然语言中并非那么罕见,而且,它们看上去远非总是像前面列举过的剧本《爱吹牛的人》中那么荒诞不经。例如,曼德尔施塔姆在《回忆录》中写道:"Можно ли поверишь, что человека забирают из дома и просто уничтожают... Этому поверить нельзя, хотя это можно знать умом. Мы это знали, но поверить в это не могли". 扎米亚京的小说《我们》中主人公的推理也是很典型的:

Верите ли вы в то, что **вы умрете**? Да, человек смертен, я-человек, следовательно... Нет, не то: я знаю, что вы это знаете. А я спрашиваю: случалось ли вам **поверить** в это, поверить окончательно, поверить не умом, а **телом**, почувствовать, что однажды пальцы, которые держат вот эту самую страницу, — будут желтые, ледяные...

Нет, конечно, не верите-и оттого до сих пор не прыгнули с десятого этажа на мостовую, оттого до сих пор едите, перевертываете страницу, бреетесь, улыбаетесь, пишете...

(标记是作者加上去的)

类似的结构在其他语言的文本中也会碰到,试比较:ll peut-être qu'on le sait mais on n'arrive pas à y croire (句子摘自斯蒂芬·金的法译本)或 I knew (in the way one knows things one does not quite believe) that I was concidered pretty by some...（最后一个例子是安娜·扎莉兹尼娅克指出的）。

所有这类语句的共同点是它们所描写的情境被认为有些偏离规范的期望（特别是，这可以解释让步和对别连接词 хоть，но 等的使用）。同时，这些语句可以得到完全正常的理解，无论如何也不会被视为语义异常。在这种情况下，偏离规范的程度随着语言的变化而变化，而在一种语言内部，从一个语句到另一个语句的变化也取决于完全不同的因素。在本书中作为分析对象的俄语语料的特点，一方面，是由于动词 знать 把 cognosere 和 sapere（法语的 connaître 和 savoir，试比较：[Franckel, Paillard 1991; Lebaud 1990]）两个意义联结在一起造成的；另一方面，是由于动词 верить 的特点造成的，这些特点使其有别于 croire 或 believe 这样的对应词，并且让人们摆脱掉知晓和相信（knowledge and belief）的相互关系这一复杂的、讨论了数次的问题。

2. 根据语言信息判断"知晓"和"相信"

动词 верить（相信）在最近的一系列论著中都有分析（[Селезнев 1988; Шатуновский 1988; Шмелев 1988]，再比较 I.2.2）。不仅讨论带有说明从句的结构（верить, что P），而且讨论 верить в кого, что; верить кому, чему 这种结构。这些研究材料证明，动词 верить 表示缘于自由表达意愿而产生的一种态度。主体通过相应的行为（动词 поверить 所表示的）承认"相信的内容"为真，对此说话人可以直接（借助于说明从句）或间接地指出来。相信的内容的间接表示可以是指出相应信息的来源（这时用三格：верить кому-либо; верить чьим-либо словам）或者指出所相信的客体（这时用前置词 в 加上四格：верить в приметы, в леших, в успех）。如果指出来源，那么相信的内容就是该来源发出的信息；如果指出客体，那么相信的内容可能是客体与对其的理想认知相符（верить в народ），客体目前存在或将来存在（верить в леших），相应的情景发生过，正在发生，或将要发生（верить в торжество справедливости），内包客体的可信性（верить в приметы, в теорию）。总体来说，在指明客体的情况下，具体的相信内容取决于多种因素，而且并不总是确定无疑的：верю в судьбу（"相信命运[决定我们人生的冥冥中的力量]的存在"）；верю в твою судьбу（"相信你的命运/人生将会很好[也就是说，你的命运将会符合对其的理想认识]"）；верил в побег（1）"相信能成功逃跑"；（2）"相信逃跑发生了"（沙图诺夫斯基[Шатуновский 1988: 265]举例说明的正是第二种解释 O побеге не говорил-не верил в побег，＝"不相信［索洛韦伊奇克］真的逃跑了"）。

由于动词 верить 所表示的态度是自由意愿的行为造成的，所以，说话人对相信的内容的态度可能是不同的，这取决于说话人是否与命题态度主体一致。如果不一致，即除了第一人称现在时以外，верить 本身可能带有"对他人的错误认识抱有居高临下的蔑视"的印记［Селезнев 1988］；使用动词 верить 时，说话人似乎是强调其命题态度的随意性和无理据性，他自己可能对此并不赞同。而如果动词用现在时第一人称（即命题态度主体就是说话人自己），那么它本身就常常带有宏大的乐观主义印记［Селезнев 1988］。的确，说话人宣称自由接受相信的内容时，如果这不是简单地奉行外部权威，那么就仿佛是在开启自己的意愿：верю 实际上表示"想要相信"［Булыгина，Шмелев 1989］（参见Ⅰ.2.2）。

分析动词 знать，可以注意到，知晓的内容可以直接指示出来（最常见的是借助于说明从句）或是隐含在"知晓的范围"中，例如，借助于间接疑问（间接疑问在知晓类动词存在的情况下自身隐含着"肯定判断"，参见［Булыгина，Шмелев 1989］和 V.1），带有直接客体或间接客体的结构以及其他。用知晓范围的表示符号代替其内容描写，是因为说话人不具有关于该客体的信息或者想要隐藏这些信息（Он знает，кто разбил окно），以及知晓的内容无法明确又言简意赅地描写出来（знать французкий язык，знать вкус кофе）［Шатуновский 1988：260］。正是知晓范围和知晓内容的区分得以解释下面这个"反常现象"：Я знаю испанский язык 这个句子要求说话人至少懂西班牙语，并且能用西班牙语交谈；但是，回答 Какие романские языки ты знаешь? — Французкий，испанский，итальянский，румынский... 这个问题时，说话人并不妄想掌握这些语言，他只是告知自己知道这些语言的存在，并且它们都属于罗曼语。问题在于，在第一种情况下，испанский язык 只表示知晓范围，而知晓内容，粗略地说，就是西班牙语的词汇和语法；在第二种情况下，明确地指出知晓内容，而表示"知晓范围"的名词就是罗曼语。

动词 знать 所描写的态度，可以隐喻地用如下方式来形容：在某个时刻，知晓的内容被引入主体的意识中，该内容寓于其记忆中的某个区域，该区域以某种"思维文件夹"的形式与"知晓范围"相一致。这样，知晓范围就是这种"思维文件夹"的地址，而知晓内容可以理解为该"文件夹"的内容。

我们看到，知晓的主体是完全被动的，他不是自愿地知晓或不知晓什么东西。一旦他被告知什么，他就知道了。正因为如此，在 Знай，что P 这样的语句中，动词 знать 充当准施为成分[Булыгина，Шмелев 1989]（参见 I.2.2），而 *Не знай, что Р 这样的语句是可自证伪的。

因此，знать 和 верить 以不同的方式与主体的意愿相关联。知晓的主体是被动的，知晓不取决于意愿，相信的主体是主动的，相信是自由选择的结果〈试比较万德勒的观点[1987]，即 believe 表示行为，而 know 永远也不能被看作是行为。难怪可以说 мне（не）верится，但是不能说 * мне（не）знается（关于述谓用于这种结构的可能性是可控性的标记参见 I.1.2〉。

所列举的这些观点有助于解释同时使用 знать 和 не верить 的可能性。

首先要指出，反常现象只是在知晓内容和（没有实现的）相信的内容重合时才会出现。如果在动词 знать 和 верить 并存的情况下，客体的重合可以归结为表示知晓范围的名词与表示相信的客体的名词或表示信息来源的名词相重合，那么就不会出现任何反常现象了，试比较：Я знаю Ивана и именно поэтому не верю ему；Я знаю эту теорию, но не верю в нее.

而 X знает, что Р, но не верит, что Р 这样的结构可以这样解释：X"知晓"是指不以自己的意愿为转移被告知 P，但是按照自己的意愿他不想接受 P[①]。这种情境是完全可能的。会出现某种偏离规范的感觉，这只是因为相信接收的信息比不相信要自然得多：在该意义上，语言一般把相信归入到规范当中，而把不相信归入到反常当中（参见[Шмелев 1988]）。试比较：Что-то я не верю，而不是 * Что-то я верю（关于和 что-то 连用的可能性是情境是否偏离规范的标记，参见[Арутюнова 1987]）。

在主体和说话人一致时，即在 Я знаю, что Р, но не верю, что Р（现在时）这样的语句中，还会出现另外一种略微不同的图景（试比较所援引的克尼亚日宁剧本中的语句）。说话人使用动词 знать，让人明白他认为 Р 为真，而这与 не верю 的判定相矛盾。因此，这种语句实际上是荒谬的（与 Он знает, но не верит 或 Я знал, но не верил 这样的语句不同）。

我们所感兴趣的语句在主体与说话人一致和不一致时的这种区别在其他语言中也能发现。万德勒所举的（出于另外一个略微不同的理由）摘自约瑟芬·铁伊作品中的一段对话是很典型的：

[①] 在这种情况下，与 X 不同，说话人当然是认为 Р 为真（верит, что Р）；这就为他使用事实性动词 знать 提供了根据。

"Well, well," said Barker indulgently, "let us say, how do we know you did it?" "How do you know?" she repeated, "What do you mean? You didn't know till now, but now I've told you and you know." "But you know, just because you say you've done it is no reason that we should believe you have." Barker said.

对话的两个参与者从各自的角度来看都是正确的,女主人公是正确的,说:Вы знаете это;她指的是:"我让你知道"。正因为如此,我们在谈论他人时用动词знать。当我们问:А Иван знает, что семинар отменяется? 我们感兴趣的是,是否通知伊万研讨会取消了,而不是伊万是否相信这个通知。但是,巴克也是正确的。因为他本可以说:Мы знаем,只要他相信这个通知。

已经不止一次地指出过,动词знать和верить用于第一人称现在时的时候,其行为与用其他形式不一样。本文分析过的语料,再加上已经积累下来的一些研究结果,可以证实这一结论。但是更重要的是,把знать和верить的区别分析清楚:动词знать所表示的状态是被动的,是主体接收到的信息造成的;动词верить所表示的状态是主体的自由选择以及该选择所引发的心智行为造成的。因此,在对主体知晓的东西感兴趣时,我们感兴趣的是他所受的教育,而不是教给他的东西;在对他相信的东西感兴趣时,我们要了解他本人、他的愿望、他的心灵。

第三章 从外部和从内部评价性言语行为

1. 报道(DE RE) VS 解释(DE DICTO)

在描写他人实施的言语行为(PA)时,说话人远非总是指望扮演不偏不倚的采访者角色。他经常在自己的描写中加入对 PA 主体隐含意图的某种解释,对该言语行为或其内容适当与否做出评价。"从旁观者的角度"看到和描写的言语行为,可能与 PA 主体从其自身"内部"看到的(或者想要呈现的)完全不一致。

通常,对言语行为的描写正是"从旁观者的角度"进行的。PA 主体不描写该 PA,他是发出者(不言而喻,过后他可以给出 PA 的描写,但是这种描写已经不是"从某种旁观者的角度"进行的——说 я лгу "我撒谎"是反常的、自杀性的,但是事后承认是完全可以的:Я [тогда] солгал"我[当时]撒谎了")。对描写 PA 的语言手段的解释,首先是对言语动词的解释,应该规定解释性成分。在该意义上,以 PA 主体的名义对言语动词做出的解释(按照维日彼茨卡著作[Wierzbicka 1987a]的观点),不管它们多么富有洞察力,经常都还是不充分的。在某些情况下,维日彼茨卡本人也承认,允许在某些言语动词的解释中引入另一个"我",作为与 PA 主体不同的解释者(试比较其关于动词 nag 的注释[Wierzbicka 1987a:145])。尝试保留与 PA 主体一致的统一的"第一人称",在语旨结构中引入诸如 inform on, nag 或 leture$_2$ 这样的动词,"Я знаю, что люди подумают нечто плохое о человеке, который говорит такие вещи" 或 "Я допускаю, что говорить подобные вещи в такой манере-это плохо" 这类的"自我批评成分"并不总是能够产生直觉上令人满意的结果,有时会同其他解释成分发生冲突。譬如,在 inform on 中 "Я полагаю, что мне следует сообщить вам об этом" 这个成分会产生**必须性**概念,而且与"告密者"所特有的避免宣扬的愿望并不完全相符,这种愿望是基于这样的认识,认为至少在别人的眼中(而有时,就像维日彼茨卡的注释中那样,在主体自己的眼中也是如此)这样的行为是相当不体面的。

在这种情况下,重要的恰恰是这种"不体面"的想法与"从旁观者的角度"对言语行为的解释有关。"我认为我表现得不好"这类成分,一般来说,对于解释那些描写真正 PA(特别是,评价性的)的某些表述或许是必要成分。例如,俄语动词 грешить(на)用于第一人称单数就是如此。该动词的第二个意义在 СЯП 中被解释为"毫无根据的把某人往坏的方面想,冤枉某人"。对于第一人称单数形式的使用,或许更准确的是:"没有足够的理由想……,意识到这不好",或者,按照维日彼茨卡的观点:Я грешу на X-а = "我不知道,是谁做了现在谈论的,这个不好的行为;我想,我可以说,这是 X 做的;我意识到我这样做不好"。显然,Я грешу на Ваню 这类语句原则上应该换个方式来描写,而不是用包含 донести на..., выдать 或 настучать 这类动词的语句来描写(按照 СОШ 的解释:"告密"),一般来说,这类动词可以(只是从外部)描写的言语活动与用 изобличить, разоблачить, сигнализировать, дать материал на..., сообщить куда следует 等等这类动词(从内部)描写的活动完全相同(而独特的 PA 本身也可以使用 Довожу до вашего сведения...; Считаю своим долгом информировать Вас 等等这类施为成分)①。

在解释 PA 时,对选择内部前瞻的可能性的限制,尤其是,动词施为用法的可能性,不仅仅与相应述谓的贬义性质有关。свалить(вину)на... 这个表述的使用,在描写他人的行为时是适宜的(Володя разбил в гостях чашку, а свалил это на другого мальчика),在施为用法中(* Я сваливаю вину за это на...)则是语旨自杀的范例。但是,譬如,выгораживать(кого-либо),беря вину на себя 这些与所谓的好行为有关的表述的施为用法也同样是语旨自杀。

在 PA 的各种描写中,解释的比重可能是不同的。与描写 расхваливание 这样的语句相比,在描写某种像 похвала 这样的语句时,我们在较弱的程度上

---

① 鲁萨诺夫(索尔仁尼琴的小说《癌病房》中的人物)担心,已开始的"几乎是大规模的诉讼案件的审查"会让其对"……不正确的口供"(用委婉语代替"假口供")承担责任,他忠实的女儿为了安慰他所找到的话是没有意义的:"Да вообще как можно ворошить этот ад, не подумав о людях, кто тогда работал... И тебя здесь ничто не должно смутить!... Вот хочешь, я скажу тебе, как понимаю: тот, кто идет и сигнализирует — это передовой, сознательный человек! Он движим лучшими чувствами к своему обществу, и народ это ценит и понимает. В отдельных случаях такой человек может и ошибиться. Но не ошибается только тот, кто ничего не делает. Обычно же он руководствуется своим классовым чутьем — а оно никогда не подведет"。下面维日彼茨卡的观点是恰当的:"常常难以区分在该社会中被普遍接受的,但在语言中(尚)找不到反映的道德判断,和那些已经进入到语义意义中的判断;需要进一步的研究,以便制定出适合的标准,从而解决相关问题"[Wierzbicka 1987a:385]。

把真正解释引入到描写中。正是强解释成分的存在妨碍了许多动词性表述的施为用法。在这种情况下,不能施为使用的不仅有万德勒[1985]所描写的破坏 PA 语旨目的的"自杀性"表述,而且还有那些解释性成分似乎仅仅使语旨意图得以加强的表述。不仅不能说:* I insinuate; * I allege that...; * Я ошибочно утверждаю, что...; * Я неискренне извиняюсь,而且也不能说 * Справедливо замечу, что... 因此,在恰恰是关于言语行为理论的翻译论文集中具有讽刺意味地碰到异常的句子:По поводу этого высказывания мы склонны прежде всего, и притом справедливо, заметить, что...

当说话人描写他人的 PA 时,选择"不偏不倚的采访"策略,某种 de dicto 采访,力求逐字转达所有"说过的话",在这种情况下,解释性成分是最少的。只有在他选择 de re 策略时,才将其本人的解释引入到描写中去,旨在揭示 PA 主体"实际上"所指的意思。可以说,de dicto 和 de re 这两个名称本身似乎会引起误解:选择 de dicto 策略,说话人力求转达他人实际所说的话;选择 de re 策略,他表达的是自己对他人 PA 的认识。

2. 表达评价时的 DE RE 和 DE DICTO

当 PA 的描写包含评价时,特别重要的是把"不偏不倚的采访"de dicto 和偏颇的解释 de re 区分开。为了正确理解这种描写,必须确定评价是谁作出的,是说话人-解释者还是 PA 主体?接下来我们将分析一系列用来描写 PA 并对他人或其行为作出评价的俄语述谓。

对于我们的论题最具意义的一组动词是:обвинять, осуждать, винить, упрекать, попрекать. 这些动词在辞典里其实具有相同的解释。然而,尽管它们有着不容置疑的近似性,但却显然不是同义词。

我们从 обвинить/обвинять 和 осудить/осуждать 这两个述谓最明显的(在任何情况下,乍看上去)区别说起。两个述谓都和人要为某个应受谴责的行为(表现、特点)承担责任的想法相联系。但是,相应 PA 的语旨目的是不同的。在 обвинение 的情形下,说话人的意图中包括告知某人完成了某个行为,而该行为应受到谴责,这是不言而喻的。而在 осуждение 的情形下,某个行为被认为是已知的、知悉的,而是要告知(包含在判定中)该行为从语旨施事者的角度来看是应受到谴责的。换句话说,обвинить/обыинять 和 осудить/осуждать 之间的区别在于,特别是,陈说和预设的不同分布(试比较菲尔墨对动词 accuse 和

criticize 的分析[Fillmore 1971])。与此相关的是一系列对于这对动词而言在某种程度上很特殊的特点。该区别的常规结果包括这些动词在否定句和疑问句中的不同行为表现,试比较:Я не обвинял Ивана во лжи(不否认说谎应受到谴责,只是否认说话人做出相应判定的事实)和 Я не осуждаю Ивана за ложь(不否认伊万说谎的事实,但是说话人否认这应受到谴责,譬如,由于该谎言是善意的谎言)。

与所讨论的 осуждать 和 обвинять 这两个动词的交际结构特点相关的还有谴责人对某些道德权威的认识。的确,обвиняющий 对与实际事态有关的信息承担责任(而每一个人都有权知道事实);而至于未进入到评价陈说中的信息,在这里主体仅仅从普遍接受的认识出发。相反,осуждающий 从某个尽人皆知的事态出发,自己敢于对其是否应受到谴责做出判决。正是这一点可以说明情态动词与 обвинить/обыинять 和 осудить/осуждать 搭配的不同解释:Ты не можешь обвинить меня в трудности ——客观的真势情态;Ты не можешь осуждать его за трудность —— 道义情态(≈"无权")。再比较与 Мы не должны обвинять его в труности(这里更适宜的是:Его нельзя обвинить в трудности)相比,更自然的是 Мы не должны осуждать его за этот поступок.

对述谓 обвинить/обыинять 更细致的分析得以划分出两种用法:обвинить Y-а в Z-е 可以表示判定 Y 实施了 Z 行为(Z 不好被认为是事先就已知的),或者表示判定 V 行为(关于该行为,事先就已知 Y 实施了 Z)是 Z 特征(认为 Z 不好)的体现。在第一种情形下,谴责是纯事实性的和可证实的,在第二种情形下,涉及的是主体对某个给定情境的解释。我们称第一种用法为 обвинить$_1$,而第二种为 обвинить$_2$. 有时和述谓 обвинить 的搭配可以是单义理解(试比较:Обвинил Ивана в том, что он взял книгу и не отдает,——理解为 обвинить$_1$);有时则是双重理解(Обвинил Ивана в трусости——或者认为通常被大家视为胆小的行为是伊万做的,或者分明由伊万完成的行为被形容成是胆小的表现)。обвинение$_1$ 可以为假,且无证据,обвинение$_2$ 可以是不应得的或不公正的。

обвинять 和 осуждать 这两个动词与副词 напрасно 和 зря 搭配的不同解释也是很有特点的:如果 напрасно обвинять$_1$ 意思是"冤枉"(试比较:Ты напрасно обвиняешь его в том, что он замешен в этом деле, он тут совершенно ни при чем, это доказано; Ты напрасно обвиняешь ее в плагиате: когда вышла эта статья, ее книга уже была в издательстве),那么在 напрасно 和 осуждать(以及

和 обвинять₂)的搭配中,副词的意思类似于"你不对,你不了解整个事件的情况",或者只是"我不这样认为"(在这种情况下,所讨论行为的事实性预设保留了下来)。

当相应的 PA 是"从旁观者的角度"来描写时,在 de dicto 描写中所提到的预设属于 PA 主体,并且说话人可能并不赞同(即它们不是语词本义上的预设)。试比较卡尔萨温的句子:Всякую метафизику обвиняют в «оптимизме», в том, что она недооценивает «трагизма» жизни. — Наивные обвинения и смешные слова: «оптимизм», «пессимизм»! Нет, лучше, достойнее — «быть пессимистом» в самой жизни, в метафизике же — «быть оптимистом». К тому же здесь и нельзя им не быть. 根据前面所描写的动词 осуждать 的语义结构,对"乐观主义"的否定评价应该是预设。但是该评价只属于这里动词 обвиняют 所表示的 PA 的不定人称主体(即"谴责者")。从该文本中可以清楚的是,卡尔萨温不同意形而上学观点对乐观主义的否定评价,因此该评价不能被视为真正的预设。

相反,在解释 de re 时,说话人把 PA 主体可能无论如何也不同意的预设"强加给"他。试比较,在否定的情况下:[Депутаты] не осуждают ни нарушения законов и прав граждан со стороны съезда и Верховного Совета, ни наглые провакации национал-коммунистов, ни хамство собственных лидеров (《真理报》)。根据前面描写的动词 осуждать 的语义结构,该句子本应该表示不对预设产生质疑,即"нарушения законов и прав"(违反法律法规),"наглые провакации"(公然挑衅),"хамство"(蛮横无礼)都存在,议员们承认这是不好的行为。议员们自己大概不会同意这种解释。很自然地就会预料到,他们对违反法律法规和蛮横无礼持否定态度,但是不承认实际上确有其事。在这里预设属于解释者(报刊文本的作者),而不是所描写的 PA 主体(议员们)。

但是,如前所述,与 PA 作为 обвинение 的解释相比,PA 作为 осуждение 的特点在更大的程度上与主体关于道德权威的认识相联系。因为 обвиняющий 根据公认的评价尺度评判具体行为,而 осуждающий 在对行为是否应该受到谴责做出评判时,希冀建立自己的评判尺度。

我们转到动词 винить(怪罪)上来,在词典里,它通常被描写成动词 обвинять 的绝对同义词——有时是明确表达出来的[Мельчук, Жолковский 1984],而有时可以在分析词典的定义后确定(试比较 СОШ)。винить 和

обвинять确实是相当近似的,但是在大多数语境中不能相互替代。比如,可以说 обвинять в убийстве,但是不能说 обвинять в самоубийстве. 相反,可以说 винить X-а в самоубийстве Y-а(例如,把马雅可夫斯基的自杀归咎于阿尔加诺夫或苏联内务人民委员部),但是 винить в убийстве(？X винит Y-а в убийстве Z-а)听起来很奇怪。обвинять кого-то в поджоге(例如,指责共产党人放火烧国会大厦)是正常的,但是要说 винить кого-то 或 что-то(例如,责备看守人的疏忽)в пожаре(而不是相反)等等。

обвинение(和 осуждение 一样)的内容可以只是行为或表现,对此被谴责的人(обвиняемое 和 осуждаемое)可能要承担责任。动词 винить 的用法则没有这样的限制(这是因为,винить 的可以不仅是人,而且是状况)。

谴责(обвинять)某人不体面的行为,我们断定,此人实施了所分析的行为。而在某些不利的状况中,可以责怪(винить)任何一个人,他们只是我们认为的这些状况的间接过错者。обвинять...是应受谴责的,而 винить...是不利的。因此,可以说 обвинять во всех грехах,而要说 винить во всех несчастьях。

对怪罪(винить)某人或某事的情境的否定评价是包含该动词的语句的预设,从而将其和动词 обвинять 归并在一起。但是与后者不同,винить 还要求该情境本身的存在,从而使其和动词 осуждать 近似。换句话说,如果 обвинить X-а в Z-е,意思表示行为或特征是属于 X 的,而且这是可检验和可提出异议的(Z 一般可以不发生),那么 винить X-а в P 的意思就是找出显然已发生的情境 P 的原因(过错者)。

该意义在俄语中可以迂回地表达出来:возложить/возлагать вину за P на X-а. 该表述与 винить 的区别在于可以发出 PA 的交际情境的特点上,PA 能够用相应的描述动词来描写。возложить/возлагать вину на... 能够施为使用,并且是实施责备行为的正式说法。与施为用法接近的是这样的表述,诸如 вина за эти события ложится на... 等等。如果 PA 的主体在其语句中使用这种(或类似的)表述,那么在对其的描写中使用相应行为的直接(非解释性的、分类学的)称名是正常的。

动词 винить 除了具有所分析的意义以外(称之为 винить₁),还可以划分出一种专门的用法(以下称 винить₂)。它们之间的关系与刚才提到的 возложить вину за P на X-а 这个表述(回答谁是所分析情境 P 的过错者这个问题)和另一个分析性表述 поставить Y - у P в вину(回答如何评价人的行为这一问题,此人与该情境的关联已不予以讨论)之间的关系一致。

винить₂ 与后一个表述一致,总是占据句法重读的位置,并且"从内部"描写评价判断。因此,它经常用于第一人称(但不是施为用法)。винить₂ 的客体总是人。使用的典型情境是:当 X 在不好(而且,更为经常的是会给 X 带来痛苦)的情境 P 中有理由 винить₁ Y-a 时,他可以宽宏大量找到为 Y 开脱的状况,并且这可以用 X не винить₂ Y-a 来描写(因此 винить₂ 通常和否定词连用)。典型的例子是:... А нынче — Боже! — стынет кровь, Как только вспомню взгляд холодный И эту проповедь... Но вас Я не виню: в тот страшный час Вы поступили благородно... (А. Пушкин); Я думала, что все вы только послушны дракону... А вы, друзья мои, тоже, оказывается, разбойники. Я не виню вас, вы сами этого не замечаете (Е. Шварц).

对照相应地由 осудить/осуждать, обвинить/обвинять₁,₂ 和 винить 表示的行为,可以发现,обвинять 的是人,осуждать 的是行为,винить 的是状况。换句话说,如前所述,обвинять₁ Y-a в Z-е 的意思仅仅是判定"Y 做了 Z"(知道 Z 不好);обвинять₂ Y-a в Z-е 的意思是断定 Y 具有(明显是不好的)Z 特征(而这是行为 V 的原因);但是 осудить Y-a за Z 和 осудить Z(Z 是行为或 Y 的特征)一样,意思是说"Z 不好";而 винить Y-a в Р 或者更明确的 винить Z(Z 是 Y 的特征)в Р 的意思是说:"(不好的情境)Р 的原因是 Z"。因此,如果 обвинять₂ 的意思是在假定的因果联系的基础上赋予"被谴责者"某种不好的特性,那么 винить₁ 的意思则是在了解情境的基础上确立因果关系。

还要指出,обвинить/обвинять 总是描写 РА,而 осуждать 和 винить,就像 грешить на... 一样,可以描写主体没有在话语中表现出来的内心状态①。这当然并非偶然。осуждать 或 винить 时,我们形成判断,грешить на кого-то 时,我们做出推测。相应的判断和推测也可以不讲出来,不公开说出来。обвинять 某人时,我们告知他人,自己是多么确信某事(或是装出很确信的样子);换句话说,指的是传达我们已经掌握的信息,而在 РА(传达信息的行为)之外,обвинение 一般不会发生。

与 упрек 和 попрек 相关的述谓也总是要求相应命题态度的外化表达(而

---

① 我们没有注意到 обвинять 的特殊用法,就是该动词用于**自我责备的情形**:Он обвинял себя во многом: Во-первых, он уже был не прав, Что над любовью робкой, нежной Так подшутил вечор небрежно (А. Пушкин).

且，在 упрек 的情况下，不一定借助于片断性的口头方式），并且与 винить，осуждать 以及其他动词不同，从不描写主体非外化的内心状态。实际上这些述谓在没有否定词的情况下从不用于第一人称现在时[①]，这是因为在它们的语义中含有强解释成分[②]。

упрекнуть/упрекать 在现代语言中有两种主要的支配模式：кого-либо за что-либо 和 в чем-либо。在第一种情况下，述谓与 осудить/осуждать 接近，而在第二种情况下，与 обвинить/обвинять 近似。但是无论在哪一种情况下都不是完全的同义词。

упрекать за ч т о-т о 时，主体以相应情境会发生的预设为据，和他 осуждать 的那些情形一样。但是与 осуждение 不同，他并不断定这不好，确切地说，只是提请注意这一点或间接地指出这一点。类似地，упрекать в ч е м-т о 时，主体从这不好的预设出发（和 обвинение 的情形一样），但是相应的情境会发生不是陈说，而是提醒或间接指出的内容。正是"准确定成分"的这种"间接性"把 упрекать 和 обвинять 或 осуждать 区分开。упреки 常常可以用语调、眼神、面部表情或者甚至是沉默来表达出来。упрекнуть 与其说是 высказать упрек，不如说是 сказать нечто с упреком. 经理不能 * упрекнуть подчиненного в нарушении трудовой дисциплины，更准确地说，经理的直接批评不能用 упрек 来描写。说出 упреки 的典型情境是家庭场景，是要弄清楚亲人间的关系。更经常的是，直接说出 упрекать 谁，并且目的是要引发受话人思考自己的行为，唤醒良心的谴责。直接指向受话人是 упрек 性格学上的特征，而不是必要特征（与 попрек 不同），试比较：Его капризы, раздражительность, вечные упреки по адресу «общества потребления» иной раз смешат, а иной — сердят (Н. Ильина).

然而间接性成分总是存在，而且它就是妨碍动词 упрекать 施为性使用的破坏因素。相反，如果与否定词连用，该动词可以正常地用第一人称现在时：Я не упрекаю вас, но...

[①] 像自我责备情形一样，"自我责骂"也是例外。试比较：... Право, всякий день упрекал я себя в неизвинительной лени, всякий день собирался к вам писать и все не собрался (А. Пушкин)，该例在使用现在时的情况下在语法上也是正确的。

[②] 这里扼要地指出对 упрек 和 попрек 这两种言语行为的语言认识的主要特征。下一章对相应的语言单位做更详细的分析。

попреки 在词典里通常被解释为 упреки 的变体，试比较："попрек——通常是以尖锐苛刻的形式说出来的不应当的和毫无根据的谴责，попрекать 主要是指通常不止一次说出来的责备的苛刻性和无根据性"（А. П. Евгеньева 主编的 ССРЯ）。当然，远非所有毫无根据的指责，都是以如此尖锐的方式说出来，远不是所有苛刻的责备都可以称为 попрек. 如果指的是主体想要呈现出来的作为实施该 РА 动机的语旨目的，那么它最近似于对忘恩负义的责备。和 упреки 的情形一样，попрекающий 不断定任何新的东西（与 обвинение 不同），他只是提醒对言语受话人曾经施恩或正在施恩，提醒曾经表现出来的宽容大度，却没有被言语受话人予以充分评价：Я тебя в люди вывел, а ты... 然而如果"упрекаемый"（被责备的人）将来可以"改正"，那么"попрекаемый"（被埋怨的人）则没有这种可能，因为 попрекают 受话人的情境是他无论如何也不能控制的。最常见的是该情境属于过去的一些看法，它们已经永远地留存在"попрекаемый"（被埋怨的人）的文件夹中，试比较：Вернусь, а ты опять попрекать начнешь: «мы тебя приютили, мы тебя накормили, мы тебя напоили» (С. Михалков); Новая родня ей колет глаз попреком, что она мещанкой родилась (И. Крылов). попрек 的真正目的是"把受话人置于其原位"，提醒其依附于 PA 主体的状况，使其感到委屈和懊恼，而且不是为了他在将来悔改，而是让其"感受到"。попрекать 某人，根据公认的看法，这不好，因此说话人不仅不用该动词的第一人称现在时（这和 упрекать 一样，可以用"准确定成分"的间接性来解释），而且在描写已发生的 PA 时也不使用该动词：? Сын начал курить, и я сочла необходимым попрекнуть его тем, что он еще не зарабатывает денег. 不过，对于描写说话人作为过去的"即时个体"实施的 PA，他在实施现实 PA 的时刻已经对过去的 PA 后悔，并且似乎是"从旁观者的角度"对其评价，这时使用动词 попрекать 是可以的：Бывало, вернусь ночью домой из клуба пьяный, злой и давай твою покойную мать попрекать за расходы (А. Чехов).

通常，попрекать 已处于卑微或依附状态的人时，попреки 似乎是"自上而下"。因此，попрек 的语义会引起对交际者等级地位的认识。

地位关系在 [Крысин 1989] 的意义上无论对于述谓 ругать 和 хвалить，还是对于它们的派生词，都是很重要的。在相应的言语行为指向评价主体时，它们不能"自下而上"地实现。正如 Е. М. 沃里夫 [Вольф 1985:172] 所指出的那样，母亲可以这样说孩子（或者上司说下属），否则 Он меня похвалил除非是开玩笑

(相反，льстить 不能"自上而下"使用)。这些 PA 通常旨在影响受话人、鼓励他或者令其愉悦(当称赞时)或者"教育"他，促其改正缺点。在 хвалить 和 ругать 这两个述谓存在的情况下，非生命体只能在该客体是在言语受话人的努力结果下创造出来的情况下才可以这样理解：похвалить статью (对作者的恭维)，похвалить пирог (对女主人的恭维)，但是在这种情形下，交际者等级地位的限制仍然起作用。在报刊上 хвалить (或 ругать) 某人时，类似的限制也存在。在下面这个出于 C. 多夫拉托夫的例子里，幽默效果的产生正是由于不遵从动词 похвалить 所表示的 PA 的"地位"限制：В заметке Лемкуса говорилось: «Как замечательно выразился Иисус Христос...» Далее следовала цитата из Нагорной проповеди. Так Лемкус похвалил способного автора.

хвалить 和 ругать 这两个述谓及其派生词的另一个用法是非当面评论(评价某人/某事好/不好)。在这种情况下，既没有任何等级地位的限制，也没有对客体生命度的要求。可以说 хвалить/ругать нового начальника，закон о налогах，климат в Бразилии 等等。当然，相应的 PA 不能追求"教育"或"谴责"的目的，其语旨目的只是告知言语受话人的评价信息(试比较[Имодин 1991])。试比较: Напрасно я расхваливал его статью-настроение у него так и не улучшилось (言语受话人是文章的作者) 和 Напрасно я расхваливал его статью-перечитав, я обнаружил в ней много неточностей (可能指的是非当面评论)，其中对 напрасно 这个词的不同解释符合"расхваливание"的两种类型。

描写评价 PA 在许多方面都与描写内心评价类似。常常同一个述谓既可以用于这种功能，也可以用于那种功能。但是对内心状态的描写只能是"从内部"进行，就连用第三人称转述时，说话人似乎也是站在状态主体的角度上。同时，描写某个 PA 时，说话人可以从两种策略中选择出一种：

1) 不偏不倚地描写在 PA 中所说的或所表达出来的，尽可能充分地转达 PA 主体的评价，他所选的称名，直接表达出来的语旨目的等等(de dicto 策略)；
2) 在描写中引入自己对 PA 的解释：补充自己的评价，使用自己的称名，表示在 PA 中没有直接表达出来，但却可以推测出来的主体的目的等等(de re 策略)。在 de dicto 策略中我们似乎是"从内部"描写 PA，在 de re 策略中则带有曲解原意的影响。

所进行的区分部分上与表示评价行为的述谓分类相对应。它们中的一部分可以用来表示内心评价(винить, грешить на...);一部分可以描写 de dicto PA,但是也能表示内心评价(осуждать);还有一部分总是与 de re 所描写的 PA (упрекать, попрекать, поливать грязью, льстить)有关。

看起来,用来表示内心评价的述谓和 de dicto PA 的描写,用第一人称来说明是合情合理的。

的确,与 PA 主体本人相比,没有人可以把 de dicto PA 描写得更好(在更大的程度上是与内心评价有关)。"从旁观者角度的"采访只有在采访者恰如其分地洞察到主体的言语意图时才是适宜的。在这方面对"以第一人称口吻"的言语述谓进行解释的支持论据[Wierzbicka 1987a]是十分令人信服的。但是描写 de re PA 的述谓,看来应该以解释者的名义来说明,因为他们就像别人所能看到的那样来描写 PA。维日彼茨卡在尝试保留"以第一人称的口吻"对动词 nag 和 inform on 进行整齐划一的解释时所碰到的困难是非常能说明问题的。对于这些述谓的语义,起关键作用的是 PA 主体和描写该 PA 的说话人的不同立场。

第四章　二次交际时的评价

1. УПРЕК：二次交际时的两种评价形式

你默默地离开
就是未言明的责备

Б. 帕斯捷尔纳克

在所谓的"二次交际"情形下所使用的语言手段［Винокур 1993：99］，不知何时起吸引了研究者的特别关注（特别是参见［Китайгородская 1993］）。但是除了直接标记他人言语的"异形标记"（他人言语的特殊句法构成、语气词、情态词、插入句段、特殊的称名方式、式、语调等等）以外，令人感兴趣的还有那些只是或主要是指涉他人发出的言语行为的动词。

在俄语中有特殊标记的言语行为中，动词 упрекнуть/упрекать 和 попрекнуть/попрекать（以及它们的派生词 упрек 和 попрек）占有特殊的地位。根据俄语词典资料或许可以得出结论，即这些词是近似同义词，因为它们在详解词典里具有相似的解释（例如，在 МАС 中：попрек "упрек, укор"，попрекать "делать упреки, попреки, ставить что-либо в укор кому-либо；упрекать"），在双语词典里几乎是相同的翻译，在同义词词典中也是如此。但是这种印象是靠不住的。упреки（责备）和 попреки（埋怨）的确具有共同的特点，但是总体上，相应 PA 的实质是完全不同的。

在造成 упреки 和 попреки 具有语义近似性这种总体印象的共同特点中，看来，首先应该指出的是它们都具有用于二次交际目的的专门用途。相应动词不能施为使用，它们用于第一人称就是"语旨自杀"（在［Вендлер 1985］的意义上）。同时，对于 упреки 和 попреки，该禁止的根源是不同的，尽管在这两种情况下，它们都与评价成分在相应动词语义结构中的位置相联系。

我们来分析一下所研究的 PA 的语言表述①。

在现代语言中 упрекнуть/упрекать 具有两种主要的支配模式：кого-либо за что-либо 和 в чем-либо。换句话说，所分析的述谓可以具有与述谓 осудить/осуждать 或者述谓 обвинить/обвинять 相似的支配模式。这就需要扼要地论及这些述谓的语义特点。

述谓 обвинить/обвинять 和 осудить/осуждать 的语义差别在[Булыгина, Шмелев 1994]中(参见 V.3)有详细分析。按照菲尔墨[Fillmore 1971]在分析英语动词 accuse 和 criticize 时所提出的方法，我们按照以下方式来描写这些差别：两个述谓都和人要为某个应受谴责的行为（表现、特征）承担责任的想法相联系。但是相应 PA 的语旨目的是不同的。在 обвинение 的情形下，说话人的意图中包括告知某人完成了某个行为，而该行为应受到谴责，这是不言而喻的。而在 осуждение 的情形下，某个行为被认为是给定的、已知的，而陈说在于该行为从语旨主体的角度来看是应受到谴责的。换句话说，обвинить/обыинять 和 осудить/осуждать 之间的区别在于，主要是，陈说和预设的不同分布（试比较菲尔墨对动词 accuse 和 criticize 的分析[Fillmore 1971]）。许多对于这对动词或多或少有些特色的特点都与此相关。所提到区别的常规结果包括这些动词在否定句和疑问句中的不同行为，试比较：Я не обвинял Ивана во лжи（不否认说谎应受到谴责，只否认说话人并没有做出相应判定的事实）和 Я не осуждаю Ивана за ложь（不否认伊万说谎的事实，而是说话人否认这应受到谴责，譬如，由于该谎言是善意的假话）。

述谓 упрекнуть/упрекать 在多大程度上与 обвинение 和 осуждение 近似，这取决于支配模式。试比较对 его не упрекнешь в трусости（他一点也不害怕）和 его не упренешь за трусость（在那种情境下谁都会害怕）这两个表述的不同解释。但是总的来看，把描写归结为预设和陈说的分布特点，这对于给定述谓 упрекнуть/упрекать 的两个变体是不适用的。упрекать за что-то 时，主体以相应的情境会发生这一预设为根据，和他在 осуждать 的那些情形一样。但是与 осуждение 不同，他并不断定这不好，而是，确切地说，提请注意这一点或间接地指出这一点。类似地，упрекать в чем-то 时，主体从这不好的预设出发（和

---

① 我们使用[Булыгина, Шмелев 1994]（参见 V.3）中动词 упрекнуть/упрекать 和 попрекнуть/попрекать 的某些分析结果。与我们无关（在此之前），格洛温斯卡娅[1993:198]就动词 упрекать 的语义早就作出一系列说明。

обвинение 的情形一样），但是相应的情境会发生不是陈说，而是提醒或间接指出的内容。正是"准确定成分"的这种"间接性"把 упрекать 和 обвинять 或 осуждать 区分开来。упреки 常常可以用语调、眼神、面部表情或者甚至是沉默来表达出来。упрекнуть 与其说是 высказать упрек，不如说是 сказать нечто с упреком. 经理不能 * упрекнуть подчиненного в нарушении трудовой дисциплины，更准确地说，经理的直接批评不能用 упрек 来描写。说出 упреки 的典型情境就是要弄清楚亲人之间的关系。更常见的是，直接对某个人说出责备的话，并且目的是要引发受话人思考自己的行为，唤醒良心的谴责。直接指向受话人是 упрек 性格学上的特征，而不是必要特征（与 попрек 不同），试比较：Его капризы, раздражительность, вечные упреки по адресу «общества потребления» иной раз смешат, а иной — сердят (Н. Ильина).

然而，间接性成分总是存在，而且它就是妨碍动词 упрекать 施为性使用的破坏因素。我们不能直接说 Я упрекаю...，因为动词语义中包含的间接性与直接判定相矛盾。结果我们也会遇到语旨自杀。相反，如果与否定词连用，该动词可以用第一人称现在时：Я не упрекаю Вас, но...①。

упрек 的一个重要特征（在某种意义上与其间接性有关）是说话人不想赋予 упрек 的理由以过于重要的意义。说话人缘何或为了什么责备他人，似乎是在他对被指责者的态度整体上还不错这一背景下②。可以因缺少所分析语词的清单而责备论文答辩者，但是不能说 * упрекнуть в плагиате（或 за плагиат). упреки по адресу «общества потребления» 与指责者继续生活在这个世界上并且享受其所有福利无论如何也不会相矛盾。从旁观者的角度来看，我们听到的大概会是猛烈的抨击和揭露。

正因为如此，经常会出现 упрек 的某种"亲密性"、"家庭性"。格洛温斯卡娅甚至把表示被指责者可以列入到说话人私人领域的成分也纳入到动词 упрекать 的解释当中[1993:198]。可见，该成分并不一定在所有 упрек 的情形下都存在，因为 упреки по адресу диссертанта 或 общества потребления 也是可以的。格洛温斯卡娅指出，不能因为不认识的人在公共汽车上踩了你一脚而责备他。毋庸置疑，这是正确的观点，然而也不见得我们会因为这个而责备家人。

---

① 用这种说法说出来的通常恰恰是 упрек. 因此所列举出来的语句可以被看作是[Шмелев 1990]在意义上可自证伪的例子（参见 VI. 2）。

② 尤其是，可以 упрекать самого себя（责备自己）。

通常责备的是诸如冷淡、关心不够这样的事情,因为这样的责备很自然地恰恰是针对亲近的人。受到责备的也可以是某个严肃的事情(这时就会出现 горькие упреки),但是 упрек 只有在说话人对被指责者的态度整体还不错的语境下才是适宜的。

责备的主要目的是指出被指责者辜负了我们的期望,试比较格洛温斯卡娅在对动词 упрекать 的解释中所划分出来的六个成分的其中之一:"X мог ожидать другого P от Y-a"(X 可能曾期望从 Y 处得到另一个 P)[1993:198]。责备的理由本身,如前所述,假设是被指责者知悉的。做出责备时,我们不告知被指责者新的信息。责备的口头表达中常常包含语气词 же 并不是没有原因的,所以责备的典型说法是 Что же ты не пришел(не сделал, не сказал 等等)?[Гловинская 1993],或者甚至只是 Что же ты?(因为责备的原因被假定为已知的,所以没有必要在口头上明确地表达出来)。而正因为如此,责备可以非口头地表达出来,因为没有必要明确指出责备的理由。

我们看到,упрек 的语义是反常的。该 PA 的特点在相当大的程度上与说话人的内心态度相联系。只有责备者本人可以知道,他通过沉默到底想要说的是什么,他对被指责者的良好态度是否已改变等等。换句话说,只有指责者本人可以有把握地判定我们遇到的究竟是不是责备。另一方面,鉴于其间接性,只能是"从外部"描写责备这种 PA。我们对责备这种 PA 感兴趣,是因为我们对责备者内心状态的推测,并且该解释要素对于 упрек 的语义是决定性的。换句话说,упрек 和 упрекнуть/упрекать,这不是 PA 的专有名词,而是一个可能的解释。

如此一来,在 упрек 中我们碰到两种评价形式[①]。"责备者"评判某个现象辜负了其期望,并且让言语受话人明白这一点;观察者(解释者)把"责备者"的相应行为评定为 упрек.

2. ПОПРЕК 和俄语的行为文化

表述 попрекнуть/попрекать 和 попрек(埋怨,数落)具有自己的鲜明特点。попрек 的语义会引起对交际者等级地位的想象。通常,受到埋怨的是已经处于卑下或依附状态的人,"埋怨"的行为似乎是"自上而下"的。"埋怨"的实现与对

---

① 试比较维诺库尔关于在二次交际中两种发话人的观点。

"попрекаемый"（被埋怨的人）的好意相搭配不好。?отеческий попрек（К. Федин）这个搭配听起来很奇怪。

如果指的是主体想要呈现出来的作为实施该 PA 的动机的语旨目的,那么它最近似于对忘恩负义的责备。和 упреки 的情形一样,埋怨的人不判定任何新的东西（与 обвинение 不同）,他只是提醒对言语受话人曾经施恩或正在施恩,提醒曾经表现出来的宽容大度,却没有得到言语受话人的充分评价:Я тебя в люди вывел, а ты...（我把你扶培成人,而你却……）。然而,如果被指责者将来可以"改正",那么被埋怨的人则没有这种可能,因为使受话人招致埋怨的那个情境是他无论如何也不能控制的,该情境属于会永远地留存在被埋怨的人的文件夹中的过往记录。试比较:Вернусь, а ты опять попрекать начнешь:«мы тебя приютили, мы тебя накормили, мы тебя напоили»（С. Михалков）; Новая родня ей колет глаз попреком, что она мещанкой родилась（И. Крылов）。格洛温斯卡娅把 попрекать 纳入到表示那些"譬如,采取这样的 PA 是为了 Y 的改过"PA 的动词当中[1993;197],这并不是完全正确的。埋怨的真正目的是"把受话人置于其原位",提醒其依附于 PA 主体的状况,使其感到委屈和懊恼,而且不是为了他在将来悔改,而是让其"感受到"。"埋怨"某人,根据公认的看法,这不好①,因此,说话人不仅不用该动词的第一人称现在时（这和 упрекать 一样,可以用"准确定成分"的间接性来解释）,而且在描写已发生的 PA 时也不使用该动词:?Сын начал курить, и я сочла необходимым попрекнуть его тем, что он еще не зарабатывает денег。"埋怨"的想法不能与"必须性"概念搭配在一起。不能说:?Чтобы пробудить в молодом поколении чувство благодарности, мы должны постоянно попрекать его жертвами, которые принесло наше поколение。再比较否定词存在的情形:С этим поколением надо говорить, не попрекая его жертвами и незажившими ранами нашего поколения（К. Симонов）。做出埋怨的人不能是同理心的客体。不能说

* Его не попрекнешь（试比较 Его не упрекнешь 是正确的②）,这绝非偶然。只有对于描写说话人作为过去的"即时个体"实施的 PA,而他在实施现实 PA 的时刻已对过去的 PA 后悔,并且似乎是"从旁观者的角度"对其进行评价,这时

---

① 试比较达里列举的谚语:Своим хлебом-солью попрекать грешно; Лучше не давай, но не попрекай:Сделав добро, не попрекай 等等。

② 关于这种结构的主体总是处于同理心的焦点上,参见 IV.2。

使用动词 попрекать 才是可以的：Бывало, вернусь ночью домой из клуба пьяный, злой и давай твою покойную мать попрекать за расходы (А. Чехов).

同时，当观察者从旁观者的角度把某个 PA 评定为埋怨时，解释的比重并不是那么大。Я попрекаю 这个表述的"自杀性"不是与解释成分的存在有关，而是与"不公正的"这个语义成分有关。像 Мы тебя кормим, а сам ты еще денег не зарабатываешь 这些 PA，除了 попреки，未必可以用别的方式来描写，并且在该意义上 попрекнуть/попрекать 和 попрек 这两个表述似乎是相应 PA 的"专有名词"。在这方面，它们在某种程度上与用作 PA 标记的动词 выгнать/выгонять 类似。通过语句 Подите вон！实现的行为，除了 выгонять，不见得可以用别的词来描写。对于 PA 的相关鉴定，不太有力的表达方式就足以了。试比较摘自纳博科夫的例子：«Уходи к себе» — сказал он, мельком выглянув на сына. Лужин, которого в первый раз в жизни выгоняли из комнаты, остался от удивления, как был, на коленях. 因此，这里 PA 的称名是完全适当的，并且如果不是唯一可能的，大概也是最自然的。而这样的施为句是不可以的：* Я выгоняю вас. 但是，与 попрекнуть/попрекать 不同，述谓 выгнать/выгонять 表示的不是那么应受谴责的行为，因为其主体可以是同理心的客体。试比较：Скажи Кирилу Петровичу, чтобы он убирался, пока я не велел его выгнать со двора (А. Пушкин). 最后一个例子是有点反常的。因为说完：Скажи Кирилу Петровичу, чтобы он убирался, Дубровский 同样也就"велел его выгнать со двора"了，因此说 Убирайтесь！也就意味着 выгнать。

"埋怨"的理由可能不仅仅是因为埋怨者对被埋怨者所做的善举。可以埋怨卑微的出身（就像前面举过的摘自克雷洛夫［Крылов］的例子）或者"被埋怨者"某个过去的过失，他对此早就后悔了。甚至与认为别人会做得更好这样相关的埋怨也是可能的，所以，茨维塔耶娃写道，在她五岁的时候，母亲因女儿缺乏音乐才能而常常数落（她），先是以三岁的莫扎特为例，又拿四岁的自己来说，最后是穆希亚·波塔波娃。这种例子会引起埋怨（在不同的用法中）也和某种因"辜负期望"的责备相关这样的想法。

但是，在所有情形下重要的是，从说话人－观察者的角度来看，埋怨是不体面的，在最好的情况下，即使不是恶意的行为，也是无益的。谚语"Кто старое помянет, того черт на расправу помянет"指出的正是"埋怨过去"的不体面性。

在这种情况下，埋怨的重要特点与责备的情形一样，就是相应 PA 的主体不告知任何新的信息，而确切地说，是**提醒**。埋怨的近似同义词是 колоть глаза "责备，使难堪"（试比较 [Мельчук, Жолковский 1984] 中使用的 колоть глаза 这个表述为例，例如：Они колют ему глаза тем, что вывели его в люди) 或者甚至是 ставить всякое лыко в строку "求全责备"。正是在"埋怨"的情形下，我们可以遇到"两个说话人"给出的评价之间相当独特的关系。一方面，PA 主体（"埋怨者"）显示出自己对"被埋怨者"不好的态度，而观察者－解释者本身又对相应 PA 做出否定评价。但是另一方面，如果 PA 主体明白，他的话可能会被描写为"埋怨"，交际者的角色就可能发生变化，因此，此前刚刚被贬低的被埋怨的客体就可能会居于高位（试比较格列科娃小说中的一段对话：Молод ты еще курить. Сам заработай, тогда и кури. — А, ты меня своим хлебом попрекаешь? Ладно же! Хватит! Не буду у тебя есть! — Прости меня, Вадик. Виновата. И кури, пожалуйста, только не вредничай).

  对于埋怨而言，特殊语言标记的存在很大程度上是具有语言特色的，因此 попрекнуть/попрекать 和 попрек 很难翻译成欧洲语言。可以认为，这是因为关于"埋怨"单义性的概念对于俄语行为文化是极有特点的，不仅在埋怨虚假的善行时（就像谚语说的：Прежде поднести, а там и попрекай），而且在似乎"有可埋怨"的情况下也是如此。特别是，众多的谚语也可以证明这一点，试比较，对前面所举的谚语的补充：Лучше не дари, да после не кори!；Чем корить, так лучше не кормить; Ложкой кормит, а стеблом глаз колет（关于埋怨者）；словом — Кто старое помянет, тому глаз вон.

第五章 称名与名词的自指性

1. 自指解释的条件

早在中世纪的逻辑学中(特别是威廉·奥卡姆)就通常区分出两种情况:语言表述实际上表示语言外对象的情况和它指向其自己本身的情况。在第一种情况下,语言表述的指称(在中世纪的逻辑学中使用术语"指代"——suppositio)由其意义来确定,该意义不是作为概念来理解,而是作为对象的集合来理解,即实际上是作为表述的外延来理解。在第二种情况下,指称("指代")与意义无关(该用法目前通常被称为语言符号的**自指**用法)。奥卡姆把语言表述的"独立于意义"的(自指性)用法区分为两类:表述的指称对象是其后面的概念(这样的情形通常被称为"简单指代"——suppositio simplex),和指称对象是该表述的口头形式或书写形式(这样的情形被称为"物质指代"——suppositio materialis)。自指性用法的例子如:молодость(青春)——相对的概念("简单指代");хлеб(面包)——名词("物质指代")。

与自指性用法相似的是语句中表达定义、称名等同或用来介绍陌生人的名词:Декарт и Картезиус — одно лицо(一个人);Морфема — это минимальная значимая единица языка(语言的最小意义单位);Знакомьтесь, это Коля(认识一下,这是科里亚)。这些语句可以迂说为:Декарт и Картезиус — имена одного и того же лица(同一个人的名字);Морфемой называется минимальная значимая единица языка(语言的最小意义单位称作词素);Этого человека зовут Коля(这个人叫科里亚),即借助于句子使给定的称名具有自指性地位。这些不是自指性的,而又在意义上相近的语句中与自指性称名相对应的称名可以被称为"**准自指性的**"[①]。

应该强调的是,能够自指性使用的不仅仅是名词。任何一个语言表述都可以表示自身,在这种情形下在"名词的意义上"起作用,即占据名词的句法位置。因此,在下面这些语句中,引号中的语言表述的特性就是具有自指性地位:

---

① 该术语是在[Шмелев 1984]这部著作中提出的。

«Любить» — это глагол; Суффикс «-тель» является одним из наиболее употребительных в данном словообразовательном типе; В предложении «И волчью вашу я давно натуру знаю» нестандарный порядок слов 等等①。

同时,自指性用法远非总是在书面文本中加以专门标记(借助于引号或其他形式),在口语中自指性用法表面上一般是没有任何标记的。鉴于此,语言符号隐蔽的自指性用法是可能的,它可以用作许多谜语、悖论和语言游戏的源泉。譬如,Чем кончаются и ночь, и день? 这个谜语的根据是,当人第一次听到这个谜语时,多半会把 ночь 和 день 这两个词按照"通常的"非自指性的用法来解释,而不会想到正确答案是"软辅音"。类似的用法还用在这些谜语中: Чего в январе, феврале, марте, апреле, мае, июне, илюле, августе не найдешь, зато найдешь в сентябре, октябре, ноябре и декабре, что у Бога есть, а у царя нет, в небе есть, а в земле нет, у бабы две, а у девки ни одной, у Бориса спереди, а у Глеба сзади? — Буква «б».

问题在于,在文本的解释中,自指性地位通常只赋予特殊"自指"语境中的名词。在前面分析过的谜语中 ночь, день, январе, феврале, марте, апреле, мае, июне, илюле, августе, сентябре, октябре, ноябре и декабре, Бога, царя, небе, земле, бабы, девки, Бориса, Глеба 这些词形在"非自指性"语境中也使用,因此在谜语的文本解释中,没有经验的受话人不会推测出自指性解释。

这样,为了正确理解文本,必须区分"自指性"语境和"非自指性"语境。通常自指性解释和非自指性解释无疑是与所分析名词有关的述谓规定的。譬如,很清楚,在 Скажи «Метро», в метро поедем к дяде (А. Барто) 这个句子中, метро 一词的第一个用法是自指性的,而第二个则不是。这样的解释是由支配述谓 сказать 和 поехать 的特点决定的(的确, сказать 要求语言对象,而 поехать 要求非语言对象)。而在 Амстердам — название столицы Голландии 这个语句中也同样如此,主语具有自指性地位,而在意义上近似的语句 Амстердам — столица Голландии 中,主语是非自指性的(恰恰是准自指性的)。众人皆知的 Скажи пароль! — Пароль 这个笑话的基础是 пароль(暗号)这个词无论在自指

---

① 除了表示自指,引号还有许多其他功能;而另一方面,这不是表示 ИГ 自指地位的唯一方式。在语言单位的自指性使用是不可避免的和必需的语言学文本中,实际上要对自指的不同种类加以区分,因此如果对于"物质指代"(指向语言表述的外层)通常使用斜体字,那么对于"简单指代"(指向概念层)就是用所谓的"双引号"。然而,这里指的只是尚不太能站得住脚的惯例,它可以在不同的作者之间发生变化

性用法中,还是在非自指性用法中都表示语言对象(是支配述谓 сказать 所要求的),而前面所分析谜语的基础是 заканчиваться, иметься 等等这类述谓既可以与语言对象有关,也可以与非语言对象有关。在这种情况下,如果具有潜在的多义性,那么恰恰非自指性解释是"主要的"和首先想到的,而自指性解释的可能是意料之外的。这些例子中的指称游戏正是以此为基础。

还要指出,在非一致同位语位置上(газета «Правда»)的名词总是具有自指性地位。因此,为了保证名词的自指性解释,在表示种别时常常将其置于非一致同位语的位置上:слово «день», существительное «стол», имя «Таня» 等等①。前面分析过的谜语的"正确"说法(不过在这种说法中,谜语就会失去意义)本应该是这样:«Чем кончаются и слово ночь, и слово день?»; «Чего в словах январь, февраль, март, апрель, май, июнь, илюль, август не найдешь, зато найдешь в словах сентябрь, октябрь, ноябрь и декабрь..., в слове небо есть, а в слове земля нет...?»,而"Пароль"在回答"Скажи слово пароль"这个请求时就是恰当的。

然而,也有这样的语境,其中选择自指性解释还是非自指性解释不能用过于简单的规则加以描写。这里包括在 именовать(ся), (на)зваться, называть(ся) 等等这些命名动词存在的情况下对谓语构成中的名词的鉴定。在一些情况下,这样的 ИГ 是自指性的:Это животное называют **муравьедом**;... после болезни, называемой **черной немочью**... (Пушкин)等等。但是其自身当中经常隐含着述谓性 ИГ:Не зови меня **счастливцем** [В. Жуковский] (≈ "不要把我看成是幸运的");试比较普希金的:... на то, что некоторые философы называют(≈"当作是")**естественным состоянием человека**;... Никто... не называл **его педантом** 等等。在这种情况下,命名动词实际上是执行命题态度动词的功能:назвать Петра мерзавицем(сказать, что Петр-мерзавец)。说话人用这种结构指出该述谓关系不是归属于他,而是归属于命题态度的主体。而在说话人和命题态度的主体重合或"一致"的情况下,述谓关系可以被理解为更直言的,试比较:Вот что чудом-то зовут ["Вот это настоящее чудо"](这才是真正的奇迹)(А. Пушкин);Это я называю благородством ["Это, по-моему, истинное благородство"](我认为这是真正的高尚)(Э. Кестнер, пер. с нем.

---

① 自指性解释所特有的一些其他语境在[Шмелев 1984]这本书中有所描写。

К. Богатырева)①.

2. 命名动词:名称的解释

如此一来,带有"命名"动词的结构值得从指称角度进行更详细的分析。它们可以表现为报道:

(1) 关于名称的命名;

(2) 关于客体获得新地位的行为;

(3) 关于名称确定为客体所有;

(4) 关于名称用作客体的称呼或指称对象的行为;

(5) 关于给予客体的特性评价;

(6) 关于已经进行的证同(通常是故意为假的,当在一个客体冒充为另一个时);

试比较:

(1) назвать сына Александром;

(2) назвать своей женой;

(3) Эти птички называются мухоловками;

(4) Звала Полиною Прасковью (А. Пушкин);

(5) Назвал фельдшерицу свиньей (М. Булгаков);

(6) Я назвался ревизором из треста.

常常用不定人称结构来混合地表达(3)和(4):«Меланхолихой» звали какую-то бабу в городской слободе (И. Гончаров)中报道"Меланхолиха"是城郊村庄里一个村妇的绰号,并且该绰号实际上对她使用过(试比较在对话中这些意义的冲突:Как его зовут? — Как крестили, так и зовут [Ф. Достоевский],问话人感兴趣的是这里所谈论的人的名字,而回答是不含任何信息,因为仅限于判定实际上针对此人使用的正是在洗礼时赋予其的专名)。我们注意到,在命名动词存在的情况下,名称在(1)、(3)和(4)的理解中具有自指性解释,而在(2)和(5)的理解中具有述谓性解释②;在(6)的理解中名称的地

---

① 在迂说中使用 истинный, настоящий 等等这些词绝非偶然。在所分析的结构中,述谓关系的"直言性"在于,它们不仅仅可以赋予对象以某种特征,而且可以表达判断,即对象是相应评判的某种尺度。

② 使用语言表述是其外延的摹状词情况除外,试比较:Ребенка назвали именем прадеда (第一种理解); Он называл меня разными нехорошими словами (第五种理解); 试比较套话 называть вещи своими именами。

位可能是不同的。还可能是这样的情况,当(3)和(5)的意义混合地表达出来时,这时名称被赋予混合的述谓－自指地位:试比较 Писаки русские толпой Меня зовут аристократом (А. Пушкин)或者是"认为我是贵族",或者是"谈论我时用'贵族,贵族'";Проза едва-едва выкупает гадость того, что зовут они **поэзией** (А. Пушкин)指的是"……他们认为什么是诗歌和'поэзия'这个表述是针对什么使用的";Этот стон у нас песней зовется (Н. Некрасов)的意思既是指"我们"把这个'哼哼声'当作是"歌",同时又指"对于这个'哼哼声''我们'用песня这个词"。应该把混合解释同多义性区分开,多义性在这样的例子中会出现,如 Там в краю далеком назови меня женой 或者是指"娶我为妻"(第二种解释),或者指"装出我是你妻子的样子"(第六种解释)。

　　大多数命名动词并不具有一组完整的意义,比方说,动词 прозвать 只用于意义(1),наречь 用于(1),偶尔用于(2),называться 用于(3)和(5)。但是,这些动词通常还是多义的,并且在这种情况下,所提到的这些意义在详解词典里区分得并不是很清楚。总的来看,名称自指解释和非自指解释的选择不是单单由命名动词的词汇特点决定的。对包含命名动词的结构的理解方式取决于多种因素(除了动词的个别词汇特点以外):动词体、反身意义、动词周围的名词类型[①]。与此同时,建立相应结构的解释规则首先要求详细说明每一个命名动词的个别词汇特点。

　　我们来简要地描写一些命名动词。我们在每个意义序号后的括号中导入与该意义相符的解释序号(按照前面提到的分类)。

　　звать (звать Xa Y-ом) — 1(4). 用名称 Y 称呼 X,或者谈论 X 时使用名称 Y(通常在 X 是动物性名词的情况下):Повара своего Власа он звал отныне Блэз (Ю. Тынянов); Зовите меня просто: Ильич (摘自笑话);试比较 X 是非动物性名词的情况:Вот она березовая роща, ее в Крутых Луках зовут Дубравой. (С. Зальгин); 2(3). (在不定人称或命令式结构中) X 名叫 Y(通常在 X 是动物性名词的情况下):Как вас зовут?; Как тебя звать?; Жил-был доктор. Он был добрый. Звали его Айболит (К. Чуковский); Жил-был столяр. Звали его Кушаков (Д. Хармс);试比较 X 是非动物性名词的情况:Пароход

---

① 相关规律在[Шмелев 1988б]中有所描写。

第五章 称名与名词的自指性

зовут «Орленок»（剧本名）; 3(5). 把 X 描述为 Y：Вот что чудом-то зовут（А. Пушкин）.

зваться（X зовется Y-ом）-1(3). X 名叫 Y（更经常用在 X 是动物性名词的情况下）：Параша (так звалась красотка наша)（А. Пушкин）; 2(4). 针对 X, 使用名称 Y：Прозвище это, как и многие другие лицейские, первым пустил Миша Яковлев. Сам Миша Яковлев звался Паяцем（Ю. Тынянов）; 3(5). X 可以被描述为 Y：Это уже зовется наглостью.

именовать（именовать X-a Y-ом）-1(4). 谈论 X 时, 使用名称 Y：Не без гордости русская пресса Именует себя иногда Путеводной звездою прогресса（Н. Некрасов）; 2(3). X 名叫 Y：Пресловутая ересь вздорная, именуемая душа（М. Цветаева）.

именоваться（X именуется Y-ом）-1(3). X 名叫 Y：(通常在 X 是动物性名词, Y 是普通名词的情况下）：... Всего того, что в сфере нравственного именуется злом（А. Чехов）; 2(4). 针对 X, 使用名称 Y（通常在 X 是动物性名词, Y 是普通名词的情况下）：Логическое деление, случается, смешивают с другой операцией, которая тоже иногда именуется «делением»（А. А. Ивин）.

назвать（назвать X-a Y-ом）-1(1). 以 Y 命名 X：Ребенка назвали Иваном; Назовем языком множество цепочек конечной длины в конечном алфовите; 2(2). 赋予 X 以 Y 的地位：Назвал его своим преемником; Назову ее московскою царицей（А. Пушкин）; 3(4). 谈论 X 时, 使用名称 Y：Он назвал Наталью «тетя Наташа»; Да и стулья не всякий решился бы назвать стульями（А. Чехов）; Раз во сне назвал он Надежду Осиповну каким-то посторонним женским именем（Ю. Тынянов）; 4(5). 把 X 描述为 Y：Нельзя назвать его умницею（В. Даль）; Татьяну Ивановну не всякий назвал бы красавицей（А. Чехов）; Назвал фельдшерицу свиньей（М. Булгаков）; 5(6). 说 X 是 Y：Назвал ее своей племянницей.

назваться（X назвался Y-ом）-1(4). X 说他的名字是 Y：К вам приходил какой-то человек, назвавшийся Ивановым; 2(6). X 说他是 Y：К вам приходил какой-то Иванов, назвавшийся инженером из треста; Назвался груздем-полезай в кузов; ...Я... Димитрием назвался и поляков безмозглых обманул (А. Пушкин).

называть (называть X-а Y-ом)-1. назвать 的未完成体：(1). 以名称 Y 命名 X：Родители часто называют детей именами прославленных соотечественников; (4). 谈论 X 时,使用名称 Y：Называемая в народе；Медведя называют Мишкою (В. Даль); Меня все называют превосходительством (А. Чехов); Я желаю знать, любите ли вы его тем сильным, страстным чувством, которое мы привыкли называть любовью?(И. Тургенев); Иаков, не ты ли меня целовал И черной голубкой своей называл?(А. Ахматова); Все друзья вкуса ополчились против Шаховского... Его иначе не называли как Шутовским...(Ю. Тынянов); (5) 把 X 描述为 Y：Таких людей называют мироедами (В. Даль); Отца моего осыпали хвалой, бессмертным его называя (Н. Некрасов); Прибежала мама и стала называть папу неудачником, бухгалтером (так оно и было), идеалистом, отцом двух отпетых хулиганов, и если верить ее словам, то женитьба на ней была единственной папиной удачей (Ю. Воищев, А. Иванов); Это я называю благородством; 2(3).[通常用被动形动词的形式]X 名叫 Y(通常在 X 是动物性名词,Y 是普通名词的情况下)：Николай взял двести граммов свиной, называемой почему-то домашней, колбасы (В. Некрасов).

Называться (X называется Y-ом)-1. назваться 的未完成体：Чтобы обмануть полицию, он в разных городах назывался разными именами; 2(3). X 名叫 Y (通常在 X 是非动物性名词的情况下)：Городок назывался Таммерфорс; Сосуд, имеющий форму ведра с надписью «пож. вед.» и предназначенный для тушения пожаров, называется пожарным ведром (消防知识手册)[①]; 3(4). 针对 X,使用名称 Y (通常在 X 是非动物性名词的情况下)：День Евдокии в

---

① [Иван 1986]书中的例子。

народе называется подмочи-порог（В. Даль）；试比较 X 是动物性名词的情况：В метрическом свидетельстве она называлась Красновскою（А. Чехов）；4(5). X 可以被描述为 Y：Это, по-нашему, называется плутовством.

3. 一格还是五格？

可以注意到，在命名动词存在的情况下，述谓名词实际上总是用五格（只有在混合述谓-自指地位的情况下一格才是可能的），而自指名词既可以用五格，也可以用一格，既可以是 Его зовут Петей，也可以是 Его зовут Петя. 这时，要弄清楚在命名动词存在的情况下，名词用五格还是一格的选择规则就成为一个单独的问题。实际上，普希金在《叶甫塞尼·奥涅金》中介绍主人公时写道："Ее сестра звалась Татьяна"，而过了一会儿又总结道"Итак, она звалась Татьяной"，这是为什么？对于这个问题，一般的语法描写无法给出答案①。尽管在一些专门的研究中也涉及过该问题，包括像雅可布森[1985：155]和维日彼茨卡[Wierzbicka 1980a]这些权威作者的著作，即使在这些著作中我们也找不到对该问题的详尽回答。

看起来，主要不是应该在一格和五格的语义特点中，而是应该在命名行为的指称特性中寻找答案。说话人实现对该行为的指称时，可以选择以下两种策略中的一种。他可以把相应的名词作为自己和言语受话人共有"词汇"中的一部分来使用，或者是疏离地引用某人所使用的表述。在第一种情况下指的是"使用"，而在第二种情况下则是名称的"引用"。应该强调，"引用"和"使用"的对立，一般来说，与名称自指用法和非自指用法的对立并不一致，因为无论在自指用法中，还是在非自指用法中都既可以是引用，也可以是使用。不过，"引用"总是要求自指地位，哪怕是作为一个混合表达出来的解释。

研究材料表明，在命名动词存在的情况下，如果是名词的"使用"，则用五格，而如果是"引用"，就用一格。由此得出，如果我们碰到的是普通名词，并且其语义内容跃居前台，这时选择五格。因此，在有关新身份的赋予（如 назвать кого-либо своим преемником）或者已经进行了的证同（如 назваться инженером из треста）的报道中只能够使用五格。在关于客体被赋予的特性的报道中（如

---

① 因此，[Русская грамматика 1980] 只限于指出"五格形式在语体上是中性的；一格形式……可能具有旧的色彩"（第二卷，§ 2235）。

назвал фельдшерицу свиньей），也用五格；只有在混合性地表达出在赋予特性时，究竟使用的是哪一个表述的情况下，才使用一格，而且，此时主要关注的是表达形式，而不是特性的内容：Александра Игнатьевича называли когда-то влюбленным майором... А я хочу тебя назвать: влюбленный скрипач (А. Чехов). 在后一种情况下，名词的用法近似于直接引语中的引用。当普通名词的一格用于报道称呼或指称对象的行为时，也会产生同样的效果：...постоянно называл его «отец ректор» (А. Герцен).

由于一格指示出"引用"，并且表明关注的是表述的外层方面，因此在报道某个名称确定为客体所有时，以及在报道名称的命名行为、使用专名对客体的称呼行为或指称行为时，可以（并且，或许，甚至是更经常）和五格一起使用。这时，当说话人认为该名称是通用的，似乎是纳入到心理上的"常用名称词典"中的情况下，选择五格。当说话人选择五格时，他是在**"使用"**该名称（以自指方式）。一格表明，说话人把名称看作是"独一无二的"、非同寻常的或者甚至是新奇的，他不打算只是简单地"使用"它（或许，是因为不确信受话人是否知道它），而是"引用"它。试比较，一方面：... Я загадала — если у вашей жены родится дочь, я выздоровлю: назовите ее Татьяной (Т. Кузьминская); Анна Николаевна, которую тетушка Анна Львовна называла по старой памяти Анкой... (Ю. Тынянов); 另一方面：Императрица Екатерина играла именами. В одной пьесе она назвала авантюриста Калифалкжерстон (Ю. Тынянов); Звали его... Чинчар (А. Грин); Его звали Роберт (电影片名).

由此可以明白，为什么在引入 Татьяна 这个名字时，普希金写道：Ее сестра звалась Татьяна，因为 Татьяна 这个名字对于许多小说的女主人公而言是非同寻常的（初次这样称名）。但是接下来，当名字被引入分析之后，就可以使用五格了：Итак, она звалась Татьяной.

这样，我们看到，对于名词自指用法的解释，仅仅限于能发现它们，并把它们和"普通的"非自指用法区别开是不够的。在谈到命名时，自指用法既可以是名称的"引用"，也可以是名称的"使用"，而后一个对立在俄语里有专门的表达手段，从而使谓语构成中一格和五格得以交替使用。尽管存在各种各样带有命名动词的结构，但是确定选择一格还是五格的一般规则在这些结构中是一样的。

第六部分 言语活动中的异常现象

第一章 "异常"语句:解释问题

1. 实际言语活动中的"异常现象"

被称为异常的是那些违反某些已有明确表述的规则或直觉上即可感觉到的规律的现象。因此,现象本身并不是异常的,而是相对于某些规律、规则而言。在科学界常常认为,凡是与研究者所提出的描写,即与他们表述的规则系统相矛盾的现象就是异常的。

自然科学家的任务是,根据观察实际上发生过的事件建立一般理论,从而得以解释这些事件并预测新的事件。如果碰到偏离理论预测的事件,自然科学家也竭力使所观察到的现象与理论相符。他可以通过两种方式做到这一点。

首先,他检验按照理论本应该发生所预测事件的所有条件实际上是否得到满足:或许出现了某些没有考虑到的影响或实验错误。正如 Э. 达尔指出的那样,"如果我的体温计显示我的体温是 43 度,那么我由此得出的结论不是关于人体体温可能波动的原有理论不正确,而是我应该买一个新的体温计"[Dahl 1980:153]。发现不曾考虑到的影响可能是更有意义的,并且会导致产生科学发现(试比较海王星的发现)。然而在所有这些情况下都没有必要对理论加以修订。

而如果这样还不能使实验数据与理论相符,那么自然科学家就不得不修改原来的理论或者尝试建立新理论。因此,其结果显然与经典力学的预测相矛盾的马伊克里逊·莫雷的实验,成为建立相对论的一个推动因素。

在这两种情况下都发现了与理论预测相矛盾的事实,这在科学知识的发展中起着特殊的作用。而正是这些不能纳入现有理论的事实是自然科学发展的主要推动因素。在科学中"发现始于对异常现象的意识"是很常见的[Кун 1977:80]。

语言学家们也同样竭力使科学描写与所观察到的事实相符合。语言学家对与他们明确表述的规则相矛盾的语句的反应可能与自然科学家的反应是相似的。信息提供者在言语中屡次违反规则可能是因为:他是一个外国人,对所描写的语言掌握得还不充分;或者(在有针对性的问卷调查中)他不明白,调查者到底想从他那里了解什么东西,或者是故意想要误导调查者。在所有类似的情况下,研究结果或实验数据根本就不应该被考虑在内。"如果一个以科学词汇为指向的信息提供者宣称,'对他来说',老虎是'猫'(cats)的一种变体,我的反应将会是取消其作为信息提供者的资格(因为他不能把英语口语和科学术语区分开),而不会是郑重地记录下来,在他的'个人习语'中老虎就是猫(cats)的一种变体",维日彼茨卡写道([Wierzbicka 1985:42];再比较[Булыгина 1980a; Василевич 1987:14])。

更典型的情形是,语料库中许多反例的存在导致要进一步详细说明规则的定义乃至对其进行全面修订。对许多语言学规则进行"实证检验"的典型情形就是这种情形[1]。

附注:不过,应该强调的是,与自然科学中的概念相比,"实证检验"、"实验"的概念在语言学上具有实质上不同的内容。自然科学家做实验是为了发现他先前不知道的规律或检验关于这些规律的假设。共时描写语言学的任务,确切地说,是为了明确表述语言使用者们实质上都确切知道的规则(并且语言学家本人也知道,因为他掌握所描写的语言)。语言学家应该把模糊不清的,直觉上的概念转换为合理的形式。他不是描写经验上可得到的语句的集合,而确切地说,是描写决定所有可以理解的语句是否正确的普遍性语言直觉[Булыгина 1980a; Bulygina & Shmelev 1987]。正因为如此,在同那些把自然科学方法论机械地搬到语言学中的支持者们争论时,维日彼茨卡指出,为了全面准确地描写语言,"必须澄清概念的内在逻辑;而要做到这一点最好不是借助于采访、实验室实验、报道信息提供者或研究者本人偶然的、表面的感觉……,而是通过**有条不紊的内省和思考**"[Wierzbicka 1985:19]。因此,即使语言学家对于事件偏离了理论所推测的进程的反应表面上与自然科学家的反应相似,也还是应该考虑到语言学规则和自然科学规律的不同地位。

但是,共时描写语言学还具有另一个区别于自然科学的特点。这是因为,与自然规律不同,语言规则在某种意义上本身就已规定出因疏忽或某些特别的目的而违反它们的可能性。这就可以把它们和规范人类活动的任何一个规则统一起来。足球比赛的规则规定违规情况下的制裁,因为没有这条规则就不完

---

[1] 在某个满足所定义规则的语句与语言直觉相矛盾(即对于语言使用者的直觉来说是异常的)的情形下,就会出现语言学规则"实证检验"的另一种类型。这些语句常常被语言学家当作"负面语料"构建起来[Щерба 1974:33],作为所建议的不适当描写的证据。

整。逻辑规律不是描写人们是如何推理的,而是应该如何推理。在这种情况下,许多逻辑学教材甚至罗列出最常见的逻辑错误一览表。同样,语言学家也并非总是一定要使实际上可观察到的语句与语言规则相符。在言语实践中,偏离语言规则的可能性似乎是语言规则本身规定的。因此,在语料库中遇到的违反语言学家所定义的规则的语句,可以解释为偏离,而不必对规则加以修订。

要知道,前面指出的语言学中实证检验的特点还在于,所谓的反例通常对于研究者而言不是什么新的事实,而只是他在定义规则时忽略的那些事实。因此,在语言学中经常会遇到这种情形,不适当的语言学描写的佐证不是与描写相矛盾的那些语句,反而是实际上遇到的与语言学家所定义的规则相容的,但从语言使用者的直觉来看却是异常的那些语句。

我们以一个文本为例来说明这一点,该文本几乎全部由不正确的句子构成,然而,如果从字面来理解,其中的大多数句子是现有描写所允许的。这是巴库读者米罗诺夫的一封来信(«Известия», 1989, 15 апреля),我们只列举出其中一个片断:Сталин был чист перед советским народом, он расстреливал тех людей, которые ему и всему советскому народу мешали правильной и честной жизни. Народ жил хорошо, все было вдоволь. 大多数的语法描写指出, мешать 支配三格,而且 мешать кому (试比较正确的句子 мешали народу честно жить) 和 мешать чему (试比较正确的句子 мешали честной жизни народа) 这种结构是可以的。所列举片断中第一个句子的异常性迫使对描写作出补充,以指出这些结构的不相容性。

在自然语言的实际文本中,偏离(不是针对语言学家所定义的规则,而是针对语言使用者直觉上所感觉到的规范)并非那么罕见。所以,如果不能察觉到这些偏离,那么就不可能用某种方式来解释对真正的自然语言文本的理解。在这种情况下,违反规则的后果(以及相应的,语言学家对这种违反的解释)可能是不同的。能够理解自然语言的智能系统对这种违反的反应方式应该是不相同的。

2. 非有意的异常

首先,违反规则可以被看成是差错、过失、言语上的疏忽大意。语料库中这种异常语句的存在一点也不会妨碍语言学家定义相应的规则。在这种情况下,他们不必取消说出这种语句的信息提供者的资格。谢尔巴[1974:37]早就从

《好作家》这部著作中列举出错误的例子。帕杜切娃[1977:88]对在别林斯基的著作中碰到的句子所做的评论也是很典型的:"试比较句(7),它的错误在于支配述谓要求使用弱化的述谓性名词,而它使用的却是非弱化的名词:

(7) * Мало осталось в ней сходства между простенькой деревенской девочкой и петербургской дамой (Белинский)"。

阿普列相[1971:32]列举出在期刊中遇到的一系列表述(оценивают их работоспособность хорошей; угнали несколько государственных и собственных машин 等等),他倾向于将它们评定为"新闻工作者的疏忽和错误"。

一般来说,这类错误是偶然性的。它们可能会出现在某些文本中,这些文本就语言方面而言在其他地方又被修正过来。这些错误可能与违反语言系统任何一个层面的规则相关联:从语音和正音法规范(不同的 lapsus linguae)到精确的语义规律。智能系统识别出这种错误之后,应该尝试修正它,并且以修正后的形式来解释文本。

当语句表达的不是说话人想要置于其中的涵义时,对修正语义错误的能力进行模式处理是最困难的。我们究竟是如何确定说话人所指的完全不是其语句中直接表达出来的意思,这一点并非总是很清楚的。有时对文本连贯性和建立论证规则的认识有助于揭示说话人的语义意图。譬如,在下面这个例子中,值得关注的是,用 редко 这个词替代更为恰当的 изредка(或 иногда)是不正确的:(什克洛夫斯基讲述自己探望生病的尤里·蒂尼亚诺夫) Я просил, — сказал Юрий, — чтобы мне дали вино, которое мне давали в детстве, когда я болел, — «Сант-Рафаэль»? — спросил я. Мы были почти однолетками и мне когда-то редко давали это сладкое желтое вино. 问题在于,редко 这个词(和 мало 这个词一样,参见 II.1)总是与句子的主要陈说一致。但是,根据语境可以清楚的是,什克洛夫斯基想要报道的是在童年时期,有时(尽管不是经常)也会给他喝"圣拉斐尔"葡萄酒,而不是很少给"圣拉斐尔"喝。有时语义错误的确定是基于这样的认识,即由语句直接得出来的意义符合异常的和荒谬的情境,比如,关于 Преступники угнали несколько государственных и собственных машин 这个语句,阿普列相[1974:11]写道,"该语句或者是不正确的(本应该说 частных,而不是 собственных),或者是正确的,但却是荒谬的(罪犯偷了自己的东西,偷走自己的汽车)"。无论如何,只有在能够理解文本的系统可以确定出直接理解的异常性,并且同时拥有纠正错误的手段,从而最终获得在该交际情境下的正常理解时,才可能识别出语义错误。

3. 对有意异常的再理解

言语错误是无意的异常。除此之外,在言语实践中会遇到有意识地违反语言规则的情况,可以根据说话人的意向来对它们分类①。

从这个角度出发,显然可以区分出两类语义上异常的语句(试比较[Арутюнова 1987]):一类语句在重新理解后应该获得语义上的标准解释(就算失去形象性和力度),另一类语句不能化归为标准语义,并且会引起对所违反的规则本身的关注。

如果异常能够产生新的意思,那么规则就是被有意违反的,然而在这种情况下经常是无意识的。违反规则的结果就是语句中出现补充意义或者要对语句的某些构分彻底重新理解。这样,违反语音规范可以使语句产生富有表达力的效果[Реформатский 1966]。但是,不言而喻,新意义的来源通常就是语义异常,即违反语义搭配限制②,同语反复或逻辑上的矛盾句,换句话说,就是那些字面理解在某个方面是异常的,但却能获得语义上标准的解释的语句。

对语义异常重新理解,使其趋于语义标准(即使失去形象性和力度)的可能性,是由于存在说话人可以运用的,特殊的重新理解规则而决定的。因此,语义上异常的语句就不再是异常的了。更准确地说,语句的异常是相对于"基本"规则而言,但是相对于重新理解规则是完全合理的。

语言学家对这些语句的解释取决于如何划清"基本"规则和重新理解规则之间的界限。譬如,《浮士德》中的 Grau ist alle Theorie, doch grün des Lebens goldner Baum 这个句子,无论从语义搭配规则的角度来看(颜色形容词 grau 不能和抽象名词 Theorie 搭配),还是从形式逻辑的角度来看(一个对象被赋予"金色的"和"绿色的"两个不相容的特征[Фосслер 1910:157—158]),按照字面理解都是异常的,然而它却可以被看作是语义上正确的,如果形容词 grau, grun, golden 和 Baum des Lebens 这个搭配在词典中被赋予转义的隐喻意义或者在

---

① 当然,这不是语言异常分类的唯一方式。这种分类的基础可以是,例如,违反规则的类型(可以指语音、词法、句法异常,不正确的论证等等;正是所违反规则在类型上的深层差别经常可以把真正的语言异常和逻辑矛盾区别开[Апресян 1978])。然而,有意异常的语句的解释方式以及对其的反应,从智能系统来看首先取决于,在多大程度上得以识别说话人的意向。

② 试比较阿普列相的观点[1974:64],就是违反语义上无理据的搭配限制会造成"某种幽默效果"(即属于某种"语言游戏"),而违反语义上有理据的搭配规则会引起重新理解。

语义规则中包括隐喻规则的话。

　　语义异常的重新理解是在"言语交际准则"[Грайс 1985:10]的基础上实现的。语句直接意义的自相矛盾和明显的虚假性(即违反质的准则)、或者是不含信息,同语反复(即违反量的准则)迫使言语受话人寻找语句中的隐含义。言语交际准则的揭示使语言学家有望"卸载"句子和文本的语义描写,从中剔除所有由语境和言语交际准则恢复起来的东西。讽刺、隐喻、反叙、夸张等等开始被视作语句直接意义明显的虚假性迫使受话人寻找另外一种理解这种情境的产生方式。

　　根据交际准则还可以解释 закон есть закон 这类语句:其直接意义是同语反复,由于它们绝对不含任何信息,无论在哪一种交际语境中都违反了量准则的第一个原则。这就使言语受话人认为,这些语句真正的信息内容不是由概念意义的要素构成,而是直接取决于情境所造成的联想。

　　这类句子分析的语用化遭到许多语言学家的反对。的确,那些"卸载"语义描写,根据通用的语用规则来解释这种语句的人,默认这种结构的使用是非规约性的,即与具体语言的特点无关。而不同语言具有解释这种表述的专门方式。

　　这里首先应该提及维日彼茨卡的一篇文章[Wierzbicka 1987b],其中包含对英语"同语反复"语句的细致分析,并且阐明对其解释的主要方式。维日彼茨卡指出,这些语句的用法在英语中是规约化的。然而,她对于类似的俄语语句的附带评论需要进一步明确说明。

　　譬如,维日彼茨卡断定,俄语里"不说 война есть война,但是可以像奥库扎瓦的一首名曲中所唱到的那样,说 работа есть работа"[Wierzbicka 1987b:97]。实际上,война есть война 这个句子是俄语文本里一个最常见的"同语反复"句子。在维索茨基的《论时间的抒情叙事诗》中、在许多文学作品中,以及在报刊文本中都可以见到。相应语句的意义可能是不同的(常常在语境中是明确表达出来的):必须对战争有清醒的态度,准备承受不可避免地与其相关的痛苦和不幸,必须履行自己的义务,在战争年代不可能按照和平时代的法律法规生活等等。

　　对俄语双称名同语反复的理解方式取决于许多参数:名称类型(专名、摹状词还是代词),其指称地位、连接词的存在、式和时态、词序,扩展成分的存在。譬如,X есть X 这种语句(其中 X 是人的专名)最常见的是表达容忍、理解,不会

第一章 "异常"语句:解释问题

期待从此人身上得到什么好的东西,而 X — это X 这种语句,确切地说,表示对名称承担者的高度评价,表示说话人认为别人不能与之相比(正如在伊斯坎德尔的一部作品中写道:Великий Питон — это все-таки Великий Питон)。在得知美国大师的例行要求时,因该要求会给比赛的组织者带来很多不便,会自然地说出 Фишер есть Фишер 这个语句,而例如,在得知美国大师又获胜时,Фишер — это Фишер 听上去是自然的,这时说话人强调这应该是意料之中的事。

使用 X — это X 这种结构,是为了表示对象的个体化、"特殊性"。因此,和 Фишер — это Фишер 这类例子一道,这种语句可以具有证同的意义:逻辑上的和经验上的。

"同语反复"解释的规约化可以用形式上相同的波兰语和俄语表述作为例子来说明。根据维日彼茨卡 [Wierzbicka 1987b:102] 的论证,波兰语的 Co było, to było 表示不应该沉湎于过去的事情;维日彼茨卡还举出一个意义上等价的谚语 Co było, A nie jest, nie pisze się w rejestr "Что было, а не есть, не пишется в реестр(过去的事情,而不是现在的,不会记录在册)"。这样,维日彼茨卡所列举的波兰语表述在意义上符合俄语的:Что было, то сплыло; Что было, то прошло; Что было, то быльем поросло(往事一去不复返)。我们可以补充一下,该表述在俄语中也有字面上类似的表达——Что было, то было,然而却具有完全不同(几乎是相反的)的意义,即"不能否认实际上发生过的事情"。换句话说,俄语的 Что было, то было 属于 Что есть, то есть; Что правда, то правда 这一序列,只有在谈论过去的事情时才使用(再比较包含否定词的说法:Чего не было, того не было; Чего нет, того нет)。

因此,可以说,对"同语反复"重新理解的必要性由一般言语交际准则来决定,但是重新理解的方式由具体语言的语义规则来规定。因此,相应的语句并不是真正的语言异常。

可以用类似的方式分析字面意义包含矛盾的语句:Люблю и ненавижу; Я не я, и лошадь не моя; Анна красива и безобразна одновременно; И ужин прощальный-не ужин (А. Галич); Счастье обособленное не есть счастье, так что утка и спирт, которые кажутся единственными в городе, даже совсем не спирт и не утка (Б. Пастернак)。这里还包括 женатый холостяк; убогая роскошь; живой труп; правда лжи (М. Цветаева)这类不同的矛盾修饰法。试

比较罗密欧的话(帕斯捷尔纳克的译本):

    Нестройное собранье стройных форм,

    Холодный жар, смертельное здоровье,

    Бессонный сон, который глубже сна...

    Раздумье необдуманности ради.

  对这些语句重新理解的必要性,当然也是由交际准则决定的。但是,重新理解的方式在相当大的程度上是规约化的。试比较,难以翻译的固定说法: Так, да не так!; Один другого（即字面上的"друг друга"）лучше 等等。

  在这种情况下,重要的是让言语受话人明白,说出意义上矛盾的句子是讲话人的意图。只有这时他才会尝试了解,为什么讲话人会说出毫无意义的句子,他认为说话人这样做,应该是有所指的[Кифер 1985: 337]。这在某种程度上与阿普列相指出的规律有关:与语句情态框架、语法意义、主述位切分相关的矛盾会引起真正的、无法理解的语言异常。实际上,这种矛盾未必是故意造成的。语法意义经常是不受说话人的意志左右而表达出来的,即不是有意表达出来的。情态框架和主述位切分直接描写说话人的交际意图,不见得会故意具有自相矛盾的意图。

  可以揭示出要求重新理解的那些语句的隐含义的许多规则在 Ф. 拉西耶 [Rasthier 1987]的"解释性语义"系统中都有研究。有时这种规则可以相当准确地确定语句的"意义"。这样的情形是,即使在脱离语境的片断中语句也具有唯一的解释,例如: Жена булочника — настоящая старая дева; Счастье обособленное не есть счастье (Б. Пастернак); Все это чистая стихия страха, без которой сказка не сказка и услада не услада (М. Цветаева)。在另一些情形下,"重新解释"的规则只规定理解的总体方向,而详细情况还需要明确说明。譬如,孔子的名言 Твой сын — это не твой сын..., 只有在接下来说:... а сын своего времени 才会被理解。遇到 Они похожи и не похожи 这个断定时,自然会问:"你指的是什么(也就是说哪方面像,哪方面不像)？"在大仲马的小说《三个火枪手》中,当达达尼昂问波尔多斯时:"Qui fournit le vin? C'est votre hôte?"("谁提供葡萄酒？你的老板吗？"),得到是对该问题似是而非的回答: "C'est à dire, oui et non"("这么说吧,又是又不是")。他正当地要求进一步说明: "Comment, oui et non ?"("怎么可能,又是又不是？")。只有在火枪手进一步明确说明后才满意: "Il le fournit, il est vrai, mais il ignore qu'il a cet honneur"("他,的确提供葡萄酒,可是他不知道会有这种荣誉")。更为常见的是立即给出必要的说明,试比较:Конец работы — это вовсе не конец работы. После гудка надо еще собрать инструмент, отнести его в кладовую, сдать, построиться... (В. Шаламов).

综上所述,没有发现"解释性语义"规则的缺陷。借助于这些规则所得出的理解的不完整性与被解释语句实际上的不确定性相吻合。譬如,认为在某种情境下 X（вовсе）не X 的语句表示在该情境下辜负了通常赋予 X 的正面期望：Утка и спирт, которые кажутся единственными в городе, даже совсем не спирт и не утка (Б. Пастернак); Без детей человек-не человек (И. Бунин)。如果从名词短语的语义来看还不是很清楚,指的是哪些正面期望,以及是哪些情况阻碍其实现,那么语句就是语义上不确定的,而且可能要求额外的具体化,"解释性语义"的规则只是反映出这个事实。

4. 无法重新理解的异常

除了按字面解释是异常的,但在重新理解时又可以化归为标准语义的语句以外,还可以划分出另外一类语义异常,其目的是完全不同的,是为了吸引对所违反规则的注意,借此达到幽默效果或其他效果。

这种违反语言规则的最简单情形就是语言游戏。它可能不追求任何目的,除了纯娱乐目的以外,如加强交际的从容自然、特殊的表达方式,插科打诨。有时语言游戏是对不完全掌握标准语规范的人的言语的模仿（言语伪装的手段）。

语言游戏可以囊括语言系统的所有层面。泽姆斯卡娅等人[1983]描写了口语中运用的各种方式的语言游戏（词语的改头换面,错误语法形式的构建,两种语言混合的说话方式,俗话的模仿等等）。我们列举一个语言游戏的例子,其中利用的就是构建逻辑上连贯文本的规则：Я рассказываю только о том, что видел своими глазами. Или слышал своими ушами. Или мне рассказывал кто-то, кому я очень доверяю. Или доверяю не очень. Или очень не доверяю. Во всяком случае, то, что я пишу, всегда на чем-то основано. Иногда даже основано совсем ни на чем. Но каждый, кто хотя бы поверхностно знаком с теорией относительности, знает, что ничто есть разновидность нечто, а нечто это тоже что-то, из чего можно извлечь кое-что (Войнович). 很可能,这里我们遇到的是插科打诨的典型情形。

在某些情况下,语言游戏追求纯粹插科打诨之外的目的。其中包括,例如,所谓的说俏皮话的情形[Земская и др. 1983],它是为了更形象地、更正确地转达内容,更准确地表达思想。大体上,说俏皮话的不同方式(双关语,词语间的叠加,构建具有感染错合性质的结构,构词游戏等等)与通常的插科打诨十分接近,所以很难在它们之间划出清楚的界限[Земская и др. 1983:186]。

应当把语言游戏和"朴素的"语言实验区分开,后者出现在这样的情形下,当讲话人有意识地说出异常的语句,以期引起对所违反规则的注意(或许,并非总能清楚地意识到该目的)。讲话人在这种情况下似乎是充当研究者的角色,竭力想获取"反面的语言材料"。

这种实验可能会触及不同类型的规则。讲话人在缓慢的讲话中利用发音[хоит](ходит),不仅力求制造幽默效果,而且还实验性地确立了一个事实,即重音后位置上的元音中间[д']的脱落,是流利话语中所特有的,这违反较慢发音的语音规范。

帕杜切娃[1982:89]分析了 Л.卡罗尔的一些句法实验。公爵夫人的语句是变相的句法违规现象(在俄语译文中保留了下来):Будь такой, как кажется. Или, если хочешь, я сформулирую это проще: никогда не думай, что ты не являешься иной, чем окружающим может показаться, что то, чем бы ты была или могла бы быть, было то, чем ты могла бы показаться им чем-то иным,这就彰显出一个事实,即动词 appear 与其俄语对应词 показаться(X показался Y-y Z-ом и X-y показалось, что)的可选支配模式是不相容的。我们注意到,由于"元文本"部分(я сформулирую это проще)和紧随其后的累赘语句彼此矛盾,所以该语句是异常的。

在这种朴素的实验结果中出现的"反面语言材料"有时可以直观地证明某个词位的非常规特点。譬如,《福马和叶列马的故事》中的许多句子(Ерему сыскали, а Фому нашли; Ерему били, а Фоме не спустили 等等)表现出连接词 а 的重要特点(谚语 В одном кармане пусто, а в другом нет ничего 利用的正是该特点);谚语 Наша Дунька не брезгунька, жрет и мед 说明了语气词 и 的语义包含的预设;笑话 Один ничего не делает, а другой ему помогает 有助于揭示 помагать 和 способствовать 这两个动词的语义差别:不能 помагать X-у ничего не делать, 但是可以 способствовать тому, что X ничего не делает, 试比较阿普列相[1974:101]提出的对动词 помагать 和 способствовать 的示例解释。

第一章 "异常"语句：解释问题

刘易斯·卡罗尔的童话中的许多情节可以被看作是出色的实验，它们用实例说明了自然语言中词语的意义不能归结为其逻辑对应物。下面的对话表明，more 这个词的意义及其俄语对应词 больше 不只是表示"更多"的比值：Почему ты не пьёшь больше чаю? —Я вообще ничего тут не пила! —Тем более! Выпить больше, чем ничего, — легко и просто. Вот если бы ты выпила меньше, чем ничего, — это был бы фокус (萨霍德的译本)。равный 这个词（帕杜切娃建议将其作为卡罗尔的 like 的翻译对等词）的一个有趣特点在下面的对话中表现出来：Когда тебе дурно, всегда ешь сено. В таких случаях нет ничего равного сену. — А я думала, брызнуть холодной водой или понюхать нашатырю будет лучше. — Я сказал, нет ничего равного. равный 这个词在被否定的存在语境中意思不只是"равный（相等）"，而是"равный или больше（相等或更多）"。

丹尼尔·哈尔姆斯的主人公构思了一个关于创造奇迹的人的故事，这个人一辈子也没有创造一个奇迹，就是利用人根据属性获得的称名（其中也包括 чудотворец）与 спасатель（可能一辈子也没有救过一个人），слушатель（根本就不听课的懒散学生也可以称为 слушатели курсов）等等这类功能性名称的区别做文章[Шмелева 1984]。

许多谚语的语义异常是因为同义词的变形掩盖了语义同一性。这些谚语可以被看作是一种研究同义词迂说系统的工具：Не бей по голове, а колоти по башке; Не он умер, а смерть его пришла; Сначала я на тебе поеду, потом ты меня повези 等等[Левин 1980]。

与言语交际如何发生相关联的"朴素实验"是最有趣的。正是违反正常言语交际准则的情形让人注意到这些规则的重要性。继格赖斯的那篇著名文章[Grice 1975]之后，言语交际准则成为言语行为理论不可分离的一部分，而这些准则，大概，最先是由 О. Г. 列夫津娜和 И. И. 列夫津于 1966 年在分析尤涅斯库的剧本中对正常交际准则的偏离现象时提出的[Ревзина, Ревзин 1971]。卡罗尔的童话是就对话的规范而做的连续实验。它们情节丰富，记录了各种各样的交际失败[Падучева 1982]。Ю. И. 列文[1980]所分析的一些谚语，其中同语反复和老生常谈的话被"惊奇的认识论光环"环绕着（Ныне люди таковы: унеси что с чужого двора-вором назовут; Украл топор, а говорят, что вор; Пришёл ввечеру, а ушёл поутру-скажут, что ночевал; Умный был бы, кабы не дурак；Коли б жил покойничек，так бы и не умер①；Недавно помер，а уж не живой；Как помер，так и часу и не жил)，也是根据交际准则所做的实验。

"语言游戏"和"朴素"实验之间的界限并非总能轻易地划分清楚。在"朴素"实验中构建的语句经常具有讽刺性质，并且通常可以被描述成"俏皮话"。可以认为，把这些语句解释为"游戏性的"是完全可行的。智能系统应该在所有这类情况下都可以确立有意识违反规则的事实，并且把在这种情况下产生的幽默效果确定下来。

应当把这两类语义异常与表面上相似的（比如，矛盾的）语句区分开，后者旨在表达从日常逻辑来看异常的内容。说话人可以使用这种语句来描写分裂的、内心矛盾的意识或者说出深刻又二律背反的真理。这些语句不是语言学上异常的语句，因为其内容尽管在某种程度上是反常的，或者甚至是荒谬的，但是通过标准的解释规则可以计算出来。

譬如，报道的对象可以是内心矛盾的意识，例如，在对自我认同产生怀疑时：Мы в адском круге，а может，это и не мы（А. Ахматова）；Может быть，я — это тоже не я（Л. Квитко，пер. Е. Благининой）。

还有一种情形更有趣，就是当说话人力求说出那种极其深刻的思想，以至于语言不得不以矛盾的形式把它表达出来。这时我们遇到的就是谬论，其根源在于生命本身，并且自古以来就是哲学家、逻辑学家、神学家、数学家的兴趣所在。这里的无稽之谈是认识生命的方式，悖论式语句希冀能够表达深刻的真理。这种语句不要求重新理解，而这一点使其区别于先前分析过的容许作修辞性解释的语义异常。试比较：Он сам... признал，что стал другим человеком. На самом же деле он стал самим собой（Б. Сарнов），该语句是完全可以理解的，可以化归为标准语义；Именно не обозначая то，что оно обозначает，оно обозначает именно то，что оно обозначает（Я. Друскин）是悖论式语句，因此对它也应该做出同样的解释。Во вселенной стынет пустое пространство（Ньютон）这个语句是隐喻；尼尔斯·玻尔的语句是悖论。

可以重新理解的语句和悖论并非总是那么容易区分。有时表述得如同悖论的语句在历时上开始容许重新理解［Мусхелишвили，Сергеев 1983］。在诗学语言中，可见，在这两种矛盾之间并没有清楚的界限。

---

① 试比较契诃夫的《草原》中相似的语句：До своей смерти она была жива...

综上所述很清楚,语言描写的经验适当性不能理解为与实际上说出来的语句库相符,因为在该语料库中存在不少在某种程度上异常的语句。语言学家分析语料库的任务是:(a) 揭示语料库中在某种程度上偏离规范的所有语句;(b) 定义规则,该规则作为所有不包含偏离的语句的基础;(c) 确定寓于语料库中的异常的效果。异常语句应当遵守的那些规则与没有偏离的语句一样,与规定了违反规则的可能性并且考虑到这些违反的潜在效果的那种描写相比,这种描写具有的解释力要小一些。

然而,不管怎样,理解自然语言的智能系统必须能够分析异常的语句。不言而喻,建立能够识别异常并且可以对其进行解释的系统,这个问题在难度上要远远超过建立理解不包含异常的文本的系统这一棘手的问题。就连语言使用者有时也不能正确解释异常的语句(例如,把故意的偏差看作是言语错误[①])。但是,不能够分析异常,智能系统就不能分析自然语言中的大多数文本。

---

① 试比较高尔基把陀思妥耶夫斯基的句子 Вошли две дамы, обе девицы 判定为"说走嘴"[Шмелев 1977:121],谢格洛夫把前面提到的契诃夫的句子 До своей смерти она была жива... 判定为"修辞瑕疵"。

第二章　自证伪的悖论

1. 自指性是否可能?

(1) a. Данное утверждение ложно.

　　 b. Все утверждения ложны.

(2) Не делай, пожалуйста, того, о чем я прошу.

(3) Обещаю не выполнить данного обещания.

(4) Предсказываю, что данное предсказание не сбудется.

(5) Не слушай ничьих советов.

(6) Сделай это без всякой подсказки с моей стороны.

(7) Ты должен сделать это не по обязанности, а по доброй воле.

(8) Я не могу сказать ни слова по-русски.

　　语句(1—8)反常的原因是一样的：言语行为从最开始就不完全合乎要求，而且这是由这些语句本身造成的，我们在这里遇到的情形和万德勒描写的"语旨自杀"有些近似[①]。这类例子(1a, b)，以"说谎者的悖论"而著称，早就引起逻辑学家和哲学家的注意。它们的反常实际上是与自指性相关联，也就是说，是因为在这些语句中实现的是对自己本身的指涉。大家知道，可以追溯至罗素的一种处理方法是不承认自指性是可容许的。按照这种方法，(1a)这类语句被认为是没有意义的，而(1b)这类语句，像中世纪的逻辑学家所说的那样，被"限制性地"加以解释("所有的断定，除了这个……")。

　　根据该原则，自指性是不容许的，然而该原则与日常的言语实践相矛盾。特别是许多公文(证明文件)的文本在定义上都是自指的：试比较典型的公文 Сим удостоверяется...；Дано в том, что...；Предъявитель сего 等等。

　　看起来，在更宽泛的"自证伪"语境中可以获得对"说谎者悖论"更为现实的描写。

---

① 参见［Вендлер 1985］。

例句(2—6)正好就是可自证伪的语句,对于其他类言语行为(请求,允诺,预言,劝告、提醒)而言是"说谎者悖论"的对应物。在这些情况下,言语行为遭到语句直接内容的破坏。有时起决定性作用的不是语句的语旨力,而是该语句被说出来的事实(如在 Я молчу и не произношу ни слова 这个例子中),或者是所使用的语言符号[如在例(8)中],或者,比如是语调(Простите меня 这个句子,如果说出来的时候不带着后悔的神情,反而甚至是含有敌意的,那么就是对"请求原谅"这个言语行为的"证伪")。

在某种意义上与罗素相反的处理方法看起来是近乎情理的。可以认为,所有语句都是自指的,意思就是说,其中都隐性或显性地指出自身的语旨力,指出言语行为成功的条件(例如,对于"请求原谅"这个言语行为而言,某些类似于"说话人感到懊悔"的说法),指出说出语句这个事实本身(某些类似于"说出这点"的说法)。例(8)这类语句的自相矛盾性表明,看来所有语句都包括对其中所使用的语言符号的指称。异常或悖论在语句的不同构分彼此发生矛盾时产生。在该意义上,可自证伪的语句与矛盾句毗邻,如 Ты должен сделать это не по обязанности, а по доброй воле；Принято решение обязать родителей добровольно отдавать детей в языковые школы；Мы согласны на мирные переговоры при условии, что они будут проводиться без всяких предварительных условий（以色列总理的讲话）等等。

暂不提这种矛盾是语言异常还是逻辑矛盾这个问题,我们发现,对这种语句的理解服从理解异常语句的一般规律,即矛盾引起幽默效果或者导致必须对语句重新理解(参见 VI.1)。重新理解可自证伪的语句的一个普遍的但不是唯一的方法就是前面提到的"限制":Все высказывания ложны. ="所有的语句都为假,除了这一句";Не слушай ничьих советов. ="不要听任何人的建议,除了我的这个建议"。

2. 日常言语实践中的自证伪

通常认为,"说谎者悖论"及类似现象的研究仅仅具有理论上的意义,因为它能够帮助我们深入洞察自然语言语义的秘密[①],但是这种自证伪现象在自然语言交际中不一定会碰到。即便碰到这种语句,它们也总是应该被"限制性地"

---

① 因此在整整一系列"说话者悖论"的论著中,也从语言学的角度研究紧密相关的现象。哪怕提一下[Godart-Wendling 1990]的基础性研究以及其中的指定文献,还有[Vanderveken 1980]的文章也好。

加以解释。然而实际上，有意识地或无意识地，说话人在自己的言语中纳入的可自证伪的语句常常比乍看起来感觉到的要多。在这种情况下，对这些语句的解释是不同的，这取决于我们如何理解说话人的言语意向。

譬如，包含几乎纯形式上的"说谎者悖论"的语句不仅在怀疑论的追随者那里会碰到，而且在丘特切夫的著名诗句 Мысль изреченная есть ложь 那里也会遇到。重要的是，"假"在这里不只是指与实际不符，因为对于怀疑论者，假显然应该解释为"不可信"；在丘特切夫看来，语句的"假"，确切地说，在于表示不能恰当表达的相应思想。

当人由于匆忙而做出不合常规的回答时，他可能会纠正说："Ой, что это я, вру, вру!"。对这种语句的解释与对现在时的特殊理解相关，现在时针对的是刚刚做出的断定，而不是在该时刻做出的断定。《罪与罚》中拉祖米欣的语句要求另外一种解释：Все мы врем, потому что и я тоже вру, но доврёмся же, неконец, и до правды...

其实，刊登在«National Enquirer»（1993年2月23日）杂志上的一则尽人皆知的笑话的最后一句也是"说谎者悖论"："Game warden: Catch any fish? - Fishman: Did I! I took out 40 this morning. — Game warden: That's illegal. Know who I am? I'm the game warden. Fishman: Know who I am? I'm the biggest liar in the world"。不言而喻，只有在相信该断定时，才会注意"我是世界上最能说谎的人"这个语句，所以这里也应该出现某种限制性解释。然而该语句未必表示"我的所有断定都是假的，除了这个"；确切地说，它的涵义大概是这样的："我经常说谎，你永远也不该相信我所说的话"。

在一个演员的自传标题 « Profession menteur » 中可以看到隐性的自证伪。显然，作者的意图要求限制性解释，针对的是演员（"艺人的，伪装者的"）职业，而不是书的内容。然而评论家（François Périer, Elle, 1991, 15.01）把标题解释为"说谎者悖论"的范例：Ne craignant pas de faire mentir le titre, "Profession menteur", il y parle avec une sincérité telle qu'elle en est parfois choquante. 我们看到，评论家颠倒了限制性解释，他认为，在整本书中只有标题在"说谎"。

50年代的一首流行歌曲中的语句是一个特殊的理解类型，其中对 Я бы вас поцеловал, если только это можно 这个犹豫不决的请求的获准是这样表达的：Да уж ладно, говорю, поцелуй без разрешенья. 说话人给予许可，但却不想十

第二章 自证伪的悖论

分明确地表达出来。

一些可自证伪语句的类型经常会碰到,以至于它们已经变成了某种言语套话。譬如,特别常见的句子,如 Я не буду даже упоминать о...;Я ни слова не скажу о...甚至学术报告也常常包含对报告人不会涉及到的内容的冗长叙述(В своем докладе я не буду говорить о том, что...)。像 не говоря уже... Я (уж) не говорю...这样的说法已成为熟语。用这样的说法时,说话人甚至没注意到它们是自证伪的鲜明例子。与此同时,听者有时会注意到这种说话方式在形式上的违规。因此,茨维塔耶娃在讲述五岁的马克西米利安·沃洛申时,写道:

Мать при пятилетнем Максе читает длинное стихотворение, кажется, Майкова от лица девушки, перечисляющей все, что не скажет любимому: «Я не скажу тебе, как я тебя люблю, я не скажу тебе, как тогда светили звезды, освещая мои слезы. Я не скажу тебе, как обмирало мое сердце при звуке шагов-каждый раз не твоих. Я не скажу тебе, как потом взошла заря» и т. д. и т. д. Наконец-конец. И пятилетний, с глубоким вздохом: «Ах, какая! Обещала ничего не сказать, а сама все взяла да рассказала».

当说话人专门解释为什么他对某个现象"只字不提"时,自证伪尤为明显。例如,伊戈尔·佐洛图斯基,好像"没有提及"果戈理的《关于圣餐的沉思》的两个版本,而同时却又列出参考书目,并顺便指出它们在版本学上是不可信的(参见《新世界》,1991,№ 9):Я сознательно не упоминаю две другие публикации «Размышлений о божественной литургии» — в издетельстве «Современник» (1990) и в журнале «Наше наследие» (1990, 5), — где обнародован текст работы Гоголя, искаженный правкой духовной цензуры. 而科尔查文在《电影艺术》(1990:11)中声称:Кстати, многие из этих стихов сейчас просто стыдно публиковать, они написаны несвободным человеком. Например, у меня есть поэма в полторы тысяч строк, где о тридцать седьмом годе сказано: «И суть была не в том, что били, а в том, что били по своим». Да я умру раньше, чем такое опубликую, хотя там есть вещи, которые мне очень дороги(即刊登了两行诗,并附上对其的断定:Да я умру раньше, чем такое опубликую)。一个语言学家朋友(我不说,这就是玛莎·波林斯卡娅)说过的话(在孩子在场时)也是很典型的:Я не буду говорить при детях, что эти скульптуры напоминают фаллические символы.

而如果说话人故意不讲"避而不谈"（更准确地说,假避而不谈）的原因,那么自证伪就变得不那么明显,例如,在使用前面提到的言语套话中。但是,乔安娜正确地把斯特鲁韦的 Мы не будем здесь говорить о попытках Рима-извечных, начиная с крестоносцев XIII в. и кончая орденом иезуитов в XX-м, — распространять свое влияние, а если можно и власть на Россию 这句话评定为 слова о происках Рима и кознях иезуитов («Вестник РХД», 161). 确实,斯特鲁韦在断定不会说出这些话的那一瞬间就把它们说出来了。

著名的摩尔悖论（Идет дождь, но я так не считаю）中利用的语句也可以归入到可自证伪的语句当中,例如: Мария Поклен была состоятельной женщиной... Молясь, Мария перебирала перламутровые четки. Она читала Библию и даже, чему я мало верю, греческого автора Плутарха в сокращенном переводе (М. Булгаков). 在所列举的片断中插入的"作者的"评论 чему я мало верю 强调了一个事实,就是所有其余的报道都依靠不同的来源,或许是不太可信的。这个插入的评论在某种意义上类似于 якобы, будто бы 这些词。在这种情形下,只有在可以把报道解释成与说话人的主观意见无关的报道的情况下,理解才是可能的。譬如, * Вероятно, он придет, — но я думаю, что он не придет 这个语句是异常的,并且未必可以做出理性的解释,因为 Вероятно, он придет 这个假设句的必要条件是使说话人倾向于说出的假设为真。与之相反, Возможно, он придет, но я думаю, что он не придет（前一部分说话人表示他来是一种可能性,但是丝毫没提,他认为该可能性出现的概率有多大）和 Есть вероятность, что он придет, но я думаю, что он не придет（前一部分表示客观可能性的存在,后一部分则表示说话人的主观意见）这两个语句是完全正确的（甚至不是自相矛盾的）。

如此一来,这种语句是可以被理解的,如果能够划分出两个层面的话:譬如,说话人本人的意见和从某些来源获取的信息,或者依据权威的意见和个人意见。从报刊采访中摘录的句子 Я считаю, что мое мнение ложно 是一个可以理解的纯粹的自证伪例子,但是被认为是对规范的偶尔偏离或是有意识的偏离。契诃夫作品中主人公的独白也可以划分出两个层面,该主人公对自己的儿子讲了一些什么,但是他的讲述一次又一次地被插话打断: Ты мне не верь, Боренька... Ни одному моему слову не верь.

第二章　自证伪的悖论

与"知晓"相关联的悖论值得单独提出来。Я не знаю, что P 这种形式的句子是可自证伪的,因此是异常的[①]。报道可以自然地用准施为句 Знай, что... 来预先通报,但是 * Не знай, что... 是异常的。Так никто и не знает, что... 这类语句按照字面理解是可自证伪的(并且,显然应该被限制性地加以解释)(试比较摘自语言学家报告的一句话 Об этом до сих пор не знает ни один лингвист)。

还会遇到一些情形,就是自证伪是由语句的内容及其语调、重音、正字法等表面特点之间的矛盾造成的。米兰·昆德拉的主人公哈威尔大夫正是由于这种矛盾而遭到责备:

> Vous vousêtes dépeint sous les traits d'un personnage de comédie, de la grisaille, et de l'ennuie, comme un zéro! Malheureusement, la façon dont vous vous êtes exprimé était un peu trop noble. C'est vôtre maudit raffinement: vous vous traitez de mendiant, mais vous choisissez pour cela des mots princiers pour être quand même plus prince que mendiant. Vous êtes un vieux imposteur, Havel. Vaniteux jusque dans les moments où vous vous roulez dans la boue.

Disparaît 这种写法的存在使得 « Le Figaro »报的副标题(关于正字法的改革)是可自证伪的:L'accent circonflexe disparait sur les «i» et les «u» et de nombreux mots composés seront soudés. 最后,对 Молчи! 这个要求惯用的回答 Да я и так молчу,鉴于"说话"这个事实本身,所以也是可自证伪的(试比较 Е. 波波夫的句子:«Вася, молчи! Ты слышал, что тебе сказал товарищ?» — говорит Коля Васе. «Ништяк, Колян! Да только я могу и еще кой-кому хавальник завесить»;在施瓦茨剧本里的情节中乞丐乞讨时所说的 Подайте бедному немому! 也产生类似的效果)。在"迪士尼乐园"里布告板上的"На этой доске ничего не написано(这个布告板上什么也没有写)"的字样同样也是可自证伪的 ipso facto.

再举几行法语诗歌...Daignez m'accorder... ce que je n'ose demander 为

[①] 不过,当说话人和对话人说好对第三者说谎时,这种句子是可以的。这里语句似乎是处于参项"我们说好做个样子,好像……"的行为范围内。我们注意到,Договоримся, будто я не знаю, что P 这种形式的语句是完全正确的。

例(不作注释)。使徒保罗给科林蒂安的第二封信中用极巧妙的文字游戏来自夸[①](...Собою же не похвалюсь... Впрочем, если захочу хвалиться, не буду неразумен, потому что скажу истину; но я удерживаюсь...);前面提到的米兰·昆德拉小说中人物对Pourquoi...? 问题的回答Justement parce qu'il n'y a pas de raison.

自证伪的另一个特殊类型是这样的一些语句,它们违反了说话人对其他人所作的指令:Нельзя ничего запрещать; Никогда не говори «никогда»;再比较多次援引过的句子Не сметь командовать!(Ленин).如果说话人使用泛指第二人称,希冀自己的要求具有普遍性,那么也会出现自证伪;在这种情况下,经常会产生幽默效果。在马尔沙克的一首诗歌中讲道,老师不在时学生们是怎样大声地叫喊,互相要求彼此安静下来。但是,在这个时候Угомон(安静)出现了,"他严厉地环视了一下大家,并对学生们说:Не учи молчать другого, а молчи побольше сам"。很明显,Угомон本人绝对没有遵守自己训诫性的话。苏维埃人民代表大会(1989年5月25日)上的一个发言中的两个句子在会场上引起大家的一片笑声:...Не надо подхваливать Михаила Сергеевича. Мне кажется, это унижает этого человека, этого крупнейшего политического и государственного лидера...这种语句利用了各类笑话(就像在关于比利时语教材的笑话中,在言语修养上,其中说道:Ne disez pas «disez», disez «dites»!),它们经常作为讽刺作家嘲笑的对象,试比较:1.08 сего года в 8 часов 15 минут приказываю административные методы руководства заменить экономическими. Об исполнении доложить!(«Литературная газета», 1989, 24 мая).再提一下《星火》杂志上的讽刺画,上面画了一个城市,挂满了带着"不需要标语"、"没有标语也行"等等这些字样的条幅。这正是自证伪的最后一个变体,在说话人因为某事责备言语受话人时会出现,在自己所说的话中却恰恰容许他责备另一个人的那个原因,例如,当这种情形经常发生时,Как вы смеете кричать на меня就会大声说出来。

看起来,所列举的这些例子已经足以表明,可自证伪的语句在日常言语实践中并非那么罕见。如果承认自指性是任何一个语句的必要特点,我们就有可能把这些语句作为一种在某些情况下容许重新理解的语义异常来分析。

---

① 这把我们引向与自夸和谦虚相关联的悖论上来。Я чрезвычайно скромный человек 这类断定不可避免地是可自证伪的(艾亨瓦尔德注意到这一点:Если я... стану доказывать свою скромность, я тем самым ее потеряю)。

第三章 语言蛊惑方式：提请注意现实是一种蛊惑方式

语言蛊惑是指对听众或读者的非直接影响方式，当有必要把一些思想灌输给他们时，不是直接说出来，而是借助于语言机制提供的可能性，一点点地强加给他们。因此，"语言蛊惑"的实质在于对受话人的言语影响不是"直截了当的"，而是隐蔽的，当说话人想要灌输给言语受话人的观点与涵义的非陈说成分有关，它是该语句的预设或隐含义时，这些语句对于"语言蛊惑"就特别有用。语言蛊惑在苏联时代也被运用（参见，例如，М. Ю. 费多修克［1992］关于赫鲁晓夫所使用的蛊惑方式的论著），然而对蛊惑方式的总结相对来说还不够丰富，首先这是两组不同的词汇单位序列的使用，取决于指的是"自己的"还是"别人的"。因此，М. 爱泼斯坦曾指出：在苏维埃的意识形态语言中，Матерный политикан вступил в сговор с главарями бандитских шаек 这个语句与 Опытный политик заключил соглашение с руководителями партизанских отрядов 相比，表达的完全是另外一种思想，尽管事实可能是一样的，对该事实的某种评价被强加给受话人。再比较在《Архипелаге ГУЛАГ》中对苏维埃宣传用到的称名所作的类似评论：по тому усвоенному нами правилу, что все в мире, кто убивает за нас, — «партизыны», а все, кто убивает нас, — «бандиты», начиная с тамбовских крестьян 1921 года. 目前，在相对自由和无法对不同意见者施加行政影响时，语言蛊惑真正兴盛起来，为了控制人心，不得不诉诸于各种各样巧妙复杂的言语（arch use of language）。在当代（"改革后"）媒体中特别积极地运用以下这些蛊惑方式。

1. 隐藏在预设下的陈说

该方式运用自然语言中大多数语句的特点，该特点就是除了陈说以外，语句还包括所谓的推测成分，或预设，也就是说，无论是语句的作者，还是其受话人都应该承认为真的判断,这样才能使语句总体上具有意义(譬如,Дождь кончился 这个语句只有在承认下雨了为真的情况下才可以被理解)。众所周知,预设的重要特点是,与陈说不同,它们不受否定行为的影响。否定句 Дождь не кончился 具有和肯定句 Дождь кончился 一样的预设,就是"下雨了"。正是该特点使预设成为语言蛊惑的一种方便工具。

T. M. 尼古拉耶娃[1988]注意到出于蛊惑目的,陈说隐蔽在预设下这一情形。该方式不仅仅在尼古拉耶娃的这篇文章所分析的日常交际中广泛应用,新闻记者和政治活动家也积极运用该方式来操纵公众意识。

这种方式在于,应该灌输给公众的思想是以预设的形式呈现出来的。这就让人得以把最"无辜的"报刊体裁用作宣传工具,比如民意调查。记者在进行调查时,一般不做任何断定,而只是提出问题。并且可能不为人注意到的是,这些问题包含着预设,该预设 a prior 可能在被调查者看来根本就不明显,而它恰恰是应该灌输给公众的。譬如,在提出 В чем, по-вашему, причины снижения жизненного уровня в стране? 这个问题时,不管回答者如何回答这个问题,记者都令其承认"生活水平下降"这个预设为真。对俄罗斯近年来进行的民意调查的分析表明,它们经常追求的,与其说是认识目的,不如说是蛊惑目的,不是用来研究公众舆论的,而是通过预设对其施加影响。

在所谓的社会研究基金会"斯拉夫联盟"(该组织由联合企业"赫耳墨斯"提供经费)分发的调查问卷中所分析的语言蛊惑方式的使用是非常能够说明问题的。此外,问卷中包括以下问题,对这些问题提供了可能答案的清单:

1. 1991年您在国家储蓄银行拥有的存款,因改革者而贬值,您认为哪种赔偿方式是正确的,并愿意支持?

　　a) 以现金的形式并考虑到通货膨胀;
　　b) 提供住房、设施完善的房屋(农村),根据您的存款数量改善居住条件;
　　c) 将国家财产、土地转归您所有;
　　d) 根据您的选择采取结合的方式;
　　e) 其他方式;
　　f) 很难回答;

[预设:"回答者在1991年在储蓄银行拥有存款","该存款因'改革'而遭贬值","回答者认为该损失应该得到赔偿"]

…4. 您认为,在国家联合企业"赫耳墨斯"的领导涅韦罗夫当选为俄罗斯总统后的多长时间内,住房建设的发展,农村和城市建设会实质性地使您和您家庭的生活条件变得更好?

    a) 1999 年前;

    b) 2003 年前;

    c) 2003 年后;

    d) 很难回答;

[预设:"涅韦罗夫将当选为俄罗斯总统","这会带来农村和城市的建设","因此采访者及其家庭的生活会得到实质性的改善"]。

2. 借助于言语隐含义的影响

    言语隐含义指文本中没有直接表达出来,但是根据言语交际的一般规则可以从中推导出来的思想。言语蛊惑的另一个方式是所灌输的论点不是直接包含在文本中,而是作为言语隐含义,可以由包含在其中的论点推导得出。在有必要"依据"隐含的论点时,就给文本的作者提供了可能,就像卢里耶一篇小说中的人物那样,在回答不要把某个刚刚发生的事件告诉任何人时保证道:A gentleman never tells,然后,当发现他毕竟还是讲了出来的时候,又声称:I never said I was a gentleman①。

    通过隐含义"影响人心"早在苏联时期就已实践过,在遭受审查的刊物中使用寓言式语言,因为那时"造反的"思想不可以直接说出来,而只能作为说出来的话的隐含义向读者呈现出来。例如,说:Вот вы защищаете евреев и не думаете о том, что в стране назревает экологическая катастрофа,语句的作者引导读者产生"生态灾难是犹太人的错"这样的想法。然而这样的想法不是直接说出来的,并且如有必要,作者可以很轻松地对此"死不承认"(对 80 年代末民族主义刊物中使用的言语隐含义的分析,参见[Шмелев 1991])。然而,最近它开始特别风行,这或多或少是因为对记者诋毁或诽谤的控诉变得越来越普遍。记者以言语隐含义的形式提出诋毁性的或者未经证实的论点,可以轻松地避免可能的起诉。

3. 以赞同形式表示的反对

    这里指的是争辩方式,说话人似乎是同意反对者说出的观点,但马上又提

---

    ① 该例是帕杜切娃[1982:312]在一篇文章中所列举的。

出把根据这一想法得出的可能结论归结为不的看法。在描写该方式前（III.6 在一定程度上曾详细分析过这种方式）我们先分析一下 действительно 这个说法，它在语义上和文本功能上与表面上相似的表述 в действительности, в самом деле 和 на самом деле 不同。

尽管 действительно, в действительности, в самом деле 和 на самом деле 这些表述包含相同的观点，即提请注意现实，但是它们的修辞功能在许多方面是不同的，甚至是相反的。或许可以说，"действительно 和 в самом деле 用在肯定某个语句的语境中，而 в действительности 和 на самом деле 可能出现在反驳语境中"（[Баранов и др. 1993]；参见[Буглак 1994]）。

所分析的这些表述在其使用中作为"修辞参项"的一个重要的共同特征是"反应性"，即每一个表述都只有在谈论某个"所讨论情境"①的现实性时才能使用。换句话说，正确使用这些表述中的任何一个都要求在交际参与者的"视野里"存在某个情境，并且要讨论该情境是否符合客观现实。在最简单的情形中，"所讨论情境"符合先前断定的内容；它也可以是先前问题适宜性的条件等等。用 S 表示符合"所讨论情境"的命题，而用 P 表示由某个给定表述推导得出的语句的命题内容。这时可以说，使用表述 действительно，说话人肯定 S 为真。显而易见，正是在该意义上才说 действительно"表示同意"。

然而，"表示同意"的必要性不会自发产生。如果讨论论点 S，那么在语用上同意 S 的表述，一般来说是站得住脚的，如果有必要消除对 S 为真的可能疑虑，或者为了同意 S 而提出某些限制性的保留条件的话。

在用于"消除疑虑"时，действительно 和 в самом деле 是可以相互替换的（"消除疑虑"也是 в самом деле 这个表述的主要功能）。如果 P 作为证明 S 为真的论据，那么在独白情况下"消除疑虑"要求构建论证。这时，действительно/в самом деле 在语句中居于开头位置，敞开了一连串用来证明 S 为真的论据。换句话说，说话人通过 P 消除了其"反对者"对 S 为真可能具有的疑虑，反对者在正常情况下就是言语受话人：

(1) a. Одноразовая ракета не всегда самый удобный и экономный вид транспорта. В самом деле, сколько труда, материалов идет на изготовление ракеты, ее двигателей, сложнейших бортовых

---

① 试比较[Булыгина, Шмелев 1987]（参见 III.3）所用的概念"所分析情境"和"关注的对象"。

第三章 语言蛊惑方式：提请注意现实是一种蛊惑方式

  систем. И все ради единого пуска;

b. Исследование рецепторов требует недоступного прежде мастерства и тонкости техники. В самом деле, как, не трогая, не разрушая мембрану, получить точное и конкретное представление о топографии и структуре рецептора, когда толщина мембранной стенки ничтожна-всего 2 — 3 молекулы, а поверхность мембраны громадна?

在"对话"模式中,观点 S 恰好是反对者说出来的,而疑虑可能为说话人(或者那个人,叙述就是从他的角度进行的)所有。使用 действительно/в самом деле 表示说话人确信 S 为真。在这种情况下 P 通常与 S 重合:

(2) a. «Это коньяк, — сказал он. — Коньяк великолепный». Коньяк в самом деле оказался очень хорошим（А. Чехов）;

b. Ему говорят: « Не работает!» Он попробовал: « Да, действительно, не работает»;

c. «Яблоко кислое». Полковник тоже поднял яблоко, куснул и тут же выплюнул: «Фу! В самом деле глаз воротит».

更常见的是,действительно 用来表示"有保留条件的同意"。有时该保留条件只不过是进一步详细的说明(例如,Так бывает не всегда, но, действительно, чаще всего),然而,对于 действительно,用于辩论是更典型的,当表示愿意同意反对者的基本想法,但又立刻提出常常将由该想法得出的可能结论归结为不的保留条件:

(3) a. Вывод о том, что загруженность судей гораздо выше, чем у адвокатов, мягко говоря, некорректен. Адвокатов, *действительно*, несколько больше, *но* ведь они не только выступают в суде. В какой-то мере они заняты на предварительном следствии. Плюс юридической помощи народному хозяйству и многое другое;

b. Обвинение признает, что он *действительно* отнял у потерпевшего вещи, *но* утверждает, что это была заранее условленная инсценировка, шутка;

c. Проблема эта *действительно* существует, *однако* зачастую не там, куда указывают оппоненты.

因此,действительно,似乎是用来"表示赞同",在实际的文本中却更经常用于辩论,这时说话人只同意某一部分,而反对论敌想法的实质。

俄语里许多"同意的说法"就是这样使用的。除了 действительно 这个词,还有一些表述,如 согласен, не спорю, спору нет(试比较:По-вашему, лучше французов и людей нет. Ученый, умный народ! Цивилизация! Согласен, французы все ученый, манерные... Француз никогда не позволит себе невежества: вовремя даме стул подаст, раков не станет есть вилкой, не плюнет на пол, но... нет того духу! Духу того в нем нет!)。正是因为这些表述的使用经常要求紧跟其后的反对,从而对其中直接表达出来的"同意"加以限制或归结为不,所以它们得以含蓄地表示反对,甚至不让人明白,实质上反对的是什么,从而为各种各样的言语把戏开辟了道路。

4. "貌似"现实与"真正"现实的对立

常识和逻辑规则告诉我们,如果可观察到的事实与先验采用的前提相矛盾,那么我们除了推翻或改变初始前提以外,别无他法。而在实际生活中人们常常抱着原有的认识不放,并且不急于在事实面前与其分道扬镳。这时他们就不得不以某种形式改变对事实的评定,以便不用彻底推翻它,可以仍旧保留不将其考虑在内的可能性。例如,事实被宣布是例外的,试比较,惯用语 Нет правил без исключений(所有的规则都有例外),而一旦具有例外地位,事实也就丧失了证明"最高真理"的能力。譬如,在苏联文学批评中"事实的真理"和"历史的真理"向来就是对立的,而且承认"事实的真理"的低等作用。

除此以外,确立事实的方式起着重要作用。正因为如此,Мятеж не может кончиться удачей: В противном случае его зовут иначе(叛乱不可能以成功结束,否则就不会这样叫了)。在改革和改革后的刊物中流行的口号 Давайте называть вещи своими именами,正如 Г. Е. 克赖德林指出的那样,就是根据自己的目的不断改变对象名称的方式。

再分析一种"语言蛊惑"方式,即说话人使"假象"、"貌似现实"(也就是直接观察到的事实)与"真正的"现实对立起来。这种对立几乎可以是公开的(对此,俄语有专门的手段,其中如表述 в действительности 和 на самом деле)或者隐性的(在转达别人的话语时最常用)。甚至在公开提请注意现实时,我们遇到的也是某种"语言蛊惑",因为这种提请注意的基础是对"虚假的"、"貌似的"现实的隐性认识,这种现实中隐藏着"真正的"、"真实的"现实(在这种情况下,说话人暗暗赋予自己权利以判断真正的现实是怎样的)①。在隐性地提请注意事实的情况下,用对事实的解释("真正"现实)来替换事实("貌似"现实)几乎不会被这种方式所针对的受话人注意到,因此方式的有效性会得到加强。

与前面分析过的 действительно 和 в самом деле 相比,在明确表达"假象"和"真正"现实对立时所使用的表述 в действительности 和 на самом деле 具有完全不同的特点。下面的例子是很典型的,其中 действительно 与 на самом деле 或 в самом деле 与 на самом деле 在文本中是直接对立的:

(4) a. На первый взгляд и процессы истечения сыпучих тел и жидкостей через отверстия похожи друг на друга. *Действительно*, со времени игр в песочнице каждый знает, что песок течет сквозь пальцы, «как вода». Но *на самом деле* аналогия с водою оказывается далеко не такой полной;

b. Он держался невозмутимо, как будто ему и *в самом деле* неведом был страх. А *на самом деле* у него душа в пятки ушла.

如前所述,用 в действительности 和 на самом деле 这两个单位与"虚假"现实和"真实"现实之间的对立有关。由此产生研究者所注意到的包含这些表述的语句中的"论辩性"效果。前面所列举的片断(4a)中,既使用了 действительно,又使用了 на самом деле,因此再一次表明,действительно 并非总是表示"肯定"。在该文本中 действительно 表示愿意同意反对者的观点有某种根据,但却根本不同意这种观点符合"实际的"客观现实。而 на самом деле 这个说法明显地使貌似的、虚假的现实与实际的客观现实对立起来。

包含表述 в действительности/на самом деле 的语句的功能可以这样来描述:说话人宣称,S 与虚假的现实相符,而与实际的客观现实相符的不是 S,而是 P。试比较:В жаркий день лужу воды, колеблющуюся в знойном мареве, можно увидеть в большом городе на совершенно сухом асфальте. В

---

① 在[Николаева 1988:164]这本书中也顺便提到,指出与生活、与世界的现实结构最为近似常常就是语言蛊惑的一种方式。

действительности это всего лишь отражение неба в нижнем атмосферном зеркале. 修辞性的 в действительности 常常与连接词 а 和 но，语气词 же 搭配，却未见到与 и 搭配（* и в действительности），这并非偶然。

на самом деле 这个表述的功能在许多方面与 в действительности 的功能类似，即它也是在"辩论"的情况下使用，这时貌似的现实 S 与实际的现实 P 相对立：Полярная звезда кажется совершенно неподвижной. На самом деле она движется. 试比较为数不多的例子，其中 на самом деле 这个表述用于"揭穿假象"，用于怀疑反对者已明言和未明言的观点：

(5) a. У нее был такой *вид*, словно она очень тревожится, отпуская Ольгу одну в путешествие. *На самом деле* она радовалась, что Ольга уезжает；

b. Она *говорила*, что больна, а *на самом деле* рыдала оттого, что жизнь кончилась；

c. Она *полагала*, что заботится о дочери, а *на самом деле* заботилась о себе；

d. Одна была его ровесница, *мнившая* себя высокой интеллектуалкой, а *на самом деле* распутная тварь, мечтавшая женить его на себе любым способом.

然而，与 в действительности 不同，на самом деле 这个表述也可以用来表示"肯定"：Он сделал вид, что спит, и через полчаса на самом деле уснул. 在这种用法中甚至用 в самом деле 来替换 на самом деле 也是可以的。

同时应当指出，这种用法的可能性与 на самом деле 语义中包含的貌似现实与实际现实对立的思想并不矛盾。使用表述 на самом деле 的说话人的基本态度大概可以这样来描述：根据 S 的信息，反对者不具有关于事态为真的信息，可能会做出结论 S_1；而与真正事态相符的不是 S_1，而是 P。只有在个别情况下，S_1 与 S 重合；一般来说，S_1 可能是从 S 推导出的任何一个可能结论，包括语句 S 的言语隐含义。所以，Он делал вид, что спит 这个语句接续下去的既可以是...a на самос деле просто закрывал глаза, 也可以是 и вскоре и на самом деле засыпал. 在第一种情形下，推翻了"貌似现实""он спал（他睡了）"；在第二种情况下，推翻了"貌似现实""он не спал（他没睡）"[Он делал вид, что спал（他装作睡的样子）这个语句的言语隐含义]。

所分析的 на самом деле 这个表述的特点使它也可以作为言语蛊惑的工具来使用。假象与真正现实的对立是通过改变确立事实的方式来消除不愉快事实的一种方式。说话人用这种方式,似乎是声明:"所有可以用来反对我的事实,都只是假象而已,后面隐藏着不为你所知的真正现实"。如句子:"Вам только *кажется*, что у вас есть высшие цели. *На самом деле* все ваши высшие цели-это только ловко замаскированный интерес класса, к которому вы принадлежите"(你们只是觉得,你们有着崇高的目标。实际上你们所有崇高的目标都只是巧妙伪装好的你们所属阶级的利益),这样马克思主义者就令其潜在的反对者丧失了反对的可能性〈试比较我们所援引的[Булыгина, Шмелев 1995]这篇文章中 В. Ф. 图尔钦于 1976 年关于«волшебное сочетание слов *на самом деле*(神奇的词组 на самом деле)»的评论〉。还可以提及在《莫斯科共青团报》(1996 年 7 月 11 日)上马克西姆·库斯托夫的研究结果:"我不久前曾有幸与电影工作者协会的领导埃莱姆·克利莫夫交谈。我对他说:在艺术中我们需要真实性,是全部的真实性,而不是半真实性。村子实际上是什么样,就应该那样展现出来,而不是我们有时在俄罗斯中部看到的那个样子。(Это, пожалуй, самая потрясающая фраза, которую Михаил Сергеевич подарил человечеству. «Такая, как на самом деле, а не такая, какая еще иногда встречается». Весь принцип социалистического реализма сформулирован в одном предложении — Авт.)"

在现代剧本中,所提出的论题的变体是各种各样的。例如,"Вам только *кажется*, что вы свободны в своих действиях. *На самом деле* вы игрушка в руках руководителей всемирного заговора". 在这样使用 на самом деле 这个表述时,说话人就会变得无懈可击,而任何一个可能的反论题都是事先就被推翻的。(关于用言语表达事实的方式对事实真值的影响详见[Булыгина, Шмелев 1995])。

5. 利用指称多义性的游戏

由于俄语中没有冠词,所以常常只有在面向更为宽泛的语境时,才可以发现,语言表述是与具体对象相对应,还是与整类对象相对应(不过,指称多义性在有冠词的语言中也会出现)。有时这会引起可笑的误会,就像 1983 年《周报》上所讲的一个情形。某个女人来到编辑部请求:"帮我找一下丈夫"。却被反驳道,"我们不是征婚的报纸"。"您没明白我的话,我丈夫失踪了",女人解释道。正是在"可生成世界的"动词语境中固定性/非固定性在形式上的不可区分性成为众多笑话的根源,我们列举出其中的一个:Мы ищем бухгалтера. — Как? Вы же взяли на работу бухгалтера неделю назад. — Да, а теперь мы его ищем.

在尽人皆知的关于来莫斯科开会的楚科奇人的笑话中使用的是另一类指称多义性。整个莫斯科挂满了标语"Все на благо человека!""И чукча видел этого человека",楚科奇人自豪地说。这里指称多义性的根源是概括ИГ和个体ИГ在形式上的不可区分性(单数名词可以用于概括指称)。

正是这些指称多义性的根源可以用作言语蛊惑的手段。尼古拉耶娃发表在《语言学问题》(1995, №1)杂志上的一篇书评中举了这些例子:Мы, конечно, за реформы (是这些改革?还是泛泛地说?); Президент нужен (这个总统?任何一个?)。

言语蛊惑的一个相似类型以运用概括化的修辞性方式为基础。这种方式在于,说话人就具体情境用普遍性的箴言来表达某个观点①。譬如,在实际上指称单一对象的情况下,可以使用概括指称。试比较,对话的例子:Откройте! — Я негодяям принципиально не открываю [≈"Вы негодяй, и я вам не открою из принципа(你这个恶棍,我原则上是不会给你打开的)"] (М. Булгаков); Эй, ты, поручик, очись вагон! — Я не отвечаю на красный жаргон② (П. Васильев). 运用言语交际准则,说话人似乎是把具体现象强行放到指定的一般范畴下面。与此同时言语受话人有可能忽视这种方式,而从字面上来理解语句,那么在这种情况下言语蛊惑就是不成功的:«Не всякий даст себя провести. Умного человека не обурачат». — «А тебя обурачат», — отрезал он, не желая понять, кого подразумевал я под умным человеком (Я. Перельман).

6. 依据自己的初始前提对他人的异议或话语进行解释

综合运用上述方式是最有效的。在依据自己的初始前提对他人的异议或话语进行解释时就会出现这种方式。在阐述反对者的观点时,说话人遵循所谓

---

① 包括刊登在《电影艺术》杂志上的一篇对《新年好,莫斯科!》这部电影的评论中也注意到这种方式[Шмелев 1993:18—19]。其中也举出了例子。

② 顺便说一下,我们注意到,这种回答是[Шмелев 1990]分析过的"自证伪"范例(参见 VI.2)。

的 de re 策略①，这时也会出现这种提请注意现实的蛊惑方式，但是这种提请注意是隐蔽的。在这种情况下，转述不是完全相符的，而且经常与"言语蛊惑"相联系。问题在于，说话人在描写反对者实施过的言语行为时，远非总是希求扮演一个不偏不倚的采访者的角色。他在自己的描述中常常加入对反对者隐含意图的某种解释，对该言语行为或其内容的适当性做出评价。转述他人观点或语句的内容时，可以遵循不偏不倚的采访者策略，或者是"根据实际事态，改变说过的话或可能会说出来的话，做出自己的解释"。"从旁观者的角度"观察和描写言语行为，可能和意见主体"从内部"看到的（或者想要呈现的）根本就不一致。正是在这种不一致的情况下才可以说，讲话人选择 de re 策略。

De dicto 策略旨在完全相符地转述他人的意见；De re 策略总是隐蔽的，选择它是有特殊目的的②。这样在 C. 贝克的侦探小说《A Covenant with death》开头的句子里使用 de re 策略转述主人公的决定（选择表述 the last afternoon of her life），可见，目的在于引起读者的兴趣：

> Louise Talbot chose to spend the last afternoon of her life lounging in the shade of a leafy sycamore at the split-rail fence before her home. She was surpassingly alive and exuberantly feminine, and did not know that she was to die.

还有这样的情况，使用 de re 解释是为了达到幽默效果，就像在下面的例子中一样：Явившись на избирательный участок, лидер КПРФ успокоил собравшихся там людей, снедаемых тревогой за исход выборов: «У меня хорошие предчувствия». Вскоре стало ясно, что предчувствия не обманули Зюганова-сводки ЦИК стали сообщать о решительной победе Ельцина (М. Соколов). 记者不顾久加诺夫未必会认同选举结果是好的（叶利钦的胜利，相应的，就是自己的失败），根据自己对好坏的认识，重新解释久加诺夫作出的评价，宣称没有辜负久加诺夫的良好预感。所分析的方式在这里多半是用于纯粹的娱乐目的。

---

① 如果用 de dicto 策略，说话人就会使用那些被转述观点的主体也认为是完全适当的称名。而在 de re 称名的情况下，说话人仍然根据自己对现实的认识改变称名。

② 不过，彻底没有伪装的策略是选择无论是说话人和还是被转述观点的主体都同意的称名。而如果选择 de dicto 策略，这有助于说话人撇开作者身份的称名，那么就会用到专门的标记：表述 так называемый，书信中的引号等等（试比较[Падучева 1983в:26]）。

但是选择 de re 策略更经常的是出于蛊惑目的。

问题在于,在 de re 解释下,说话人常常"强加给"言语行为主体可能绝对不会同意的预设。试比较已经列举过的[Булыгина, Шмелев 1994] (参见 V.3) 中的例子:＜Депутаты＞ не осуждают ни нарушения законов и прав граждан со стороны съезда и Верховного Совета, ни наглые провакации национал-коммунистов, ни хамство собственных лидеров (《真理报》)。根据动词 осуждать 的语义结构,该句子本应该表示不对预设产生质疑,即"нарушения законов и прав(违反法律法规)","наглые провакации(公然挑衅)","хамство(蛮横无礼)"都存在,议员们承认这是不好的行为。议员们自己大概不会同意这种解释。很自然地就会预料到,他们对违反法律法规和蛮横无礼持否定态度,但是不承认实际上确有其事。在这里预设属于解释者(报刊文本的作者),而不是所描写的 PA 主体(议员们)。正是这种用法可以把自己的评价强加在普遍认可的评价(隐蔽在预设下的断定)下面,同时论证反对者的观点是不合理的(该观点应该看起来的确是不合理的,如果假设反对者同样也同意该评价的话)。这样,所分析的方式就结合了前面分析过的两种方式:反对者的观点和说话人所支持的观点的区别就是假象和实际现实的区别,并且同时该对立隐蔽在进入预设成分的普遍认可的观点下面。

帕杜切娃注意到在转述反对者的观点时 de re 策略具有"蛊惑性",指出[1983в],如果菲利普说:Тегусигальпа находится в Никарагуа,那么该语句就可以转述为 Филипп считает, что столица Гондураса находится в Никарагуа, 我们蛊惑性地否认菲利普的说法,不仅仅是根据地理知识,而且是根据常识。正因为如此,解释广泛用于报刊和杂志论战。论战双方使用该策略经常会导致彼此之间互不理解,从而造成一种双方"各讲各的"印象。

譬如,在《我们同时代的人》这本杂志的一篇文章中 H.列别捷娃声称:Валетин Распутин объявлен шовинистом, антисемитом и чуть ли не фашистом лишь за то, что выступил против шельмования русских. 那个宣布拉斯普京是沙文主义者和反犹太人者的人不见得会说:Я объявляю Валетина Распутина шовинистом и антисемитом лишь за то, что он выступает против шельмования русских. 而多半可能是这样说的:Я считаю Валетина Распутина шовинистом и антисемитом, поскольку он допустил шовинистические и антисемитские высказывания. 这样,我们发现,列别捷娃的语句是一个鲜明的解释范例。但是

如果我们分析我们改造过的、作为论战原因的语句,我们就会看到,它同样也具有解释性质。拉斯普京本人不见得愿意把自己的主张描述为沙文主义的和反犹太人的。确切地说,他会认为列别捷娃的解释是恰当的,并且会说 выступил в защиту русских и русского патриотизма.

这样,我们看到了一个解释是怎样叠加在另一个解释上的。拉斯普京"为俄罗斯人和俄罗斯爱国主义辩护"。有人把他的话解释为 шовинистические и антисемитские высказывания,并且根据这些话语控诉拉斯普京的沙文主义和反犹太人主义。列别捷娃反过来对别人的话语进行解释,并告知在该句作者的眼中,捍卫俄罗斯人是控诉沙文主义和反犹太人主义的充分理由。当代俄罗斯大部分报刊论战也是按照这种模式构建起来的。

我们注意到,在某些情况下,使用 de re 策略似乎是被迫的,是由该意识形态领域惯常的言语礼节规则造成的。在许多情况下,称名的选择是由话语作者的意识形态态度决定的,所以在转述别人的话时,他不得不用从本人的意识形态角度更易接受的称名来替换别人的称名(符合"别人的"意识形态态度),即使在被转述话语的作者不会同意这种替换是完全相符的情况下。我们来列举一些这种语句的例子,它们是从语言学教科书中借用过来的[Клюев 1989]:

Президент США Рональд Рейган в своих выступлениях в штатах Айдахо и Висконсин продолжал подогревать*псевдопатриотические* настроения американцев в связи с пиратскими действиями американских ВВС-перехватом египетского пассажирского самолета.

Правительство Маргарет Тэтчер намерено продолжать свою*антинародную* внутреннюю политику в интересах богачей, *в ущерб широким массам англичан*.

Пакистан обратился к Соединенным Штатам с предложением заключить двустроннюю военно-экономическую*сделку* на 1987—1993г.

Е. В. 克柳耶夫在评论列举出的第一个语句时写道:"里根,众所周知,作为一名美国人,不见得会强加给美国人'假爱国'情绪,可见,根据他本人的概念体系,确切地说,他会把他们定义为爱国的……不太明白的是,为什么里根要败坏自己的名声,批准他自己认为是海盗行为的行为"。同样如此,撒切尔也未必愿意把自己的意图表述为想要采取有损于广大英国民众的行动,而在巴基斯坦的建议中,两国之间的军事经济联盟被评定为交易。但是,问题在于,苏联新闻学中所采用的意识形态惯例在这种情况下,在转述意识形态反对者的态度时,不允许使用 de dicto 策略,即使用中性或具有正面色彩的表述,所以,这样一来,蛊惑在某种程度上就是被迫的。在这方面当代新闻学在某种程度上只是继承了苏联时代的传统。但是,如果对于苏联记者而言,如前所述,针对"自己人"和"他人"使用不同的表述,并且与之相关的蛊惑是被迫的,那么在当代的新闻论战中,这种被迫性经常只是模仿出来的。

7. "语汇的魔力"

还有一种言语蛊惑方式要提一下,它可以被约定性地描述为"语汇魔力"的使用。这种方式指的是使用可以在情感上影响言语受话人的表述,尽管只要简单分析一下就可以论证它们在逻辑上是完全站不住脚的。然而,使用带有正面影响或负面影响的语汇这一事实本身是有效的。话语的(有意识的或无意识的)意图是指望陷入"语汇魔力"的言语受话人将不会特别地去深究对他所说的话语的涵义。

譬如,白俄罗斯总统卢卡申科在听众面前展开新的国家(前苏联的共和国)一体化的美好前景时,用下面的图画来诱惑他们:"Вы не будете носить импортные западные шмотки, а будете одеваться в нормальную одежду из узбекского хлопка, пошитую в Белоруссии". 这里使用的是贬义的 шмотки(破衣烂衫)和具有正面色彩的 нормальная одежда(正常服装)之间的对立。而如果撇开这种对立所强加的评价,就会不明白,为什么应该感觉到这种前景是具有吸引力的。试比较 М. 索科洛夫的评论(«Коммерсант — Daily», 1996 年 3 月 2 日):"显然,卢卡申科认为,西方生产的服装在俄罗斯人当中,特别是俄罗斯人民当中,会引起毫不掩饰的厌恶之情,而他们认为白俄的轻纺产品才是真正的 haute couture。白俄总统这种与整个前苏联日常生活历史相矛盾的谬见更令人惊讶,因为这恰恰就是对待西方纺织品,以及相应地对待本国纺织品的态度,这是极为罕见的情形,即真正的俄罗斯人和完全的仇俄分子达成令人感动的共识。遗憾的是,对外国破布盲目的喜爱,这是可悲的人性的弱点,就连卢卡申科那博得同情的感召力也不能克服它"。

"明天报"在大选前的口号也是基于"语汇的魔力":"Люди добрые, берите на руки младенцев, под локти-стариков, иконы над головой, книжку Есенина-под мышку и летом-к избирательным урнам: голосовать за президента

Зюганова!".这里号召的语调没有留下时间让人思考,该号召构建的基础有点奇怪,在修辞上几乎像是在恳求帮助(试比较:Люди добрые, помогите!)。再一次援引马克西姆·索科洛夫的评论:尝试站在忠于久加诺夫总统的善良民众的位置上,就会发现,为了实现这一号召,除了爱国信念以外,还需要有很多只手。两只手用来抱孩子,两只手用来搀扶老人,两只手用来举圣像,一只手用来夹紧胳膊下面叶赛宁的书,还要有,哪怕只是一只手,用来填选票,并把其放入投票箱。因此,理想的选民—爱国者具有和多手印度神相似的显著特征,像印度教毁灭之神神湿婆那样的。但是,这就造成了实质上的困难。按照诵唱圣诗者的说法,"恶魔的本质就是语言",所以难以想象,神湿婆是怎样控制神像运行的,因为神圣图案的一个特点就是能够吓跑恶魔,而且"外国的恶魔……没有选举规则,而且也根本搞不懂,是谁让他们投久加诺夫的票"。

我们看到,在首次尝试分析实质上指的是什么时"语汇魔力"就瓦解了。而这一点并不会妨碍它作为一种蛊惑方式的流行。问题在于,这样的语言蛊惑要求受话人不加批评地理解。而强加给他的观点和客观现实一样,对其进行讨论乃至否定简直就是愚蠢的。这种机制恰恰是语言蛊惑方式多样性的基础。

第七部分　世界的语言图景的民族特性

第一章　俄语词汇是"俄罗斯人心灵"的反映

思考本民族性格和命运的民族心理学家、外国旅行者、俄罗斯作家们都一致指出了俄罗斯民族性格的以下特点：倾向于极端性（全有或者全无）、情感丰富、对生命有不可预知感，以及对此缺乏逻辑和理性态度、对"说教"的倾向性、"实用理想主义"（认为"天"比"地"好）、消极甚至宿命论的倾向、感到生命不是人类的努力所能掌控的。我们知道，民族性格和民族世界观的一个鲜明反映就是语言，而且尤其是它的词汇。对俄语词汇的分析可以得出俄罗斯人对世界的认识特点方面的结论，它们在某种程度上可以证实、同时补充和进一步明确前面指出的结论，并且为关于"俄罗斯心智"的论断找到客观基础，离开这种基础，这些论断常常看起来就像是表面上的投机。

当然，不是所有的词汇单位都在同等程度上负载着关于俄罗斯人性格和世界观的信息。从这个角度来看，最能够说明问题的就是下面这些词汇域。

1. 与一般哲学概念的特定层面相对应的语汇

俄语中与这些概念相符合的常常是"成对的词汇"：правда（道理、真相、实话）和 истина（真情、真理）；долг（义务）和 обязанность（责任）；свобода（自由）和 воля（无拘束）；добро（善事）和 благо（好事）等等。

譬如，"道理"和"真理"这两个词表示同一个一般哲学概念的两个方面："道理"表示这一概念的实用层面，而"真理"表示它的理论层面。在某种意义上只有上帝知道"真理"，而人们知道的是"道理"。人们常说："每个人都有自己的道理"（我们不说 * 每个人都有自己的真理）。科学家渴求认识的是真理（而不是道理），但是生气的母亲想要知道的是真相（而不是真理），是谁打碎了她心爱的杯子。我们可以请求或要求：请告诉我真相（而不是真理）；只有基督在福音书中可以说：我告诉你们真理。没有一个人知道真理，而只是渴求知道。真理一旦被大家知道了，它就会很快变成公共财富，就会变成尽人皆知的真理（但是不存在尽人皆知的真相)。人们知道了真相,并且力求使其他人也知晓(或者甚至把"自己的真相"强加给他人)。对于报纸合适的名称是《真相》(而不是《真理》),但是,我们可以想象出一本宗教杂志《真理之言》。真理是抽象的、泛指的;在"道理"一词中明确地表达出规范和道德尺度的观念,我们说:"按章行事"(在古俄语中道理首先表示的是"法律")。正如阿鲁玖诺娃所指出的那样,在法庭上,证人发誓说出实话,而法庭力求弄清楚真情,以便接下来根据道理作出裁决。这种分工并非偶然。证人能够讲的只是实话,而不是真情,因为真情是没有人知道的东西,这也是法庭应该查明的东西。但是,裁决应该根据道理,因为正是道理与法律、规范的概念相关联。Трое говорят истину: дураки, дети и пьяные "三种人说的是真理:傻瓜、孩子和喝醉了的人"(在该译文中加克[В. Г. Гак 1995:27]援引一个德国谚语)这一论断表明把喝醉了的人、孩子和傻瓜视作能够认识最高真理的人(其他人通常做出的谎假论断)[①];而Правду говорят только пьяные, дети и дураки "只有喝醉了的人、孩子和傻瓜才说出实相话"(上述德国谚语更准确的翻译[②])这一论断表明喝醉了的人、孩子和傻瓜不会隐瞒真话(其他人即使知道真相,也不会说出来)。

不过,在乌斯宾斯基[1994]不久前出版的书中列举出的材料表明,在古俄罗斯文物古迹上的语言中 правда 和 истина 这两个概念的关系几乎是相反的: правда 被理解为属于上帝世界(Божья правда [上帝的真理]),而 истина 属于人类世界。правда 和 истина 的关系被逆转过来,怎么会这样呢?

更为细致的分析表明,不是发生了逆转,而只不过是在这种对立中发生了某种位移。问题在于,правда 和 истина 的对立不是在一个特征上,而是在两个特征上:除了对上帝世界或人类世界的归属(真理的承载者),同样重要的是真理性是与客观现实相符,还是与规则、正确性(真理的来源)相符?

巴维尔·弗洛连斯基在分析不同的语言中包含"истина"意义的语汇时得出结论,希腊语的 aletheia 与隐藏在其后面的概念要求"无隐匿性",即对人类的显现性,并且可以理解为与人可感知到的客观现实相符。拉丁语的 veritas,原本是一个法律术语,它要求与查明真情的法律程序相符,因此与希腊语的概念一样,也属于人类世界,但是与希腊语不同的是,重要的不是与客观现实相符,

---

① 试比较格言 Устами младенца глаголет истина(孩子口中吐真言)。
② 试比较 《Wahrig Deutsches Worterbuch》辞典中对 Kinder und Narren sagen die Wahrheit 这一谚语给出的解释:«Kinder sind zu unschuldig und Narren zu dumm, als daβ sie lügen könnten»。

而是合法性、正确性。犹太语的概念,和拉丁语一样,基于与法律相符,但是这里应该指的不是人类的法律,而是上帝之法。最后,现代俄语概念 истина 要求与客观现实相符,和该现实是否对人类显现无关,与只有上帝知道的客观现实相符。客观现实(而不是法律)作为真理之源使 истина 的现代俄语解释与希腊语的解释接近,而上帝(不是人类)作为真理的承载者使其与犹太语的解释接近。还可以看到,俄语的 правда 与拉丁语的 veritas 类似,属于人类世界,并且要求与规范、正确性、标准相符(难怪 правда 和 veritas 一样,原本也是一个法律术语)。

看来,在古俄罗斯文物古迹上的语言中情况有所不同。在某种程度上简化一下图景,可以说,истина,就像在现代语言中一样,要求与客观现实相符,但却完全属于人类世界(如乌斯宾斯基所示,在古俄罗斯文物古迹上用作希腊语 aletheia 译文的正是这个词,这绝非偶然)。就像在现代语言中一样,правда 要求与标准相符,但却是具有上帝起源的标准。这样,在现代语汇中 правда 和 истина 保留了文物古迹的语言所具有的真理来源的对立;发生变化的只是每一个词对于真理承载者的认识。

以上所述可以用下表的形式来概括一下:

真理的承载者	真理的来源	
	客观现实	规则、法律
人类	希腊语, истина (文物古迹)	拉丁语, правда (现代俄语)
上帝	истина (现代俄语)	犹太语 правда(文物古迹)

对于俄罗斯语言意识哪一个更重要呢? правда 还是 истина? 对于这个问题没有唯一的答案。一方面,истина 更重要一些,因为它属于上帝,或者"上天"世界。从该角度着眼,правда 是"世俗的",属于"尘世"世界。这一区别在 познать истину(不指出来源)和 узнать(у кого-либо 或 от кого-либо)правду 这两个搭配的语义中就可以明显地看出来;另一方面,правда 与人的生活紧密相关,而 истина 是抽象的,冷冰冰的。屠格涅夫写道:"真理[истина]不能带来幸福……而实话[правда]可以。这是人类的事情,是我们世俗的事情……真理

［истина］和正义！为了真理［истина］，死也愿意"。истина 更崇高一些，而 правда 更接近人类。因此，每一个词都在某种意义上"更重要一些"。

добро 和 благо 这两个词（概念）的情况略有不同［Левонтина 1995］①。统一的一般哲学概念在道德层面反映在 добро 一词上，在实用层面反映在 благо 一词上。добро 寓于我们内心，我们根据意图来评判 добро。而评判 благо 则需要知道行为的结果。可以对人 делать добро（而不是 благо），因为这是对行为的直接评价，不论结果如何。但是可以追求共同的 благо。人们可以为了祖国的 благо（на благо родины），为了后代的 благо（на благо будущих поколений）而工作。在这些情况下谈论的或多或少都是我们行为的远期结果。只有事实过后才可以对什么是 благо 做出可靠的评判。如果 добро 表示绝对评价，那么 благо 表示相对评价。可以说：В такой ситуации развод для нее — благо"在这种情境下，离婚对她来说是 благо"（虽然一般来说离婚没有任何好处）。

在该意义上，不受实用尺度的束缚，добро 在各方面都比 благо 更重要。它同时也更崇高，更接近人类。难怪在真善美三位一体中使用的正是 добро 一词。

对 правда — истина 和 добро — благо 这些成对词的分析表明，对于反映在俄语中的世界观，极为重要的是两个对立：首先，"崇高的"和"世俗的"对立，其次，"外在的"和"内心的"对立。一方面，"崇高的东西"是重要的，而另一方面，与人类生活接近的，与人的内心世界相联系的东西也是重要的。

这也可以确定 долг 和 обязанность 这两个概念的关系，它们是用来规范讲俄语的人的道德观念的。可以说，долг 隐喻成原本就存在的、内心的声音（或者说，可能是从上帝那里来的声音），这个声音指点人类应该如何行事，而 обязанность 隐喻成货物，需要把它从一个地方移到另一个地方。我们可以把 обязанность 放在某人身上，如同放下货物一样，但是不能说 * возложить（放下）долг。我们可以说：У него нет никаких обязаннностей，但是不能说：* У него нет никакого долга。因为 долг 是不取决于某人的意愿而原本就存在的。对人而言，重要的是要有 чувство долга（义务感），听从 долг 的声音，听从 долг 命令做的事情。在所有这些语境中都不能使用 обязанность 这个词。обязанность 不需要去感觉，而只不过是应该知道（因此，自然想要 уточнить

---

① 我们撇开 добро 和 благо 这两个词的"物质"意义抽象地思考（试比较：накопить добро；все блага цивилизации）。

круг своих обязанностей）。обязанности 可 以 распределяться（分配）和 перераспределяться（重新分配），就像可以在应该运载货物的人与人之间分配货物一样（试比较 нести обязанности）。但是不能 распределять（分配）долг。自己的 обязанность 可以转托在其他某个人身上；долг 不能转托给他人[①]。

以上所述表明，对于讲俄语的人的道德观念，极为重要的正是 долг 概念，它以某种方式与另一个重要的道德观念相关联，就是良心这一概念。долг 是内心的声音，它提醒我们那些崇高的东西；一旦我们不遵照 долг 的命令，这个内心的声音就会表现为对我们良心的谴责。而 обязанность 是某种外在的、实用的东西，并且因此它对于俄罗斯的语言心智不会起到像 долг 那么重要的作用。

俄语特有的对于人和社会的相互关系，人在整个世界的位置，特别是人在社会领域的位置的认识，在 свобода 和 воля 这个成对同义词中反映出来。这两个词经常被理解成相近的同义词。实际上它们之间存在着深层的观念上的差别，这些差别对于我们的论题很重要。如果 свобода 总的来说在含义上与它的欧洲语言对应词相符，那么在 воля 一词中俄罗斯观念被专门地表达出来。从历史的观点来看，与 воля 一词相对应的不应该是同义词 свобода，而应是 мир 一词，它与这个词几乎是反义词关系（不久前，托波罗夫［1989］在历史层面对 мир 和 воля 进行了对比）。

在现代俄语中，声音复合体[м'ир]与整整一系列意义（"没有战争"、"世界"、"农村公社"等等）相对应，并且在辞典中通常至少有两个同音异义词与它相对应。所有这些丰富多样的意义在历史上都可以被看作是某个初始意义的变体，我们可以把这个初始意义解释为"和谐、安排、秩序"。世界可以被看作是与混沌相对立的"和谐的秩序"（由此产生希腊语的宇宙［космос］，特别是与美容、修饰一词［косметика］同源）。没有战争也与各民族之间的和谐关系相关联。被叫做 мир 的农村公社也可以被当作是和谐与秩序的典范，如同它们在俄语中所表现出来的那样，或者是"融洽（лад）"的典范，这个词是在瓦西里·别洛夫的著作出版之后开始流行起来的。公社生活是被严格规定好的（"安排好的"），并且每一个对常规的偏离都被看成是不正常的，是"无秩序"。抛弃这种规定好的秩序就意味着"挣脱出来，奔向自由（воля）"。воля 自古以来就与无拘无束、自由自在联想在一起，"где

---

① 关于 долг 和 ответственность 这两个俄语词的语义特点详见 II.3。

гуляем лишь ветер……да я"(在那里散步的只有风……和我)①。

与 воля 不同，свобода 恰恰必须以秩序为前提，但是秩序不是那么严格规定好的。如果 мир 被概念化为农村公社生活的严格有序性，那么 свобода，确切地说，是与城市生活联想在一起。难怪"слобода"这个城郊村庄的名称在词源上与 свобода 一词是相同的。如果 свобода 和 мир 的对比要求重点落在 свобода 表示没有严格的规定，那么在对比 свобода 和 воля 时，我们就要把重点放在 свобода 与规范、合法性、法制相关联这一点上吗？["什么是公民的自由（свобода）？是对一种法律的完全服从，或者做法律未禁止的任何事情的完全可能性"——茹科夫斯基写道]。свобода 表示我做我认为适当的事情的权利，但是我的这个权利受他人权利的限制；воля 一般与权利概念没什么关联。свобода 与在该社会或个体看来准许的事情和禁止的事情的规范认识相符[Кошелев 1991]，而 воля 要求没有任何来自社会的限制。难怪对坐过牢又被合法释放出来的人，我们说他"вышел на свободу"；而如果他在期满前逃跑了，更确切点，我们会说他"бежал на волю."

在这方面，Д. 奥列什金的评论很有特点，他在《心灵地理学与俄罗斯空间》一文中写道：

"有一次，演说词撰稿人害得里根总统在揭穿'邪恶帝国'的真相时失言讲道，在贫乏的俄语中甚至没有'自由'（свобода）这个词语。实际上是有的，而且甚至还有两个：свобода 和 воля. 但是在它们之间还是存在着模糊不清的界限，而这只有俄罗斯人的耳朵才能够捕捉到。свобода（слобода）源于城郊自治的手工业村落，那里没有农奴制的约束。свобода 表示车间条例的汇编，以及承认你的同伴不比你拥有的权利少。'我挥手的自由止于离你鼻子的五公分处'，一位西方的议员表述道。这是一个非常欧洲式的观点。俄语的'слобода'允许对他人的鼻子略微更随意一些。但主要的是十个人或一百个人的自由仍然完全是在手工业区这片有限的空间内。'свобода'是一个城市语词"。

воля 是另外一回事。它并不想知道界限。或者胸前挂满十字勋章，或者抛

---

① 利哈乔夫指出 воля 这一概念与"俄罗斯的自由自在"之间的联系："广阔的空间总是占据着俄罗斯人的内心。它以其他语言中所不存在的概念和观念表现出来。例如，воля 与 свобода 有何不同呢？就在于，不受约束的自由（воля）就是与丝毫不受空间阻拦的自由自在结合在一起的自由（свобода）"（《论俄罗斯人的札记》）。

尸荒草野林；两个自由意志的"自我"，如果在草原上相遭遇了，就会一直打斗到一个战胜另一个为止。这也是非常俄罗斯式的。不要对"自我意志"（воля）谈论其他人的权利，因为它不会明白的。上帝的自我意志（воля），沙皇的自我意志（воля），哥萨克人的自我意志（воля）……如果改换成"哥萨克人的自由（свобода）"——将是一派胡言。草原上的语汇，对西方的心智而言是完全格格不入的。或许，这也正是美国总统演说词撰稿人所指的意思。

尼科琳娜注意到（口头上）H.苔菲关于 свобода 和 воля 这两个词在联想上的区别所作的类似评论。

如此一来，在俄罗斯人的语言意识中，мир 和 воля 对立的特点在与一般欧洲认识完全相对应的 свобода 这一概念的背景下可以特别明显地看出来。或许可以得出结论，这种对立反映出"俄罗斯人心灵"广为人知的"极端性"——"全有或者全无"。然而，这样的结论把我们引向语言分析本身的框架之外，并且还是思辨的和有争议的。只是要指出一点，在现代言语运用中，воля 一词实际上几乎不用于所分析的意义上（除诗歌风格之外）。现在 воля 一词，通常用于另外一个意义（在词源上甚至是最先有的）——针对于人内在生命的某一方面，它与人的愿望及其实现相关联（试比较：У него сильная воля "他有坚强的意志"），而在具有民间风格或诗歌风格的语言中该词用作 свобода 不精确的同义词是可能的。

2. 俄语的世界语言图景中以特殊方式标记出来的概念

还有一些语词在俄语的世界图景中同样起着重要的作用，与它们相对应的概念在其他文化中同样也存在，但是对于俄罗斯文化和俄罗斯意识尤为重要。其中包括诸如 судьба（命运）、душа（心灵）、жалость（同情）以及其他一些词。

譬如，душа 一词不仅仅在宗教背景下广泛使用——душа 指的是人内在生命的中心，是人最重要的部分。比如，在许多欧洲语言中通用的拉丁语表述 per capita [字面上就是"每（一个）头"]译成俄语是 на душу населения（人均）。谈论人的心情时，我们使用前置格的形式 на душе（例如，На душе и покойно, и весело; На душе у него скребли кошки）；在阐述某人的秘密想法时使用 в душе 这一形式（例如，Она говорила: «Как хорошо, что вы зашли», — а в душе думала: «Как это сейчас некстати»）。如果我们用英语说，在这种情况下提到 душа 就会是不适当的。我们有时使用 русская душа（俄罗斯心灵）这一表述并非偶然（例如,本文的标题用地道的俄语来表达就会是《Русская душа в свете лексических данных》"根据词汇材料论俄罗斯心灵"）。但是,我们从不谈论"英国人心灵"或"法国人心灵"。普希金写道: Татьяна（русская душою, сама не зная, почему）...,——但是? Француженка душою 或者? англичанка душою 这样的搭配听起来就会很奇怪。以上所述并不意味着讲俄语的人否认英国人或法国人拥有心灵（不过尽管有时形容词 бездушный 会适用于西方世界）①。

судьба（命运）这一名词在俄语里有两个意义:"某人生活中的事件"（В его судьбе было много печального）和"决定某人生活中事件的神秘力量"（Так решила судьба）。根据这两个意义 судьба 一词统领着两个不同的同义词序列：

1) рок, фатум, фортуна

和

2) доля, участь, удел, жребий.

然而,在这两种情况下该词用法都是基于这样一种观念,即在某个时刻从事件发展的多个可能路线中选择出其中的一条（решается судьба）。命运被决定以后,事件的进一步发展似乎已经是预先注定的,并且这反映在许多俄罗斯谚语中,这些谚语把 судьба 概念化为某种造物,它守候着人的到来或者在后面追赶着人们（试比较: Судьбы не миновать; От судьбы не уйдешь）。

这种观念在俄语世界图景中所起的重要作用决定了 судьба 一词在俄语口语和俄语篇章中的使用频率很高,大大超过了欧洲语言中该词对应词的使用频率。根据 судьба 在俄语口语中的提及频率,某些研究者做出关于俄罗斯人倾向神秘主义、"俄罗斯心灵"的宿命论、俄罗斯性格的消极性的结论（试比较,例如,Wierzibicka 1992: 65—75, 397 及后续章节）。这种结论似乎有些肤浅。在现代的鲜活语言中,在 судьба 一词的大多数使用中都既看不到神秘主义,也看不到宿命论、消极性——试比较这样的语句,诸如: Наша судьба в наших руках; Судьбу матча решил гол, забитый на 23-й минуте Ледяховым; Народ должен сам решить свою судьбу; Меня беспокоит судьба документов, которые я

---

① 关于 душа 在俄语世界图景中的作用详见 VII. 4,以及 [Wierzbicka 1990] 和 [Урысон 1995] 这些文章。

отослала в ВАК уже два месяца тому назад-и до сих пор не получила открытки с уведомлением о вручении. 我们再列举索尔仁尼琴于 1994 年 9 月在罗斯托夫大学演讲的一个片断,它鲜明地反映出在"由命运决定"的情境下进行选择这一思想,但是既不包含神秘主义,也不包含宿命论:Не внешние обстоятельства направляют человеческую жизнь, а направляет ее характер человека. Ибо человек сам—иногда замечая, иногда не замечая — делает выбор и выборы, то мелкие, то крупные... И от выборов тех и других — решается ваша судьба[①].

3. 独一无二的俄罗斯概念

还有一类鲜明地反映出"俄罗斯心智"特点的重要语汇,就是那些符合独一无二的俄罗斯概念的语汇,诸如 тоска(忧愁)或 удаль(勇猛)。从"内心的忧愁"到"狂放的勇猛"——这是俄罗斯民间文学和俄罗斯文学永恒不变的主题,并且这也可以和"俄罗斯人心灵的极端性"对应起来。人们在把"忧愁从心灵上冲洗掉"时,似乎在想:"这该死的",并且这被认为是一个独特的"俄罗斯式"行为,试比较:Истинно по-русски пренебрег Павел Николаевич и недавними страхами и запретами, и зароками, и только хотелось ему тоску с души сплеснуть да чувствовать теплоту (А. Солженицын). 再比较这样的评论,"在世界的惊惶不安中,从勇猛投向忧愁,这种疯狂时代的意识在俄语中肆虐狂妄"(И. Губерман)。

俄罗斯人对 тоска 和 удаль 的倾向不止一次地被外国观察者注意到,并且变得司空见惯起来,虽然这两个词本身不见得可以恰当地翻译成某种外语。尼基塔·阿列克谢耶夫在«Что русскому здорово, то немцу — смерть(俄罗斯人觉得了不起的东西,对德国人却是要命的)» 一文中(«Иностранец», 1996, № 17)所作的评论是很有特点的:"对于俄罗斯人,所有欧洲人都构思了一部相当矛盾的神话集,一方面由俄国大公、快马、鱼子酱一伏特加、俄罗斯轮盘赌、无比宽广的俄罗斯心灵,**忧郁和勇敢**(黑体是我标记出来的——作者注)构成;另一方面由集中营、骇人的严寒、懒惰、完全不负责任、奴役和偷窃构成"。"Меланхолия и безудержная отвага(忧郁和勇敢)"这一表述,当然代替的就是我们熟悉的 тоска(忧愁)和 удаль(勇猛);作者有意识地"摆脱"这些概念,从而

[①] 关于 судьба 这一俄语语词的语义特点详见[Шмелев 1994]。

向外国人传达它们的格格不入性与不可译性。

俄语 тоска(忧愁)一词的不可译性与它所表示的内心状态的民族特性为许多研究俄语的外国人所注意到(并且其中包括伟大的奥地利诗人里尔克)。甚至很难向没有经历过忧愁的人解释它到底是怎样的。词典定义("沉重、压抑的感觉,内心的不安","压抑、折磨人的烦闷"、"烦闷、愁闷"、"夹带着忧愁的内心的不安;愁闷")描写与 тоска 近似的内心状态,但是都不和它完全相同。大概,对于描写 тоска 最合适不过的就是扩展描写:тоска 就是这样的一种感觉,一个人想得到某种东西,但自己也不明白,到底想要什么,只知道这种东西是无法得到的。而在可以确定"忧愁"的客体时,它通常也只是遗失的、保存在模糊回忆当中的某种东西;试比较:тоска по родине(思念祖国),тоска по ушедшим годам молодости(怀念逝去的青春岁月)。在某种意义上,任何一种"忧愁"都可以隐喻地表现为对令人神往的祖国的 тоска,和对失去的乐园的 тоска。在 тоска 的倾向中可以看到俄罗斯民族的"实用理想主义";另一方面,或许,"忧愁"的感觉有赖于俄罗斯无边无际的辽阔地域;正是想到这些地域才常常会产生"忧愁"的感觉,而这也反映在俄国诗歌中(试比较叶赛宁的诗歌:"тоска бесконечных равнин"或者在马克西莫夫的诗歌中:"Что мне делать, насквозь горожанину, с этой тоской пространства?")。常常对无边无际的俄罗斯辽阔大地的"忧愁"感觉在漫长的旅途中加剧(试比较 дорожная тоска 这一概念);如同在援引的马克西莫夫的诗歌中所说的那样,"Каждый поезд дальнего следования будит тоску просторов"。许多作家指出了"忧愁"和"俄罗斯辽阔大地"的联系,包括别尔嘉耶夫,他的一篇散文就题为《论空间对俄罗斯心灵的控制(О власти пространств над русской душой)》。

一般说来,许多人都注意到"俄罗斯空间"在形成"俄罗斯人对世界的认识"中的作用。许多这样的语句都收录在文选中[Замятин 1994]。Воля 和 тоска 这两个俄语词就是这种影响的鲜明例子,但远不是唯一的例子。

4. "小"词是民族性格的表达

对于描述"俄罗斯心智"起着特殊作用的是那些所谓的"小"词(按照谢尔巴的说法),即情态词、语气词、感叹词。其中包括,例如著名的"俄罗斯式的兴许(авось)"。这个词通常借助于包含"或许、可能"意义的词翻译成欧洲语言。然而"авось"(兴许)与单纯的"可能"或"或许"并不完全相同。如果可能、或许这些词以及类似的词可以表达相对于过去、现在或将来的假设,那么 авось 总是前瞻的、展望未来的,并且表示希望事情有一个对说话人有利的结果(А. Вежбицкая, Н. А. Николина①)。不过,当谈论那些与其说是希望会发生某种好的事情,不如说是希望能够避免某种极端坏的结果时,авось 最常用作某种漫不经心的辩解。对于某个买彩票的人,人们不会说,中彩票是 на авось. 确切地说,对于某个无适当防护措施而建设核电站的人,或者不买医疗保险来省钱的人,可以这样说,并且希望不会发生什么不好的事情。就连普希金童话中"指望俄罗斯式的兴许"的商人奥斯托洛普也希望他能够躲开不可避免的惩罚——巴尔达弹的脑瓜崩。因此,指望"兴许"不只是希望好运。如果运气的象征是轮盘,那么"俄罗斯轮盘"就可以象征对"兴许"(авось)的希望。

对于 авось,典型的上下文是:Авось обойдется; Авось ничего; Авось рассосется; Авось пронесет; 再比较:Ну да ничего авось. Бог не выдаст, свинья не съест (И. Грекова). 除此以外,重要的是,对"兴许"的态度通常被拿来论证态度主体的消极性,他不愿采取任何决定性的行动(例如,预防措施)。比方说,不久前在一份大学学报上刊登了一篇对一位女大学生的采访,这名大学生讲到没有准备考试,因为"指望兴许"。在 Б. 奥库扎瓦的歌中唱道,将官"立刻任命愉快的士兵为军需员,而把忧郁的士兵留下来服役——авось ничего",авось——态度不是为行动辩解(立刻任命为军需员),而是为没有行动辩解(留下来服役)。正是这种漫不经心和拒绝采取预防措施在"俄罗斯式的 авось"中反映出来②。

同样反映在"авось"中的一个重要观念是对未来不可预知性的认识:"不管怎样,不能预见到所有东西,因此试图防患于未然是徒劳的"。这种不可预知性的观念在另一个俄语表述"а вдруг(而突然)"中以另一种方式折射出来。авось Р(兴许 Р)这个语句要求 Р 是合乎说话人愿望的某种东西;а вдруг Р(而突然 Р)无论是在 Р 合乎愿望还是不合乎愿望的情况下都可以使用。在一些语境中 авось 和 а вдруг... 表达的观念几乎相反:авось 是漫不经心的标记,а вдруг 表示想要留条后路(Мало ли что? А вдруг...)。在另一些语境中恰恰相反,它们彼此近似。对于在一个没有任何机会的困境中下定决心走一个冒险的,没有完全计算好棋路的棋手,可以说,Он действовал на авось——"авось 在困难的对

---

① 参见,特别是[Wierzbicka 1992:433—435;Николина 1993]这些论著。
② 关于"俄罗斯式的 авось"的语义还请参见[Шмелев 1996б]。

决中能够击败对手"。但是,它也可以秉持"а вдруг"态度——"а вдруг 在困难的对决中能够击败对手"。然而即使在这样的语境中在 авось 和 а вдруг 之间也看得到差别,忽视这种差别就会犯语义错误。譬如,一个三岁的小男孩,他还没有完全掌握所分析语汇的语义,在遭到 Не лезь туда! —Почему? —А вдруг упадешь?(而突然会摔倒的)这种警告时,习惯用"А вдруг не упаду!(而突然不摔倒)"来回答。显然,他所指的意思,更正确地是用"Авось не упаду(兴许不摔倒)"这样的词来表达。问题在于,无论是 авось,还是 а вдруг 都是从未来的不可预知性出发,从无法预见到一切出发,可是由此得出的结论却几乎是相反的。авось 的总体思路是"可能会发生任何事情,因此还是不可能预见到所有可能的麻烦并且防患于未然;你只需希望有一个好的结果"。авдруг 的总体思路是"可能会发生任何事情,因此应该试图预见到所有可能的麻烦,并且用某种方式来防止它们发生"。

有许多语汇反映出美名远扬的俄罗斯人的"亲切"。"亲切的"亲昵具有另一面,它用冷冰冰的表述"лезут в душу"(我们又碰到作为人最主要部分的 душа)描写出来。尤其是,无论是"亲切",还是其反面,都反映在 небось(恐怕是)这个词中。对于俄语而言,небось 的独特性不次于 авось。иебось 表达出对亲近(与西方对私人领域不可侵犯的认识相反)的总体态度,正如常常见到的那样,亲昵与对亲昵对象的不同态度相对应:从"私密的亲昵"到"不友好的亲昵"。

说话人使用"私密"的 небось 来显示自己对这种情境十分了解("我知道,在这种情境下常常如何如何")。有时会出现这种情况,说话人对某个尽管他现在无法观察到,但过去却十分了解的事情作出推测——他同时沉浸在回忆中,并且做出推测:От деревни той небось уж ничего не осталось, а я все во сне хожу к теткиному дому...; А в Крыму теплынь, в море сельди и миндаль, небось, подоспел (А. Галич).

这种回忆具有最私密的性质,并且通常用内心独白的形式说出来。但是,说话人可以使用"私密的"небось,并且"大声地说出来",仿佛闯进(常常是纠缠不休的)言语受话人或者第三者的私人领域,并且说道:"承认吧!"——或者:"对我你是瞒不住的",——试比较:Ложись спать, устал небось; Небось проголодался; Что это с вами? Небось опять перебрали? 〈...〉 Небось голова болит (Ю. Домбровский); Когда ты чесался-то? Дай-ка я тебя причешу, — вынула она из кармана гребешок, — небось с того раза, как я причесала, и не притронулся? (Ф. Достоевский).

借助于这种手段构建出亲昵的(有时是戏谑的)责备：Небось не спросил обо мне: что, дескать, жива ли тетка? (И. Тургенев).

需要指出，私密的亲昵对言语受话人来说并非总是愉快的。受话人可能认为它是对其私人领域的非法侵犯，讨论或许他并不想讨论的事情，—— 如同波尔菲里·彼得罗维奇对拉斯柯尔尼科夫的答话，试比较：Я и за дворником-то едва распорядился послать. (Дворников-то, небось, заметили, проходя.) (Ф. Достоевский).

这距离不友好的亲昵只有一步之遥。试比较：Пусть поработает. Небось не развалится. 并且，最后，"私密的"亲昵的任何一个要素都可以完全消失，而这时剩下的只是敌意：Ты в лицо гляди, когда с тобой говорят, контра проклятая! Что глаза-то прячешь? Когда родную Советскую власть японцам продавал, тогда небось не прятал? Тогда прямо смотрел! (Ю. Домбровский).

在下面这类情况下，敌意或者抱屈也很明显，就是说话人在推测的幌子下借助 небось 一词引入可靠的已知信息，在这样的背景下言语受话人或者第三者的行为看起来是不合情理的或者假仁假义的；试比较：... Он материл таких литературных шулеров, таких лицедеев. « Ходят в сауну, но воспевают баню по-черному, с кваском, воспевают старух-носительниц трудолюбия и нравственности, а сами небось на уборочную не едут» (Д. Гранин); Мать не плакала, не дралась, но совсем перестала его замечать. Обед на стол поставит и не посмотрит—ел ли? И все молчит. Гарусов обижался и тоже молчал. С тетей Шурой управдомшей она небось не молчала, очень даже разговаривала. По вечерам, когда они думали, что Гарусов спит. А он не спал, все слышал (И. Грекова)[①].

"俄罗斯心智"的特点还反映在其他一些"小"词上：видно, -ка, ну 等等。尤其是，作为具有民族特色的鲜明态度，可以提一下 заодно 这个有争议的词，它用于诸如 Ты все равно идешь гулять, купи заодно хлеба（你反正是出去散步，顺便买个面包）这样的语句中。它本身同时隐含着对俄罗斯心智而言的两种典型态度：第一，这样的认识，即在任何事情当中最困难的就是打定主意做这件事

---

① 关于 небось 的语义还请参见[Шмелев 1996]。

(试比较:Все никак не соберусь);第二,极端性倾向(全有或者全无),即一旦人打定主意做某件事,那么就可以 заодно 做许多别的事①。

这种"小词"通常很难译成其他语言。这并不意味着讲其他语言的人从来都不能遵从在这些词中表达出来的内心意向。但是没有既简单又合乎惯用法的手段来表达这种意向,无疑是因为这种意向没有纳入到具有文化意义的"行为准则"当中。因此,譬如,讲英语的人当然可以"действовать на авось",然而重要的是,语言总体上"认为不需要"一个专门的情态词来表示这种意向。

5. 结论

最鲜明地反映俄罗斯人对世界的认识特点的词汇组群并不囿于此。例如,反映俄罗斯人时空认识特点的语汇(尤其是时空副词和前置词)也是非常重要的②。譬如,俄语中 миг, мгновение, момент, минута 这些意义上近似的词语(试比较 в такие мгновения / моменты / минуты 这些表述)的存在符合对于俄语世界图景很重要的情态时间、历史时间和日常时间的区别(雅科弗列娃的研究结果),而 утром, поутру, с утра, под утро, наутро, к утру, утречком, с утречка 这些归入到同义词序列的语词的功能证实了一个人所共知的观点,就是相对于西方人,俄罗斯人更加随心所欲地对待时间。

重要的是要避免根据对一、两个词汇单位的分析而简单直接地做出关于民族性格的结论。我们已经发现,根据观察 судьба(命运)一词在俄语口语中的使用频率而得出俄罗斯人具有特别宿命论和神秘主义的结论过于草率。说到"俄罗斯式的 авось",可以发现,讲俄语的人通常对 авось 态度的评价是否定的。譬如,在小说《癌病房》中,捷马对'兴许'抱有希望,(认为他的腿"自己会好"),瓦季姆·扎齐尔科反驳他时,说道:"不,捷马,靠'兴许'桥是不会建起来的……在理性框架内是不能指望运气的"。说到"русский"一词在小说《生活与命运》中所描写的时代"大部分是与负面定义联系在一起"时,格罗斯曼列举了«Российская отсталость, неразбериха, русское бездорожье, русский авось» 中的例子。许多谚语也证明了对"兴许"态度的否定评价:От авося добра не жди; Авось плут, обманет; Держись за авось, поколь не сорвалось; Авосьевы города не горожены, авоськины дети не рожены; Кто авосьничает, тот и постничает;

---

① 关于隐含在俄语词 заодно 中的生活态度在[Левонтина, Шмелев 1996]一文中有详细分析。
② 参见 IV.5,以及[Булыгина, Шмелев 1992; Яковлева 1994: 16—195]。

Держался авоська за небоську, да оба под мат угодили. 而在"兴许"用于描述自身的态度时，通常是明显的自我嘲讽。在现代俄语语言中 авось 更经常地不是用于"直接模式"，不是充当情态词，而是作为相应态度的简洁明了的表示，即充当名词或构成副词表述"на авось"（参见前面所举的例子），这些并非偶然。大概，"действовать на авось"的倾向的确是俄罗斯人所特有的，但是，对于这样的结论，单单依据俄语里存在"авось"一词这个事实显然是不充分的。

同样如此，在前面 V.4 章中分析过的俄语中极其典型和难以翻译的动词 попрекнуть/попрекать（和相应的名词 попрек）的存在也不应该作为俄罗斯人具有责备埋怨倾向这一特点的佐证来解释。恰恰相反，这表明从俄语中反映出来的道德观念来看，人应该宽宏大量地避免说出看起来可能是责备的那些语句，并且对某人做了好事以后，不要再提醒人家这件事。关于这一点也有大量的谚语：Лучше не дари, да после не кори; Своим хлебом-солью попрекать грешно 等等。正因为如此，俄罗斯人在感觉到自己受到责备时，会比较敏感，并且俄语中甚至有专门的手段来表示这种道德上不能接受的情景。

同时，如果为了避免做出草率的、直线式的结论，那么就可以认为，根据俄语词汇的语义分析所勾勒出来的"俄语世界图景"与民族心理学家的资料之间的对比有助于进一步详细说明在这两种科学的框架内所做出的结论。

第二章 同一性的悖论

1. 同一性的本质

a. 导语

本身就自相矛盾的语句不是赋予客体以某种属性,而是报道客体 A 与客体 B 的相同。哲学家们(弗洛连斯基、弗兰克)非常清楚这一点。试比较经常援引的维特根斯坦的评论[1958]:"说两个对象,它们是形同的,这是没有意义的,而说一个对象,它与自身相同,这等于什么也没有说……"。而且,从情态逻辑的观点来看,不仅 A есть B(A 是 B)这种语句,而且 A был бы B(A 若是 B)或 A был бы не B(A 若不是 B)这种语句,也是自相矛盾的,因为如克里普克所示,任何一个真实的等同性判断都是必然的,而任何一个虚假的等同性判断都是不可能的(参见[1982])。

与此同时,在自然语言(包括俄语)的话语中却会遇到上述"悖论式"语句的所有类型:"同语反复"A 是 A;"矛盾句"A 是 B(其中 A 和 B 是不同客体的名称);"本义上的证同句"A 是 B(其中 A 和 B 是同一客体的不同名称);"反事实的"证同语句 A 若不是 A、A 若是 B 等等。这里将分析前面提到的每一种类型。

b. 同一性的两种类型

需要指出的是,从指称的"新因果"方法的观点来看,对于言语受话人来说确立名词词组的指称,就意味着对第一次进入其视野的客体在相应的外延空间加以定位或者将客体与他先前已知的客体视为同一,关于已知客体的信息存储在相应记忆区域内的"思维文件夹"里。

因此,言语受话人有时不能够确立名词词组的指称,如前所述,有两种类型。

第一,他先前不知道的客体可能通过名词词组来表示,该名词词组不负载可以在相应的外延空间对指称对象加以定位的信息,例如,借助于专有名词。第二,言语受话人可以把已知客体的指称看作是引导性的,并且在相应的外延空间对客体加以定位,而不是从相应的记忆区域把该客体的"思维文件夹"提取出来。

在第一种情况下,无法确立指称不可能不被言语受话人意识到,并且他通过这种或那种方式可以解决出现的难题——例如,借助于疑问:Кто это такой (такая)?；Кто такой (такая) X?；Что это такое?；Что такое X?。在第二种情况下,言语受话人可能没有意识到自己无法确立指称,并且在相应的外延空间对客体重新定位时,把第二个"思维文件夹"引向客体。在后一种情况下,不能确立指称似乎是"延长的";同一个客体在受话人的记忆里用合乎客体不同身份的不同"思维文件夹"来描述,然而,如果不知道某种同一性,这样的定位就是不够准确的。在所分析的语句中报道的就是相应的同一性。

在所有情况下,为了消除或者防止出现言语受话人不能确立指称的情况,都可以使用证同性语句。证同语句的第一个组分是名词词组,其指称对象用作第一个组分指称对象在相应的外延空间中的定位手段①。

如前所述,根据上述内容证同性语句划分为两种类型。

我们把第一种类型约定性地叫做"说明性"同一性。它出现在以下情形中,对于言语受话人而言,当第一个组分不含信息时(例如,是他先前不知道的专有名词):Степкин — не кто иной, как бывший сторож на кроличьем острове; Кто такой Жак? — Жак, это — моя собака (М. Булгаков)。"说明性"同一性可以用来向读者介绍人物;试比较:Чарский был один из коренных жителей Петербурга(普希金的小说《埃及之夜》的开篇首句)。"说明性"语句的结果是在言语受话人那里形成相应的"思维文件夹",其内容是从语句的第二个组分中提取出来的。与"说明性"同一性毗邻的还有术语的定义(Корень уравнения — это значение переменной, при котором уравнение обращается в верное равенство). 的确,这里同一性在很大程度上具有元语言的性质,因为在言语受话人那里形成的不是具体对象的"思维文件夹",而是由术语所表示的概念的"思维文件夹",然而,概念恰恰就是定义术语的指称对象(即出现了奥卡姆的"简单"指代)。

在第二种类型的同一性情形下,第一个组分本身负载着可以让言语受话所指人在相应外延空间对其指称对象加以定位的足够信息,然而如果不知道某种

---

① 同一性语句的组分表示为第一个和第二个通常与它们在句子里出现的顺序相符。但是,在特殊的情况下(在重音上有标记的句子中,在语气词存在时,等等)第二个组分也可能在第一个组分的前面 [Падучева, Успенский 1979]。

等同性,这样的定位是不够准确的。在所分析的证同性语句中(我们称之为"确切性"同一性)也报道了相应的等同性。"确切性"证同语句的第一个组分表示现实化的身份,它通常是在直接观察或知识中给定的,通常是言语受话人根据过去的经验就已知的［Арутюнова 1976：317；Вайс 1985：455］: То была Наина; Старый сей монах Не что иное был, как Дук переодетый（А. Пушкин）; Гость был не другой кто, как наш почтенный Павел Иванович Чичиков（Н. Гоголь）。然而一个必须的条件就是第一个组分的现实化和第二个组分的非现实性。我们举一个"确切性"同一性的例子,直接观察中给定的(在言语行为的情境中存在)身份与第二个组分相符,而从过去的经验中知道的身份与第一个组分相符:"И вижу — дверь открыта, а в дверях какая-то женщина. Я смотрю на нее в упор. Она стоит... Я видел хорошо ее лицо. Это была вот кто"(показывает на Елизавету Бам)（Д. Хармс）。与 Д. 魏斯[1985]的观点相反,合乎第二个组分的身份的已知性同样也不是必须的。试比较下面的例子,其中对名称的承载者进行描写的必要性正好说明它不为言语受话人所知: Узнай, Руслан: твой оскорбитель Волшебник страшный Черномор, Красавиц давний похититель, Полнощных обладатель гор; ... Неизвестный собиратель был не кто иной, как Мериме, острый и оригинальный писатель, автор «Театра Клары Газюль», «Хроники времен Карла IX», «Двойной ошибки» и других произведений（А. Пушкин）; Что это за гусь такой? -Это наш знаменитый хитик Ефросимов（М. Булгаков）。"确切性"同一性还包括分类性同一性,语句的第二个组分分明是由不确定指称来说明的(与第一个、确定指称的不同)。悖论(通过未知确定已知)在这里只是乍看起来存在;这里"即使所谈论的事物在交际情境中存在,受话人也不能确定它归属于哪一类或者它对受话人来说根本就是未知的,报道的涵义也不可能为受话人完全掌握"[Арутюнова 1980б：49]。对于这样的客体,"确定它属于某一类就意味着对其的证同"[Арутюнова 1980б：182]: Стала Мура рисовать... «Это елочка мохнатая. Это козочка рогатая...»（К. Чуковский）; Это, изволите ли видеть, телефон（М. Булгаков）。布尔加科夫作品中主人公的争论:«Гуллер, это не фотографический аппарат!» — «Ну, что ты мне рассказываешь!.. Это заграничный фотографический аппарат», —— 表明的不是分歧:应该把哪一个特征划属给已知的客体,而表明的恰恰是证同方面的困难。

"确切性"证同语句可以是对言语受话人的自然交际需求作出的回应(当所有人都费解,到底谁是那个被约定性地叫做杰克·挖内脏的人(Джек Попрошитель)的伦敦杀人犯时,在这种情境下 Джек Попрошитель—это лорд Карфакс 这个报道是恰当的;而这里包括第一个组分表示限定性意义的所有情形,无论是在契诃夫作品的人物所说的话中:Самое важное в жизни человеческой—это каланча,还是在言语受话人也没有料到他不知道某个重要同一性的情况下:Я дубровский (А. Пушкин); Прометей-это Сатана (А. Ф. Лосев))。

c. 述谓化还是同一性?

证同性语句可能是合成谓语的名词部分为述谓性名词词组的同音异义语句。Иван—мой друг(伊万是我的朋友)这个语句既可以作为对伊万的特征描述来理解,也可以作为对 Кто такой Иван?(伊万是谁?)这个问题的回答(即"说明性"同一性)来理解。在前一种情况下,мой друг 具有述谓地位,而在后一种情况下,则是指称性名词词组。特殊的语言标记可以解决同音异义现象:Иван мне друг 只能被理解为述谓关系,而 Иван—это мой друг 则是同一性。同一性的标记包括代词 это,它被用作第一个组分或者与其相邻[Падучева 1981],当然,还包括第二个组分构成中的指示标记(этот, один 等等);可以证明语句表示特征描述的是用作第一个组分(主语)的人称代词,以及强调第二个组分述谓性质的特殊手段(谓语的名词词组)。这些标志应该彼此一致:试比较 Это один мой друг; Он мой друг 和异常的句子 *Это мне друг①[Падучева 1981:85]; *Это по профессии инженер; *Он один мой друг。

不过,这里必须提出一些保留条件。

首先指出,人称代词不能用作证同性语句的第一个组分是有根据的。譬如,第三人称代词在交际行为的参与者能够识别这一代词的所指对象的情境下使用。该代词用作证同性语句的第一个组分(假设不能正确识别第一个组分所表示的对象)则会导致在"情态框架"内出现矛盾,并因此产生异常[Апресян 1978]。

用类似的方式也可以解释为什么第二人称代词不能用于该功能。要知道"Ты—это..."这个报道假设言语受话人不能自我认同。由于类似的原因,像

---

① 佐琴科作品中人物的语句 Жена это мне (同时使用 это 和"消极三格")超出了标准语言的规范。

Ты Петя? 这类逻辑上正确的疑问也很少使用。因为，在针对言语受话人使用第二人称代词之前，你应该知道，你是在跟谁说话。在讲话人并不确信是否正确识别出对话人的情境下（例如，打电话时），他可以使用语用上更恰当的疑问 Это Петя? 或者乃至逻辑上薄弱的疑问 Петя, это ты?（扩展性疑问 Это ты? 的"不合逻辑性"在 1985 年 4 月 3 日的《文学报》的对话中被用到过：«Это ты?» — спросил старик. «Вроде я. Кому же еще быть мною?»）。

第一人称代词的情况要略微复杂一些。说话人完全可以从言语受话人不能识别出他出发。通常在交际参与者没有目光接触的情况下，说话人在介绍时用代词 это 作为第一个组分：Это Петя，——或者甚至在估计能够从声音上听辨出来时也是这样 [Арутюнова 1976：297], Это я①。而如果说话人处于视线之内，那么只有用代词 я 是恰当的：Я Дубровский; «Откуда же мне тебя знать?- спросил растерянно профессор. «Но ведь я же твой Максик», — рыдал мальчик (Э. Кестнер, пер. К. Богатырева). 代词 я 在没有目光接触时也是可以使用的（试比较对话：Кто там? — Я монтер из «Мосэнерго»），尽管在类似的情况下使用代词 это (Это монтер) 仍然是最恰当的。

这样，第一人称代词（与第二人称和第三人称代词不同）可以在特殊的条件下用作证同性语句的第一个组分。并且，如果脱离语境，Я один коллежский асессор 这个语句听起来会很奇怪（试比较表示特征描述的 Я коллежский асессор），而一旦存在表示说话人有必要进行识别的更宽泛的语境，该语句就是恰当的：Если вы... вздумаете спросить меня: Кто же я таков именно? — то я вам отвечу: Я один коллежский асессор (Ф. Достоевский).

还有一个保留条件牵涉到代词 это 与具有评价或评定意义的语词搭配的用法。这种用法表示，客体（常常是人）被看作是所提及性质的"拟人化" [Падучева 1981：83]；试比较契诃夫的：Это необыкновенный ребенок; Это странный, наивный человек; Это талант; Это молодчина. 其实，在这里，特征描述是隐蔽在同一性下面的。这些语句正是作为证同性语句呈现出来的，表明这一点的不仅仅有像 это 用法这样的形式特征，而且还有说话人对这些语句的领会。试比较这样的语句被理解成自以为表达出所定义客体的真正本质的"标签"：Ноют, ненавистничают, болезненно клевещут, подходят к человеку

---

① 兔子也注意到了小熊维尼（Винни-пух）所说的 Что значит «Я»? «Я» бывают разные 这样的语句是不合逻辑的。

боком, смотрят на него искоса и решают: «О, это психопат!» или «Это фразер!» А когда не знают, какой ярлык прилепить к моему лбу, то говорят: «Это странный человек, странный!» (А. Чехов). 说话人说出这样的语句，似乎是在做样子，就像在分类性同一性的情况下一样，不知道客体的相应属性就不能在外延空间对其加以定位。实际上，说：Этих двух нужно убить как бешеных собак. Это негодяи. Гнусные погромщики и грабители (М. Булгаков)，——巴卡列伊尼科夫医生指的不是要责骂库连诺伊和上校，而是要在水手面前揭穿（识别）他们①。因此说：Пирог — прелесть，说话人称赞的是具体的馅饼（因为词汇 пирог 是对具体客体的指称）。但是，如果有人富有诗意地说道：Пирог — это прелесть，这样的语句就会被理解成是表达对广义上的馅饼的态度（可以这么说，对其本质的态度）；它可以用作，譬如，对烤馅饼或买馅饼提议的回答。

由于代词 это 只用在（如果谈论的是具体客体）证同性语句中，所以通常它不能用在表达说话人对其本人的意见的句子里（因为，本来说话人也能够识别自己），特别是，如帕杜切娃[1981：82]所指，——当表达自我意见的句子从属于命题态度谓词时。不过，这样的情境是一个例外，当讲话人难以识别出自己，例如，在看老照片或看镜子里自己的影子时：Неужели вон тот — это я? (В. Ходасевич)；Максик подбежал поближе к зеркалу и вытянул вперед руки, словно пытаясь обнять собственное отражение. «Это я», — кричал Максик (Э. Кестнер, пер. К. Богатырева). 失去自我识别能力的情形也是可能的：试比较：Может быть, я — это тоже не я? (Л. Квитко, пер. Ел. Благининой)；Мы в адском круге, а может, это и не ты (А. Ахматова). 在类似的情况下，это 在表达自我意见的句子里和存在命题态度动词的语境中是可以的（例如，Лирическая героиня Ахматовой чувствовала, что они в адском круге, и допускала даже, что это и не они）。

最后，应该指出，关于客体名称的报道可以使用和证同性语句一样的手段：Знакомьтесь, это Коля; Вот это стол — за ним сидят (С. Маршак). 这样的报

---

① 在类似的情况下，主观评价出现在客观定义之后，如同《俄罗斯消息报》(1894)里的一篇文章中说道："和他对骂？企图什么？……理解和下定义就足够了，最多——就是大声说出定义"，作者向其反对者提出这样一些定义（而根本不是在"责骂"他）：танцор из кордебалета; тапер на разбитых клавишах; слепец, ушедший в букву страницы; блудница; палка, бросаемая из рук в руки.

道与同一性经常是同时作出的：Это вот моя жена, Луиза, урожденная Ванценбах. А это сын мой, Нафанаил, ученик третьего класса (А. Чехов).

总之，从组分的指称特性角度来看，证同性语句是极其多种多样的[Падучева 1987]。与此同时，它们全部都追求同一个目的——为言语受话人准确定位第一个组分的指称对象提供可能。这就保证了证同性语句整个类别的统一，并且解释，在这些语句中使用的是相同的语言手段。

2. 对等同语的重新理解

a. 伪等同性

当 A 和 B 分别是两个不同客体的名称时，"A 是 B"这种语句，从逻辑和正常思维来看，它们就是完全异常的。因此，它们总是被予以重新理解。通常，重新理解就是 B 被隐喻地（广义的）理解，并且已经不是表示不同于客体 A 的客体 B，而是表示客体 A 的属性在某个方面与 B 相似。由此，B 获得述谓地位，并且不留下任何费解之处。

譬如，契诃夫作品中的女主人公宣称：Мой муж — Отелло, —— 当然，她根本不想断言她嫁给了莎士比亚剧本中的人物；她只是报道了自己丈夫的特点，在她看来，该特点使他与所提及的人物近似。

重要的可能只是对这种结构的使用条件的描写。譬如，由专有名词充当谓词的转义使用，通常要求有特殊的标记：例如，与名称的"直接"解释不相容的定语，不定代词等等。

普通事物名词用于这种功能同样也与某些限制相关联。如果没有在同一个类别范围内进行比喻的特殊标记，就很难使用等同性句子形式；这与阿鲁玖诺娃[1983：9]的研究结果相符。Вино — вода 这个句子看起来不太正常；试比较有特殊标记的情形：Это не вино, а вода（试比较阿尔乔姆·韦肖雷的句子：Это же не вода, а какая-то моча дамская）; В сравнении с Джином вино — вода (О. Мандельштам), Вино — сущая (совершенная) вода 等等。有结构的排比也足以符合使用条件：试比较 Вином упиться? Позвать врача? Но врач — убийца! Вино — моча (А. Галич).

b. "同语反复"

X есть X; X — это X; X всегда X 等等，这类语句在其字面意义上是绝对不含任何信息的，因此是"无用的、不使用的"（康德）；它们只能作为嘲笑的对象,类似于《复活》中对审判长话语的描写:Прежде изложения дела он очень долго объяснял присяжным, с приятной домашней интонацией, то, что грабеж есть грабеж, а воровство есть воровство, и что похищение из запертого места есть похищение из запертого места, а похищение из незапертого места есть похищение из незапертого места. 通常,在解释"同语反复"语句时,言语受话人似乎是对其予以重新理解,并且语句在"字面上所说的"这个层面不含任何信息,"在隐含地指这个层面"却是包含信息的[Грайс 1985:229]。这种重新理解的必需性近来通常与格赖斯的一般交际准则相关联[Кифер 1985:335—336; Падучева 1982б:84;1985:42;Апресян 1988:40]。的确,寻找语句非字面解释的必需性自然可以由字面理解的交际不足来说明。同时会造成一种感觉,就是在该方向的许多论著中都假设"同语反复"语句的重新理解方式同样也是根据言语交际的一般准则推导出来的。在这样的情况下,就没有必要为"同语反复"语句建立一个特殊的与非字面解释相符的语义表征,它根据字面解释的一般规则(特别是与具体语言的特点无关联的)就可以得出。这就会提供"卸载"语义描写的可能[Падучева 1982:85;1985;43]。

然而,如果重新理解"同语反复"的必需性本身与具体语言无关,那么它们的理解方式,就和最经常遇到的"同语反复"语句完全一样,常常是具有语言特色的。"同语反复"语句的语言特色实际上已经根据帕杜切娃的假设推导得出,她假设[1985](再参见[Апресян 1988])这种语句的解释是由其中所使用名称的内涵决定的。要知道内涵是词汇事实,并且分明是具有语言特色的。同时指出,只知道相应名称的内涵(至少,在术语"内涵"的传统解释上)对于语句涵义的准确解释是不够的。我们尤其要指出,在"同语反复"语句中可以使用专名,包括并非人人皆知而因此在术语的通常解释中不具有词汇内涵的专名:例如,Сережа есть Сережа(关于共同认识的人)。确切地说,可以指的是与言语交际参与者的指称对象相关的联想,或者是言语交际者所拥有的指称对象的"思维文件夹"。

不过,"同语反复"结构在具体语言中的特点并不限于与词汇内涵之间的联系。这种语句的解释可能取决于"同语反复"语句的许多特点。关于 Boys will be boys: War is war 等等这类英语的"同语反复"结构,在维日彼茨卡[1987б]的文章中有所描写。在说明英语"同语反复"与其他语言类似结构的区别时,维日彼茨卡不时地把法语、俄语和波兰语的例子拿来作对照。值得注意的是,在论及俄语材料时,维日彼茨卡犯了许多差错①;但正是这些差错才证实了维日彼茨卡的总体结论——"同语反复"结构在每一种单独的语言中具有自己的特色,因此对于每一种语言来说,都必须对它们加以专门分析。

"同语反复"语句的语言特色还与多种多样的因素相关联,这些因素决定它们在每一种语言里的解释。譬如,在英语中,这些语句的解释方式是非常多样化的,并且取决于冠词的有/无、动词的时、名词的语义类型等等。重新理解的相关规则是规约化的,并且应该被纳入到英语的完整描写当中。它们不具有普遍性;这是显而易见的,例如,哪怕仅仅在它们不能适用于无冠词语言这方面。

俄语双称名"同语反复"的理解方式同样也是多种多样的,并且也取决于多种参数。对于俄语而言,有特点的是两列"同语反复"结构的对立:一列是 X(и)есть X;X всегда / везде X 等等,而另一列是 X — это X。

第一列结构的意义:X 的所有体现,即类别 X 的成员或个体 X 的"即时个体"(参见第 II 章),总的来说是一样的,并且没有理由从这些体现中期望别的什么东西。此类句子最经常地表现为"与现实的妥协的说法"[Николина 1984:45]。

这种妥协的方案是多种多样的。

一方面,这可能是出于现象的负面因素是不可避免的认识,即认识到 X(类别成员或个体的"即时个体")这种体现的缺点不是其特殊性,而原本就是 X 自身所固有的,因此应该容忍这些缺点:Дети есть дети;Реклама есть реклама;Для Троцкого, как и для Сталина, коллективизация и террор голодом были войной — войной коммунистического режима с крестьянством. За жестокость он Сталина не упрекал: война есть война (М. Хейфец);Таня есть Таня, обижаться на нее невозможно (В. Астафьев)等等,Обижаться тут не приходится, жизнь есть жизнь (Н. Катерли)②。

通常"与现实的妥协"的第一个做法是揭示出 X 的所有体现都既有正面,也有负面,因此这种体现也不例外:Люди есть люди. У каждого есть плюсы и

---

① 譬如,维日彼茨卡认为,"俄语不说 война есть война(战争就是战争)"[Wierzbicka 1987b:97]。实际上 война есть война 是俄语话语中一个最常见的"同语反复"句子。在尼科琳娜[1984]的文章中列举了从现实话语中提取的 X есть X 这类句例:43 个例子中有 6 个恰恰就是 война есть война 这个句子的使用(居于第二位的是 Жизнь есть жизнь,有 3 个例子;Ложь есть ложь 这个句子出现两次)。

② 试比较[Николина 1984:45]中列举的例子:Жизнь есть жизнь, и ничего с ней не поделаешь (К. Симонов)。

минусы. Достоинства и недостатки (例子出自于尼科琳娜的论著[1984：43]), Человек есть человек, Бог и Черт в нем всегда рядом (Р. Вебер).

另一方面,"与现实的妥协"("无能为力")可能是意识到必须履行自己对 X 的义务,不管这个 X 是怎样的：Закон есть закон; Приказ есть приказ; Отец есть отец; Обещание есть обещание 等等。

"与现实的妥协"的这两种做法都是指让步意义,然而这种让步具有的性质几乎相反。第一种做法假设,尽管 X 的这种体现可能具有优点或者有与之相关联的希望,但就其实质来说,它并不比其他体现更好——试比较：Женщина всегда женщина, даже если она и наделена от Бога ясным и насмешливым умом (Вас. Гроссман). 第二种做法指的是,不管 X 的这种体现有什么缺点,它们也不会取消履行对 X 的义务：Отец есть отец. Какой бы он ни был, но отец (例子出自于尼科琳娜的论著[1984：42]). закон есть закон 这个语句表示,虽然法律很严酷,但必须执行法律;приказ есть приказ 表示应该执行命令,尽管命令是残酷的、难以完成的,或者完成它是需要冒险的：Я удивился такому приказу. Уж кто-кто, а Симыч должен был знать, что распинать на кресте — дело не христианское. Но приказ есть приказ (В. Войнович); Приказ есть приказ. Но все собравшиеся офицеры понимали, что по раскинутой Выборгской стороне, набитой десятками мятежных рабочих, выполнять его почти нечем (А. Солженицын); А коммунисты, стиснув зубы, выполняли приказ о «смертном бое». Приказ есть приказ, партийная дисциплина—дисциплина (Э. Генри).

我们注意到,"与现实的妥协"总的来说对于俄语世界图景是极为典型的。我们已经发现,在插入语 видно 中就可以看出这种观念。而这种观念,如我们后面所见(VII.3),在动词 плюнуть / плевать 的几类用法当中也可以看到。

"与现实的妥协"是所分析结构的典型解释方式,但不是唯一的。解释的选择取决于名词的类型,或者在语境中得以明确。譬如,жена есть жена 这个句子可以表示愿意容忍妻子的缺点(说话人认为,这是所有做妻子的人都具有的),表示必须关心妻子,表示说话人认为已婚男人的状态一般比单身汉的状态要好(不管妻子是什么样的)等等。只有语境才可以进一步明确对契诃夫的《三姐妹》中安德烈所说的这个句子的理解：Жена есть жена. Она честная, порядочная, ну, добрая, но в ней есть при всем том нечто принижающее ее до

第二章 同一性的悖论

мелкого, слепого, этакого шершавого животного. Во всяком случае, она не человек. 在某些情况下,解释仍然是不清楚的;试比较尼科琳娜的论著[1984:44]中所举的例子:«Мечта есть мечта», — сказала Ада Ефимовна неизвестно в каком смысле (И. Грекова).

第二列结构(X—это X)的总体意义是完全不同的:个体(或类别)X 与非 X 不同,即与其他个体(或类别)不同。正是这些结构可以表达事物与其自身是相同的这种意义;相应的报道,严格说来,信息含量不太丰富的,但在特定的情境中却是恰当的: Если я — это я, меня не укусит собака моя (С. Маршак); Ложка — это ложка, ложкой суп едят. Кошка — это кошка, у кошки семь котят. Тряпка — это тряпка, тряпкой вытру пол. Шапка — это шапка, оделся-и пошел (И. Токмакова); Мы с Букашевым, как слепые, ощупывали друг друга, чтобы убедиться, что мы — это мы (В. Войнович).

通常情况下,X—это X 这类语句被重新理解为是指出个体 X 或类别 X 的"特殊性",指出它就其自身的特质而与其他个体或类别不相似("其他都不般配")。由此清楚的是,如果 X есть X 这类语句经常与对 X 的否定评价相联系(从 X 那里不会有望得到什么好的东西),那么与此相反,X — это X 这类语句经常与对 X 的高度评价相联系: «Спартак» — это «Спартак»! Мы восстановимся и будем претендовать только на первое место ("斯巴达克"女子手球队教练图尔钦的话 ——《苏联体育》,1990 年 1 月 21 日)。舒尔曼回忆录《唱诗班领唱舒尔曼的彼得格勒巡演》里的一段情节是很有特点的:夏里亚宾想要结识领唱博鲁赫·舒尔曼,因此吩咐管家伊赛·德沃利辛在那天晚上把舒尔曼带来。德沃利辛开始用这样的话来说服舒尔曼: Ты же знаешь Федю! Типичный гой! Еще какой! Если ему что захотелось, вынь да положь. 舒尔曼不知所措起来,他说,如果夏里亚宾愿意结识他的话,哪怕就是现在去饭店见他也可以。但是这个德沃利辛,突然变得悲伤和安静起来,回答说: Ты, Береле, замечательный кантор. Может быть, один из трех или четырех лучших в мире. Но мне, так самый лучший. Но Шаляпин — это Шаляпин. Он приглашает тебя в гости, а ты подумай, что ты говоришь, это Бог знает что!

正是由于上述内容,如我们在 VI.1 中所指出的那样,在得知那位让比赛组织者费心的美国大师的例行要求时,会自然地说出 Фишер есть Фишер 这个语句;而例如,当得知这位美国大师再次获胜时,Фишер — это Фишер 这个语句听起来会很自然,说话人强调这应是意料之中的事情(试比较《苏联象棋》杂志 1988 年第一期中的例子:Бобби Фишер заявил однажды, что может дать коня вперед тогдашней чемпионке мира Ноне Гаприндашвили, на что Михаил Таль сказал: «Фишер — это Фишер, но конь-это конь»).

不过,这些评价成分绝不是必须的。它们只是作为每一列双称名"同语反复"基本意义的结果而出现。对于 X есть X; X всегда X,这是对个体 X 或类别 X 所有体现的共同属性的确定;X 与其他个体或类别的区别和相似性处于视野之外。对于 X — это X,基本意义在于把 X 从其他个体或类别中划分出来,这是对其特殊地位的确定;单个体现的特点可能不被注意到。换句话说,X есть X 意味着,首先"所有 X 都是一样的",而 X — это X 表示某种类似于"X 不是 Y"的意思。这两列俄语"同语反复"语句的差别可以抹掉,但是永远也不会完全消失,并且这种差别,无疑是具有语言特色的。恰恰该差别是所分析结构的语义中评价要素的根源所在,其中一部分要素在文化上是很重要的。

c. 反事实的等同性

由于从现代情态逻辑的观点来看,任何一个可能的等同性判断都是必然的,而任何一种在现实世界没有出现的等同性都是不可能的,所以反事实的等同性判断是不可能的。的确,相应的判断要么是同语反复(А был бы А),要么就是矛盾句(А был бы не А;А был бы В)。因此,虚拟式的双称名句子只有在其中一个组分(通常是后一个)具有述谓地位的情况下才可能的:Если б я был султан...;Кабы я была царица...(试比较英语译文:Were our tsar to marry me)。

如果假定式双称名句子的两个成分都是固定指称词(即是相对应于同一个客体的语词,正如我们记得的那样,不管谈论的是哪一个可能的世界,是专有名词或自然类别的名称),只有当把其中一个成分理解为非固定地、转义的情况下,假定式双称名句子才是可能的:Если бы Хазанов был Сальери... (Э. Рязанов) = "Если бы Хазанов был завистлив"。

俄语中非固定理解的主要方式就是隐喻性解释(Если бы А был В... = "Если бы А был похож на В")。皮埃尔的话:Ежели бы я был не я, а красивейший, умнейший и лучший человек в мире... —— 也可以隐喻地理解为:"Если я не был таков, как я есть..." 很少遇到功能性解释(Если бы А был В... = "Если бы А на месте В"),类似于 Когда б во власть твою мой брат был облечен, а ты был Клавдио, ты мог бы пасть, как он … (= … а ты был на месте Клавдио)这样的例子。固定指称词的这类转义解释对于许多欧洲语言都是很典型的(If I were you ＝"在你的位置上……");用俄语表达的相应涵义借助于на месте Х-а这个短语来表达更具熟语性;不过,在陀思妥耶夫斯基那里该涵义的两种表达手段同时使用:Если бы я был Горшков, так я уж не знаю, что бы я на его месте сделал!

上述解释可能会产生双关语冲突,如在下面的对话中:Когда Александр отверг условия Дария, то Парменион сказал: «Если бы я был Александр, я бы принял условия мира». Александр ему ответил: «И я бы принял их, если бы я был Парменион». 在Парменион的语句中要求功能性解释("在Александр的位置上"),而在Александр Македонский的语句中要求隐喻性解释["如果我是Парменион那样的(胆怯的)人……"]。

在许多情况下,这些解释之间的界限不是十分清楚的,如在扩展性(通常是在对欧洲语言的翻译当中)短语Если бы я был Бог…中:Если бы я был Бог, я дарил бы вечное блаженство тому, кто не кается до последнего (Й.-П. Якобсон, пер. Е. Суриц); Будь я Богом, я бы вовсе не хотел, чтобы меня любили сентиментальной любовью (Дж. Салинджер, пер. С Таска). 在许多类似的情况下,И. А. 克雷洛夫对М. Д. 捷拉留翻译的雨果诗歌中类似短语的回答是恰当的:(И если б Богом был — селеньями святыми Клянусь-я отдал бы прохладу райских струй И сонмы ангелов с их песнями живыми, Гармонию миров и власть мою над ними За твой единый поцелуй!): Мой друг! Когда бы был ты Бог, то глупости такой сказать бы ты не мог.

显然,这两个意义(隐喻性的和功能性的)在帕斯捷尔纳克对一篇抨击性文章的巧妙回答里混合地表达出来,这是一个叫杰克·林赛的人在亲苏杂志 Anglo-soviet Journal 上发表的反对《日瓦戈医生》的文章。据帕斯捷尔纳克所说,林赛的文章是用"傲慢的,教训人的腔调"写的,开场白是这样的:Я был расположен к «Доктору Живаго» до того, как начал его читать, и приготовился восхищаться романом, о котором столько говорят. В этом месте, если бы был господином Линдси, я бы продолжил так: «Но после того, как я понял характер журнала, для которого я пишу, доброе предрасположение к книге, которой я собирался насладиться, внезапно переменилось. Теперь

«Доктор Живаго» разочаровал меня》."如果我是林赛先生的话"这一条件句同时既表示"如果在林赛先生的位置上",也表示"如果我是林赛先生那样的人(即在还没有读完小说就发表对这本书的意见,并且准备为销售性刊物写文章)"。

在条件从句中分类谓词也可以不予以重新理解。在该意义上所有句子经常被解释成关于因果联系的报道: Если бы Дрейфус не был еврей, его бы не осудили; Была бы Шурка парнем, ей эти слова даром бы не прошли (С. Залыгин)(因为是犹太人而被定罪;因为 Шурка 不是小伙子,便得到了谅解)。再比较另一种略微不同的解释: Если б я был евреем, вовеки не назвался бы словом другим (А. Петров-Агатов); Если бы я был молоденькой девушкой, — чего, по счастью для молоденьких девушек, не случилось, — я бы тоже, наверное, смущался (Э. Кестнер, пер. К. Богатырева).

值得注意的是,客体 A 在所分析的反事实情境下所获得的特点并不会改变表示 A 的单位的语言行为: Была бы Шурка парнем, ей (а не * ему) эти слова даром бы не прошли; Если бы я был девушкой, я бы тоже смущался (а не * смущалась)。当在所分析的反事实世界中 A 遭遇到其类似情形(counterpart)时,这样的情形将成为一种难题。假设,年轻的女孩子们看见 Кестнер 后会感到害羞。Кестнер 若在她们的位置上也会感到害羞的想法,借助于同一个结构难以表达出来: Если бы Кестнер был молоденькой девушкой, он бы тоже смущался, увидев... (* себя?; * Кестнера?)。莱考夫的著名例子 I dreamed that I was Brigitte Bardot and that I kissed me 很难译成俄语: Мне снилось, что я — Бриджит Бардо и что я поцеловал... (* себя?; * меня? * Лакоффа).

看来,如果 A 是说话人,那么对他来说唯一的可能就是"疏离地"、用第三人称(例如,借助于专有名词)表示自己的相似对应客体,如在普希金作品的著名片断中:"Когда б я был царь(如果我是沙皇的话),我就会邀请亚历山大·普希金。(……)亚历山大·普希金就会有点不知所措地鞠躬。(……)普希金就会立刻头脑发热,和我讲许多没有用的话,我就会发怒,并把他流放到西伯利亚"。说话人正是以这种"疏离地"表示对应客体的方式强调一个事实,就是在这里把沙皇作为功能性重新理解中的固定指称词来理解,—— 与 Если б я был султан, я б имел трех жен; Кабы я была царица...... 这些例子中的纯粹述谓性的 султан, царица 不同。

类似于 Если бы вы были птицей, то летали бы в поднебесье 这样的例子是复杂化了的隐喻：Из птиц вы больше всего похожи на тех, что летают в поднебесье.

Если бы... то A не был бы A (如果……那么 A 就不是 A 了) 这种语句通常表示，说话人认为包含在从句中的虚拟条件与 A 的实际本质相矛盾；试比较：Леонов не был бы Леоновым, если бы, сознавая и вину, и беду своих героев... по-человечески не сочувствовал им (Изв. ОЛЯ, т. 39); Не думайте qui je tombe en réligion — я была бы не я (摘自玛琳娜·茨维塔耶娃写给阿里阿德娜·贝格的信); Мог бы я быть добродетельным, почтенным, заслуженным и даже на всю жизнь? Мог. Но тогда я не был бы самим собою (伊里依娜所列举的列福尔马茨基的话); Если б я стал писателем в русле официальной советской литературы, я бы, конечно, не был бы собой (А. Солженицын); А если б мог решить проблемы эти — Я б был не Бог, Я б был не Я (В. Долина).

Он в Риме был бы Брут, в Афинах — Перикл ес, а здесь он офицер гусарский (А. Пушкин) 这类语句是扩展性的；这里恰达耶夫与布鲁图和伯利克里斯的相似性得以确立，而区别是与这些人物活动的不同环境相关联的。

由于固定指称词在隐喻性解释下会丧失与客体的联系，因此可以发现主语和谓语在指称上是不一致的；试比较下面的例子，其中主语具有种别地位，而谓语是由专有名词来表示的：Чтобы многомиллионный читатель увидел то, о чем говорил Георгий Дмитриевич, ему нужно быть Георгием Дмитриевичем, т. е. разработать в себе... аппарат извлечения знаков и символов, воплощенных в каждом человеческом слове (В. Кожинов).

正如我们所看到的，假定式的证同性语句几乎总是可以化归为标准语义。然而仍然能感受到它们的某种自相矛盾性。难怪它们能够用作语言游戏的方便材料。在英语语料中，这样的游戏在米尔恩的创作中经常用到：试比较小熊维尼的诗歌(If I were a bear, and a big bear too, I shouldn't mush care If it froze or snow...) 和 A thought (If I were John and John were me, Then he'd be six and I'd be three. If John were me and I were John, I shouldn't have these trousers on), 以及《小熊维尼》中的著名诗歌：It's a very funny thought that if Bears were Bees, they'd build their nests at the bottom of trees and that being so (if the Bees were bears), We shouldn't have to climb up all these stairs [试比较萨霍德的翻译：Если б мишки были пчелами, то они бы нипочем, никогда и не подумали как высоко строить дом; и тогда (конечно, если бы пчелы-это были мишки!) нам бы, мишкам, было незачем лазить на такие вышки!].

我们在 Д. 普里科夫的创作中遇到了更为巧妙的语言实验。我们列举一下以 "Он в Риме был бы Брут" 为主题的实验例子：

(1) Скажем, я вот-Геродот Ну, понятно, скажут, Геродот, мол, да не тот И неверно скажут Потому что Геродот В наше время был бы Геродот, да уж не тот А он Пригов был бы То есть-я;

(2) В Японии я б был Катулл А в Риме-чистым Хокусаем А вот в России я тот самый Что вот в Японии-Катулл А в Риме-чистым Хокусаем Был бы.

在例子(1)中利用的是比喻的不可逆性；Геродот был бы в наше время Пригов 这个异常的语句是通过使用 герой 和 Геродот 的比喻而得到的(譬如，Я б в Древней Греции был Геродот)。例子(2)是这样构建的，以至于标准解释是不可能的：所比较的两个人物之间的差别是由他们活动的不同条件造成的。实际上，卡图卢斯(Катулл)的独特特点无论如何也不能由特殊的日本环境来解释（而北斋[Хокусая]由罗马环境来解释）。最后，得以清楚的是，在俄国环境中英雄一般不具有个体属性，并且只有通过与卡图卢斯和北斋的比较才可以被证同出来(这是某种"交叉"证同)。

这样，我们发现，与同一性相关的逻辑悖论在自然语言中可以得到解决。但是，自然语言会为构造新的悖论、实验、语言游戏不断提供材料。

第三章 象征行为及其在语言中的反映

1. 根据语料对"吐唾沫"的分类

马雅可夫斯基曾经问过:"我不知道,吐唾沫会不会让人见怪?"应该承认,他是有理由感到困惑的。回答他提出的这个问题时,我们可以说:一切都取决于谈论的是哪一种"吐唾沫"。和许多其他事情一样,"吐唾沫"也是各式各样的。

一般来说,把吐唾沫作为一种象征性行为来使用是许多文化都具有的,如果不是所有文化的话。查尔斯·达尔文甚至曾经写过,吐唾沫,这"几乎是鄙视和厌恶的通用符号"。但是,在其他任何语言中我们不见得能发现像俄语中那么丰富多样的"吐唾沫"。

俄语言话中经常使用 плюнуть, сплюнуть, плевать, наплевать, расплеваться, отплевываться 等等这样的动词。这时并非在使用这些动词的所有情况下都是指实际上发生的"实实在在的"吐唾沫行为。显然,当人们在расплевываться,或者有人对某人 наплевать в душу 的时候,说的不是字面意义上的吐唾沫,而是隐喻意义上的。人类生活的各种行为和现象都被语言看作是不同种类的"吐唾沫"。我们可以说 переплюнуть,来代替 превзойти(胜过、超过);对于什么也不做的人,我们说他 плюнуть в потолок;而把对待自己职责的那种漫不经心的蔑视态度叫做 наплевательский. 我们可以报道:"他等了又等,啐(плюнул)了一下就离开了";或者表达自己对展览会的印象:"我转了一圈,只能是 плеваться". 尽管这里不是本义上的吐唾沫,我们还是把这些情境看成是某种"吐唾沫"。

因此,应该指出的第一个区分是"实施的"和"隐喻的"吐唾沫的区分。如果某种行为在涵义上与类似情境下作为象征行为实施的吐唾沫涵义相似,那么"隐喻的"吐唾沫就出现了。

与此同时,实际的、"已实施的"吐唾沫远非总是象征行为。为了吐出瓜子皮,或者游泳时,当水喝进嘴里的时候,将水吐出,在这些行为中是没有(或者,至少是不可能有）任何符号象征意义的。由于我们遇到的是"已实施的"吐唾沫，因此，必须区分"有寓意的"和"无寓意的"吐唾沫。

最后，"有寓意的"吐唾沫能够以不同方式来实现。这并非总应该是真正的吐唾沫；譬如，为了表示懊恼，不一定要字面意义上的сплюнуть，只要做出象征性的"吐唾沫"就足以了，即说出тьфу！或тьфу ты！。这样，我们就可以区分出"真正的"和"象征性的"吐唾沫。动词плевать的"准施为"用法也近似于"象征性的"吐唾沫（Плевать...！或 Плевать я хотел）。

因此，我们能够区分出"已实施的""无寓意的"吐唾沫（吐唾沫本身）、"已实施的""有寓意的"吐唾沫（例如，当有人сплюнет с досады）、"象征性的"吐唾沫［说出感叹词тьфу］、"准施为的"吐唾沫［使用（на）плевать...！这样的表述］。此外，还有"隐喻性的"吐唾沫（被看成是表示蔑视、侮辱等等以及想象中等同于吐唾沫的行为）。

吐唾沫的意义同样也是非常多种多样的。在这种情况下，无论是吐唾沫的实现方式，还是其可能的语言符号，都常常取决于吐唾沫的"作者"究竟想要通过它表达什么。

譬如，对于"无寓意的"吐唾沫重要的是吐唾沫的方向，以及由于没有象征目的，那么它们出于何种目的实施就很重要，并且有时表示吐唾沫的语言符号的选择也取决于此。譬如，выплюнуть/выплевывать（нечего）这个表述要求通过吐唾沫去除嘴里的某种东西；动词отплевываться把重点放在从嘴里去除落在嘴里或就要落在嘴里的某种其它的东西；可以往脚底下吐сплюнуть/сплевывать；плюнуть是在水平方向上吐，而поплевать是往手上吐。

不过，这类吐唾沫经常是象征性地承载着符号意义的。只有用不及物动词выплюнуть/выплевывать或更少见的отплюнуть/отплевывать表示的吐唾沫总是"无寓意的"，并且只是为了去除嘴里的东西。而在其他情况下，当没有指明这个东西时，经常可以推测到吐唾沫是表达某种意思。譬如，可以сплюнуть под ноги с досады，плюнуть（кому-то）в лицо——为了表示鄙视、蔑视；поплевать на руки——为了说明已经准备好，打算开始干活了；而отплевываться——当看见或听见周围某种令人厌恶的现象时（这时如果实际的吐唾沫没有发生，那么动词经常是隐喻性地使用的；试比较：Мне такое наговорили, что я только слушал и отплевывался）。

如前所述，在许多情况下"有寓意的"吐唾沫是象征性地实施的。在实际吐

过唾沫之后说 сплюнуть с досады 是可以的，说 тьфу! 也是可以的。作为一种象征行为，感叹词 тьфу 可以具有不同的功能。这常常是懊恼的表达（这时感叹词可以有扩展词"你"），与懊恼表达近似的还有当人说错话时所使用的"元话语的"тьфу!. 有时 тьфу 用来表达蔑视或者愤怒（Тьфу, надоел!）。与"蔑视的"тьфу 相毗邻的还有 тьфу 在仪式上的使用，这时人们似乎是在向魔鬼吐唾沫，表明不想和它有任何瓜葛。特别是，在进行洗礼仪式时（在宣读仪式中、在驱逐魔鬼的仪式上）神父对受洗者说："Дуни и плюни на него [на диавола]（对他[对魔鬼]吹一下并吐一口）"——而受洗者吹一下并说出 тьфу. 有时表达对魔鬼蔑视的初始意义抹消了，而只剩下"仪式的"意义，例如，就像在 Тьфу, тьфу, чтоб не сглазить 这一表述中。在大多数情况下，象征性的实施是最好不过的了，或者是实施"有寓意的"吐唾沫的唯一可能方式。在描写这种"象征性的"吐唾沫时使用谓词 плюнуть / плевать.

俗语"准施为的"(на)плевать...! 具有完全不同的功能，说话人通过它来说明不愿意考虑自己的职责、不顾已经出现的或可能发生的不愉快的事、危险以及自己的屈辱地位等等①。А я плевал...! 或 А я плюю...! 这些表述也具有同样的功能。使用这些准施为动词，说话人让人了解到他对所谈论的东西一点也不关心。在谈论某人 плюнуть 自己的职责时，这种态度就被叫做 наплевательский. 在描写借助于"准施为动词"所表达的"吐唾沫"时，使用 плюнуть 或 наплевать 这些动词（在这两种情况下未完成体都是 плевать）。

可以区分出(иа)плевать! 的两种"准施为"使用情形。一方面，是对具体决定的描写，这种决定出现在主体出于某种理由在一段时间内焦虑不安，然后决定 плюнуть 时[在这种情况下他可以说：(иа)плевать!]，例如：Она долго пыталась собрать все необходимые документы, чтобы подать заявку на стипендию, но наконец решила плюнуть. 另一方面，这在某种程度上是对某事一成不变的无所谓态度[这里主体又一次可以通过 А мне (на)плевать! 这个语句来表达自己的态度，不过是带着一种略微不同的语调说出来的]。在第一种情况下我们说主体 плюнул на что-то, 而在第二种情况下我们说他 плюет на это.

---

① 这类用法叫做"准施为"用法，因为说 Плевать! 在某种意义上就意味着 плюнуть. 然而，应该指出的是，它和真正的施为用法的区别；特别是，Он сказал: «А мне плевать!» — но я ему не очень-то верю 这样的语句是可以的。

需要指出,"象征性的"тьфу！和"准施为的"(на)плевать 实际上是不可相互替代的;换个说法,它们的功能几乎是互不交叉的。"懊恼"或愤怒时人们不说 Плевать！。该表述也不用在仪式中;另一方面,感叹词 тьфу 通常不用作"轻蔑(наплевательский)"态度的表达手段。然而也能找到一小块 тьфу！和(на)плевать...！功能上的"交叉区域",与 А. Б. 宾科夫斯基[1995]指出的尊贵评价的特点相关联,即蔑视的意义似乎是以两种身份出现的:"蔑视"——就是认为不重要,与满不在乎有关(这里维日彼茨卡的表达"漫不经心的无所谓"[Wierzbicka 1995：311]很恰当)。А мне это тьфу — плюнуть да растереть！实际上和 А мне на это плевать — плюнуть да растереть！说的是一个意思。

在许多情况下,表示"吐唾沫"的动词,不仅适合表示实际的,而且也适合表示隐喻性的"吐唾沫",即在表现出那种可以通过吐唾沫来表达的态度时都能够使用。плюнуть с досады 可以是字面上的,也可以是象征性的,但是在懊恼的其他表现中(在既没有字面上的吐唾沫,也没有象征性的吐唾沫时)不用动词 плюнуть。плюнуть от отвращения 也可以既是字面上的,也是象征性的,但是这个动词还可以用来表示在既没有字面上的吐唾沫,也没有象征性的吐唾沫时厌恶的其他表现——这样,仍不清楚的就是,《钦差大臣》的场景中市长是否想要说他在看到纸牌时的的确确啐了一口,还是厌恶地说了句 Тьфу！,又或者只不过是感到厌恶(可是这也没什么重要的)：Боже сохрани！Здесь и слуху нет о таких обществах. Даже не знаю, как играть в эти карты, смотреть никогда не мог на них равнодушно; и если случится увидеть этак какого-нибудь бубнового короля или что-нибудь другое, то такое омерзение нападет, что просто плюнешь. 最后,当说到:Он подождал, подождал, плюнул и уехал,——多半不是指真啐了一口,哪怕只是象征性的。当说到:Я ходил по выставке и только плевался; Он лежит и плюет в потолок; Плюнь ты на урок, раз такое дело; Он на меня или неистово молится, или неистово плюет на меня (В. Маяковский о Безыменском); Министерство требует развития преподавания русского языка-а студенты плюют не то, что говорит министерство 等等,多半既不要求实际的,甚至也不要求象征性的吐唾沫。在使用 расплев(ыв)аться,(на)плевать в душу 等等这些表述时,谈论的只能是隐喻性的"吐唾沫"。

上述内容可以概括为下表:

吐唾沫的意义	表示吐唾沫的语言符号	"吐唾沫"的类型			
		"字面上的"	象征性的（тьфу）	"准施为动词" плевать я хотел…!；плеваля…!；(на)плевать…!	"隐喻性的"
—	плюнуь/плевать；сплюнуть/сплевать；выплюнуть/выплевать и т. д.	＋	—	—	—
懊恼	плюнуь/плевать；сплюнуть/сплевать	＋	＋	—	—
元话语、愤怒、轻视、仪式	плюнуь/плевать；	—	＋	—	—
"轻蔑"	плюнуь/плевать；наплевать/плевать	—	＋	＋	＋
"厌恶"	плеваться，отплеваться	？	—	—	＋
"无端的侮辱"	оплев(ыв)ать	—	—	—	＋
"超过、胜过"	переплюнуть	—	—	—	＋
"关系破裂"	расплеваться	—	—	—	＋
成语	(на)плевать в глаза/в душу，Плевать в потолок	—	—	—	＋

2. 俄语的世界语言图景中的"轻蔑"

我们已经讲过，虽然吐唾沫作为符号行为的使用，即使不是所有文化，也是许多文化所具有的，但是恰恰就在俄语里我们发现吐唾沫从其功能和语言符号的角度来看具有惊人的多样性。我们甚至可以谈论由非动物主体实施的"吐唾沫"，如在一篇报刊采访中（《论据与事实》，1996 年，№ 42）：Биологии ведь на мораль плевать. — Естественно, природе на эстетику, мораль, этику плевать, когда идет процесс отбора.

同时，对"吐唾沫"某些类型的热衷被记载到曾经多次指出来的"民族特性"

的特点中。尤其是,这涉及到"漫不经心的无所谓"的态度,这种态度已获得一个专门的称谓——наплевательство(轻蔑)或者甚至是《наплевизм》(轻蔑主义),并且借助于 Плевать...!; Наплевать...!; А я плевал...!; Плевать я хотел...!; А я плюю...! 等等这些表述表达出来。譬如,按字面"翻译"成英语,就是 I spit at it 或者 I spit (up)on this!,但是这显然表达的是另一种概念:根据词典资料,spit upon 表示的与其说是轻蔑,不如说是无所谓。"轻蔑的"态度用英语可能会借助于 I don't care 这个语句表达出来,而不会使用"吐唾沫"。

此时,Плевать...! 这样的俄语表述与英语的 I don't care 不仅仅是形象性上的不同;它们表示说话人不仅仅是不想考虑他朝哪里"吐"的事情,而且主要是不想在这方面有任何行动。换句话说,透过俄语的 Плевать...!,与无所谓一道,可以看出无所事事、"往天花板上吐唾沫"的意思。Да плюнь ты...! 是一个最常遇到的建议,当一个人似乎对某些困难过于忧虑时,人们给他这个建议。该建议在某种程度上近似于英语的 Take it easy!;差别是显而易见的。Take it easy! 这个建议表示对摆脱负面情绪的祝愿,但却不以沉湎于无所事事的建议为前提。Да плюнь ты...! 是建议避免多余的努力,建议对什么都不用付出(或者只会导致一团糟的)努力。对待生活的"哲学"态度在"盎格鲁撒克逊人的世界图景"里可以用格言表达出来:"不要因不取决于自己的事情而伤悲";在"俄语世界图景"里它也可以用格言表达出来:"不值得努力:反正任何事情都不取决于你"。值得注意的是,在俄语中这种对待生活的哲学态度被概念化为"吐唾沫"。

看来,正是对能够表达无所谓意思的"吐唾沫"的热衷(这种热衷已经获得一个专门的称谓——"轻蔑"或者甚至是"轻蔑主义")被记载进关于"俄罗斯民族性格"特点的普遍认识中。有时似乎觉得,这种"轻蔑的"态度甚至是一种特别引以为骄傲的对象。马雅可夫斯基的著名诗句充满了骄傲:Мне наплевать на бронзы многопудье, мне наплевать на мраморную слизь 等等。某种卑微的骄傲是主人公加利齐所特有的,他声称:Под столом нарежем сальца, и плевать на всех — на тутошних! 或 А что мадам его крутит мордою, так мне плевать на то, я не гордая.

我们不仅为自己的"轻蔑"而骄傲,而且常常将其作为一种堪称哲学家的生活态度推荐给他人。"Да плюнь ты...!"是一个最常遇到的建议,当一个人似乎对某些困难过于忧虑时,人们给他这个建议,而我们在这样的建议中会看到一种生活智慧的体现。难怪弗拉基米尔·索洛罗维约夫的《三次谈话》中的瓦尔索诺菲老人对道德上多疑之人提出类似的建议:"而这就是我对你的建议:当他用这种悔恨开始令你不安的时候,你就 плюнь да разотри —— 他马上就会说,而所有的罪孽都是沉重的 —— 因此它们对我而言极其重要!"

通过"吐唾沫"表示对"日常琐事"的毫不关心再简单不过了。瓦西里·罗扎诺夫几乎赞赏有加地转述了关于波别多诺斯采夫如何表现对"上流社会的见解"的蔑视这段历史。Как мне нравится Победоносцев, — писал Розанов, — который на слова: «Это вызовет дурные толки в обществе» — остановился и не плюнул, а как-то выпустил слюну на пол, растер и, ничего не сказав, пошел дальше. 这些"吐唾沫"行为不仅仅只得到哲学家们的赞赏。在对"毫无价值的东西"和"卑微的事请"持轻蔑态度的背后,我们都还乐意看到对"高尚的东西"的热爱。一个人在不断地"吐唾沫"的同时,可能会被认为是一个具有高尚情趣的人。

在其他语言中也有表示无所谓意思的表述,其中同样也给出不要为小事情不开心,或是放弃不会改变事件进程的徒劳努力的建议。但恰恰在俄语中所有这些观念都集中在一个动词 плевать 上。我们使用这个动词,或是表达自身的态度,或是描写某种无所谓的态度,或是提供建议。

因此,仅从表面上的一瞥,那个在经历一系列徒劳无益的努力之后,终于决定"吐唾沫"的人遭到了惨败。从俄语中"Плевать...!"表达出的生活态度的角度来看,正相反,他反而能够在抛开"日常琐事"之后,上升到对待客观现实的真正的哲学态度高度上来。

第四章 依据俄语语料分析 дух，душа 和 тело

1. 人的身体结构是人区别于动物的主要特点

一个看起来自相矛盾的判断就是，语言认为，人区别于动物的独特性，与其说是其智力或精神特质，勿宁说是其结构特点，以及该结构各个组成部分的功能，特别是身体的结构①。甚至"身体"（тело）这个词本身通常也只是对人才使用的。在谈论动物的尸体时不可能使用句子 В овраге обнаружили мертвое тело. 不过，同情冻僵的动物时，特别是小动物或不受保护的动物，对它们，我们可以说 Дрожит всем телом；然而，对动物却不太可能说类似于 По телу пробежала дрожь 这样的话。普希金的诗句 И ветхие кости ослицы встают И телом оделись и рев издают 被看成是诗歌对标准的偏离。

我们可以部分地对动物进行拟人化，特别是家畜，赋予其以某些"精神"性质；但是，如果说 умный（聪明的），хитрый（狡猾的），добрый（好的），ласковый（亲切的），верный（忠诚的）等等这样的形容词不仅适用于人，而且，譬如，也适用于狗，那么我们对狗却不能说，它有 чуткая душа（同情心），доброе сердце（善良的心），стынет кровь（冷血），或者 гости сидят у нее в печенках（客人是它的一块心病），我们不会建议它 пораскинуть мозгами（动动脑筋）。狗可能会 забыть（忘记）什么东西，但却不可能 выкинуть из головы（抛到脑后），我们不会说它把什么东西 из головы вылетело（忘记）。动物可以被赋予 ум（头脑）（试比较[Урысон 1995б：520]），它们甚至有时能够思考[在 Н. 诺索夫的小说《学校里和家里的维佳·马列耶夫》中，主人公对"学者"小狗洛布津卡说道：Подумай хорошенько（好好想一想），——并且对观众继续说道：Подождите, ребята, сейчас он подумает и решит правильно（大家等一等，它在想呢，这就正确地算出来）；但是如果对狗说：Сейчас она пошевелит мозгами（现在它在动脑筋）就会很奇怪]。

---

① 试比较"人的身体，这就是首先被我们称为人的东西"（巴维尔·弗洛连斯基）。

以上所述并不意味着,我们在使用语言时否认动物具有相应的与人类器官类似的器官。我们知道,许多动物都有 голова(头)、сердце(心脏)、кровь(血液)、печень(肝脏)、мозги(大脑);但是我们不愿意把这些器官与动物的"精神"生活联系在一起。狗可能是善良的,而除此以外,我们知道它有心脏;然而这两个事实在语言使用者的意识中是彼此独立存在的。我们不把动物叫做 бессердечный(无怜悯心的);它可能是 глупый(愚笨的),但却不是 безмозглый(没头脑的);是的,我们说 безмозглая курица "没脑子的鸡",但是该表述只是针对人使用,它不能针对鸡或随便别的什么动物使用。这里必须提出一点预先声明。所有上述内容都牵涉到语言标准,这种标准可以出于具体目的而被违反。在日常语言中,这种违反可能以一种语言游戏的形式出现;在艺术文本中这种违反有可能作为"形象的"拟人化的佐证,这种情形就是并非简单地赋予动物以人所特有的精神特质,而是故意用通常谈论人的表述来谈论动物。譬如,在塞尔登的童话《小鹿斑比》里(пересек. с нем. 纳吉宾[Ю. Нагибин])关于小鹿是这样讲的:

> Незнакомое щемящее, жалкое чувство проникло к нему в сердце; любопытство, страх, ожидание чего-то необычайного боролись в его душе; чудесная, властная сила закрывала ему глаза и открывала сердце; глядел во все глаза; язык словно прилип к гортани; что-то темное навалилось на душу; одна отчетливая мысль билась в мозгу: вперед!; молодая сила разлилась по телу; уже раз испытанная тоска... пела в его крови; затем он вырос, был ранен охотником, после чего выздоровел телом, но еще долго не мог вернуть себе свою прежнюю, несмятенную душу. Мотылек в этой сказке жеманно изгибает свое жилое тельце, про зайца говорится, что лицо у него симпатичное, сорока сообщает, что у нее голова идет кругом, старая олениха говорит, что она детьми... сыта по горло, а у нее теперь на шее сразу двое; она же советует молодому оленю не вешать нос; олени сбивались в кучу, потому что волна невыносимого запаха... дурманила голову, ужасом холодила сердце.

看起来,恰恰是把包含表示"身体部分"和内部器官的表述用作一种手段来造成这样一种感觉,就是这篇童话里的动物,正如纳吉宾所写的那样,"被赋予了人类的心灵";在童话里动物的精神生活似乎是从内部描写的。

2. 对人身体结构的朴素认识：语料

因此，人的独特性，如同它通过语言所呈现的那样，在相当大的程度上是由人的智力和精神特质决定的，这些特质与产生它们的器官是密不可分的。因此，描写自然语言对人体结构的认识首先应该分析这样一些语句，根据它们可以得出有关某个器官功能的结论。与 Пустое сердце бьется ровно 这个语句相比，Электрокардиограмма не показывала никаких отклонений, сержце билось ровно 这个语句关于自然语言对心脏在人类生命中的作用的认识告诉我们的要少一些（М. Лермонтов）。在这种情况下，关于人内心生活的朴素语言认识由一系列重要对立反映出来，诸如 дух — плоть（灵魂—肉体），душа — тело（心灵—身体），сердце — ум/разум/голова（心脏—头脑/理性/头）。我们在分析这些对立时就会触及到 душа（心灵）与 сердце（心脏），дух（灵魂）与 душа（心灵）等等的相似性与差别，以及 кровь（血液）、кости（骨头）、мозг（大脑）等等的作用。

首先转向俄语相应语词的分析，我们再提出两点意见。主要的注意力将投向最少被人意识到的，根植于语言内部的关于人是如何构成的认识。鉴于此，我们几乎不会涉及到自然科学、哲学、宗教对人体结构及其各器官功能的认识。特别是，可以顺便提一下，在基督教人类学中，人被想象成是由 дух（灵魂）、душа（心灵）和 тело（身体）构成的。这种认识反映在许多神学和哲学文本中，并且，俄语词语 дух（灵魂）、душа（心灵）和 тело（身体）在这些文本中的使用既可以与朴素语言的认识相一致，又可以与它们相矛盾。在后一种情况下，我们遇到的是自然语言词语的"位移"术语使用，并且把这种用法作为以下结论的根据，即人体结构是通过语言单位呈现出来的这种说法是不正确的，如同断定根据术语 сила（力）和 работа（功）在物理学教材中的用法可以得出关于俄语词语 сила 或 работа 的语义一样。但是，由于实际上说话人通常受某些观点的影响，所以在直接涉及到人体结构的语句中，他们常常对朴素的语言认识相应地加以变形。因此，我们应该谨慎地对待所有那些关于人体结构的认识处于关注中心位置的语句（尽管这些语句具有不容置疑的科学意义，并且可能会构成一些研究的基础，譬如，所谓的 Popular Science 现象的研究框架内的"医学神话"或"朴素人类学"）。

以"未被意识到的"为依据将导致主要的注意力最大限度地集中于成语性

表述上,在这些表述中,关于人体结构的认识位于次要地位,被视为不言而喻的东西,因此,在说话人那里不会产生(根据自己意识到的观点)"纠正"它们的诱惑。但是,这里出现了另外一个难题。表述的成语性越强,其中单独词语的意义就越"不明显",越难以划分出来。任何一个语言使用者都能轻松地明白,дух(灵魂)一词,和让我们感兴趣的与心理属性、心理状态,以及使人类"有灵性"的东西相关联的意义一样,具有"дыхание(呼吸)"(试比较:перевести дух)和"запах(气味)"(试比较:В комнате стоял тяжелый дух)的意义。然而,他可能需要专门的思考才能认识到"одним духом"(一口气)"非常快"这个表述与"呼吸"的意义相关,而ни слуху ни духу("没有任何消息")这个表述与"气味"的意义相关。有时候就连深思熟虑也不能给出令人满意的答案。如何确定испустить дух 这个表述是与呼吸相关联(试比较:испустить последний вздох),还是与人的精神实体相关联(试比较:Отдать Богу душу)? 看来,最现实的方法就是,不赋予这种表述以某种过于重大的意义,而仍旧根据其在语言使用者那里对于形成人的语言形象具有何种影响来考量它们。

3. ДУХ(灵魂)与 ДУША(心灵)

现在可以指出,如果对于基督教人类学而言人具有三方位的结构(дух[灵魂]—душа[心灵]—тело[身体]),那么对于朴素语言意识而言,这种三位一体说,确切地说,取代了两个对立:дух — плоть(灵魂—肉体),душа — тело(心灵—身体)。对立中的前一个成分(дух 和 душа)与人身上的非物质本原相关联,而后一个成分(плоть 和 тело)表示物质本原。同时,дух 与 душа 的区别和 плоть 与 тело 的区别一样,是非常重要的。可以断定,实际上不存在 дух 和 душа 可以相互替代的语境,在那些既可以使用这个语词,又可以使用那个语词的结构中,涵义也在根本上发生变化。可以说 упасть духом(却不能是 *душою),但只能是 тяжело(легко, весело)на душе(不是 * на духе). в душе 这个表述表示人"暗中的"想法(试比较:Она говорила: «Как я рада, что вы зашли», — а в душе думала: «Как это неуместно!»),而 в духе 这个表述(经常是和否定词在一起:не в духе)——表示人的好心情。

这是因为,душа(心灵)在朴素语言认识中被看成是某种看不见的器官,位于胸部某处,并且"统领"人的内心生活(试比较:[Урысон 1995a])。每一个人都拥有独一无二的、特殊的心灵——有多少人,就有多少心灵,因此,按照心灵来计算人数很方便。在俄国也曾采用过这种计算方法,并且如 VII.1 中所述,迄今为止,在许多西欧语言中常用的拉丁语表述 per capita[直译"按(每个)人头"]译成俄语就是 на душу населения"按人口平均计算"。

在这种情况下,душа(心灵)被看成是盛装内心状态的某种容器。那些具有外部体现或者至少不与那样的体现相矛盾的状态,就位于该容器的表层(на душе);瞒着别人的想法和感觉位于深层某个地方(в душе 或 в глубине души)。把自己的(甚至是内心最深处的)想法或感觉告诉别人,就意味着"敞开心扉"(раскрыть душу);而不受欢迎的对别人私生活的干预,为了探询出人们隐瞒着、他人的那些想法和感觉而纠缠不休,就用"干预……私生活"(лезть в душу)这个表述来描写。而如果我们因不经意的话语或行为伤害了某人珍藏于内心的某种情感,那么我们就是"凌辱……的心灵"(плюет ему в душу)。正是 душа(心灵)被概念化为容器的事实使帕斯捷尔纳克得以述说其心灵,心灵已经成为**受尽折磨的活人之墓**,现在变成**盛装他们骨灰的墓盒**。

在许多方面,由于谈论的是相应器官在人的内心生活中的作用,所以非物质的 душа(心灵)类似于 сердце(心脏)这样的物质器官(试比较[Урысон 1995а]),并且反而与人的 дух(灵魂)几乎没有什么共同点。дух(灵魂)全然没有被概念化为器官。确切地说,这是包围着人的心灵的某种非物质载体,仿佛某种光环似的(如拜伦出于其他缘由所讲的, a glory circling round the soul)。该载体可以钻入到(就身体而言)人并不存在的地方,并且滞留在那里,人已从那儿离去,那里只是作为对它的某种回忆形式而存在。"Чтоб духу твоего здесь не было!(给我)滚开!",这是向不愿意在此处见到的那个人说的话,不仅表示对人身体存在的夸张性禁止,也是夸张性地不允许该人留下哪怕是极微小的非物质痕迹,表示想要毁灭对它的回忆本身。

由于 дух(灵魂)是极轻的、会飞的载体,所以正是借助于灵魂人(在隐喻的意义上)可以上升到很高的高度(воспарять духом)。但是,人也可以情绪低落(упасть духом),并且这意味着他变得垂头丧气,在这种情况下已经不可能到达人的灵魂高处。在标准用法上,душа(心灵)一词不使用在类似的语境中。我们既不能?воспарять душой,也不能?падать душой.的确,对于极其害怕的人说"у него душа в пятки ушла(吓得魂不附体)",这里指的是 душа(心灵)被恐惧所笼罩,并不仅仅是往下移动,而更重要的是,从它的常驻区域(从胸部)转移到一个新的不适合的地方。дух(灵魂)在人的身体上不具有常驻区域,因此,没有形象刺激,并且也不能使用像? "дух в пятки（或者其他别的地方）ушел" 这样的表述。同样如此,对于极其惊惶不安的人说"У него душа не на месте（她心不在焉）",而дух不具有常驻区域,不可能"не на месте". 对于душа（心灵）重要的不仅仅是位置,而且还有状态:谈论对一个人的好感或反感时,使用表述"душа лежит к кому-либо 或 чему-либо",对于дух（灵魂）,位置同样也很重要,难怪可以说"хорошее или дурное расположение духа",但是,表述本身表明,谈论的似乎是环绕着人的某个载体,它可以停留在灵魂的某个区位上。

дух（灵魂）就是载体,不太容易对其加以计算。如果"ни души"这个表述表示的只不过是"没有一个人"（因为,已经讲过,人通常"по душам"计算）,那么"ни духу"用于固定的表述"ни слуху ни духу（杳无音信）",或者用于达里所列举的变体"ни хуху, ни духу"中,并且表示没有一丁点儿消息,甚至没有一丁点儿对这个人的回忆（试比较,也是那里列举出来的表述"ни слуху, ни помину"）。души 表示的只不过是'人们',例如,在计算的情境中（сколько душ 等等）,而这时душа 作为整个人的替代物而出现,包括身体;духи表示"幽灵"、"鬼魂",所以дух强调非物质性和"无形体"。人的душа（心灵）是自治的和个人的,人的дух（灵魂）首先是作为某种个体间载体的一部分而存在,"осколочек Мирового Духа"（《癌病房》里的表述）。在这种情况下对该个体间载体的依附性让人能够从中汲取东西——通常,为了采取某种决定性的行动,有时必须"набраться духу（鼓足勇气）"。而如果人不能做到这一点,那么就可以说,"ему не хватает духу（他勇气不足）"。不能说 * набраться души; * не хватает души.

如果说 душа（心灵）作为盛人内心深处的想法和感觉的容器用以形成人的个性,那么дух就构成其内部核心。因此,在斗争中常常重要的是要摧毁对手的精神（сломить дух）,在这之后对手就丧失了赢得胜利的意志,或者甚至陷入绝望当中。战斗素养由来已久——"от Саргона и Ассурбанипала до Вильгельма II",这绝非偶然,正如弗拉基米尔.索洛罗维约夫的《三次谈话》中的人物所言,—— 就是为了再次利用该人物所说的话,"在自己的军队中保持和加强……士气"。如果"дух угасает",这仍旧不表明绝望,但也表明某种热情的丧失殆尽。这样,对于人来说,重要的是"горение духа"（点燃勇气、精神）。还要注意到"горение души"（душа горит 这个表述）只表明一种特殊的热情——喝醉的愿望①。

在危急的情境中人需要"присутствие духа（保持精神）"（不能说——*присутствие души：要知道人永远都有 душа，并且它作为一个统一的整体而存在），并且，在采取某个行动之前，人经常应该 собраться с духом（再比较所提到的表述 набраться духа，не хватает духа）。душа（心灵）在人类活动中的作用是不同的。重要的不是人有心灵，而是心灵在具体行为中的参与：人可以"вкладывать душу в какое-либо дело（把心思、身心投入到某个事业当中）"，"делать его с душой（или без души）[用心做事（或没用心）]"。

4. 人的物质组成部分：身体、肉体与血液、骨骼

如前所述，дух — плоть（灵魂—肉体）和 душа — тело（心灵—身体）这些对立是对 душа 和 дух 的朴素语言认识的基础。或许可以预料到这些对立是某种并行现象，плоть 与 тело 的关系和 дух 与 душа 的关系一样。这里确实存在某种并行现象。тело 和 душа 一样，是这个人的附属物②；плоть 和 дух 一样，是无法计算的载体。而且这种区别在 тело 和 плоть 这两个语词中比在 душа 和 дух 中表现得还要明显。如果我们还可以谈论到"мировая душа"，哪怕只是在诗歌语言或哲学语言里，那么使用？"мировое тело"这个搭配就会让人感到很奇怪；另一方面，如果对于 дух 一词使用复数是可以的，虽然具有略微位移的意义（"幽灵"），那么 плоть 是一个物质名词，总是与实体相对应，因此不能用于复数。在某种意义上，тело 作为一种形式是由作为载体的 плоть 构成的③。

但是，дух — плоть（灵魂—肉体）和 душа — тело（心灵—身体）这些对立不是完全并行的。对于 душа 和 тело，重要的是它们构成了密不可分的统一体，而不是构成一个完整的人④；对于 дух 和 плоть，更为重要的是它们彼此对立，

---

① 表明 душа 一词（补充一下，与 дух 一词不同）在谈论生理愿望或需求时可以使用，参见：[Урысон 1995а：194]。

② "тело——……是某种个人的东西，某种单独的东西……个体性贯穿于身体的各个器官……在无个性的物质后面，统一的个性无处不在地看着我们"（巴维尔·弗洛连斯基）。

③ "……至于什么是 тело？不是人这一机体的质料……而是其形式——我们把这个东西叫做身体（тело）"（巴维尔·弗洛连斯基）。

④ душа 和 тело 的同源体现在一些表述同义的可能性中，譬如，像 телогрейка 和 душегрейка。从语言的角度来看，душа 具有"纤维"结构，由纤维构成（试比较固定的说法 всеми фибрами души），这也证明了 душа 几乎被看成是身体的一部分，是某个内部器官。因此，душа 可以 болеть за кого-то（*дух болит 是不可以的）。

并且这种对立经常被理解为观念的东西与物质的东西之间更为普遍的对立模式。тело 可以被看成是 душа 的容器；плоть 具有某种丧失了灵性的东西这种内涵。плоть 正是由于它与 дух 的对立而获得反面的道德评价。茹科夫斯基下面的这个论断是很典型的："……无论 душа 对 тело 的依赖性，还是对外部物质世界的依赖性……都是被我们称之为 плоть 的东西……我们应该自愿地守护自己心灵的灵性，并且使其远离所有的肉体之物"。试比较"плоть одолела"这个表述，达里这样解释："兽性的冲动"。总的来看，"дух тянет горé, плоть дулу"。

与 плоть（肉体）一道，人的物质组成部分还包括 кровь（血液），它在某些语境中同样也与 дух 相对立（有时，谈论到人身上的物质本原时，使用"плоть и кровь（肉体和血液）"这个表述；而这一表述是隐喻地使用的，就像对待一般的物质体现一样——试比较："облечь(ся) в плоть и кровь（使有血有肉，使生动具体）"。但是，如果说 плоть（肉体）与人身上的低级东西有关，并且可能只具有对其内心生活的负面影响，那么 кровь（血液）的作用就更加多种多样。

首先，кровь（血液）是遗传信息的承载者。人们说"кровные родственники, кровное родство"；对于亲属，使用转喻的表述"родная кровь"；试比较：Где же ты, братцы, моя родная кровь?（А. Твардовский）；брат по крови 可以与 брат по духу 相对立；再比较：Его связывает с детьми не столько кровь, сколько дух（В. Белинский）. 说到种族出身时，使用这样的表述，诸如 В его жилах течет цыганская кровь. Кровь заговорила 说的是觉醒的家族感情或民族感情（试比较：голос крови）。隐喻表述"Это у него в крови"表示他所具有的某种东西，仿佛是植根于他基因中的东西一般。

另一方面，кровь 是最强烈情感的承载者：恐惧、愤怒、暴怒，—— 试比较"кровь бросилась в голову（勃然大怒），кровь кипит（热血沸腾）"这样的表述。把某人激怒时，我们使他生气、扫兴（портим ему кровь）。青春时期所特有的本能的渴望，它诱使人做出一些大胆的行动或者发生一些爱情故事，借助于表述"кровь играет（血气方刚、激情满怀）"来描写。冷血的人（Человек с холодною кровью）不易有激情行为，在任何情况下他都保持沉着冷静（хладнокровие），但是他也没有能力去爱；试比较：Кровь моя холодна... Я не люблю людей（И. Бродский）. 不过，任何一个人都会因惊吓或某些其他强烈的感觉而血液凝固（кровь стынет），(И нынче — Боже! Стынет кровь, Как только вспомню взгляд холодный... —— 普希金作品中的塔季扬娜说），并且有时凝固的血液与爱的感觉并不矛盾；试比较：Емкими словами выразить не в силах Всю любовь и нежность — кровь застыла в жилах ... Умопомрачительно я тебя люблю（摘自一首贯顶诗）。кровь（血液）也可以是人很在意的东西、情感的承载者，这些东西和情感可以最强烈地（кровно）触动他。正是在该意义上，人们会说"кровные интересы（切身利益）"（譬如：Он кровно в этом заинтересован）。

人的心脏（сердце）既是情感器官，同时也是血液循环器官，这一事实并不是自相矛盾的两种不同功能的结合：血液作为强烈情感的承载者的作用就体现在此。因此，不一定会在"сердце кровью обливается"这样的表述中看到сердце（心脏）两个不同方面的感染错合。很能说明问题的是，在 Л. Н. 约尔丹斯卡娅的词条中［Мельчук, Жолковский 1984］，其中严格区分作为血液循环器官的心脏（сердце 1a）和作为情感器官以及感知隐含事实的器官的心脏（сердце 3），把实例材料归入到某一种意义的标准并不总是很清楚。为什么实际上是 Пришла домой, а детей нет! У меня сердце так и оборвалось!; Смотреть на него не могу-сердце кровью обливается! 或者 Но поздно; время ехать. Сжалось В нем сердце, полное тоской; Прощаясь с девой молодой, Оно как будто разрывалось (А. Пушкин)这些例子用来说明 сердце 1a 这个词位的使用，而 И вот это горячее сердце остановилост 这个例子用来说明 сердце 3（不过，关于最后一个例子，约尔丹斯卡娅本人正确地指出，сердце 作为"虚构的情感器官……与实际的血液循环器官是相同的"［Мельчук, Жолковский 1984：744］）在人类的朴素语言模式中，"血液循环器官"和"情感器官"这两个概念之间没有矛盾，因此，血液也是强烈情感的承载者。

кровь（血液）还参与到 голова — сердце 这一对立中，通过这一对立在人类的语言模式中表现出理性的东西和情感的东西之间的矛盾。可以同意 Е. В. 乌雷松［1995a］的观点，他指出，一般说来，理智是用来控制心脏的（可以说"Его сердце послушно разуму"），虽然总的来看"心脏的生活不受逻辑规则的支配，试比较：Сердцу не прикажешь"。但是，语言也具有表示理智不仅不能控制情感，情感反而可以战胜理智这种情境的手段，因此，人似乎是感情用事。这时人们会说：кровь бросилась в голову，——血液作为让心脏战胜理智的手段而出现①。

　　血液，这也是在暴力死亡时会流淌出来的东西（кровопролитие 一词通常表示大规模屠杀人们）。由此 кровь 一词本身转喻地用来表示大屠杀，强行剥夺生命（譬如：Только не надо крови；Он так рвется к власти, что не остановится и перед кровью 等等）。不过，"流血"并不总是表明暴力死亡；人们可以说："Я за вас кровь проливал（我为你流过血）"，在这种情况下甚至一次也不会受伤。从事体力劳动的人"流血流汗"（проливает пот и кровь）（譬如：добыто потом и кровью "用血和汗争取到的"），所以，根据词典，кровный 在 кровный заработок（血汗工资）这样的搭配中表示"靠体力劳动获得的东西"（再比较 И. Б. 列翁金娜所说的例子，——梅琴科的书名《 Кровное, завоеванное»）。克服困难也可以伴随着鼻子流血——由此产生 кровь из носу（不管有什么样的困难）这个表述。流血时，人至少部分地丢掉了最珍贵的东西，没有它人就不能活命。因此，当谈论迫使人们流血流汗的残酷的剥削者时，人们说他们"пьют（或 сосут）чужую кровь （喝或吸别人的血）"（试比较：Довольно нашей кровушки попили!），把他们叫做吸血鬼（кровопийца или кровосос）②。

　　这些关于血液功能的表述以某种方式彼此对应。譬如，在 кровная связь，кровно связаны（血缘关系）这些表述中既反映出某种类似于有血缘关系的亲属之间的近似性的概念，又反映出情感近似性的概念［而通过这些意义也可以表现出所流出的血的观念，试比较托波罗夫的以下论断：Жизненная судьба отца Александра Меня и его конец снова возвращают нас к тому узлу, который так кровно（кровью сердца）и так кроваво（пролитая кровь）связывает русских с евреями］。朴素语言对血液认识的不同方面体现在"кровные денежки（血汗

---

① 不过，在 ум（理智）与 сердце（情感）不符合的情况下，人不仅仅在感情用事时可以让 сердце（情感）战胜 голова（理智）。有时有意识的道德选择也会导致出现这种结果，就像在《第一圈》这部小说的场景中一样，当涅尔仁决定他是否接受雅科诺夫提出的学习密码术的建议时：Все доводы разума —да, я согласен, гражданин начальник! Все доводы сердца — отойти от меня, сатана! 我们记得涅尔仁遵循的是"доводы сердца"。

② 详解词典将这两个语词的意义视为等同，指出，例如："КРОВОСОС...Прост. и кровопийца 是一个意思"。但是看起来，кровопийца 一词的意义略微宽泛一些，它可以适用于喜欢流血（кровопролитие），甚至以此为乐的人，试比较，例如：Старик и сегодня настаивал на том, что... надобно тебя пытать и повесить, но я не согласился... Ты видишь, что я не такой еще кровопийца（А. Пушкин），而 кровосос 主要是用于残酷的剥削者。

钱)"这个概念中,这些钱是舍不得花的(常常使用实体化形式 чьи-либо кровные,特别是在对比时——譬如:Одно дело, когда университет оплачивает командировку, а другое-ехать на свои кровные)。这里的"кровные",既是靠血汗得到的,又是那些让人非常(кровно)感兴趣的,而且还像流血一样是人舍不得丢掉的那些东西。

人们在青年时代"血是热的"(горячая кровь),它沸腾(кипит),奔流(играет),燃烧(горит),所有这些使人感到自己精力过剩、活力充沛、渴望积极的活动和恋爱;譬如:Девка она молодая, кровь играет, жить хочется (А. Чехов); О милый сын, ты входишь в те лета, Когда нам кровь волнует женский лик (А. Пушкин). 也有简单的说法:"молодая кровь(青春热血)"。随着年龄的增长,血液变凉了(кровь остывает),(она чуть теплится),变少了(скудеет в жилах кровь)①,并且它流动得更慢了,因此精力、对爱和活动的渴望弃人而去;譬如:Здравствуй, мое старение! Крови медленное струение... (И. Бродский); Поэтому, когда разница в тридцать лет и в одном кровь молодая играет, а в другом едва теплится — какое тут может быть согласие? В. Распутин; Правда, бывает, что хотя скудеет в жилах кровь, но в сердце не скудеет нежность (Ф. Тютчев). 但是,总的来看,恰恰血液一直是活力、激情等等的承载者,并且我们不说"старая кровь(老旧的血)"。"старая кровь"这个搭配如果是可能的,那多半也理解为与捐献的血液有关,保质期要到了,所以"старая кровь"不是与"молодая кровь"相对,而是与новая(新的)相对;试比较《癌病房》中的对话:Хо-хо! Двадцать восьмое февраля! старая кровь. Нельзя переливать. — Что за рассуждения? Старая, новая, что вы понимаете в консервации? Кровь может сохраняться больше месяца!

与血液(кровь)不同,关于骨头(кости)常说的刚好是老的(старые),而不是年轻的骨头(молодые кости)。血液(кровь)和骨头(кости)的作用在人的物质构成上根本就是完全不同的。血液是青春的象征,这是人身上最热的东西,是使整个身体,特别是骨头变暖的热源。甚至在临近老年时,当血液已不是那么热的时候,它依旧保留这些功能,并且一直是人身上最温暖的(试比较布罗茨基关于老年的诗歌:Если что-то во мне и теплится, это не разум, а кровь всего

---

① 试比较:... И года не те. И уже седина стыдно молвить — где. Больше длинных жил, чем для них кровей (И. Бродский).

第四章 依据俄语语料分析 дух，душа 和 тело　　439

лишь），虽然已经不能那么顺利地完成这些功能；譬如：Уже стар, кровь не греет（已经年老了，血也不热乎了）。而骨骼（кости）是最需要热量的东西（人们说，пар костей не ломит）。当人冷到了骨头时（промерзает до костей），是他冻得最厉害的时刻。当血液不再温暖时，骨骼就需要外部来源使其变暖。因此也说："старые кости тепло любят（老骨头喜欢温暖）"。一般来说骨骼是老年的象征，在描写老年人时经常提到的是 мерзнущие кости（冻僵了的骨头）；譬如在拟人的情况下：Когда уж Лев стал хил и стар, то жесткая ему постеля надоела; в ней больно и костям; она ж его не грела（И. Крылов）.

不过，骨骼在人的物质结构中的作用不是十分清楚的。说骨骼决定人的等级属性[试比较：белая кость（白骨头）和 черная кость（黑骨头）]或者人的嗜好（试比较：В нем есть охотничья косточка；变体——охотничья жилка）是牵强附会的；骨骼在体操中是最必不可少的；试比较：размять, расправить кости（舒缓骨骼）。在任何情况下都清楚的是，骨骼是人体物质结构的基础（костяк[骨架]），而覆盖着骨头的肉（мясо），这是完全可以获得的东西（再比较格言：Без костей мясо не живет; Живая кость мясом обрастет; Кость тело наживает 等等）。骨骼是人体物质构成的一部分，在其死后也继续存在，因此，骨骼的形式可以用于"尸体的残骸"这个意义，例如：И завещал он, умирая, чтобы на юг перенесли Его тоскующие кости（А. Пушкин）；Пришла пора, и ее косточки тоже улеглись в сырой земле（И. Тургенев）；Упокой, Господи, душеньку, прими, земля, косточки！

在人的其他物质构成中可以提到的是肝脏（печень, печенка, печенки）及其分泌出来的胆汁（желчь），它们充当愤怒、对他人不满的承载者（试比较：сидеть в печенках; желчный характер; в нем много желчи; желчь поднялась в нем）。可以 всеми печенками（"非常强烈地"，根据词典的释义）憎恨（ненавидеть）、蔑视（презирать）等等，但不能是喜爱（любить）。可以 любить всей душой① 或 всем сердцем. 在这种情况下，一般"专门"用于情感的 сердце（心）是喜爱异性的人体器官（Урысон 1995a：192）：再比较这样的表述，诸如 Его сердце принадлежит любимой; отдать сердце; предложить руку и сердце; дама сердца（众所周知，骑士的心属于情人，而心灵属于上帝）；покоритель

---

① 不过，同样也可以 всем фибрами души ненавидеть, презирать, 但不见得可以是 любить.

сердец Проходите, гражданин, в сердце вы моем один, граждане, мест свободных нет,在一首苏联歌曲里,爱上了一位乘客的电车女售票员唱道。

在马雅可夫斯基的长诗《我爱》中经常提到的正是同时既作为器官又作为爱的转喻标志的心脏(сердце),这并非偶然:

> Любовь любому рожденному дадена, —
> но...
> со дня на день
> очерствевает *сердечная* почва.
> На *сердце* тело надето,
> на тело — рубаха.
> Дивилось солнце:
> «Чуть виден весь-то!
> А тоже —
> с *сердечком*...»
> В *сердца*,
> в часишки любовницы тикают.
> В восторге партнеры любовного ложа.
> Столиц *сердцебиение* дикое
> ловил я,
> Страстною площадью лежа.
> Враспашку —
> *сердце* почти что снаружи —
> себя открываю и солнцу и луже.
> ⟨...⟩
> Отныне я *сердцем* править не властен.
> У прочих знаю *сердца* дом я.
> Оно в груди-любому известно!
> На мне ж
> с ума сошла анатомия.
> Сплошное *сердце* —
> гудит повсеместно.

第四章　依据俄语语料分析 дух, душа 和 тело　　441

>   ... комок *сердечный* разросся громадой：
>
>   громада любовь,
>
>   громада ненависть.
>
>   ... тащусь *сердечным* придатком...
>
>   Взяла,
>
>   отобрала *сердце*
>
>   и просто пошла играть —
>
>   как девочка мячиком.
>
>   Один не смогу —
>
>   не снесу рояля
>
>   (тем более —
>
>   несгораемый шкаф).
>
>   А если не шкаф,
>
>   не рояль,
>
>   то я ли
>
>   *сердце* снес бы, обратно взяв.
>
>   Скупой спускается пушкинский рыцарь
>
>   подвалом своим любоваться и рыться.
>
>   Так я к тебе возвращаюсь, любимая.
>
>   　　　　Мое это *сердце*,
>
>   　　　любуюсь моим я.

　　грудь(胸膛)作为心脏(сердце)的替代物的作用在表达情感时是更加温和的。可以说：По груди пробежал холодок； В его груди шевельнулось странное чувство； Предчувствия теснили грудь (А. Пушкин)； Рассказать тебе не могу, что делается в моей груди (А. Островский),但是不能说：？ Его грудь принадлежит любимой 等等。

5. 人的智力生活：ГОЛОВА(头)与 МОЗГ(大脑)

　　作为人情感生活中心的心脏(сердце)和血液(кровь)与头(голова)和大脑(мозг)[мозги(多个大脑)]是相对立的,处于头和大脑区域的是人的智力生活和记忆。根据医学认识,必须有正常的血液供应,大脑(мозг)才能发挥作用,这与人的语言模式是不同的。在朴素语言认识中头(голова)和大脑(мозг)的功能与心脏(сердце)和血液(кровь)无关。如果人完全丧失对自己感情的控制,而受情感支配的话,就会出现"кровь бросается в голову(热血沸腾)"的情境;这和医学上的"кровоизлияние в мозг(脑充血)"完全不是一回事(后者刚好常常是破坏大脑正常血液循环的原因)。头(голова)使人能够清醒地推理;对于具有这种能力的人可以说:ясная (светлая) голова(清醒的头脑);而对丧失这种能力的人说:он без царя в голове, у него ветер в голове, каша в голове① 或者 он вовсе без головы на плечах. 的确,即使有头脑的人(человек с головой)也可能晕头转向(голова пойти кругом)[例如,如果有人使他晕头(вскружит ему голову)];他甚至会完全丧失头脑(потерять голову),这特别经常地发生在恋人们身上,对他们起支配作用的主要器官是心(сердце),不是头(голова)。

除了清醒推理的能力,人的智力能力还包括能够解决摆在他面前的问题。这里起决定性作用的还是属于作为思想存储场所的头(голова)(试比较:пришло в голову)以及大脑(мозг)。在这种情况下,大脑(用单数 мозг)被看作是某种机制,其结构越复杂,就越能发挥作用(试比较:У него в мозгу всего одна извилина),而对于多个大脑(用复数 мозги)重要的是质量、总量(试比较:У него на это мозгов не хватит)。后一个认识是更原始的,因此单数形式 мозг 用来表示思维器官属于俗话,这并非偶然。

如果某个问题对人们是极其重要的,并且在这种情况下是难以解决的,这借助于 голова болит о чем-то(由于……头疼)这个表述来描写。值得注意的是,голова 不可以 болеть о ком-то или за кого-то——对于描写某人为了亲近的人而担心忧虑的感受,应使用"сердце болит (щемит, ноет, сжалось)或 душа болит за кого-то"这些表述。

此外,голова 还是记忆的器官(试比较,诸如 держать в голове, вылетело из головы, выкинуть из головы 等等这样的表述)。在这方面,人类的俄语语言模式与古老的欧洲语言模式不同,在后者当中记忆的器官,确切地说是 сердце [心](它的痕迹保留在这样的表述中,像英语的 learn by heart 或者法语的 savoir par coeur),并且与德语模式接近(试比较:aus dem Kopf)。的确,在俄语中可以说"память сердца",但是,这说的只是情感上的,而不是智力上的记忆。

---

① 有趣的是,德语说 hat Grütze im Kopf (直译就是"脑子里有粥")意思是"好好考虑";换句话说,这个表达式对应的不是 каша в голове 这个表达式,而确切地说是 голова (котелок) варит 这个表达式。

如果"выкинуть（выбросить）из головы"意思就是"忘记"或"停止想"某人或某事，那么"вырвать из сердца（кого-либо）"指的不是"忘记"，而是"不再爱"（或者"做不再爱的尝试"）；试比较谚语：С глаз долой — из сердца вон（眼前滚开——心中无影）。

因此，我们发现，人类的俄语语言模式是由观念之物和物质之物的对立，以及智力之物和情感之物的对立决定的，前一个对立在语言中表现为дух（灵魂）与плоть（肉体）的对立，后一个表现为сердце（грудь）（心、胸）和кровь（血液）与голова（头）和мозг（大脑）（мозги多个大脑）的对立。душа（心灵）在该模式中居中心地位，这是因为它把物质之物和观念之物的特点，以及智力之物和情感之物的特点都结合在自己身上。正是这一点使它作为整个人的代表而出现。

人内心生活的不同方面可以表现得不一致：有时，ум с сердцем не в ладу；试比较：Умом я это понимаю, а сердцем принять не могу; Вы одной головой хотите писать!.. Вы думаете, что для мысли не надо сердца?（И. Гончаров）。在сердце, кровь或грудь与душа相对立的例子里确立了一个事实，即душа的作用不能归结为作为情感容器的功能作用：И царствует в душе какой-то холод тайный, Когда огонь кипит в крови（М. Лермонтов）；Пускай страдальческую грудь Волнуют страсти роковые-Душа готова, как Мария, К ногам Христа навек прильнуть（Ф. Тютчев）。

6. 人的朴素语言模式的文化意义

关于人体结构的朴素语言认识在多大程度上是现实的？换句话说，人的语言模式在多大程度上与语言使用者的认识相对应？这些认识表现在他们的"朴素解剖学"和"朴素医学"观点中，并且经常作为人类哲学观的隐性基础。

这个问题远不是空洞无聊的。特别是，它的解决应该会影响到圣经的翻译实践，并且，或许在涉及到人体机制的方面会影响到圣经神学。应该弄明白，圣经赋予给心（сердце）在人的内心生活组织中的核心作用是与古代欧洲语言或者某种程度上的希腊语的形象体系的特点相关联，还是与神的话语所特有的对心的作用的特殊认识相符合？

在前一种情况下，圣经里所有思维、情感或精神生活与心相关联的节录，在翻译成具有另外一种语言模式的语言时，都应该翻译成相应模式的"语言"：比方说，根据维日彼茨卡的资料[Wierzbicka 1992]，对于伊法鲁克人的语言，其中

内心生活与 кишки(肠)相关联,在这些节录中不是用 сердце(心),而是应该使用具有 кишки(肠)意义的词汇单位,而对于多贡人的语言,其中起着类似作用的 печень(肝)[Плунгян 1991],——应该使用具有 печень(肝)意义的词汇单位。但是,如果认为圣经把 сердце(心)作为负责感觉、回忆、想法、意图和做决定的主要器官的这个选择,不是单纯地由希伯来语的特点而决定的,而是反映出 сердце(心)在圣经神秘论中的特殊作用,那么这时 сердце(心)的表示当然就应该保留在翻译中。

数百年来,圣经的翻译者和神学家倾向于后一种处理方法。结果,在基督教神秘论中自古以来就存在着对心(сердце)的特殊态度,甚至导致在天主教中出现一种特殊的祭拜 Sacré Coeur. 而且在东正教中关于心(сердце)在人类精神生活中的作用这个问题通常是基于圣经的相关文本提出和解决的,所以古代欧洲语言模式被赋予的显然不仅仅是纯粹的语言意义[这里可以提一下尤尔凯维奇的«Сердце и его значение в духовной жизни человека по учению слова Божия»(心及其按照上帝话语的教导在人类精神生活中的意义)这篇文章以及其他]。要指出,上帝赋予人心(сердце),是为了思考(Сир. 17,6);"широта сердца(心胸宽广)"表示知识的宽广;"говорить в сердце(心里在说)"在圣经语言中表示"想、思考","ожесточенное сердце(残酷的心)"说的是愚笨的头脑,"冷酷无情的"犹太人被描述成 люди с необрезанным сердцем 等等。

另一方面,某些神学家指出,从内部器官中选择担当这一角色的恰恰是心(сердце),这在某种程度上是有条件的;这既是古代欧洲语言的形象系统造成的,也是心(сердце)很好地反映出认识的所需范围而造成的:认识就处于身体的正中心(核心 в сердцевине),里面发生的过程对于旁人是看不见的,甚至对于自己本人也是如此等等。或许,对于其他语言和文化,这个角色由别的内部器官扮演也会同样成功,并且上帝话语的涵义不会发生任何歪曲。然而,如果说基督教神秘论是心(сердце)的神秘论,这种与头(голова)的神秘论相对立的观点(巴维尔·弗洛连斯基)是正确的,那么 кишки(肠)或者 печень(肝)对心(сердце)的替换就是不恰当的。

看来,纯语言学分析对于解决这类问题是不够的。这里神秘主义者和神学家会各执一词。但是语言学分析在神学家的手中可能是一个有用的辅助工具。

缩略语索引
辞典（惯用的缩略语）

БАС — Словарь современного русского литературного языка в 17-ти т. М-Л.: Наука, Ленингр. отд., 1948—1966.

Даль — Даль В. И. Толковый словарь живого великорусского языка в 4-х т. М.: Русский язык, 1978—1980.

МАС1 — Словарь русского языка: В 4-х т. / М.: ГИС, 1967—1980

МАС2 — Словарь русского языка: В 4-х т. / АН СССР, Ин-т русского языка; под. ред. А. П. Евгеньевой. М.: Русский язык. 1981—1984.

СО — Ожегов С. И. Словарь русского языка. М.: Советская энциклопедия, 1981.

СОШ — Ожегов С. И. и Шведова Н. Ю. Толковый словарь русского языка. М., «АЗЪ», 1992.

ССРЯ — Словарь синонимов русского языка в 2-х т. / Под. ред. А. П. Евгеньевой. Л., 1971.

СУ — Толковый словарь русского языка в 4-х т. Под. ред. Ушакова Д. Н. М.: ГИС, 1935—1940.

СЯП — Словарь языка Пушкина в 4-х т. / Редкол.: Виноградов В. В. (отв. ред.) и др. М.: ГИС, 1956—1961.

参考文献

Авилова Н. С. Вид глагола и семантика глагольного слова. М., 1976.

Алисова Т. Б. Очерки синтаксиса современного итальянского языка. М., 1971.

Апресян Ю. Д. Об одном правиле сложения лексических значений // Проблемы структурной лингвистики. 1971а. М., 1972. с. 439—458.

Апресян Ю. Д. О некоторых дискуссионных вопросах теории семантики // Вопросы языкознания. 1971б. № 1.

Апресян Ю. Д. Лексическая семантика. Синонимические средства языка. М., 1974.

Апресян Ю. Д. Языковая аномалия и логическое противоречие // Tekst. Język. Poetyka. Wroclaw: Ossolineum, 1978, с. 129—151.

Апресян Ю. Д. Типы информации для поверхностно-семантического компонента модели «смысл↔текст» // Wiener slawistischer Almanach, Sonderband 1, 1980.

Апресян Ю. Д. Перформативы в грамматике и словаре // Изв. АН СССР. Сер. лит. и яз., 1986, № 3.

Апресян Ю. Д. Прагматическая информация для толкового словаря // Прагматика и проблемы интенсиональности. М., 1988, с. 7—44.

Аристотель. Метафизика. Соч., т. 1, М., 1976.

Арутюнова Н. Д. Некоторые типы диалогических реакций и почему-реплики в русском языке // Филол. науки. 1970. № 3.

АрутюноваН. Д. Семантическое согласование слов и интерпретация предложения // Грамматическое описание славянских языков. М., 1974.

Арутюнова Н. Д. Предложение и его смысл. М.: Наука, 1976.

Арутюнова Н. Д. Сокровенная связка (К проблеме предикативного отношения) // Изв. АН СССР. Сер. лит. и яз., 1980а, т. 49, № 4, с. 347—359.

Арутюнова Н. Д. К проблеме функциональных типов лексического значения // Аспекты семантических исследований. М., 1980б, с. 150—249.

Арутюнова Н. Д. Тождество или подобие? // Проблемы структурной лингвистики. 1981. М., 1983, с. 3—22.

Арутюнова Н. Д. Аномалии и язык (к проблеме языковой «картины мира») // ВЯ, 1987,

№ 3.

Арутюнова Н. Д. Феномен второй реплики, или О пользе спора // Логический анализ языка: Противоречивость и аномальность текста. М., 1990.

Арутюнова Н. Д. Коммуникация (главы 1—3) // Человеческий фактор в языке: Коммуникация, модальность, дейксис. М.: Наука, 1992.

Балли Ш. Общая лингвистика и вопросы французского языка. М., 1955.

Баранов А. Н., Плунгян В. А., Рахилина Е. В. Путеводитель по дискурсивным словам русского языка. М.: Помовский и партнеры, 1993

Бахнян К. В., Герасимов В. И., Ромашко С. А. Философские проблемы языкознания на международных научных конгрессах и конференциях (1970 — 1979 гг.). Научно-аналитический обзор. М., 1981

Бенвенист Э. Общая лингвистика. М.: Прогресс, 1974

Бирюлин Л. А. Семантика и синтаксис русского имперсонала: verba meteorologica и их диатезы. München: Verlag Otto Sagner, 1994. (Specimina philologiae slavicae; Bd. 102).

Болотова Г. А. Коммуникативные аспекты русского синтаксиса. М.: Наука. 1982.

Бондарко А. В. Вид и время русского глагола (значение и употребление). М., 1971.

Буглак С. И. В самом деле или на самом деле? // Русская речь, 1994, №2.

Буланин Л. Л. Трудные вопросы морфологии. М., 1976.

Булыгина Т. В. Грамматические оппозиции // Исследования по общей теории грамматики. М., 1968

Булыгина Т. В. Проблемы теории морфологических моделей. М.: Наука, 1977

Булыгина Т. В. Синхронное описание и внеэмпирические критерии его оценки // Гипотеза в современной лингвистике. М.: 1980а, с. 118—142

Булыгина Т. В. Грамматические и семантические категории и их связи // Аспекты семантических исследований. М.: 1980а, с. 320—355.

Булыгина Т. В. К построению типологии предикатов в русском языке // Семантические типы предикатов. М., 1982, с. 7—85

Булыгина Т. В. К проблеме моделирования способности говорящих к контекстному разрешению неоднозначности // Семиотические аспекты формализации интеллектуальной деятельности. М., 1983а, с. 182—184.

Булыгина Т. В. Классы предикатов и аспектуальная характеристика высказывания // Аспектуальные и темпоральные значения в славянских языках. М., 1983б, с. 20—39.

Булыгина Т. В., Шмелев А. Д. О семантике частиц *разве* и *неужели* // НТИ, сер. 2, 1987а,

№ 10.

Булыгина Т. В., Шмелев А. Д. Транзитивность знания как семантическая проблема // Пропозициональные предикаты в логическом и лингвистическом аспекте. М., 1987б.

Булыгина Т. В., Шмелев А. Д. Вопрос о косвенных вопросах: является ли установленным фактом их связь с фактивностью? // Логический анализ языка. Знание и мнение. М., 1988, с. 46—63

Булыгина Т. В., Шмелев А. Д. Несколько замечаний о словах типа *несколько* // Язык: система и функционирование. М., 1988б

Булыгина Т. В., Шмелев А. Д. Пространственно-временная локализация как суперкатегория предложения // Вопросы языкознания. М., 1989а, № 3.

Булыгина Т. В., Шмелев А. Д. Ментальные предикаты в аспекте аспектологии // Логический анализ языка. Проблемы интенсиональных и прагматических контекстов. М., 1989б, с. 31—54.

Булыгина Т. В., Я, ты и другие в русской грамматике // Res philologica. Филологические исследования. Сборник, посвященный памяти академика Г. В. Степанова. М.—Л., 1990

Булыгина Т. В., Шмелев А. Д. «Аномальные» высказывания: проблемы интерпретации // Metody formalne w opisie języków słowiańskich. Białystok, 1990a, s. 159—170.

Булыгина Т. В., Шмелев А. Д. «Возможности» естественного языка и модальная логика // Вопросы кибернетики: Язык логики и логика языка. М., 1990б, с. 135—167.

Булыгина Т. В., Шмелев А. Д. Синтаксические нули и их референциальные свойства // Типология и грамматика. М., 1990, с. 109—117.

Булыгина Т. В., Шмелев А. Д. Концепт долга в поле долженствования // Логический анализ языка. Культурные концепты. М., 1991, с. 14—21

Булыгина Т. В., Шмелев А. Д. Персональный дейксис. Общие замечания // Человеческий фактор в языке: Коммуникация, модальность, дейксис. М., 1992а, с. 194—207.

Булыгина Т. В., Шмелев А. Д. Темпральный дейксис. Общие замечания // Человеческий фактор в языке: Коммуникация, модальность, дейксис. М., 1992б, с. 236—242.

Булыгина Т. В., Шмелев А. Д. Гипотеза как мыслительный и речевой акт // Логический анализ языка: Ментальные действия. М., 1993а, с. 78—82.

Булыгина Т. В., Шмелев А. Д. Коммуникативная модальность: констатация возможности, гипотезы и квазисообщения // Категория сказуемого в славянских языках: модальность и актуализация. München: Verlag Otto Sagner, 1993б, [= Slavistische Beiträge; Bd. 305], с. 55—65.

Булыгина Т. В., Шмелев А. Д. Оценочные речевые акты извне и изнутри // Логический анализ языка: Язык речевых действий. М., 1994, с. 49—59

Булыгина Т. В., Шмелев А. Д. «Правда факта» и «правда больших обобщений». Логический анализ языкаю Истина и истинность в культуре и языке. М., 1995.

Буслаев Ф. И. Историческая грамматика русского языка. М., 1959.

Вайс Д. Высказывания тождества в русском языке: опыт их отграничения от высказываний других типов // Новое в зарубежной лингвистике. Вып. XV. М., 1985, с. 435—463

Василевич А. П. Исследование лексики в психолингвистическом эксперименте. М., 1987.

Вежбицкая А. Метатекст в тексте // Новое в зарубежной лингвистике, вып. 8. М., 1978.

Вежбицкая А. Дескрипция или цитация // Новое в зарубежной лингвистике, вып. 13. М., 1982, с. 237—262.

Вежбицкая А. Язык. Культура. Познание. М.: Русские словари, 1996.

Вендлер З. Иллокутивное самоубийство // Новое в зарубежной лингвистике, вып. 16. М., 1985, с. 238—250.

Вендлер З. Факты в языке // Философия, логика, языка. М., 1987, с. 293—317.

Веренк Ж. Диатеза и конструкции с глаголами на -ся // Новое в зарубежной лингвистике, вып. XV. М., 1985.

Виноградов В. В. Русский язык. М.—Л.: Учпедгиз, 1947.

Виноградов В. В. Избранные труды. Исследования по русской грамматике. М., 1975.

Винокур Т. Г. Когда «канцеляризмы» и «штампы» становятся опасной болезнью? // Наша речь. М., 1965.

Винокур Т. Г. Говорящий и слушающий: Варианты речевого поведения. М.: Наука, 1993.

Витгенштейн Л. Логико-философский трактат. М.: Изд-во иностранной литературы. 1958.

Вишняков Ю. С. О лингвистической структуры диалога «человек-ЭВМ» // Семиотические аспекты формализации интеллектуальной деятельности. М., 1985.

Вольф Е. М. Грамматика и семантика прилагательного. М., 1978.

Вольф Е. М. Функциональная семантика оценки. М., 1985.

Вопросы глагольного вида: Сборник / Сост., ред., вступит. статья и примеч. проф. Маслова Ю. С. М., 1962.

Вригг. Г. Х. фон. Логико-философские исследования: Избранные труды. М., 1986.

Гаврилова В. И. К вопросу о выраженности диатезы «объектный квазипассив» в русском языке // Проблемы теории грамматического залога. Л., 1978.

Гак В. Г. К проблеме семантической синтагматики // Проблемы структурной лингвистики

1971. М., 1972. с. 367—395.

Гак В. Г. Истина и люди // Логический анализ языка. Истина и истинность в культуре и языке. М., 1995.

Гард Поль. Структура русского местоимения // Новое в зарубежной лингвистике, вып 15. М., 1985.

Гвоздев А. Н. Очерки по стилистике русского языка. М.: Учпедгиз, 1955.

Герман Э. Вид объективны и вид субъективный // Вопросы глагольного вида. М., 1962, с. 44—58

Гловинская М. Я. О некоторых трудностях в изучении семантики видов. // Болгарска русистика, 1977, №3.

Гловинская М. Я. Семантические типы видовых противопоставлений русского глагола. М.: Наука, 1982.

Гловинская М. Я. Семантика глаголов речи с точки зрения теории речевых актов // Русский язык в его функционировании. Коммуникативно-прагматический аспект. М., 1993, с. 158—218.

Грайс Г. П. Логика и речевое общение // Новое в зарубежной лингвистике, вып. 16. М., 1985, с. 217—237.

Грамматика русского языка. Т. 1. М., 1952; Т. 2. М., 1954.

Грамматика современного русского литературного языка. М., 1970.

Григорян А. Г. Передний и *задний* во времеенном аспекте // Этнолингвистика текста: Семиотика малых форм фольклора. Тезисы и предварительные материалы к симпозиуму. Т. 2. М., 1988.

Гэрей Г. Б. Глагольный вид во французском языке // Вопросы глагольного вида. М., 1962.

Даль В. И. Толковый словарь живого великорусского языка в 4-х т. СПб., М.: Изд. книгопродавца-типографа М. О. Вольфа, 1880—1882.

Даль В. И. Толковый словарь живого великорусского языка. Т. 1. М., 1978.

Демьянков В. З. Предикаты и концепция семантической интерпретации // Изв. АН СССР. Сер. Лит. И яз., 1980, т. 39, №4.

Ермакова О. П. О синтаксической совместимости определения и предложно- падежных форм существительного. // Вопросы синтаксиса русского языка. Калуга, 1971.

Ермакова О. П. О взаимообусловленности форм подлежащего и сказуемого в современном русском языке. // Синтаксис и норма. М., 1974, с. 223—225.

Есперсен О. Философия грамматики. М., 1958.

Зализняк А. А. Русское именное словоизменение. М.: Наука, 1967.

Зализняк А. А., Падучева Е. В. О контекстной синонимии единственного и множественного числа существительных // Информационные вопросы семиотики, лингвистики и автоматического перевода. М., 1974, вып. 4, с. 30—35.

Зализняк А. А. Грамматический словарь русского языка. М.: Русский язык, 1977.

Зализняк Анна А. Семантика глагола *бояться* в русском языке // Изв. АН СССР. Сер. лит. и яз., 1983, №1.

Зализняк Анна А. О типах взаймодействия семантических признаков // Экспериментальные методы в психолингвистике. М., 1987.

Зализняк Анна А. О понятии импликативного типа // Логический анализ языка. Знание и мнение. М., 1988.

Зализняк Анна А., Левонтина И. Б. Отражение национального характера в лексике русского языка // Russian linguistics (в печати).

Замятин Д. Н., Замятин А. Н. Хретоматия по географии России. Образ страны: Пространства России. М.: МИРОС, 1994.

Земская Е. А. Городская устная речь и задачи ее изучения // Разновидности городской устной речи. М., 1988, с. 5—44.

Земская Е. А., Китайгородская М. В., Розанова Н. Н. Языковая игра // Русская разговорная речь. Фонетика. Морфология. Лексика. Жест. М., 1983.

Земская Е. А., Китайгородская М. В., Розанова Н. Н., Особенности мужской и женской речи // Русский язык в его функционировании. Коммуникативно- прагматический аспект. М., 1993.

Золотова Г. А. Очерк функционального синтаксиса русского языка. М., 1973.

Золотова Г. А. Коммуникативные аспекты русского синтаксиса, М.: Наука, 1982, с. 368.

Иванова И. П. Структура слова и морфологические признаки. Вопросы языкознания, 1976, №1.

Ивин А. А. Искусство правильно мыслить. М.: Просвещение, 1986.

Иоанесян Е. Р. Проблемы эпистемического согласования // Логический анализ языка. Проблемы интенсиональных и прагматических контекстов. М., 1989, с. 116—133.

Иоанесян Е. Р. Классификация ментальных предикатов по типу вводимых ими суждений // Логический анализ языка. Ментальные действия. М., 1993.

Иомлин Л. Л. Автоматическая обработка текста на естественном языке: модель согласования. М.: Наука, 1990.

Иомлин Б. Л. Словарная статья слова РУГАТЬ // Семиотика и информатика. Вып. 32. М., 1991.

Иорданская Л. Н. Сердце // Мельчук И. А., Жолковский А. К. Толково-комбинаторный словарь русского языка. Вена, 1984.

Исаченко А. В. Грамматический строй русского языка в сопоставлении со словацким. Морфология. Ч. 1, 2. Братислава: Изд-во Словацкой академии наук, 1960.

Исаченко А. В. Грамматический строй русского языка в сопоставлении со словацким, т. 1. Морфология. Братислава,1965 (2-е изд.).

Карнап Р. Значение и необходимость. М., 1959.

Кацнельсон С. Д. Содержание слова, значение и обозначение. М.—Л.: Наука, 1965.

Кацнельсон С. Д. Типология языка и речевое мышление. Л., 1972.

Кибрик А. Е. Предикатно-аргументные отношения в семантически эргативных языках // Изв. АН СССР. Сер. лит. и яз., 1980, т. 39, №4.

Кибрик А. А. Местоимения как дейктическое средство // Человеческий фактор в языке: Коммуникация, модальность, дейксис. М.: Наука, 1992.

Кифер Ф. О. О роли прагматики в лингвистическом описании // Новое в зарубежной лингвистике, вып. 16. М., 1985, с. 333—348.

Китайгородская М. В. Чужая речь в коммуникативном аспекте // Русский язык в его функционировании. Коммуникативно-прагматический аспект. М., 1993, с. 65—89.

Клюев Е. В. Критерии лингвостилистического анализа текста. М., 1989.

Кнорина Л. В. Семантическая классификация и виды глагола // Семиотика и информатика, вып. 7. М., 1976.

Князев Ю. П. Нейтрализация противопоставления по лицу и залогу // Проблемы теории грамматического залога. Л., 1978.

Кобозасов И. М., Лауфер Н. И. Семантика модальных предикатов долженствования // Логический анализ языка. Культурные концепты. М., 1991, с. 169—175.

Кодзасов С. В. Интанация предложений с дискурсными словами // Баранов и др. 1993.

Кошелев А. Д. К эксплицитному описанию концепта СВОБОДА // Концептуальный анализ языка. М., 1990.

Красильникова Е. В. Имя существительное в русской разговорной речи: функциональный аспект. М.: Наука, 1990.

Крейдлин Г. Е. Таксономия и аксиология в языке в тексте //Логический анализ языка. Ментальные дейсивия. М., 1993.

Кронгауз М. А. Время как семантическая характеристика имени// Вопросы кибернетики. Семиотические исследования. М., 1989.

Кронгауз М. А. Структура времени и значение слов // Логический анализ языка.

Противоречивость и аномальность текста. М., 1990.

Крылов С. А. Морфосинтаксические механизмы выражения категории детерминации в русском языке // Разработка и применение лингвистических процессоров. Новосибирск, 1993.

Крылов С. А. Детерминация имени в русском языке: Теоретические проблемы // Семиотика и информатика, 1984, вып. 23, с. 124—154.

Крысин Л. П. Социолигвистические аспекты изучения современого русского языка. М., 1989.

Кун Т. Структура научных революций. М., 1977.

Левин Ю. И. Семиотический эксперимент в фольклоре // Семиотика и информатика, вып. 16. М., 1980.

Левонтина И. Б., Шмелев А. Д. Русское «заодно» как выражение жизненной позиции // Русская речь, 1996, №2.

Лекич М., Ефремова Е., Рассудова О. Русский язык. Этап третий (обучение общению). Dubuque, 1991.

Лихачев Д. С. Поэтика древнерусской литературы. М., 1979.

Лихачев Д. С. Литература~ Реальность ~ Литература. Л., 1981.

Лихачев Д. С. Заметки и наблюдения. Из записных книжек разных лет. Л., 1989.

Мартемьянов Ю. С. Об исчислении словарных входов. II. // Машинный перевод и прикладная лингвистика, вып. 19. М., 1981.

Маслов Ю. С. Вид и лексическое значение глагола в современном русском литературном языке // Изв. АН СССР. Сер. лит. и яз. 1948, т. 7, №4 (以及参见: Маслов Ю. С. Очерки по аспектологии. Л., 1984).

Маслов Ю. С. Примечания редактора // вопросы глагольного вида. Составление сборника, редакция, вступит. статья и примечания проф. Ю. С. Маслова. М., 1962.

Маслов Ю. С. Заметки в видовой дефективности (преимущественно в русском и болгарском языках) // Славянская филология. Л., 1964.

Мельчук И. А. О синтаксическом нуле // Типология пассивных конструкций: Диатезы и залоги. Л., 1974.

Мельчук И. А. Опыт разработки фрагмента системы понятий и терминов для морфологии (к формализации языка лингвистики) // Семиотика и информатика, вып. 6. М., 1975.

Мельчук И. А., Жолковский А. К. Толково-комбинаторный словарь русского языка. Вена, 1984.

Москальская О. И. Проблемы системного описания синтаксиса. М.: Наука, 1974.

Мусхелишвили Н. Л., *Сергеев В. М.* Контекстная семантика понятия и зарождение логических парадигм (логика византийских мыслителей и идеи квантовой физики) // Текст: семантика и структура. М., 1983.

Николаева Т. М. Лингвистическая демагогия // Прагматика и проблемы интенсиональности. М., 1988, с. 154—165.

Николина Н. А. Семантика и функции слова «АВОСЬ» в современном русском языке // Многоаспектность синтаксических единиц: Межвузовский сборник трудов. М., 1993а, с. 157—168

Николина Н. А. Сложные предложения фразеологизированной структуры с повтором компонентов в первой части // Многоаспектность синтаксических единиц. М.: Прометей, 1993б.

Общее языкознание. Формы существования, функции, история языка. М., 1970.

Общее языкознание. Внутренняя структура языка. М., 1972.

Ожегов С. И. Словарь русского языка. М.: Русский язык, 1960.

Ожегов С. И. Словарь русского языка. М.: Русский язык, 1981.

Очерки по семантике русского глагола. Уфа, 1971.

Падучева Е. В. О семантике синтаксиса. Материалы к трансформационной грамматике русского языка. М.: Наука, 1974.

Падучева Е. В. О производных диатезах от предикатных имен // Проблемы лингвистической типологии и структуры языка. Л., 1977, с. 84—107.

Падучева Е. В. Денотативный статус именной группы и его отражение в семантическом представлении // НТИ/ВИНИТИ. Сер. 2. Информ. процессы и системы. 1979, №9, с. 25—31.

Падучева Е. В. Местоимение ЭТО с предметным антецедентом. // Проблемы структурной лингвистики. 1979. М., 1981, с. 72—88.

Падучева Е. В., *Успенский В. А.* Подлежащее или сказуемое (Семантический критерий различения подлежащего и сказуемого в биноминативных предложениях) // Изв. АН СССР. Сер. лит. и яз., 1979, т. 38. №4., с. 349—360.

Падучева Е. В. Прагматические аспекты связности диалога // Изв. АН СССР. Сер. *лит. и яз.*, 1982а, т. 41, №4.

Падучева Е. В. Тема языковой коммуникации в сказках Льюиса Кэрролла // Семиотика и информатика, вып. 18. М., 1982б, с. 76—119.

Падучева Е. В. Референциальные аспекты семантики предложения // Семиотические аспекты формализации интеллектуальной деятельности. М., 1983а, с. 229—232.

Падучева Е. В. Местоимение «свой» и его непритяжательные значения // Категория притяжательности в славянских и балканских языках. М., 1983б.

Падучева Е. В. К теории референции: имена и дескрипции в неэкстенсиональных контекстах //НТИ/ВИНИТИ. Сер. 2. Информ. процессы и системы. М., 1983в, №1, с. 24—29.

Падучева Е. В. Высказывание и его соотнесенность с действительностью (референциальные аспекты семантики местоимений). М., 1985.

Падучева Е. В. Предложения тождества: семантика и коммуникативная структура // Язык и логическая теория. М., 1987.

Панов М. В. Русский язык // Языки народов СССР, т. 1. Индоевропейские языки, М.: Наука, 1966.

Панов М. В. Русская фонетика. М., 1967.

Пеньковский А. Б. Тимиологические оценки и их выражение в целях уклоняющегося от истины умаления значимости // Логический анализ языка. Истина и истинность в культуре и языке. М., 1995.

Пешковский А. М. Русский синтаксис в научном освещении. М., 1956.

Плунгян В. А. К описанию африканской наивной картины мира (локализация ощущений и понимание в языке догон) // Логический анализ языка. Культурные концепты. М., 1991.

Рвачев Л. А. Математика и семантика. Номинализм как интерпретация математики К: Изд-во АН УССР, 1966.

Ревзина О. Г., Ревзин И. И. Семиотический эксперимент на сцене // Труды по знаковым системам, вып. 5. Тарту, 1971.

Рестан П. Синтаксис вопросительного предложения: Общий вопрос. Oslo; Bergen; Tromsö, 1972.

Реформатский А. А. [ɣус'] // Вопросы культуры речи, вып. 7. М., 1966.

Русская грамматика. М.: Наука. 1980.

Селезнев М. Г. Вера сквозь призму языка // Прагматика и проблемы интенсиональности. М., 1988.

Селиверстова О. Н. Об объекте лингвистической семантики и адекватности ее описания // Принципы и методы семантических исследований. М., 1976.

Селиверстова О. Н. Второй вариант классификационной сетки и описание некоторых предикатных типов русского языка. // Семантические типы предикатов. М., 1982, с. 86—157.

Серебренников Б. А. Сводимость языков мира, учет специфики конкретного языка, предназначенность описания // Принципы описания языков мира. М. : Наука, 1976.

Словарь русского языка в 4-х т. / АН СССР, Ин-т русского языка; под. ред. А. П. Евгеньевой. М. : Русский язык, 1981—1984.

Солнцев В. М. Язык как системно-структурное образование. М. , 1977.

Степанов Ю. С. Семиотика. М. , 1971.

Степанов Ю. С. Комментарий // Бенвенист Э. Общая лингвистика. М. : Прогресс, 1976.

Степанов Ю. С. Иерархия имен и ранги субъектов // Изв. АН СССР. Сер. лит. и яз. , 1979, т. 38, № 4, с. 335—348

Степанов Ю. С. К универсальной классификации предикатов // Изв. АН СССР. Сер. лит. и яз. , 1980, т. 39, № 4.

Топоров В. Н. Об иранском элементе в русской духовной культуре, III. Мир и воля // Славянский и балтийский фольклор. М. , 1989.

Топоров В. Н. Петербургские тексты и петербургские мифы // Топоров В. Н. Миф. Ритуал. Символ. Образ. Исследования в области мифопоэтического. М. : Прогресс Культура, 1995.

Туровский В. В. Словарная статья слова *напоминать* // Семиотика и информатика, вып. 32. М. , 1991.

Уилрайт Ф. Метафора и реальность // Теория метафоры. М. , 1990, с. 82—109.

Уорф Б. Л. Грамматические категории // Принципы типологического анализа языков различного строя. М. , 1972.

Урысон Е. В. Душа 1, сердце 2 // Новый объяснительный словарь синонимов русского языка. Проспект. М. : Русские словари, 1995а.

Урысон Е. В. Ум 1, разум, рассудок, интеллект // Новый объяснительный словарь синонимов русского языка. Проспект. М. : Русские словари, 1995б.

Успенский Б. А. Краткий очерк истории русского литературного языка (XI-XIX вв.). М. , 1994.

Федосюк М. Ю. Выявление приемов «демагогической риторики» как компонент полемического искусства // Риторика в развитии человека и общества. Тез. Научн. конф. Пермь, 1992.

Фосслер Г. Грамматика и история языка // М. :Logos, 1910/

Фреге Г. Понятие и вещь. // Семиотика и информатика, вып. 10. М. , 1978.

Храковский В. С. Конструкции пассивного залога (Определение и исчисление) // Категория залога: Материалы конференции. Л. , 1970.

Храковский В. С. Володин А. П. Семантика и типология императива. Русский императив. Л. , 1986.

Хэмп Э. Словарь американской лингвистической терминологии. М. : Прогресс, 1964.

Чейф У. Значение и структура языка. М. : Прогресс, 1975.

Человеческий фактор в языке: Коммуникация, модальность, дейксис. М. , 1992.

Шапиро А. Б. Имя числительное // Грамматика русского языка, т. 1. М. , 1953.

Шаронов И. А. Категория наклонения в коммуникативно-прагматическом аспекте. Автореферат... канд. филол. наук. М. , 1991.

Шатуновский И. Б. Эпистемические предикаты в русском языке (семантика, коммуникативная перспектива, прагматика) //Прагматика и проблемы интенсиональности. М. , 1988.

Шахматов А. А. Синтаксис русского языка. М. , 1925.

Шахматов А. А. Синтаксис русского языка. Л. , 1941.

Шведова Н. Ю. Полные и краткие формы прилагательных в составе сказуемого в современном русском языке // Учен. зап. МГУ, 1952, № 150.

Шведова Н. Ю. К изучению русской диалогической речи: Реплики-повторы // Вопр. Языкознания. 1956, №2.

Шведова Н. Ю. О некоторых типах фразеологизованных конструкций в строе русской разговорной речи // Вопросы языкознания, 1958, №2.

Шведова Н. Ю. Очерки по синтаксису русской разговорной речи. М. : Изд = во АН СССР, 1960.

Шведова Н. Ю. Построение раздела «Синтаксис словосочетания и простого предложения» // Основы построения описательной грамматики современного русского литературного языка. М. , 1966.

Шмелев Д. Н. Экспрессивно ироническое выражение отрицания и отрицательной оценки в современном русском языке // Вопросы языкознания 1958, №6, с. 63—75.

Шмелев А. Д. Определенность-неопределенность в названиях лиц в русском языке. Канд. дисс. М. , 1984а.

Шмелев А. Д. Определенность-неопределенность в названиях лиц в русском языке. Автореф. дисс. канд. филол. наук. М. , 1984б.

Шмелев А. Д. Проблема выбора релевантного денотативного пространства и типы миропорождающих операторов // Референция и проблемы текстообразования. М. , 1988а, с. 64—81.

Шмелев А. Д. Конструкции с глаголами называния // Семиотические аспекты формализации интеллектуальной деятельности. М., 1988б, с. 393—394.

Шмелев А. Д. Вера и неверие сквозь призму языка (revisited) // Ин-т востоковедения АН СССР. Тезисы конференции аспирантов и молодых сотрудников: Языкознание. М., 1988в.

Шмелев А. Д. Модальные слова в математическом тексте // Новейшие направления лингвистики. М., 1989б, с. 211—212.

Шмелев А. Д. Видовые пары в базовом толковом словаре // Русский яхык в условиях двуязычия и многоязычия: проблемы функционирования и исследования. Минск, 1990.

Шмелев А. Д. Парадоксы русского национализма // Revue russe, 1991, №1.

Шмелев А. Д. Речевая травестия в Новый год // Искусство кино, 1993, №10.

Шмелев А. Д. Метафора судьбы: предопределение или свобода? // Понятие судьбы в контексте разных культур. М., 1994, с. 227—231.

Шмелев А. Д. Референциальная семантика русского языка. АДД. М., 1995.

Шмелев А. Д. Апелляция к реальности как демагогический прием. // Московский лингвистический журнал, 1996а, №2.

Шмелев А. Д. Жизненные установки и дискурсные слова // Aspekteja. Tampere, 1996б.

Шмелев Д. Н. О значении вида в повелительном наклонении // Русский язык в школе, 1959, №4.

Шмелев Д. Н. О «связанных» синтаксических конструкциях в русском языке // Вопросы языкознания, 1960, №5.

Шмелев Д. Н. Стилистическое употребление форм лица в современном русскомязыке // Вопросы культуры речи, вып. 3, 1961.

Шмелев Д. Н. Очерки по семасиологии русского языка. М.: Просвещение, 1964.

Шмелев Д. Н. Проблемы семантического анализа лексики. М.: Наука, 1973.

Шмелев Д. Н. Синтаксическая членимость высказывания в современном русском языке. М.: Наука, 1976.

Шмелев Д. Н. Современный русский язык. Лексика. М., 1977.

Шмелева Е. Я. Названия производителя действия в современном русском языке (словообразовательно-семантический анализ). Автореф. дисс. канд. филол. наук. М., 1984.

Щерба Л. В. Языковая система и речевая деятельность. Л.: Наука, 1974.

Ыйм Х. Проблемы понимания связного текста // Синтаксический и семантический компонент лингвистического обеспечения. Новосибирск, 1979.

Якобсон Р. О. Шифтеры, глагольные категории и русский глагол // Принципы типологического анализа языков различного строя. М., 1972.

Якобсон Р. О. К общему учению о падеже: Общее значение русского падежа // Избранные работы. М., 1985.

Яковлева Е. С. О семантике модальных слов-показателей достоверности в современном русском языке //Zbornik radova instituta zastrane jezike i knjizevnosti. Sveska 6. Novi Sad, 1984.

Яковлева Е. С. Согласование модусных характеристик в высказывании // Прагматика и проблемы интенсиональности., 1988.

Яковлева Е. С. Построение классификации показателей достоверности (на материале вводно-модальных слов) // Научно-техническая информация. Сер. 2: Информационные процессы и системы. 1989, №9.

Яковлева Е. С. Фрагменты русской языковой картины мира (модели пространства, времени и восприятия). М.: Гнозис, 1994.

Яковлева Е. С. О семантике экспрессивных модификаторов утверждения // Логический анализ языка. Истина и истинность в культуре и языке. М., 1995.

Ackermann R. Explanation of human actions // Dialogue, 1967. № 9.

Anscombe G. E. M. *Intention.* Oxford, 1957.

Bach E. Algebra of events // Linguistics and Philosophy, 1986, vol. 9, № 1.

Bar-Hillel J. Indexical Expressions // Mind. 1954, v. LXIII.

Bierwisch M. Semantic Structure and Illocutionary Force. // *Speech Act Theory and Pragmatics.* / Ed. By Searle J. R., Kiefer F. and Bierwish M. Dordrecht, 1980.

Bogusławski A. On describing accomplished facts with imperfective verbs // *The Slavic verb: An anthology presented to Hans Christian Sørensen. Copenhagen*, 1981.

Bolinger D. Yes—no questions are not alternative questions // *Questions.* Dordrecht, 1978.

Brunot F. La pensée et la langue. P., 1922.

Bulygina T. V., Shmelev A. D. Non-empirical criteria for the evaluation of linguistic description //Тезисы докладов VIII Международного конгресса по логике, методологии и философии. Т. 1 (науки. Секции 1-5, 7, 12). М., 1987, с. 445—446.

Bulygina P. V., Shmelev A. D. Quantifiers in the dictionary // EURALEX'90. Proceedings of the IV International Congress. Malaga, 1990.

Bunt H. C. Mass Terms and Model-theoretic Semantics. Cambridge etc. 1985.

Carlson G. N. A unified analysis of the English bare plural // Linguistics and Phylosophy, 1979, v. 1, № 3.

Channon R. A. comparative sketch of certain anaphoric processes in Russian and English //

American Contributions to the 9th International Congress of Slavists. 1983.

Chvany C. V. On the role of presuppositions in Russian existential sentences // Papers from the Ninth Regional Meeting. Chicago Linguistic Society. Chicago, 1973.

Comire B. *Aspect*. London-New York-Melbourne, 1976.

Comrie B. Causative verb formation and other verb-deriving morphology // *Language Typology and Syntactic Description*. Cambridge et al., 1985.

Cruse D. A. Some thoughts on Agentivity // Journal of Linguistics, 1973, v. 9, № 1.

Dahl Ö. First Rebuttal // *Evidence and Argumentation in Linguistics*. Berlin-New York, 1980.

Daneš F. Pokus o strukturní analyzu slovesnych vyznamů // Slovo a slovesnost, 1971, № 3.

Declerck R. The progressive and the imperfective paradox // Linguistics and Philosophy, 1979, vol. 3, № 2.

Dik S. *Functional grammar*. Amsterdam N. Y.-Oxford, 1979.

Dowty D. Word meaning and Montague grammar: The semantics of verbs and times in generative semantics and Montague's PTQ. Dordrecht, 1979.

Ervin-Tripp S. Is Sybil there? The structure of some American English directives // Language in Society, 1976, vol. 5, N 1.

Evans G. Pronouns, quantifiers and relative clauses // Canadian J. of Philos., 1977, vol. 3, № 3.

Fillmore Ch. J. Verbs of judging: An exercise in semantic description // *Studies in linguistic semantics*. N. Y. etc., 1971.

Formal Semantics and Pragmatics for Natural Languages / Ed. By Guenthner F., Schmidt S. J. Dodrecht; Boston; London, 1979.

Franckel J.-J., Paillard D. Discret-Dense-CompaA: Vers une typologie opératoire // Travaux de linguistique et de philologie. XXIX. Strasbourg ; Nancy, 1991.

Freed A. F. The semantics of English aspectual complementation. Dordrecht, 1979.

Garde Paul. Grammaire russe. Paris, 1980, t. 1.

Gazdar G. *Pargmatics. Implicature, Presupposition and Logical Form*. N. Y., 1979.

Givón T. Negation in language: pragmatics, function, ontology // *Working Papers on Language Universals*, 1971.

Godart-Wendling B. Lavérité et ie menteur: les paradoxes sui-falsificateurs et la sémantique des langues naturelles. Paris, 1990.

Grice H. P. Logic and conversation // Syntax and semantics. N. Y. etc., 1975, vol. 3.

Grice H. Paul. Further Notes on Logic and Conversation // Syntax and Semantics, 1978, vol. 9.

Guiraud-Weber M. Les propositions sansnominative en russe moderne. Paris, 1984.

Guiraud-Weber M. La structure de la personne indéterminee: le sujet zéro en russe et le pronom *on* en français // Revue des Etudes Slaves, t. 62, 1990.

Harberland H. , Mey J. Editorial: Linguistics and Pragmatics // Journal of Pragmatics, 1977, № 1.

Jakobson R. Boas view of grammatical meaning // American Anthropologist, 1959, vol. 61, pt 2.

Karcevski S. Systeme du verbe russe. Essai de linguistique synchronique. Prague, 1927.

Karttunen E. Syntax and semantics of questions // *Linguistics and Philosophy*, 1977, N 1.

Kempson R. *Presupposition and the Delimitation of Semantics*. London, 1975.

Kenny A. Action, Emotion and Will. N. Y. , 1963.

Kiefer F. Yes—no questions as wh—questions // *Speech Act Theory and Pragmatics*. Dordrecht, 1980.

Kraus J. Стиль и общественная интеракция // Prague Studies in Mathematical Linguistics, 6, Praha, 1978.

Lakoff G. *On the Nature of Syntactic irregularity*. Indiana University diss. , 1966.

Lakoff R. *Latin Syntax*. 1968.

Lakoff G. Linguistics and natural logic // *Semantics of Natural Language*. Dordrecht, 1972.

Langaker R. Observations and speculations on subjectivity // *Iconicity in syntax*. Amsterdam; Philadelphia, 1985.

Lappin S. On the pragmatics of mood // Linguistics and philosophy, 1982, vol. 4, № 4.

Larsson J. Teilmenge und Gesamtmenge im russischen System der Quantificatoren // Slavica lundensia, 1973, vol. 1.

Lebaud D. Savoir et connaître (1ere partie) // Le gré des langues. Paris, 1990. № 1.

Levinson S. C. *Pragmatics*. Cambridge, 1983.

Lyons J. *Semantics*. Cambridge, etc. Cambridge univ. Press. 1977, vol. 2.

Mel'čuk J. A. Toward a Universal Calculus on Inflectional Categories: On Roman Jakobson's Trail // New Vistas in Grammar: Invariance and Variation / Ed. By Waugh L. R. And Rudy St. 1991.

Miller J. Stative verbs in Russian // Foundations of Language. International Journal of Language and Philosophy, 1970, v. 6, № 4.

Montague R. Pragmatics and Intensional Logic // Synthese. 1970, v. XXII.

Morgan J. L. Some interaction of syntax and pragmatics // Syntax and Semantics. 1975, vol. 3.

Morgan Y. Two Types of Convention in Indirect Speech Acts // Syntax and Semantics. 1978, vol. 9.

Morris C. W. *Foundations of the Theory of Signs*, N. Y. , 1938.

Morris C. W. Signs, Language and Behaviour // Morris C. W. *Writings on the General Theory of Signs*. The Hague, 1971.

Mourelatos A. P. D. Events, processes, and states // Linguistics and Philosophy, 1978, v. 2, № 3.

Paillard D. , Плунгян В. А. Об одном типе конструкций с повтором глагола в русском языке // Russian linguistics, 1993, vol. 17.

Pragmatics of natural languages. Dordrecht-Boston, 1971.

Procházka O. , Sgall P. Semantic structure of sentence and predicate logic // *Prague Studies in Mathematical Linguistics*. Praha, 1976.

Rasthier F. Sémantique interpretative. Paris, 1987.

Readings in Semantics / Ed. by Zabeeh F. , Klemke E. D. and Jacobson A. Chicago-London, 1974.

Sadock J. M. On testing for Conversational Implicature // Syntax and Semantics, 1978, vol. 9.

Searle J. The background of meaning // Speech Act Theory and Pragmatics. Dordrecht, 1980.

Shopen T. Ellipsis as grammatical Indeterminacy // Foundations of Language. 1973, v. 10, № 1.

Taylor B. Tense and continuity // Linguistics and Philosophy, 1977, vol. 1. № 2.

The Philosophy of Rudolph Carnap. La Salle, 1963.

Vanderveken D. Illocutionary logic and self-defeating speech acts // *Speech Act Theory and Pragmatics*. Dordrecht, 1980.

Van Dijk T. Pragmatic connections // Van Dijk T. *Studies in pragmatics of discourse*. The Hague, 1981.

Vendler Z. *Linguistics in philosophy. Ithaca.* -N. Y. , 1967.

Vendler Z. Telling the facts // *Contemporary perspectives in the philosophy of language*. Indianopolis, 1979 (русский перевод: Вендлер З. Факты в языке // Философия, логика, язык. М. , 1987).

White A. R. *Modal thinking*. Oxford, Blackwell, 1975.

Wierzbicka Semantics. *Primes and Universals*. Oxford: Oxford univ. press, 1966.

Wierzbicka A. On the semantics of the verbal aspect in Polish. //To honor Roman Jakobson. The Hague; Paris, 1967.

Wierzbicka A. Dociekania semantyczne. Wrocńaw: Zacl. Narodowy im. Ossolińskich, 1969.

Wierzbicka A. *The Case for Surface Case*. Ann Arbor: Karoma publ. Inc. , 1980a.

Wierzbicka A. *Lingua mentalis*: *The semantics of natural language*. Sydney-New York: Academic press, 1980.

Wierzbicka A. *Lexicopraphy and Conceptual Analysis*. Ann Arbor: Karoma publishers inc. , 1985.

Wierzbicka A. *English Speech Act Verbs*: *A Semantic Dictionary*. Sydney; N. Y. : Acad. Press, 1987a.

Wierzbicka A. Boys will be boys: 'radical semantics' vs. 'radical pragmatics' // Language. 1987b, vol. 63. № 1, P. 95—114.

Wierzbicka A. *The Semantics of Grammar*. Amsterdam: John Benjamins, 1988.

Wierzbicka A. *Duša* ($\approx$ soul), *toska* ($\approx$ yearning), *sud'ba* ($\approx$ fate): There key concepts in Russian language and Russian culture // Metody formalne w opisie języków słowiańskich. Białystok, 1990.

Wierzbicka A. *Cross-cultural Pragmatics*: *The Semantics of Human Interaction*. Berlin: de Gruyter, 1991.

Wierzbicka A. *Semantics, Culture, and Cognition*: *Universal Human Concepts in Culture-specific Configurations*. N. Y. Oxford University Press, 1992.

Wills D. D. Participant deixis in English and baby-talk // *Talking to Children*: *Language Input and Acquisition*. Cambridge, 1977.

Wunderlich D. Questions about questions // *Crossing the Boundaries of Linguistics*. Dordrecht, 1981.

Žaža S. K. differenciací tzv. Postojovych komentátorů propozic čního obsahu. československá rusistika, XXVI, 1981, № 1.

译者说明

А. Д. 什梅廖夫是俄罗斯著名语言学家、词汇语义学专家 Д. Н. 什梅廖夫的儿子,是近年来成长起来的新生代语言学家,在语言语义学、语言哲学、语言文化学方面有着独到的见解和思考。1996 年,他与他的母亲 Т. В. 布雷金娜合著的《世界的语言概念化》一书出版后立即在国内外引起了强烈的反响,是我非常喜爱的语言学理论著作之一。

在与俄罗斯作者商谈翻译事宜时,原作者要求,为了保证理论著作翻译的理论性和学术性,确保翻译作品的严肃性和可信度,每部书的译者的学历、学位、学术身份和水平必须得到原作者的认可。因此,在商讨"当代俄罗斯语言学理论译库"书目译者的人选时,出于对这一俄罗斯语言学世家的崇敬和对这一著作的喜爱,我欣然接受了翻译这部著作的任务。我们将译者情况通报给俄斯专家并得到了他们的认可。

但是,由于工作的几次变动,闲暇时间越来越少,我已无法完成全部的翻译工作。因此,我的博士研究生徐先玉承担了部分翻译工作。杜桂枝教授在校对和编辑方面做了大量的工作。

鉴于此情况,我提出不适宜作为译者署名。但考虑到该翻译项目的整体要求,考虑在与作者签订翻译协议时的承诺,为了保持项目的严肃性和对外交流的诚信,我只好遵守最初与俄方的约定,同意署名为译者,并对此做以特别说明。

在此向承担本书翻译和校对工作的徐先玉和杜桂枝表示感谢!

刘利民